CATIA의 핵심, 서피스 설계 중심의 워크벤치 수록
GSD를 넘어 FreeStyle, Imagine & Shape, ICEM까지

최강 3D 설계 솔루션
CATIA V5 R20

제품 Design 및 Class A를 위한

CATIA Surface의 정석

김동주 · 최고봉 · 김정성 공저

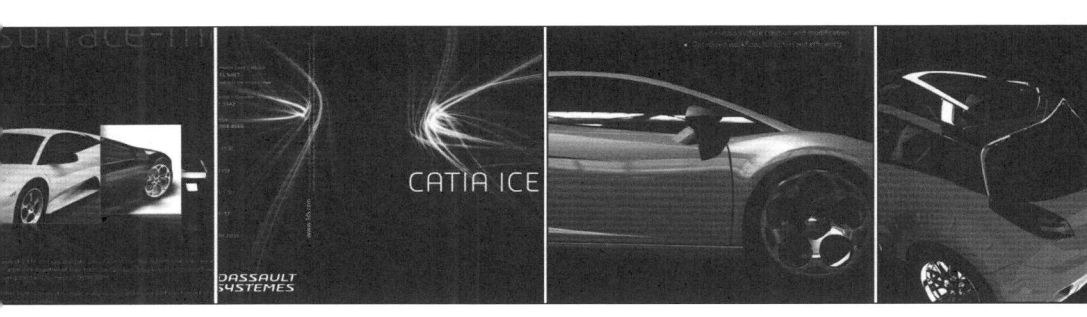

질의 · 응답 카페 – cafe.daum.net/ASCATI
예제 파일 : www.webhard.co.kr(아이디, 비번 판권 참고)

머리말

안녕하세요, 김동주입니다. 이번에는 CATIA Surface에 관한 책을 준비하여 보았습니다. 오늘날 산업 전반에 걸쳐 비정형적 형상 디자인의 유행과 함께 보다 고수준의 곡면 설계 기능을 구현할 수 있는 CATIA의 우수한 워크벤치들을 소개하고자 합니다.

특히 이번에는 그동안 CATIA 서적들에서 잘 다루어지지 않던 FreeStyle에 대한 모든 기능 분석을 완료하였습니다. 우리가 일반적으로 치수를 가지고 정형적인 모델링을 하는 것을 넘어 Class A라 정의하는 품질의 곡면을 생성하기 위한 무기가 될 것입니다.

Skin Fairing 또는 선도 업무를 하시는 분들이시라면 ICEM Surf라는 프로그램을 아실 것입니다. Class A 곡면을 생성하기 위한 매우 효율적인 프로그램으로 정평이 나 있었습니다. 그런데 이 ICEM을 Dassualt에서 인수하게 되었습니다. 그 후 얼마 되지 않아 CATIA V5 R20에서 ICEM Surf의 기능을 CATIA에서 사용할 수 있는 ICEM Shape Design이 등장하게 됩니다. 이로써 CATIA는 기존의 GSD와 FreeStyle, Imgine&Shpae에 ICEM을 묶어 최강의 곡면 디자인 제품군을 완성하게 됩니다. 여기에 기본적인 생산 제조에 걸친 CATIA 제품군은 개념 설계에서부터 상세 설계, 그리고 생산에 이르기까지 전 과정으로의 적용이 가능해지게 됩니다.

글쓰기와 모델링은 크게 다르지 않은 것 같습니다. 단어와 문법, 문장 구조 등을 공부하여 하나의 글을 산문에서부터 논문에 이르기까지 만들어내는 것처럼 여러분에게 이 책이 곡면 모델링을 수행하는데 필요한 단어와 문법, 문장 구조 등으로 활용되기를 바랍니다.

2011년 용현동에서
필자 일동

CATIA Surface의 정석

차 례

Chapter 0 Curve & Surface

1 History — 26

2 Mathematical Theory — 32
   2.1 Bezier ———————————————————————— 32
   2.2 B-Spline(Basis Spline) ————————————————— 32
   2.3 NURBS(Non-Uniform Rational B-Spline) ————————— 33
   2.4 Subdivision Surface ————————————————— 34

3 Continuity — 35

4 File Types — 37
   4.1 IGES(Initial Graphics Exchange Specification) ———————— 37
   4.2 STEP(STandard for the Exchange of Product model data) ——— 38

Chapter 1 CATIA Setting & Interface

1 Setting — 40
   1.1 Customize ———————————————————————— 40
      A. 언어 설정하기 ·· 40
      B. 빠른 시작 메뉴 설정 및 Workbench에 단축키 설정하기 ········· 41
      C. 아이콘 단축키 설정하기 ······································ 44
         a. Generative Shape Design / 45
         b. FreeStyle / 45
      D. Toolbar에 명령 추가하기 ····································· 46
      E. Toolbar 위치 초기화하기 ····································· 47
   1.2 Options ———————————————————————— 48
      A. General ·· 48
         a. Display / 49
         b. Compatibility / 50
         c. Parameter and Measures / 53
         d. Device and Virtual Reality / 54

B. Infrastructure ·· 54
　　　　　a. Photo Studio / 54
　　　　　b. Real Time Rendering / 55
　　　　　c. Part Infrastructure / 56
　　　C. Mechanical Design ··· 62
　　　　　a. Sketcher / 62
　　　D. Shape ·· 65
　　　　　a. FreeStyle / 65
　　　　　b. Imagine & Shape / 66
　　　　　c. Generative Shape Design / 68
　　　　　d. ICEM Shape Design / 69
　　　E. Option 초기화하기 ·· 70
　　　　　a. Reset 명령에 의한 초기화 / 71
　　　　　b. 설정 파일 삭제를 통한 강제적 초기화 / 72
　　　F. 내 설정 파일 관리하기 ·· 73

2　Interface　　　　　　　　　　　　　　　　　　　　　　　74

　2.1　User Interface ──────────────────── 74
　　　A. 화면 구성 ·· 74
　　　B. 메뉴 및 Toolbar ·· 75
　　　C. Dialog Box(Definition Window) ······································ 76
　　　D. Multi-document Support ·· 77
　2.2　Using Mouse ──────────────────── 77
　　　A. 대상 또는 명령의 선택, Drag, 더블 클릭 ···················· 78
　　　B. 대상 또는 Spec Tree의 이동 ·· 79
　　　C. 대상의 회전 ·· 79
　　　D. 대상 또는 Spec Tree의 화대/축소 ································ 80
　2.3　Editing Parts ──────────────────── 80
　2.4　3D Compass ──────────────────── 82

3　Common Toolbar　　　　　　　　　　　　　　　　　　　83

　3.1　View ────────────────────────── 83
　　　A. Command List ·· 83
　　　B. Geometry and Specification, Compass ························· 84
　　　C. Specification Overview ·· 85
　　　D. Fit All In ·· 86
　　　E. Zoom Area ··· 87
　　　F. Create Multi View ·· 88
　　　G. Depth Effect ·· 89
　　　H. Ground ··· 90
　　　I. Hide and Show Object ··· 91

J. Perspective and Parallel ··· 92
K. Render Style ··· 93
  a. Shading / 94
  b. Shading with edges / 94
  c. Shading with Edges without smooth Edges / 94
  d. Shading with Edges and Hidden Edges / 94
  e. Shade with material / 95
  f. Wireframe(NHR) / 95
  g. Customize view parameter / 95
L. Lighting ·· 96
M. Layer Filter ··· 97

3.2 Selection ─────────────────────────────────── 99
A. MB1 ··· 99
B. Select Toolbar ·· 100
C. User Selection Filter ·· 100

3.3 Graphic Properties ─────────────────────────── 101
A. Color type ··· 102
B. Transparency ··· 102
C. Line thickness ·· 103
D. Line type ·· 103
E. Point type ··· 103
F. Layer filter ·· 104

3.4 Image ─────────────────────────────────── 104
A. Capture ·· 105
B. Video ··· 108

3.5 Apply Materials ─────────────────────────── 109
3.6 Measure ──────────────────────────────── 111
A. Measure Between ··· 112
B. Measure Item ·· 113
C. Measure Inertia ·· 114

3.7 Stacking Commands ─────────────────────── 115
3.8 Multi Result Management(MRM) ───────────── 119
  a. Keep one sub-element using the Near command / 120
  b. Keep one sub-element using the Extract command / 121
  c. Keep all the sub-elements / 122

Chapter 2 Generative Shape Design

1. **GSD 워크벤치에서의 모델링 특징 및 접근 방법** — 126
2. **Geometrical Set** — 127
   - 2.1 Geometrical Set 만들기 — 127
   - 2.2 Geometrical Set을 이용한 Spec Tree 구성 — 131
   - 2.3 Geometrical Set으로 형상 요소 정렬하기 — 135
   - 2.4 Geometrical Set 삭제하기 — 139
   - 2.5 Geometrical Set으로 Group 만들기 — 140
   - 2.5 Ordered Geometrical Set — 141
3. **Wireframe Toolbar** — 144
   - 3.1 Points Sub Toolbar — 144
     - A. Point — 144
       - a. Coordinates / 144
       - b. On curve / 146
       - c. On plane / 147
       - d. On Surface / 147
       - e. Circle/sphere/ellipse center / 148
       - f. Tangent on curve / 148
       - g. Between / 148
     - B. Point & Planes Repetition — 149
     - C. Extremum — 153
     - D. ExtremumPolar — 154
   - 3.2 LinesAxisPolyLine Sub Toolbar — 155
     - A. Line — 155
       - a. Point-Point / 155
       - b. Point-direction / 156
       - c. Angle/normal to curve / 156
       - d. Tangent to curve / 157
       - e. Normal to Surface / 157
       - f. Bisecting / 158
     - B. Axis — 158
       - a. Aligned with reference direction / 159
       - b. Normal to reference direction / 160
       - c. Normal to circle / 160
     - C. Polyline — 161
     - D. Plane — 162
       - a. Offset from plane / 162
       - b. Parallel through point / 163
       - c. Angle/normal to a plane / 163

　　　　d. Through three points / 164
　　　　e. Through two lines / 164
　　　　f. Through point and line / 165
　　　　g. Through planar curve / 165
　　　　h. Normal to curve / 165
　　　　i. Tangent to Surface / 167
　　　　j. Equation / 167
　　　　k. Mean through points / 167
　3.3　Projection—Combine Sub Toolbar ──────────── 168
　　　A. Projection 168
　　　B. Combine 172
　　　C. Reflect line 173
　　　D. Intersection 174
　3.4　Offset2D3D Sub Toolbar ─────────────── 178
　　　A. Parallel Curve 178
　　　B. 3D Curve Offset 179
　3.5　Circles—Corner—Connect Sub Toolbar ──────── 181
　　　A. Circle 181
　　　　a. Center and radius / 181
　　　　b. Center and point / 182
　　　　c. Two point and radius / 182
　　　　d. Three points / 182
　　　　e. Center and Axis / 183
　　　　f. Bitangent and radius / 183
　　　　g. Bitangent and point / 184
　　　　h. Tritangent / 184
　　　　i. Center and tangent / 184
　　　B. Corner 185
　　　　a. Corner on support / 185
　　　　b. 3D Corner / 186
　　　C. Connect Curve 186
　　　　a. Normal / 186
　　　　b. Base Curve / 189
　　　D. Conic 190
　3.6　Curves Sub Toolbar ──────────────── 191
　　　A. Spline 191
　　　B. Helix 195
　　　C. Spiral 198
　　　D. Spine 200
　　　　a. Section/Plane / 200
　　　　b. Guide / 201
　　　E. Isoparametric Curve 203

Contents

4 Surface — 205

4.1 Extrude-Revolution Sub Toolbar — 205
- A. Extrude — 205
- B. Revolve — 209
- C. Sphere — 209
- D. Cylinder — 210

4.2 OffsetVar Sub Toolbar — 211
- A. Offset — 211
- B. Variable Offset — 213
- C. Rough Offset — 216

4.3 Sweeps Sub Toolbar — 218
- A. Sweep — 218
    - a. Explicit / 218
    - b. Implicit Line / 224
    - c. Implicit Circle / 233
    - d. Implicit Conic / 243
- B. Fill — 249
- C. Adaptive Sweep — 254
- D. Multi-sections Surface — 254
- E. Blend — 262

5 Operation — 266

5.1 Join-Healing Sub Toolbar — 266
- A. Join — 266
- B. Healing — 273
- C. Curve Smooth — 276
- D. Untrim — 281
- E. Disassemble — 283

5.2 Split-Trim Sub Toolbar — 286
- A. Split — 286
- B. Trim — 292
    - a. Standard Mode / 292
    - b. Piece Mode / 294

5.3 Extracts Sub Toolbar — 295
- A. Boundary — 295
- B. Extract — 299
- C. Multiple Extract — 302

5.4 Fillets Sub Toolbar — 303
- A. Shape Fillet — 303

　　　　　a. BiTangent Fillet / 303
　　　　　b. TriTangent Fillet / 306
　　　B. Edge Fillet 308
　　　C. Variable Radius Fillet 313
　　　D. Chordal Fillet 316
　　　E. Styling Fillet 317
　　　F. Face-Face Fillet 320
　　　G. Tritangent Fillet 321

　　5.5 Transformations Sub Toolbar ──────── 322
　　　A. Translate 322
　　　B. Rotate 324
　　　C. Symmetry 325
　　　D. Scaling 326
　　　E. Affinity 327
　　　F. Axis to Axis 328
　　　G. Extrapolate 330

6 Replication   334

　　6.1 Repetitions Sub Toolbar ──────────── 334
　　　A. Object Repetition 334
　　　B. Points Creation Repetition 336
　　　C. Planes Between 336

　　6.2 Patterns Sub Toolbar ─────────────── 338
　　　A. Rectangular Patterns 338
　　　　　a. Pattern에서 필요 없는 부분 제거하기 / 339
　　　B. Circular Pattern 341
　　　C. User Pattern 343
　　　D. Duplicate Geometrical Set 344

　　6.3 Power Copy Sub Toolbar ───────────── 348
　　　A. PowerCopy Creation 348
　　　B. Save In Catalog 355

　　6.4 UserFeature Sub Toolbar ───────────── 356
　　　A. UserFeature Creation 356
　　　B. Save In Catalog 357

7 Advanced Surface   358

　　　A. Bump 358
　　　　　a. Curvature Continuity / 360
　　　　　b. Tangent Continuity / 360
　　　　　c. Point Continuity / 360
　　　B. Wrap Curve 361

  C. Wrap Surface 364
   a. 3D Type / 365
   b. Normal Type / 365
   c. With Direction Type / 366
  D. Shape Morphing 366
   a. Point Continuity 경우 / 369
   b. Tangent Continuity 경우 / 369
   c. Curvature Continuity 경우 / 369

8 Developed Shapes   370

  A. Unfold 370
  B. Transfer 376
  C. Develop 377

9 BIW Template   380

  A. Junction 380
  B. Diabolo 385
   a. Seat Surface와 Base Surface가 교차할 경우 / 387
   b. Seat Surface와 Base Surface가 평행하지 않을 경우 / 387

  9.1 Holes Sub Toolbar ———————————————— 388
   A. Hole 388
   B. Hole Curve 391
   C. Mating Flange 392
   D. Bead 395

10 Analysis   398

  A. Connect Checker 398
  B. Feature Draft Analysis 401
  C. Surface Curvature Analysis 404
  D. Porcupine Analysis 406

11 Tools   408

  A. Update All 408
  B. Manual Update mode 408
  C. Create 3D Axis System 408
   a. Geometry 이용 / 409
   b. Point 생성 / 410

  11.1 Grid Sub-toolbar ——————————————————— 411
   A. Work On Support 411
   B. Snap To Point 414
   C. Work Supports Activity 414
   D. Plane System 414
   E. Create Datum 416

Chapter 3 Sketch Tracer

1. Sketch Tracer란? 418
2. Sketch Tracer의 활용 예 419

Chapter 4 FreeStyle

1. FreeStyle 워크벤치에서의 모델링 특징 및 접근 방법 430
2. GSD vs. FreeStyle 431
3. Generic Tools Toolbar 435
   - A. Dress-Up 435
   - B. Apply Dress-Up 436
   - C. Remove Dress-Up 437
   - D. Visual Symmetry 437
   - E. Mirror Analysis 439
   - F. Geometric Information 439
   - G. Dashboard dialog box 440
   - H. Quick Compass Orientation 440
   - I. Axis System 443
   - J. Mask 444
   - K. Work on Support 3D 445
4. Curve Creation 447
   - A. 3D Curve 447
     - a. Creation / 447
     - b. Modification / 449
   - B. Curve on Surface 451
   - C. Isoparametric Curve 452
   - D. Project Curve 453
   - E. FreeStyle Blend Curve 454
   - F. Styling Corner 455
   - G. Match Curve 458
5. Surface Creation 460
   - 5.1 Patches Sub-toolbar ——————————— 460
     - A. Planar Patch 460

　　　　B. 3-Point Patch ·· 462
　　　　C. 4-Point Patch ·· 463
　　　　D. Geometry Extraction ·· 464
　　　　E. Extrude Surface ·· 464
　　　　　　a. Normal to curve / 465
　　　　　　b. Compass direction / 465
　　　　F. Revolve ··· 466
　　　　G. Offset ··· 467
　　　　　　a. Type / 467
　　　　　　b. Limit / 469
　　　　　　c. Display / 469
　　　　H. Styling Extrapolate ·· 469
　　　　I. FreeStyle Blend Surface ···································· 470
　　　　J. ACA Fillet ··· 472
　　5.2 Fills Sub-toolbar —————————————————— 473
　　　　A. Fill ·· 473
　　　　B. FreeStyle Fill ··· 475
　　　　C. Net Surface ··· 476
　　　　D. Styling Sweep ·· 479
　　　　　　a. Sweep Type / 479

6　FreeStyle Constraints Toolbar　　　　　　　　　482

　　　　A. Matching Constraint ·· 482
　　　　　　a. Elements / 483

7　Operation　　　　　　　　　　　　　　　　　　　486

　　　　A. Break Surface or Curve ···································· 486
　　　　　　a. Break Type / 486
　　　　B. Untrim Surface or Curve ·································· 488
　　　　C. Concatenate ·· 489
　　　　D. Fragmentation ··· 490
　　　　E. Disassemble ·· 491
　　　　F. Converter Wizard ·· 491
　　　　G. Copy Geometric Parameters ······························ 492

8　Shape Modification　　　　　　　　　　　　　　　494

　　　　A. Symmetry ··· 494
　　　　B. Control Points ··· 495
　　　　　　a. Elements / 496
　　　　　　b. Support / 497
　　　　　　c. Filters / 501
　　　　　　d. Selection / 501
　　　　　　e. Global / 501

　　　　　f. Diffusion / 501
　　　　　g. Symmetry / 503
　　　　　h. Smooth / 504

　　8.1　Match Sub Toolbar ──────────────────── 504
　　　　　A. Match Surface ·················· 504
　　　　　B. Multi-Side Match Surface ·················· 507
　　　　　C. Fit to Geometry ·················· 508
　　　　　D. Global Deformation ·················· 508
　　　　　E. Extend ·················· 509

9　Shape Analysis　　　　　　　　　　　　　　　　　　　511

　　　　　A. Connect Checker Analysis ·················· 511
　　　　　B. Distance Analysis ·················· 512
　　　　　C. Porcupine Curvature Analysis ·················· 513
　　　　　D. Cutting Plane Analysis ·················· 513
　　　　　E. Reflection Lines ·················· 514
　　　　　F. Infection Lines ·················· 515
　　　　　G. Highlight Lines Analysis ·················· 516

　　9.1　Draft Sub Toolbar ──────────────────── 517
　　　　　A. Surfacic Curvature Analysis ·················· 517
　　　　　B. Draft Analysis ·················· 517

　　9.2　Image Mapping Sub Toolbar ──────────────── 518
　　　　　A. Environment Mapping ·················· 518
　　　　　B. Isophotes Mapping Analysis ·················· 519
　　　　　C. Light Source Manipulation ·················· 519

10　Tools Dashboard　　　　　　　　　　　　　　　　　　521

　　　　　A. Quick Compass Orientation ·················· 521
　　　　　B. Create Datum ·················· 521
　　　　　C. Keep Original ·················· 522
　　　　　D. Insert In a New Geometrical Set ·················· 523
　　　　　E. Displaying Continuities On Elements ·················· 523
　　　　　F. Temporary Analysis mode ·················· 523
　　　　　G. Auto detection mode ·················· 524
　　　　　H. Manipulators Snap ·················· 524
　　　　　I. Attenuation ·················· 525
　　　　　J. Manipulator mode ·················· 525
　　　　　K. Contact Points ·················· 525
　　　　　L. Displaying Tensions On Elements ·················· 526
　　　　　M. U, V Orders ·················· 526
　　　　　N. Furtive Display ·················· 527
　　　　　O. Manipulator Position ·················· 527

Chapter 5   Imagine & Shape

1   Imagine & Shape 워크벤치에서의 모델링 특징 및 접근 방법   530
2   GSD vs. Imagine & Shape vs. FreeStyle   532
3   General Options Toolbar   533

    3.1   Text Help Level ─────── 533
       A. Long Help ·········· 533
       B. Short Help ·········· 534
       C. No Help ·········· 534

    3.2   Show Coord ─────── 535
       A. Along Compass ·········· 535
       B. Along Cursor ·········· 535
       C. None ·········· 535

4   Creation Toolbar   536

    4.1   Sketch Curve ─────── 536
       A. Sketch ·········· 537
       B. Plane Selection ·········· 537
       C. Characteristics ·········· 538

    4.2   Open Primitives Sub Toolbar ─────── 539
       A. Rectangle ·········· 539
       B. Circle ·········· 540
       C. Triangle ·········· 540
       D. Ring ·········· 541

    4.3   Closed Primitives Sub-toolbar ─────── 541
       A. Sphere ·········· 541
       B. Cylinder ·········· 542
       C. Box ·········· 542
       D. Pyramid ·········· 543
       E. Torus ·········· 543
       F. Number of Sections ·········· 544

    4.4   Sweep Primitive Sub Toolbar ─────── 544
       A. Revolve ·········· 545
       B. Extrude ·········· 548

5   Modification Toolbar   549

    5.1   Modification (Space) ─────── 549
       A. Compass Management ·········· 556
          a. Compass Definition / 556

　　　　b. Reset Compass / 558
　　　　c. Axes Permutation / 558
　　B. Translation ·· 559
　　C. Local Normals ··· 561
　　D. Rotation ··· 563
　　E. Affinity ·· 564
　　F. Alignment ·· 565
　　　　a. 기준 위치 설정 / 566
　　　　b. Projection on Line / 566
　　　　c. Projection on Plane / 567
　　　　d. Orthogonal / 567
　　　　e. Along Direction / 568
　　G. Attraction ··· 569
　　　　a. Sharp Attraction / 570
　　　　b. Smooth Attraction / 571
　　H. Pick ··· 572
　　I. Edition ·· 576
　　　　a. Translation / 576
　　　　b. Rotation / 578
　　　　c. Affinity / 579
　　　　d. Attraction / 580
　　J. Attenuation ··· 580
　　　　a. No Attenuation / 580
　　　　b. Allow Attenuation / 581
　　K. Selecting Elements ·· 581
　　　　a. All Type Selection / 581
　　　　b. Face Selection / 582
　　　　c. Edge Selection / 582
　　　　d. Vertices Selection / 583
　　　　e. All Elements Selections / 583
5.2 Curve modification ──────────────── 584
　　A. Sketch ··· 584
　　　　a. Modify Curve Shape / 584
　　　　b. Extend Curve / 585
　　B. Manipulation ·· 587
　　C. Smoothing ··· 588
　　D. Local Tuning ·· 590
　　E. Erasing ·· 593
　　　　a. Erasing the extremity / 593
　　　　b. Erasing an internal part / 593
　　F. Planarity ·· 594
　　G. Characteristics ·· 595
　　H. Area Selection ·· 597

I. Transformations 598
    a. Compass Management / 598
    b. Compass Definition / 598
    c. Reset Compass / 599
    d. Axes Permutation / 599
    e. Translation / 599
    f. Rotation / 599
    g. Affinity / 599
    h. Edition / 600
    i. Attenuation / 600
J. Dimension 601
K. Draft of subdivision 601
L. Multi-Selection 602

6 Styling Surface — 603

A. Merge 603
    a. Merge Surface Selection / 603
    b. Merge / 604
    c. Join / 604
    d. Extrude / 604
B. Extrusion 605
    a. Face Extrusion / 605
    b. Edge Extrusion / 609
C. Face Cutting 613
    a. Section Edition / 614
D. Face Subdivision 614
E. Erasing 616
    a. Face Erasing / 616
    b. Edge Erasing / 617
F. Cut by Plane 618

7 Operation — 620

A. Link 620
B. Symmetry 624
C. Working Zone Definition 628

8 View Management — 632

A. View Selection 632
B. View Modification 633

9 Shape Operation — 635

10 Update — 637

A. Update All 637
B. Manual Update mode 637

Chapter 6 ICEM Surface Design

1 ICEM Surface Design 워크벤치에서의 모델링 특징 및 접근 방법 640
2 Construction Toolbar 642
    2.1 Sketch Sub Toolbar 642
        A. Sketch 642
        B. Positioned Sketch 643
    2.2 Points Sub Toolbar 643
        A. Point 643
        B. ExtremumPolar 643
        C. Extremum 644
    2.3 Line 644
    2.4 Planes Sub Toolbar 644
        A. Planes 644
        B. Planes Between 644
    2.5 Curves Sub Toolbar 645
        A. Circle 645
        B. Conic 645
        C. Combined Curves 645
        D. Intersections 645
        E. Parallel Curves 645
        F. Spines 646
    2.6 Boundary Sub Toolbar 646
        A. Boundary 646
        B. Extract 646
        C. Multiple Extract 646
    2.7 Grid Sub Toolbar 647
        A. Work on Support 647
        B. Snap to point 647
        C. Working Supports Activity 647
        D. Plane System 647
        E. Work on Support 3D 647
3 Curve Creation Toolbar 648
        A. 3D Curve 648
        B. Curve on Surface 648
        C. Isoparametric Curve 648
        D. Curve Projection 648

　　　　E. Styling Corner 650
　　　　F. Blend Curves 650
　　　　G. Curve Offset 650
　　　　H. Split Curve 653
　　　　I. Intersection 654

4　Surface Creation Toolbar　　　　　　　　656

　　4.1　Patch Creation Sub Toolbar ──────── 656
　　　　A. Planar Patch 656
　　　　B. 3-Point Patch 657
　　　　C. 4-Point Patch 657
　　　　D. Geometry Extraction 657
　　　　E. Revolve 657
　　4.2　Patch From Sub Toolbar ──────────── 657
　　　　A. Patch from Curves 657
　　　　　　a. 2 Curves / 658
　　　　　　b. 3 Curves / 658
　　　　　　c. 4 Curves / 659
　　　　B. Patch from Patches 660
　　4.3　Fillets Sub Toolbar ─────────────── 661
　　　　A. Styling Fillet 661
　　　　B. Advanced Fillet 662
　　　　C. Tri-Tangent Fillet 663
　　　　D. Corner Fillet 664
　　　　E. Fill 665
　　　　F. Surface Offset 665
　　　　G. Fillet Flange 667
　　　　H. Blend Surface 668
　　　　I. Sweep 669

5　Shape Modification Toolbar　　　　　　　670

　　　　A. Control Points 670
　　　　B. Feature Modeling 670
　　　　C. Order 671
　　　　D. Matching Surface 672
　　　　E. Multi-Side Match Surface 673
　　　　F. Refit 673
　　5.1　Invert Sub Toolbar ────────────── 673
　　　　A. Invert 674
　　　　B. Smoothing 675
　　　　C. Extrapolation 676
　　　　D. Styling Extrapolate 677

6 Shape Management Toolbar — 678

- A. Join — 678
- B. Break Surface or Curve — 678
- C. Untrim Surface or Curve — 678

6.1 Transform Sub Toolbar — 679

- A. Translate — 679
- B. Rotate — 679
- C. Symmetry — 679
- D. Scaling — 679
- E. Affinity — 679
- F. Axis To Axis — 680
- G. Concatenate — 680
- H. Fragmentation — 680
- I. Disassemble — 680

6.2 Conversion Sub Toolbar — 680

- A. Curve Conversion — 680
- B. Surface Conversion — 681
- C. Move — 683

6.3 Split Sub Toolbar — 683

- A. Split — 683
- B. Trim — 683

7 Expert Toolbar — 684

- A. Adjust — 684
- B. Helix — 686
- C. Overcrowning — 687
- D. Shape Mapping — 688
- E. Shape Modeling — 690
- F. Tubing — 691
- G. Global Surface Offset — 692
- H. Accelerated Surfaces — 693
- I. Create Gap — 695
- J. Loft — 697

8 Display Sets Toolbar — 698

9 Shape Analysis Toolbar — 699

- A. Connect Checker Analysis — 699
- B. Porcupine Curvature Analysis — 699
- C. Iso-Curvature Analysis — 699
- D. Cutting Plane Analysis — 700
- E. Distance Analysis — 700

- F. SSI-Analysis 700
- G. Surfacic Curvature Analysis 700
- H. Split Analysis 701
- I. Mirror Analysis 701
- J. Environment Mapping 702
- K. Single Light Band Mapping Analysis 702
- L. Inflection Line 702
- M. Reflection Lines 702
- N. Light Manager 703
- O. Highlight Lines Analysis 703
- P. Highlight Analysis 703

10 Tools Toolbar　　　　　　　　　　　　　　　　705

- A. Update All 705
- B. Manual Update 705
- C. Geometric Information 705
- D. Only Current Body 705
- E. Historical Graph 705
- F. Part Symmetrically 706
- G. Axis System 706
- H. Tools Dashboard 706
- I. Ruler 706
- J. Parallel Commands 707
- K. Selecting Body/Geometrical Set 707

Appendix　Sketch 주요 기능

1 Sketcher 시작하기　　　　　　　　　　　　　　710

- 1.1 Sketch 정의하기 ——————————— 710
- 1.2 Positioned Sketch ——————————— 711
  - 1 단계. 기준 평면 요소 선택(Sketch Positioning) 712
  - 2 단계. 생성하고자 하는 Sketch의 원점 요소 선택(Origin) 712
  - 3 단계. 생성하고자 하는 Sketch의 원점의 축 방향(H, V)의 결정 713
- 1.3 Sketch 작업의 순서 ——————————— 714

2 Sketch Toolbar　　　　　　　　　　　　　　　716

- 2.1 Sketch Tools Toolbar ——————————— 716
  - A. Grid 716

  B. Snap to point 716
  C. Construction/Standard Element 717
   a. Standard Element / 717
   b. Construction Element / 717
  D. Geometrical Constraints 718
  E. Dimensional Constraints 718

2.2 Profile Toolbar — 719

  A. Profile 719
   a. Line / 719
   b. Tangent Arc / 719
   c. Three Point Arc / 719
   d. Profile 명령의 종료 / 720
   e. SmartPick / 720
  B. Predefined Profile Sub Toolbar 721
   a. Rectangle / 721
   b. Oriented Rectangles / 721
   c. Parallelogram / 721
   d. Elongated Hole / 721
   e. Cylindrical Elongated Hole / 721
   f. Keyhole Profile / 721
   g. Hexagon / 721
   h. Centered Rectangle / 722
   i. Centered Parallelogram / 722
  C. Circle Sub Toolbar 722
   a. Circle / 722
   b. Three Point Circle / 722
   c. Circle Using Coordinates / 722
   d. Tri-tangent Circle / 722
   e. Three Point Arc / 723
   f. Three Point Arc Starting with Limits / 723
   g. Arc / 723
  D. Spline Sub Toolbar 723
   a. Spline / 723
   b. Connect / 724
  E. Conic Sub Toolbar 725
   a. Ellipse / 725
   b. Parabola by Focus / 725
   c. Hyperbola by Focus / 725
   d. Conic / 725
  F. Line Sub Toolbar 725
   a. Line / 725
   b. Infinite Line / 725
   c. Bi-tangent Line / 725
   d. Bisecting Line / 726

　　　　e. Line Normal to Curve / 726
　　　　f. Axis / 726
　　G. Point Sub Toolbar ·· 726
　　　　a. Point by Clicking / 726
　　　　b. Point by Using Coordinates / 726
　　　　c. Equidistant Points / 726
　　　　d. Intersection Point / 727
　　　　e. Projection Point / 727

2.3　Operation Toolbar ──────────────── 727
　　A. Corner ·· 727
　　B. Chamfer ·· 727
　　C. Relimitations Sub Toolbar ·························· 727
　　　　a. Trim / 727
　　　　b. Break / 728
　　　　c. Quick Trim / 728
　　　　d. Close / 728
　　　　e. Complement / 728
　　D. Transformation Sub Toolbar ······················ 728
　　　　a. Mirror / 728
　　　　b. Symmetry / 728
　　　　c. Translate / 728
　　　　d. Rotate / 729
　　　　e. Scale / 729
　　　　f. Offset / 729
　　E. 3D geometry Toolbar ·································· 729
　　　　a. Project 3D Elements / 729
　　　　b. Intersect 3D Elements / 729
　　　　c. Project 3D Silhouette Edges / 729

2.4　Constraints Toolbar ──────────────── 730
　　A. Constraints 란? ·· 730
　　　　a. Geometrical Constraints / 730
　　　　b. Dimensional Constraints / 731
　　B. Constraints Defined in Dialog Box (alt + x) ············ 731
　　C. Constraints Sub Toolbar ···························· 733
　　　　a. Constraint / 733
　　　　b. Contact Constraint / 733
　　D. Constraints Sub Toolbar ···························· 734
　　　　a. Fix Together / 734
　　　　b. Auto-constraint / 734
　　　　c. Animate Constraints / 734
　　　　d. Edit Multi-constraint / 735
　　　　e. Internal Constraint & External Constraints / 735

3 Sketch Analysis   736

    A. Color Diagnosis ··· 736
        a. Default / 736
        b. Non Modifiable Elements / 736
        c. Selected Elements / 737
        d. Iso-Constrained Elements / Fixed Elements / 737
        e. Over-Constrained Elements / 737
        f. Inconsistent Elements / 737
    B. 2D Analysis Sub Toolbar ··· 738
        a. Sketch Solving Status ▣ / 738
        b. Sketch Analysis ▣ / 738

4 Sketch Management   739

    A. Spec Tree ··· 739
    B. Sketch Support ··· 741
        a. Plane / 741
        b. Axis / 741
        c. Face / 741

❏ 찾아보기 / 743

Chapter 0

Curve & Surface

1. History
2. Mathematical Theory
3. Continuity
4. File Type

본 장에서는 CATIA의 곡면(Shape)기능들을 공부하기에 앞서 CAD의 역사 및 그 안에 내재된 이론적인 수학적인 요소를 잠시 둘러보도록 하겠습니다. 더불어 표준 데이터 규격들도 좀 알아보는 시간을 가지겠습니다. 단순히 도구를 잘 쓴다는 것이 기능을 알고 쓸 수 있는 것으로만 인식되지는 않습니다. 좀 더 고난이도의 작업과 실무를 접하다 보면 우리가 사용하는 명령 및 프로그램의 구조는 어떠하고 어떠한 원리에 의해 작동해야 하는지 이해해야할 필요가 있는 것이지요.

1 History

여기서는 간단히 여러분이 사용하고 있는 3차원 설계에 앞서 컴퓨터 이용 제도(CAD) 의 개략적인 역사를 살펴보도록 할 것 입니다. 지루하고 따분한 수학 이야기가 아닌 여러 분이 설계를 직업 수행하면서 내부에 수학적인 요소나 개념을 간단이라도 이해하여 보다 바람직하고 효율적인 설계를 수행할 수 있도록 하고자 함 입니다.

컴퓨터를 이용한 제도 시스템이 나오기 이전에 3차원 이전에 2차원 시절의 이야기부터 해보도록 하겠습니다. 처음에 제품을 제작하기 위한 도면 작업은 제도기 또는 손으로 종이나 트레이싱지에 그리는 일부터 시작하였습니다.

이미지 출처 : http://link.webhard.co.kr/img/HDR_IDARTNARA_FD201009091010440602CF68D

그러다 CAD/CAM의 아버지가 불리는 Patrick J. Hanratty가 PRONTO라는 최초의 상용 수치관리 프로그램을 개발하였습니다. 1960년대, MIT 대학 링컨 연구소에서 SKETCHPAD라 불리는 1세대 CAD를 탄생시키게 됩니다. 이 제품은 나중에 Light Pen을 이용해서 화면에 직접 형상을 그릴 수도 있었습니다.

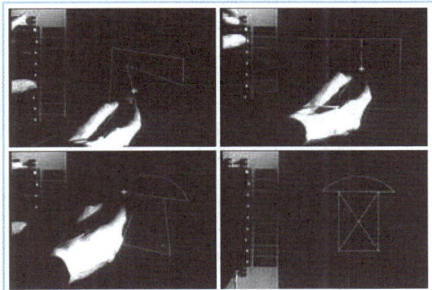

이미지 출처 : http://snebtor.chiguiro.org/blog/wp-content/uploads/2011/02/sketchpad.jpg

1960년대 McDonnell Douglas Automation Company가 설립되고 현재 CAD 발전에 중대한 역할을 하게 됩니다.

이당 시까지만 해도 컴퓨터의 발전이 현저히 초급 수준이었던 시대라 컴퓨터를 이용한 업무의 도움은 극히 소수였다고 할 수 있습니다. (당시만 해도 기록 장치로 종이테이프가 사용되었다는 것을 생각해 보면 이해하실 것 입니다.)

이제 1970년대가 되면서 2D Drafting이 중심이 되어 설계자가 직접 설계 도면을 자동으로 그릴 수 있는 시스템이 나타나기 시작합니다. 하지만 이 당시 초기에만 하더라도 마우스를 이용하여 형상을 그리는 일은 엄두도 내지 못했습니다. 매크로(Macro)나 프로그래밍 지식을 통하여 형상을 정의하였던 것이지요.

이 시기에는 GM, Ford, Chrysler와 같은 대형 자동차 업체나 Lockheed와 같은 항공분야에서 CADAM을 통한 연구가 이루어지기도 하였습니다. CADAM은 CATIA와 합쳐지게 되는데 1975년 프랑스의 Avion Marcel Dassulat(AMD)가 Lockheed로 부터 CADAM 라이센스를 사들여 IBM의 메인 프레임 및 Unix 환경 하에서 운영하였습니다.

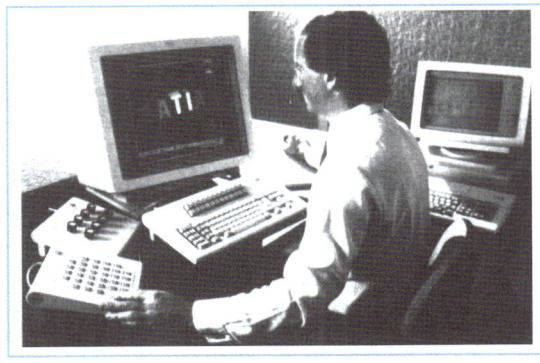

이미지 출처 : http://ws.harper.home.comcast.net/~ws.harper/VersatecExpert/cadam.jpg

1970년대 말에는 솔리드 모델링 방식의 소프트웨어들이 탄생하기 시작하였습니다. 솔리드 모델링 방식은 입체 형상을 완전히 표현할 수 있어 면 단위 작업이나 부피 단위 작업도 가능하게 되었습니다. 이 당시에는 기본 형상들을 통하여 기초 형상을 정의하고 (Primitive Modeling) 구성된 기본 형상들을 Boolean Operation으로 상세 설계를 적용하는 방식을 정의하였습니다.

1976년쯤에는 United Computing이 Unigraphics를 McDonell Douglas로 부터 인수하게 됩니다.

1977년, Avion Marcel Dassualt 시스템이 CATIA라고 하는 3차원 설계 프로그램을 개발합니다. 앞서 Lockheed로 인수한 CADAM의 2차원 제도 기능과 CATIA는 곧 하나로 합쳐지게 됩니다.(1984년)

1979년에는 보잉, 제록스, GE, 미국방성 등이 CAD Vender에 관계없이 상호 호환될 수 있는 중립 포맷 개발을 시작하였습니다. 앞으로 설명 드리고 또한 몇몇 분들께서는 이미 사용하고 계신 IGES입니다. 이후 STEP이 나오기 전까지 IGES의 역할은 CAx 관련 프로그램들 간의 데이터 호환이 가능하도록 하는 중요한 역할을 하게 됩니다. (그러나 STEP의 등장으로 IGES가 더 이상의 개발을 진행하지 않는 관계로 데이터 호환에서 완벽한 호환은 이루어지지 않는 점이 있습니다.)

1981년, Dassualt Systems가 본사로부터 분리되어 정식적인 소프트웨어를 중점적으로 개발하기 시작합니다. 1982년 곡면 설계 및 머시닝 기능을 포함한 CATIA V1이 출시되었으며 다쏘 항공, 그루먼, BMW, 다임러벤츠, 혼다 등이 CATIA를 사용하기 시작합니다.

1982년에는 AutoDesk사가 설립되기도 합니다. 지금의 엄청난 규모의 AutoDesk가 처음엔 16명 정도의 인원으로 시작하였다고 합니다. 1983년에 AutoCAD가 출시되었습니다.

1984년에는 CATIA에 도면(Drafting) 기능이 CADAM과 독립적으로 추가되며 Boeing

이 고객사로 등록됩니다. 종이 도면 한 장 없이 설계를 마쳤다고 하는 보잉 777기의 전설도 CATIA의 도입으로 가능했던 것이지요.

이미지 출처 : http://www.skyscraperlife.com/infrastructure/7497-v-australia-virgin-international.html

1986년에는 Spatial Technology가 설립되는데 여기서 ACIS라는 상업용 커널을 개발하게 됩니다. 훗날 Dassualt에 인수되며 현재 CATIA에서도 사용되고 있습니다. 독자 중에는 파일 형식 중에 SAT라는 형식으로 된 파일을 보셨거나 저장해 보신 분들도 계실 것입니다.

1988년, Unigrahpics에서 Parasolid 커널을 인수하여 개발을 이어가기도 합니다. Parasolid 커널은 ACIS 커널과 DesignBase 커널과 함께 3대 상용 커널 중 하나입니다. 커널이라는 말이 생소하신 분들께서는 핵심이 되는 구조로 자동차로 비유하면 엔진 정도로 이해를 해주시면 될 것 같습니다.

1989년에는 Parametric Technology에서는 Pro/Engineer를 발표합니다. 최초로 상업화에 성공한 Parametric 3차원 모델링 솔루션으로, 매개변수나 치수와의 관계 정의 등으로 설계 의도를 반영하여 설계 자동화 및 최적화를 가능하게 되었습니다. (요즘에는 많은 설계 프로그램들이 Parametric 방법론을 지원하고 있습니다. CATIA도 마찬가지 이구요.)

80년대 후반에 되서 AutoCAD R10이 출시되면서 Solid 기반 모델링을 지원하게 되었는데요. 와이어 프레임이나 서피스 모델링과 달리 굉장히 무거웠습니다. 요즘에 우리가 사용하는 모델링 속도와는 비교도 안될 만큼 말이죠.

그리고 실제로 1990년대 되면서 CAD/CAM/CAE 시장은 더욱 활기를 띠게 됩니다. 특히 이 시대에서 부터 유닉스 기반의 CAD 플랫폼이 Window NT(Window 2000 이후)로 전환되게 됩니다. 따라서 개인용 PC에서도 운용 가능할 수 있는 시스템으로 발전된 CAD 시스템이 더욱 널리 사용되게 됩니다. 2000년대에 생존할 수 있는 주요 키워드 중에 하나가 NT로의 전환이었던 만큼 중요한 발전의 계기였습니다.

1991년에는 Unigraphic에서 Sketcher나 Form Feature와 같은 기능을 지원함으로 기존의 Primitive 모델링과 Boolean Operation 방식에 비해 높은 생산성을 발휘할 수 있는 방법을 제시하였습니다. 오늘날 우리가 CATIA를 사용하여 Sketch 형상을 그리고 Pad, Pocket, Hole 등을 구현할 수 있는 것도 이러한 모델링 접근 방법에 근거한 것입니다.

1995년쯤에는 AutoDesk가 MDT(Mechanical Desktop)를 발표합니다. 3차원 설계를 위해 AutoCAD R13, AutoCAD Designer 3, Assembly Modeler 1.0, Auto Surf 3.0, Auto Vision, Part Library등을 합친 것이었으나 실제 기대와는 달리 많은 사용자를 가지지는 못했습니다.

1997년에는 EDS와 Intergraph가 UGS(Unigraphics Solutions)로 합작하게 됩니다. Dassualt System은 Solid Works를 인수하게 됩니다. 인수 후 Solid Works가 사라질 것을 예상했지만 현재까지 좋은 제품으로 남아 있습니다.

1998년에는 Dassualt와 IBM은 공동으로 PDMⅡ에 대한 새로운 전략적 제휴를 발표합니다. Dassualt System은 Matro Datavision의 핵심 소프트웨어인 EUCLID Styler와 EUCLID Machanist, Strim, Strimflow를 인수하였으며, 이 제품들은 자유 곡면 설계, NC, 사출 해석 등의 기능을 가지고 있었습니다.

1999년 Dassuslt는 Window NT, UNIX에서 구동될 수 있는 CATIA V5를 출시합니다. 기존의 V4까지가 UNIX만을 지원했던 것과는 큰 차이라 할 수 있습니다. 이후 Smart Solutions ltd.를 인수하기도 하였습니다.

여기까지 간단한 CAD의 역사를 살펴보았습니다. 주요 설계 프로그램 및 회사들을 기준으로 정리를 해보았는데요. 설계 도구로의 프로그램들이 어떠한 역사를 가지며 성장해 왔는지를 가늠해 보시기 바랍니다.

Mathematical Theory

2.1 Bezier

Unisurf, 1972년 르노에서 자동차 설계를 위해 고안한 수학적 곡선 또는 곡면으로 Control Polygon으로 형상을 정의합니다. Bezier Curve는 시작점과 끝점을 지나며, 조정점에 의해 곡선의 형상이 정해집니다.

이미지 출처 : http://escience.anu.edu.au/lecture/cg/Spline/printCG.en.html

2.2 B-Spline(Basis Spline)

원래 Spline이란 것은 목수들이 부드러운 곡선을 긋기 위해 사용하던 얇은 금속 띠를 의미하였습니다. CAD를 전공하는 저희들에게는 다항식 곡선 중에 하나로 인식이 될 것입니다. 여기서 Spline도 다양한 종류를 가지게 되는데요. 이중에 B-Spline이 있습니다. 여기서 B의 Basis는 기반함수를 의미합니다. 더욱 부드러운 곡선 정의가 가능하며 일반적으로 Control Point를 지나지 않으며, 인접한 곡선끼리 Control Point를 공유합니다.

이미지 출처 : http://coreldraw.com/forums/t/4500.aspx

2.3 NURBS(Non-Uniform Rational B-Spline)

　3차원 곡선 또는 곡면을 수학적으로 표현하는 가장 진보된 방식으로, 특히 비정형화된 형상을 정확하게 표현할 수 있는 모델링 방식이라 할 수 있습니다. 이미 3D Max, Maya, Rhino 등과 같은 디자인 프로그램뿐만 아니라 CATIA, UG, Pro-E와 같은 하이엔드 설계 프로그램에서도 곡면 형상을 정의하는데 사용하고 있습니다.

　사물의 외형에 존재하는 몇몇 경계선만 가지고도 모델링할 수 있는 매우 강력한 도구로 수정이 용이하고 부드러운 곡면을 생성할 수 있다는 장점을 가집니다.

　NURBS의 경우 곡선을 정의한다고 했을 때 시작점과 끝 점 사이에 Control Point(Vertex)로 선들을 이어주게 되며 이 Control Point들은 위치 정보와 가중치(Weight)의 조합으로 형상을 정의할 수 있습니다. 곡면의 경우에도 Control Point들이 원형 방향으로(일반적으로 u,v 두 방향의 조합으로) 영향을 주며 형상을 적용하게 됩니다.

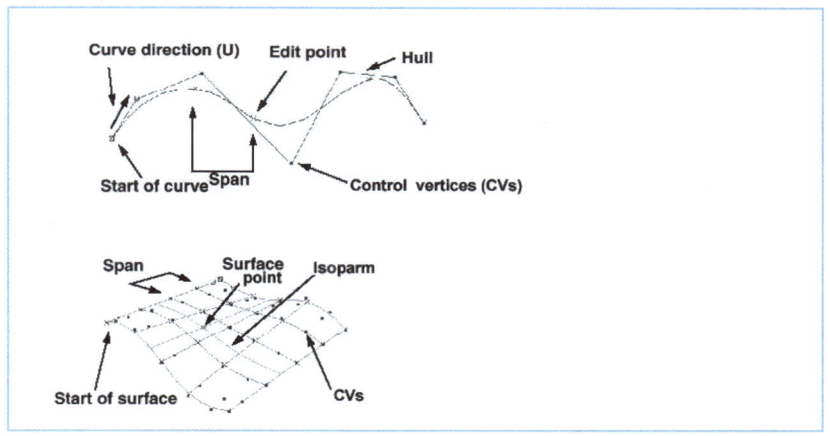

이미지 출처 : http://pesona.mmu.edu.my/~juhanita/mca1013/modellingNURBS.htm

　종종 CATIA에서 외부 데이터 형식으로 곡면 파일을 받아오는 경우에 깨지는 경우가 있는데요. 이는 NURBS 곡면을 완전히 소화하지 못하기 때문에 생기는 문제의 경우도 있으니 주의하시기 바랍니다. CATIA에서 NURBS 곡면을 가장 잘 활용하는 FreeStyle 워크벤치에서의 작업 경우에도 곡면 작업에서 수정 작업 반응이 약간 느릿함을 느끼실 것 입니다. NURBS는 많은 정보를 동시에 다루기 때문에 약간 무거울 수 있다는 점도 기억해 주시기 바랍니다.

2.4 Subdivision Surface

CATIA Shape 워크벤치 중에 유일하게 Imagine & Shape에서 사용하는 곡면 요소는 일반적인 Mechanical Design 및 Generative Shape Design에서의 Wireframe 및 Surface 관련 워크벤치의 그것과 사뭇 다릅니다. 이것은 일반적인 프로파일에 근거한 곡면이 아닌 Primitive라는 기본 형상 구조로 부터 세부 형상을 정의해나가는 방식과 완성된 형상을 정의해 나가는 방식의 차이라고 할 수 있습니다.

이미지 출처 : http://en.wikipedia.org/wiki/Catmull-Clark_subdivision_surface

다음은 일반적인 분할 곡면법에 대한 이론 설명을 발췌한 내용입니다.

분할 곡면(Subdivision Surface)이란 3차원 컴퓨터 그래픽스 분야에서 임의의 위상을 가지는 Linear Polygon Mesh로부터 매끄럽고, 연속이며, 쪼개짐이 없는 곡면을 생성할 수 있는 방법이다. 분할 곡면은 무한대의 상세함을 제공하여 간결하게 표현된 곡면의 정의로부터 임의의 개수의 다각형을 생성할 수 있다. 특히 분할 곡면은 분할하는 규칙이 간단하고 구현이 쉽다는 장점이 있다.

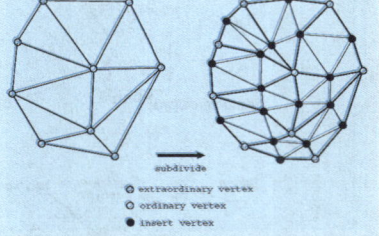

일반적으로 분할 곡면법은 두 단계로 이루어진다고 생각할 수 있다. 제어 메시(Control Mesh)라 불리는 다각형 메시로부터 시작해서 첫 번째 단계인 쪼개기 단계에서는 새로운 정점들을 만들고, 그들을 연결해서 작은 다각형을 만든다. 두 번째인 매끄럽게 하기 단계에서는 메시 내의 일부 혹은 전체 점들의 위치를 재조정한다.

이 두 단계의 세부 내용에 따라 분할 곡면 방법의 특징이 결정된다. 첫 번째에 따라 다각형이 쪼개어지는 방식이 결정되고, 두 번째 단계에 따라 곡면의 연속의 정도나 근사법인지 보간법인지 등이 결정된다.

분할 곡면 방법은 Stationary인지 Uniform인지, 삼각형 기반 혹은 다각형 기반인지에 따라 구분된다. Stationary 방식은 모든 분할 단계에서 같은 분할 규칙을 적용하고, Non-stationary 방식은 분할 단계에 따라 분할 규칙이 달라진다.

Uniform 분할 방법은 모든 정점과 면에 같은 분할 규칙을 적용한다. Non-uniform 방법은 점이나 면에 따라 다른 분할 규칙을 적용하는데, 예를 들어 경계에 있는 변에 다른 규칙을 적용한다. 삼각형 기반 방법은 삼각형 메시로부터 세분화된 삼각형을 만든다. 다각형 기반 방법은 임의의 다각형 메시에 적용될 수 있는 세분화 방법이다.

삼각형뿐만 아니라 다각형 메시에도 적용할 수 있는 분할 방법 중 가장 유명한 방법은 Catmull-Clark과 Doo-Sabin의 방법이다. Catmull-Clark 곡면은 균형이 잡힌 곡면을 만드는 경향이 있다.

내용 출처 : Real Time rendering 2판 번역서, '정보문화사'

3 Continuity

CATIA Surface

여기서는 곡선 또는 곡면의 연속성에 대한 이야기를 해볼 것 입니다. 연속성이 무엇이고 왜 중요한지는 곡면을 이용한 형상 설계를 하시는 분들이시라면 모두 공감할 것 입니다. 우리가 설계하는 형상은 단번에 하나의 곡면 패치로 설계할 수 없다는 것은 초심자의 경우라도 모두 이해하실 것입니다. 여러 개의 곡면과 곡면 패치들이 모여 하나의 형상을 이루게 되는데요. 여기서 이러한 곡면과 곡면들 사이 또는 곡선과 곡선 사이에 연결되는 지점에 대한 연속성을 정의하게 됩니다. 단순히 이어 붙여 하나의 형상을 만드는 것이 아니라 곡면의 가공성 또는 품질을 고려하여 연결해 주어야하기 때문에 연속성이 필요하다고 할 수 있습니다. 앞서 간단히 보신 Bezier, B-Spline, NURBS 모두 각각의 패치들을 연결(Composite)할 경우에 아래와 같은 원리가 필요하며, 여러분이 CATIA에서 곡선이나 곡면들을 연결할 경우에도 이를 따져보아야 하는 부분이 됩니다. 단순히 Join만 시켜서 가공할 수 있는 완벽한 곡면이 나오느냐? 그건 알 수 없는 것이지요.

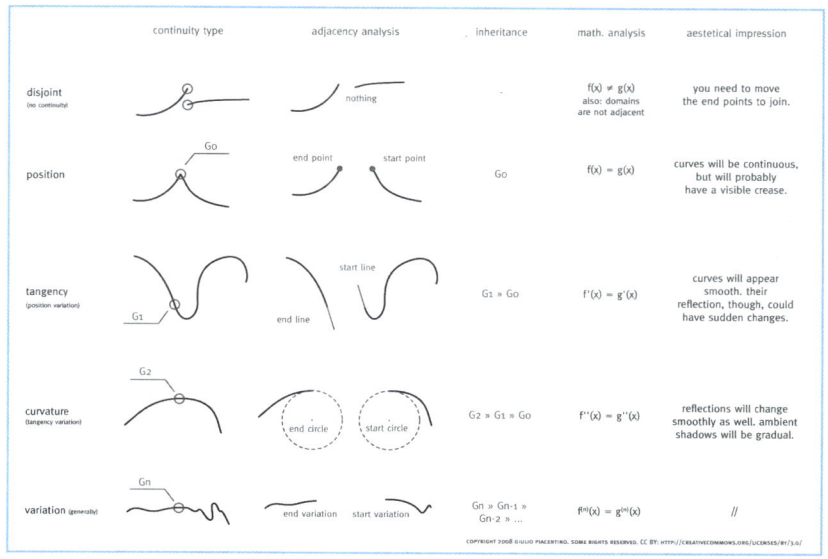

이미지 출처 : http://www.giuliopiacentino.com/wp-giulio/wp-content/uploads/gs-continuity-derivative.png

여기서는 곡선 또는 곡면의 부드러움(Smooth)을 기준으로 연속성을 따져 보도록 하겠습니다. 일반적으로 수학적인 연속성을 정의하는 기준은 Cn으로 표기를 합니다. C0, C1, C2 이렇게요. 하지만 이것은 수학적인 기준인지라 지오메트리(Geometry)에 기준하기에는 상당히 애매한 부분이 있습니다. 그래서 지오메트리에 대한 연속성의 기준은 따로 Gn으로 표기를 합니다. G0, G1, G2 이렇게요.

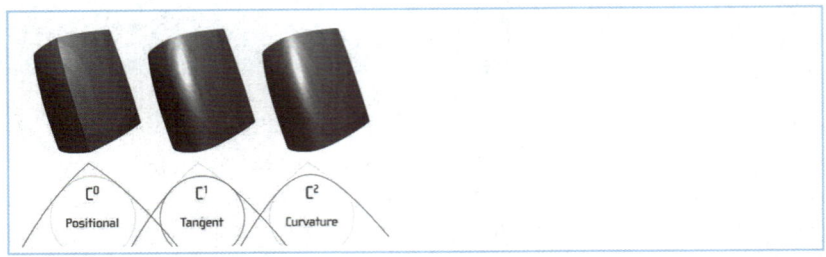

이미지 출처 : http://www.digitalartform.com/archives/2010/02/studio_cyc_no-s.html

　C0(Point Continuity) 연속의 경우 두 곡선 또는 곡면이 한 점 P 또는 한 모서리 PP'에서 만난다고 할 때 이한 점 P 또는 한 모서리 PP'에서 두 곡선 또는 곡면은 일치해야합니다. 닿아있어야 한다는 것이지요. 만약에 이 한 점 P 또는 한 모서리 PP'에서 두 형상이 닿지 않는 다면 나머지 C1, C2 역시 만족 될 수 없습니다. 여기서 C0는 G0와 동일한 연속 조건을 갖습니다.

　C1(Tangent Continuity) 연속의 경우에는 한 점 P 또는 한 모서리 PP'에서 C0를 만족한 상태에서 기울기가 같아야 합니다. 즉, Tangent해야 한다는 것이지요. 혹은 접한다고도 표현할 수 있는데요. 서로 다른 두 방향에서 이어져온 형상이 이 만나는 지점을 기준으로 기울기가 같아야 한다고 생각하시면 됩니다. 수학적으로 기울기가 같으려면 해당 위치에서 두 곡선 또는 곡면의 방정식의 1차 미분이 같아야 합니다. G1 연속의 경우에는 C1 연속 조건에 유연성 부여를 위해 상수 곱이 가능한 경우라고 보시면 됩니다.

　일반적으로 우리가 일반적으로 모델링을 하면서 이웃하는 형상들을 부드럽게 이어주어야 한다고 할 때 만족해야 하는 최소 조건이 G0 연속 입니다.

　C2(Curvature Continuity) 연속의 경우완전 연속이라고도 할 수 있는데요. 한 점 P 또는 한 모서리 PP'에서 두 곡선 또는 곡면이 연결된다고 할 때 이 위치에서 곡률이 일치합니다. 곡률은 기울기의 변화율인데 그 변화율까지 같은 경우이므로 완전 연속이라 할 수 있습니다. 가장 부드럽게 두 대장간을 연결하는 방법이라고 기억해 주시면 좋을 것 같습니다.

　앞으로 곡면을 이용한 많은 설계 작업을 하실 여러분들께서는 이러한 곡면 연속의 특징을 잘 파악해서서 사용하시기를 권장 드립니다. 이러한 특성이 곡면 최종 품질과 결부되었음은 물론 CATIA를 다루면서 명령어 속에서도 확인하실 수 있을 것 입니다.

File Types

4.1 IGES(Initial Graphics Exchange Specification)

대표적인 중립파일(Neutral) 포맷입니다. 중립파일이라 불리는 파일 형태가 필요한 이유는 바로 호환성의 문제 때문입니다. 다양한 업체들이 다양한 프로그램을 통하여 컴퓨터로 업무를 보고 이것을 함께 일하는 부서나 협력 업체로 데이터를 보내게 됩니다. 그런데 같은 프로그램 즉, 같은 파일 형식을 사용하지 않는 곳에서는 이렇게 업무로 보내온 파일을 열 수 없거나 수정이 불가능한 일이 발생하게 됩니다. 이러한 일들이 빈번히 존재하고 업무상에 큰 지장을 주기에 어느 프로그램에서나 접근할 수 있는 표준이 필요하게 됩니다. 여기서 서로 다른 프로그램 간에 전용 호환 가능한 형식(Direct Translator)을 정의할 수도 있으나 이는 비용적인 측면이나 범용적이지 못한 단점이 있으며, 이에 따라 어떤 프로그램에서나 CAD 프로그램이 됐던 CAE 프로그램이 됐건 CAM 프로그램이 됐건 자유로이 인식할 수 있고 호환할 수 있는 중립파일 형식이 탄생하게 되었습니다. 물론 아직까지 형상 위주의 데이터 호환인지라 작업 히스토리까지 완전히 보존되면서 서로 호환되는 중립파일로의 발전은 앞으로의 숙제일 것입니다.

IGES는 그 대표적인 중립파일의 한 종류로 3차원 상에서 점 데이터, 선 데이터, 면 데이터를 호환할 수 있습니다. 아마도 가장 많이 쓰이고 있는 중립파일이 아닐까 합니다. 아직까지 솔리드까지 인식하는 IGES의 표준화는 조금 시간이 걸릴 듯하며 대체적으로 곡면 데이터의 호환 및 교환을 목적으로 많이 활용되고 있습니다. CATIA, UG, Pro-E, Rhino, 3D MAX, Alias 등이 모두 IGES와 같은 중립 파일을 지원하고 있지요.

다만 IGES로 변환되어 불러와지는 형상은 CATIA에서 Converting 과정을 거치기 때문에 작업 트리의 보존이나 형상 일부가 변환 후 소실될 수 있는 문제는 있습니다. 솔리드로 작업된 데이터라 하더라도 IGES로 변환 후 열어보게 되면 내부 솔리드는 없어지고 외형만 면(Surface) 데이터로 존재하게 됩니다.(형상의 내부에 있는 면들도 그대로 인식 됩니다.) 그런데 한 가지 더 생각할 문제는 면 데이터 역시 각각의 Patch별로 끊어져 버린다는 것입니다. 필요하다면 전부 다시 합치거나(Join) 수정을 해야 하는 일이 필수적이라는 것이지요. (CATIA에서는 이러한 문제점을 해결하기 위해서 Healing Assistant라는 워크벤치 또는 Healing이라는 기능을 제공하고 있습니다.)

4.2 STEP(STandard for the Exchange of Product model data)

　　STEP은 ISO에서 제정된(1994년 12월) 있는 새로운 국제 표준으로 정식 타이틀은 ISO 입니다. 제품의 생명주기 전반을 다루는 것을 목표로 하는 STEP의 그 역사는 1984년 ISO TC184/ SC4에서 부터 시작됩니다. 역사나 배경에 대해서는 각설하고 앞서의 IGES 와 달리 점(Point), 선(Curves), 면(Surface), 솔리드(Solid) 데이터 모두를 호환합니다. 즉, 솔리드 형상으로 모델링한 파일을 STEP으로 저장하여 변환, 불러오기를 하더라도 솔리드 데이터가 보존된다는 것입니다. 물론 아직까지 Spec Tree까지 보전되지는 못하지만 형상 데이터의 완전한 변환은 좋은 점이라 할 수 있습니다.

　　STEP의 경우 응용 프로토콜 정의를 통한 표준을 정의하고 있는데 이는 특정 응용 분야에 초점을 맞춘 골격을 정의하고 있으며 우리에게는 AP203이 친숙할 것 입니다. (AP213과 함께 CATIA 옵션 설정에서도 확인하실 수 있습니다.) 기계 부품과 조립 부품에서 제품의 형상에 관계없이 구성 제어된 3차원 형상의 설계를 위한 응용 프로그램 간의 교환을 가능케 합니다. 여기서 구성이란 3차원 설계 데이터와 그 데이터를 제어하는 프로세스를 의미하지요.

　　다음은 간단히 STEP AP들 산업군 별로 정리한 것입니다.

기구 설계 제도	복합재료
201-202 : 제도 203 : 구성 제어 설계 204 : 경계표현을 이용한 기구 설계 205 : 곡면표현을 이용한 기구 설계 206 : Wireframe 표현을 이용한 기구 설계 214 : 자동차 기구 설계 프로세스 핵심 데이터 교환	209 : 복합재료/금속 구조 해석 설계 222 : 복합재료 제품 데이터 교환
	플랜트
	221 : 플랜트 기능 및 구조 표현 227 : 플랜트 공간 배치 231 : 주요 장비 설계, 사양
일반 기계 가공	전기 전자
207 : 판금다이 계획 및 설계 213 : 절삭공작물 NC 공정계획 223 : 주물제품의 설계 및 제조 224 : 특징 형상 이용 공정 계획 229 : 단조품 설계 제조	210 : PCA 설계 제조 211 : 전자 제품 시험, 진단, 재생산 212 : 전자제품 설계, 설치 220 : PCB 생산계획
건축	조선
225 : 건축물 부품 명시적 형상 표현 228 : 건축물 서비스 230 : 건축물 구조 골격-강구조물	215 : 조선 배치 216 : 선형 217 : 파이프 배치 218 : 선체 226 : 선박 기관, 의장 설계

Chapter 1
CATIA Setting & Interface

1. Setting
2. Interface
3. Common Toolbar

1. Setting

프로그램을 다루면서 자신의 작업에 맞게 설정하는 작업은 매우 중요합니다. 특히 CATIA와 같은 범용 프로그램을 사용하는데 있어 설정 작업은 평상시 작업에서의 소요 시간을 단축시킬 뿐만 아니라 작업하는 사람의 작업 능률 향상에도 도움을 줍니다. 아니 오히려 자신이 사용하는 프로그램에 설정을 하지 않고 사용하는 것이 작업의 지체와 작업자의 능률을 저하시키는 요소가 될 것입니다. 그리고 이러한 설정 작업을 한 번의 과정으로 생각하지 말고 사용자의 몸에 익혀 실제로 활용할 수가 있어야 합니다. 그래야 이 설정이 빛을 발할 것입니다.

1.1 Customize

앞서 언급했듯 프로그램을 사용하는데 있어 설정을 하지 않고 사용하는 것은 설정을 한 것과 효율적인 면과 기능적인 면에서 큰 차이를 보이게 됩니다. 아래의 설정들을 해둠으로써 자신의 작업에 맞는 최상의 환경 설정과 이 설정의 관리를 통해 전문적인 작업자가 될 수 있을 것입니다.

A. 언어 설정하기

CATIA는 릴리즈 11까지 한국어를 지원하지 않았습니다. 그래서 많은 사용자들이 영문으로 사용을 해왔는데 한글 언어 팩을 지원하는 현 시점(Release 20)에서도 한글 보다는 영문을 그대로 사용하는 것을 추천합니다. 이는 아직 아이콘이나 명령을 영문에서 한글로 변환하였을 때 그 번역이 매끄럽지 못한 면이 있어서 입니다. 그리고 외부 업체 또는 연구 기관과 협업을 위해서라도 언어 인터페이스가 같은 것이 효율적이리라 봅니다.

CATIA의 언어 설정은 프로그램을 실행 시키고 탑다운 메뉴 Tools ➪ Customize에서 설정 할 수 있습니다. (한글 언어 환경이라면 '도구 ➪ 사용자 정의'로 들어오면 됩니다.) 키보드 단축키로는 'Alt+T, C'입니다.

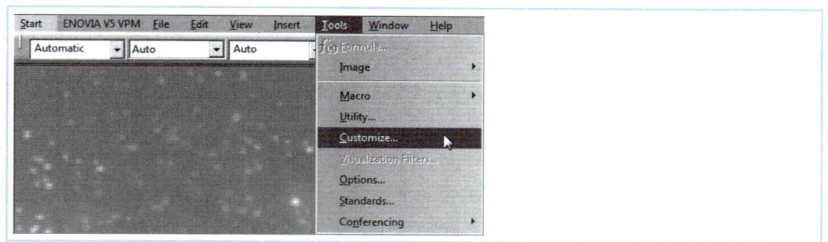

여기서 가장 오른쪽 Tab에 있는 옵션(Options)을 선택해 들어가 보게 되면 가운데 부분에 사용자 인터페이스 언어(User Interface Language)라는 부분이 보일 것입니다. 이것을 환경 언어(디폴트)에서 영어로 바꾼 뒤 설정을 적용하려면 세션(Session)을 다시 실행시키라는 메시지가 뜹니다.(세션을 다시 시작하라는 말은 CATIA를 재실행하라는 뜻입니다.)

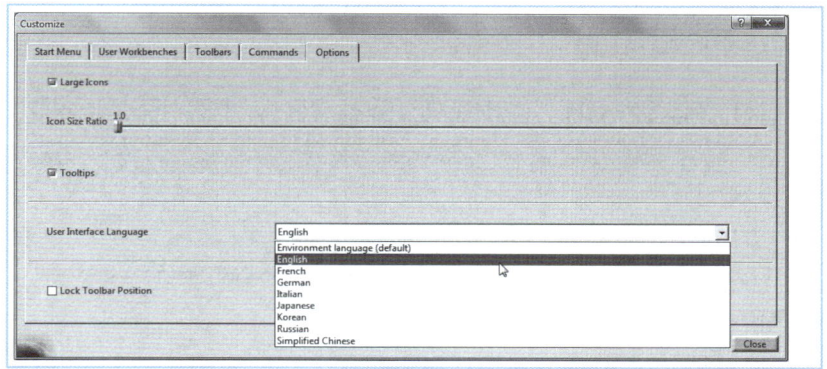

이제 CATIA를 재실행하면 언어가 변경된 상태로 CATIA가 실행됩니다.

B. 빠른 시작 메뉴 설정 및 Workbench에 단축키 설정하기

CATIA에서의 모든 작업은 워크벤치(Workbench)라는 모듈 안에서 이루어집니다. 2차원 단면 형상을 작업하는 Sketcher 워크벤치, 3차원 서피스 형상을 만드는 GSD, FSS 워크벤치 등과 같이 각각의 특성에 따라 작업할 수 있는 부분을 나누어져있습니다. 그리고 우리는 이러한 워크벤치를 사용하고자 하는 기능에 따라 자유롭게 이동하면서 작업을 완성시키는 것입니다.

CATIA Surface의 정석

CATIA는 CAD/CAM/CAE 통합 솔루션을 자랑하기 때문에 그 만큼 많은 워크벤치를 보유하고 있습니다.(처음엔 너무 많아 어디서 시작해야 할이지 몰라 당황하게 되는 경우도 있습니다. 자신이 작업해야 할 워크벤치가 어디에 있는지 찾기 어렵기 때문이죠.)

그래서 CATIA에서는 사용자가 자주 사용하는 워크벤치들을 설정할 수 있도록 '빠른 시작 메뉴(Start Menu)'를 설정할 수 있게 하였는데 이와 동시에 각각의 워크벤치에 '단축키(Accelerator)'를 지정하여 보다 손쉽게 워크벤치의 이동을 돕습니다.

다음 과정을 따라 해 보기 바랍니다.

풀다운 메뉴에서 Tools ⇨ Customize로 이동합니다. 여기서 가장 앞부분에 Start Menu가 보일 것입니다. 여기서 창이 둘로 나누어지는 것을 볼 수 있는데 왼편의 것은 현재 자신의 컴퓨터에 설치 된 워크벤치들이 될 것입니다. 그리고 오른쪽에 비어있는 창이 보일 텐데 자신이 자주 사용하는 워크벤치를 왼편에서 찾아 가운데 보이는 화살 표시를 사용하여 오른 창으로 이동시킵니다.

순서 : '워크벤치 선택 ⇨ 가운데 화살 표시 클릭 ⇨ 빠른 시작 메뉴 지정'

다음으로 이렇게 옮겨진 빠른 시작 메뉴에 단축키를 지정하도록 합니다. 워크벤치를 오른쪽으로 이동 시켜놓으면 그 워크벤치를 선택 하였을 때 Customize 창 가운데 부분에 Accelerator(단축키) 부분이 활성화 되는 것을 확인 할 수 있을 것입니다. 이제 이 부분에 여러분이 원하는 단축 명령을 넣으면 됩니다.

필자가 실제 작업을 하면서 그리고 오프라인 상에서 강의를 하는 동안 사용해 온 방법은 다음과 같이 각 워크벤치의 앞 글자를 이용하여 단축키를 지정하는 것인데 다음과 같이 Alt Key와 워크벤치 이니셜을 사용합니다.

[예] Sketcher 워크벤치 ⇨ 'Alt + S'

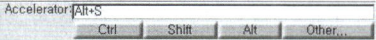

물론 자주 사용하는 정도에 따라 약간의 차이가 있겠지만 위와 같이 빠른 시작 메뉴를 다루어 봄으로써 작업자의 편의를 위한 워크벤치의 배치를 연습해 보기 바랍니다. 이제 CATIA의 Start를 열어 보면 현재 설정한 워크벤치들이 노출되어 있는 것을 볼 수 있을 것입니다.

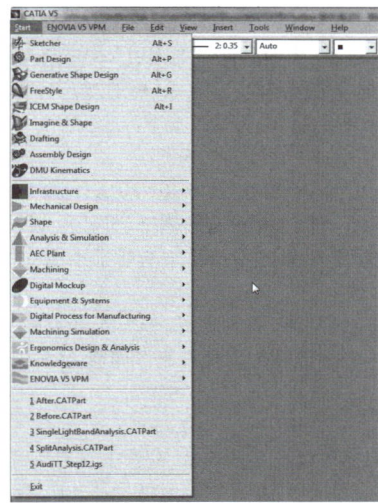

그리고 유심히 살펴보면 해당 워크벤치 이름 옆에 여러분이 입력한 단축키가 들어가 있는 것을 볼 수 있을 것입니다. 화면에 빈 Part 도큐먼트 창이나 Product 도큐먼트 창이 있다면 닫은 후에 단축키를 눌러 보기 바랍니다. 워크벤치가 새로 실행되거나 워크벤치가 이동되는 것을 확인 할 수 있을 것입니다.

다음은 기본적으로 모델링 작업을 위한 워크벤치 단축키 설정 예입니다. 여기서는 기본적인 Mechanical Design에 대해서 설정한 것이며 본인의 작업 환경에 맞추어 또 다른 설정이 가능합니다. 단축키가 중복되지 않게만 주의하시면 됩니다.

워크벤치	단축 키
Sketcher	Alt + S
Part Design	Alt + P
Generative Shape Design	Alt + G
Free Style	
Drafting	
Assembly Design	
Knowledge Advisor	Alt + K

C. 아이콘 단축키 설정하기

CATIA에는 그야말로 수많은 아이콘 명령이 있습니다. 수많은 명령을 모두 아이콘화 하여 텍스트 모드로 입력이 아닌 아이콘을 클릭함으로 작업을 실행할 수 있게 하였는데 이러한 아이콘 위주의 작업 환경은 일일이 그 아이콘을 선택해서 작업을 해야 하기 때문에 반복 작업이나 장시간 작업 시 손에 무리를 주게 됩니다.

이런 경우 단축키를 이용하여 작업을 많이 하게 되는데 이상하게도 CATIA에는 단축키 가 그리 많이 설정 되어 있지 않음을 알 수 있을 것입니다. 기본적인 복사, 붙여 넣기와 같은 명령 외에 다른 아이콘 명령에는 어떠한 단축키가 없음을 발견 할 것인데 이는 CATIA의 사용자에 대한 배려(?)로 보아도 됩니다.

이 무슨 터무니없는 말인가 할 수 있겠지만 앞서 말한 바와 같이 CATIA에는 수많은 명령어가 존재합니다. 그러한 상황에서 프로그램 자체에 단축키가 지정이 되어있다면 이들 각각을 사용하기 위해 사용자는 그 것들을 외우는데 시간을 할애해야 할 것입니다.

대신에 CATIA는 사용자가 원하는 명령에 단축키를 지정해 줄 수 있도록 기능을 제공 하고 있습니다. 이제 작업에 따라 자주 사용하는 명령에 단축키를 지정해 둠으로써 작업 의 편의를 증대 시켜 봅니다.

우선 Sketcher 워크벤치에서 자주 사용하는 명령을 단축키로 지정해 보기로 하자. 우 리가 Sketcher 워크벤치에 단축키를 지정하고자 한다면 우선은 Sketcher 워크벤치에 들 어가 있어야 합니다.

먼가? 생소할 수도 있으나 우리가 Sketcher 워크벤치에 있거나 GSD 워크벤치에 있거 나 혹은 Part 도큐먼트 창인 상태나 Product 도큐먼트 창을 연 상태이냐에 따라서 우리가 접할 수 있는 명령어가 다르기 때문에 설정 창에서도 마찬가지로 해당 부분에 대해서만 명령어를 보여줍니다.

따라서 Sketcher 워크벤치에 단축키를 입력하기 위해서 우선은 워크벤치에 들어가도 록 할 것입니다. 단축키를 앞서 입력 하였으므로 'Alt + S'를 누르고 화면상에서 아무 평면이나 선택을 해주도록 합니다.

평면을 선택하여 Sketcher 워크벤치에 들어왔다면 탑다운 메뉴에서 Tools ⇨ Customize에 들어가 Commands Tab을 선택하도록 합니다. 그리고 여기서 왼쪽 창 메뉴 중에 가장 아래에 있는 All Commands를 선택하게 되면 오른쪽 창에 현재 사용가능 한 명령어가 모두 나타나게 됩니다.

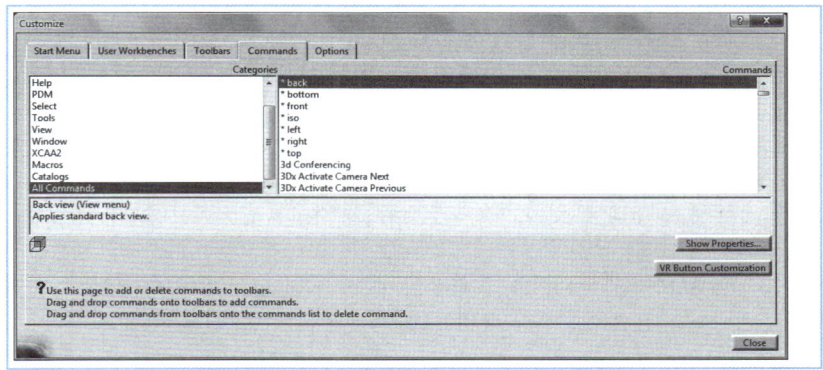

단축키를 지정하고자 하는 명령어를 찾았다면 우측 하단 부분에 있는 Show Properties…라는 버튼을 클릭합니다. 그리고 그 아래 부분을 보면 창이 확장되면서 앞서 빠른 시작 메뉴에서처럼 Accelerator 부분이 활성화 되어 있는 것을 볼 수 있을 것입니다.

이제 여기에 앞의 표와 같이 각각에 대해서 단축키를 입력해 주면 됩니다. 입력 후 해당 아이콘에 마우스를 가져가 보면 여러분이 입력 한 단축키가 표시 되고 있음을 확인 할 수 있을 것입니다.(명령어에 중복으로 동일한 단축키 값을 입력할 수는 없습니다. 주의하세요!)

다음은 각 워크벤치에서 사용하면 유용할 만한 명령어들의 단축 키 설정 예 입니다.

a. Generative Shape Design

명령어	단축 키
Geometrical Set	Alt + O
Formula	Alt + F
Axis system	Alt + A
Positioned Sketch	Alt + E

b. FreeStyle

명령어	단축 키
Control Point	Alt + I

D. Toolbar에 명령 추가하기

CATIA는 워크 벤치에 따라 수많은 아이콘들과 Toolbar 들이 나타납니다. 여러 워크 벤치에서 작업을 하다 보면 자신이 자주 사용하는 여러 워크 벤치의 아이콘들을 몇 개만 이라도 하나의 워크 벤치에 모아두고 싶어 합니다. 워크 벤치를 옮겨 다닐 만큼 많은 작업이 아님에도 불구하고 빈번하게 아이콘을 쓰는 경우 차라리 현재 자주 사용하는 워크 벤치의 Toolbar에 임의로 다른 워크 벤치의 아이콘을 가지고 올 수 있습니다.

우선 GSD 워크벤치에 들어간다. 그리고 Tools ⇨ Customize ⇨ Toolbars를 선택합니다. 그리고 여러 Toolbar의 이름 중에서 Wireframe을 찾습니다.

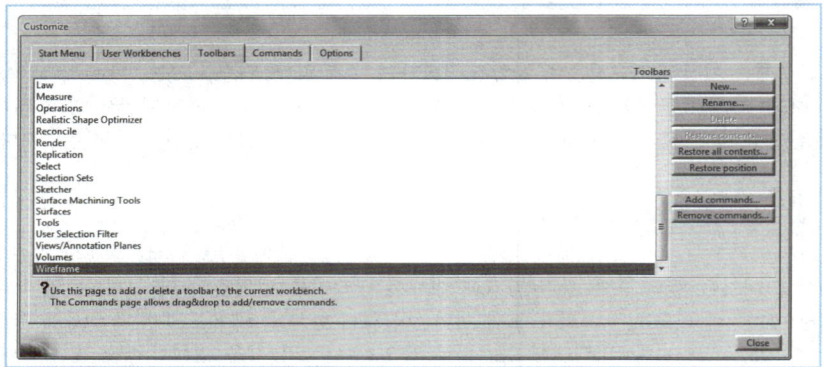

그리고 이것을 선택한 상태에서 오른쪽 메뉴 중에 'Add Commands…'을 선택하도록 합니다. 그러면 여러 아이콘들의 이름이 들어있는 창이 나타납니다. 여기에서 '3D Curve'를 선택합니다.

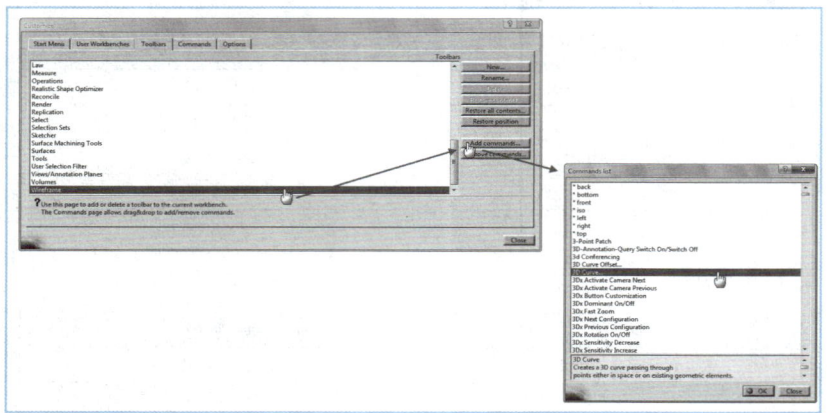

그러면 Wireframe Toolbar 끝에 3D Curve라는 아이콘이 추가된 것을 볼 수 있을 것입니다.

또한 비슷한 방법으로 Toolbar에서 자주 사용하지 않거나 필요 없는 Toolbar를 제거할 수 있습니다. 앞서 'Add Commands…' 대신에 그 아래 있는 'Remove Commands…'를 이용하면 원하는 Toolbar에서 필요 없는 아이콘을 제거 할 수 있습니다.

E. Toolbar 위치 초기화하기

앞서 설정에 관한 설명 중에 Toolbar의 위치를 초기화 하는 것에 대해서 설명한 바 있습니다. 이번에는 Toolbar의 위치를 CATIA를 처음 설치한 상태로 재위치 시키는 방법에 대해서 설명하도록 하겠습니다. 이 역시 오랜 작업 속에 Toolbar 들의 위치가 난잡해 지거나 일일이 각 Toolbar의 위치를 설정하기 힘들 때 CATIA를 처음 설치했을 때의 상태로 초기화 해주는 방법입니다.

다음과 같이 Tools ⇨ Customize ⇨ Toolbars에 가면 'Restore Position'이 보일 것입니다.

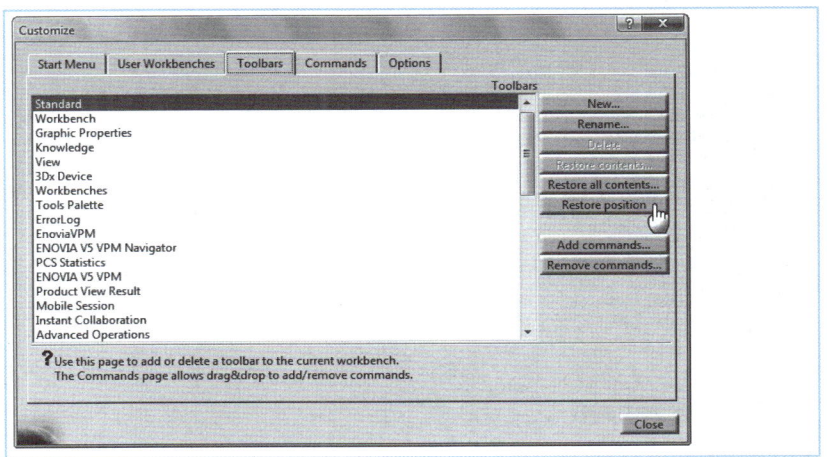

이것을 클릭하면 다음과 같은 확인 메시지와 함께 확인 후 Toolbar들의 위치가 초기화 되는 것을 볼 수 있을 것입니다.

CATIA를 처음 배운다면 반드시 알아두길 권합니다. CATIA를 처음 접하는 사람들에 가장 큰 난관은 눌러야 할 아이콘이 안 보인다는 것인데 이 때 정 찾을 수 없는 경우라면 이와 같이 초기화 시키는 것 또한 좋은 방법이 될 것입니다.

1.2 Options

앞서 Customize 설정을 통해 CATIA 설치 후 사용자에게 필요한 설정을 해주는 것을 보았습니다. 이제 CATIA의 사용 환경 설정을 담당하는 Options을 볼 것입니다. 이 부분을 통하여 여러분은 실제 작업에 필요한 중요한 설정을 다루는 방법을 알게 될 것입니다.

Options 설정은 풀다운 메뉴에서 Tools ⇨ Options에서 정의합니다.

A. General

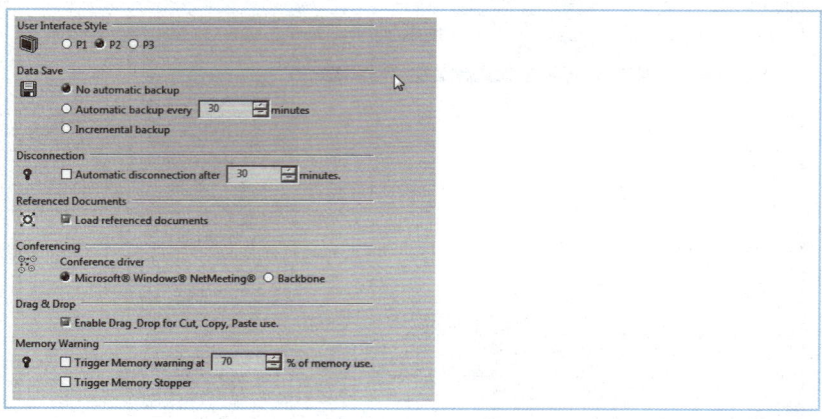

PCS Tab

여기서는 우리가 작업을 실행하고 나서 작업을 다시 취소하는 Undo의 횟수를 결정할 수 있습니다. 손쉽게 'Ctrl+Z'를 누르면 작업을 취소할 수 있었던 것이 바로 이 기능에 의해서 입니다. 수가 크면 클수록 실제 컴퓨터 메모리상에 그 이전까지의 많은 작업 정보를 기록하고 있기 때문에 컴퓨터 메모리 소모가 심합니다. 따라서 너무 지나치게 이 값을 크게 할 필요는 없다고 봅니다.

초기 설치에는 Stack Size가 10으로 되어있습니다.

a. **Display**

① Performance Tab

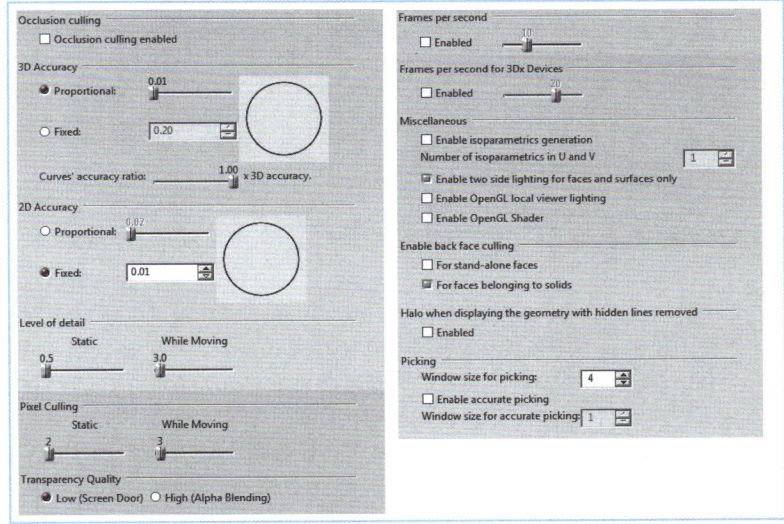

CATIA를 설치하고 나서 처음으로 해주어야 할 중에 하나가 여기 Performance를 설정 하는 것입니다. CATIA를 처음 설치하고 바로 원을 스케치 하거나 Solid 구나 실린더 형상을 만들면 왠지 원이 완전한 원형이 아니고 여러 개의 다각형으로 보입니다.

이것은 2D, 3D 정밀도와 관련되는데 Performance에서 다루게 됩니다. 다음과 같이 Fixed로 된 것을 Proportional로 바꾸고 그 값을 가장 왼쪽으로 값을 내린다. 그렇게 되면 Accuracy 값이 가장 정밀한 값으로 됩니다.

종종 Accuracy 값을 이용해서 다른 용도의 작업을 하기도 하는데 STL 파일로 Out Put 파일을 만들 때 삼각형 요소가 너무 많을 경우 Accuracy를 낮게 해서 삼각형 수를 줄인 후 데이터를 만들어 내기도 합니다.

② Visualization Tab

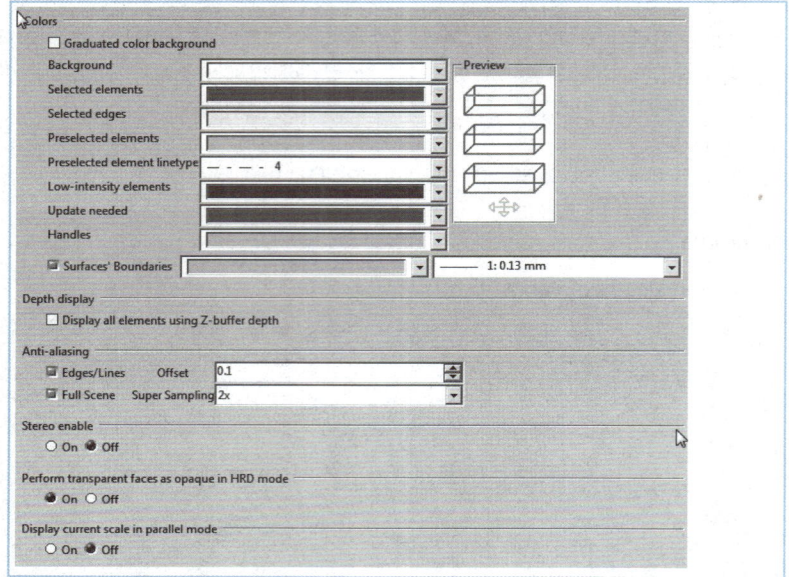

여기서는 CATIA 전체적인 배경 색상 기타 색상에 대해서 설정을 관리합니다. 특별히 많은 값을 바꾸는 것은 배우는 단계에서 다른 이들과 혼선을 줄 우려가 있으므로 간단히 바탕 화면 정도만을 자신의 기호에 맞게 바꾸어 사용하기를 권합니다. 색상을 바꾸게 되면 바로 적용이 되어 확인 할 수 있습니다. 'Graduated color background'는 화면 배경 색상이 위에서 아래로 갈수록 연하게 밝아지는 표현을 해줍니다.

b. Compatibility

이 부분에서는 파일 호환에 대해서 다루게 됩니다. 이 세상에는 CATIA 외에 수많은 CAD/CAM/CAE 프로그램이 존재 합니다. 각 프로그램의 구성 방식이 다르듯이 그 데이터를 저장하는 파일 형식도 물론 다르기 마련입니다.

이러한 다양한 파일 형식들을 CATIA에서 읽고 수정하고 저장할 수 있도록 설정을 하는 부분입니다. 기본적인 CATIA를 공부를 하는 입장이라면 간단히 읽어 넘어갈 수도 있겠으나 매일 같이 외부 업체에서 데이터 파일을 받아 CATIA로 열어 수정 작업을 해야 하는 입장이라면 중요한 대목이 될 것입니다.

V4	CATIA V5 이전의 유닉스 버전의 CATIA 도큐먼트 형식을 뜻합니다.
3D XML	VRML 파일과 같은 3차원 가상 모델링 파일입니다.
DXF/DWG	도면 파일 형식으로 CATIA에서 읽어 드리고 수정이 가능합니다.
IGES	표준 파일 규격 중에 하나로 형상 정보를 Wireframe/Surface로 저장합니다.
STEP	표준 파일 규격 중에 하나로 형상 정보를 Wireframe/Surface/Solid로 저장합니다.

위와 같은 파일 형식은 CATIA V5에서 읽고 쓰기가 가능하며 수정이 가능합니다. 일부 제약적인 부분은 존재합니다. 앞으로 현업이나 연구 시에 종종 이러한 파일 형식을 접하게 될 것이며 수정 또는 저장을 필요로 할 것입니다. 지금은 크게 의미가 닿지 않더라도 이름만은 기억해 두기 권합니다. 그리고 CATIA 경우 이러한 다양한 파일 형식에 대해서 변환하는 기술을 잘 적용해 주고 있습니다.

① DXF Tab

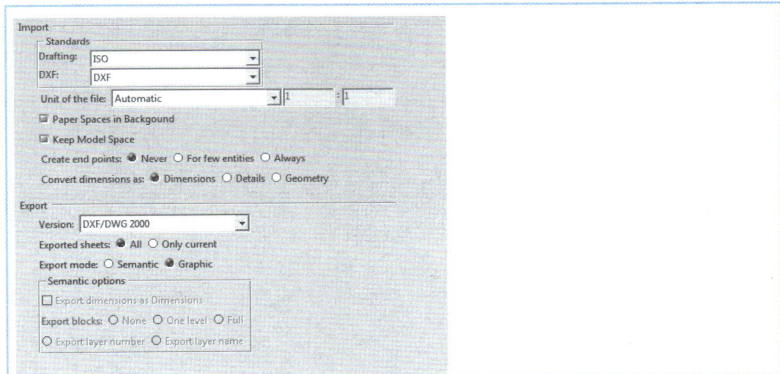

② ICEM External I/O Tab

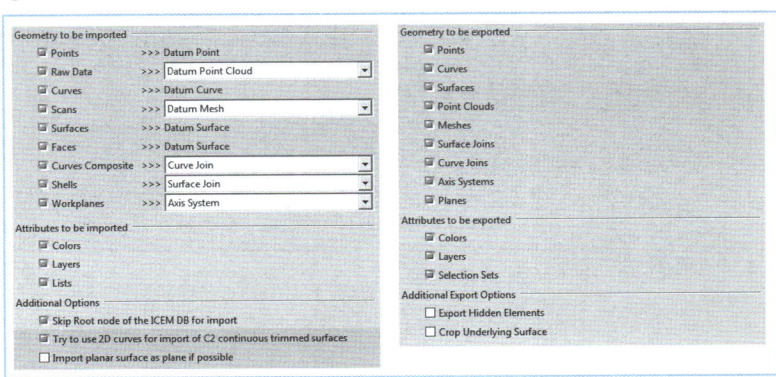

③ IGES Tab

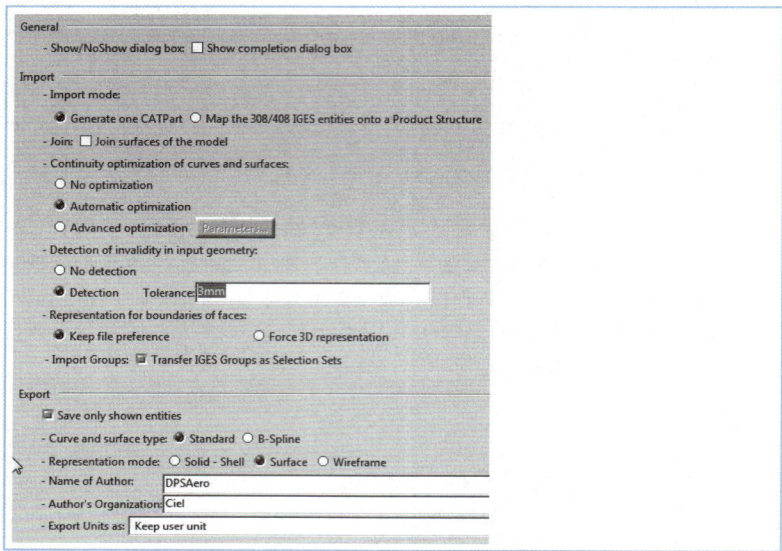

④ STEP Tab

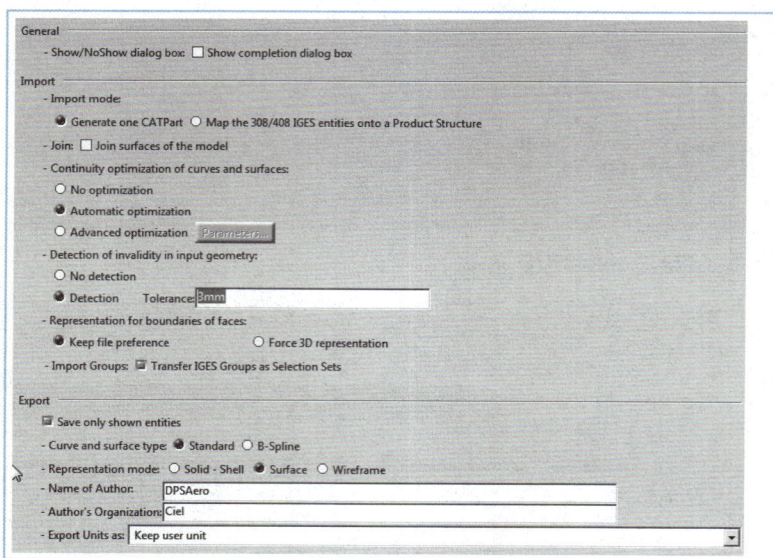

c. Parameter and Measures

여기서는 매개 변수 및 단위에 대한 설정을 수행합니다.

① Knowledge Tab

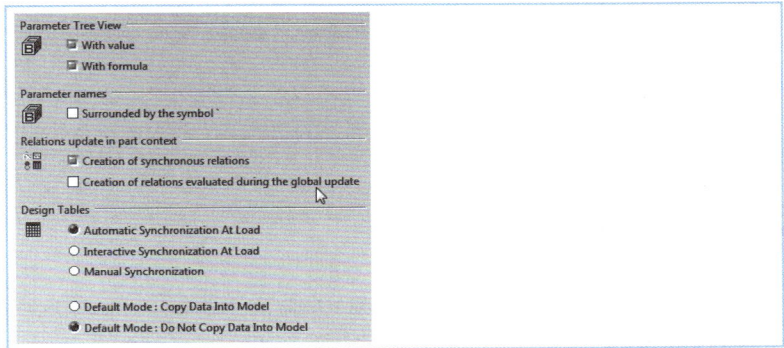

CATIA를 사용하면서 이 말을 못 들어 봤다면 아직 CATIA의 뛰어난 능력을 경험하지 못했을 수도 있는데 그 말이 바로 'Knowledge'입니다. 지식 기반 설계라는 이름으로 제품 또는 형상에 제작자의 지식을 불어넣는 이 Knowledge는 단순히 형상을 만들어 끝내는 것이 아닌 이 형상의 조건에 따른 변수를 내재하고 있습니다.

워크벤치를 이용한 곡면 모델링에서 Knowledge를 사용하기에 앞서 위 그림과 같이 체크 해 두기 바랍니다.

② Units Tab

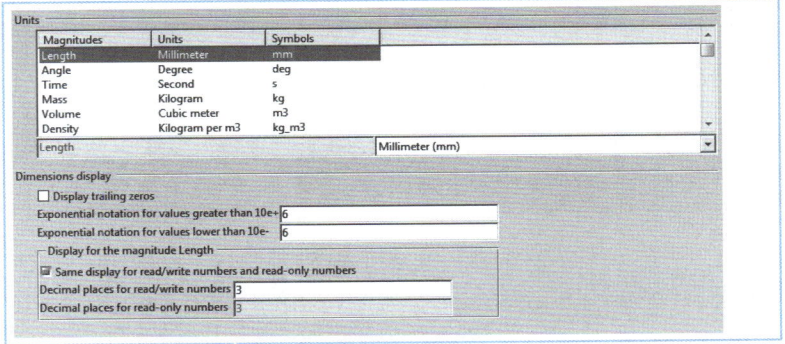

CATIA는 수많은 나라에서 사용되고 있습니다. 따라서 그 많은 나라들의 혹은 한 곳에서라도 필요에 따른 단위계의 변환이 필요한데 CATIA는 이를 잘 충족시켜 주고 있습니다. 이 Tab에서 여러분이 원하는 단위가 무엇이든 CATIA는 그에 따라 단위를 손쉽게 바꾸어 줄 수 있습니다. 이 부분을 잘 알아 두어야 필요에 따라 단위를 바꿀 수 있습니다.

그 아래는 유효 숫자까지 소수점 자리에 '0' 표시를 하도록 하는 'Display trailing zeros'가 있고, 자리 수의 크기가 어느 정도만큼 커지게 되면 그 자리 수를 모두 표현하지 않고 지수 꼴로 표현하게 해주는 부분입니다.

그리고 치수의 유효 자리 수를 나타내는 값이 있으니 소수 자리 수를 맞추기 위해서는 우선 이 값을 조절해야 합니다. 그렇지 않다면 반올림되어 값이 정확히 원하는 값으로 나오지 않을 것입니다.

d. Device and Virtual Reality

여기서는 타블릿 장비를 이용한 CATIA 작업을 설정할 수 있습니다. 사용하는 컴퓨터에 타블릿 기능이 있으나 외장으로 연결된 경우 다음과 같이 작업 환경이 만들어집니다. 우측의 타블릿 도구를 확인할 수 있습니다.

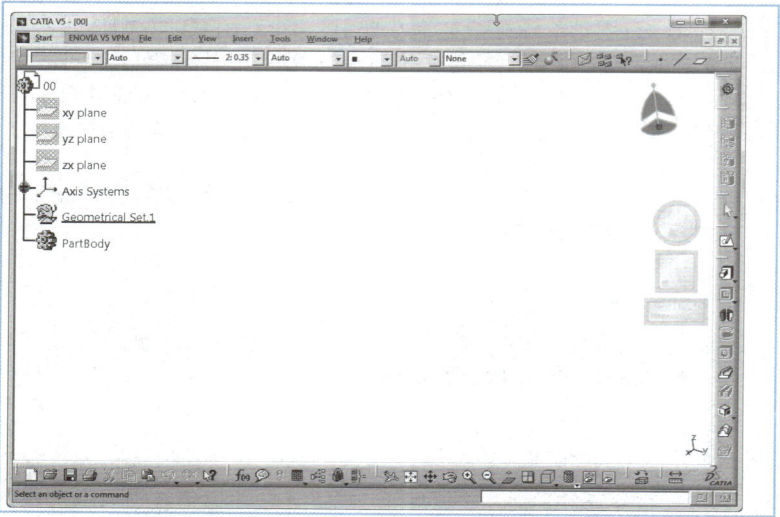

B. Infrastructure

a. Photo Studio

여기서는 CATIA에서 이미지 렌더링 작업을 수행하는데 필요한 기능을 설정할 수 있습니다.

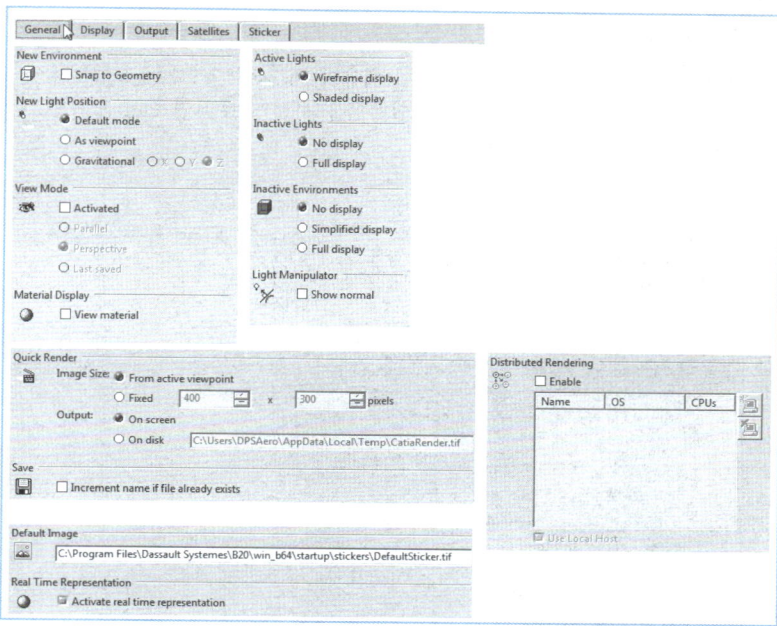

b. Real Time Rendering

여기서는 CATIA에서 이미지 렌더링 작업을 수행하는데 필요한 기능을 설정할 수 있습니다.

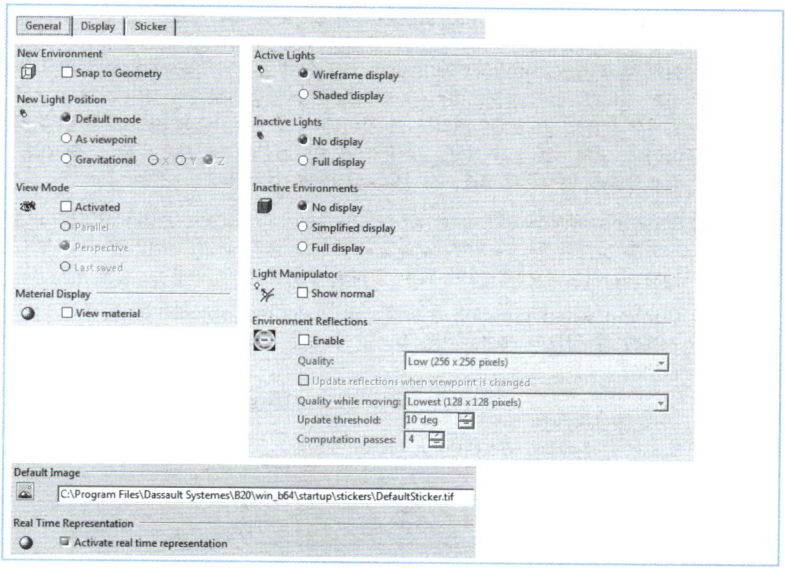

c. Part Infrastructure

앞서 Product와 같이 CATIA의 작업 내용이 저장되는 이 Part 도큐먼트에 대해서 설정을 하도록 하겠습니다. 단품 디자인을 하는 경우라면 Part 도큐먼트 설정에 유의해야 합니다.

① General Tab

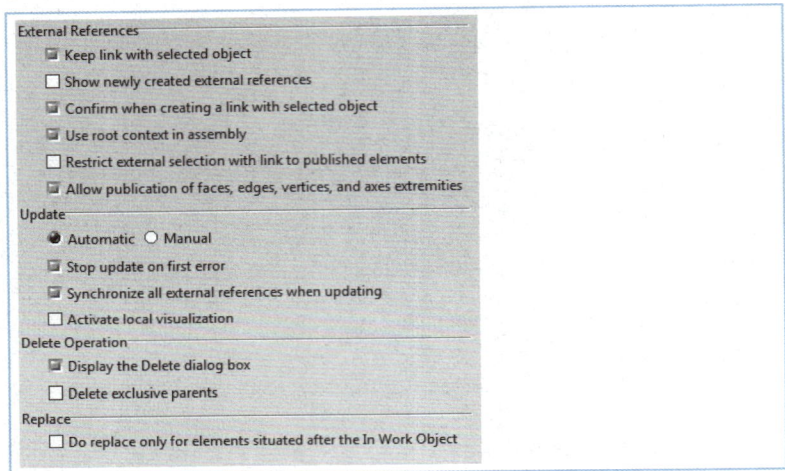

ⓐ External References

- ☑ **Keep link with selected object** : 이 옵션은 우리가 외부 요소를 사용하여 현재 도큐먼트에 작업을 할 때 링크를 유지해 줍니다. 이 옵션이 체크되어 있지 않으면 외부 도큐먼트의 면이나 모서리 등을 사용할 때 사용한 부분은 링크가 깨진 채 작업을 하게 됩니다. 링크가 끊긴다는 건 만약에 외부 도큐먼트에 수정이 가해져 외부 요소로 가져온 부분의 변경 되었더라도 그 것이 현재의 도큐먼트에 반영이 안 됨을 뜻합니다. 따라서 업데이트나 수정을 고려한다면 이 옵션을 체크해 두기 바랍니다. 나중에 Top-Down 방식으로 작업 시 큰 도움이 될 것입니다.

- ☑ **Show newly created external references** : 이 옵션은 우리가 작업을 하면서 외부 요소를 사용할 때 이 외부 요소를 자동으로 숨기지 않고 화면에 나타내어 줍니다. 물론 이 옵션이 체크 되어 있을 당시의 것만을 보여줍니다.

- ☑ **Confirm when creating a link with selected object** : 이 옵션은 외부 요소를 사용할 때 링크가 생기는지를 결정할 수 있도록 메시지 창을 다음과 같이 나타내어 줍니다.

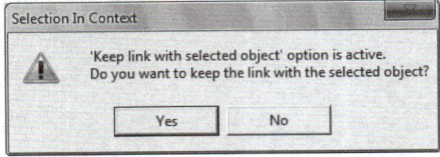

물론 이것은 앞서 설명한 Keep link with selected object 옵션이 활성화 된 이후라야 가능합니다.

- ☑ **Restrict external selection with link to published elements** : 이 옵션은 우리가 외부 요소를 사용하는 데 있어 Published 요소에 대해서 이 요소들은 외부 요소로 사용하지 못하게 하는 기능을 합니다. Published 요소는 말 그대로 외부로 자기 자신을 공개해 놓은 것이기 때문에 함부로 접근을 못하게 하는 것으로 파악됩니다.

- ☑ **Allow publication of faces, edges, vertices, and axes extremities** : 이 옵션이 체크되어 있으며 우리가 Publishing을 할 때 직접적으로 이러한 directly select faces, edges, vertices, axes extremities을 선택할 수 있습니다.

ⓑ Update

- ☑ **Automatic/Manual** : CATIA는 작업자와 작업간의 상호적인 의사소통이 좋다는 장점이 있습니다. 여기 이 옵션은 이러한 CATIA의 Part 도큐먼트의 업데이트 방식을 결정하게 하는데 Automatic으로 해두게 되면 수정한 것에 대해서 즉각적인 업데이트가 실행됩니다. Manual로 해두게 되면 업데이트 명령을 해주어야 수정 된 사항이 반영됩니다.

- ☑ **Stop Update on first error** : 이 옵션이 체크되어 있으면 업데이트 도중에 에러가 발생하면 즉시 업데이트 작업을 중지하고 에러 메시지를 띄우게 됩니다. 에러를 지닌 채로 다음의 작업까지 진행되지 않도록 한 배려입니다.

- ☑ **Update all external references** : 이 옵션이 체크 되면 외부 요소에 대해서도 업데이트가 진행됩니다. 이 옵션을 해제하면 현재 Part 도큐먼트 부분에 대해서만 업데이트가 진행됩니다.

ⓒ Delete Operation

- ☑ **Display the Delete dialog box** : 이 옵션은 우리가 작업을 하는 과정에서 어떤 작업을 삭제 시 바로 삭제하지 않고 dialog box를 띄어 확인을 하도록 합니다. 반드시 설정을 해두도록 합니다.

- ☑ **Delete exclusive parents** : 이 옵션이 체크되면 삭제 명령 시 삭제 하려는 대상과 연결된 독립적인 Parents까지 함께 지우게 됩니다. 만약 parents가 다른 작업과도 연관이 있다면 삭제되지 않습니다. 이 옵션은 작업 삭제 시 불필요할지 모르는 Parents 요소까지 한꺼번에 지울 수 있도록 한 것입니다. 일단은 해제를 해두는 것이 좋습니다.

ⓓ Replace

- ☑ **Do replace only for elements situated after the In Work Object** : 이 옵션은 우리가 작업 시 스케치와 같은 프로파일을 다른 요소로 대체(Replace)하고자 할 때의 설정으로 이 옵션을 체크하면 현재 작업이 있기 이전의 요소로만 대체가 가능해 집니다. 즉, 어떤 작업을 위해 스케치 형상을 그리고 작업을 한 후에 다른 스케치로 대체를 하려고 나중에 스케치를 그리게 되면 이것을 사용할 수 없다는 것입니다. 이 옵션은 사용하지 않는 게 좋으며 사용하지 않을 경우에는 작업 후에 다른 대체할 요소를 만들고 대체를 시켜도 됩니다.

② Display Tab

```
Display In Specification Tree
    ☑ External References
    ☐ Constraints
    ☑ Parameters
    ☑ Relations
    ☑ Bodies under operations
    ☑ Expand sketch-based feature nodes at creation
Display In Geometry Area
    ☐ Only the current operated solid
    ☐ Only current body
    ☐ Geometry located after the current feature
    ☐ Parameters of features and constraints
    Axis system display size (in mm)  10
Checking Operation When Renaming
    ● No name check
    ○ Under the same tree node
    ○ In the main object
```

ⓐ **Display in Specification Tree** : 여기에서는 Part 도큐먼트의 Spec Tree에 표시할 수 있는 다음의 6가지 요소에 대해서 설정할 수 있습니다.

☑ **External References** : 다른 도큐먼트로부터 링크를 가지고 복사를 하였을 때 이를 나타내 줍니다. 디폴트일 경우 체크 되어 있습니다.

☑ **Constraints** : 수치나 형상에 의한 구속을 Spec Tree에 나타나게 해줍니다. 디폴트의 경우 해제 되어 있습니다.

☑ **Parameters** : CATIA에서 Knowledge를 사용하기 위해 반드시 체크 되어 있어야 하는 요소입니다. Parametric Modeling을 위해 필요합니다. 만약에 이것이 체크되어 있지 않으면 내가 Knowledge로 변수를 생성하여도 Spec Tree에 나타나지 않습니다. 디폴트의 경우 해제되어 있으나 체크해 두도록 합니다.

☑ **Relations** : 위의 parameter와 함께 Knowledge를 구성하는 중요한 인자입니다. 변수들 간의 관계를 정의를 내리는데 사용합니다. 디폴트의 경우 해제되어 있으나 체크해 두도록 합니다.

☑ **Bodies under operations** : 이것은 우리가 Boolean 연산이라 불리는 PartBody들 간의 합, 차, 교차와 같은 연산 작업을 할 때 기준 PartBody 안에서 그 작업 명령과 함께 서브로 들어가는 PartBody를 표시할 것 인지 아닌지를 설정하는 부분입니다. Part Design 워크벤치에서만 사용 가능하며 디폴트의 경우 체크 되어있습니다.

☑ **Expand sketch-based feature nodes at creation** : 이것은 Sketch-based Feature 에 있는 명령으로 작업을 할 때 작업에 사용하는 스케치 요소가 펼쳐져 Tree에 보이게 하는 것입니다.

ⓑ **Display in Geometry Area** : 여기에서는 화면에 표시될 형상 요소에 대해서 설정을 할 수 있습니다.

☑ **Only the current operated solid** : 이 옵션은 Boolean 연산을 사용하여 하나의

기준 Body 안에 다른 서브 Body가 들어있는 경우 그 서브 Body를 수정 하려 더블 클릭을 하였을 때 다른 Body가 보이지 않게 하는 옵션입니다.

이 명령은 옵션에서 설정하지 않아도 Toolbar 중에 Tools에 ![] 아이콘을 사용하여도 됩니다.

- ☑ **Only current body** : Part 도큐먼트 상에서 우리는 여러 개의 Body를 이용하여 작업을 할 수 있습니다. 이 옵션이 체크되면 여러 개의 Body가 존재할 때 자신이 Define 한 Body가 화면에 나타나고 나머지는 표시되지 않습니다. 간혹 Boolean 연산과 같이 여러 개의 Body를 사용하여 작업을 하는 경우 이 옵션이 체크 되면 다른 Body가 보이지 않는 경우가 생기는데 그 때는 이 옵션을 해제하면 됩니다. 여러 개의 Body로 작업을 하는 경우 다른 Body로 인해 작업에 방해가 되는 경우 설정해 주면 좋습니다.

- ☑ **Geometry located after the current feature** : 이 옵션은 하나의 Body 혹은 Ordered Geometrical Set 과 같이 Part Design에서 만들어지는 형상과 GSD에서 만들어지는 형상을 담을 수 있어야 적용 가능합니다. (Geometrical Set은 적용되지 않습니다.)

  이것을 활성화하면 하나의 Body상에서 작업을 한 모든 GSD 형상은 Tree 상에서 Define in Work Object를 앞서 작업에까지만 하여도 모든 GSD 형상이 나타나게 됩니다. (Part Design에 의한 형상은 Define in Work Object를 적용 받습니다.)

  일반적으로 Body나 Ordered Geometrical Set의 경우에는 작업의 순차적인 흐름을 갖고 있기 때문에 여러 작업 중간에 Define in Work Object를 하게 되면 그 다음의 작업들은 작업이 진행되지 않은 것처럼 화면에 나타나지 않습니다.

- ☑ **Parameters of features and constraints** : 이 옵션은 화면에 Parameter를 넣은 스케치 구속에 대해서 그것을 Sketcher 워크벤치에서 나와서도 표시해 주게 합니다. Parametric Modeling을 하는 경우에 Parameter를 넣은 변수가 노출되어 유용하게 사용할 수 있습니다.

- ☑ **Axis system display size (in mm)** : 이 값은 우리가 화면에 작업을 하기 위해 사용하는 Axis나 Plane의 크기를 말합니다. 일반적으로 이 값을 10 정도를 나타내는데 필자의 경우 15(mm) 정도의 크기로 사용합니다. Axis나 Plane이 너무 작을 경우 선택에 장애가 되기 때문에 그 크기를 적당히 조절 할 수 있게 하였다.

ⓒ **Checking Operation When Renaming** : CATIA 에서는 각 작업 마다 작업 이름을 'Properties'에서 변경이 가능합니다. 여기에서는 하나의 파트 바디 안에서 작업(Operation)을 수행 할 때 이름이 중복되는지를 체크 할 수 있게 해줍니다. 작업에서 이름이 중복되는 것은 종종 문제를 일으킬 수 있습니다. 수정을 하려는데 같은 이름의 작업이 여러 개 있다면 무엇을 수정해야 할지 몰라서 당황할 것이기 때문입니다.

- ☑ **No name check** : 이것이 체크되면 우리가 작업을 하다가 같은 이름으로 여러 개의 작업의 이름을 바꾸어도 그대로 적용되게 합니다. 디폴트의 경우 이것이 체크 되어 있습니다.

- ☑ **Under the same tree node** : 이것이 체크되면 하나의 PartBody안에서는 중복으로 이름을 바꿀 수 없습니다. 만약에 같은 이름을 그래도 사용하고자 한다면 Feature 이름 끝에 'Renamed'란 단어가 붙을 것입니다. (물론 다른 PartBody라면 작업 이름을 중복으로 바꾸어도 문제가 발생하지 않습니다.)

- ☑ **In the main object** : 이것을 선택하게 되면 하나의 Object 안에서 즉 하나의 도큐먼트 안에서 PartBody가 몇 개이건 중복은 결코 허용되지 않습니다. PartBody로 나누어

져 있더라도 이름에 중복을 허용하지 않을 때 이것을 체크하면 됩니다.
아래 Spec Tree처럼 PartBody가 달라도 같은 이름을 허용하지 않고 이름 뒤에
'Renamed'가 붙은 것을 확인 할 수 있습니다.

③ Part Document Tab

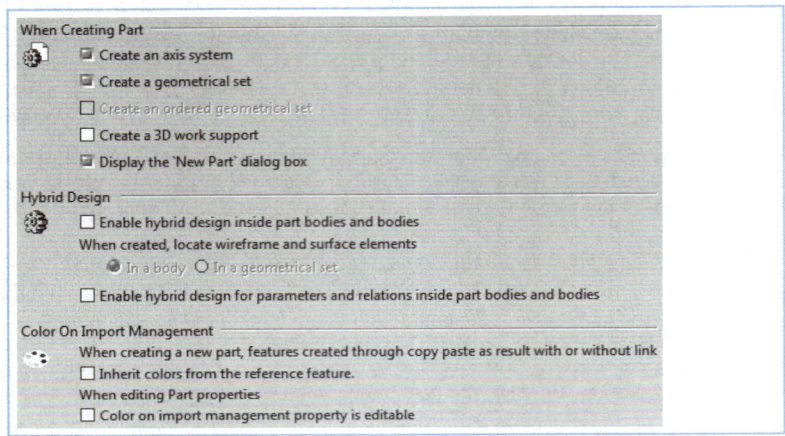

ⓐ **When Creating Parts** : 여기서는 새로 Part 도큐먼트를 만들 때, 즉 새로 Part 창을 열 때 그 구성을 설정할 수 있습니다.

☑ **Create an axis system** : Axis System 이란 하나의 원점과 3개의 축(X, Y, Z) 3개의 평면(XY, YZ, ZX)을 가진 요소를 말하는데 CATIA에서 Part 도큐먼트를 시작할 때 기본적으로 생성되는 XY, YZ, ZX 평면의 구성처럼 사용할 수 있습니다. 이 Axis System 의 이점은 하나의 기준점에 대해서 원점, 3개의 축, 3개의 평면을 동시적으로 생성할 수 있다는 점과 쉽게 그 생성이 가능하여 절대 좌표계에 상대 좌표계처럼 작업화면 곳곳에 Axis System을 만들 수 있습니다.
실제로 Surface Design관련 워크벤치의 경우에는 Plane 보다 이러한 Axis System을 사용해 작업하는 경우가 보다 편하고 쉽게 작업 할 수 있습니다. Surface Design 워크벤치를 자주 이용하는 경우라면 이 옵션을 체크해 두도록 합니다.

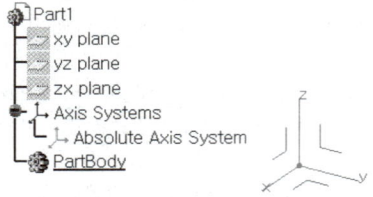

이 옵션을 체크하면 화면에 다음과 같은 Axis가 생성이 되면서 Part 도큐먼트가 시작됩니다. (물론 Plane은 숨겨져 화면에 보이지는 않게 됩니다. 다시 Show시켜 사용할 수 있습니다.)

☑ **Create a geometrical Set** : Geometrical Set은 Surface Design 워크벤치에서의 작업이 저장되는 공간으로 Part Design 워크벤치의 PartBody와 비슷합니다. 그러나

이 Geometrical Set은 단순히 꾸러미 같은 기능을 하며 각각의 작업을 분류 또는 묶음 지을 때 사용하게 됩니다.

- ☑ **Create an ordered geometrical Set** : Ordered Geometrical Set이란 앞서 Geometrical Set처럼 Surface Design 워크벤치에서의 작업을 담는 공간으로 위의 Geometrical Set과 다르게 이것은 작업의 순서를 담아 두게 됩니다. 따라서 작업의 순서적인 영향을 가지며 이 Ordered Geometrical Set안에서 작업 순서에 따른 제약이 생기게 됩니다.

- ☑ **Create a 3D work support** : 3D work on support는 우리가 Sketcher 워크벤치에 들어가서 프로파일이나 가이드 형상을 그리지 않고 Surface Design 워크벤치 상에서 와이어 프레임 형상을 그리는데 기준 면 역할을 하는 Support를 생성하게 해줍니다. 마치 Plane에서 작업을 하는 것처럼 3차원 공간에서 작업이 가능합니다.

- ☑ **Display the New Part dialog box** : 이 옵션은 CATIA를 시작하면서 새로운 Part 도큐먼트를 만들 때 마다 Dialog box를 띄워 Hybrid Design을 활성화 할 것인지, Geometrical Set을 넣을 것인지, 또한 Ordered Geometrical Set을 넣을 것인지를 설정 할 수 있게 해 주는 것으로 Part 도큐먼트를 실행 시킬 때마다 이러한 설정을 할 수 있게 해주는 이점이 있습니다.

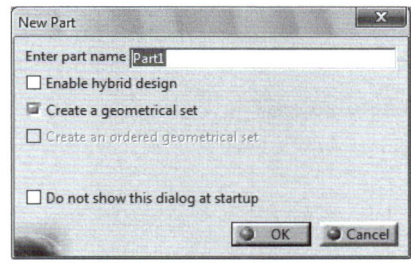

ⓑ **Hybrid Design** : Hybrid Design 이란 CATIA Part 도큐먼트 안에서 Part Design 워크벤치의 작업과 Surface Design 워크벤치의 작업을 혼합하여 사용하는 작업 방식입니다. 아주 오래 전의 CATIA 버전에서는 이 둘의 Part Design 워크벤치 작업 명령들과 Surface Design 워크벤치 작업 명령이 각각 PartBody, Geometrical Set에 나뉘어 작업이 이루어 졌으나 이 옵션을 체크하게 되면 우리가 지정한 'In a body' 또는 'In a Geometrical Set' 안에 이러한 작업을 Tree 상에 혼합하여 사용할 수 있습니다.

CATIA를 처음 배우는 입장이라면 가능한 이 옵션은 사용하지 않기를 권합니다. 왜냐하면 처음에는 Part Design 워크벤치와 Surface Design 워크벤치에서의 작업을 구별할 수 아는 연습이 필요하기 때문입니다.

C. Mechanical Design

여기서는 CATIA의 Mechanical Design에 대한 설정을 다루게 됩니다. 본 교재에서는 서피스를 중점으로 하고 있어 프로파일 생성에 관여하는 Sketcher만 다루도록 하겠습니다.

a. Sketcher

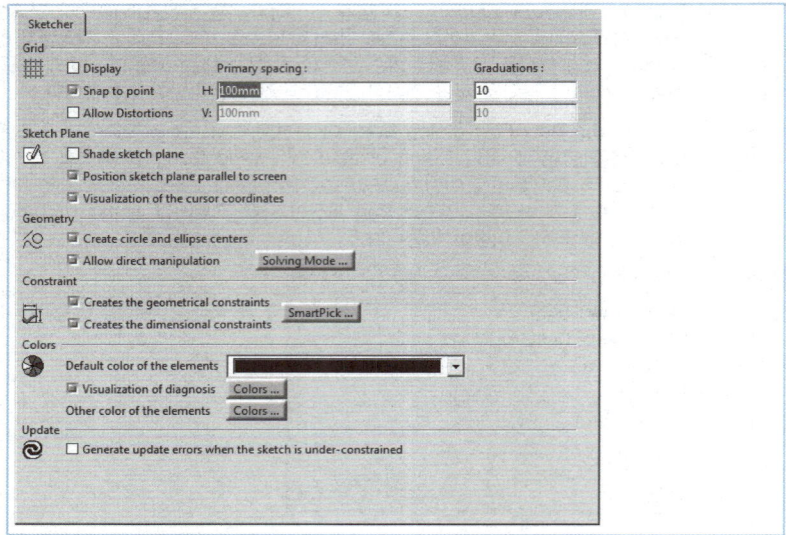

① **Grid**

이 옵션은 Sketcher 워크벤치에서 기본적인 Grid의 간격이나 Snap 기능 등을 설정할 수 있습니다.

② **Sketch Plane**

여기서는 Sketch 작업을 위해 들어간 스케치 평면에 대한 설정을 합니다. Shade sketch plane을 사용하면 프로파일을 그리기 위해 스케치에 들어왔을 때 현재 들어온 스케치 평면에 Shade를 주어 약간 그늘지게 스케치 평면을 화면에 출력시킨다. 화면이 아주 어두운 색을 띠면 잘 나타나지 않습니다.

Position sketch of the cursor coordinates를 사용하면 스케치에 들어간 평면을 화면과 나란하게 해줍니다. 사용하는 것이 바람직합니다.

③ **Geometry**

Create circle and ellipse centers를 사용하면 원이나 호, 타원 형상을 그릴 때 그 중심을 표현해 줍니다.

Allow direct manipulation을 사용하면 Solving mode의 설정에 따라 형상을 마우스로 움직일 수 있습니다. 이 옵션을 활성화 하지 않으면 스케치 상에서 마우스로 구속 없이 형상을 움직일 수 없습니다.

④ Solving mode

Solving mode란 Direct manipulation(직접적인 조작)을 하는데 필요한 설정으로 다음과 같은 종류가 있습니다.

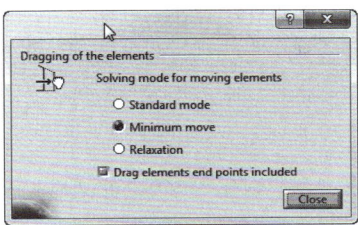

Standard mode로 하면 구속에 따라 가능한 많은 요소를 움직일 수 있습니다. Minimum move는 존재 하는 구속 범위에서 가능한 적은 요소를 움직일 수 있습니다. Relaxation은 에너지 비용이 최소환 되도록 움직이게 한다고 하는데 다른 모드와 별다른 특징을 발견할 수는 없습니다. 디폴트의 경우 Minimum move를 사용하고 있습니다.

⑤ Constraint

이 옵션은 중요한 옵션 중에 하나로 바로 스케치 상에서 형상에 구속을 가할 수 있게 하는 것입니다. 이 두 가지 옵션이 해제 되어 있으면 형상에 의한 구속(Geometrical Constraints)과 수치에 의한 구속(Dimensional Constraints)을 사용할 수 없게 됩니다. 반드시 체크를 해두어야 합니다. 나중에 알겠지만 Sketcher 워크벤치에 가면 이러한 설정을 할 수 있는 아이콘이 있습니다. Geometrical Constraints Icon 와 Dimensional Constraints Icon 을 이용해서도 같은 설정이 가능합니다.

⑥ SmartPick

SmartPick 기능은 CATIA Sketch에서 아주 유용한 기능 중에 하나로 스케치 과정에서 CATIA 스스로가 다른 형상 요소들과 위치 관계를 잡아 줍니다. 가령 내가 어떤 형상을 그리기 위해 스케치를 한다고 하면 SmartPick 기능이 이 지점에서는 직선이 수평 또는 수직한지, 다른 직선과 평행 또는 수직인지, 다른 점과 일치하는지 등을 잡아 줍니다.

SmartPick가 지원하는 구속 기능은 다음과 같습니다.

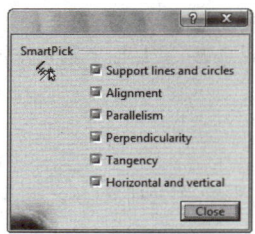

물론 간혹 필요치 않은 부위에 까지 구속이 연결되어 작업에 방해가 되는 경우도 있습니다. 그럴 경우에는 Shift 키를 누른 상태에서 스케치 형상을 그리면 이러한 SmartPick 기능이 일시 작동하지 않습니다.

⑦ Colors

여기서는 Sketch 상에서 요소의 색상 및 구속에 의한 색상으로의 판별을 결정할 수 있습니다.

Default color of the elements 에서는 기본적으로 스케치를 그릴 때의 색상을 선정할 수 있습니다. 디폴트는 하얀색이나 경우에 따라 색을 변경할 필요가 있을 것입니다. (그러나 가급적 건들지 않기를 권합니다. 색상을 잘못 변경하여 에러 시 나타나는 색상으로 변경할 경우 다른 작업자와 오해가 생길 수도 있기 때문입니다.) Visualization of diagnosis 에서는 스케치에 주어진 구속의 상태에 따라 그 상태를 색으로 나타내어 줍니다. 즉, 구속이 바르게 되었는지 중복이 있지는 않은지를 구속 색으로 알 수 있는 것입니다. 아래 표는 각 구송 상태에 따른 색상의 표시로 다음의 색상은 다른 용도의 색상에 사용하지 않기를 권합니다.

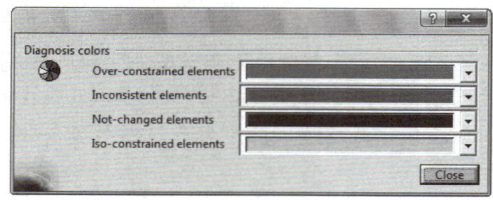

각 색상은 다음과 같은 의미를 지니고 있습니다.

Over-constrained elements	현재 스케치 구속이 다른 구속과 중복됨, 불필요한 구속
Inconsistent elements	현재 주어진 구속이 올바른 구속이 아님, 잘못된 구속
Not-changed elements	구속을 주었으나 그 구속에 의해 형상이 변하지 않음
Iso-constrained elements	구속이 적절히 잘 들어감

Other color elements에서는 이외의 다른 색상들을 정의하고 있습니다.

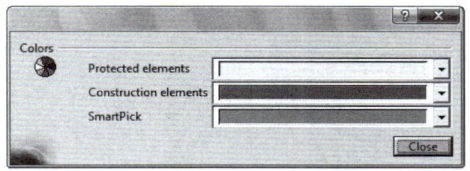

Protected elements는 디폴트로 노란색을 띠고 있는데 주로 다른 형상과 링크가 있어서 우리가 바로 수정을 하지 못하는 경우를 말합니다. 3차원 요소를 project 하여 스케치로 따올 경우도 이에 해당합니다. Construction elements란 Sketch 공간 즉, 2D 영역에서는 구속이나 움직임과 같은 제 기능을 다 발휘하나 3D 공간 즉, Sketch를 빠져나가면 아무런 기능을 하지 않는 요소를 말합니다. 이러한 요소는 Sketch 작업을 하는데 보조도구 역할을 합니다. 디폴트의 경우 회색을 띤다. 앞서 언급한 SmartPick의 색상은 연한 하늘색을 띠고 있습니다.

⑧ Update

이 옵션을 사용하면 작업 중에 스케치가 완전히 구속되지 않고 스케치에서 나오게 되면 완전히 구속되지 않았다(Under-Constraints)는 에러 메시지 창을 띄운다.

구속이 완전히 되지 않은 상태에서 스케치에서 나와 작업하는 것을 방지해 줍니다.

D. Shape

여기서는 본 교재의 중심이라 할 수 있는 곡면 설계 관련 워크벤치들의 설정 요소들을 알아보도록 하겠습니다.

a. FreeStyle

① General Tab

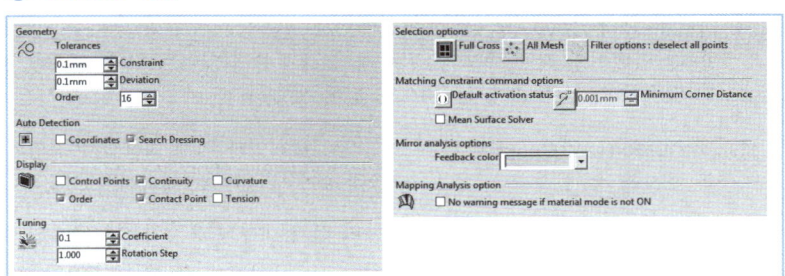

기본적인 FreeStyle에서의 공차 설정 및 화면에 출력될 항목 등을 설정할 수 있습니다.

② Manipulators Tab

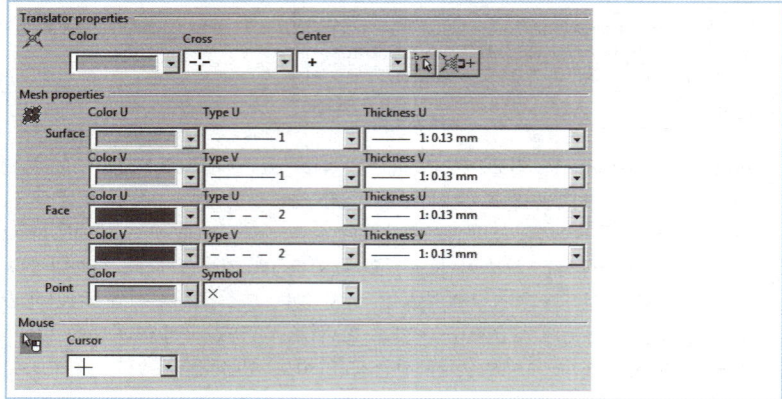

마우스 조작을 통한 형상 변형시 표시 방법을 설정할 수 있습니다.

b. Imagine & Shape

① General Tab

ⓐ **Update Propagation to Children** : 이 Option은 Part 도큐먼트를 수동 업데이트 할 때 업데이트 하는 대상의 하위 종속 개체의 업데이트 단계 수준을 정의할 수 있습니다. Default에서는 0으로 되어 있습니다.

ⓑ **Attenuation** : 이 Option은 마우스 조작의 움직임과 실제 대상의 움직임의 비율을 조절할 수 있습니다. Default인 상태에서는 0.5로 정의되어 있습니다.

표시는 No attenuation를 의미하며 실제 대상의 움직임과 마우스의 움직임이 동일한 비율로 적용됨을 의미합니다. 이 아이콘을 클릭하면 로 변경되는데 이렇게 변경이 된 상태에서는 오른쪽 Slide를 사용하여 그 비율을 임의로 조절할 수 있습니다.

Attenuation은 Option 설정 후 Imagine & Shape에서 작업하는과정에서 작업하

는 단계마다 Tools Palette에서 설정 변경이 가능합니다.

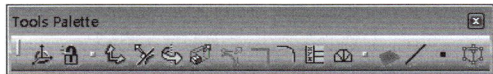

ⓒ **Weight** : Imagine & Shape에서 곡면이나 곡선을 변형시킬 때 비중 또는 가중치를 꼭지점에 두게 하는 Option입니다. Default로 활성화되어 있습니다.

ⓓ **Center Mode** : 이 Option은 원본 곡면을 세분(Subdivision)할 때 화면의 중심을 기준으로(View Centered) 할지 또는 모델의 중심을 기준으로(Origin Centered) 할지를 선택할 수 있습니다. Default로는 View Centered가 체크되어 있습니다.

② Display Tab

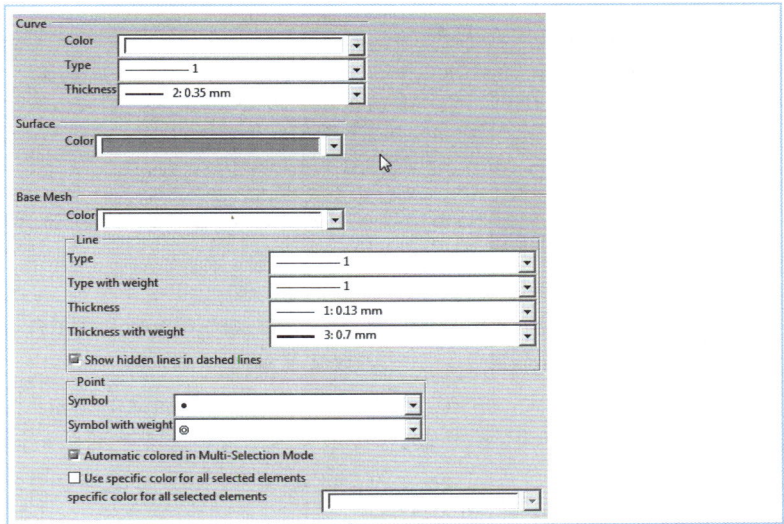

ⓐ **Curve** : Imagine & Shape 상에서 만들어지는 곡선 요소의 선의 속성을 정의합니다. 기본적으로 위와 같이 설정되어 있습니다. 작업의 편의에 맞게 곡선의 색상, 선의 종류, 굵기를 조절할 수 있습니다.

ⓑ **Surface** : Imagine & Shape에서 만들어지는 곡면의 색상을 조절할 수 있습니다.

ⓒ **Base Mesh** : Imagine & Shape에서 작업한 형상을 수정하기 위해 Modification을 실행하였을 때 나타나는 Mesh의 그래픽 속성을 설정할 수 있습니다.

c. Generative Shape Design

① General Tab

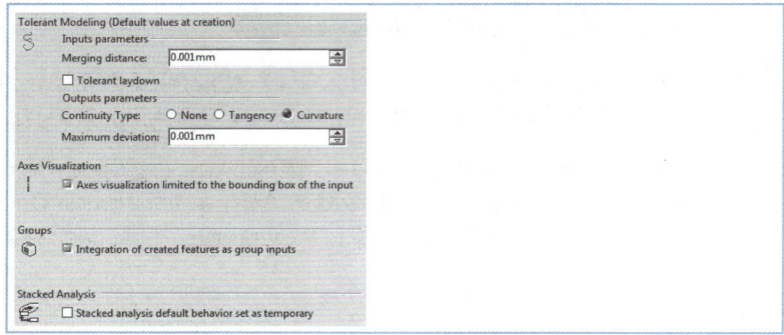

ⓐ **Tolerant Modeling**

Input parameters : GSD 워크벤치에서 사용하는 Join, Healing, Extract, 그리고 Multiple Extract 명령들이 가지는 Merging distance 디폴트값을 정의할 수 있습니다. (물론 이 값은 각 명령을 사용하면서 임의로 변경이 가능합니다.)

Output parameters : GSD 워크벤치에서 Project 또는 Parallel Curve와 같은 명령의 결과 형상에 대한 연속성 타입을 설정할 수 있습니다. 또한 Maximum deviation 값을 사용하는 Project, Parallel Curve, Sweep, Multi-Sections Surface, Curve Smooth 등의 명령에 디폴트값을 지정할 수 있습니다.

ⓑ **Axes Visualization** : 이 옵션을 체크하면 3차원 GSD 상의 작업 중에 Axis를 사용하는 명령의 경우에 무한 길이의 Axis를 그대로 표시하지 않고 형상의 경계에 맞게 적당한 길이로 제한을 걸어 표현해 줍니다.

ⓒ **Groups** : GSD에서 Group 요소 입력 요소로 설정해 사용하고자 할 경우에 설정합니다. (Geometrical Set 부분의 Group 만들기 부분을 참고 바랍니다.)

ⓓ **Stacked Analysis** : Offset 명령을 사용할 때 임시적으로 서피스나 커브의 연결 상태를 체크하고자 할 때 설정합니다.

② Work on Support Tab

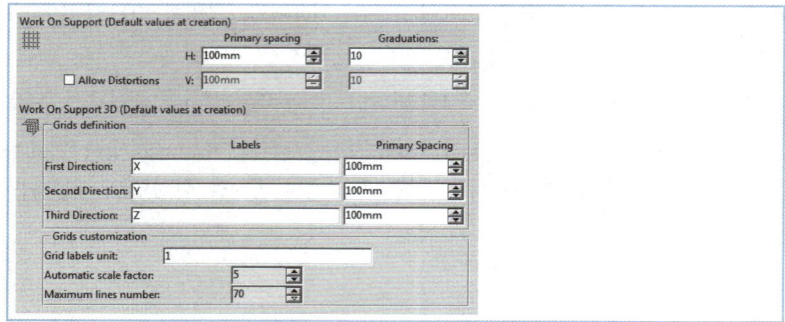

ⓐ **Work On Support** : GSD 상에서 사용할 Work On Support의 Grid 간격을 설정합니다.
ⓑ **Work On Support 3D** : GSD 상에서 사용할 Work On Support의 3차원 방향으로의 Grid 간격을 설정합니다.

d. **ICEM Shape Design**

여기서는 ICEM Shape Design에 관련한 설정을 하게 됩니다.

① General Tab

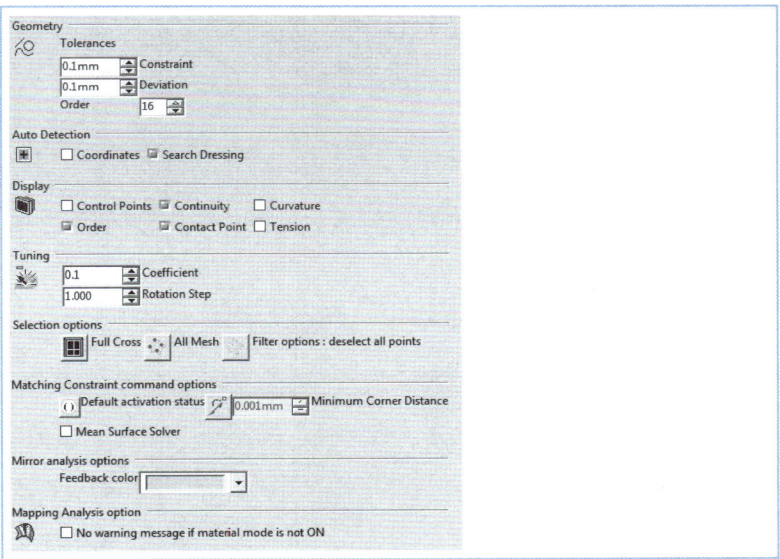

② Associativity Tab

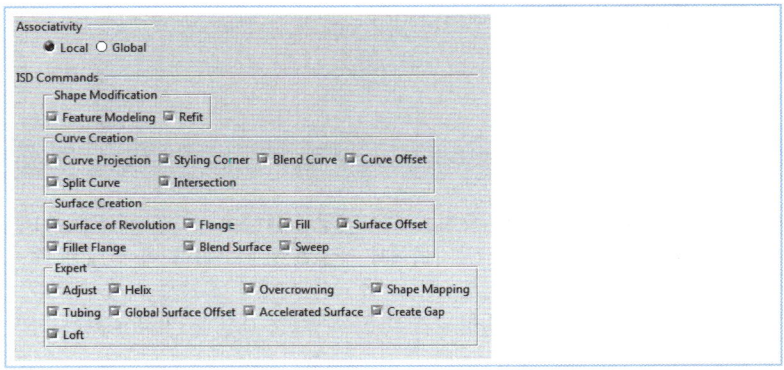

③ Manipulators Tab

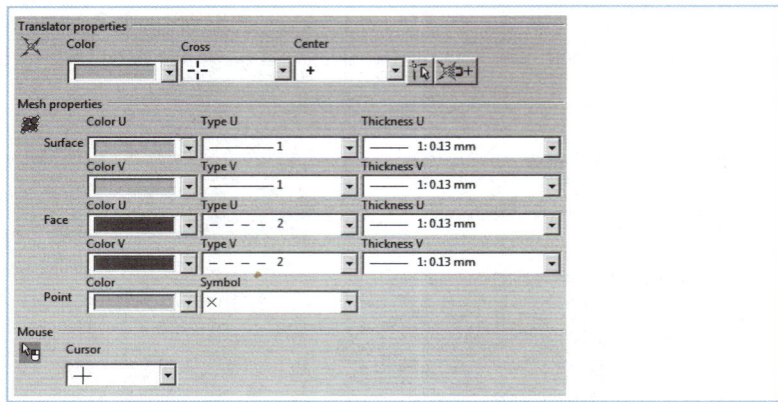

④ Tolerance Tab

⑤ Topology Tab

E. Option 초기화하기

앞서 우리는 많은 시간을 할애 하여 CATIA 설정에 관하여 공부를 해보았습니다. 이러한 설정을 다루는 이유는 그 만큼 작업에서 중요하기 때문이며 이에 대한 숙지 없이 작업에 임하는 사람이 많기 때문입니다. 앞으로는 이러한 설정을 익혀 최소한 자신이 사용하는 작업에 대해서 자신에게 맞게 다룰 줄 아는 방법을 익혀야겠습니다.

이제 설정 하는 방법을 배웠으니 이 설정을 다시 처음으로 돌리는 방법을 공부해 보도록 하겠습니다. 설정을 해야 한다면 설정을 고쳐야 할 경우에 따라서 Reset의 작업은 항상 필요하기 마련입니다. CATIA의 설정을 초기화 할 수 있는 방법에는 몇 가지가 있는데 여기서는 두 가지 방법을 설명하도록 할 것입니다.

a. Reset 명령에 의한 초기화

Option을 설정 하는 부분이 있다면 반드시 설정을 초기화 하는 부분도 있습니다. Tools ⇨ Option에 들어가 보면 트리 구조 하단에 다음과 같은 버튼이 있는 것을 볼 수 있을 것입니다.

이 버튼은 Resets parameters values to default ones 라고 하며 전체 혹은 각 부분에 대해서 설정을 초기화 할 수 있습니다.

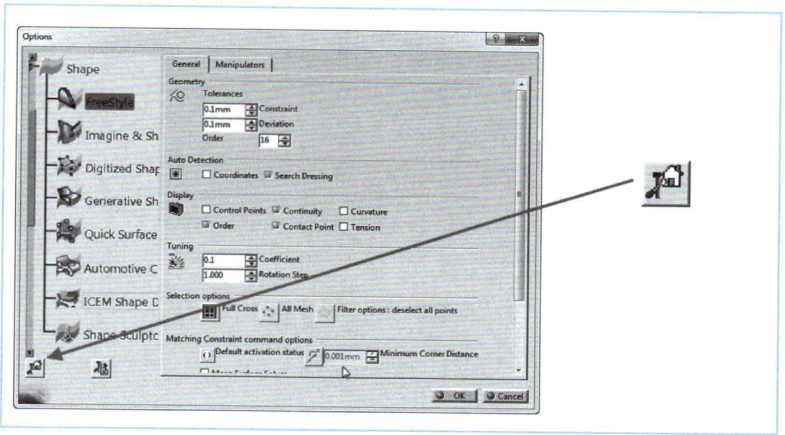

이 버튼을 누르게 되면 다음과 같은 창이 나타납니다. 여기에서 필요에 따라 전체 옵션을 초기화 할 것인지 아니면 부분적인 초기화를 할 것인지 결정할 수 있습니다.

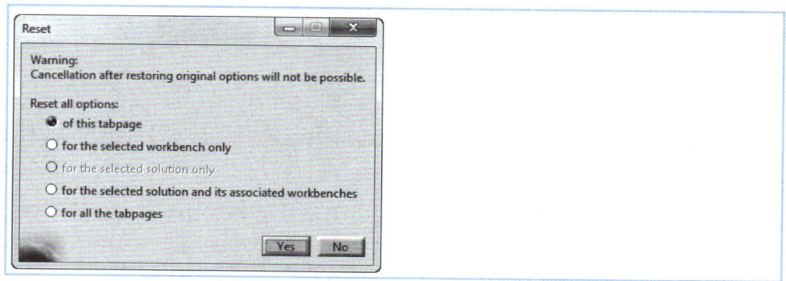

b. 설정 파일 삭제를 통한 강제적 초기화

CATIA 설정을 초기화 할 수 있는 또 다른 방법으로 설정 파일 자체를 지워 버리는 것입니다. 설정 파일의 위치는 원래 공개 되지 않으나 컴퓨터의 폴더 옵션만 변경 하면 쉽사리 접근이 가능합니다. 물론 관리자 계정 하에서만 가능하다는 것을 잊지 말아야 합니다.

우선 다음과 같이 내 컴퓨터에서 제어판에서 '폴더 옵션'에 들어가도록 합니다.

다음으로 여기서 '보기 ⇨ 숨김 파일 및 폴더'를 '숨김 파일 및 폴더 표시'로 바꾼다.

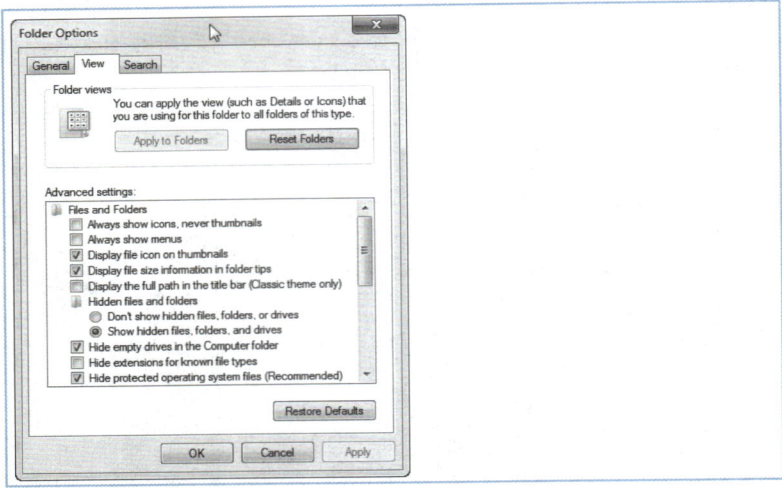

이제 설정 파일을 찾아 가보도록 할 것입니다. 다음은 이 계정에서의 CATIA 설정 파일의 위치입니다. 경로를 직접 찾아가기 힘들거나 폴더가 보이지 않는 경우

```
Win2000, WinXp
C:\Documents and Settings\'컴퓨터 계정 이름'\Application Data\DassaultSystemes\CATSettings
```

```
Win7
C:\Users\'컴퓨터 계정 이름'\AppData\Roaming\DassaultSystemes\CATSettings
```

이곳에 들어가 보게 되면 다음과 같은 CATIA 설정 파일들을 볼 수 있을 것입니다. 이 파일에서 자신의 초기화 하고자 하는 부분의 설정 파일을 찾아서 삭제함으로써 초기화 시키는 방법이 있습니다.

그러나 이 방법은 약간의 위험성을 가지고 있다는 것을 감안해야 합니다. 자칫 라이센스 설정 가지 삭제해 CATIA를 작동 시켰을 때 라이센스 메시지 창이 떠서 당황 할 수도 있기 때문입니다.

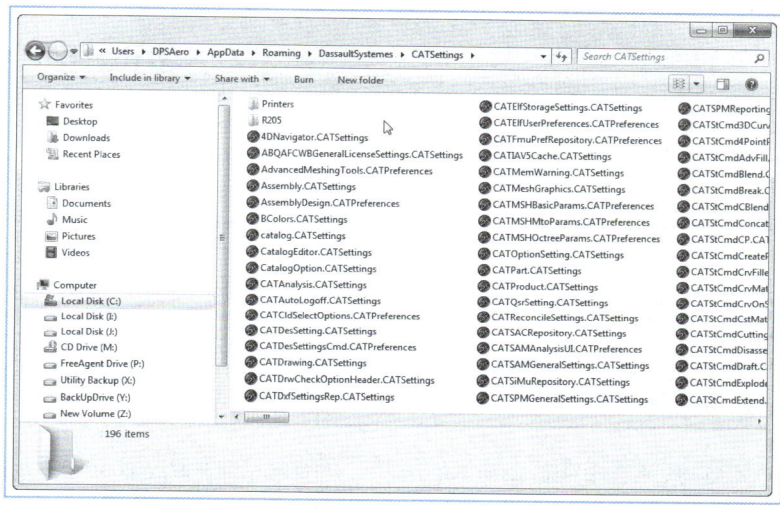

F. 내 설정 파일 관리하기

앞서 CATIA의 설정을 초기화 하는 방법에서 우리는 두 번째 방법으로 CATIA 설정 파일의 위치를 찾아서 이를 삭제하는 방법에 대해서 배웠습니다. 그러나 만약 설정이 잘 되어 있다면 이 설정 파일을 이용하여 다른 작업 컴퓨터나 작업 환경에 이를 이용해 보다 손쉽게 사용할 수 있습니다.

간단한 팁이 되겠지만 이 CATSettings 폴더에 들어 있는 파일을 압축하여 보관하다가 필요에 따라 다른 컴퓨터의 이 위치에 덮어씌운다면 같은 설정을 다른 컴퓨터에도 손쉽게 옮길 수가 있을 것입니다.

2 Interface

2.1 User Interface

A. 화면 구성

　CATIA는 다음과 같은 화면 구성을 가지고 있습니다. 앞으로 CATIA의 모든 작업은 이러한 화면 구성 하에서 이루어지게 될 것이므로 눈에 익숙해지기 바랍니다.

- 화면 상단에는 풀다운 Menu bar가 있어 이것을 클릭하면 그 안의 메뉴들이 나타납니다.
- 화면 왼쪽에는 현재 작업하고 있는 대상에 대한 정보가 저장되는 Specification Tree가 있습니다.
- 화면에 나타나는 Toolbar들은 현재 들어와 있는 워크벤치의 것 과 모든 워크벤치에서 함께 사용할 수 있는 Common Toolbar들입니다.

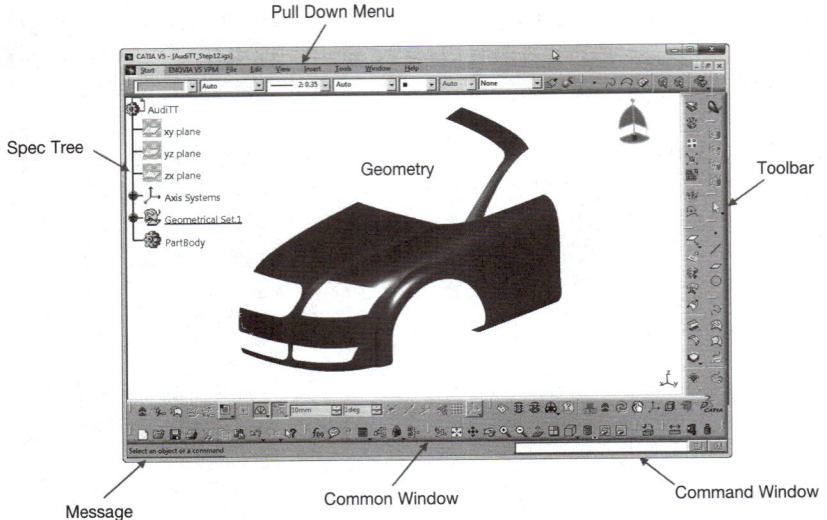

B. 메뉴 및 Toolbar

CATIA의 Toolbar들은 명령에 접근하기 위해 같은 부류의 명령들끼리 모아져 있습니다. 또한 이러한 Toolbar 들은 항상 제 위치에 고정된 것이 아니고 사용자의 편의에 따라 위치를 자유롭게 이동 시킬 수 있습니다. 예를 들자면 왼손 사용자의 경우 Toolbar들을 화면의 왼편으로 옮겨두고 사용할 수 있다는 것입니다.

또한 이러한 Toolbar의 명령들은 Toolbar를 이용하지 않고 Menu Bar에서 직접 선택을 할 수도 있으며 화면에 나타나지 않은 Toolbar라 하더라도 Menu Bar에는 나타나 있습니다.

Toolbar들은 위치가 고정적이지 않으며 동시에 화면에 필요한 Toolbar 일부분만을 보이게 하고 나머지는 선택적으로 감추어 둘 수도 있습니다. 즉, 화면에 모든 Toolbar가 나타나는 것이 아닙니다.

Toolbar는 현재 자신이 들어온 워크벤치의 것만이 나타납니다. 다른 워크 벤치의 Toolbar는 해당 워크벤치로 이동 하였을 경우에만 나타납니다.

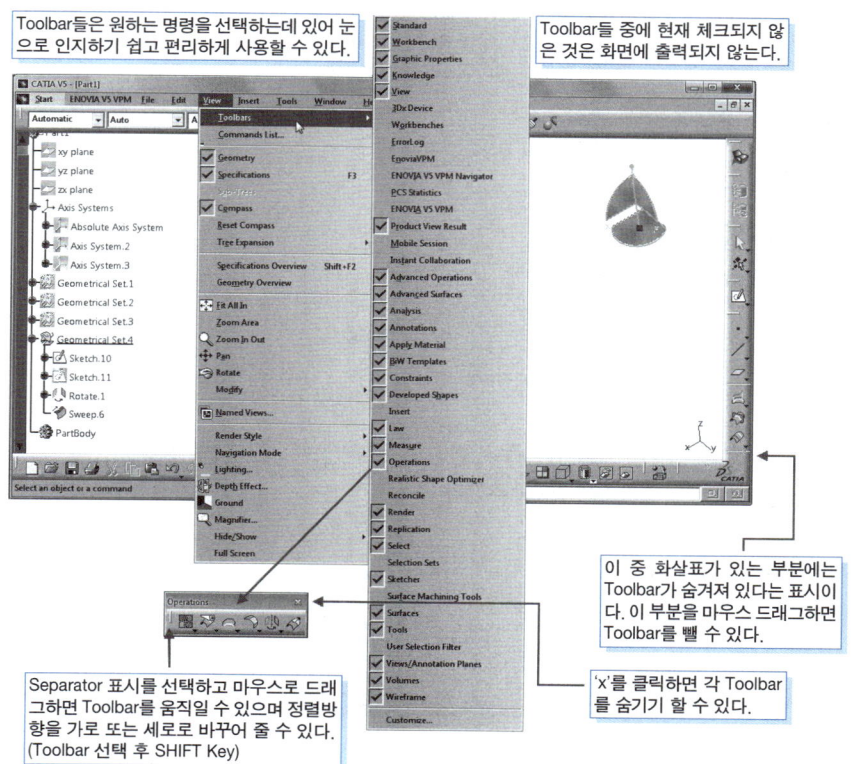

C. Dialog Box(Definition Window)

CATIA에서는 작업 중에 대상에게 주는 변수 값이나 치수 들을 다음과 같은 Dialog Box를 띄어 이 안에 입력하여 대상에 적용 시킵니다.

이 Dialog Box 안에서 각 명령에 대한 세부 설정을 할 수 있는데 치수 값은 물론 범위 세부 옵션의 활성화/비활성화, 대상 선택과 같은 작업을 하게 됩니다.

이 Dialog Box 창은 작업을 실행할 당시와 수정을 할 때 모두 같은 형태로 띄워집니다.

[예] GSD 워크벤치 Sweep 명령과 Join 명령 Definition창의 구조

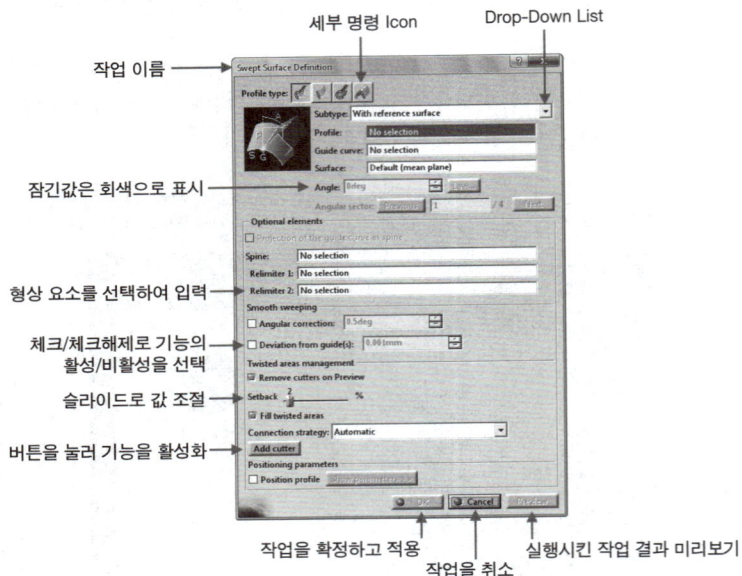
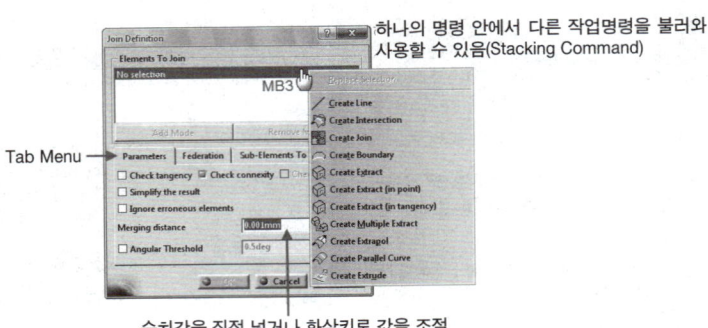

D. Multi-document Support

CATIA는 동시에 여러 개의 작업 파일을 다룰 수 있습니다. 한 번에 여러 개의 파일을 열어 연계된 작업을 할 수도 있으며 개개의 작업을 독립적으로 실행, 사용할 수도 있습니다.

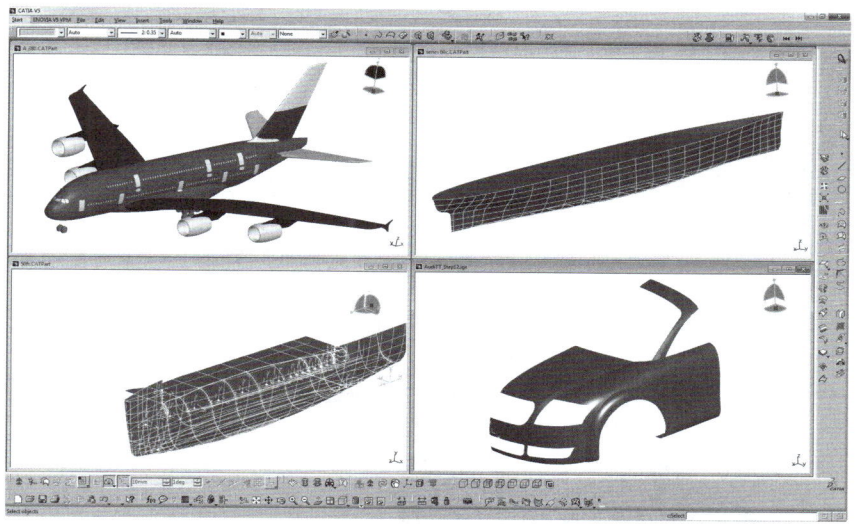

2.2 Using Mouse

설명에 앞서 CATIA를 제대로 사용하고자 한다면 3버튼 마우스를 준비해야 합니다. 2버튼과 가운데 휠이 있는 경우도 물론 가능합니다. 2버튼 마우스를 사용한다면 제약이 따를 것이며 2버튼에 휠인 경우에도 약간의 불편함이 있습니다.

CATIA는 3차원 작업 환경을 가지고 있습니다. 이에 따라 화면에 비추어 지는 대상을 이리 저리 둘러보고 확대/축소하며 관찰하며 필요한 부분으로 이동해야 할 경우가 매우 빈번합니다.

이 때 일일이 명령어를 사용하여 위치를 이동시키고 확대/축소하는 것은 작업의 비효율 화를 초래합니다. 다음은 CATIA를 사용하면서 가장 빈번히 사용되는 이동 기능의 마우스 단축 동작입니다. 이 3가지 동작을 손에 익히도록 연습하기 바랍니다.

CATIA Surface의 정석

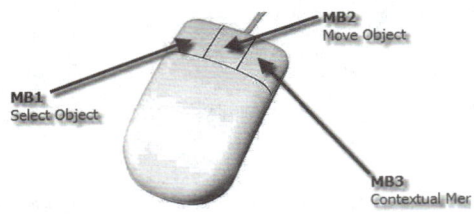

A. 대상 또는 명령의 선택, Drag, 더블 클릭

MB1 버튼을 사용하여 우리는 원하는 대상을 선택하거나 명령을 선택하는 것이 가능합니다.

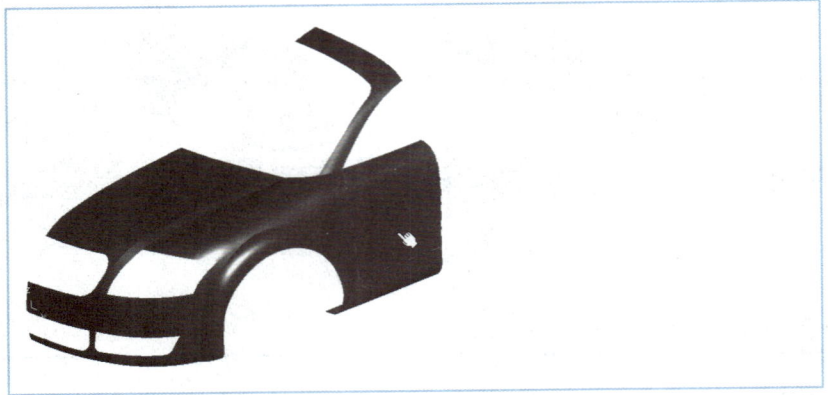

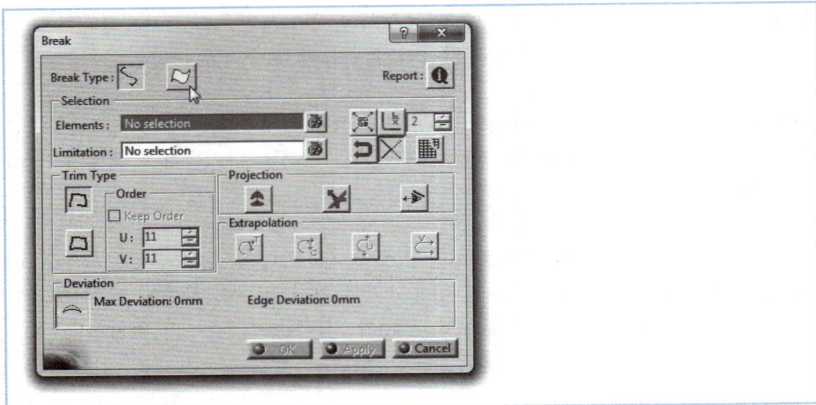

▶ Chapter 1 CATIA Setting & Interface

B. 대상 또는 Spec Tree의 이동

MB2 버튼을 누른 상태에서 Drag 하면서 이동하면 화면의 형상이 이동 방향으로 같이 옮겨집니다. 마우스 가운데 버튼을 누르면 다음과 같이 커서가 표시됩니다.

이 상태에서 마우스를 이동하면 형상이 나란히 움직이는 것을 확인할 수 있습니다. 화면 중앙에 생기는 표시의 위치를 정중앙으로 해서 이동되는 것을 확인할 수 있습니다.

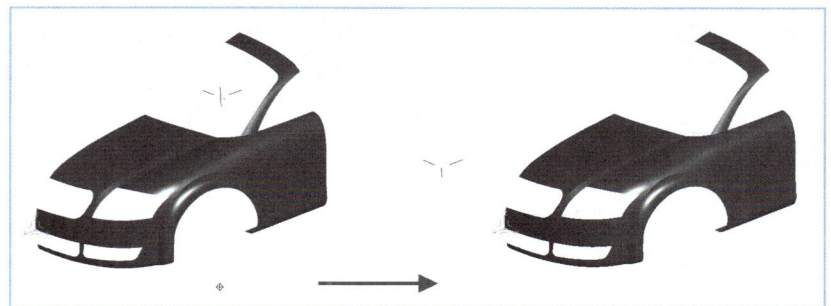

C. 대상의 회전

MB2 버튼과 MB3 버튼을 동시에 누른 상태에서 Drag 하면 화면이 회전 되는 것을 볼 수 있습니다.(커서 모양은 손바닥 모양 이 됩니다.)

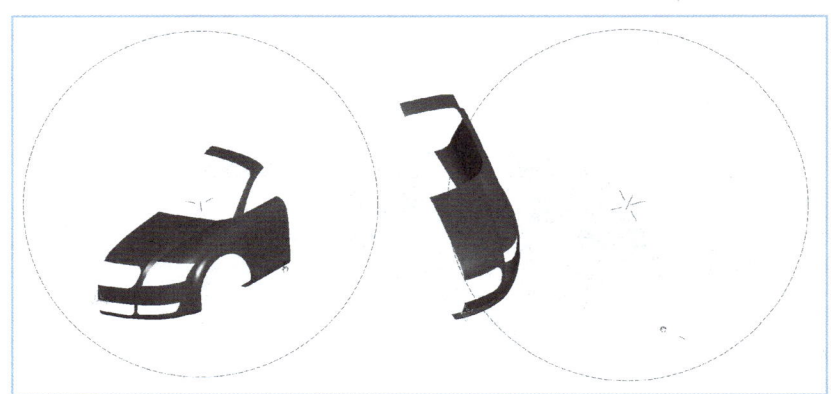

D. 대상 또는 Spec Tree의 확대/축소

MB2 버튼을 누른 상태에서 MB3 버튼을 누른 뒤 MB3 버튼을 놔두면 확대 축소가 가능해 집니다.(커서의 모양은 상하 화살표 모양↕이 됩니다.)

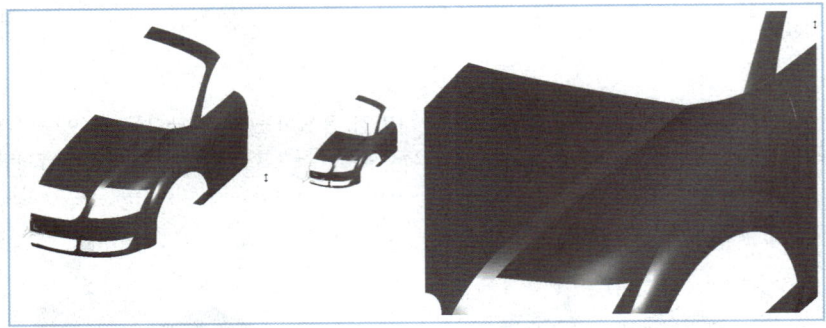

2.3 Editing Parts

CATIA는 작업자와 작업 간에 상호작용이 무척 잘 이루어져 있습니다. 작업자의 형상이나 값 대입에 따른 반응이 즉각적이며 형상의 수정 작업 또한 즉각적으로 이루어집니다. 일반적으로 수정에 대한 수정 화면은 우리가 명령을 사용할 때와 같은 Dialog Box가 사용되며 여기서 적절한 값으로 수정을 하면 바로 업데이트가 됩니다. 물론 적절한 값이나 수정을 하지 않았을 경우 수정에 대한 에러 메시지가 나타납니다.

작업한 형상을 수정하기 위해서 해당 형상을 더블 클릭하거나 Specification Tree에서 해당 작업을 더블 클릭해 주면 됩니다.

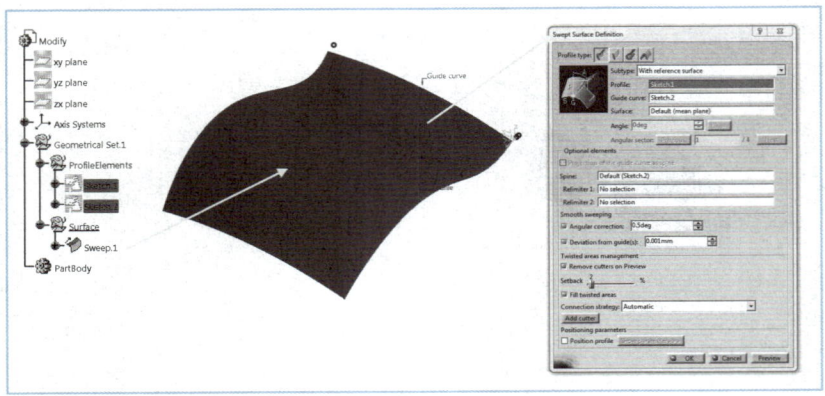

그런데 종종 우리는 필요에 의해서나 작업의 특성상 다음과 같은 Datum 형상을 수정해야 하는 경우가 발생합니다. 이런 Datum의 경우 Tree를 기반으로 즉, History에 기반을 두어 만들어진 형상이 아니기 때문에(또는 Isolate 시켰거나 외부 중립 파일을 불러와 작업할 경우) 이 형상을 만드는데 사용했던 기능을 가지고 형상을 수정할 수는 없습니다.

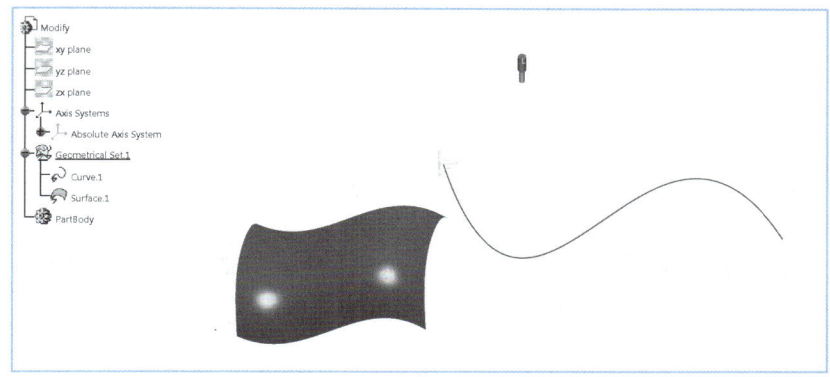

이런 경우에는 형상을 FreeStyle이나 ICEM Shape Design과 같이 직조작을 통한 수정이 가능한 워크벤치에서 부분적이 수정이나 변형을 해줄 수 있습니다.

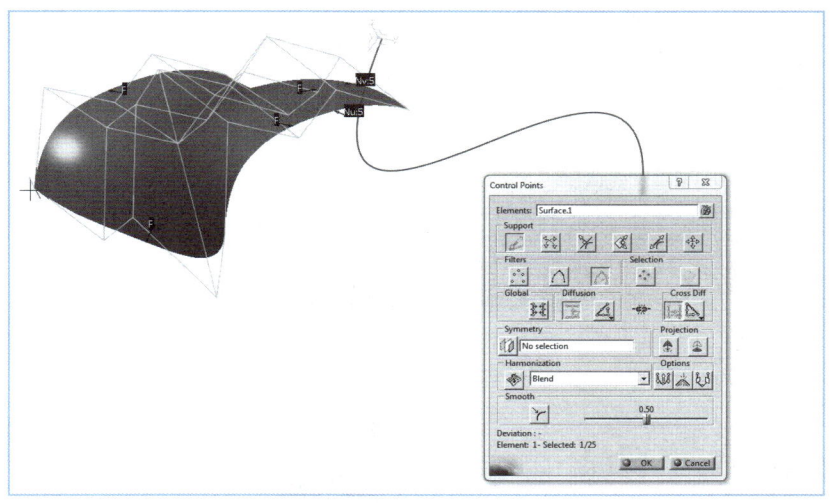

물론 GSD에서도 곡면이나 선 요소로의 인식은 충분히 가능합니다.

이와 비슷한 곡면 또는 곡선 요소로 Imagine & Shape에서 사용하는 분할 곡면이라는 것이 있는데요. 이 곡면 역시 History 기반이 아닌 직조작을 통한 곡면 디자인이 가능합니다.

2.4 3D Compass

Compass란 3차원 Manipulator로 형상을 이동 시키거나 옮길 때 사용되는 도구 입니다. 이는 Product 도큐먼트 상에 각 서브 Part 도큐먼트나 Product 도큐먼트들을 이동, 회전시키는데 활용도가 높으며 Part 도큐먼트 상에서도 그 기능을 사용할 수 있습니다.

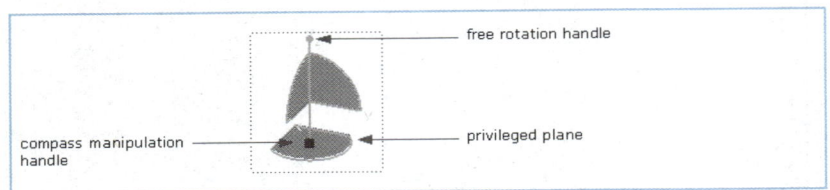

다음과 같이 Part 도큐먼트 상에서 3D Compass를 원하는 물체에 접촉 시키고 이동 시키는 과정을 참고하기 바랍니다.

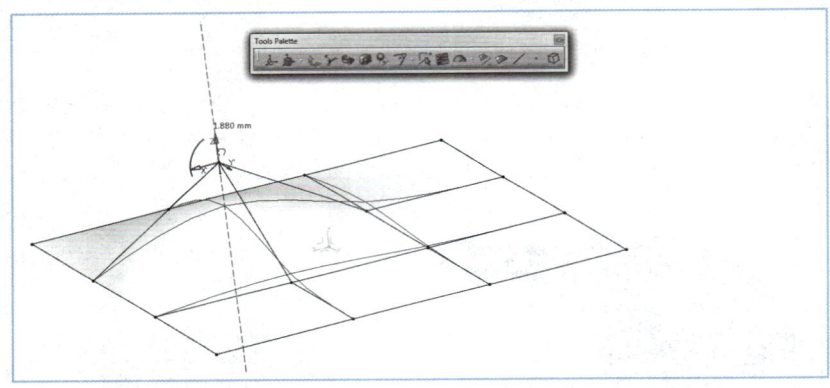

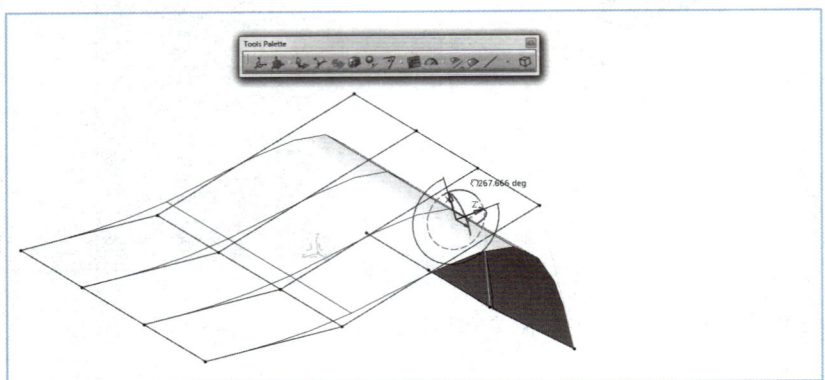

직조작을 통한 모델링에서는 이러한 Compass의 방향 설정을 자유롭게 해줄 수 있어야 합니다.

3

Common Toolbar

CATIA Surface

여기서는 기본적으로 우리가 공부하는 모든 워크벤치에서 공통으로 사용할 수 있는 기능들을 알아볼 것입니다.

3.1 View

A. Command List

풀다운 메뉴의 View에 가보면 다음과 같이 워크벤치에서 실행할 수 있는 모든 명령어들이 나타납니다. 따라서 워크벤치에 구애받지 않고 사용하고자 하는 명령이 있는 경우 이것을 활용할 수 있습니다.

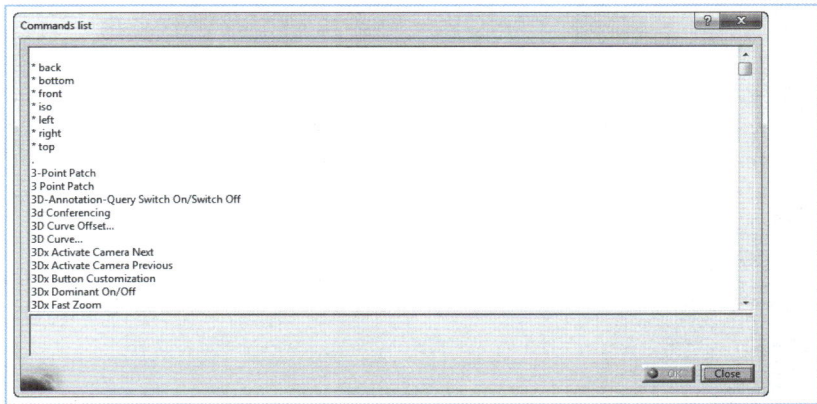

단점은 창이 뜨는데 시간이 상당히 소요된다는 것입니다.

B. Geometry and Specification, Compass

도큐먼트의 화면을 구성하는 요소들 중에 형상 자체를 의미하는 Geometry와 작업 내용이 기록되는 Specification, 그리고 3차원 Manipulate 역할을 하는 3D Compass는 풀다운 메뉴에서 화면에 나타나게 또는 나타나지 않게 설정해 줄 수 있습니다.

풀다운 메뉴에서 View에 들어가면 다음과 같이 상단에 이 세 가지가 모두 체크 되어 있는 것을 볼 수 있습니다.

Toolbar와 마찬가지로 이것을 체크 해제하게 되면 화면에 출력되지 않습니다.

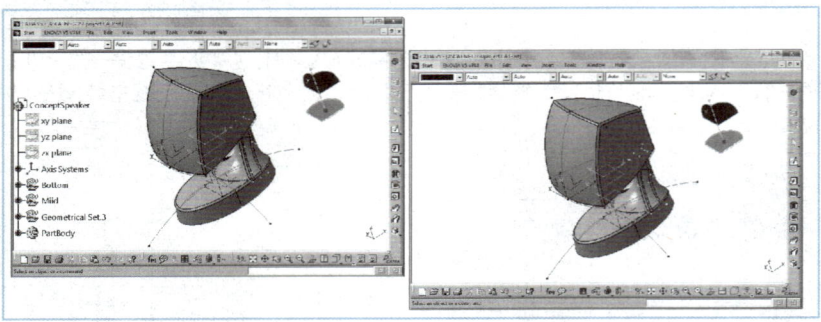

가끔 불필요하게 화면을 차지하여 이렇게 Spec Tree나 Compass를 감추고 Capture를 하는 작업을 하기도 합니다. 또한 CATIA를 실행시켰을 때 위 세 가지 요소가 출력되지 않는다면 풀다운 메뉴에서 이것을 체크해 보기를 권합니다.

특히, Spec Tree(Specification)는 단축키로 'F3'으로 지정되어 있습니다.

C. Specification Overview

CATIA에서 작업을 하면서 형상 자체와 Spec Tree간의 밀접한 관계는 아무리 강조해도 지나치지 않다. 따라서 이 둘을 자유롭게 다룰 수 있어야 하는데 여기서는 Spec Tree의 위치와 관련되어 Overview 기능을 설명하도록 할 것입니다.

CATIA를 이용해 처음 모델링을 하는 경우에 누구나 한번쯤은 경험하게 되는 현상이 있는데 그것은 Spec Tree를 어떻게 건드렸더니 화면이 어두워지면서 형상이 움직이지 않고 명령도 먹히지 않는 상황이 그 것입니다.

이 경우 작업자가 Spec Tree의 Tree Line을 건드린 것이 원인이 되는데 결코 이것은 버그 따위가 아니며 Spec Tree의 위치와 크기를 조절할 때 사용하는 방법입니다. 이렇게 Tree Line을 건드린 후에는 Spec Tree의 위치를 조절하거나 크기를 형상을 다루는 방법처럼 조절해 주면 됩니다.

그런데 이러한 초보 단계에서 생기는 실수에 의해 마구잡이로 마우스를 조작하다가 Spec Tree가 완전히 화면상에 출력되지 않을 수도 있습니다. 이런 경우에는 극단적으로 설정을 초기화 해버려야 하는데 그러기 전에 이 Specification Overview기능 사용하여 Tree의 위치를 잡아 줄 수 있습니다.

풀다운 메뉴에서 View ⇨ Specification Overview을 선택하면 다음과 같은 창이 나타나면서 Spec Tree의 위치를 조절해 줄 수 있습니다.

따라서 화면 밖으로 너무 이동해 버려 위치를 찾을 수 없다거나 하는 경우 이 명령을 사용해 보기 바랍니다.

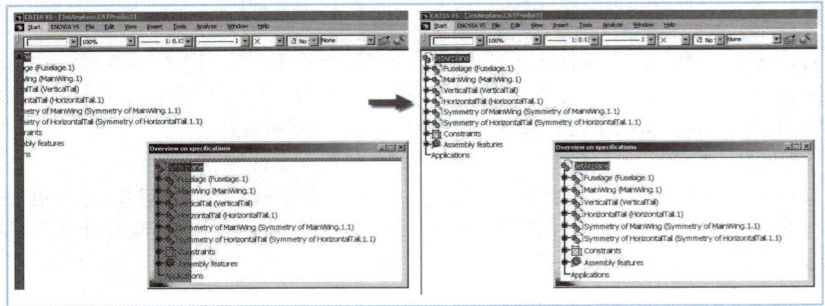

D. Fit All In

가끔 작업을 하다 보면 형상을 너무 확대하여 형상을 분간하기 힘들거나 반대로 너무 축소하여 형상을 찾지 못하는 경우가 발생합니다. 이런 경우에 View Toolbar의 Fit All In 명령을 사용하면 현재의 화면 크기에 맞추어 형상을 딱 맞추어 출력해 줍니다.

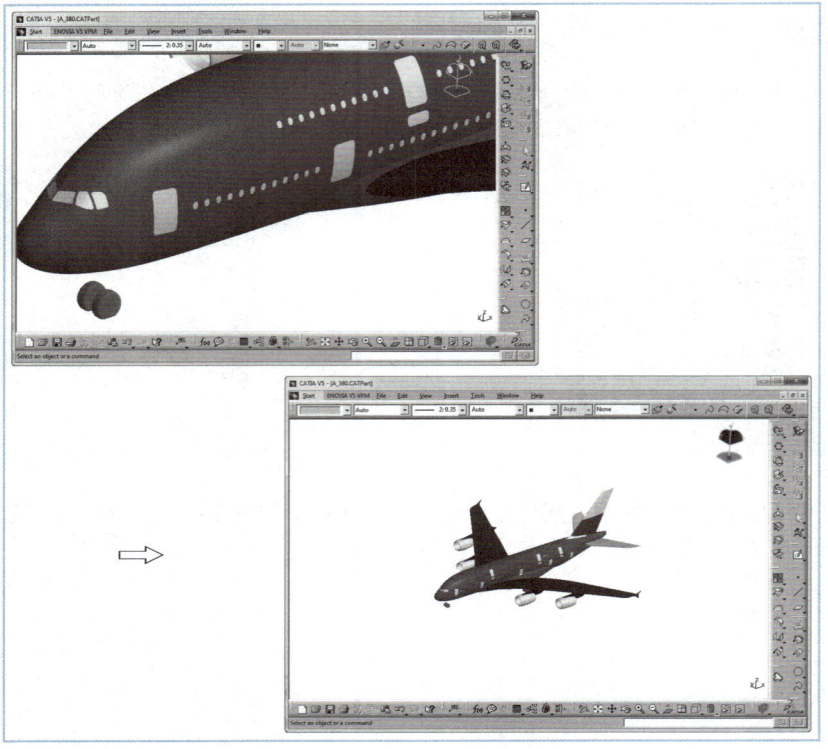

E. Zoom Area

이 명령은 작업자가 원하는 위치를 드래그 하여 그 부분만을 확대하여 보여주게 하는 명령입니다. 따로 Toolbar에는 표시되지 않으며 풀다운 메뉴에서 View ⇨ Zoom Area를 선택합니다.

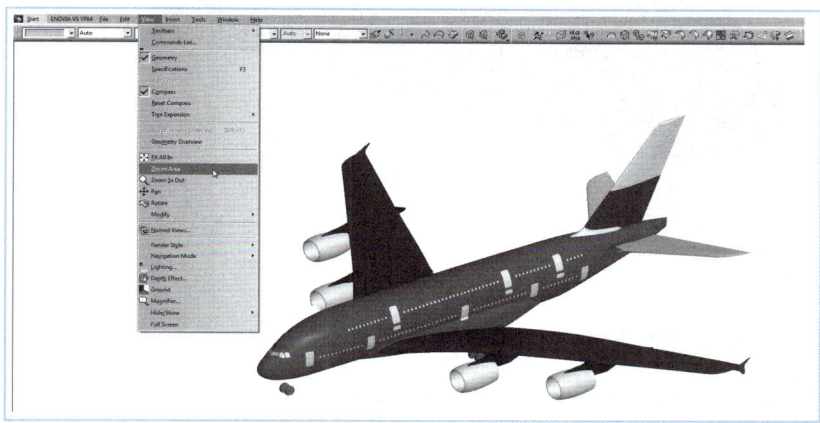

그리고 화면상에서 확대하고자 하는 부위를 드래그 하여 주면 Box형상으로 표시된 부분이 확대되는 것을 확인할 수 있습니다.

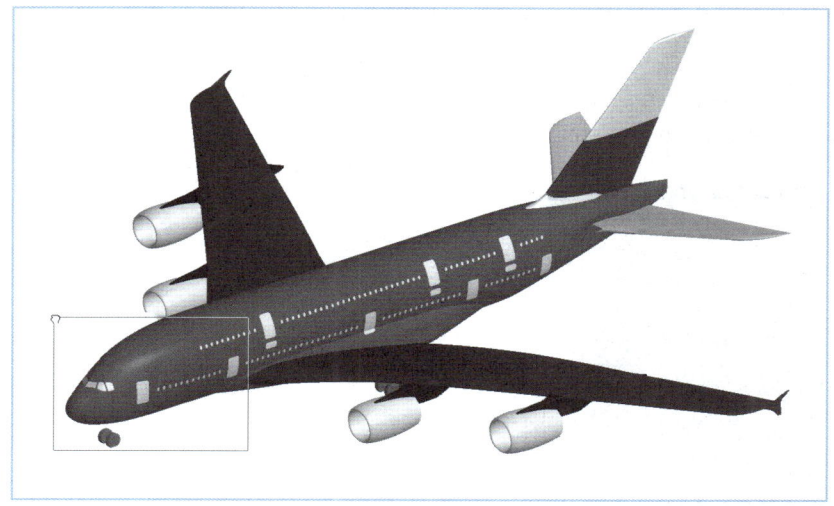

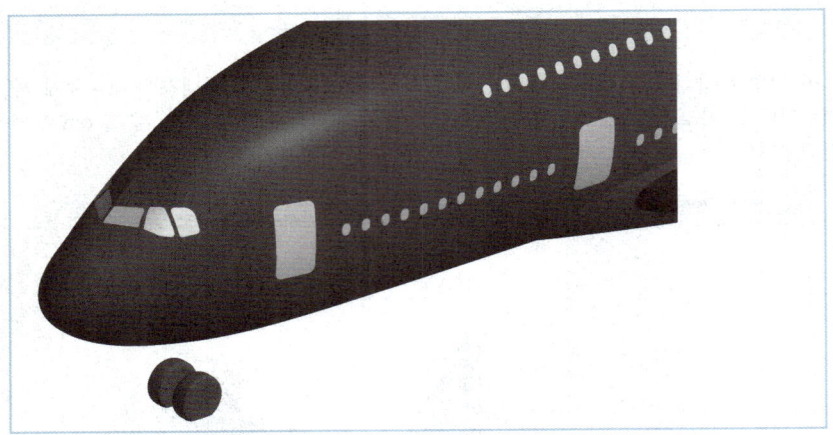

F. Create Multi View

이 명령은 CATIA Release 14이후로 나온 기능으로 현재 형상을 4개의 View로 나누어 다각도로 형상을 바라볼 수 있게 해줍니다. View Toolbar에서 Create Multi-View 명령을 실행시키면 현재 활성화된 형상이 4분할되어 각각 서로 다른 View를 보여줍니다.

물론 이 각각의 View들은 서로 다른 방향이나 위치로 Manipulation이 가능합니다. 다시 원래의 하나의 화면으로 전환하려면 활성화되어 있는 명령을 해제 시킨다.

만약에 이 Multi-View의 각 View들을 정의하려면 풀다운 메뉴에서 View ⇨ Navigation Mode ⇨ Multi-View Configuration을 선택하여 다음과 같은 Definition창을 통해 설정해 줄 수 있습니다.

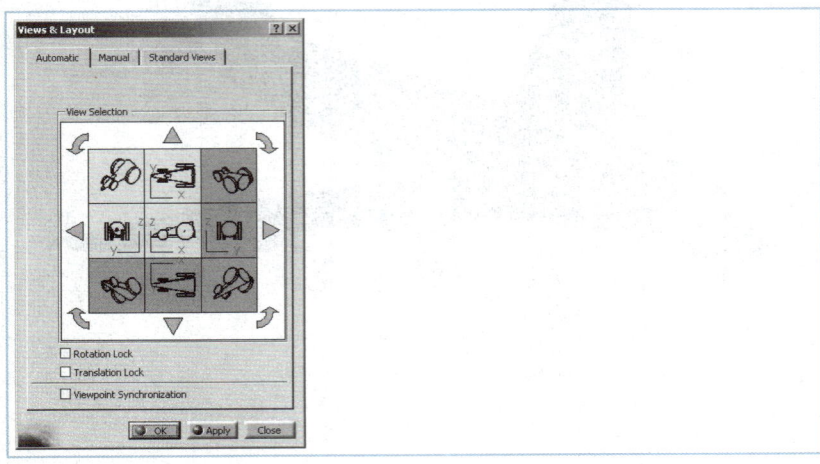

G. Depth Effect

이 명령은 형상을 절단하여 그 내부로 작업을 하거나 관찰할 수 있게 하는 명령입니다. 풀다운 메뉴에서 View ⇨ Depth Effect를 선택합니다.

그럼 다음과 같은 Definition창이 나타납니다.

여기서 형상을 나타내는 원의 좌우의 선을 이동 시켜 잘리는 Depth를 설정해 줄 수 있습니다.

물론 이 명령이 실제의 형상을 절단하는 것은 아니기 때문에 보이지 않는 내부 형상을 수정하거나 관찰할 때 사용하면 좋습니다.

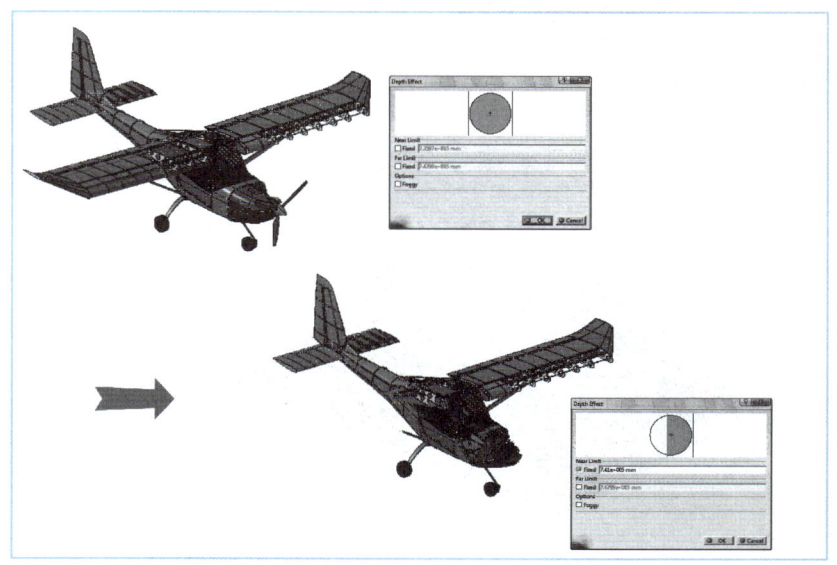

H. Ground

이 명령은 3차원 형상을 작업하는데 있어 대상이 공중에 떠있는 듯한 느낌을 피하기 위해 가상의 바다 면을 만들어 주는 명령입니다. 풀다운 메뉴에서 View ⇨ Ground를 선택합니다.

그럼 다음과 같이 격자무늬를 가진 바닥 면이 만들어 집니다.

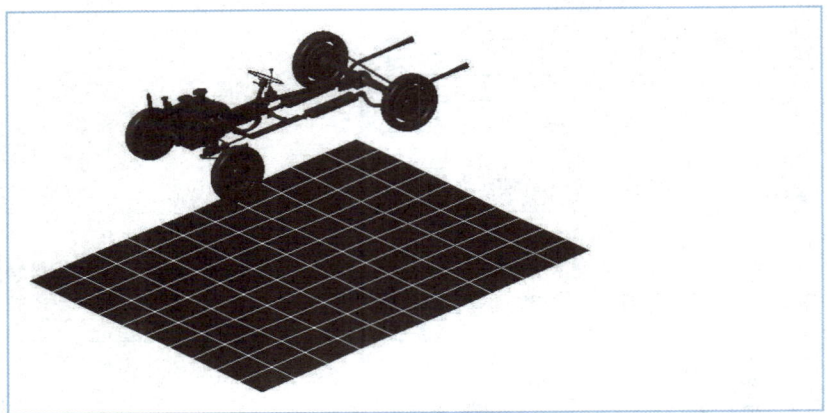

이렇게 만들어진 바닥 면은 마우스를 이용하여 그 위치 수정이 가능합니다.

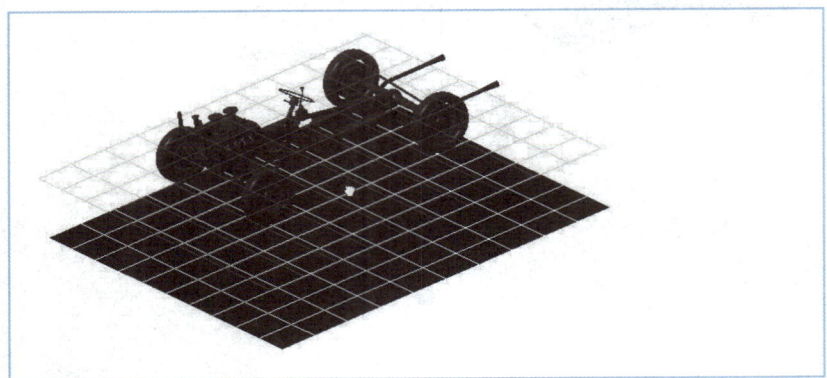

I. Hide and Show Object

우리가 작업을 하면서 작업 후에 필요 없게 된 대상을 화면에 다 나타낼 경우 작업에 방해는 물론 보기에 좋지 못합니다. 그렇다고 해서 그러한 대상을 현재의 형상과 연결이 되어있는 상태에서 그냥 지워버릴 수는 없는 것입니다.

이럴 때 사용할 수 있는 방법이 간단히 이러한 요소를 '숨기기(Hide)' 하는 것입니다. 물론 이렇게 하면 대상은 화면에 나타나지 않으며 동시에 지워지지 않기 때문에 작업에 도 전혀 지장이 안 생긴다.

위의 View Toolbar에서 Hide/Show 아이콘 을 이용하면 원하는 대상을 숨기기가 가능합니다. 또는 직접 원하는 대상을 선택하여 MB3 버튼을 누르면 Contextual Menu 안에 Hide/Show가 보일 것입니다. 이것을 이용하여도 됩니다. CTRL Key를 누르고 복수 요소를 선택한 후에 동시에 Hide/Shoe 시키는 것도 가능하니 알아 두도록 하자.

또는 다음처럼 Spec Tree에서 직접 대상을 선택하여도 됩니다.

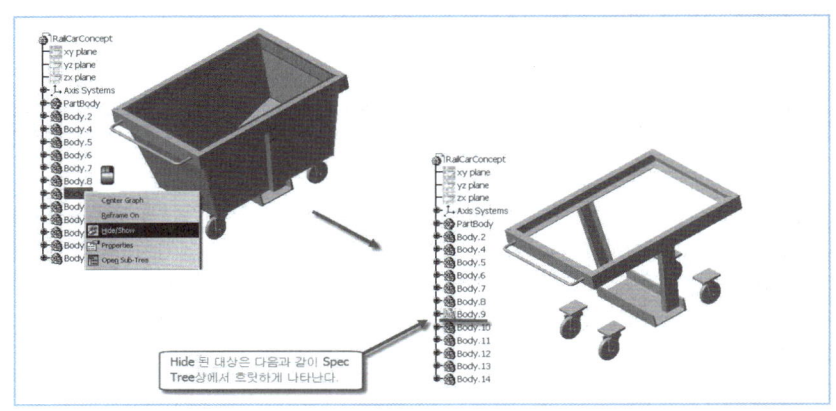

물론 작업하는 과정에서 다시금 이러한 숨겨진 대상이 필요하거나 숨겨진 대상을 확인할 필요가 있습니다. 이 때 사용할 수 있는 명령이 Swap Visible Space 입니다.

이 아이콘을 클릭하면 다음과 같이 배경색이 변하면서 현재 도큐먼트에 숨겨진 대상들만이 화면에 나타납니다.

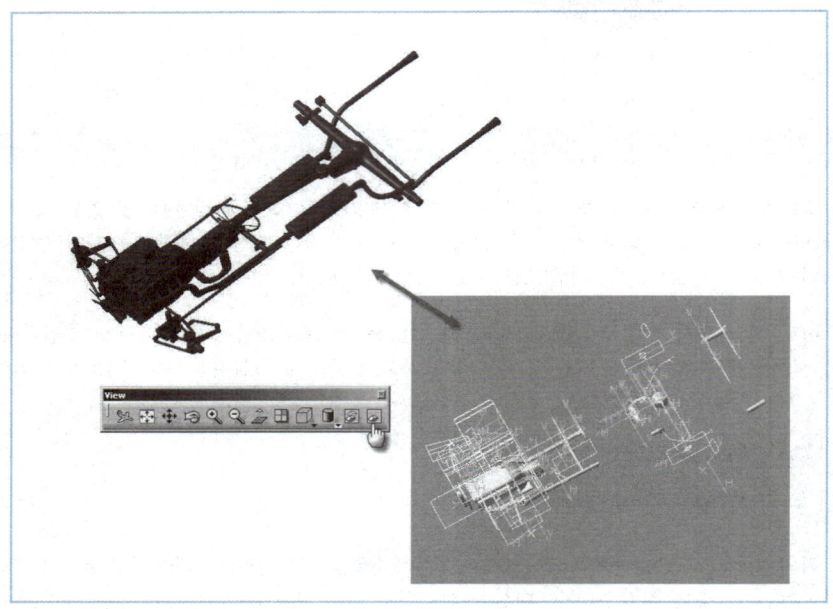

이것은 물론 화면상의 두 가지, 실제 작업 영역과 숨김 영역을 나누어 보게 되는 것입니다. 숨김 영역에 있는 것을 작업하는데 사용할 수 있으며 다시 작업 영역으로 옮길 수 있습니다. 이 두 가지 영역을 오가는 것을 익숙히 할 주 알아야 숨겨진 대상을 찾거나 다시 이용하는데 수월할 것입니다.

J. Perspective and Parallel

CATIA에서 형상을 출력하는 두 가지 모드가 있는데 하나는 형상을 원근법적으로 출력해 주는 Perspective이고 다른 하나는 형상을 원근법적 효과 없이 평행하게 보여주는 Parallel입니다. 이 두 가지 모드를 비교해 보면 다음과 같이 하나의 형상을 서로 다르게 보여줍니다. 이것은 하나의 직사각형 형상을 기준면으로 스케치 작업에 들어갔을 때 각 모드에 따른 형상의 출력 모습입니다.

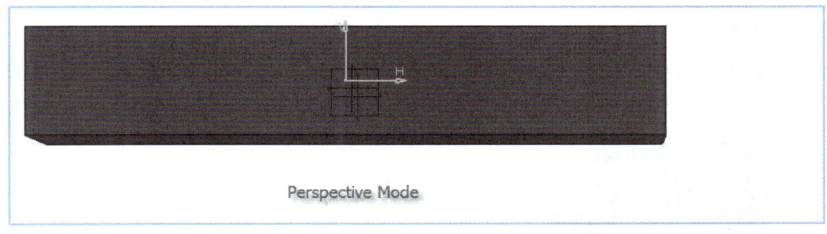

Perspective Mode

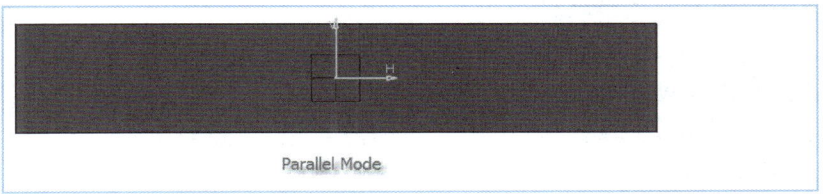

Parallel Mode

실제 형상 모델링 작업을 하는데 있어서는 Parallel로 하는 것이 작업에 맞습니다.

이에 대한 설정은 풀다운 메뉴의 View ⇨ Render Style에서 선택해 줄 수 있습니다.

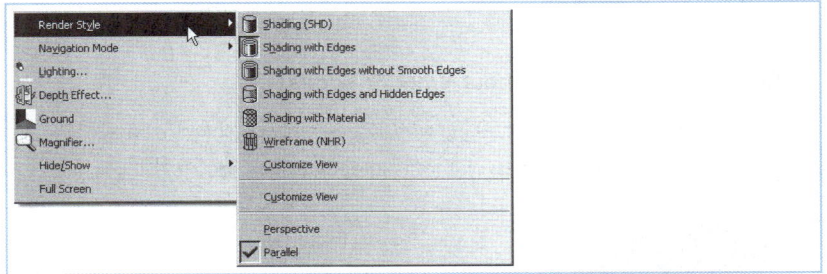

K. Render Style

우리가 작업을 하는데 있어 물체를 보는 View Mode는 매우 중요합니다. 작업의 능률 차원에서 영향을 줄 뿐만 아니라 경우에 따라서 반드시 사용하여야 하는 View Mode가 존재하기도 합니다.

View Mode는 View Toolbar를 사용하여 설정할 수 있으며 또한 풀다운 메뉴 View ⇨ Render Style을 이용하여 설정이 가능합니다.

다음은 CATIA에서 제공하는 Render Style입니다.

a. Shading

View ⇨ Render Style ⇨ Shading (SHD) 또는 View Toolbar의 Shading 📦 아이콘

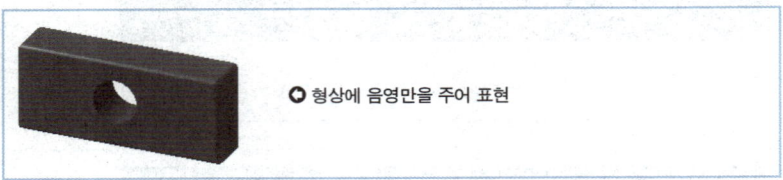
○ 형상에 음영만을 주어 표현

b. Shading with edges

View ⇨ Render Style ⇨ Shading with Edges 또는 View Toolbar의 Shade with Edges 📦 아이콘

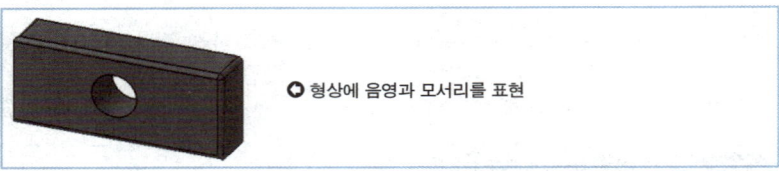
○ 형상에 음영과 모서리를 표현

c. Shading with Edges without smooth Edges

View ⇨ Render Style ⇨ Shading with Edges without smooth Edges 또는 View Toolbar의 Shade with Edges without smooth Edges 📦 아이콘

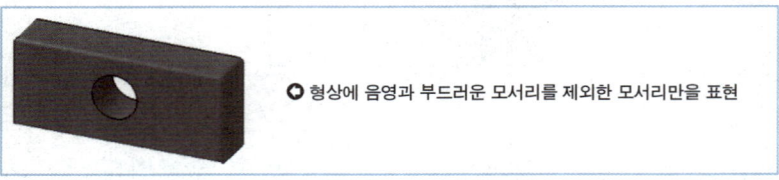
○ 형상에 음영과 부드러운 모서리를 제외한 모서리만을 표현

d. Shading with Edges and Hidden Edges

View ⇨ Render Style ⇨ Shading with Edges and Hidden Edges 또는 View Toolbar의 Shading with Edges and Hidden Edges 📦 아이콘

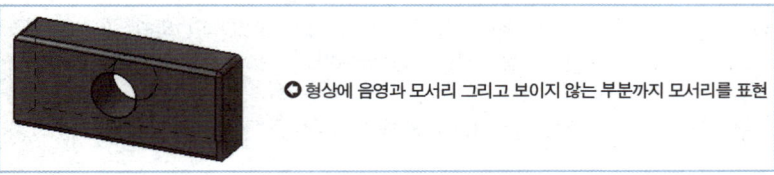
○ 형상에 음영과 모서리 그리고 보이지 않는 부분까지 모서리를 표현

e. Shade with material

View ⇨ Render Style ⇨ Shading with material 또는 View Toolbar의 Shading with material 아이콘

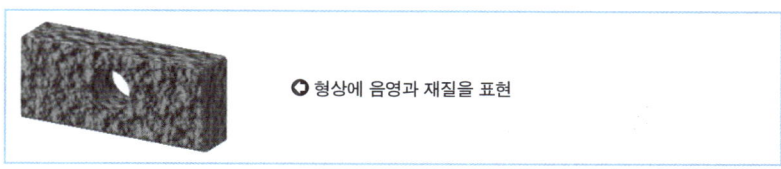

○ 형상에 음영과 재질을 표현

f. Wireframe(NHR)

View ⇨ Render Style ⇨ Wireframe(NHR) 또는 View Toolbar의 Wireframe(NHR) 아이콘

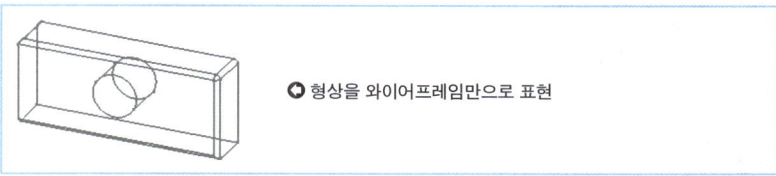

○ 형상을 와이어프레임만으로 표현

g. Customize view parameter

View ⇨ Render Style ⇨ Customize view parameter 또는 Customize view parameter 아이콘

이 모드로 화면을 보이게 하면 바로 출력되는 것이 아니고 다음과 같은 설정 창이 뜹니다. 여기서 필요한 View 값을 설정하여 화면에 출력시킬 수 있습니다.

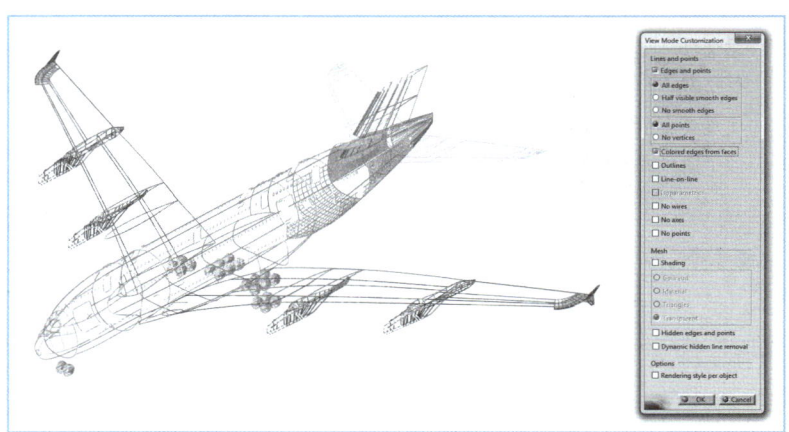

L. Lighting

CATIA에서 작업 View mode처럼 화면을 비추고 있는 조명에 대해서도 설정이 가능합니다. 빛을 좀 더 강하게 한다거나 빛을 1개 또는 2개의 광원으로 사용과 같은 설정을 할 수 있습니다.

풀다운 메뉴에서 View ▷ Lighting에 들어간다. 그럼 다음과 같은 창이 나타나는데 여기서 조명을 설정을 합니다.

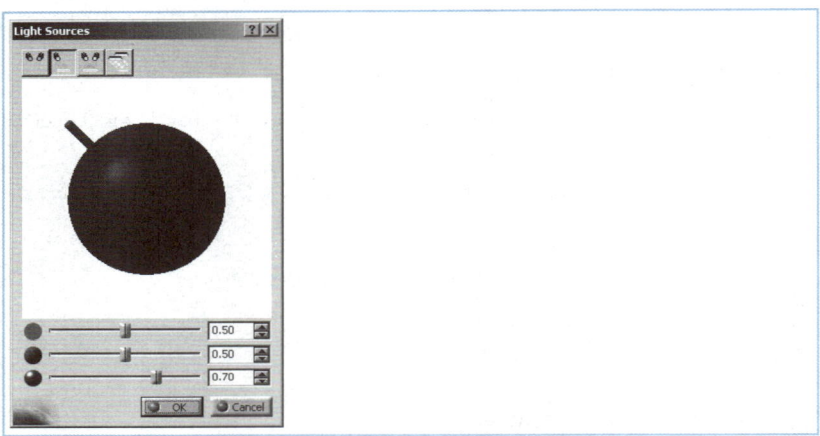

왼쪽에서부터 조명이 없는 상태, 조명 한 개, 조명 두 개, 형광등 순이며 아래에서 빛의 양과 같은 설정이 가능합니다. Ambient(주변), Diffuse(확산), Specular(반사성)

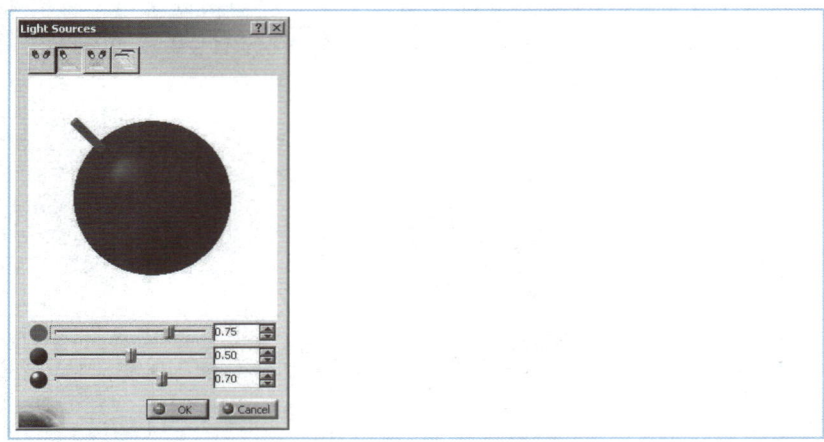

또한 조명의 위치 또한 자유롭게 조절해 줄 수 있습니다.

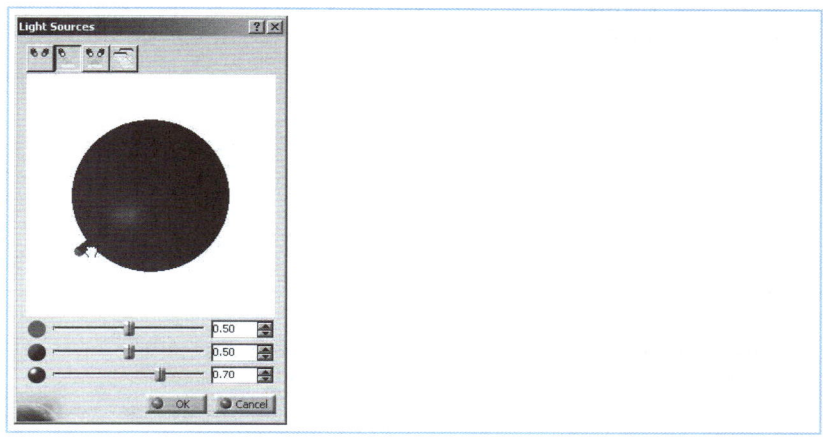

장시간 작업을 하는 동안 형상을 바라보는데 피로하지 않도록 적절한 설정이 필요합니다.

M. Layer Filter

여기서는 CATIA에서 Layer를 기능을 통하여 형상 요소들을 Filter하여 출력해 주는 방법을 설명하도록 하겠습니다. Layer기능을 사용하면 하나의 도큐먼트 상의 여러 개의 형상 요소들에 대해서 또는 Assembly상에서 여러 개의 Component들을 불러온 뒤에 선택적으로 화면에 표시하고자 하는 대상을 선택해 줄 수 있습니다.

우선 Layer 기능을 사용하기 위해 풀다운 메뉴에서 Tools ⇨ Visualization Filter를 선택해 줍니다.

그러면 다음과 같은 Visualization Filter 설정 창이 나타납니다. 여기서 Only current layer visible을 선택해 줍니다. 그래야 Layer 기능을 사용할 수 있습니다.

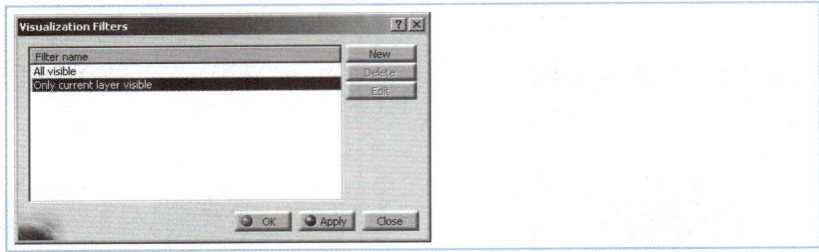

이제 현재 도큐먼트 상에서 Layer로 잡아주고자 하는 대상을 선택합니다. 그리고 Graphic Properties Toolbar에서 다음과 같이 Layer Filter 값을 변경해 줍니다.

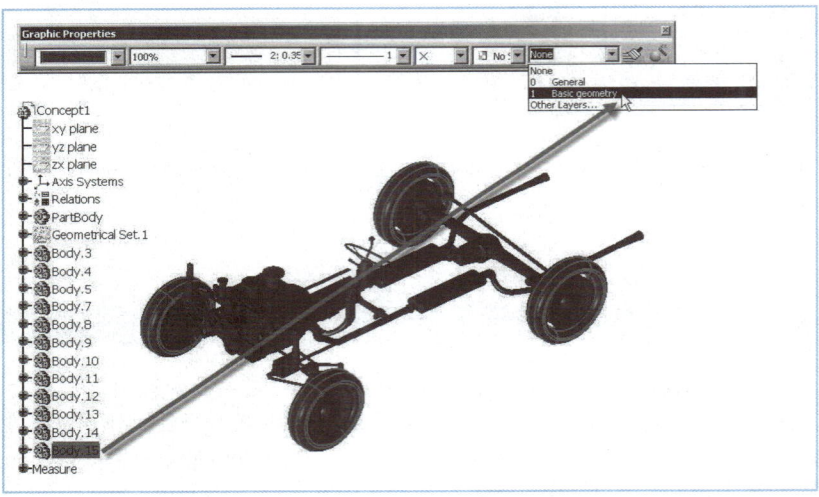

여기서 None일 경우 Filter 값이 적용되지 않으며 현재 디폴트로 만들어진 0 General, 1 Basic Geometry를 선택할 수 있습니다. 물론 하나의 Layer에 여러 개의 요소를 선택해 줄 수 있습니다.

또한 Other Layer를 클릭해 원하는 Layer를 추가로 만들어 줄 수 있습니다.

Definition창이 떴을 때 New를 클릭해 줍니다.

그럼 다음과 같이 Layer가 추가 되는데 다음과 같이 Filter이름을 변경해 줄 수 있습니다.

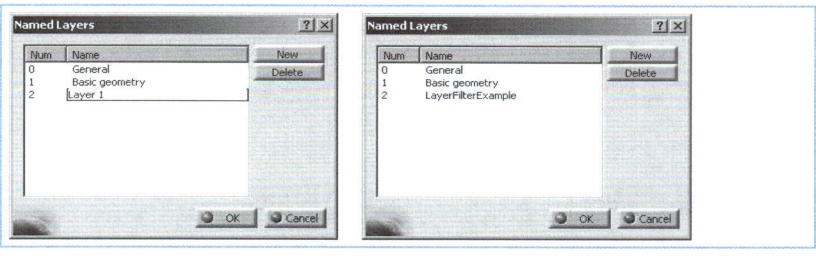

이러한 방법을 사용하여 Layer를 설정하면 필요에 따라 표시하고자 하는 대상을 손쉽게 변경해 줄 수 있습니다.

3.2 Selection

A. MB1

CATIA로 작업을 하면서 아이콘이나 형상의 일부분을 직접 형상에서 또는 Specification Tree로부터 선택해야 할 경우가 있습니다. 그럴 때 필요한 마우스 동작과 Select Toolbar를 소개합니다.

우선 앞서 언급한 바와 같이 MB1 버튼을 사용하여 대상을 선택할 수 있습니다. 형상뿐만 아니라 아이콘, Specification Tree의 부분까지 Mouse를 사용하여 선택이 가능합니다. 우리가 Mouse를 사용하여 선택할 수 있는 형상의 요소는 다음과 같습니다.

CATIA Surface의 정석

Faces : 형상을 구성하는 면
Vertices : 형상의 모서리와 모서리가 만나는 꼭지점
Edges : 형상의 면과 면의 경계 부위
Planes : 평면
Axes : 축 대상

물론 대상을 선택하는데 있어 오로지 한 가지 대상만을 선택할 수 있는 것은 아닙니다. CTRL 키를 누른 상태에서 MB1 버튼을 사용하면 복수 선택이 가능합니다.

B. Select Toolbar

많은 사람들이 사용을 잘 하지 않는 기능이나 복수의 대상을 선택하고자 할 때 매우 훌륭한 선택 도구가 됩니다.

Selection Toolbar에서 아이콘을 열어 보면 그 안에 다음과 같은 Select 도구들이 들어 있는 것을 볼 수 있습니다.

여기서 필요에 따라 대상을 선택하는 방식을 변경해 줄 수 있습니다.

C. User Selection Filter

이 Toolbar 역시 많은 사용자들이 사용하지 않는 경향이 있는데 훌륭한 도구입니다. 이 필터 기능을 사용하면 내가 만약 화면상에서 Wireframe 요소만 선택하고 싶다고 하면 필터에서 Curve Filter ∾를 켜고 화면을 드래그 하면 다른 요소들은 선택 되지 않고 Wireframe 요소만 선택할 수 있습니다.

그리고 반드시 사용 후에는 이 필터를 꺼야 합니다. 그렇지 않으면 다른 작업을 할 때도 필터의 기능 때문에 대상 선택이 안 되기 때문입니다. 종종 화면에 대상을 선택하려고 할 때 ● 표시가 뜨면 User Selection Filter에 무언가가 필터가 켜지지 않았는지 살펴보기 바랍니다.

3.3 Graphic Properties

CATIA 에는 다음과 같은 그래픽 설정 Toolbar가 있어 선택한 형상 요소에 대해서 스타일을 적용할 수 있습니다.

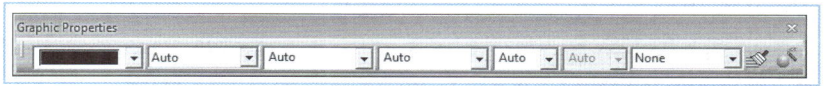

그러나 이 Toolbar는 처음 설치 후 바로 나타나지 않으며 다음과 같이 화면 오른쪽 또는 하단과 같은 Toolbar들이 있는 곳에서 Contextual Menu(MB3 버튼)에서 보이도록 체크만 해주면 됩니다.

또는 풀다운 메뉴에서 View ➪ Toolbars에서 체크해 주어도 됩니다.

Graphic Properties Toolbar에서 설정 가능한 부분은 다음과 같습니다.

A. Color type

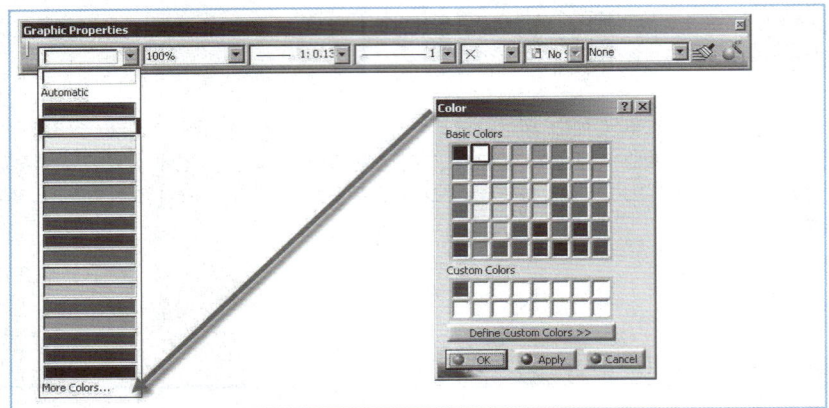

여기서는 선택한 대상의 색상을 변경해 줄 수 있습니다. 우선 대상을 선택한 후에 이 값을 변경해 주면 변경된 색상으로 선택한 대상의 색상을 변경할 수 있습니다.

Assembly나 여러 개의 PartBody를 이용하여 작업하는 경우 요소들 간의 구분을 위해 자주 사용합니다. 일반적으로 색상은 PartBody나 Geometric Set 단위로, 혹은 Part나 Product 도큐먼트 단위로 설정해 주는 것이 좋습니다. 일일이 면을 선택하여 색상을 변경하는 것은 지양하도록 합니다.

B. Transparency

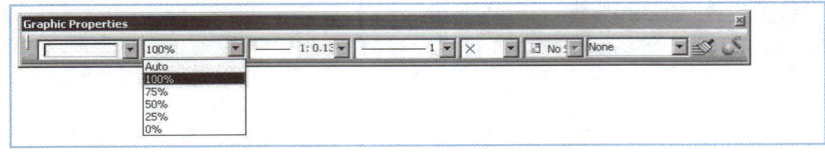

이것은 선택한 3차원 요소의 투명도를 조절하는 부분으로 여러 개의 형상이 내부에 포함되거나 중첩된 경우 대상들의 투명도를 조절하여 시각화 효과에 도움을 줍니다.

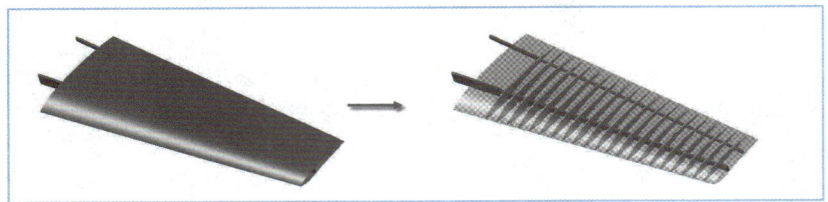

C. Line thickness

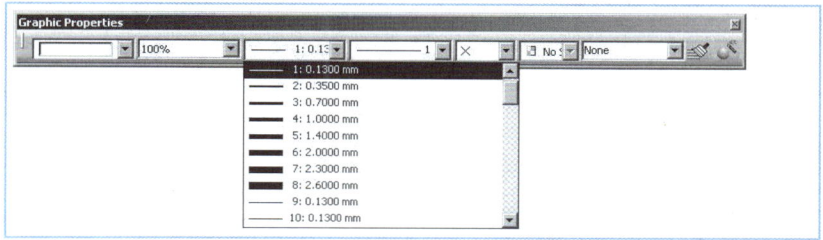

여기서는 커브 요소들의 선 굵기를 변경해 줄 수 있습니다. 선의 굵기가 다르다고 해서 실제 작업에 영향을 주는 것은 아니지만 표현상으로 다르게 해 줄 수 있으며 도면을 만드는 Drawing에서는 필요한 기능이 됩니다.

D. Line type

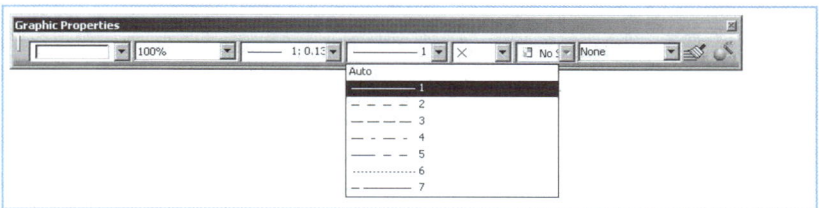

선의 종류를 선택해 주는 기능으로 위와 마찬가지로 3차원 모델링에서 보다 Drawing 에서 유용하게 사용할 수 있습니다.

E. Point type

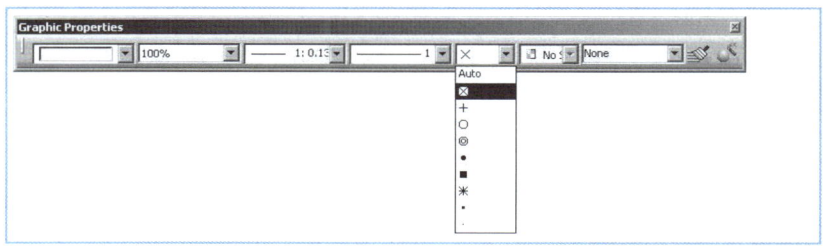

여기서는 포인트의 모양을 변경해 줄 수 있는데 포인트 요소는 이 Point type과 Color 이 변경이 가능합니다.

F. Layer filter

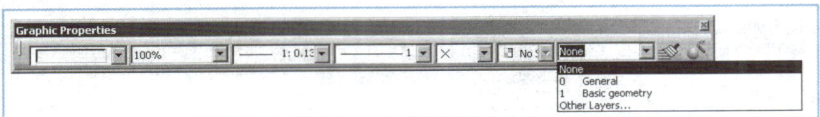

CATIA에서 Layer 기능을 사용하기 위한 Filter로 사용할 수 있습니다.

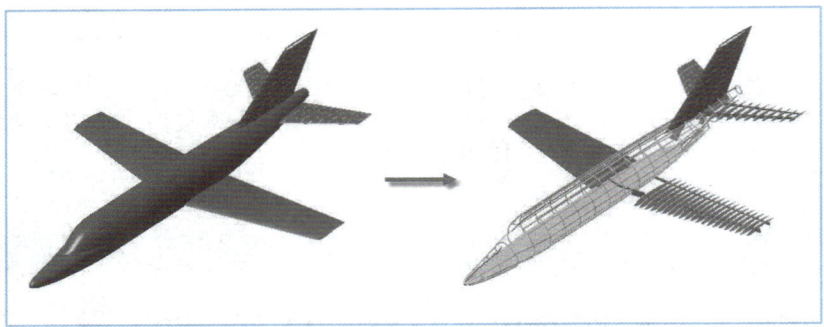

　이러한 Graphic Properties Toolbar는 Common Toolbar이기 때문에 모든 워크벤치에서 사용이 가능하다는 점을 기억해두기 바랍니다.

3.4 Image

　CATIA를 사용하는 경우에 대부분의 경우가 실제3차원 데이터를 위해서입니다. 3차원으로 구성된 각 단품, 그리고 조립품, 이들에 대한 도면과3차원 상에서 구동이나 분석이 그 주된 기능이라 할 수 있습니다.

　그리고 이러한 데이터를 직접 파일로 데이터를 공유하는가 하면 이러한 형상들에 대해서 이미지 파일이나 동영상 자료를 필요로 하는 경우도 많다. 이는 팀 별 또는 기업 간 프레젠테이션 발표 보고에서 주로 이용되는 경우입니다.

　이럴 경우 다른 Capture 프로그램이나 프린트스크린을 이용하기도 하는데 여기서는 CATIA내에서 제공하는 양질의 이미지 파일과 동영상 파일 제작 방법에 대해서 간단히 설명하도록 하겠습니다.

A. Capture

상단의 풀다운 메뉴에서 Tools ⇨ Images ⇨ Capture를 선택합니다.

그럼 다음과 같은 Capture 창이 나타납니다.

여기서 Capture 버튼을 이용하면 현재의 화면을 바로 Capture할 수 있습니다. Capture 작업 후에는 파일을 저장하게 되는데 Capture Preview창을 통하여 이미지 형상을 확인하고 저장할지 또는 취소할지를 결정할 수 있습니다. 저장 버튼을 누르게 되면 이미지 파일 형식을 선택해 줄 수 있는데 필요에 맞추어 형식을 선택해 주면 됩니다. 여기서 Album 기능은 설명을 생략하도록 하겠습니다.

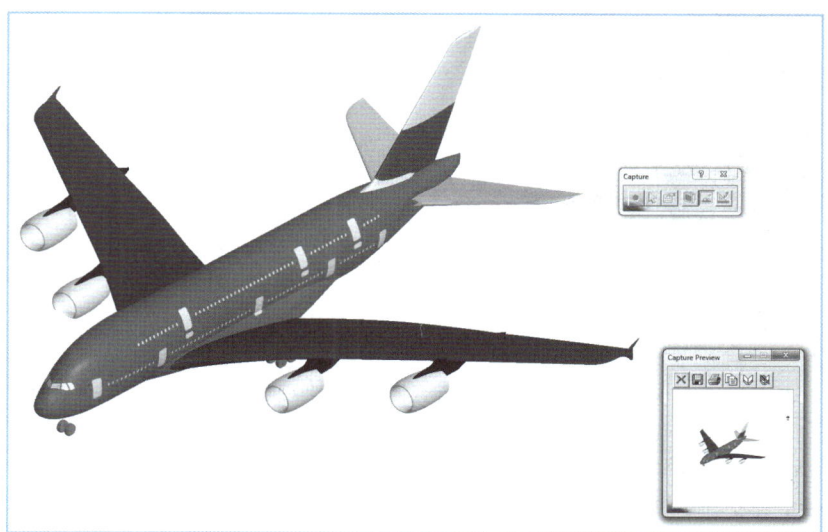

만약에 전체 화면이 아닌 일부분을 Capture하고자 한다면 Selection Mode 를 이용하여 원하는 부분을 드래그 하여 그 영역까지 만을 Capture할 수 있습니다. 드래그 하게 되면 해당 영역에 대한 크기 정보를 보여줍니다.

그 다음으로 Capture 버튼을 누르게 되면 선택한 부분만이 이미지로 찍히게 됩니다.

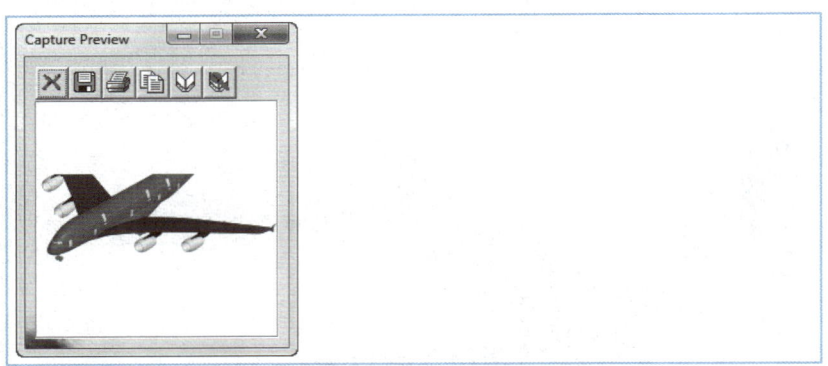

또한 필요에 따라 이 크기를 마우스를 이용하여 다시 조절하는 것도 가능합니다.

Options 을 이용하면 다음과 같은 이미지 작업에 대한 설정을 해줄 수 있습니다. Color mode에서 컬러로 할 것인지 또는 흑백(gray scale)으로 할 것인지 등을 설정할 수 있으며 capture White as Black을 선택하면 Capture시에 흰색인 대상을 검은색으로 표현하도록 하여 화면에 잘 보이도록 할 수도 있습니다.

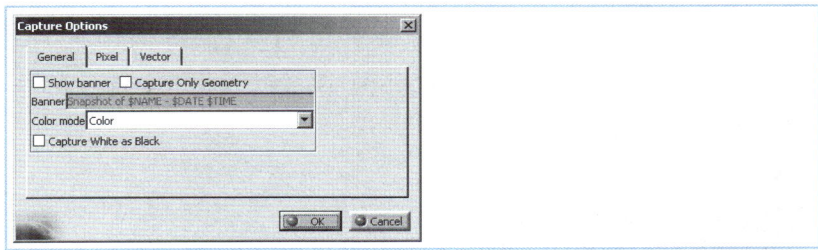

　Pixel탭에서는 White Background를 사용하여 배경이 어두운 색을 경우 이것을 흰색으로 표현하도록 하게 할 수 있으며 Rendering Quality에서 이미지의 질을 설정해 줄 수도 있습니다.

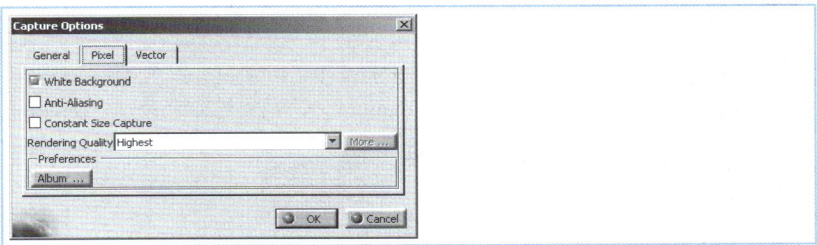

　이미지를 만드는 과정에서 가장 많이 사용하는 두 가지 모드가 다음 Screen Mode와 Pixel Mode가 있는데 Screen Mode 로 선택하고 Capture를 하게 되면 화면에 나타난 모든 Toolbar와 기타 윈도우 메뉴를 모두 Capture합니다.

　Pixel Mode 경우에는 화면상에 형상에 관련된 것만을 Capture합니다. 여기서 Spec Tree나 3D Compass도 포함이 되므로 불필요한 경우에는 이를 미리 숨기고 Capture하도록 합니다.

B. Video

풀다운 메뉴에서 Tools ➪ Image ➪ Video를 선택하면 다음과 같은 동영상을 녹화할 수 있는 Video Recorder창이 나타납니다.

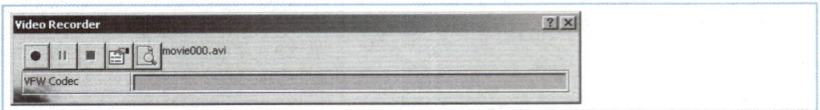

여기서 Setup에 들어가면 다음과 같이 동영상 작업에 대한 설정을 해 줄 수 있습니다. 여기서 파일 저장 위치와 Capture탭에서 Capture mode를 설정해 줄 수 있습니다.

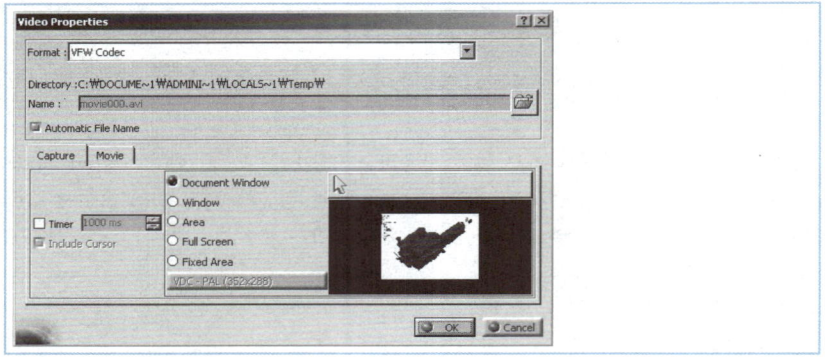

또한 Movie 탭에서는 초당 프레임 비율이나 동영상의 압축률을 설정해 줄 수 있습니다.

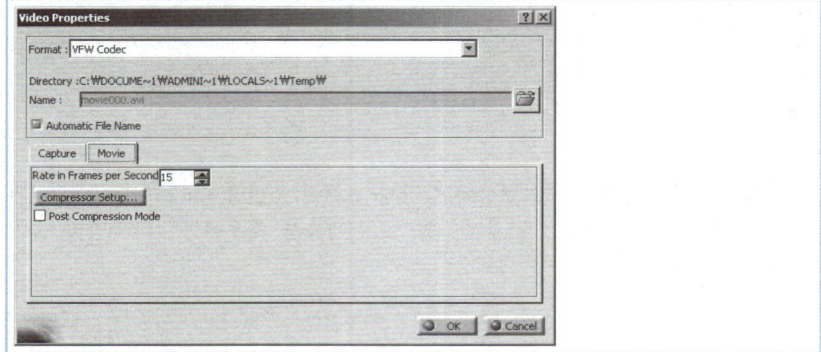

일반적으로 압축률이 클수록 동영상 파일의 크기는 작아지지만 그 대신 품질이 떨어지는 단점이 있습니다.

CATIA의 동영상 파일 작업은 그래서 깔끔한 동영상 Capture작업에서는 잘 사용되지 않고 있습니다.
동영상 제작 작업을 마치고 나면 미리 보기를 할 수 있는데 실제 동영상 재생 프로그램에서의 재상과 약간 차이가 나므로 이를 감안해야 합니다.

3.5 Apply Materials

CATIA에서는 형상에 대한 모델링 작업과 더불어 실제 형상에 대한 물성치를 부여할 수 있습니다. 이러한 물성치가 적용된 도큐먼트는 실제 형상이 가지는 무게를 가질 수 있으며 렌더링 작업이나 해석 작업과 같은 물성치를 이용한 작업에 활용할 수 있습니다.

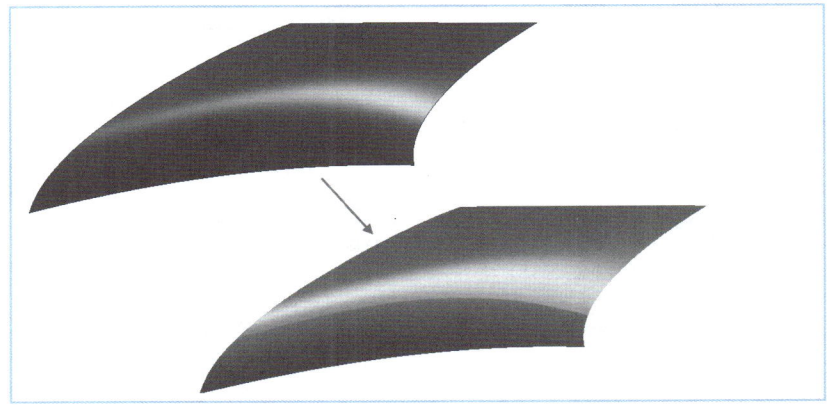

CATIA에서는 기본적으로 준비된 몇 가지 재질이 있습니다. 따라서 작업자는 일반적인 작업의 경우 이 재질을 사용하여 도큐먼트에 재질을 입힐 수 있습니다. 도큐먼트에 재질을 입히기 위해서는 우선 현재 View mode를 Shade with materials 로 변경해 주어야 합니다.

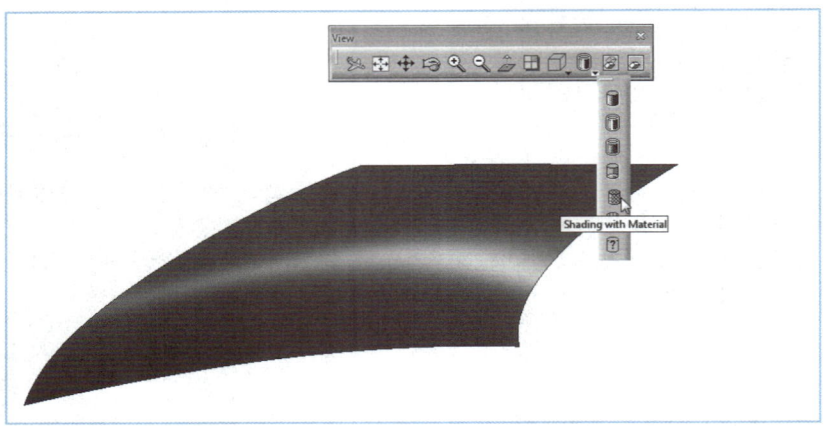

그 다음으로 Apply Material 명령을 실행시킨다. 그러면 다음과 같은 Material Library가 열리는 것을 확인할 수 있습니다. 재질들은 따로 Family로 나누어져 있으며 비슷한 속성을 가진 재질끼리 하나의 Family를 구성합니다.

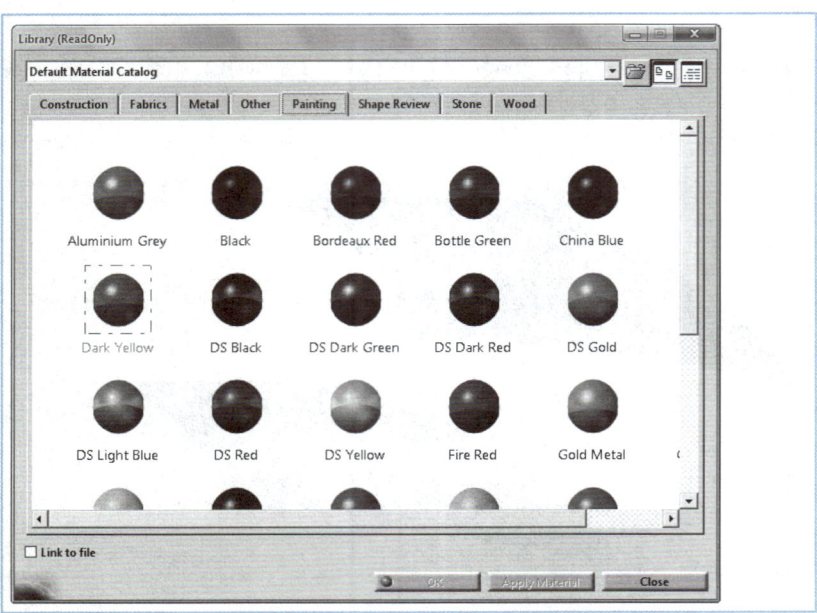

이 Library 중에서 형상에 입히고자 하는 재질을 선택한 후에 형상의 면이나 Body를 선택해 주고 Apply를 클릭해 주면 선택한 재질이 형상에 입혀지는 것을 확인할 수 있을 것입니다. 재질은 Part 도큐먼트에서는 Geometrical Set단위로 입력하는 것이 제일 좋습니다. 즉, 하나의 도큐먼트라 하더라도 Geometrical Set이 다르면 서로 다른 재질을 입히는 것이 가능하다는 것입니다.

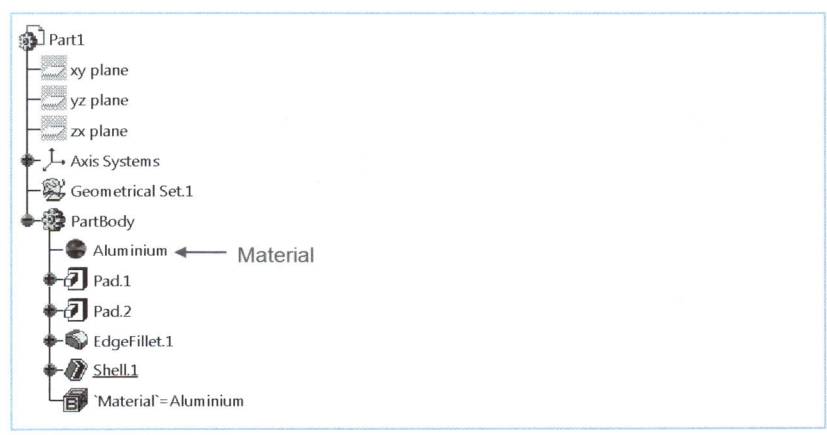

이러한 재질은 작업자의 필요에 따라 Material Library에서 추가적으로 생성하거나 수정이 가능합니다.

3.6 Measure

설계 프로그램에서 1차적으로 중요시 되는 것은 작업자가 원하는 치수로 형상을 그려내는 능력이라 할 수 있습니다. 이것이 충족되지 않는 다면 설계 프로그램이라 할 수 없을 것입니다. 이에 추가적인 요구 사항이 있다면 자신이 입력한 치수 값 이외에 형상으로부터 자신이 알고자하는 치수를 알 수 있는가 입니다. 가령 A와 B라는 치수를 입력하여 형상을 만든 후 이 두 치수에 의해 만들어진 형상에 의해 얻을 수 있는 C라는 치수를 프로그램 내에서 얻을 수 있다고 한다면 충분히 효과적이라 할 수 있습니다. 만약에 이러한 Measure 기능이 없다면 형상을 치수대로 실제로 만들어 논 후에야 측정이 가능하게 되는데 그럼 이미 늦지 않을까요?

CATIA에서도 이러한 측정 기능을 제공하는데 Measure에 의해서 형상으로부터 직접 원하는 부분에 대한 수치적인 값을 얻을 수 있습니다. CATIA의 Measure는 단순한 길이나 거리 측정에서부터 형상의 면적이나 부피, 무게 등과 같은 값을 계산해 낼 수 있으며 이보다 한걸음 더 나가 재질과 연관하여 무게 중심이나 관성 모멘트의 계산도 가능합니다.

CATIA Surface의 정석

A. Measure Between

이 명령은 두 가지 요소를 선택하여 이 두 대상간의 거리나 각도 등을 측정할 수 있게 해줍니다. 이 명령은 하나의 단품 형상은 물론 여러 개의 단품들이 조립되어 있는 Assembly 상에서도 사용 가능합니다. 명령을 실행시키면 다음과 같은 창이 나타나게 되는데 여기서 원하는 측정 모드나 대상 선택을 설정할 수 있습니다.

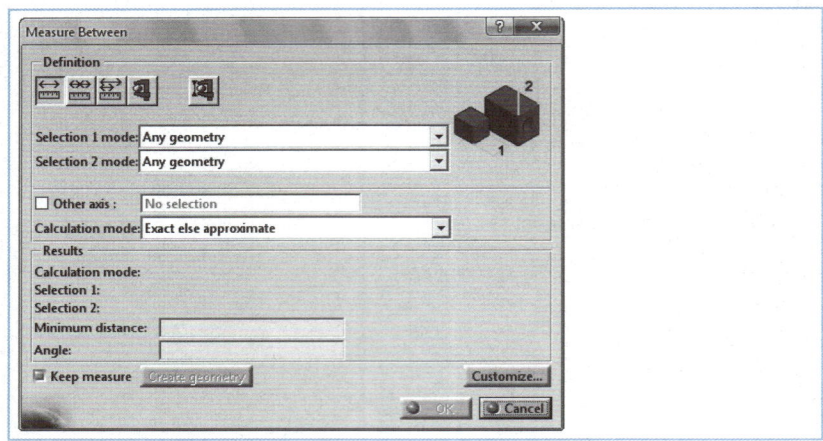

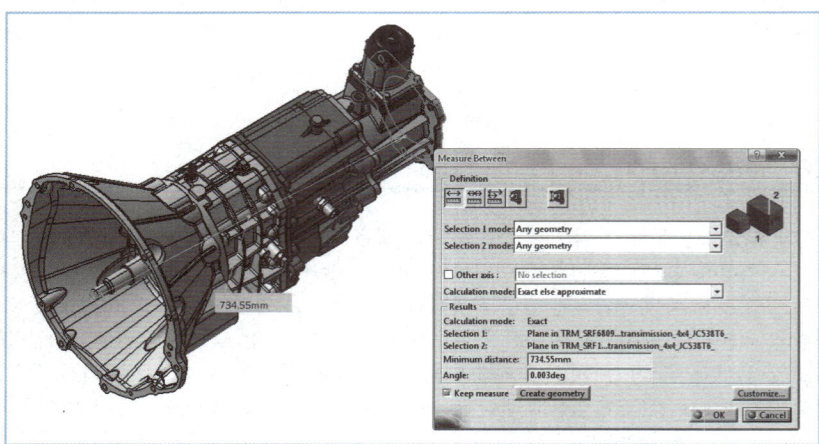

Measure Between은 다음과 같이 모델링을 수행하는 과정에서 치수를 입력하는 부분에서도 활용할 수 있습니다. 다음과 같이 Extrude를 수행하는 명령 창에서 치수 입력란에서 Contextual Menu를 실행해 보기 바랍니다.

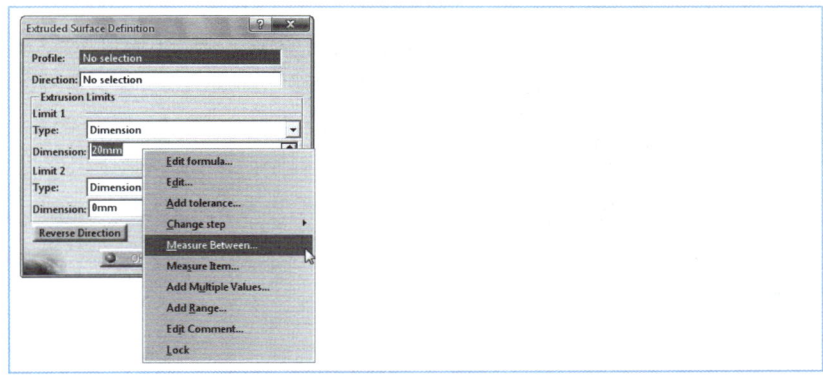

따라서 이것을 사용하면 수치 값을 입력하는 부분에서 바로 수치를 입력하지 않고도 원하는 두 대상 사이의 거리 값 등을 측정하여 입력이 가능합니다.

B. Measure Item

이 명령은 측정하고자 선택한 대상에 대해서 길이나 반지름, 면적 값 등을 측정해 줍니다. 우리가 실제로 어떠한 형상을 만들면서 대상의 한 면에 대한 면적이나 무게 중심의 위치와 같은 값을 일일이 손으로 계산하여 구하는 것은 번거롭고 어려운 작업이라는 것을 알고 있습니다. 이러한 경우 Measure Item을 이용하여 보다 쉽게 측정 데이터를 추출해 낼 수 있습니다.

Measure Item은 측정하고자 하는 대상에 따라서 다음과 같은 값을 뽑아낼 수 있습니다. Measure item 창에서 Customize 버튼을 눌러보기 바랍니다.

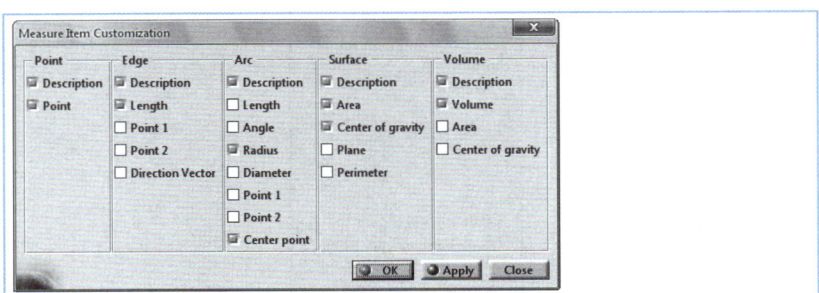

따라서 명령을 실행시키고 Customize를 통하여 원하는 값을 설정하고 대상을 선택하도록 합니다. 선택한 대상에 따라서 자동적으로 Measure Item은 앞서 설정 한 값을 측정하게 됩니다.

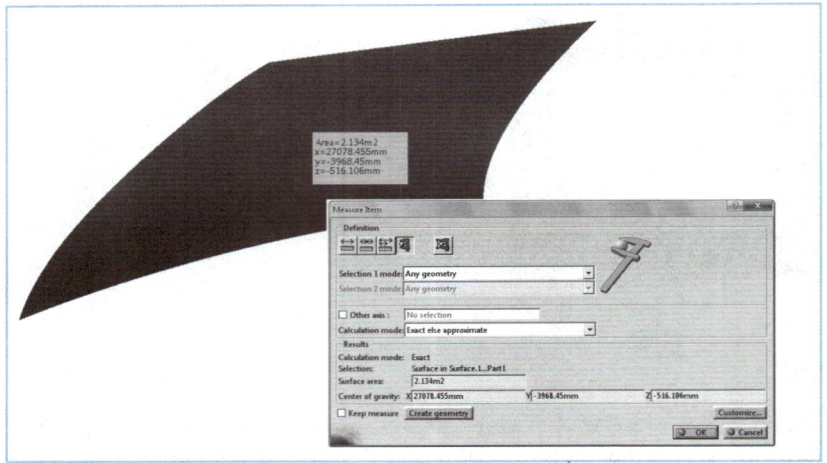

C. Measure Inertia

우리가 실제로 어떠한 형상을 만들면서 대상의 한 면에 대한 면적이나 무게 중심의 위치와 같은 값을 일일이 손으로 계산하여 구하는 것은 번거롭고 어려운 작업이라는 것을 공감합니다.

이러한 경우 Measure Item을 이용하여 보다 쉽게 측정 데이터를 추출해 낼 수 있습니다. Measure Inertia는 2차원 형상에 대한 측정과 3차원 형상에 대한 측정으로 분류하는데 명령을 실행한 후 Measure Inertia 3D, Measure Inertia 2D를 선택하도록 합니다. 그리고 각각의 대상에 맞게 Customize를 구성하고 대상을 선택하도록 합니다.

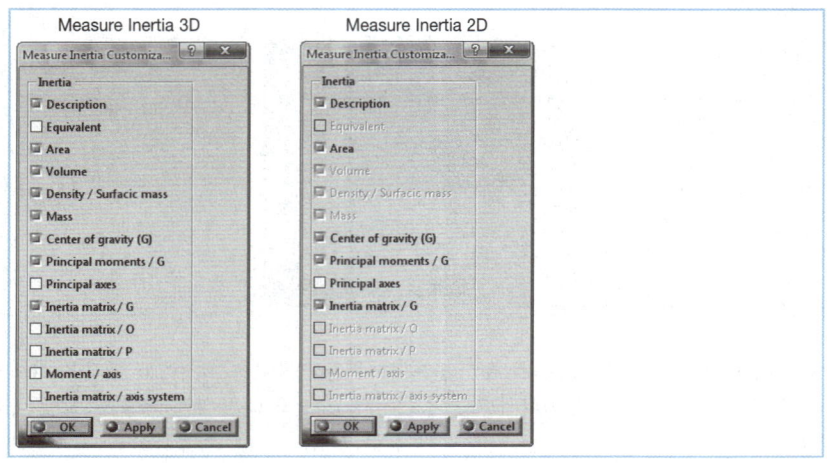

이렇게 구해진 Measure 값은 다른 변수를 작업을 구성하는데 사용될 수 있으며 또는 Export하여 외부 파일로 내보내는 것 또한 가능합니다.

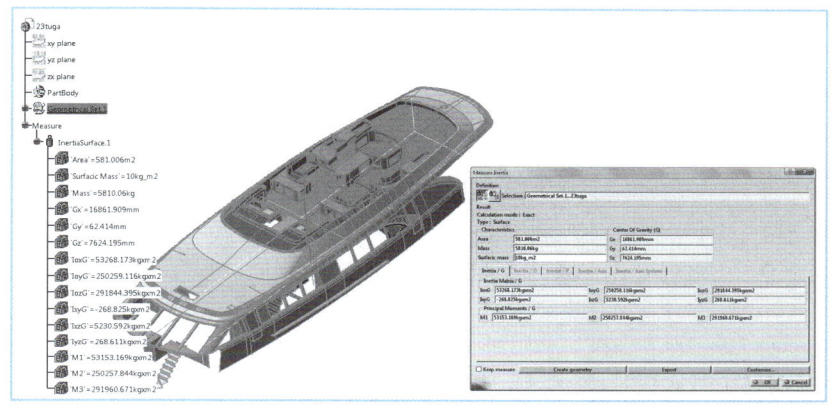

3.7 Stacking Commands

CATIA에서 우리가 하나의 명령을 사용한다고 했을 때 하나의 작업 그 작업 자체만으로 어떤 형상을 만드는 명령은 거의 드물다. 일반적으로 어떠한 형상을 만든다고 했을 때, 사전에 다른 작업이 진행되어 그 작업이 다음 작업으로 그리고 그 다음 작업으로 이어져 온다. 그래서 하나의 작업을 하려다 보면 이전에 필요한 다른 작업 때문에 하려던 작업을 취소하고 그 전에 필요한 것을 먼저 하게 됩니다.

하나의 작업을 하려는데 다른 작업을 하려 취소하고 다시 그 전의 작업을 하고 그리고 본 작업을 한다는 건 불편한 일입니다.

따라서 CATIA에서는 하나의 작업 명령 안에서 또 다른 작업 명령을 실행 시키는 방법을 제공하고 있습니다. 바로 Contextual Menu(MB3 버튼)를 사용한 방법(Stacking Command)입니다.

3차원 상에서 Line ✎을 만든다고 할 때 'Point-Point Type'으로 만들어야 한다고 하면 두 개의 포인트가 미리 만들어져 있어야 합니다. 이럴 때 Line 명령을 실행 시킨 상태에서 Point.1의 입력하는 부분에서 MB3 버튼을 클릭해 Contextual Menu를 보도록 하겠습니다.

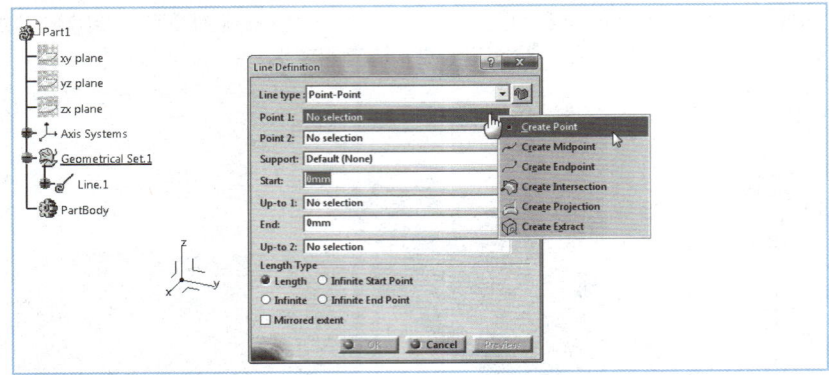

　　Create Point가 보일 것입니다. 이제 이것을 선택하면 다음과 같이 Point Definition 창이 나타나면서 포인트를 만들려는 게 보일 것입니다. Running Commands는 현재 Line 명령에서 Point를 만드는 작업이 연관되어 있음을 알려줍니다. 또한 Point 생성 명령이 종료되면 다시금 Line명령이 실행 될 것이라는 것을 알려줍니다.

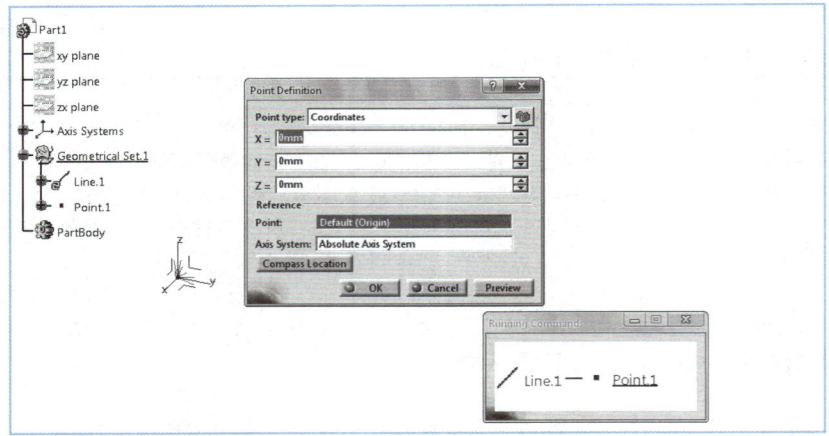

　　여기서 포인트를 만든다. 간단히 Coordinates Type으로 위치를 정의합니다.

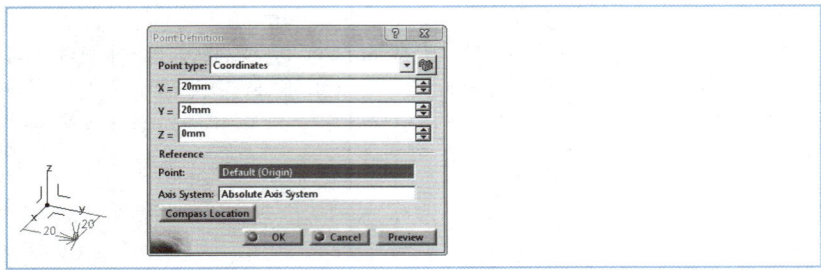

그리고 OK를 누르면 완료되는 게 아니라 다시 Line Definition창이 나타납니다. (Running Commands) 그리고 'Point 1'에는 앞서 정의한 Point가 선택이 되어 있습니다.

마찬가지 방법으로 'Point 2'에 대해서 Contextual Menu를 사용하여 Point를 만들어 줍니다.

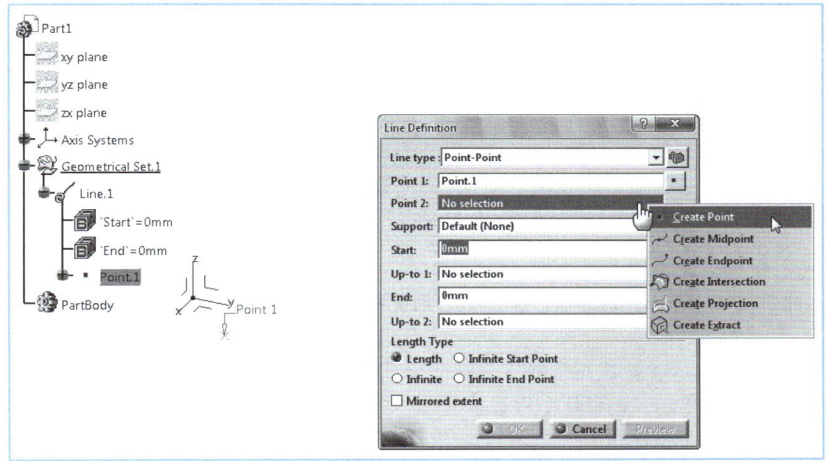

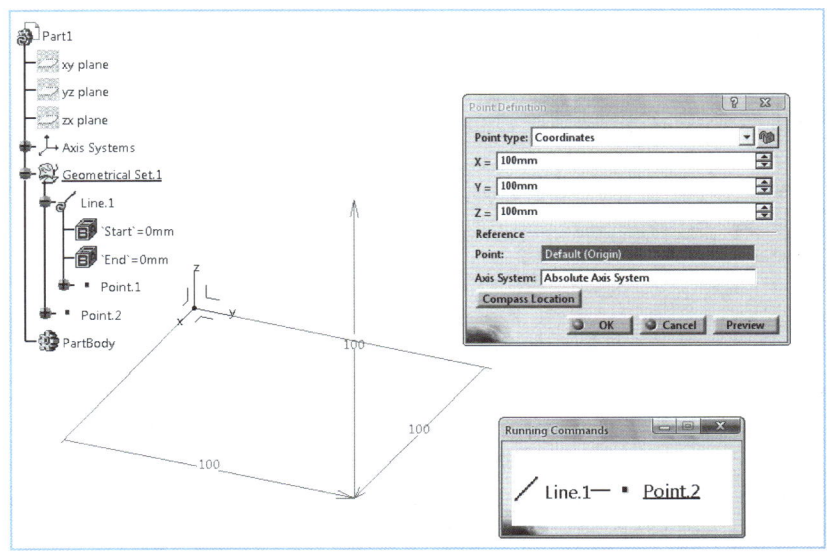

그러면 마지막에 두 포인트를 이용한 Line 형상을 만들 수 있습니다.

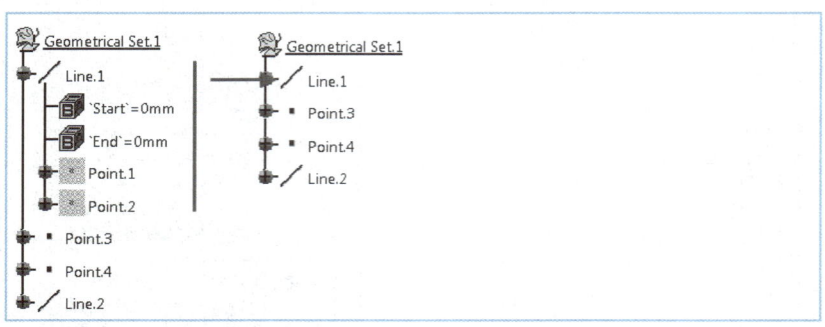

이러한 방법을 Stacking Commands라고 하는데 다른 작업에서도 사용 가능한 방법이며 매우 중요하면서 효율적인 방법이기 때문에 익숙해지도록 연습하길 권장합니다.

Stacking Commands를 사용하는 것과 그렇지 않은 것을 Spec Tree를 통해서도 확실히 효율성을 입증할 수 있습니다. 다음의 Spec Tree를 보도록 하자. 전자의 경우 Stacking Commands를 사용한 방식의 Spec Tree이고 후자의 경우 포인트를 따로 만들고 나중에 Line을 이용하여 이 둘을 이어준 경우입니다.

Spec Tree를 보아도 알 수 있듯이 내부 요소로 각 포인트를 잡아 Line을 완성한 전자의 경우가 Tree의 길이나 실제 작업 흐름을 보아서도 훨씬 효율적이라고 봅니다. 이와 같은 Stacking Commands는 많은 부분에서 활용할 수 있습니다. 물론 이러한 Stacking Commands는 모든 워크벤치에서도 유용하게 사용할 수 있습니다. 다음은 Stacking Commands를 사용하는 몇 가지 예 입니다.

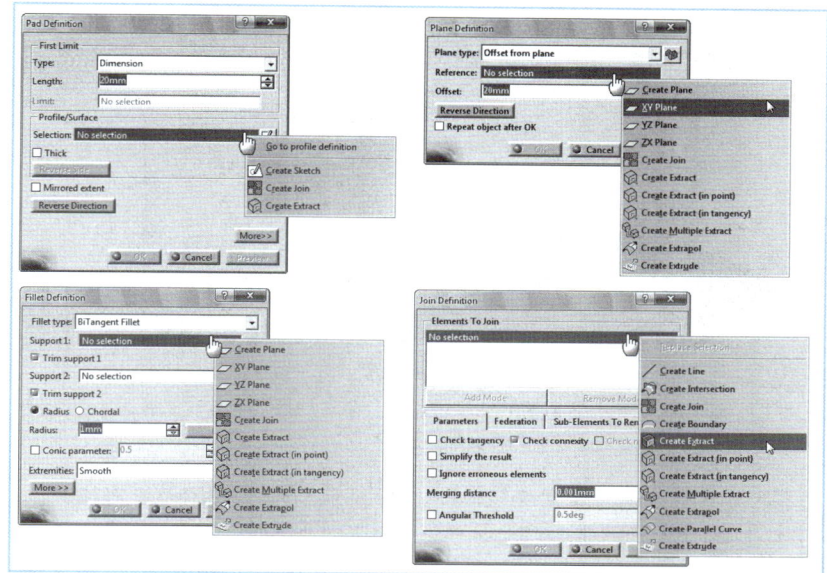

3.8 Multi Result Management(MRM)

종종 Surface와 Wireframe 형상을 이용해 작업을 하다 보면 작업한 결과 형상이 연속적으로 이어지지 않고 따로 떨어지는 경우가 있습니다. 이런 경우 CATIA 에서는 바로 결과를 출력하지 않고 Multi-Result Management 창을 띄워 이 결과를 어떻게 할 것인지 선택하게 합니다. 그 이유는 이러한 결과가 의도된 것일 수도 있고 그렇지 않은 것일 수도 있으나 하나의 작업으로 인해 나온 결과 형상은 연속적이어야 하기 때문입니다. 물론 Disassemble과 같은 명령을 제외하고 말입니다.

다음과 같은 형상을 가정해 보겠습니다.

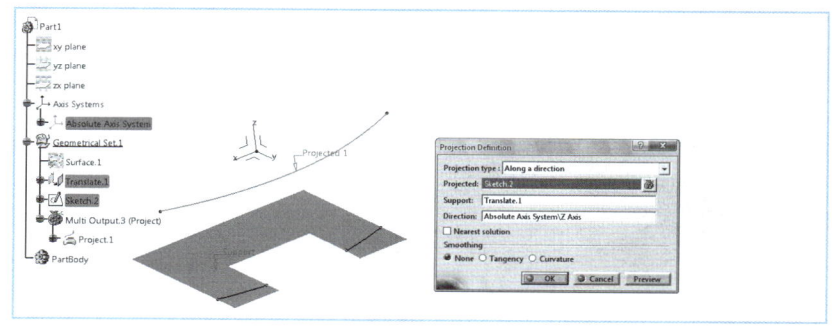

이러한 경우 한 작업 의해 여러 개의 결과물이 나와 Multi-Result라고 하며 다음과 같은 창이 나타나게 됩니다.

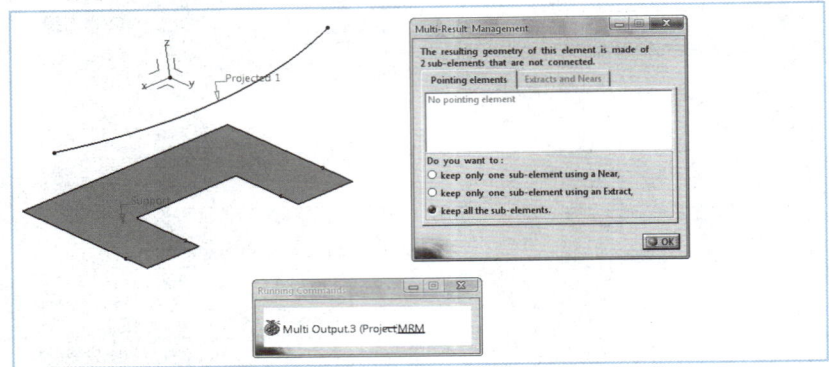

다음과 같이 Surface 형상 위에 Curve 요소를 project 하는 과정에서 연속적이지 않은 결과가 나타났다고 했을 때 이 경우를 예를 들어 Multi-Result Management를 설명하도록 하겠습니다.

Multi-Result Management는 다음의 3가지 Type으로 결과를 처리합니다.

a. Keep one sub-element using the Near command

복수의 결과로 나타난 형상 중에 임의의 기준 요소와 가장 가까운 부분을 살리고 나머지는 제거하는 방식입니다.

이 방식을 사용하면 Near 라는 명령의 Definition 창이 나타나 남겨놓고자 하는 부분의 근처에 있는 요소를 선택할 수 있는 창이 나타납니다.

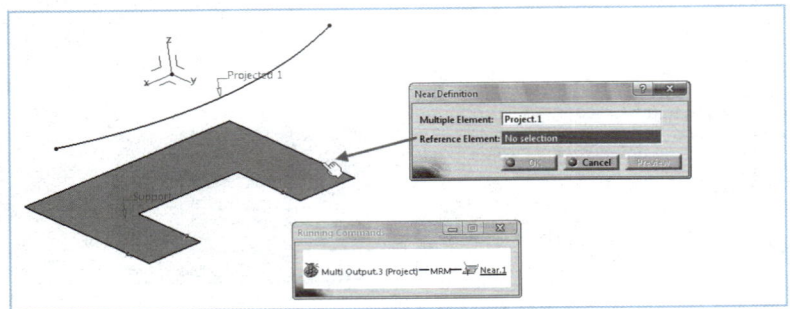

여기에 Surface의 꼭지점이나 모서리 등을 선택해 주면 그 것과 가장 가까운 부분이
남게 되고 다른 부분은 제거됩니다.

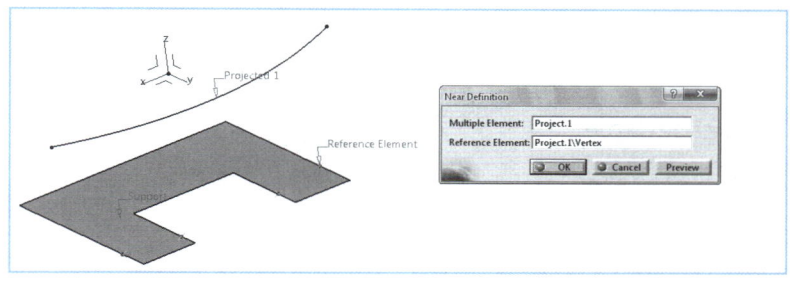

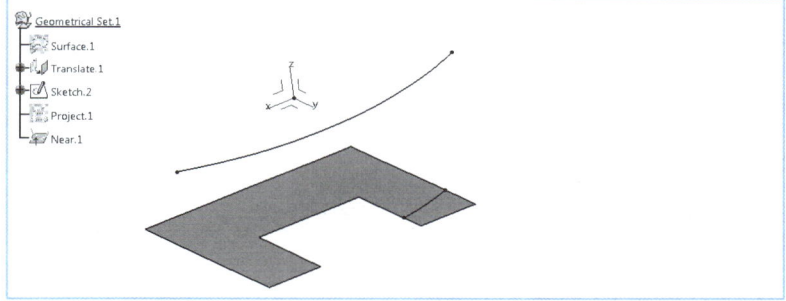

b. Keep one sub-element using the Extract command

이 방법은 복수의 결과로 나타나는 형상 중에 원하는 부분만을 Extract 명령을 사용
하여 남기는 방법입니다.

이 방식을 선택하면 다음과 같이 Extract Definition 창이 나타납니다.

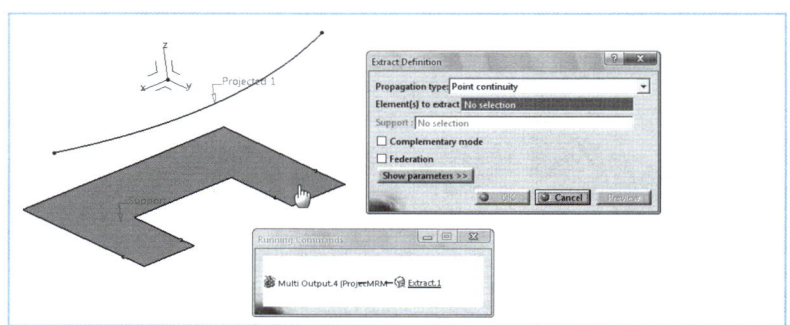

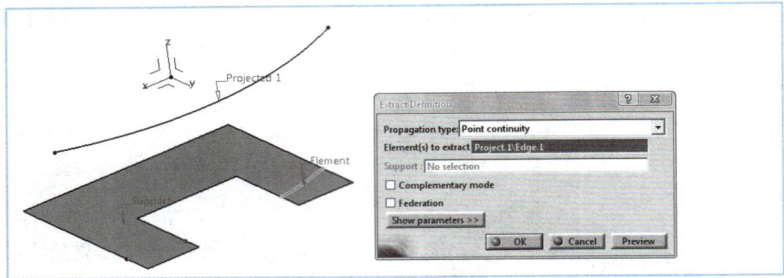

여기서 원하는 형상의 부분을 선택하면 이 부분이 표시되는 것을 볼 수 있습니다.

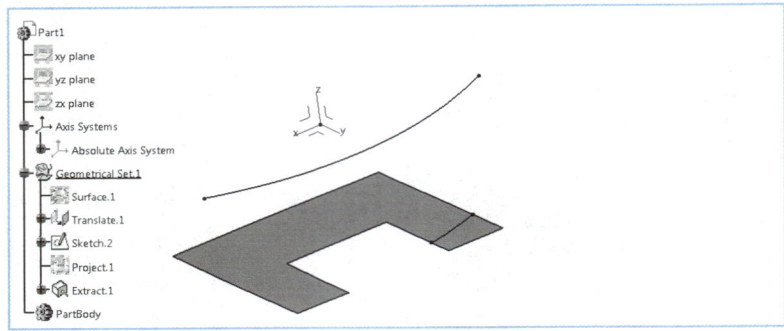

c. Keep all the sub-elements

이 방식은 복수의 결과로 나온 형상을 변경하지 않고 있는 그대로 놔두는 것입니다. 말 그대로 복수 요소를 그대로 놔두는 것입니다.

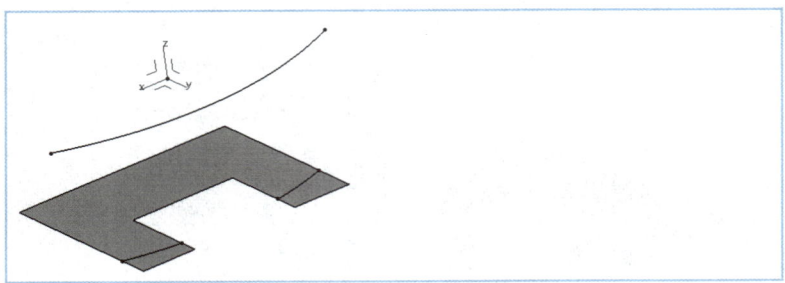

그러나 이 방식을 선택할 때는 한 가지 사실을 알고 있어야 합니다. 그것은 복수 요소는 다른 작업을 하는데 있어 항상 이 Multi-Result Management를 가지고 간다는 것입니다. 우리가 대상을 선택했을 때 선택한 대상은 연속적으로 이어진 대상이 아니라면 여러 개가 동시에 선택되어서는 안 되기 때문입니다.

따라서 이 방식으로 사용은 이 점을 감안하고 나중에 따로 이 목수의 결과물들을 수정할 경우에 사용하길 권장합니다.

그리고 가급적 어떠한 형상을 만든다고 했을 때 이러한 복수의 결과가 나오지 않도록 작업을 하는 게 좋습니다.

Chapter 2
Generative Shape Design

1. GSD 워크벤치에서의 모델링 특징 및 접근 방법
2. Geometrical Set
3. Wireframe Toolbar
4. Surface
5. Operation
6. Replication
7. Advanced Surface
8. Developed Shapes
9. BIW Template
10. Analysis
11. Tools

1. GSD 워크벤치에서의 모델링 특징 및 접근 방법

일반적으로 기계제도를 공부하거나 기계공학을 전공하신 분들이 곡면 설계를 할 때 어려움을 겪는 경우가 종종 있습니다. 형상을 이해하는 방식 또는 모델링 접근 방식의 차이에서 오는 어려움이라 할 수 있는데요. 솔리드 모델링 방식을 통해 하나씩 쌓아나가거나 제거하는 방식은 간편한 모델링 방식에 속합니다(솔리드 모델링이 나중에 정립된 모델링 방식이지만 접근은 더 편리합니다). 그러나 곡면 모델링의 경우 내부가 비어있는 상태를 고려하여 정의하기 때문에 중첩이나 틈(Gap)이 생길 경우 처리해야 하는 문제점도 있습니다. 또한 작업 내역이 순차적 기록이 아닌 단순 묶음에 의한 정렬이라는 점도 우리가 CATIA에서 모델링을 하면서 단순히 형상 위주의 모델링을 할 때 주의해야 할 사항이기도 합니다. Geometrical Set을 이용한 Tree 정리 및 작업 구상을 확실히 정의한 후에 모델링하는 습관을 들이시길 권장합니다. 솔리드 모델링에서 Body를 나누는 것 보다 더 비중 있는 사항입니다.

또한 우리는 곡면 모델링의 경우 다루게 되는 대상이 솔리드 모델링에서 보다 훨씬 복잡하다는 점을 염두에 두어야 합니다. 솔리드 모델링 방식으로 처리할 수 없는 형상이기에 서피스 모델링으로 작업하는 경우가 많기 때문입니다. 그것은 서피스 모델링이 형상을 정의하는 제약이 거의 없기 때문입니다. 그리고 이웃하는 곡면들과의 연속성도 살펴야 하는 문제구요. 단순히 우리가 형상들을 이어 붙인다고 해서 실제 제작까지 가능한 형상이 나오는 것은 아닙니다. 얼마나 매끄럽게 부드럽게 정의하는지가 Skin 형상을 정의하는 작업에서는 큰 영향을 미치게 됩니다. 선도 Class A라는 말을 종종 들어보신 분들이시라면 곡면의 연속성에 대해서 잘 이해하시리라 생각됩니다.

여기 Generative Shape Design 워크벤치의 경우 서피스 모델링을 하는 가장 대표적인 CATIA 워크벤치라고 할 수 있습니다. Wireframe & Surface Design 워크벤치와 기능이 거의 일치하는데요. GSD 워크벤치 쪽이 더 많은 기능과 표현 능력을 가지고 있습니다. 아마도 라이센스가 있는 곳이라면 WFS가 아닌 GSD로 작업을 주로 하실 것입니다. 일반적으로 프로파일과 치수를 이용한 설계 방식이기에 곡면이 들어간 정형화된 형상을 정의할 때 GSD에서 작업을 수행합니다. 프로파일을 그리고 거기에 형상에 관련된 3차원 기능을 적용하는 것은 솔리드 모델링과 유사하다고 할 수 있습니다. 그리고 이렇게 만들어진 각각의 곡면들을 교차하는 지점을 기준으로 잘라낸다거나 이어 붙여주는 작업을 수행하게 됩니다. 아마도 솔리드 모델링을 익히신 후에 서피스 모델링을 공부하신다면 GSD가 가장 쉬운 워크벤치라 할 수 있을 것입니다. 그러면서 곡면 설계에서 비중도 높은 편이니 깊이 관심을 가지시기 바랍니다.

자, 그럼 GSD 워크벤치를 이용한 서피스 모델링을 공부해 보도록 하겠습니다.

CATIA Surface

2 Geometrical Set

Geometrical Set은 Surface 또는 Wireframe, Sketch 형상을 나누어 보관하는 꾸러미 역할을 합니다. 작업 순서와 상관없이 위의 형상 요소들을 묶어 두는 기능을 하기 때문에 우리가 필요한 형상들만을 모아서 새로운 Geometrical Set을 구성할 수도 있으며 하나의 Geometrical Set을 다른 Geometrical Set에 넣을 수도 있습니다.

이러한 Geometrical Set의 특성을 잘 이용한다면 현재 작업한 형상을 보다 수정하기 쉽도록 Spec Tree를 구성할 수 있는데 우리가 모델링을 하면서 우선적으로 고려해야 할 사항 중에 하나입니다.

'수정이 용이한 모델링'

물론 간단한 형상에서는 금방 변경 사항이 무엇이고 오류가 무엇인지 찾아내기 쉽습니다. 그러나 Spec Tree가 화면을 넘어가는 수준부터는 맘먹고 Spec Tree를 관찰하지 않고서는 웬만한 사람들의 경우 수정할 엄두를 내지 못합니다. 특히 Surface 모델링 방식은 형상을 순서대로 쌓아 나가는 방식이 아니기 때문에 어떠한 요소를 어디에 사용했는지 단번에 찾아내기 힘듭니다. 이러한 이유로 하여금 우리는 Spec Tree 상의 작업 관리 필요성을 강조합니다. 무조건 형상만 맞게 만든다고 만점이 되지는 않는다는 것입니다. 이제 Geometrical Set을 다루는 방법을 통하여 보다 효율적이고 수정이 용이하도록 모델링 작업 방식을 소개하겠습니다.

2.1 Geometrical Set 만들기

앞서 기본 설정 단계에서 명령어에 단축키를 입력하는 방법으로 Geometrical Set을 Part에 손쉽게 추가하도록 단축키를 지정할 수 있습니다.

또한 Option을 이용하여 Part도큐먼트가 시작하면서 Axis System과 더불어 Geometrical Set을 가진 채 시작할 수 있도록 하는 방법도 공부하였습니다.

현재 Part의 Spec Tree가 다음과 같다고 할 때 이제 여기에 새로운 Geometrical Set을 추가해 보도록 하겠습니다.

풀다운 메뉴에서 Insert ➪ Geometrical Set을 선택하면 다음과 같이 Insert Geometrical Set 창이 나타날 것입니다.

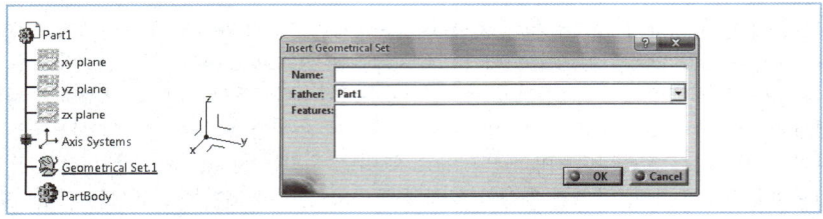

여기서 원하는 Geometrical Set의 이름을 Name에 입력을 해줍니다. Name을 공란으로 두면 자동적으로 Geometrical Set. X와 같이 나타납니다. X는 숫자입니다.

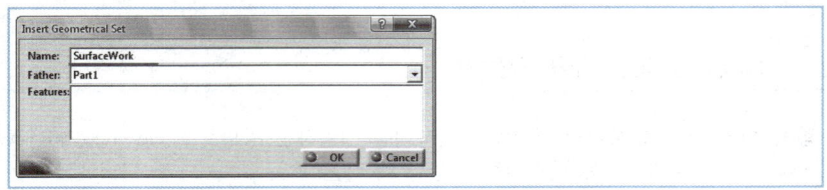

그리고 이 상태에서 바로 OK를 입력하면 현재의 Spec Tree에서 Define 된 곳의 다음 부분에 Geometrical Set 이 추가됩니다. 이것은 위의 Geometrical Set의 Father가 루트인 Part1으로 되어 있다는 점을 생각하면 쉽게 이해할 수 있을 것입니다. 자식 요소 (Children)은 반드시 부모 요소(Parents)의 안에 위치하게 됩니다.

만약에 Insert Geometrical Set을 추가하는 과정에서 이미 Spec Tree에 있는 Geometrical Set을 선택해 보도록 하겠습니다.

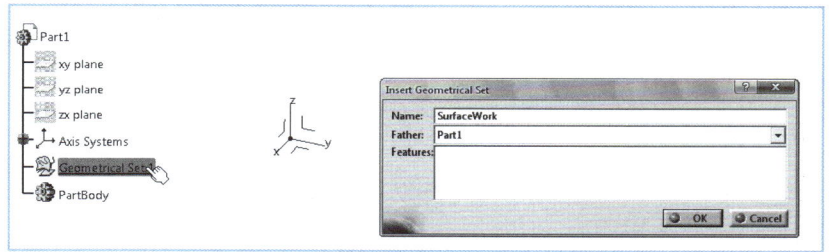

그러면 다음과 같이 Feature Selection 창이 나타나는 게 보일 것입니다.

여기서 'No'를 선택하면 현재 선택한 Geometrical Set을 상위 Geometrical Set으로 놓고 새로이 만들어지는 현재 Geometrical Set을 그 하위 Geometrical Set으로 놓는 구조를 만들 수 있습니다.

즉, 현재 만들려는 Geometrical Set의 Father를 루트인 Part1에서 'Geometrical Set.1'을 선택하게 되는 것입니다.

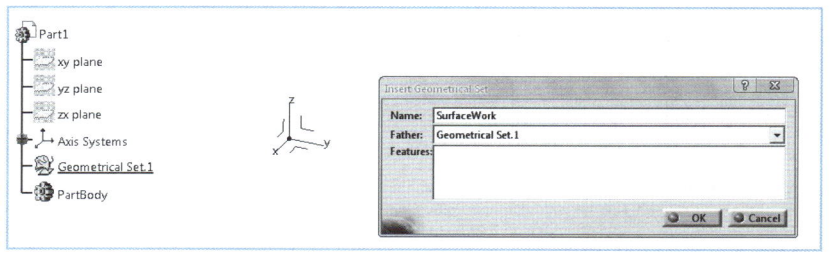

만약에 'Yes'를 선택한다면 그 반대로 새로이 만들어지는 현재 Geometrical Set을 상위 Geometrical Set으로 놓고 선택한 Geometrical Set을 그 하위 Geometrical Set으로 하는 구조를 갖게 할 수 있습니다. 여기서는 추가하는 Geometrical Set의 이름을 'Job1'으로 변경하였습니다. Features에 Surface라는 Geometrical Set이 첨가되는 것을 Definition 창에서 볼 수 있습니다.

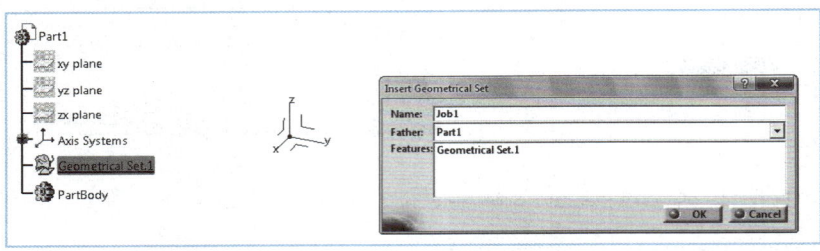

이러한 Geometrical Set 속의 또 다른 Geometrical Set을 적절히 이용하면 각 작업을 분류하여 정리하는데 큰 도움을 줄 수 있습니다.

Geometrical Set은 Insert Toolbar에서도 추가해 줄 수 있습니다.

2.2 Geometrical Set을 이용한 Spec Tree 구성

앞서 Geometrical Set을 추가하는 방법을 사용하여 다음과 같은 구조를 만들 수 있습니다.

하나의 Main 파트에 대한 Geometrical Set 아래에 Wireframe, Surface, Operation의 하위 Geometrical Set을 만들어 주었다. 이렇게 Spec Tree를 구성하여 스케치나 Wireframe 요소는 'Sketch' 혹은 'Wireframe' Geometrical Set에 모아두고 Surface 관련 명령은 'Surface'라는 Geometrical Set에 모아둡니다.

물론 이와 같은 구조는 간단히 Toolbar의 이름으로 나누어준 하나의 예에 지나지 않습니다. 작업의 효율을 생각하여 또 다른 분류 목록을 작성하여 Geometrical Set으로 구조를 만들어 주어도 됩니다.

다음은 간단한 형상을 작업한 Tree입니다.

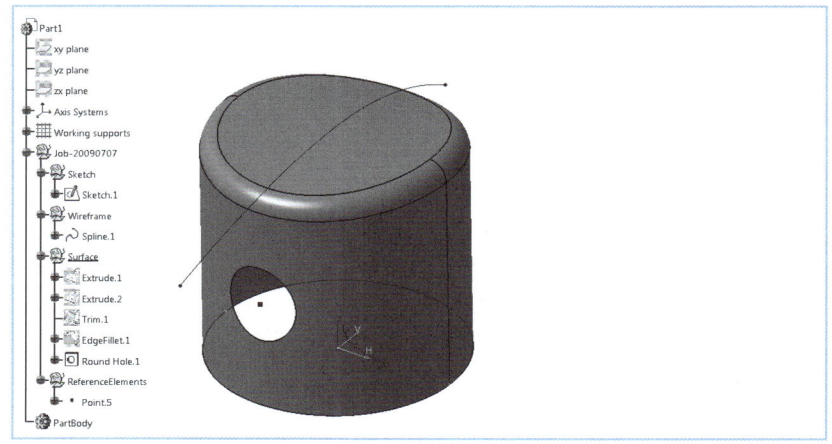

여기서 마지막으로 한 가지로 다음과 같이 최종 결과 형상을 복사하여 Geometrical Set 최 하단에 'Paste Special' 합니다. 'Result with Link'로 합니다.

CATIA Surface의 정석

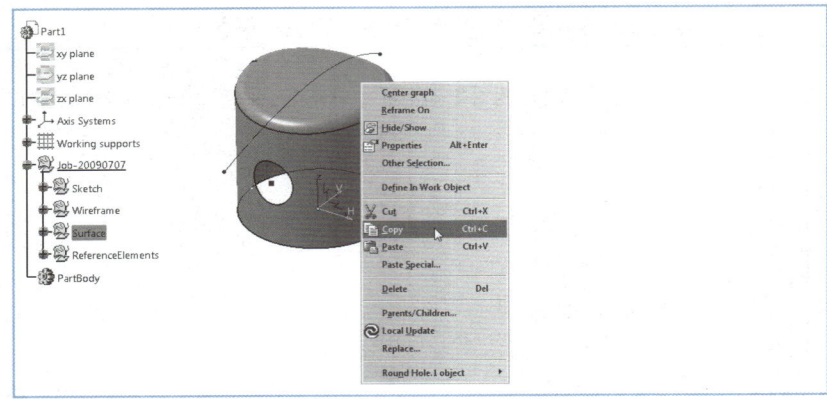

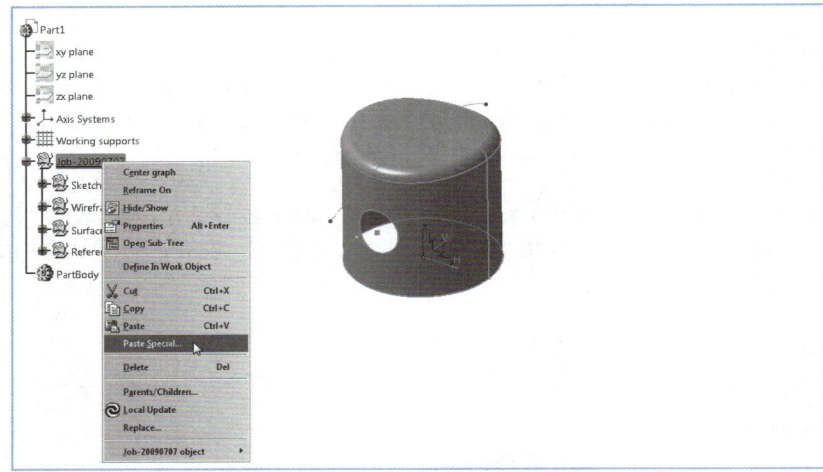

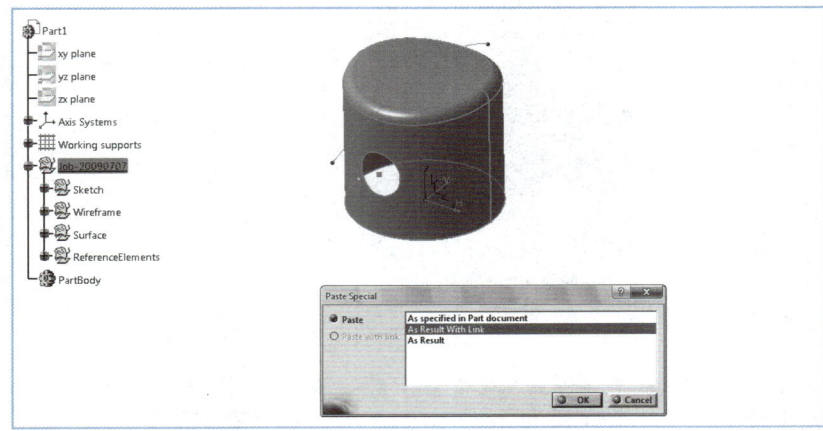

▶ Chapter 2 Generative Shape Design

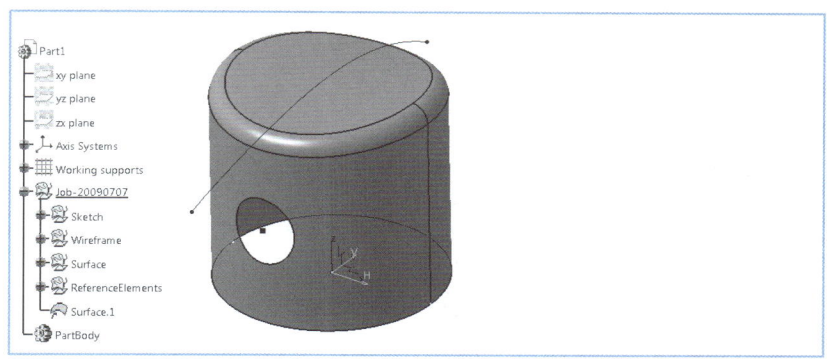

 이렇게 작업을 수행하여 놓으면 완료 형상이 마지막에 어디에 정렬되었는지라 수정을 위해 Spec Tree를 건드릴 때 훨씬 수월하게 됩니다.

 그리고 이러한 Geometrical Set의 구조는 앞서 설명한 Duplicate Geometrical Set 명령을 사용하여 현재 도큐먼트에 여러 개를 복사하여 틀로 사용할 수 있습니다.

 이렇게 Geometrical Set 구조를 완성 한 후에 Main 파트에 해당하는 Geometrical Set을 Group으로 바꾸어 주면 한층 더 정돈된 상태로 Spec Tree를 구성할 수 있습니다. Main 파트에 해당하는 상위 Geometrical Set을 선택하고 Contextual Menu(MB3 버튼)에 들어가 가장 아래 있는 Geometrical Set. X object에서 Create Group를 선택합니다.

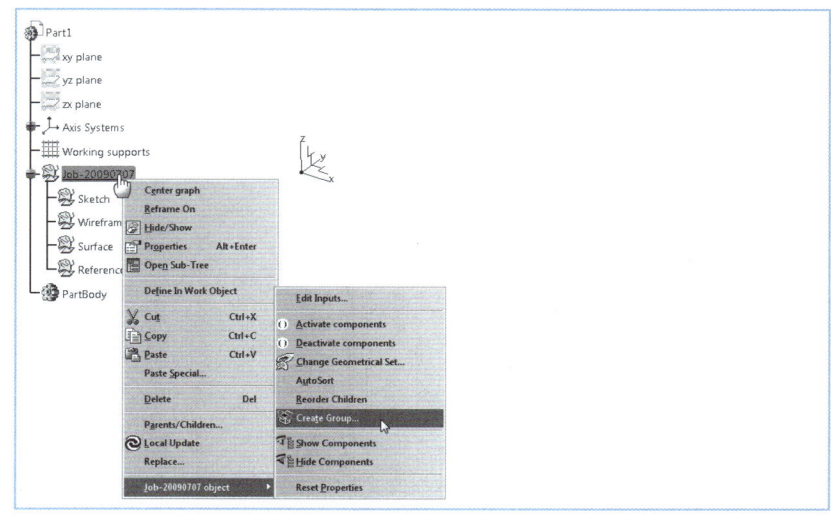

 그러면 다음과 같이 Group 정의 창이 나타납니다.

생성될 Group 이름을 변경하거나 다른 Input 요소를 추가하려는 요소를 선택을 해주고 OK를 누르면 다음과 같이 Geometrical Set이 Group으로 바뀌는 것을 볼 수 있습니다.

Group을 처음 만들게 되면 Group의 요소가 보이지 않고 접혀있는데 다시 Contextual Menu (MB3 버튼)를 선택하여 Geometrical Set. X object로 이동 그 안의 Expand Group 를 이용하면 Group 안의 성분을 열어 볼 수 있습니다.

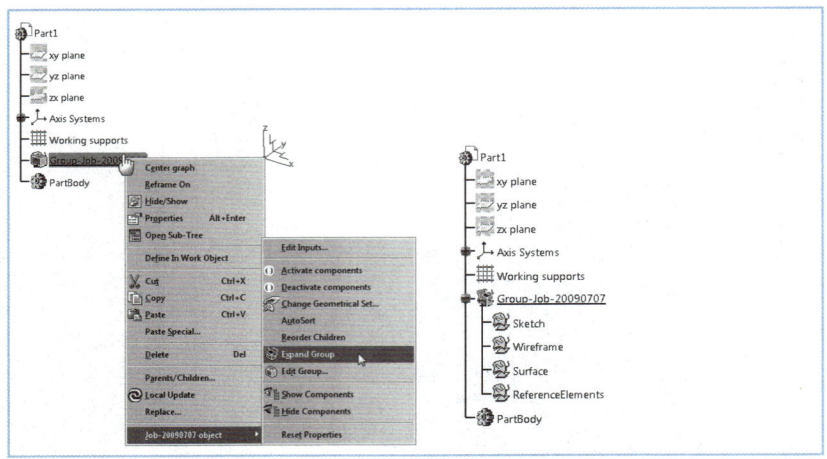

반대로 Group을 접어서 성분을 보지 않으려면 같은 메뉴로 이동하여 이번엔 Collapse Group를 선택해 줍니다.

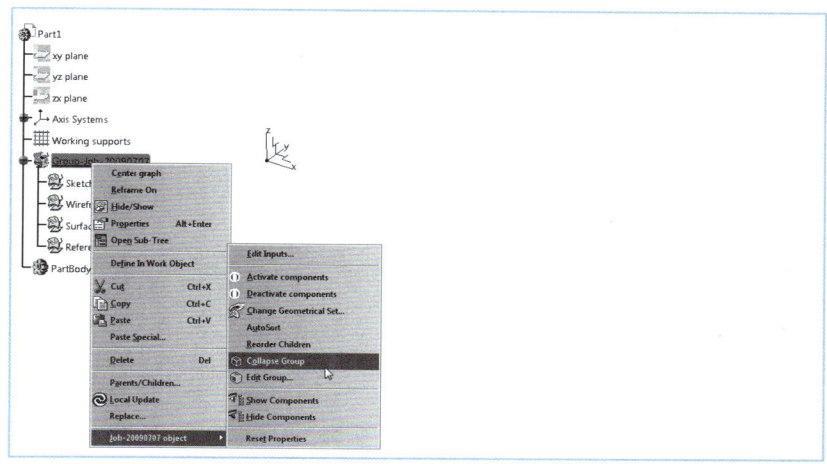

2.3 Geometrical Set으로 형상 요소 정렬하기

위에서 Geometrical Set을 구조적으로 정렬하였다면 다음으로 할 일은 이곳에 각각의 형상에 맞는 Geometrical Set으로 요소들을 이동을 시켜주어야 합니다. 작업을 하면서 즉각적으로 각 요소에 맞게 'Define in work object'를 원하는 Geometrical Set에 걸어 작업을 할 수도 있습니다. 물론 가장 바람직한 방법일 것입니다.

다음과 같이 Sketch에 Define을 걸고 스케치 작업을 하는 것을 따라해 보고 작업 과정에서 이 과정을 이해해 보기 바랍니다.

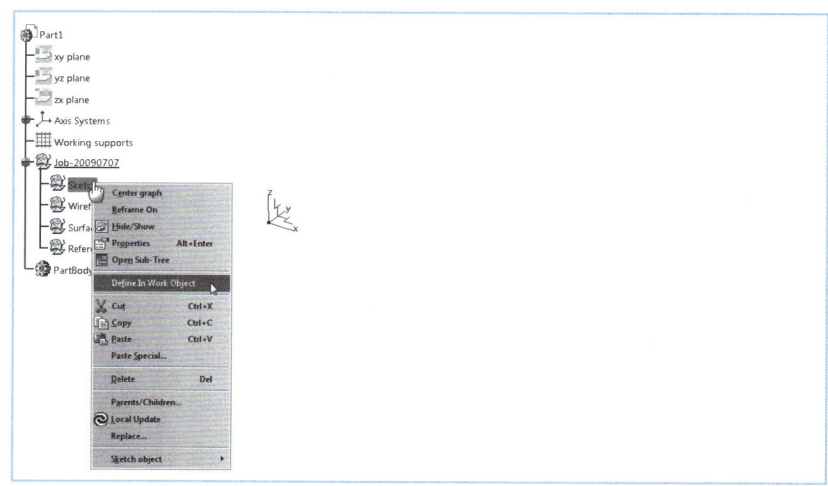

2 Geometrical Set ◂ 135

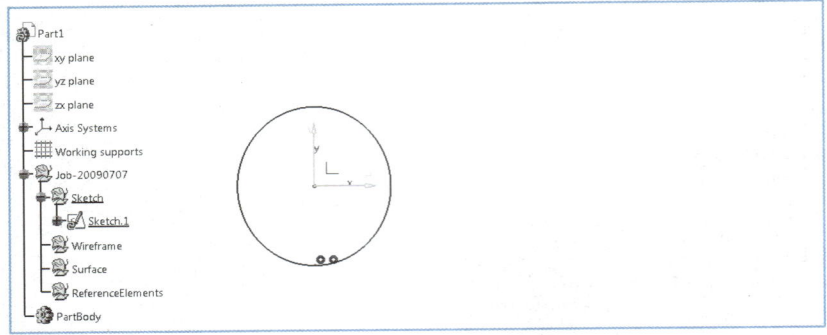

그러나 항상 이렇게 Define을 걸며 작업을 하기가 쉬운 것은 아닐 수도 있습니다. 따라서 어떤 경우에는 메인 파트에 작업을 모두 해 놓고 작업이 완료 된 후 이것을 각 하위 Geometrical Set으로 옮기는 경우도 있습니다. 이렇게 작업을 할 때는 우선 이동하고자 하는 요소들을 CTRL Key를 이용하여 복수 선택합니다. 그리고 Contextual Menu (MB3 버튼)를 열어 가장 아래 보이는 Selected object로 이동해 그 안에 Change Geometrical Set을 이용하여 형상 요소들을 원하는 Geometrical Set으로 이동시킨다.

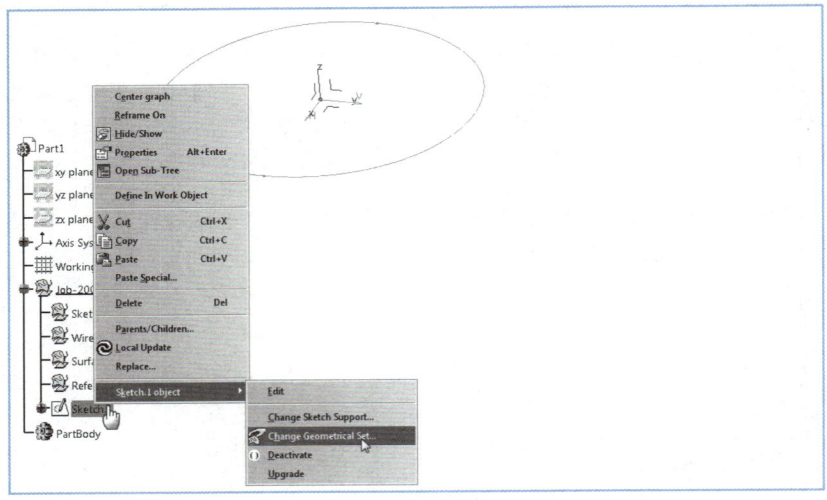

Change Geometrical Set을 선택하면 다음과 같은 창이 나타날 것입니다. 여기서 옮기고자 하는 Geometrical Set을 선택해 줍니다. 그럼 다음과 같은 창이 나타납니다. 여기서 'Yes'를 선택하면 지정한 Geometrical Set 다음에 정렬이 되는 것이고, 'No'를 선택하면 지정한 Geometrical Set의 안으로 대상을 이동시키게 합니다.

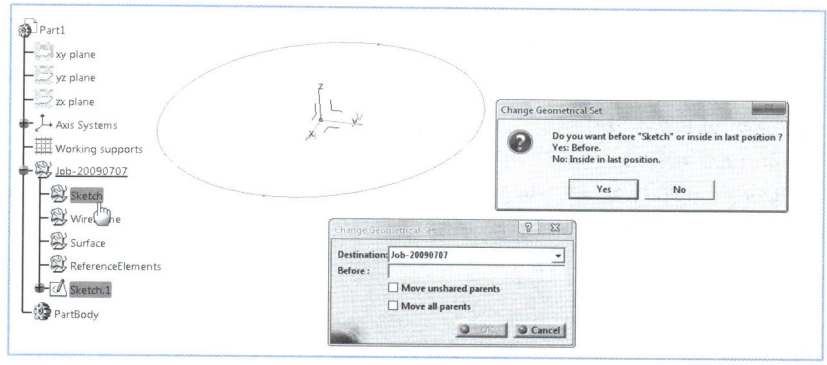

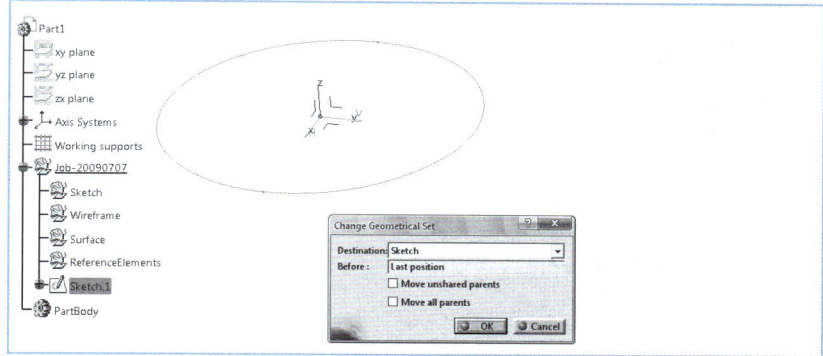

다음과 같이 형상이 옮겨지는 것을 볼 수 있습니다.

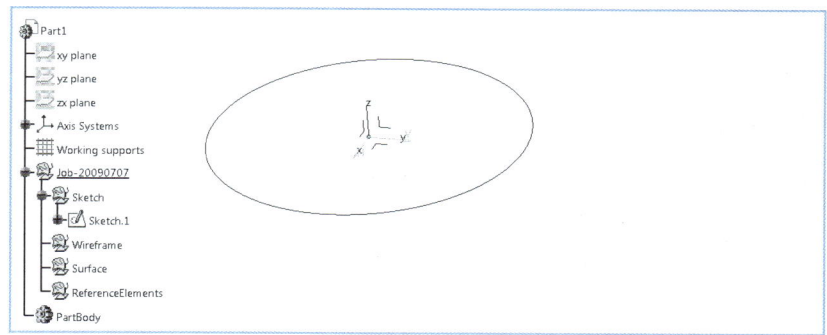

Change Geometrical Set 명령은 Geometrical Set 자체를 이동시키는 데에도 사용할 수 있으며 아래와 같이 복수 선택으로 대상을 한 번에 이동시킬 수 있습니다. 복수 선택은 CTRL Key를 누르고 대상을 선택하면 됩니다.

CATIA Surface의 정석

이러한 방법을 사용하여 원하는 Geometrical Set을 작업 하는 중간에 구성할 수 있습니다.

다음으로 이렇게 옮겨진 형상 요소들을 정렬하는 방법을 소개합니다. Geometrical Set 의 Contextual Menu(MB3 버튼)에 들어가 가장 아래 있는 Geometrical Set. X object에 가면 Reorder children이 보일 것입니다. 이것을 선택하게 되면 현재 선택한 Geometrical Set 안에 있는 형상 요소 및 Geometrical Set 들의 순서를 정렬할 수 있습니다.

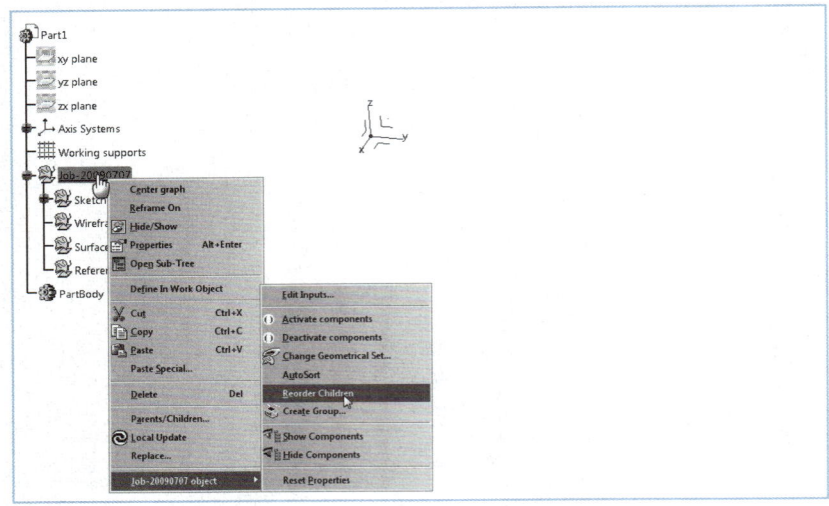

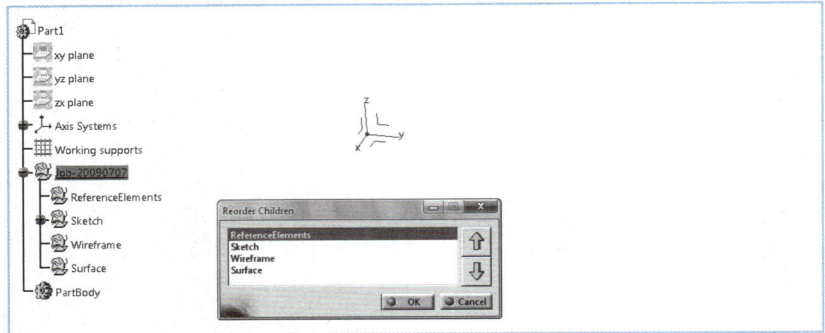

2.4 Geometrical Set 삭제하기

Geometrical Set을 삭제하고자 한다면 Delete Key를 누르면 됩니다. 물론 이렇게 할 경우 그 안에 들어있던 모든 성분 역시 모두 사라지게 됩니다.

만약에 Geometrical Set만 지우고 내부 구성 요소는 보존하고자 할 때는 어떻게 해야 할까요?

이런 경우라면 다음과 같이 제거하고자 하는 하위 Geometrical Set의 Contextual Menu (MB3 버튼)를 열어 여기서 가장 아래 있는 Geometrical Set. X object에서 Remove Geometrical Set을 선택해 줍니다.

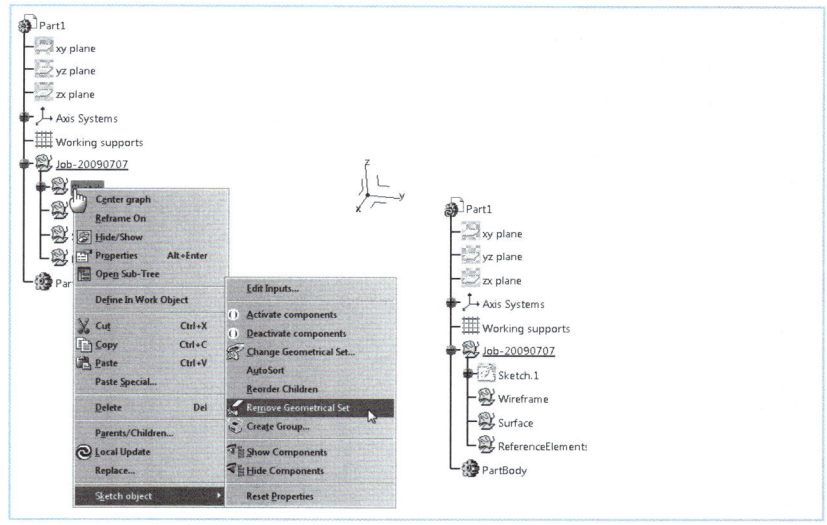

그러면 Geometrical Set 만 삭제가 되고 그 안에 들어있던 요소들은 상위 Geometrical Set으로 옮겨집니다.

루트에 직접 나와 있는 메인 Geometrical Set에는 이러한 Remove Geometrical Set 명령이 없으니 유의하기 바랍니다. 오로지 하나의 Geometrical Set에 속한 하위 Geometrical Set에서만 Remove Geometrical Set 명령 사용이 가능합니다.

2.5 Geometrical Set으로 Group 만들기

Geometrical Set으로 정렬된 형상 요소들은 나중에 Group이라는 요소로 하나의 묶음으로 바꾸어 놓을 수 있습니다. 다음과 같이 Group으로 묶어주고자 하는 Geometrical Set을 선택하여 마우스 오른쪽 Contextual Menu를 선택합니다.

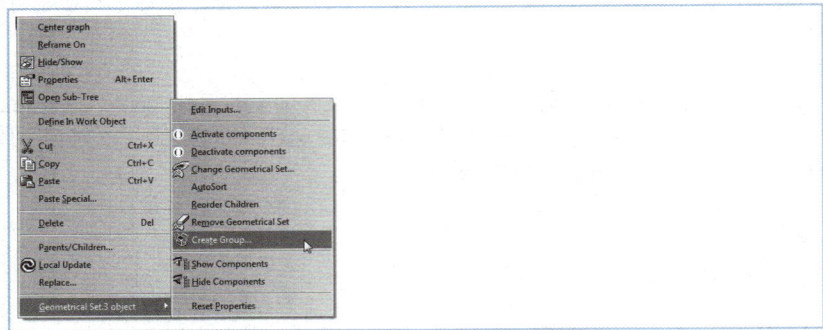

Object안에 Create Group을 선택해 줍니다. 그럼 다음과 같은 창이 나타나는데 여기에 Group 이름과 입력 요소를 선택해 줄 수 있습니다. 입력 요소로 선택된 대상은 Group에서 트리에 나타납니다. 그 외 Geometrical Set 안에 있던 대상은 Group안으로 들어가 숨겨집니다.

만약에 Group으로 묶인 대상들을 다시 열어 수정 또는 보고자 한다면 다음과 같이 Group을 선택하고 Contextual Menu를 선택하여 Expand Group을 선택해 줍니다.

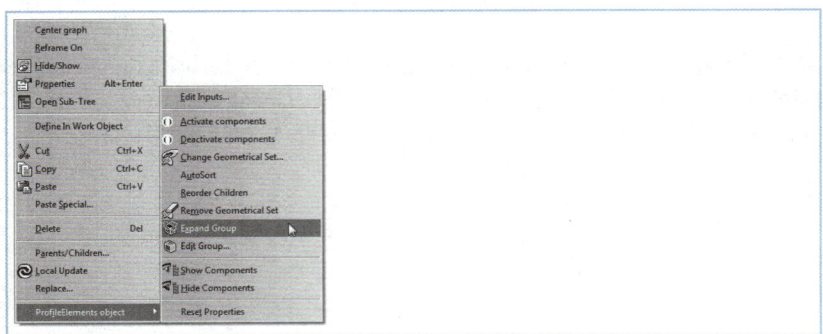

2.5 Ordered Geometrical Set

Ordered Geometrical Set(OGS) 은 작업한 형상과 작업한 내용이 작업 순서를 가진 채 저장이 됩니다. 즉, 시작에서부터 끝까지 하나의 Ordered Geometrical Set의 내용은 이전 작업과 다음 작업에 영향을 주고받는 것입니다. 일반적인 Geometrical Set이 아무런 작업 순서에 구애 받지 않음을 안다면 확실한 차이를 알 것입니다. 따라서 OGS는 'Define in work object'를 각 작업 형상에 실행할 수 있습니다.

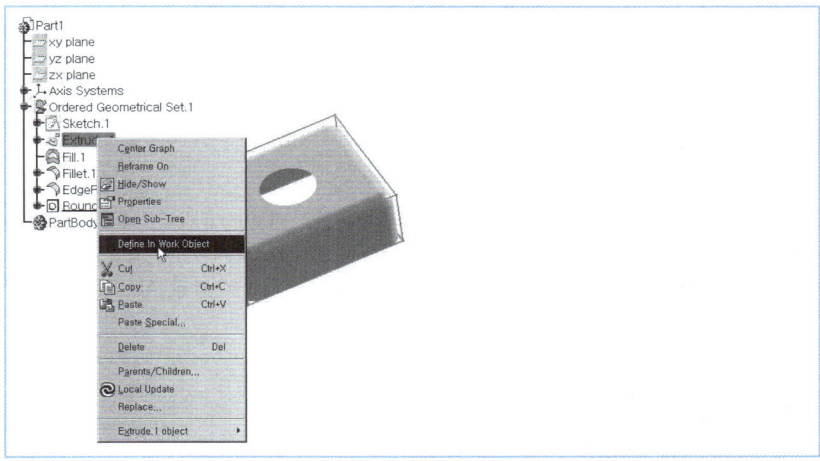

또한 Reorder 기능도 사용이 가능합니다.

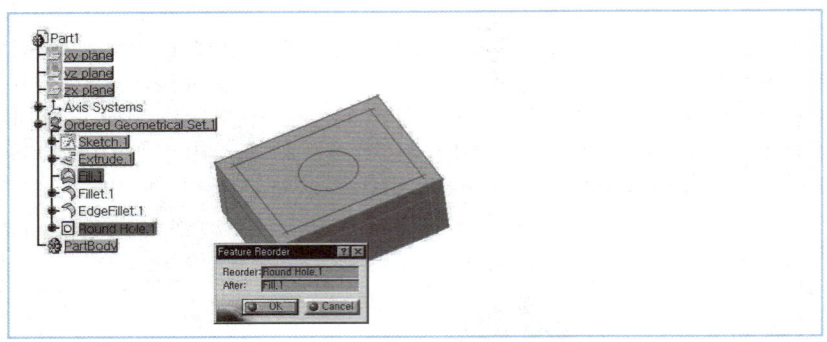

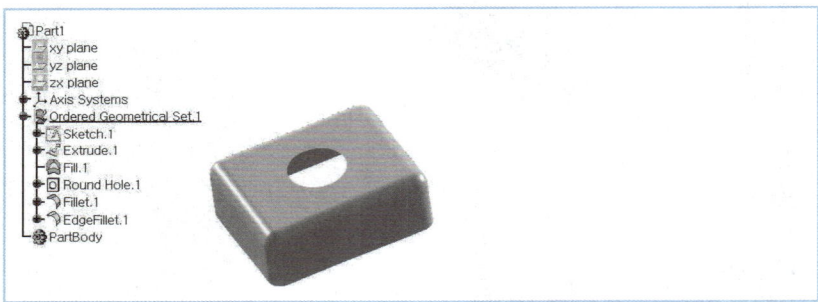

Surface 모델링에서 많은 사용은 하지 않으나 다음과 같이 Hybrid Design Option이 체크 된 상태에서 PartBody와 섞어서 사용하는 것이 가능합니다. Option에서 Enable Hybrid Design을 활성화 하면 다음과 같이 Part도큐먼트가 시작할 때 OGS를 생성할 수 있습니다. 이 때 OGS는 PartBody 안에 만들어 집니다.

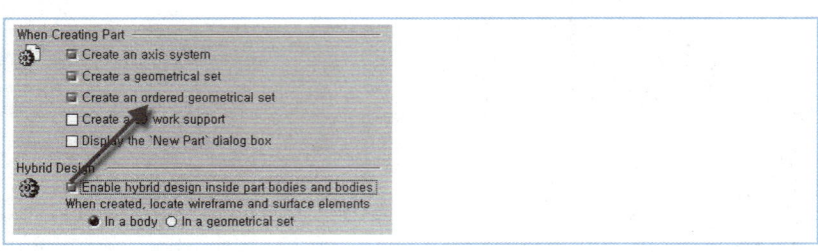

또한 Order Geometrical Set을 일반 Geometrical Set으로 바꾸어 줄 수 있습니다. Contextual Menu (MB3 버튼)에서 Ordered Geometrical Set. X object에서 Switch To Geometrical Set을 선택합니다.

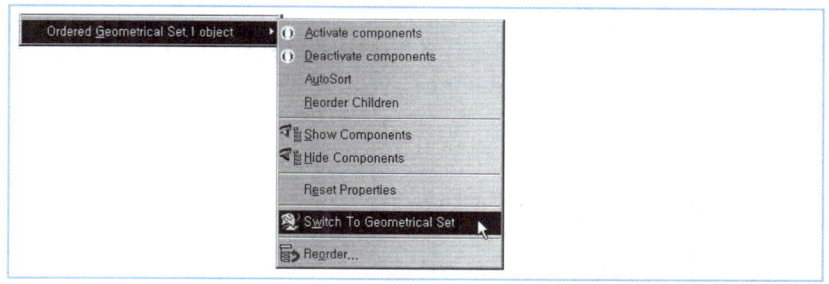

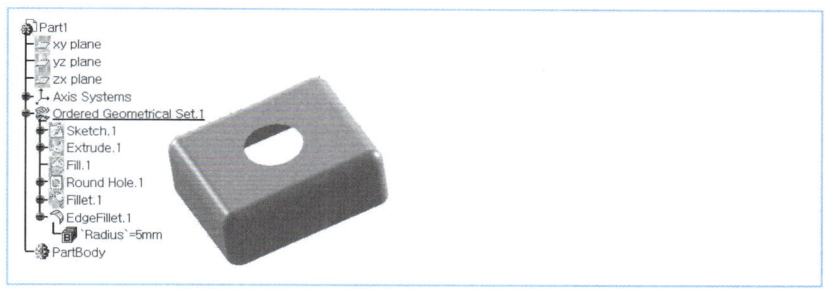

물론 이렇게 OGS를 Geometrical Set으로 변경한 경우 다시 OGS로 돌릴 수는 없으니 유의하기 바랍니다.

3. Wireframe Toolbar

기본적인 Reference Element와 작업으로 만들어지는 결과가 Wireframe인 명령, 그리고 그 자체가 Wireframe인 형상 명령이 들어 있습니다. Wireframe Toolbar 안에는 많은 Sub Toolbar가 있음으로 그 Sub Toolbar의 기능까지 알아두도록 합니다.

3.1 Points Sub Toolbar

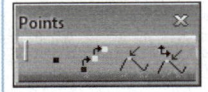

A. Point

3차원 상에서 Point를 생성하는 명령입니다. 평면이 아닌 3차원 좌표 상에 Point를 생성하는 명령이기 때문에 다양한 방식으로 정의가 가능합니다. 개략적인 Point 생성 방식을 나열하면 다음과 같습니다. 총 7가지 Type이 있습니다.

a. Coordinates

가장 단순한 형태로 Point의 위치를 각각 X, Y, Z 방향의 좌표 값으로 입력 받아 Point를 생성합니다. 여기서 입력되는 값은 Reference를 기준으로 입력되며 하단에 따로 Reference를 입력하지 않을 경우 절대 좌표를 기준으로 하며 따로 원점이 되는 지점의 Point를 선택하거나 Axis를 선택하면 이것을 기준으로 좌표의 값을 정의합니다.

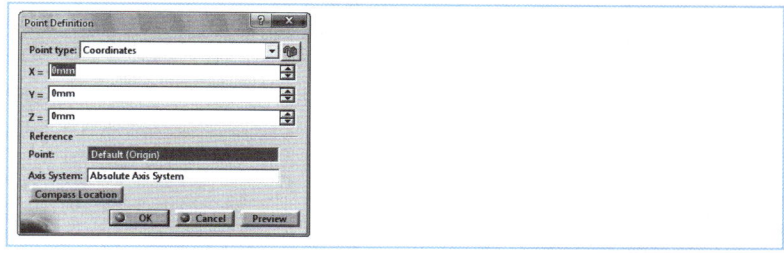

다음과 같이 원점을 기준으로 XYZ 세 방향의 좌표를 입력하여 Point의 위치를 결정합니다.

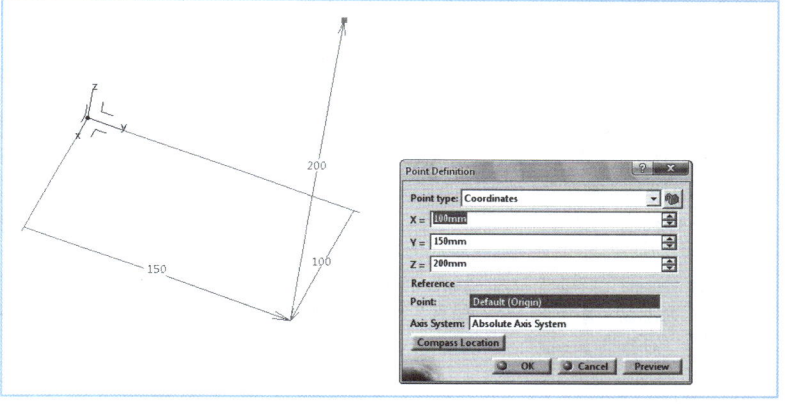

또는 아래와 같이 원점이 아닌 임의의 Point를 기준으로 Point의 위치를 정의하는 것이 가능합니다.

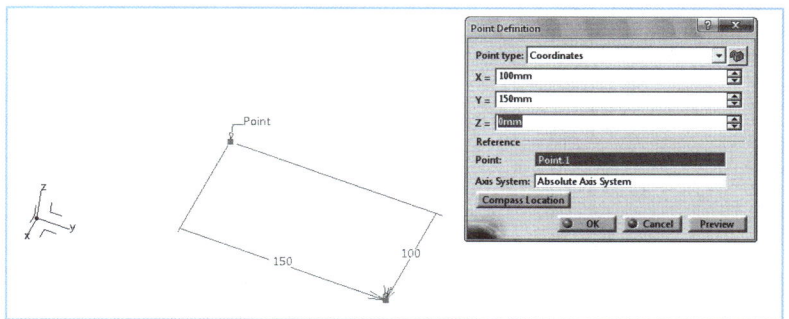

3차원 물체의 꼭지점에 Point를 생성할 때도 사용할 수 있습니다.

b. On curve

이 Type은 곡선이나 직선상에서 그 선 위에 Point를 찍고자 할 경우에 사용할 수 있습니다. (3차원 형상의 Edge를 선택하는 것도 가능합니다.) Curve를 선택하면 다음과 같은 Definition 창이 나타납니다.

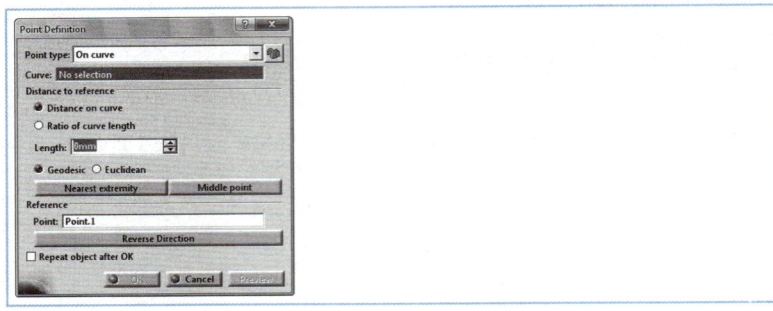

- ☑ **Distance to reference** : Curve 위의 거리는 나타내는 것을 실제 길이(Distance on curve)로 할 것인지 아니면 전체를 1로 보고 그 비율로 할지(Ratio of curve length)를 선택할 수 있습니다.
- ☑ **Middle Point** : 여기서 Middle Point를 클릭하면 Curve의 정 중앙에 Point를 만들 수 있습니다.
- ☑ **Reference** : 현재 선택한 Curve 위에 있는 임의의 Point를 선택하여 이것을 기준으로 시작점의 위치를 잡을 수 있습니다. Reverse Direction을 클릭하면 시작점의 위치를 바꿀 수도 있습니다.

다음과 같이 Curve 요소를 선택하면 바로 Type이 변경되며 곡선 위에 거리 값이나 위치에 대한 정보를 입력할 수 있습니다. 여기서 화살표의 방향이 Point가 거리를 측정하는 기준이 되므로 만약에 반대 방향으로 변경하고자 한다면 마우스로 선택하여 반대 방향으로 보내주거나 Reverse Direction을 선택해줍니다.

부록 CD GSD 폴더에서 'PointOnCurve.igs' 파일을 열어 연습해 보기 바랍니다.

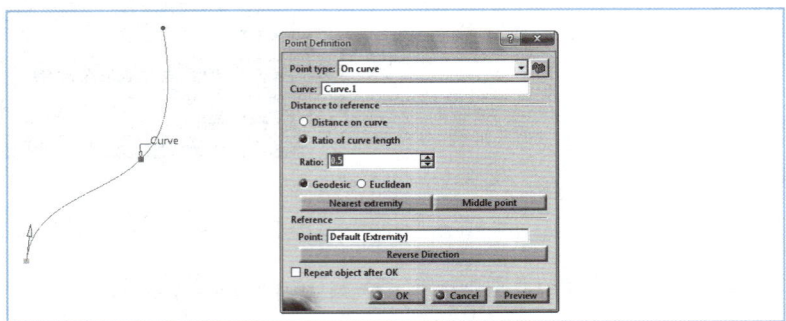

c. On plane

평면상에 Point를 만들고자 할 경우에 사용하는 Type으로 평면을 선택하면 그 평면상에서 Part의 원점을 기준으로 H, V 두 방향으로 값을 입력하여 Point를 만듭니다.

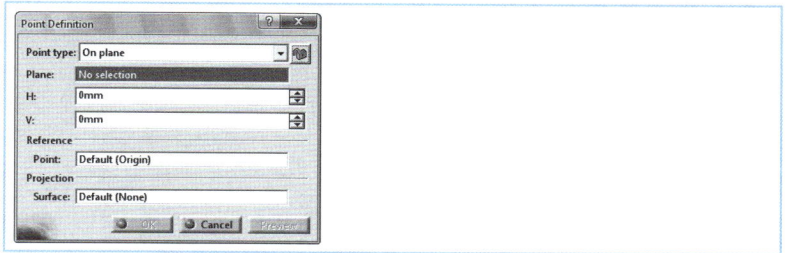

만약에 다른 임의의 기준 위치를 잡고자 한다면 Reference에 Point 성분을 입력합니다.

그리고 현재 생성되는 Point를 곡면에 투영하고자 하는 경우라면 해당 곡면을 선택하여 투영 작업을 동시에 수행할 수 있습니다.

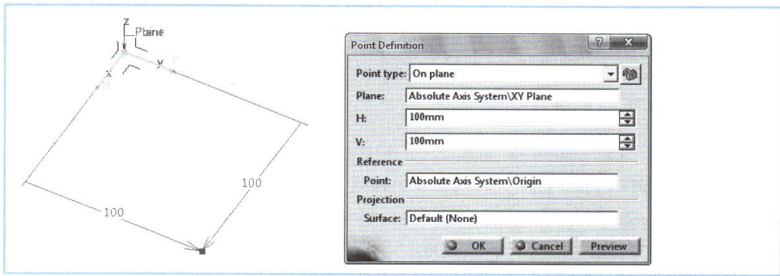

d. On Surface

곡면 위에 Point를 생성하는 명령으로 Surface를 선택하고 방향을 지정하여 거리를 입력할 수 있습니다. 그러면 선택한 Surface에서 선택한 방향으로 입력한 거리만큼 떨어진 위치에 Point를 만들 수 있습니다.

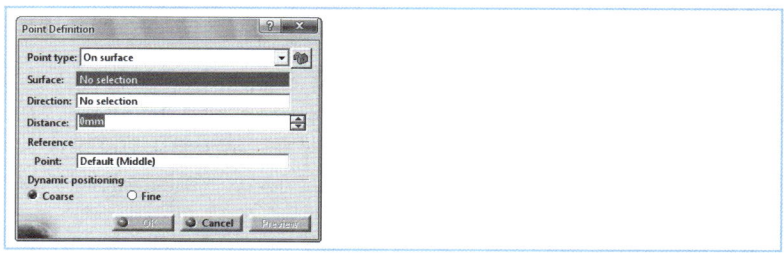

e. Circle/sphere/ellipse center

3차원 형상 중에 일정한 곡률을 가진 부분이면 원이나 호, 타원 어디에든 사용할 수 있으며 이러한 형상의 중점 위치에 Point를 생성합니다. 사용 빈도가 높으며 R18 이후부터 타원 형상도 지원합니다.

다음과 같이 원 또는 구형 요소를 선택하면 중점에 Point가 생성되는 것을 확인할 수 있습니다.

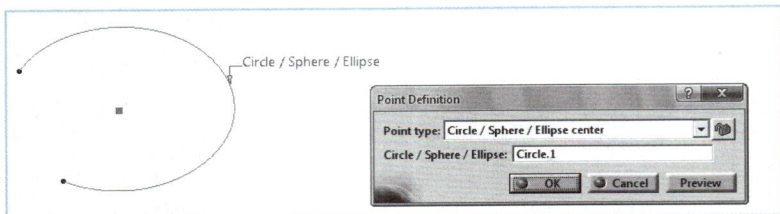

f. Tangent on curve

이 Type은 어떤 Curve에 대해서 이 Curve에 선택한 방향으로 Tangent 한 위치에 Point를 만들어 주는 방식입니다. Curve를 선택하고 임의의 방향을 직선 또는 축으로 방향을 잡아 주게 되면 Tangent 한 부분에 대해서 Point가 생깁니다. 물론 Tangent 한 부분이 없다면 만들어지지 않습니다.

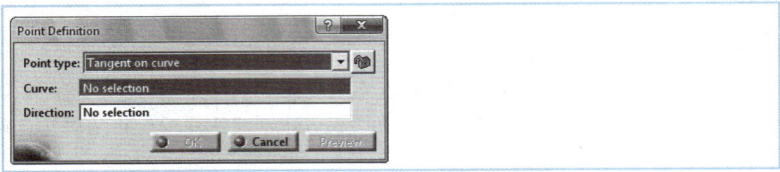

g. Between

이 Type은 말 그대로 선택한 점과 점 사이에 이등분 하는 지점에 Point를 생성해 주는 방식으로 Solid 형상의 꼭지점이나 실제 Point, 직선이나 곡선의 끝점 등을 사용할 수도 있습니다. Ratio 값을 입력하면 그 값에 따라 정 중앙이 아닌 위치로도 Point 생성이 가능합니다. Point를 중앙에 찍고자 한다면 Middle Point를 클릭하거나 Ratio에 '0.5'를 입력합니다.

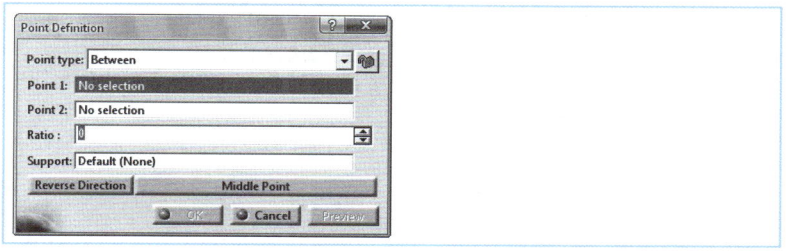

B. Point & Planes Repetition

이 명령은 선택한 Curve 요소에 일정한 간격으로 Point(Point)와 평면(Plane)을 생성하는 명령입니다. Sketcher 워크벤치에서 EquiDistance Point와 같은 기능을 3차원 상에서 수행할 수 있다고 보면 됩니다.

▶ 따라하기 01 Step by Step

Step 01 다음과 같이 XY 평면상에 Spline을 사용하여 곡선을 스케치하고 GSD 워크벤치로 이동합니다.

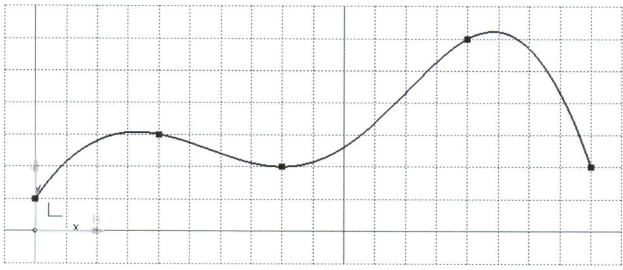

Step 02 Point & Planes Repetition 을 실행시키면 다음과 같은 창이 나타납니다.

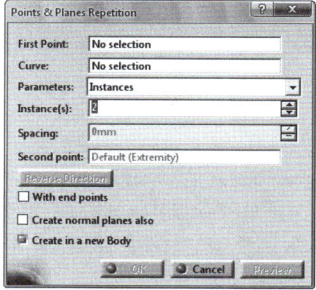

3 ▶ Wireframe Toolbar ◀ 149

☑ **Instance** : 만들고자 하는 Point의 수를 입력합니다.

☑ **With end points** : Curve의 끝점을 포함해서 Point를 만들지를 선택할 수 있습니다. 이 Option을 체크하면 다음과 같이 곡선의 양 끝점을 포함한 Point가 만들어지는 것을 확인할 수 있습니다.

☑ **Create normal planes also** : 이 Option을 체크하면 현재 Point가 만들어지는 지점에 Curve에 수직한 평면을 함께 만들 수도 있습니다.

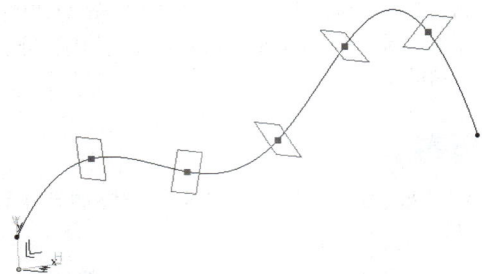

☑ **Create in a new body** : Point가 만들어 질 때 현재의 Body가 아닌 새로운 Geometrical Set에 만들게 하는 Option입니다. 이 Option을 체크해 놓으면 Point들을 현재 작업하는 Geometrical set이나 Body에 만들어지지 않고 따로 모아 정리해둘 수 있습니다.

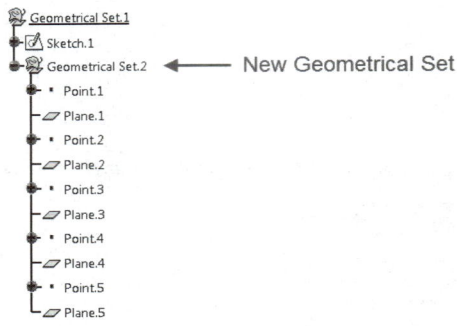

Step 03 일반적으로 Curve를 선택한 경우에는 전체 Curve에 대해서 등 간격으로 Point를 만드는 작업을 합니다. 여기서 Curve 위에 놓여있는 Point를 선택하여 명령을 사용하면 전체 Curve를 그 Point를 기준으로 선택한 방향으로의 부분만을 등 간격으로 나누어 Point를 만들 수 있습니다.

▶ 따라하기 02 Step by Step

Step 01 앞서 생성한 곡선의 중앙에 Point 명령을 사용하여 중점의 위치에 점을 하나 생성합니다.

Point Type : On curve, 'Middle point' 체크

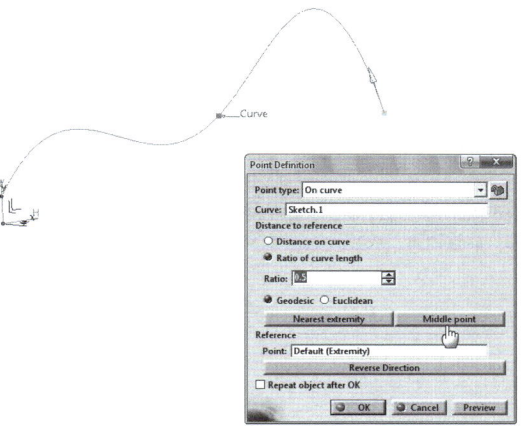

Step 02 Points & Plane Repetition 명령을 누르고 Curve가 아닌 Point를 먼저 선택합니다. 그럼 First Point에 해당 Point가 입력됩니다.

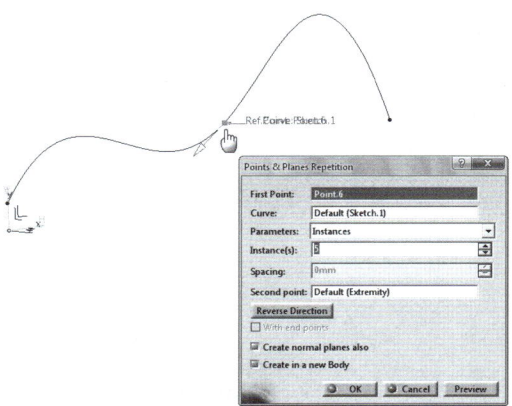

Step 03 그림 다음과 같이 Point에 화살표가 생기는데 이 방향으로 Curve 위에 Point를 만들게 될 방향을 지정할 수 있습니다. 화살표를 클릭하면 원하는 방향으로 변경이 가능하다.(여기서는 원점 방향으로 변경합니다.)

Step 04 다음과 같이 앞서 선택한 Point를 기준으로 지정한 화살표 방향으로 Point가 만들어집니다.

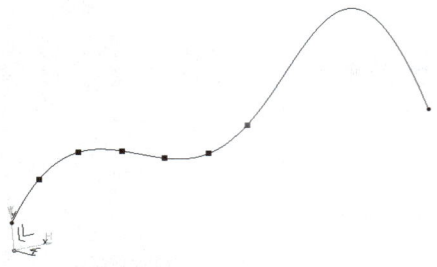

Step 05 또한 Curve 위의 두 개의 Point를 이용하여 그 사이의 부분만을 이용할 수도 있습니다. 아래 그림과 같이 Curve 위에 두 개의 Point가 있는 경우를 가정하겠습니다.

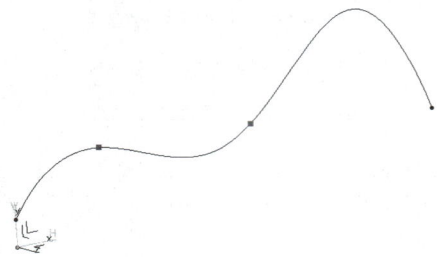

Step 06 다음과 같이 먼저 Points & Plane Repetition 명령을 실행하고 좌측 Point를 먼저 선택해 줍니다. 그리고 화살표 방향을 맞춰 줍니다. 가볍게 마우스로 클릭해 주면 변경 가능합니다.

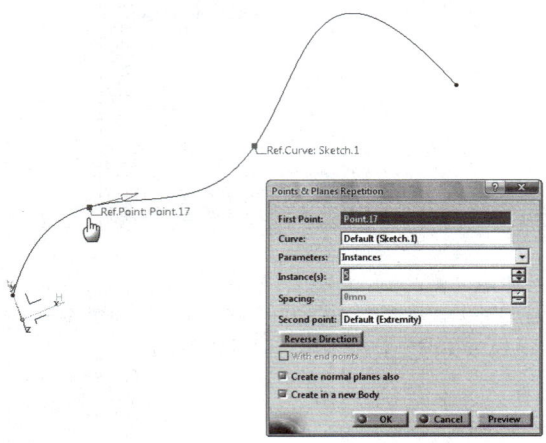

Step 07 다음으로 Definition 창에서 Second Point 입력란을 선택하고 우측에 있는 Point 로 지정해 줍니다.(먼저 Definition 창에서 'Second Point'를 선택하고 실제 Point를 선택해 주어야합니다.)

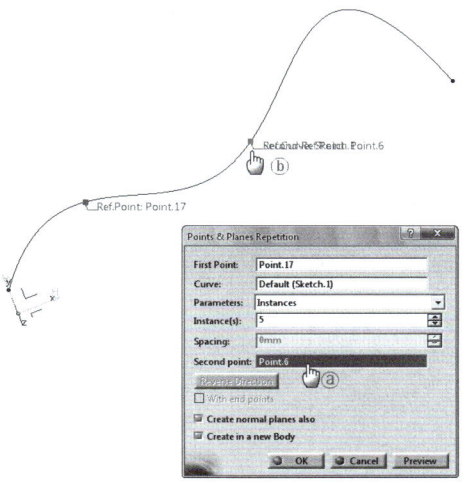

Step 08 결과는 다음과 같이 앞서 선택한 두 개의 Point 사이를 등 간격으로 Point들이 만들어 집니다.

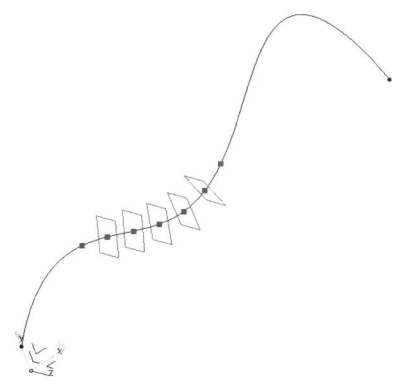

C. Extremum

이 명령은 선택한 형상 요소를 지정한 방향으로의 극 값, 즉, 최대 또는 최소 거리의 값을 찾아 해당 지점을 형상 요소(Point, Edge, Face 등)로 만들어 주는 명령입니다.

명령을 실행하면 다음과 같은 창이 나타납니다.

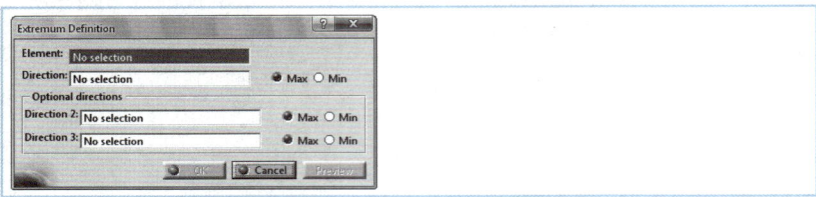

☑ **Element** : 극값을 정의할 대상을 선택합니다.

☑ **Direction** : 선택한 대상과 최대 또는 최소 거리를 측정할 기준 방향을 선택합니다. 직접 기준 요소를 선택할 수 있으며 또는 Contextual Menu에서 지정할 수 있습니다.

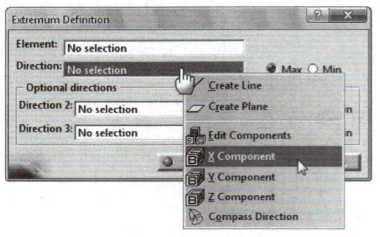

★**Optional Directions**★
앞서 지정한 방향 성분 외에 추가적인 방향 성분을 두 개 더 지정할 수 있습니다.

☑ **Max/Min** : 극값을 최대로 할지 최소로 할지를 선택합니다.

D. ExtremumPolar

이 명령은 앞서 Extremum을 생성하는 명령과 동일한 결과 형상을 만들어 내는 명령입니다. 그러나 극값의 정의로 입력하는 정보가 원점, 평면에서의 반경과 각도 성분이라는 점이 다릅니다.

명령을 실행시키면 다음과 같은 Definition 창이 나타납니다.

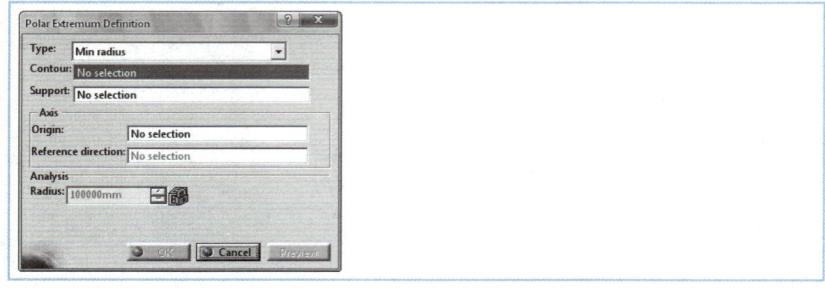

극값을 생성하는 Type에는 Min radius와 Max radius, Min angle와 Max angle이 있습니다.

3.2 LinesAxisPolyLine Sub Toolbar

A. Line

3차원 상에서 Line 요소를 그리는 명령입니다. 평면이 아닌 3차원 상에서의 제도이기 때문에 다양한 정의가 가능합니다.

a. Point-Point

선택한 두 개의 점과 점 사이를 잇는 Line을 생성하는 명령입니다. 미리 두 개의 Point 또는 형상의 꼭지점이 존재하는 상태에서 사용하거나 Stacking Command로 작업을 정의합니다.

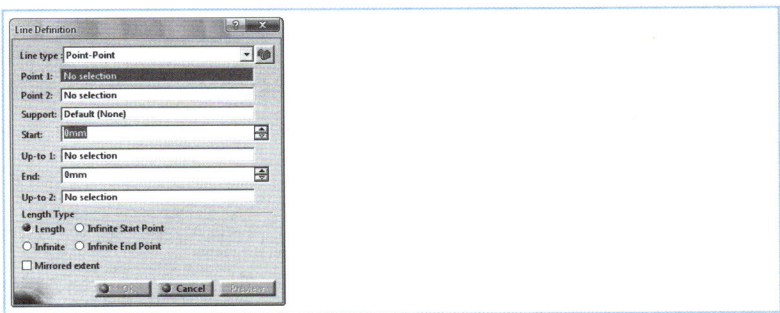

Point1 과 Point2를 선택하면 이 사이에 Line이 만들어 집니다. Support는 Surface와 같은 면을 선택하여 그 면을 따라가게 가게 할 수 있습니다. 그리고 Start 부분과 End 부분에 값을 입력하면 Line의 길이가 Point를 지나 그 길이만큼 확장이 됩니다. 단순히 양 끝점을 연결하고자 하는 경우에는 이 두 값을 모두 0으로 지정합니다.

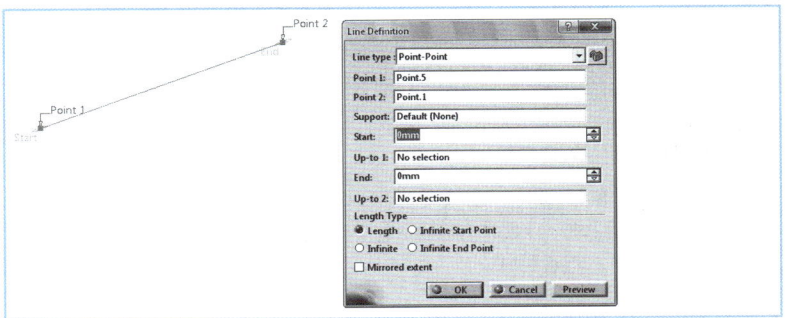

b. Point-direction

이 방법은 하나의 시작 기준점(Point)을 선택하고 선이 만들어 질 방향(Direction)을 선택해 줍니다. 그리고 길이를 입력해 주는 방법을 사용합니다. End 부분에 해당 방향으로의 직선 길이 값을 넣어주면 직선이 완성됩니다.

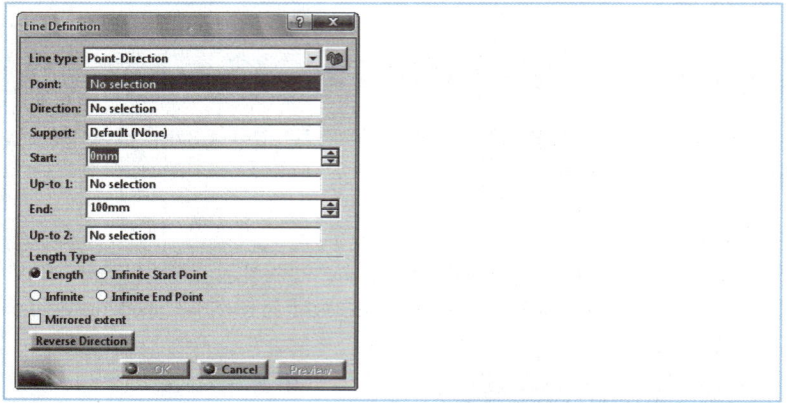

다음과 같이 하나의 Point를 선택하고 Line이 만들어질 방향을 선택, 길이 값을 각각 입력해 줍니다.

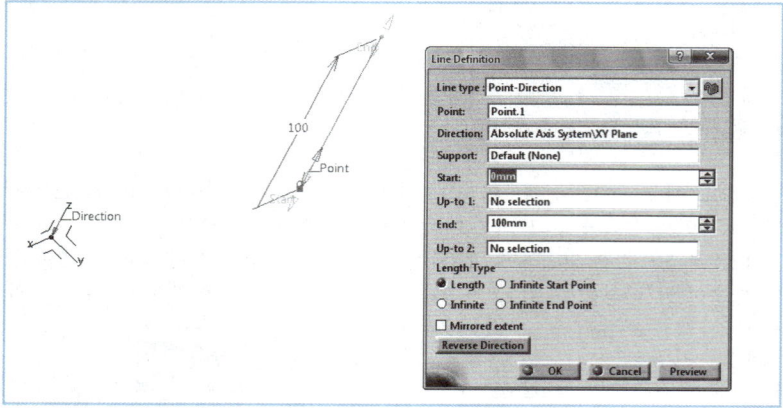

c. Angle/normal to curve

선택한 Curve 또는 모서리에 대해서 Support를 기준으로 각도를 입력 받아 Line을 그리는 방법입니다. Curve와 Support를 반드시 입력해 주어야 하며 입력 후 각도와 길이를 넣을 수 있습니다.

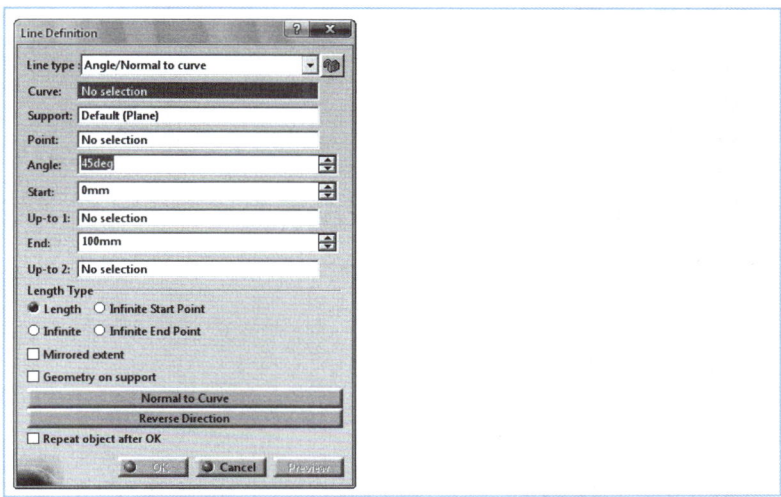

d. Tangent to curve

Curve에 접하게 직선을 그리는 방법으로 Sketch 워크벤치에서 Bi-tangent Line을 3차원 상에서 할 수 있는 것이라고 생각하면 됩니다. 두 개의 Curve를 순차적으로 Curve와 Element 2에 선택해 주면 됩니다.

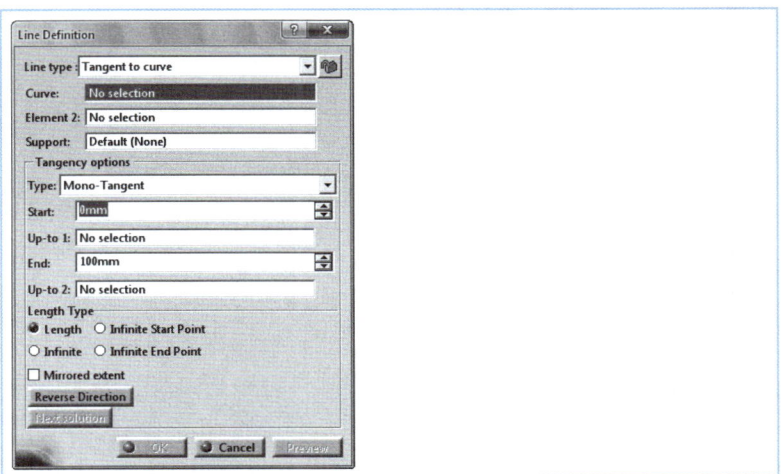

e. Normal to Surface

Surface에 대해서 수직인 직선을 그리는 명령으로 선택한 Surface로 임의의 Point에서 수직한 직선을 그릴 수 있습니다.

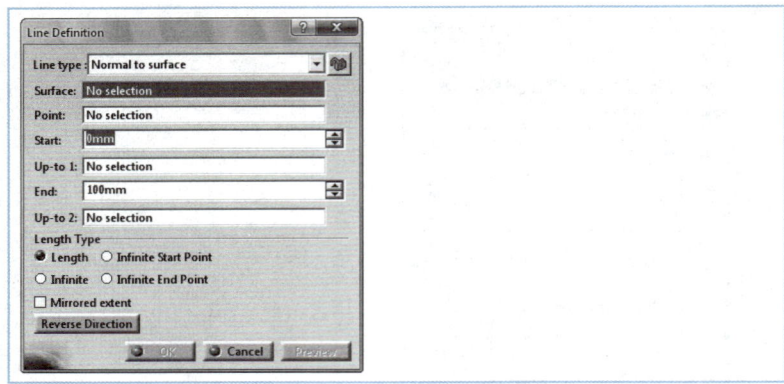

f. Bisecting

이등분선을 그리는 명령으로 두 개의 Line에 대해서 이 사이를 지나는 Line을 그릴 수 있습니다.

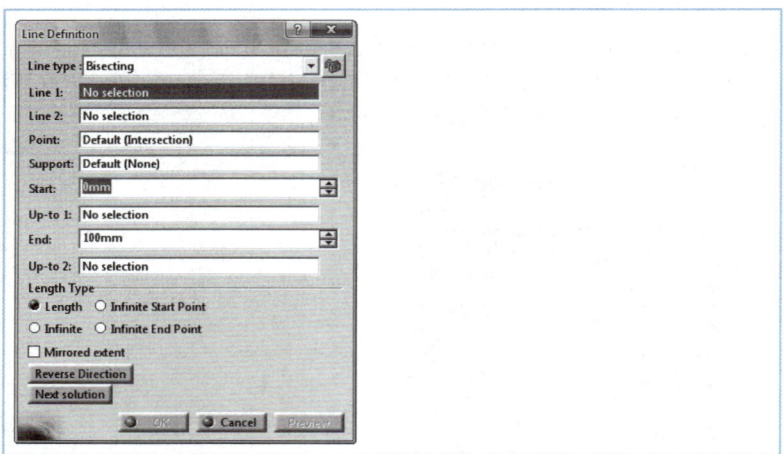

B. Axis

3차원 상에서 Axis를 그리는 명령입니다. 이전의 Sketcher에서의 Axis와 같은 기능을 합니다. 그러나 3차원 상에서 만들기 때문에 실제 형상들과의 관계를 이용하여 여러 가지 방식으로 만들 수 있습니다. (3차원 Axis는 많이 사용하지 않습니다.)

Axis를 만들기 위해 선택할 수 있는 대상은 다음과 같은 요소들이어야 합니다.

- 원이나 원의 일부가 잘려나간 호 형상
- 타원이나 타원의 일부가 잘려나간 형상
- 회전으로 만든 Surface 형상

Axis를 실행시키면 다음과 같은 3가지 방식으로 Axis를 형상을 만들 수 있습니다.

a. Aligned with reference direction

선택한 요소와 평행한 방향으로 Axis를 만드는 명령입니다. 우선 다음과 같이 Element를 선택합니다.

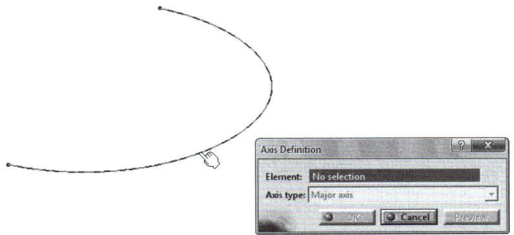

다음으로 이 Element와 평행한 방향으로 Direction을 선택해줍니다. Contextual Menu를 사용하거나 실제 작업 화면에서 요소를 선택해 주어도 됩니다.

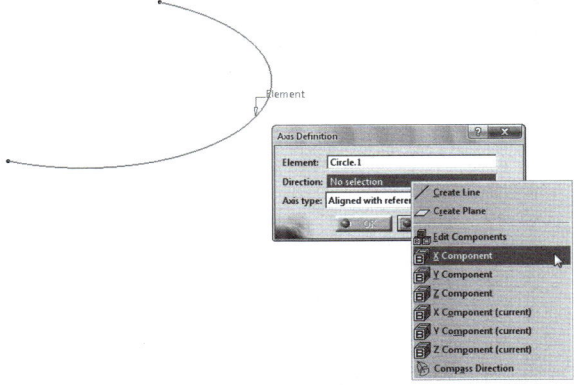

다음과 같이 호 형상을 기준으로 X 방향으로 Axis가 만들어 집니다.

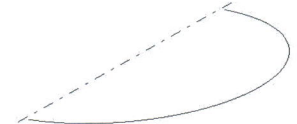

b. Normal to reference direction

앞서 경우와 유사하게 Element에 대해서 수평 하게 Axis를 만드는 명령입니다. 그러나 이 경우에는 선택한 기준 방향에 대해서 수직하게 Axis를 만듭니다. 그 것 이외에는 모두 일치합니다.

위의 예에서 Axis Type을 Normal to reference direction으로 수정을 합니다.

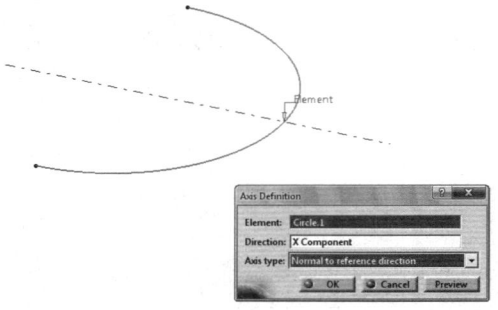

다음과 같이 X 방향에 수직하게, 결국 Y 방향으로 Axis가 만들어 집니다.

c. Normal to circle

이 Axis Type은 선택한 Element에 대해서 수직하게 Axis를 만드는 방식으로 Direction을 지정하지 않아도 Element의 수직한 방향으로 Axis를 잡아 줍니다.

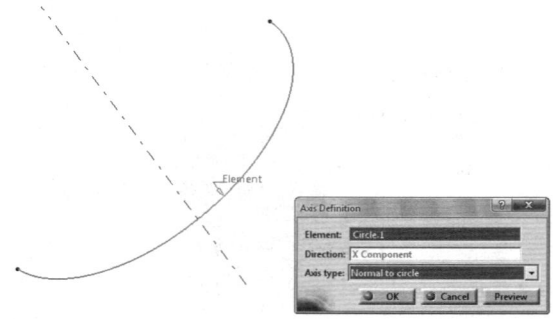

C. Polyline

여러 개의 절점을 가진 선을 만드는 명령으로 Point와 Point를 이어 직선을 만드는 방식을 이용합니다. 작업을 마쳤을 때 나오는 형상은 여러 개의 직선들이 이어진 것으로 나온다.(3차원 다각형 형상) 3차원 상에 펴져있는 점들을 이어 선을 만들 수 있는 매우 유용한 명령입니다.

Polyline 명령을 실행시키면 다음과 같은 Definition 창이 나타납니다.

여기서 Point를 하나씩 선택해 주면 그 순서대로 Line으로 이어주게 됩니다.

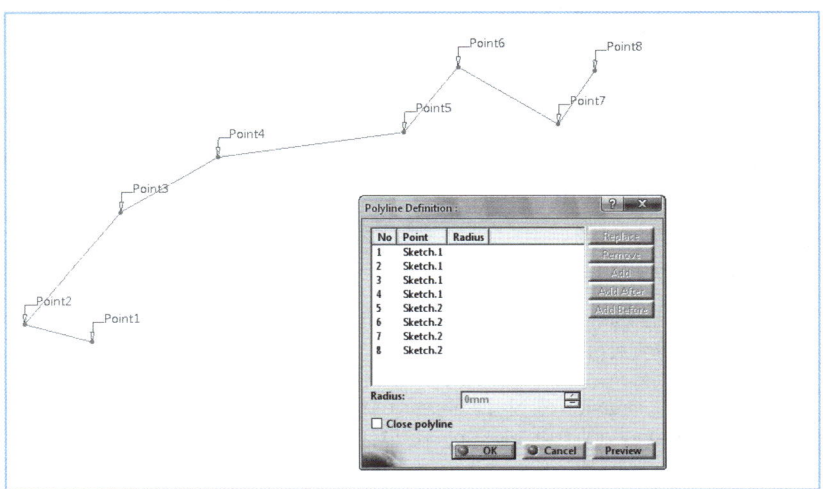

또한 선과 선이 이어지는 부분에 Corner를 줄 수 있어 다듬는 일 또한 손쉽게 작업할 수 있습니다. 물론 이는 두 선 요소 사이에 있는 Point에 대해서만 가능합니다.

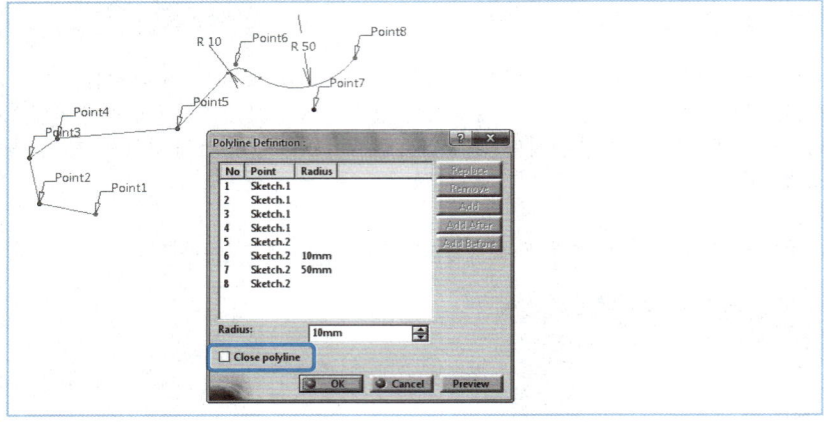

마지막으로 'Close Polyline'을 체크하면 시작점과 끝점을 이어 닫힌 형태의 Polyline을 만들어 줍니다.

D. Plane

Reference Elements 중에 가장 중요한 요소라고 할 수 있는 Plane은 작업 평면의 기능을 가지고 있어 임의의 위치에 Plane을 만들어 그 곳에서 스케치 작업을 할 수 있으며 Plane을 기준으로 다른 형상을 대칭 시키거나 작업하는데 기준으로 삼을 수 있습니다. 따라서 Plane을 필요에 맞게 상황에 맞게 잘 선택해서 만들 수 있는 능력이 절대적으로 필요합니다.

Plane의 종류는 다음과 같습니다.

a. Offset from plane

가장 일반적인 Plane 생성 명령으로 기준으로 선택한 평면과 같은 평면을 거리만 띄워서 만드는 방법을 사용합니다.

다음과 같은 Definition 창에서 Reference로 기준으로 사용할 Plane이나 형상의 면(Face)을 선택한 후 거리 값을 입력합니다.

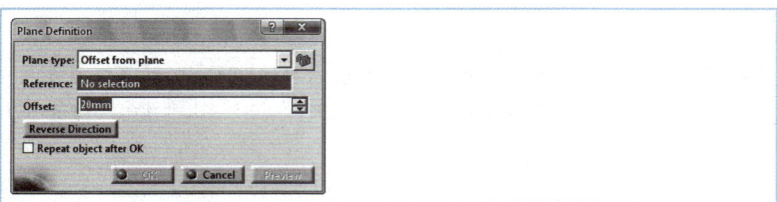

다음과 같이 XY 평면을 기준으로 잡고 Offset을 직접 수행해 보기 바랍니다.

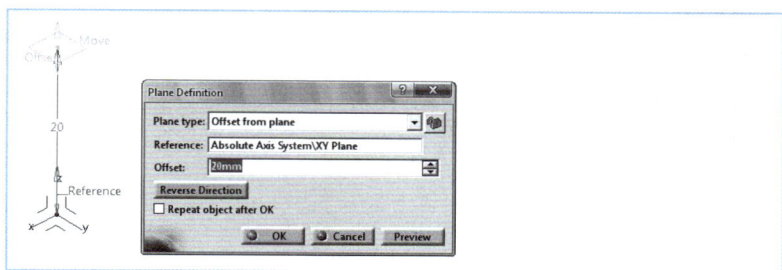

b. Parallel through point

이 방법을 사용하면 선택한 기준 평면을 임의의 Point의 위치로 평행하게 새 평면을 만들어 줍니다. 거리 값을 알 수 없거나 Curve의 끝이나 형상의 꼭지점에 평면을 만들어 주고자 할 때 사용하면 됩니다.

다음과 같이 임의의 Point를 생성한 후에 'Parallel through point'로 ZX 평면을 생성해 보기 바랍니다.

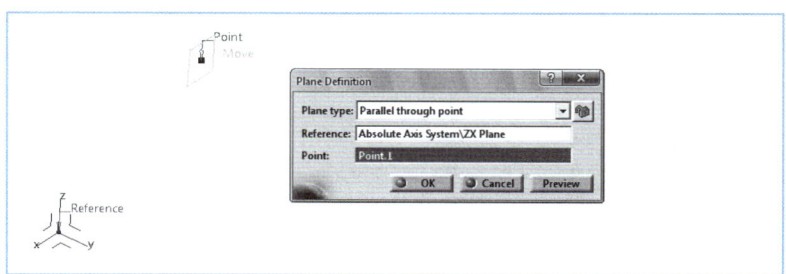

c. Angle/normal to a plane

이 방법은 평면을 만들 때 선택한 기준 평면에 대해서 입력한 각도만큼 기울어진 평면을 만들 수 있습니다. 먼저 기준이 될 회전축을 선택해야 합니다. 필요에 따라 line을 그려주거나 또는 Contextual Menu를 통해 축을 선택할 수도 만들 수도 있습니다. 다음으로 기준이 될 평면을 선택해 줍니다. 평면이어도 되고 형상의 면을 선택해도 됩니다. 이 기준면을 시작으로 몇 도의 기울기를 가질지 입력하면 됩니다. 마지막으로 원하는 각도를 입력하면 Plane 이 각도 만큼 기울어져 만들어지는 것을 볼 수 있을 것입니다.

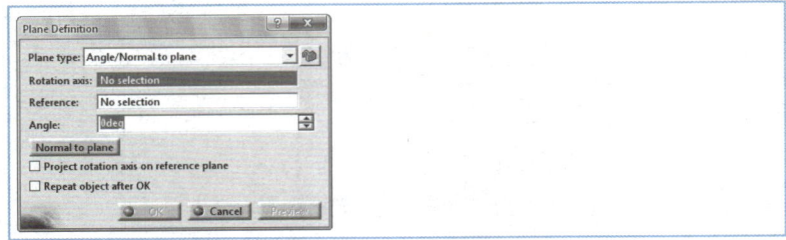

다음과 같이 Axis를 사용하여 손쉽게 연습할 수 있습니다. Rotation axis에 'X축'을 선택하고 Reference에 'XY 평면'을, 각도 값으로는 '-45'를 입력합니다.

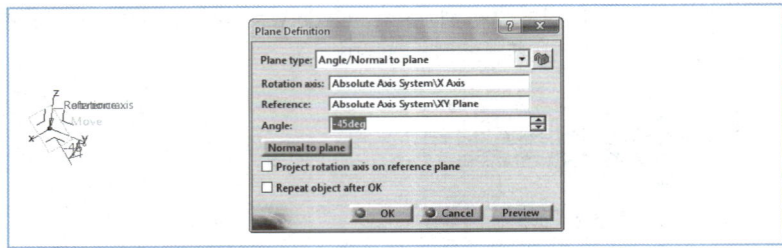

d. Through three points

평면을 결정짓는 조건 정의 중에 하나로 '한 평면을 지나는 3 개의 점을 알면 그 평면을 그릴 수 있다'는 수학적 원리에 의해 평면을 만드는 방법입니다. 말 그대로 3 개의 Point를 선택해 주면 평면이 만들어 집니다.

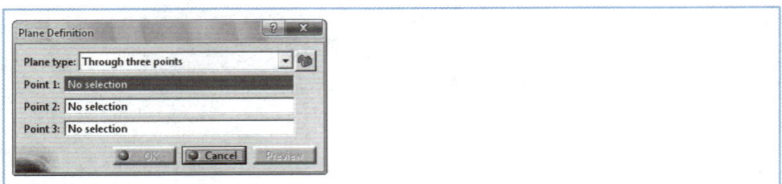

e. Through two lines

평면을 결정짓는 또 다른 조건으로 '한 평면을 지나는 두 개의 직선을 알면' 평면을 만들어 낼 수 있습니다. 따라서 두 개의 Line 요소를 선택하여 평면을 만들어야 하루 경우 유용합니다. 물론 3차원 형상의 모서리(edge)를 이용할 수도 있습니다.

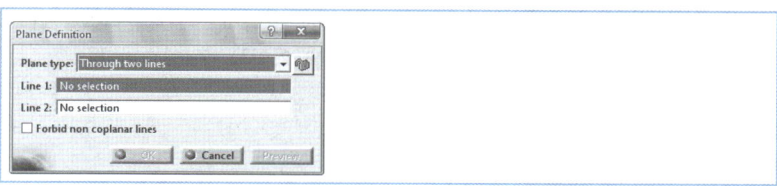

f. Through point and line

평면을 지나는 직선 하나와 점 하나를 사용하여 평면을 만드는 방법으로 이 두 가지 요소를 선택하면 평면을 구성할 수 있습니다.

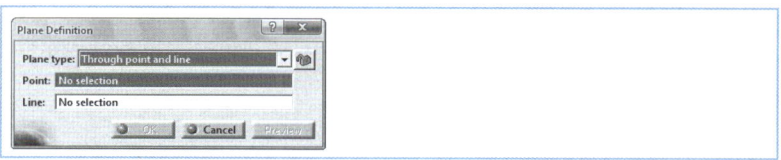

g. Through planar curve

Curve가 하나의 평면상에서 그려진 경우라면 이 Curve를 이용하여 평면을 만들 수도 있습니다. Curve 가 평면상에 그려진 것이라면 이 Type으로 평면을 만들 수 있습니다.

h. Normal to curve

선택한 Curve에 대해서 수직인 평면을 만드는 명령으로 곡선이나 직선에 대해서 그 선의 수직 방향으로 평면을 만듭니다. 단순히 Curve 만을 선택하면 평면이 중앙에 만들어지고 마지막으로 선의 점(vertex)을 선택해 주면 그 곳에 평면이 만들어집니다. Sweep이나 Multi-section 형상을 만드는데 많이 사용되는 평면 생성 방식입니다.

Plane Type을 'Normal to curve'로 변경한 후에 곡선을 선택합니다. 그림 아래와 같이 곡선의 중앙에 Plane이 생성되는 것을 확인할 수 있습니다.

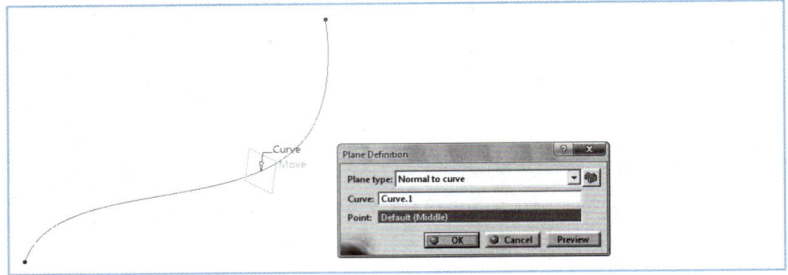

여기서 곡선의 한 끝 점을 선택하면 해당 위치로 Plane이 이동되어 생성되는 것을 확인할 수 있습니다.

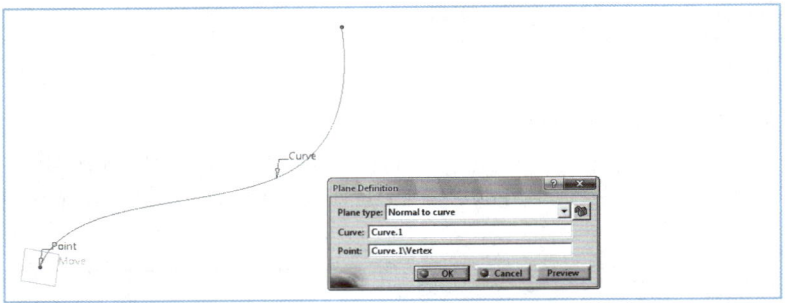

이렇게 만들어진 Plane을 사용하여 Positioned Sketch를 다음과 같이 들어가 보기 바랍니다.

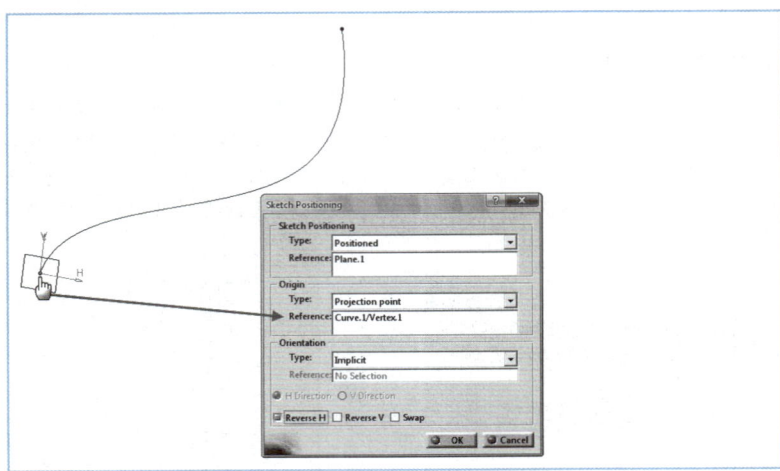

i. Tangent to Surface

Surface 면에 대해서 접하는 평면을 만드는 방법으로 Surface 와 평면이 위치할 점이 필요합니다. 이 점은 반드시 Surface 위에 있어야 할 필요는 없으며 그 점이 있는 위치에 접하는 방향으로 평면이 만들어 집니다.

j. Equation

이 방법은 다음과 같은 수식의 상수 값을 이용하여 평면을 만드는 방법입니다. 자주 사용하지는 않습니다.

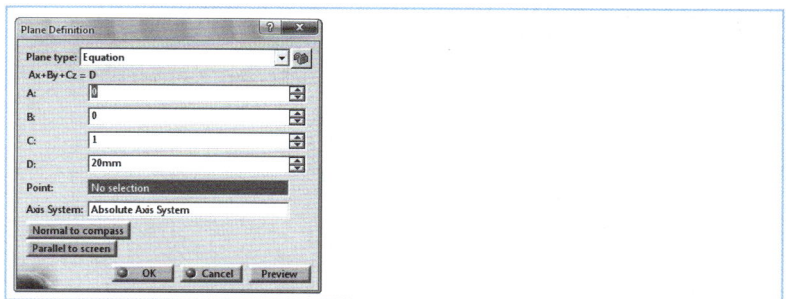

k. Mean through points

3 개 이상의 점을 이용하여 평면을 만드는 방법입니다. 이렇게 3개 이상의 점을 선택한 경우 이 점들의 평균 위치에 평면이 만들어 집니다.

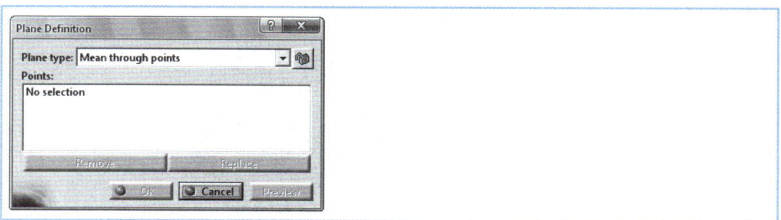

3.3 Projection-Combine Sub Toolbar

A. Projection

 Projection은 Surface 면에 스케치나 Wireframe 요소를 투영시키는 명령입니다. (물론 Surface 위에 놓인 Point를 만들 수도 있습니다.) 즉, Surface 위에 놓여진 Wireframe을 만드는 명령입니다. Surface 위를 따라 가는 Curve를 만들거나 Surface를 자르기 위해 Surface 위에 놓여진 Curve를 만들 때 사용합니다.

➡ 따라하기 Step by Step

Step 01 Projection을 실행시키면 다음과 같은 Definition 창이 나타납니다.

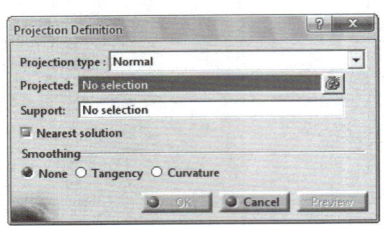

Step 02 다음과 같이 투영될 대상(Projected)과 곡면(Support)을 차례대로 선택해 줍니다.

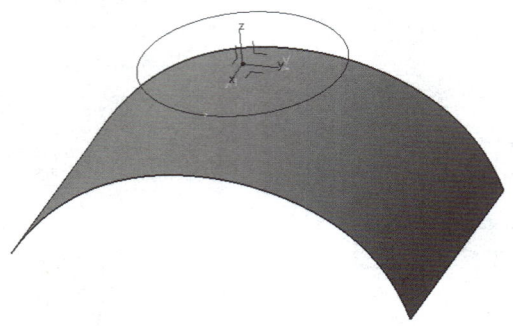

☑ **Projection Type** : Project를 어떤 방식으로 할지 결정하는 것으로 다음 두 가지 Type이 있습니다.

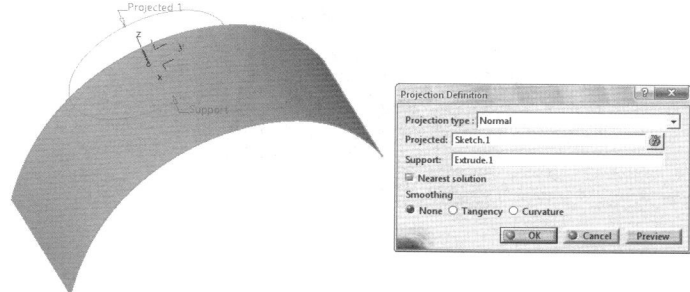

① Normal : Surface 면에 대해서 수직하게 Project합니다. 이 Type은 Surface의 곡률을 따라 Curve가 투영됩니다.

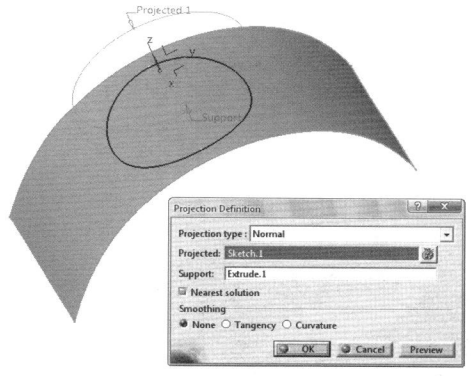

② Along a direction : 투영시킬 요소를 선택한 임의의 방향으로 Surface에 투영시켜 줍니다. Surface에 원하는 방향으로 Wireframe이나 스케치를 투영하고자 한다면 이 Type으로 해야 합니다.

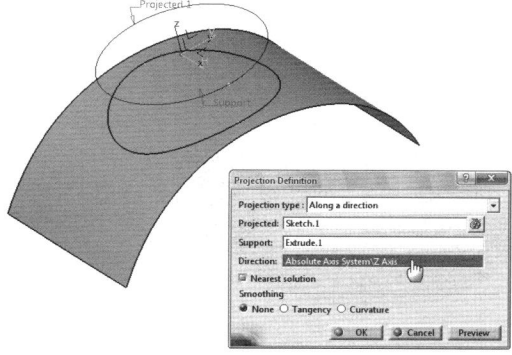

Projection을 Along a direction Type으로 하게 되면 선택한 방향에서 바라보았을 때 형상이 원본 형상과 완전히 일치해 보이는 것을 확인할 수 있을 것입니다.

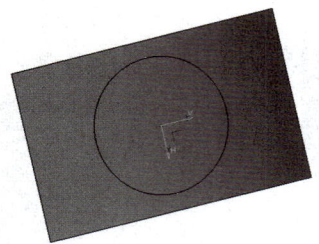

이 Type은 Definition 창에서 반드시 Direction을 지정해 주어야 합니다. Direction으로 선택할 수 있는 요소는 Axis나 Line, 형상의 직선형 모서리(Edge) 등이 가능합니다.

☑ **Projected** : 투영 시키고자 하는 대상으로 Sketch나 Wireframe 또는 Point 요소입니다. 복수 선택이 가능하며 여기에 선택한 요소를 Surface로 투영 시킬 것입니다.

☑ **Support** : 투영될 Surface 면입니다. 일반적인 곡면은 모두 선택 가능합니다.

☑ **Nearest solution** : 투영 될 Surface에 Wireframe 요소가 여러 번에 걸쳐서 만들어 질 경우 가장 Wireframe 요소와 가장 가까운 부분에만 투영되는 형상을 만들게 하는 Option입니다.

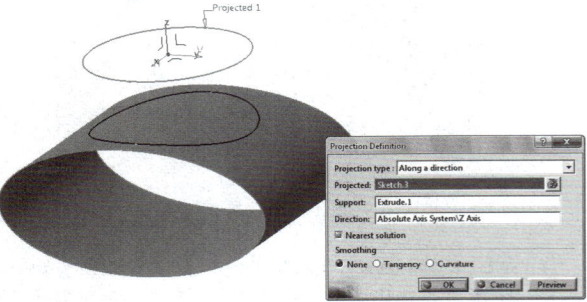

이 Option을 해제하면 선택한 Surface에 대해서 교차하는 모든 위치에 형상이 투영 됩니다.

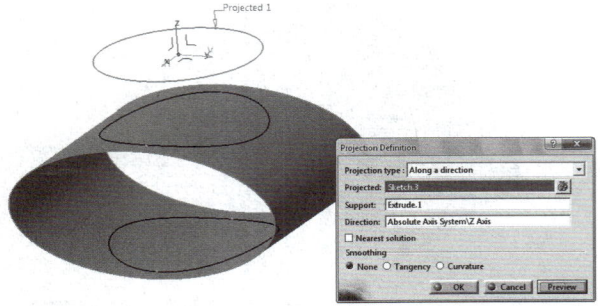

때로는 이 Option으로 인해 투영이 바르게 안 나오는 경우도 있습니다. 투영되는 형상이 바르게 나오지 않을 때 이 Nearest solution Option을 '체크 해제'해 보기 바랍니다.

☑ **Smoothing** : 투영되는 요소가 Surface에 부드럽게 투영되도록 Option을 조절할 수 있습니다. 'None'으로 하면 따로 Smooth를 적용하지 않고 있는 그대로 투영한다는 것이고 'Tangency'로 하면 투영될 때 Tangent하게 이어주도록 합니다. 'Curvature'는 곡률을 가지게 투영을 정의하는 방식입니다. 물론 곡면의 형상에 따라 이와 같은 설정이 아무런 변화가 없을 수도 있습니다.

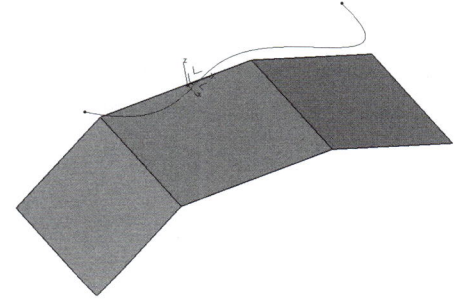

Step 03 Projection을 실행해 보면 다음과 같은 결과를 확인할 수 있습니다.

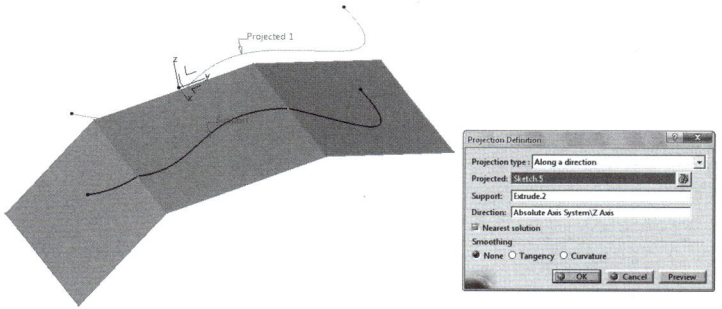

Smoothing에서 Tangency와 Curvature를 사용하면 편차 값(Deviation)을 주어야 합니다. 그리고 3D Smoothing 기능을 사용할 수 있어 중간에 불연속인 지점을 부드럽게 이어줄 수 있습니다.

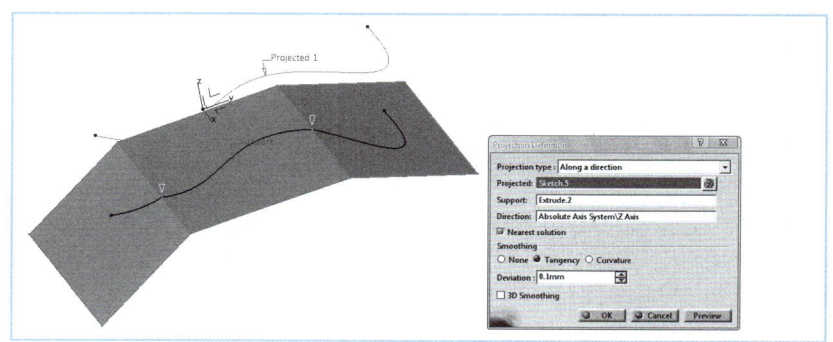

B. Combine

이 명령은 두 개의 Wireframe 요소에 대해서 이 두 개의 곡선의 각 방향에서의 형상을 모두 가지는 한 개의 요소를 만듭니다. 각 방향의 형상을 모두 지니는 결과물을 만들어 3차원 곡률을 가진 형상을 만듭니다.

Combine 명령을 실행시키면 다음과 같은 Definition 창이 나타납니다. 여기서 각각의 Curve를 선택하게 되면 계산을 통하여 두 개의 Curve의 곡률을 모두 가지는 Curve가 만들어집니다.

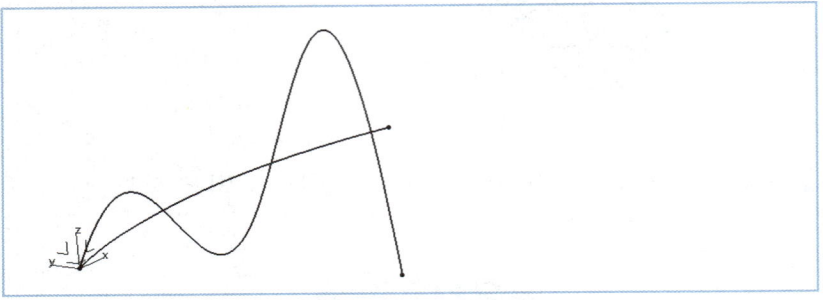

Combine 명령을 실행하고 두 곡선을 차례대로 선택하여 그 결과를 확인합니다.

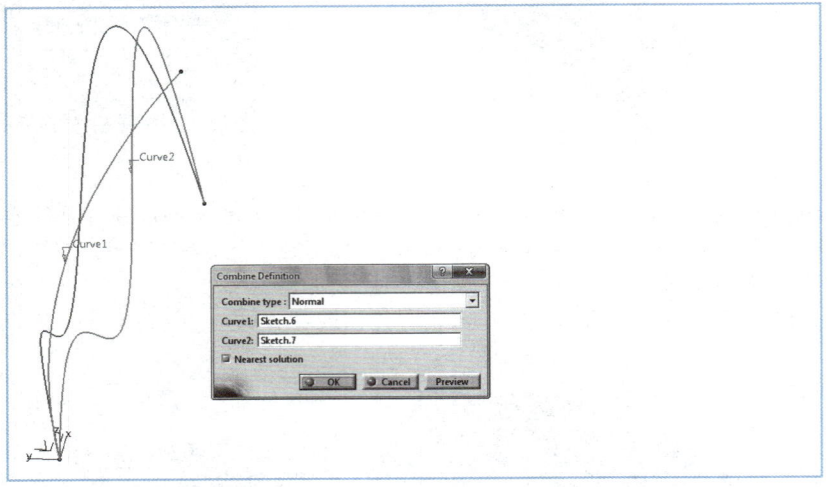

물론 이 두 개의 Curve의 요소는 같은 평면상에서 만든 요소여서는 안 된다는 것을 명심하기 바랍니다. 또한 두 Curve를 보았을 때 서로 동떨어진 위치에 있는 경우에도 만들어지지 않습니다.(연산이 이루어지지 않기 때문입니다.)

C. Reflect line

Reflect line은 선택한 Surface에 대해서 임의의 기준점으로 부터 선택한 방향으로 일정한 각도를 가지는 점들을 이어 Curve를 만드는 명령입니다.

Reflect line 명령을 실행하면 다음과 같은 Definition 창이 나타납니다.

- ☑ **Type** : Cylindrical 또는 Conical로 Reflect line 타입을 선택할 수 있습니다.
- ☑ **Support** : Surface를 선택합니다.
- ☑ **Direction** : Reflect Line을 만들기 위한 기준 방향이 됩니다. 임의의 Line 요소나 축 요소를 사용할 수 있습니다. 이렇게 선택한 방향을 기준으로 각도를 입력하게 됩니다. Cylindrical로 Type을 선택할 경우에는 Direction 값을 지정해 주어야 합니다.
- ☑ **Origin** : Reflect Line을 만들기 위한 기준점이 됩니다. 이렇게 선택한 방향을 기준으로 각도를 입력하게 됩니다. Conical로 Type을 선택할 경우 기준 점을 지정해 줍니다.
- ☑ **Angle** : Direction에 대해서 각도를 입력합니다.
- ☑ **Angle Reference** : Reflect Line에서 각도를 계산하는 방식을 정의합니다. Normal과 Tangent가 있습니다.

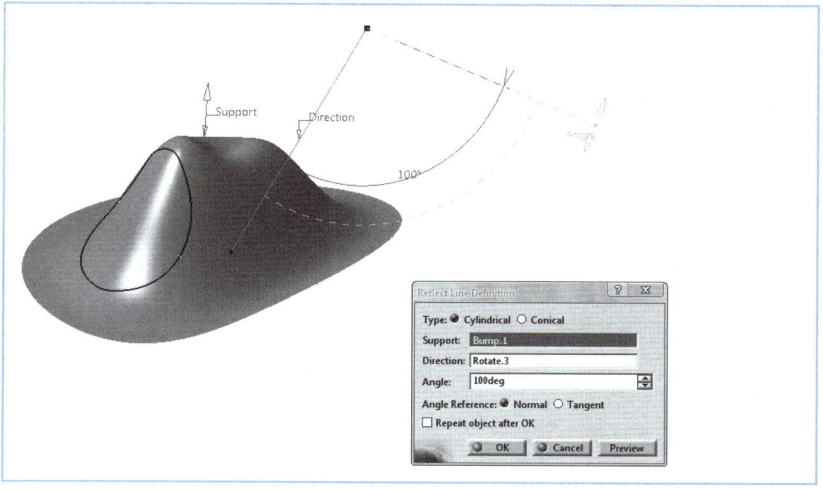

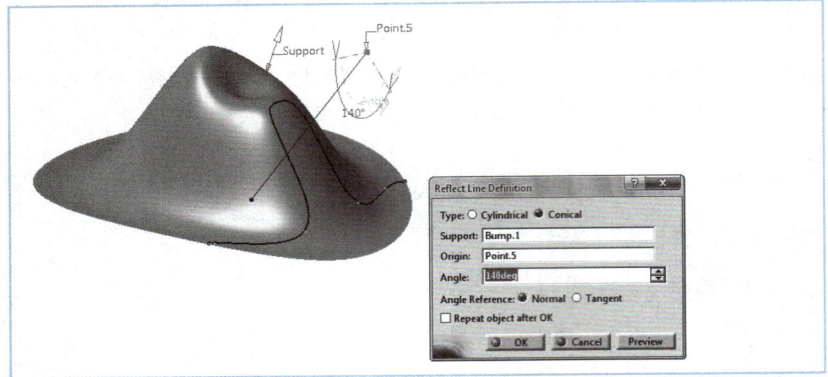

지정한 값 또는 형상이 잘못된 경우에는 다음과 같은 Error 메시지가 출력되므로 조건을 변경하여 다시 입력해 보기 바랍니다.

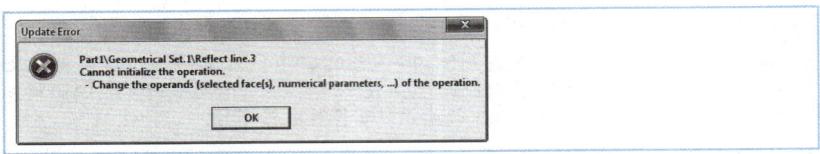

D. Intersection

Intersection이란 말 그대로 형상과 형상 사이에 교차하는 부분을 형상 요소로 만들어 주는 명령입니다. 모델링 작업을 수행하면서 필요에 의해 앞서 작업된 형상들 사이에 교차하는 형상을 만들어 주고자 할 경우에 유용합니다. 선과 선이 교차하면 그 교차하는 부분에 Point가 만들어지고 Surface와 Surface가 교차하면 선이 만들어지는 것을 생각한다면 쉽게 결과물을 예상할 수 있고 활용할 수 있을 것입니다.

다음은 간단한 Intersection 대상들 간의 작업 결과 예입니다.

First Element	Second Element	Result
Curve	Curve	Point
Curve	Surface	Point
Curve	Plane	Point
Curve	Point	Point
Surface	Surface	Curve
Surface	Plane	Curve

Intersection에서 선택할 수 있는 요소는 다음과 같습니다. Point를 제외한 모든 형상 요소들 사이의 교차하는 결과 형상을 만들 수 있다고 생각하면 됩니다.

> Wireframe elements
> Solid elements
> Surfaces
> Planes

Intersection 명령을 실행시키면 다음과 같은 Definition 창이 나타납니다.

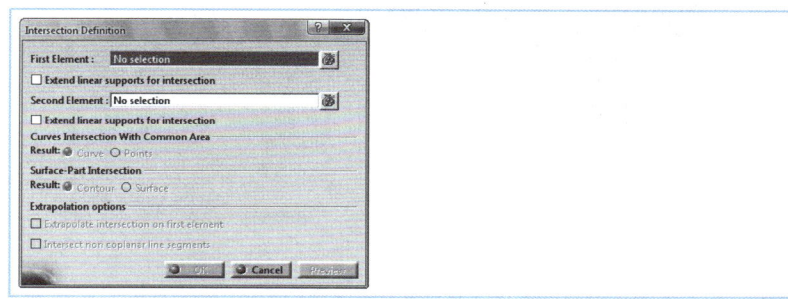

여기서 각각 First Element와 Second Element에 교차시킬 요소를 선택합니다. 물론 복수 선택이 가능합니다. 표시가 있는 부분은 모두 복수 선택이 가능합니다. 여러 대상을 교차시킨다면 하나씩 명령을 수행하지 말고 한 번에 모두 선택해 주는 게 바람직합니다.

Extend linear supports for intersection을 사용하면 각 형상을 선형 확장하여 실제로 교차하는 부분까지 형상이 이어져 있지 않더라도 교차하는 위치에 결과물을 만들어 줍니다.

따라하기 Step by Step

Step 01 다음과 같이 두 곡면 사이에 교차하는 형상을 만들어 보도록 합니다.

Step 02 Intersection을 이용하여 두 형상의 교차되는 형상을 만들기 위해 두 Surface를 각각 선택해 줍니다.

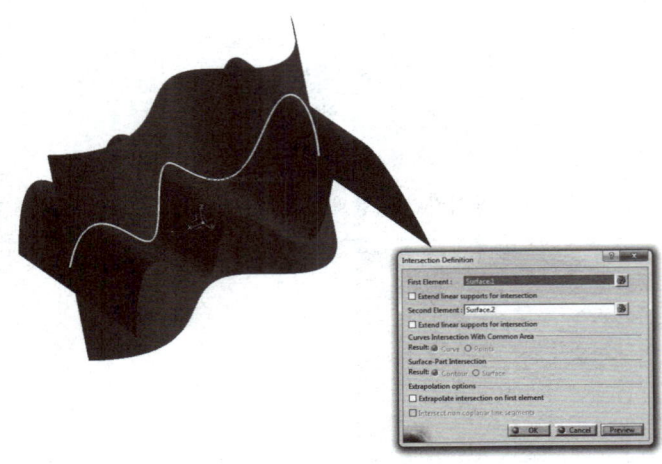

Step 03 이렇게 Intersection을 하면 다음과 같은 형상을 만들 수 있습니다. (곡면 형상은 화면에서 숨기기 하였습니다.)

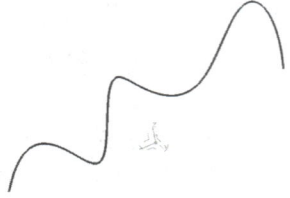

Step 04 이번에는 다음과 같이 교차하는 곡면 형상들이 있습니다.

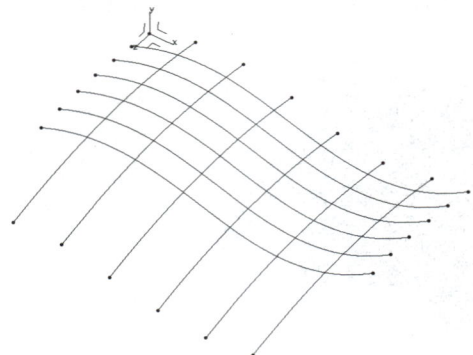

Step 05 Intersection 명령을 실행시키고 First Element에 한 방향의 곡선 6 개를 모두 선택해 줍니다.

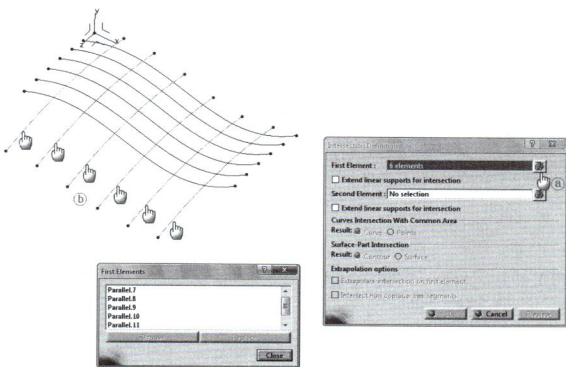

Step 06 마찬가지로 Second Element에 곡선들을 선택해 주면 다음과 같이 곡선과 곡선들이 교차하면서 해당 위치에 Point들이 만들어지는 것을 확인할 수 있습니다.

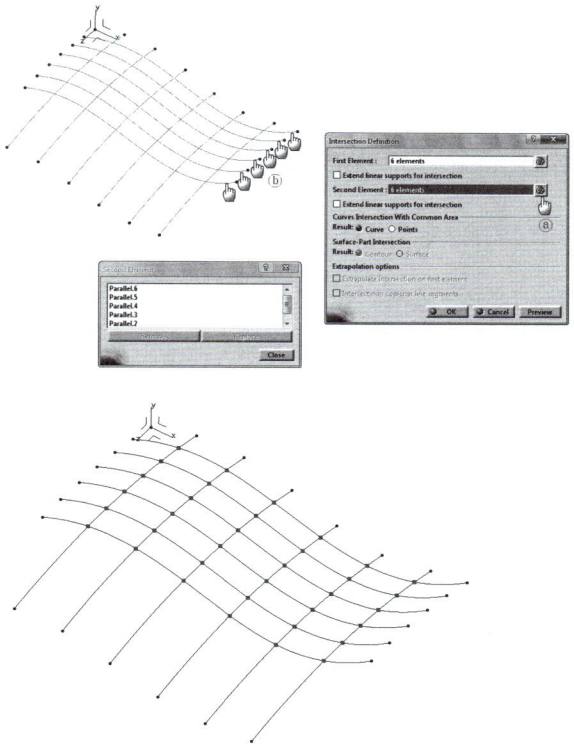

앞서 설명한대로 복수 선택을 하면 한 번에 여러 결과 형상을 얻을 수 있습니다. Spec Tree에는 다음과 같이 표시가 됩니다.('+'를 열어보면 각 형상들이 들어있습니다.)

 Multi Output.1 (Intersect)

물론 서로 교차하지 않는 대상들에 이 명령을 사용하면 아무런 의미가 없으므로 대상들이 교차하는지의 여부를 먼저 파악해야 합니다.

3.4 Offset2D3D Sub Toolbar

A. Parallel Curve

Surface 위의 Curve나 Surface의 모서리(Edge)를 Surface면 위를 따라 평행하게 이동시켜 Curve를 만들어 주는 명령입니다. Curve는 반드시 Surface 위에 있어야 하며 그렇지 않을 경우엔 Projection을 사용하여 우선 Surface 위에 있도록 Curve를 만들어야 합니다.

Parallel Curve를 실행시키면 다음과 같은 Definition 창이 나타납니다.

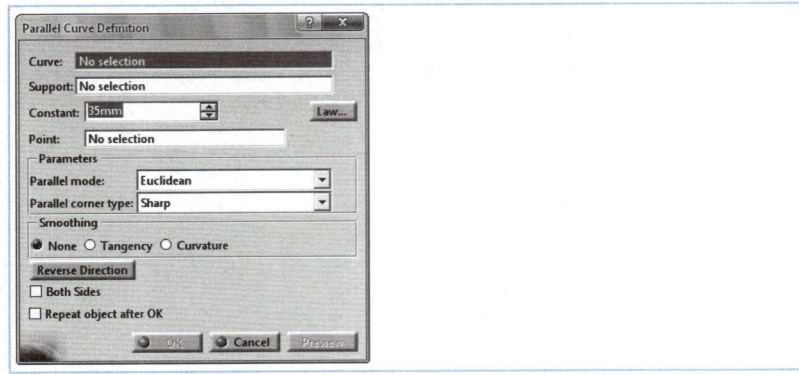

- ☑ **Curve** : 만들고자 하는 Curve의 기준이 되는 Surface 위의 Curve나 스케치 또는 모서리 (Edge)를 선택합니다.

- ☑ Support : Curve가 지나갈 Surface를 선택해 줍니다.
- ☑ Constant : 기준이 되는 Curve와 거리 값을 입력해 줍니다. 또는 Point 부분에 옮겨지고자 하는 위치의 Point를 입력해 주어 거리 값없이 Parallel Curve를 만들 수 있습니다.
- ☑ Point : Parallel Curve가 만들어질 위치를 거리로 지정하지 않고 Point의 위치에 생성되게 할 수 있습니다. Parallel Curve가 만들어질 위치를 Point로 지정하면 Constant 값은 쓸 수 없습니다.
- ☑ Parameter : Parallel Curve를 만드는 mode를 선택하는 부분으로 다음 두 가지 mode가 있습니다. 그러나 실제 사용에 있어 전문적인 사용이 아니라면 mode를 분류해 가며 작업하는 일은 거의 없습니다.
- ☑ Euclidean : 기준이 되는 Curve와 Parallel Curve 사이의 거리가 최소가 되도록 Parallel Curve를 만듭니다. 그러나 Euclidean mode는 Support에 구애 받지 않습니다.
- ☑ Geodesic : 기준이 되는 Curve와 Parallel Curve 사이의 거리가 최소가 되도록 Parallel Curve를 만듭니다. Geodesic mode는 Support의 곡률의 영향을 고려합니다.
- ☑ Smoothing : Parallel Curve를 만들 때 부드럽게 만들어 주는 역할을 합니다. 3 가지 Type이 있는데 이는 앞서 Projection 명령과 같습니다.

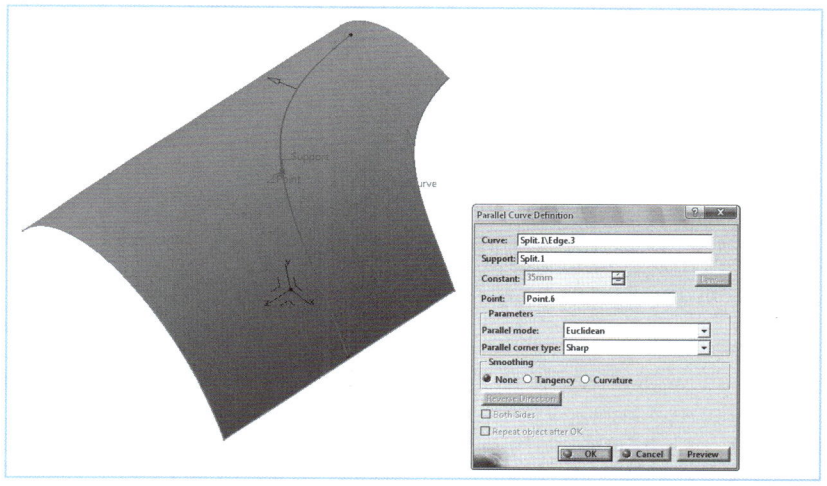

B. 3D Curve Offset

3차원 상에서 Wireframe이나 Sketch 요소를 Offset하는 명령입니다. 선택한 방향에 따라 Offset 할 수 있으며 Curve와 평행한 방향으로는 만들 수 없습니다.

3D Curve Offset 명령을 실행시키면 다음과 같은 Definition 창이 뜹니다.

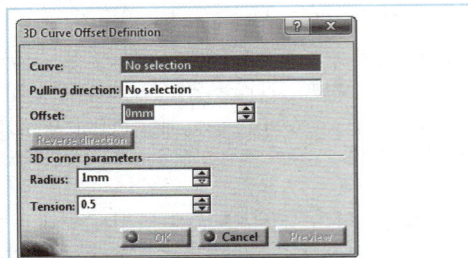

- ☑ **Curve** : Offset 하고자 하는 Curve나 스케치를 선택합니다.
- ☑ **Pulling direction** : Offset 하고자 하는 방향을 선택해 줍니다. Contextual Menu를 사용하거나 실제 형상에서 원하는 방향을 가리키는 선 요소를 선택합니다.
- ☑ **Offset** : Offset 하고자 하는 거리를 입력해 줍니다.
- ☑ **3D corner parameters** : Offset하는 과정에서 형상이 가진 곡률 반경 등의 이유로 결과에 Error가 생기지 않도록 'Radius'와 'Tension' 값을 정의할 수 있습니다.

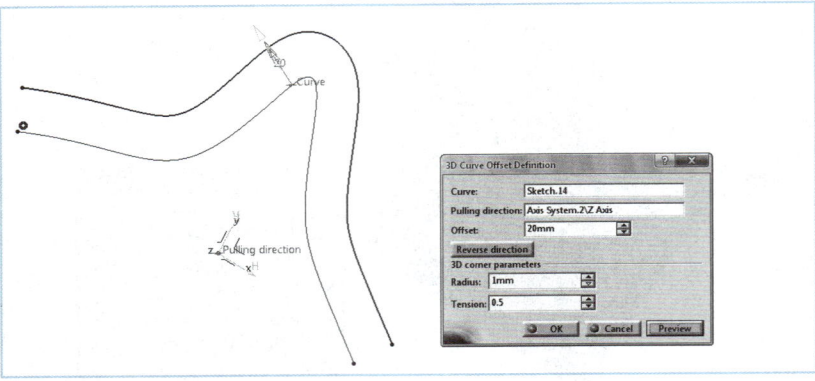

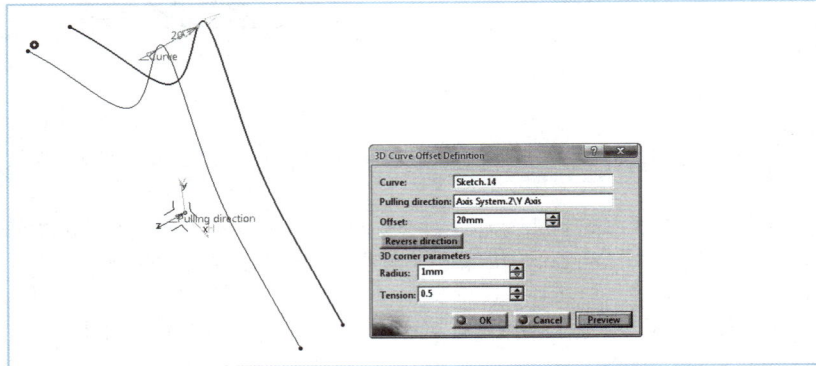

3.5 Circles-Corner-Connect Sub Toolbar

A. Circle

3차원 상에서 원이나 호를 만드는 명령입니다. Circle은 Circle Type에 따라 다음 9가지 방식으로 만들 수 있습니다. (Circle 명령은 그렇게 많이 사용되진 않습니다.)

a. Center and radius

원을 구성하기 위해 원의 중심점(Center)과 기준 면(Support), 그리고 반경 값(radius)을 선택해 줍니다.

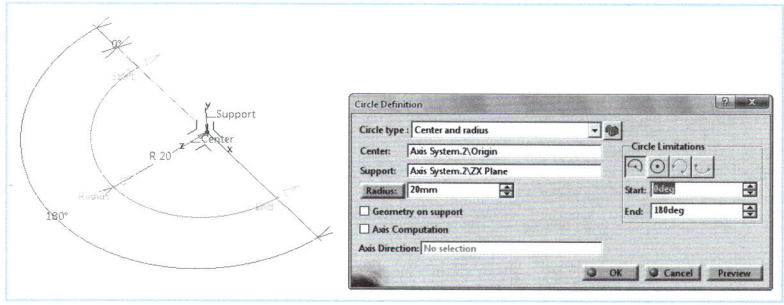

여기서 Circle Limitations를 사용하여 결과물을 완전한 형태의 원으로 만들 것인지 도는 호를 만들 것인지를 선택할 수 있습니다.

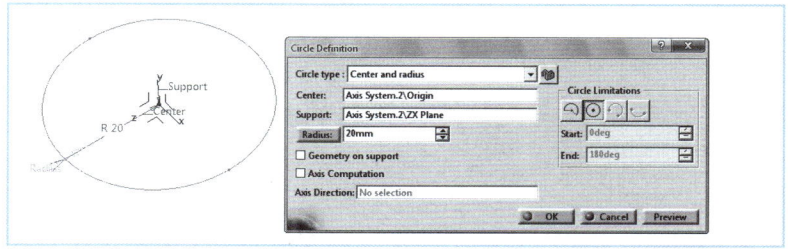

또한 여기서 Axis Computation을 체크하면 원의 중심에 Axis를 동시에 만들 수 있습니다.

b. Center and point

원을 구성하기 위해 원의 중심점(Center)과 원을 지나는 Point(Point)를 선택해 줍니다. 물론 기준 면(Support)을 선택해 주어야 합니다.

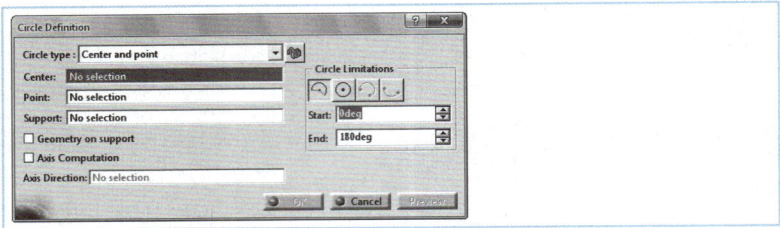

c. Two point and radius

이 방법은 원을 지나는 두 개의 점과 반경(radius)을 입력하면 이 두 점을 지나는 원을 만듭니다. 물론 기준면(Support)을 선택해 주어야 합니다.

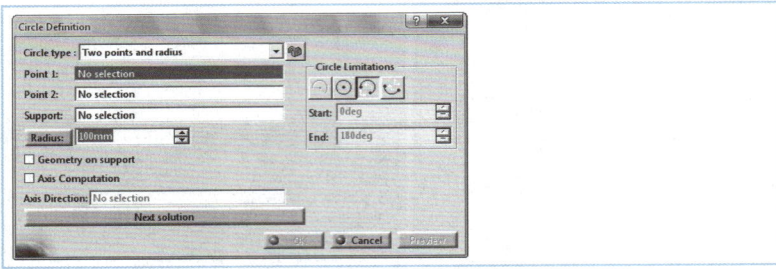

원의 반경과 그 원을 지나는 두 개의 점을 알 경우 만들어 질 수 있는 원은 두 개입니다. 따라서 이 Type으로 원을 만들 경우 Definition 창의 Next solution 버튼을 이용하여 원하는 원을 선택할 수 있습니다.

d. Three points

원을 지나는 3개의 Point를 선택하여 원을 만듭니다. 3개의 Point를 차례대로 입력해 주면 원이 완성됩니다.

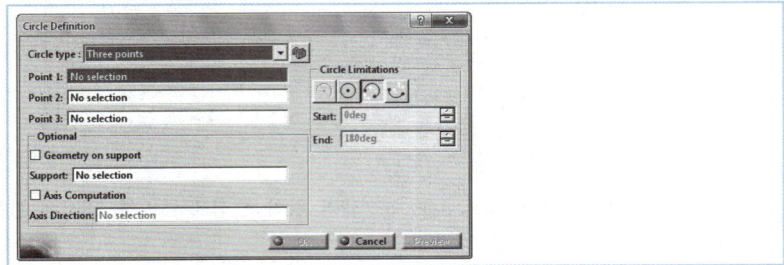

부가적으로 Geometry on support를 사용하여 곡면 위에 놓인 원을 만들 수 있습니다. Support에 Point들이 놓여있는 곡면을 선택해 주면 됩니다.(원 생성 후 따로 곡면에 투영시킬 필요가 없습니다.)

e. Center and Axis

원의 중심 축(Axis/line)과 Point(Point), 그리고 반경(radius)을 이용하여 원을 구성합니다. Project point on Axis/line이 체크되어 있으면 Axis의 선상으로 Point가 투영되어 Axis를 기준으로 하는 원이 만들어 집니다. 그리고 Project point on Axis/line이 해체되어 있으면 Point를 기준으로 원이 만들어 집니다.

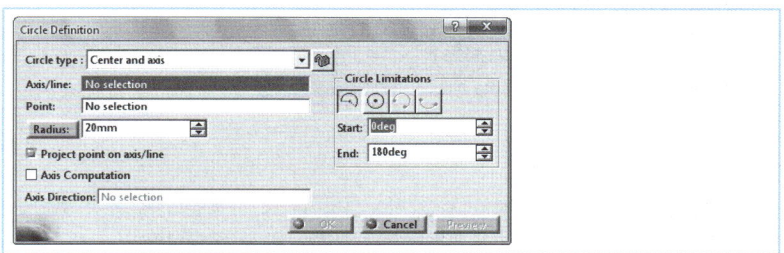

f. Bitangent and radius

두 개의 요소가 있을 때 이 두 가지 요소에 모두 접하는 원을 만들 때 사용합니다. 물론 반경(radius)을 입력해 주어야 합니다.

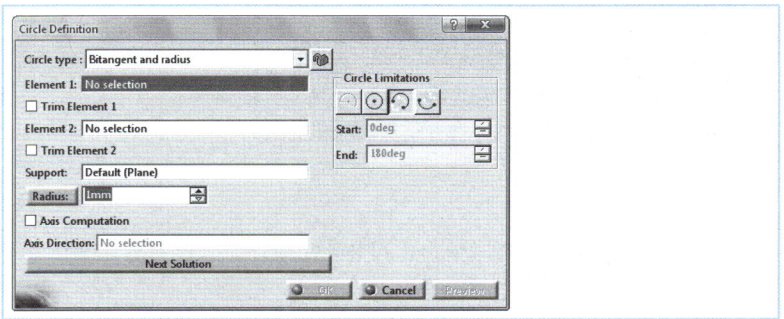

Sketcher에서 Bi-tangent line과 같이 두 곳의 접하는 지점을 이어 선을 그리는 원리로 원을 만든다고 보아도 됩니다. 이 방법 역시 형상에 따라 다르지만 접하는 부분이 여러 곳이면 이중에서 우리가 원하는 것을 Next Solution으로 선택해줍니다.

Trim Element를 사용하면 접하는 형상을 원이 아닌 호로 만들 때 Element 1과 Element 2를 접하는 지점에서 자동으로 잘라서 이어주는 작업까지 하게 하는 Option입니다.

g. Bitangent and point

두 개의 접하는 요소와 그 원을 지나는 Point 하나를 사용하여 원을 만듭니다. 반경 대신 Point를 사용하여 원의 크기를 정합니다.

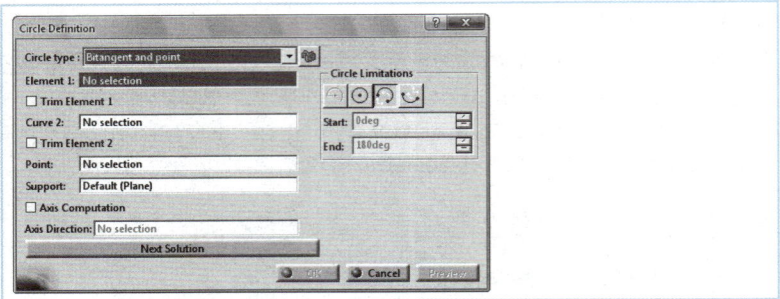

h. Tritangent

3개의 요소에 대해서 접하는 원을 만들고자 할 때 사용합니다. 원과 접하는 3개의 지점을 아는 것이기 때문에 따로 반경은 필요하지 않습니다.

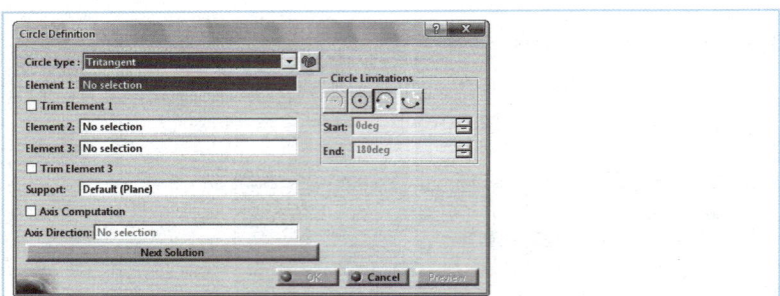

i. Center and tangent

원의 중심(Center)과 접하는 요소를 사용하여 원을 만드는 방법입니다. 물론 반경(radius)을 입력해 주어야 합니다.

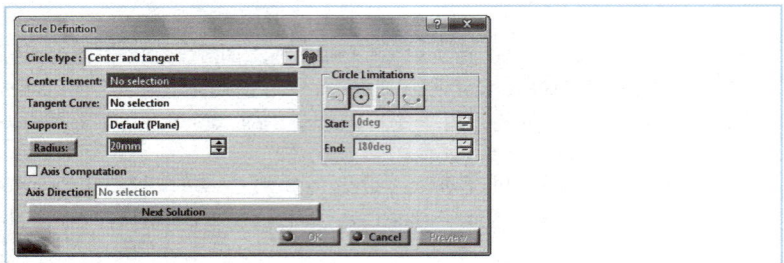

B. Corner

Sketcher에서와 같이 선과 선 사이에 뾰족한 부분(Vertex)을 둥글게 만들어 주는 명령입니다. Corner에는 두 가지 Type이 있습니다.

a. Corner on support

같은 평면상에서의 임의의 반경(radius)으로 Corner를 할 때 사용합니다. Corner 주고자 하는 두 개의 요소를 각각 Element 1 과 Element 2에 선택합니다. 다음으로 부여하고자 하는 Corner 반경 값을 입력합니다. 그러면 조건에 따라 여러 위치에 Corner가 만들어지는 형상이 미리 보기 됩니다.

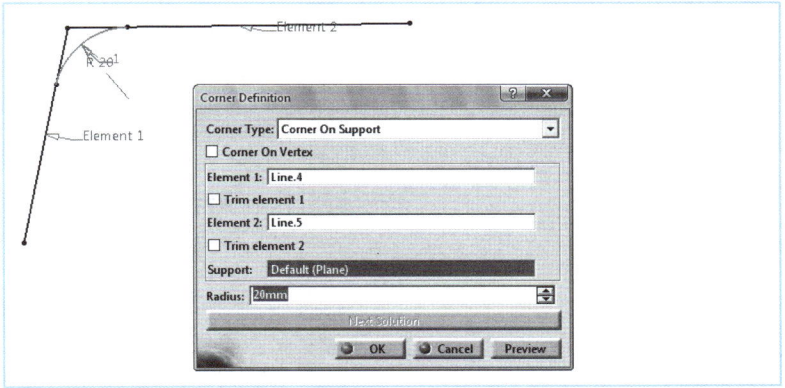

Trim Element를 사용하면 접하는 위치에서 Element에 Trim까지 함께 할 수 있는 Option입니다.

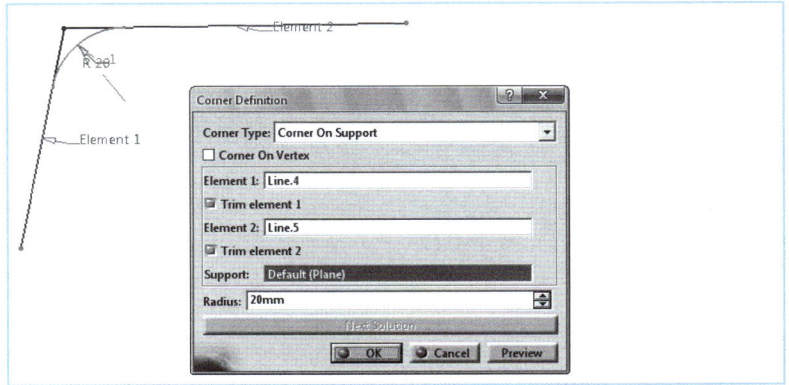

Corner 결과가 다양한 방향으로 나올 경우 아래와 같이 Next Solution이 활성화 되면서 원하는 위치의 Corner를 고를 수 있게 해줍니다.

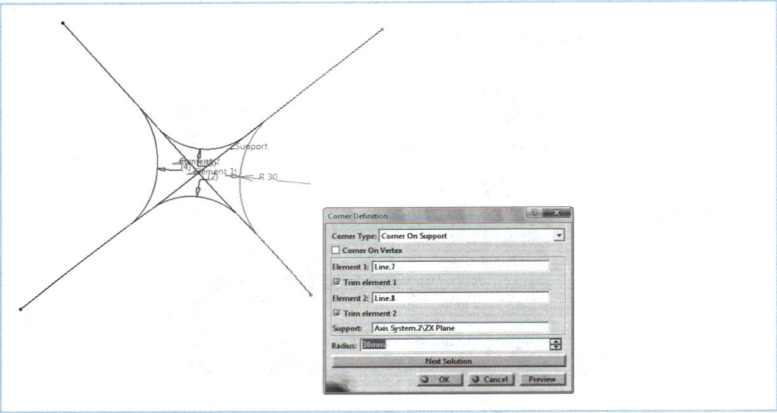

b. 3D Corner

3D Corner는 같은 평면상의 Element를 사용하지 않은 경우에 사용하면 다른 기능은 Corner on support와 동일합니다.

C. Connect Curve

Curve와 Curve를 연결하는 명령으로 이 역시 Sketcher의 것과 유사합니다. Connect Curve에는 두 가지 Type이 있습니다.

a. Normal

두 개의 Curve 요소 각각을 연결하는 기본적인 방식으로 각 Curve의 연결하고자 하는 위치의 끝 점(Vertex)을 선택합니다. Curve의 끝점을 선택하면 Curve는 자동적으로 선택이 됩니다.

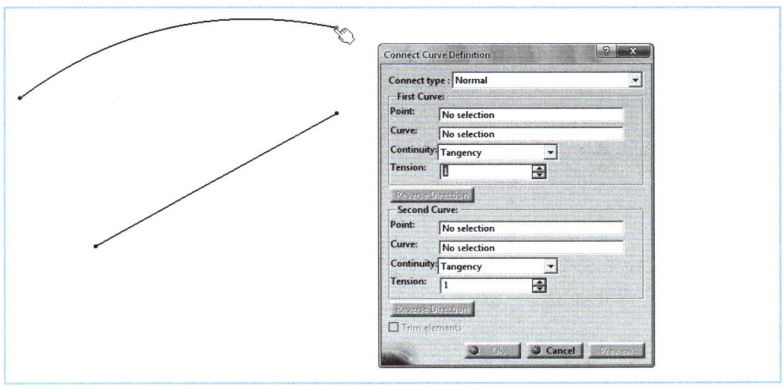

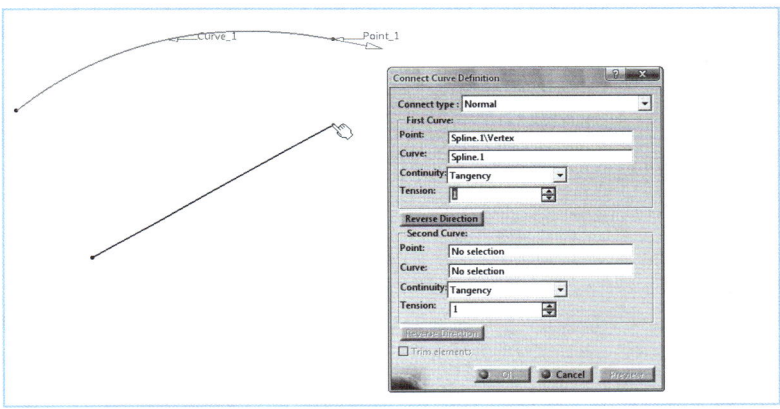

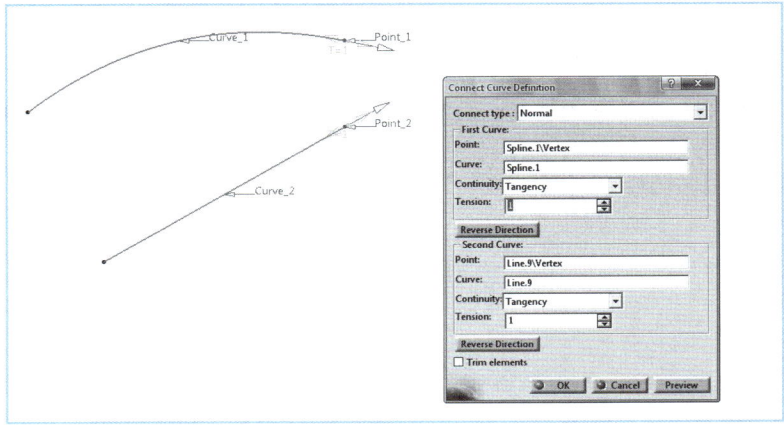

3 Wireframe Toolbar ◄ 187

여기서 각 Curve에는 방향을 나타내는 화살표가 보이게 되는데 원하는 형상에 맞게 이 화살표를 클릭하거나 Reverse Direction을 이용하여 방향을 조절할 수 있습니다.

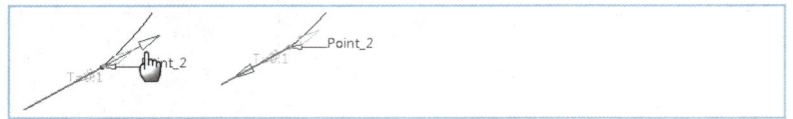

또한 각 Curve 마다 연결을 해줄 때 연속성(Continuity)을 조절할 수 있는데 Point, Tangency, Curvature가 있습니다.

'Tension'이란 장력, 긴장을 의미하는 단어로 여기서는 각 Curve의 연속성에 따른 영향력 정도로 생각하면 됩니다. CAD 이론에서는 다른 표현으로 Weight라고 부르기도 하며 가중치 개념으로 사용합니다. 즉, 각 Curve의 Tension 값이 클수록 연속성에 따른 영향력을 크게 Connect Curve를 만듭니다.

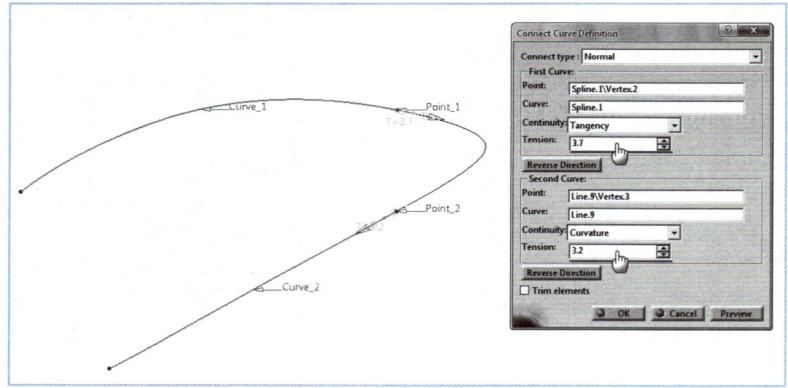

다음과 같이 두 개의 Curve 요소를 연결하는 Connect Curve가 만들어 집니다.

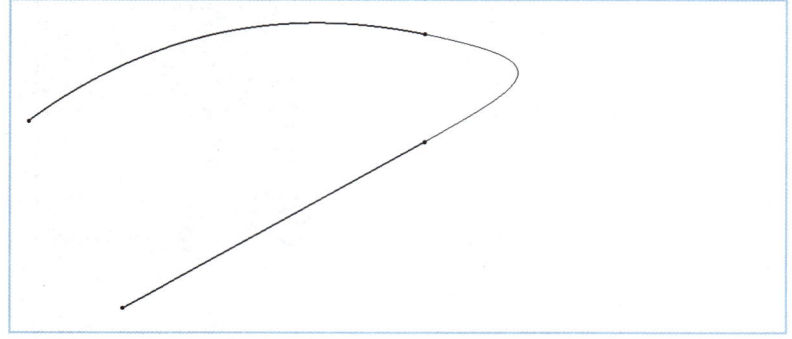

b. Base Curve

이 Option은 기준이 되는 Curve를 사용하여 두 개의 Curve를 연결하는 방법입니다. 기준이 되는 Curve를 가지고 여러 개의 형상을 만드는 경우라서 따로 연속성이나 Tension 값을 주지는 않습니다. Base Curve의 형상에 맞추어 Connect Curve가 만들어지기 때문에 이를 잘 선택해야 하며 여러 개의 Connect Curve를 하나의 Curve를 기준으로 만들고자 할 때 유용합니다.

다음과 같이 Base Curve를 사용하려면 우선 Base Curve가 만들어져 있어야 합니다.

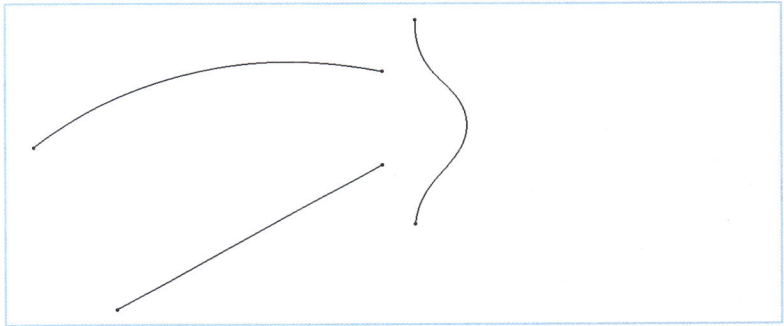

명령을 실행하고 다음과 같이 순서대로 대상을 선택합니다.

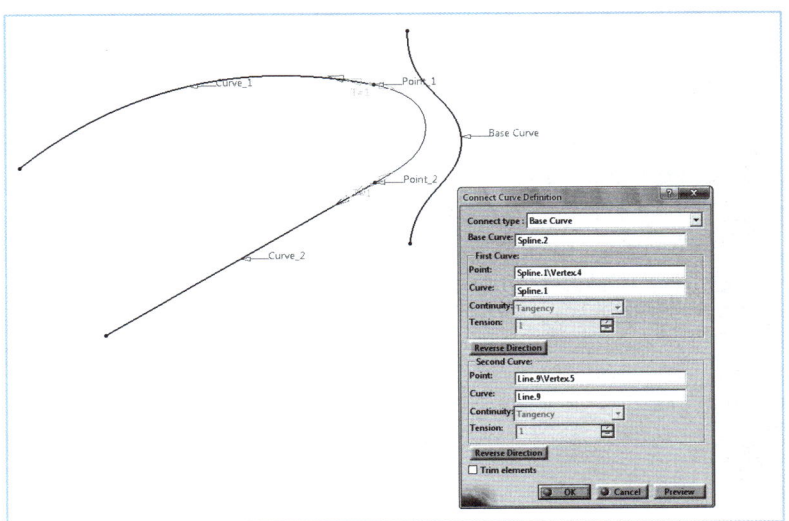

다음과 같이 Base Curve를 이용한 Connect Curve가 만들어 집니다.

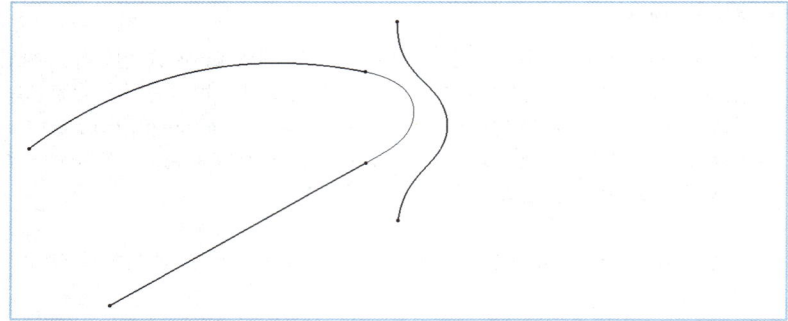

D. Conic

이 명령은 3차원 상에 conic 형상을 만드는 명령으로 다음과 같은 조건 하에서 형상을 정의할 수 있습니다. (Sketcher에서 정의하던 것과 유사한 방법이다.)

> Two points, start and end tangents, and a parameter
> Two points, start and end tangents, and a passing point
> Two points, a tangent intersection point, and a parameter
> Two points, a tangent intersection point, and a passing point
> Four points and a tangent
> Five points

Definition 창의 구조는 다음과 같습니다.

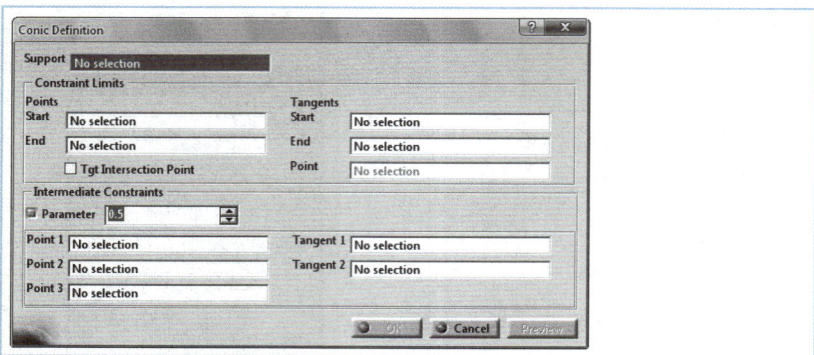

3.6 Curves Sub Toolbar

A. Spline

3차원 상의 Point를 이용하여 Curve를 만드는 명령입니다. 여기서 Point는 실제의 3차원상의 Point 또는 형상의 Vertex 등을 사용할 수 있습니다. (Sketcher에서의 Spline을 생각하면 쉽게 배울 수 있을 것입니다.)

Spline 명령을 실행하면 다음과 같은 Definition 창이 뜨며 여기서 각각의 Point를 수정하거나 관리할 수 있습니다. 앞서 미리 Point 요소들이 정의가 되어 있어야 합니다.

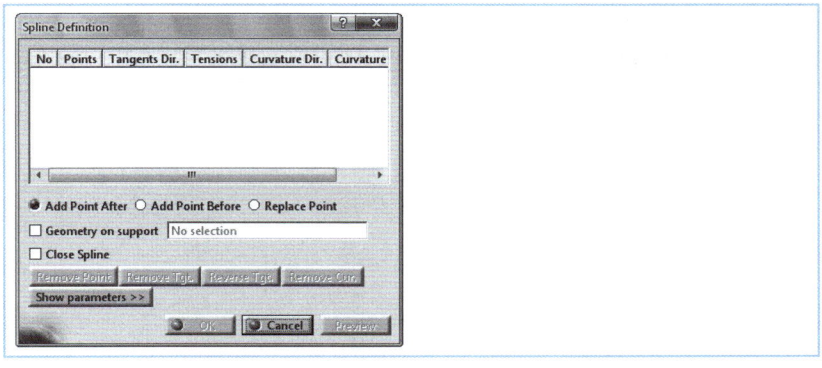

다음과 같이 Spline 명령을 실행하여 순서대로 Point들을 선택해 줍니다.

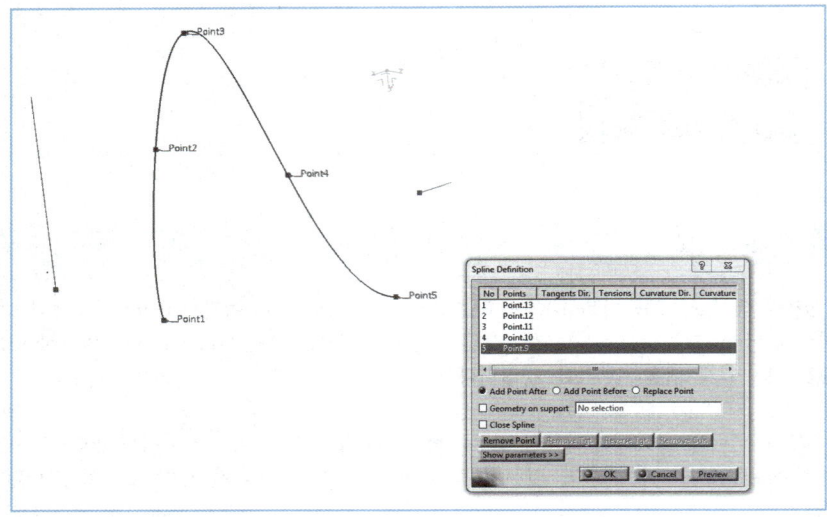

'Close Spline' Option을 체크하면 Spline의 시작점과 끝점을 부드럽게 이어 완전히 닫힌 Spline을 만들 수 있습니다.

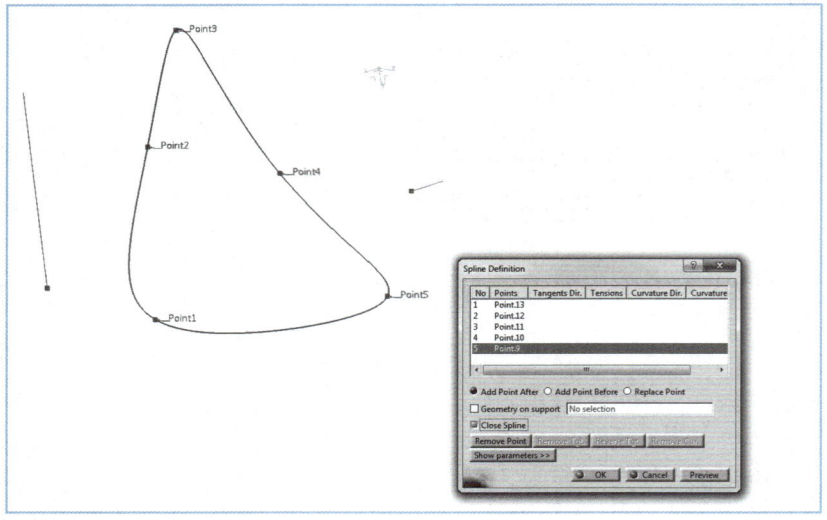

각각의 Point에는 그 지점에서 그 점을 지나는 Curve와 접하는 방향(Tangent Dir.)을 만들어줄 수 있습니다. 아래 그림과 같이 포인트를 선택해 주고 직선을 선택합니다.

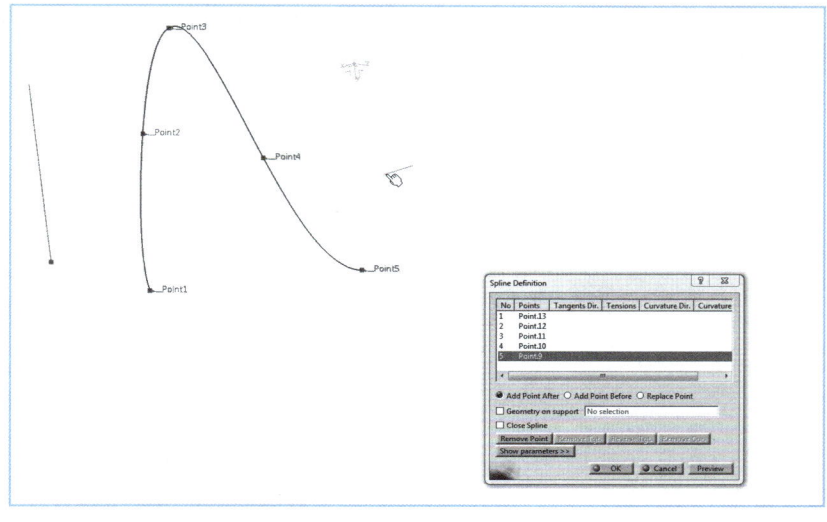

그러면 Definition 창의 그 Point에 Tangent Dir. 이라는 부분으로 입력이 되는 것을 볼 수 있습니다.

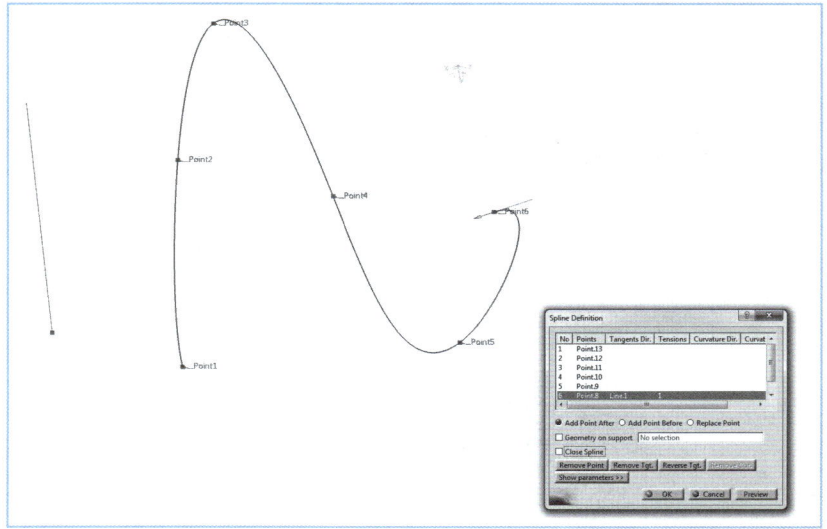

여기서 Tangent 방향을 변경해 주려면 화살표를 클릭하면 됩니다. 또는 Definition 창의 'Reverse tgt. 버튼'을 클릭합니다.

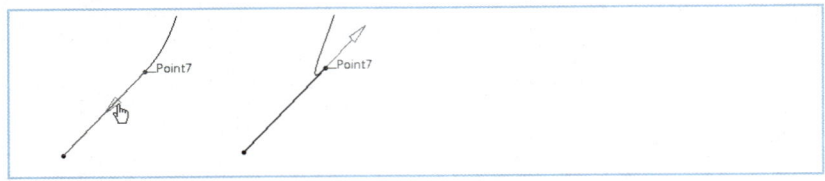

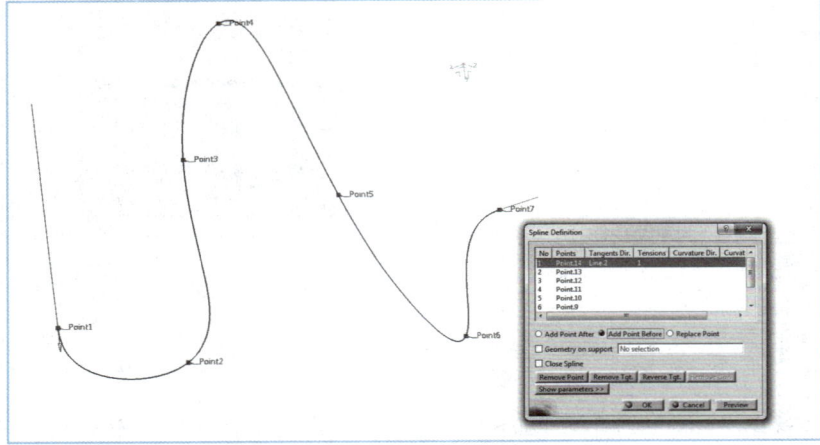

또한 접하는 형상과의 Tension을 조절할 수도 있는데 다음과 같이 하단의 Show Parameters를 클릭하면 Tension 값을 입력할 수 있는 부분을 확인할 수 있습니다.

또한 'Geometry on support' 기능을 사용하여 곡면 위를 지나는 Spline을 만들 수도 있습니다.

B. Helix

용수철과 같이 회전하면서 축을 따라 올라오는 형상을 그리는데 사용하는 명령입니다. 명령을 실행시키면 다음과 같은 Definition 창이 나타납니다.

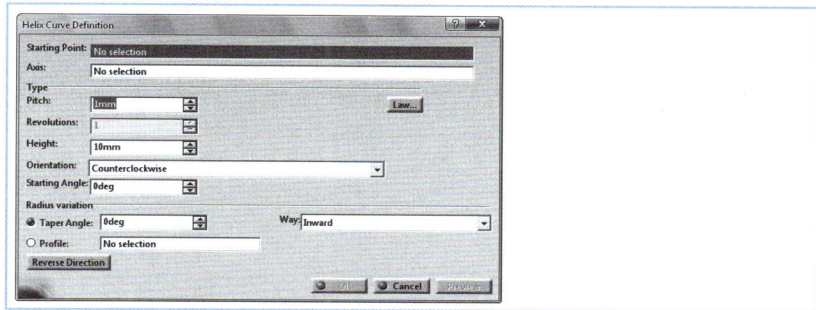

Helix 형상을 만드는데 필요한 요소는 회전의 반경, 즉 지름선상의 점 하나(Starting Point)와 회전축이 되는 Axis입니다. (이 Starting Point에서 Helix가 시작됩니다.) Starting point와 Axis를 선택 하였다면 Helix가 디폴트값으로 미리 보기가 될 것입니다.

그리고 Helix를 실행하여 다음과 같이 선택해 줍니다.

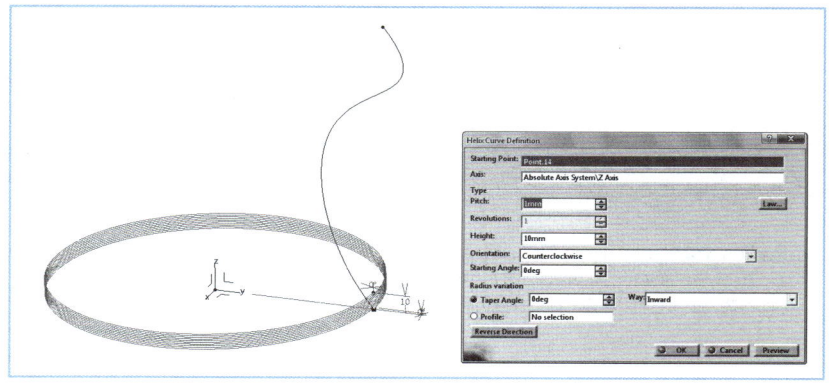

3 ▶ Wireframe Toolbar ◀ 195

☑ **Type** : 이제 다음으로 할 일은 Helix의 Pitch와 전체 높이를 입력해 주는 것입니다. Pitch란 Helix가 한번 회전해서 같은 위치에 올 때까지 올라간 높이입니다.

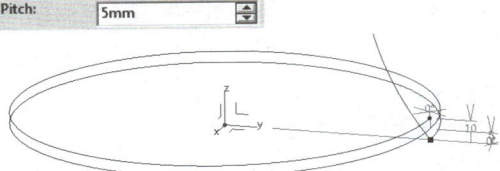

Heigh에서는 전체 Helix 형상의 높이를 정의합니다.

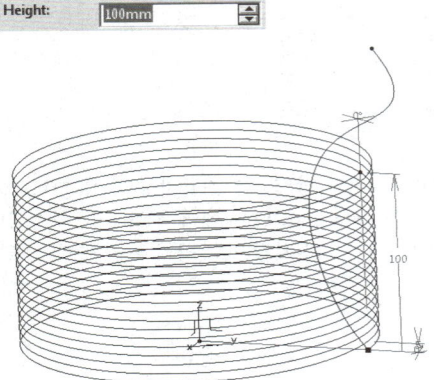

Orientation에서는 Helix의 회전 방향을 잡아 줄 수 있습니다. 시계 방향(Clockwise) 또는 시계 반대 방향(Counterclockwise)으로 할 수 있습니다.

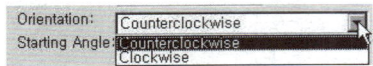

Starting Angle은 Starting Point에서 입력한 각도만큼 떨어져 시작 위치를 잡을 수 있는 Option입니다.

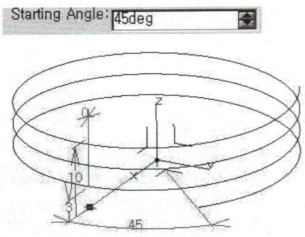

☑ **Radius variation** : Taper angle을 사용하면 Helix를 수직이 아닌 경사각을 주어 만들어 줄 수 있습니다. Inward로 way를 정하면 안쪽으로 기울어진 Helix가 만들어지고 Outward로 하면 바깥 방향으로 기울어진 Helix가 만들어 집니다.

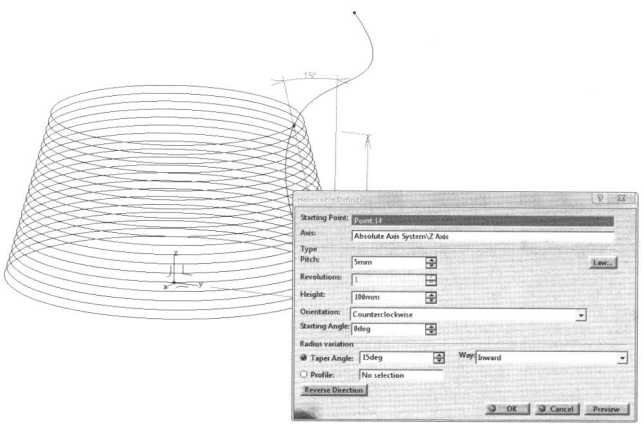

Profile은 우리가 Helix가 만들어지는 옆 실루엣 모양을 그려주고 이 Profile을 따라 Helix가 만들어지게 하는 방법입니다. 이 Profile의 끝 점은 반드시 Starting point를 지나야 한다는 것을 명심해야 합니다.

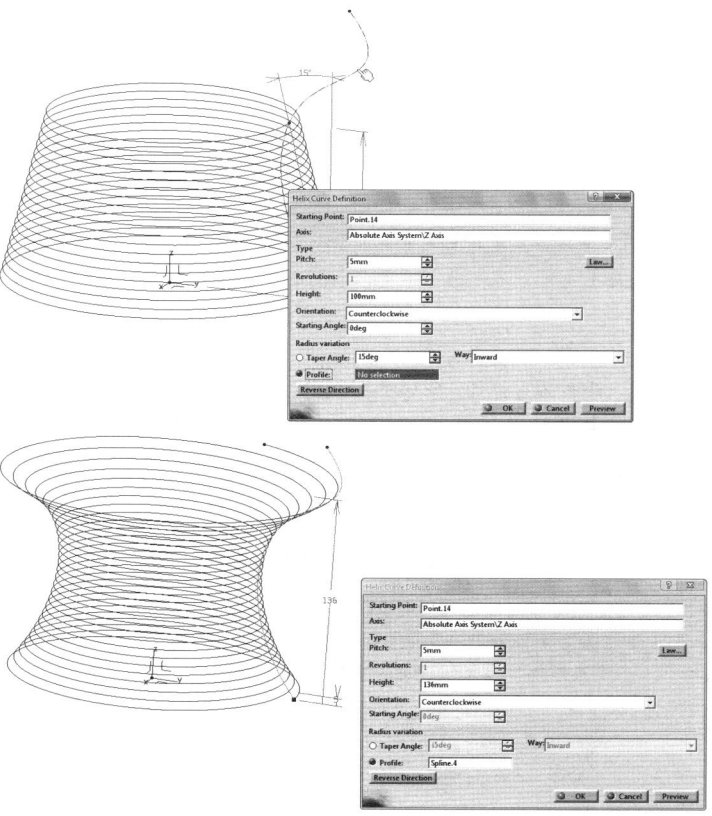

C. Spiral

시계태엽에 사용하는 스프링처럼 기준면을 중심으로 반경 방향으로 회전하면서 반경이 커지는 형상을 그리는 명령입니다. 명령을 실행시키면 다음과 같은 Definition 창이 나타납니다.

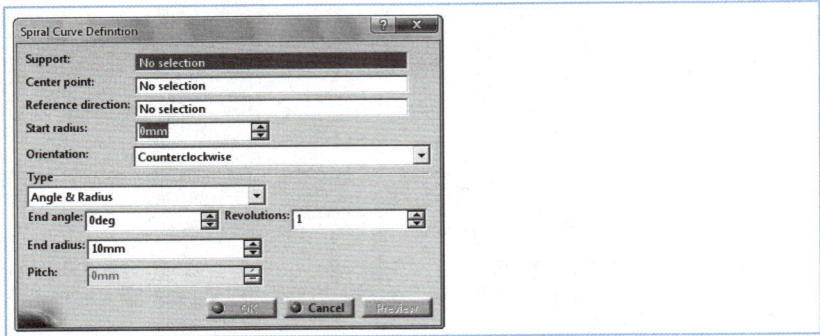

하나의 새로운 Part도큐먼트를 실행합니다.

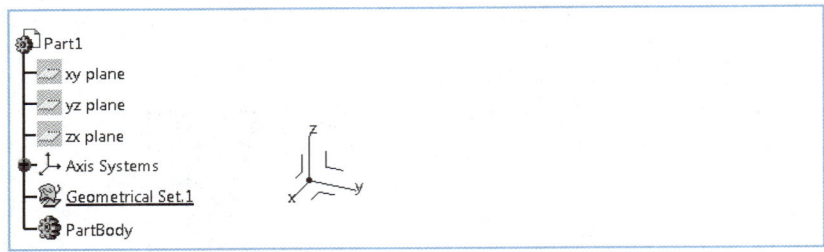

Spiral을 만들기 위해 가장 먼저 입력해 주어야 할 값은 기준면(Support)과 중심점(Center point) 그리고 기준 방향(Reference Direction)입니다. 이 3 가지 값이 입력되면 디폴트값으로 미리 보기가 됩니다.

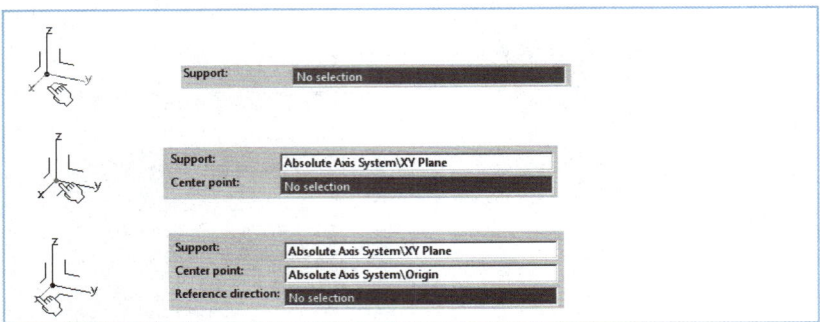

Start radius는 Spiral의 시작 위치에서의 반경 값입니다. 만약 '0'으로 한다면 원점에서 시작하게 됩니다.

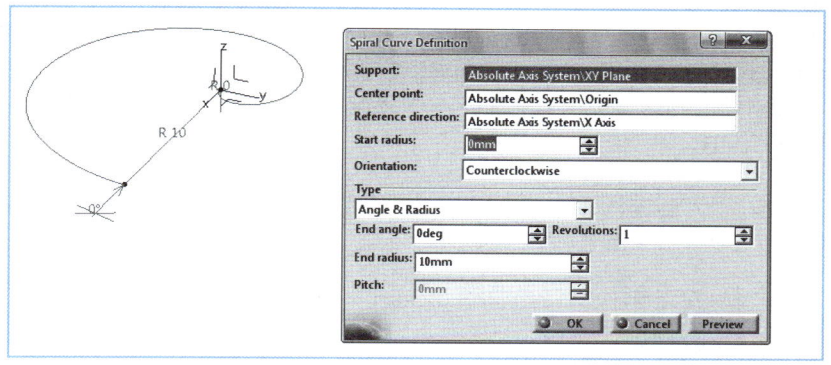

Orientation은 Spiral의 회전 방향입니다.
시계 방향(Clockwise)과 시계 반대 방향(Counterclockwise)이 있습니다.

Type에는 Angle & radius와 Angle & Pitch, Radius & Pitch가 있습니다. 각각의 Type에 따라 입력 값을 다르게 해줍니다. 여기서는 간단히 Angle & radius으로 했을 경우만 설명하도록 하겠습니다. Angle & radius으로 Type을 정하게 되면 끝나는 지점에서의 시작점의 위치에서 벌어진 각도인 End Angle 값과 끝나는 지점의 반경 값인 End radius, 그리고 Spiral의 감기는 수인 Revolutions 값이 있습니다.

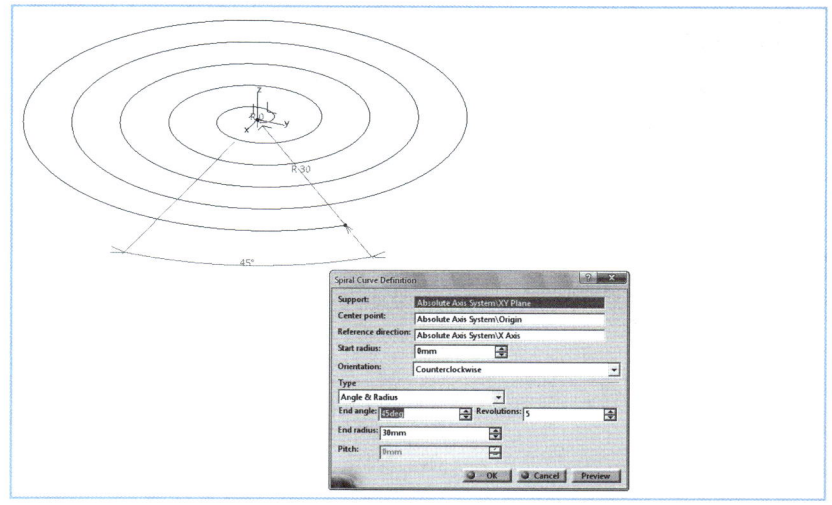

D. Spine

Spine이란 실제 형상을 만드는 명령은 아니고 Guide Curve가 필요한 작업에서 여러 개의 Guide Curve 대신에 하나의 기준선을 사용하여 형상을 만들 때 이 하나의 기준선을 그려주는 명령입니다. Multi-section Surface/Solid나 Sweep등 과 같은 형상을 그려줄 때 사용합니다.(일부 형상 중에는 Spine이 없으면 형상이 정의되지 않는 것도 있으므로 주의 바랍니다.)

Spine을 만드는 방법에는 두 가지가 있는데 각 단면 Profile의 평면들을 지나가는 Spine을 만드는 방법(Section/plane)과 Guide Curve들을 이용하는 방법(Guide)이 있습니다.

Spine 명령을 실행하면 다음과 같은 Definition 창이 나타납니다.

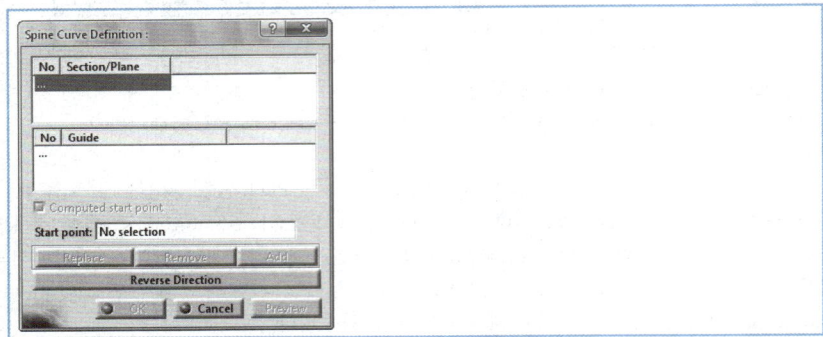

a. Section/Plane

다음과 같이 어떤 형상을 이어가는 Plane들이 있다고 했을 때 이러한 Plane들을 이용하여 Spine을 만들어 줄 수 있습니다.

여기서 Spine을 실행하고 Definition 창에서 Section/Plane 위치에 각 Plane들을 순서대로 선택해 줍니다.

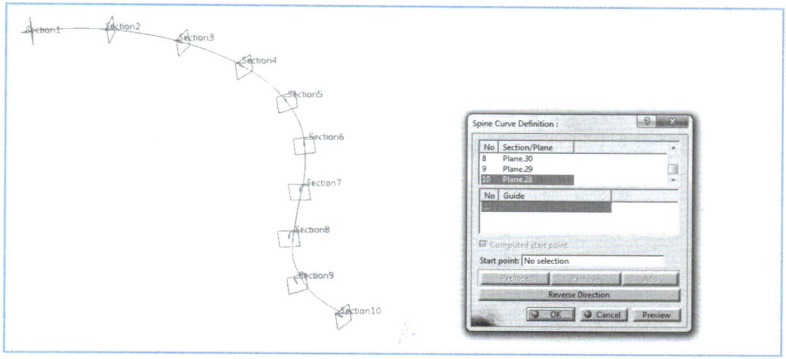

그럼 다음과 같이 평면들의 중심에 수직한 Spine이 만들어 집니다. 혹시나 방향이 잘못 나온다면 Reverse Direction을 눌러보기 바랍니다.

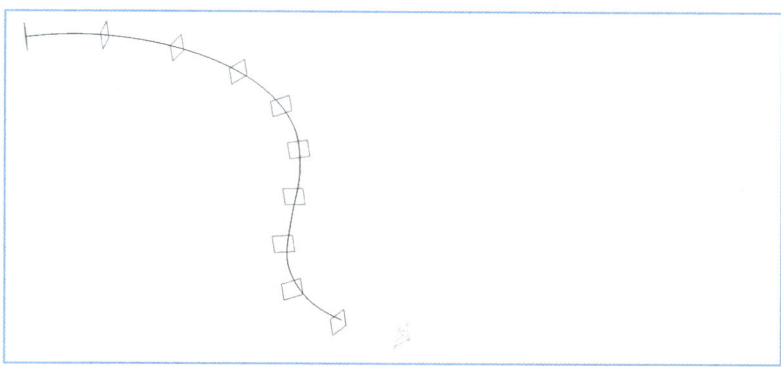

b. Guide

Guide를 이용하는 방식은 Spine Definition 창에서 다음과 같은 Guide Curve들을 선택하여 Spine을 만드는 방식입니다.

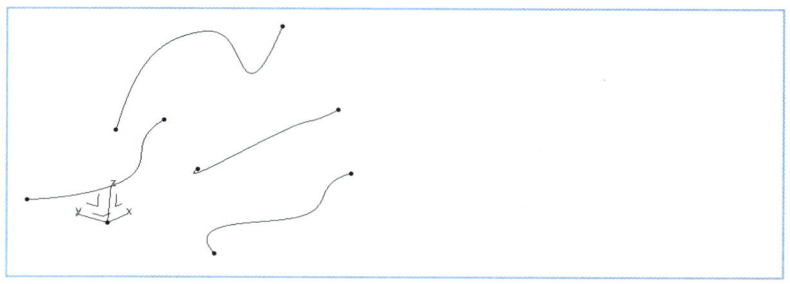

다음과 같이 Spine Curve Definition 창에서 아래의 Guide를 선택하고 앞서 그려진 4 개의 Guides을 선택해 줍니다.

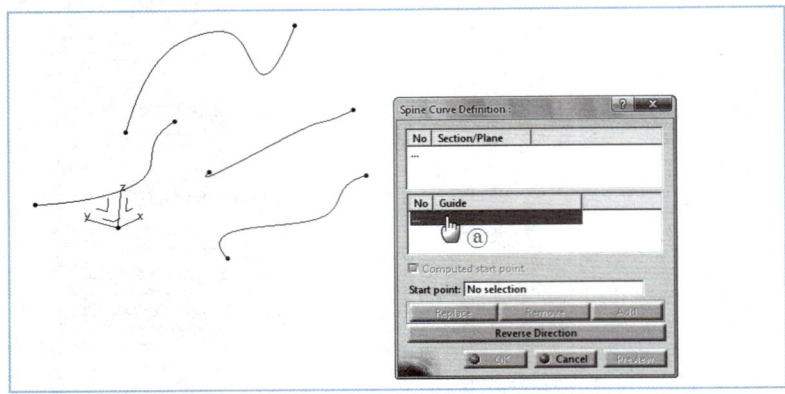

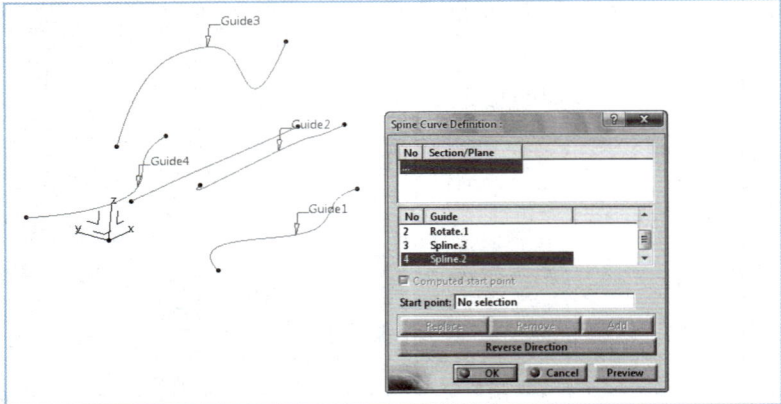

그럼 다음과 같이 3 개의 Guide를 지나는 Spine이 만들어 집니다.

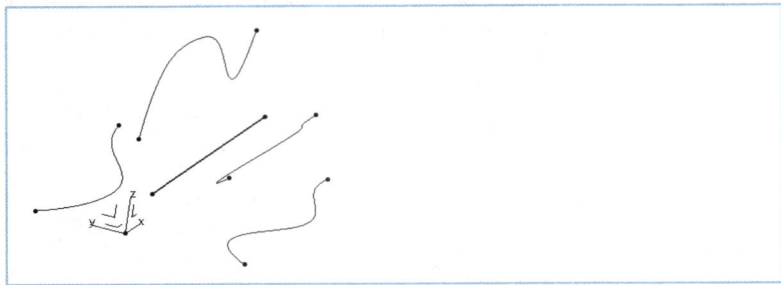

E. Isoparametric Curve

이 명령은 선택한 곡면에 대해서 그 곡면 위를 지나는 Isoparametric Curve를 만들고자 할 경우에 사용합니다.

명령을 실행하면 다음과 같은 Definition 창이 나타납니다.

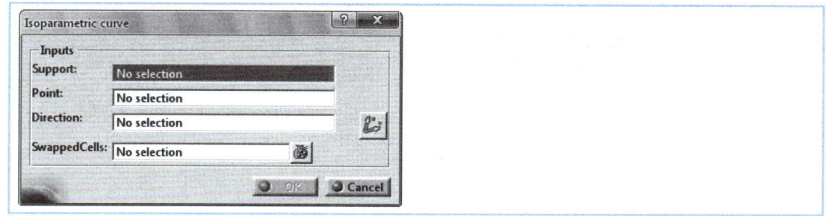

- ☑ **Support** : Curve가 지나갈 곡면을 선택해 줍니다.
- ☑ **Point** : Curve가 위치할 지점을 선택합니다. 미리 Point가 생성되어 있어나 마우스로 임의의 지점을 선택할 수 있습니다.
- ☑ **Direction** : Curve가 만들어질 방향을 선택할 수 있습니다. 따로 방향을 지정하지 않으면 직교하는 두 방향으로 마우스 선택이 가능합니다.

버튼을 클릭하면 Curve의 방향을 U ⇔ V로 변경시킬 수 있습니다.

Isoparametric Curve를 실행하고 곡면을 선택합니다. 그럼 다음과 같이 마우스가 이동하는 지점을 따라 붉은 색으로 Curve가 표시되는 것을 확인할 수 있습니다.

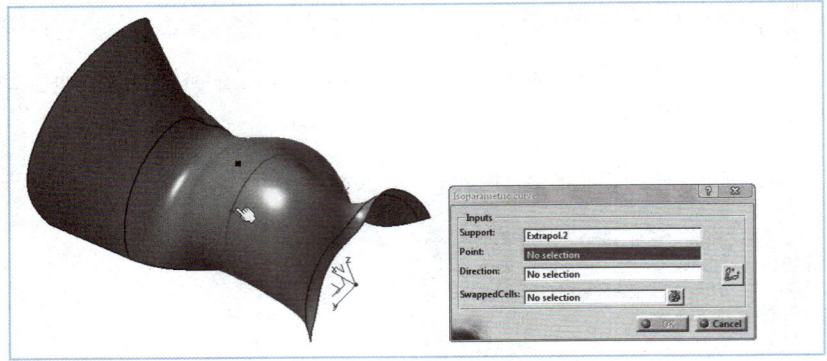

여기서 곡면 위에 있는 Point를 선택합니다.

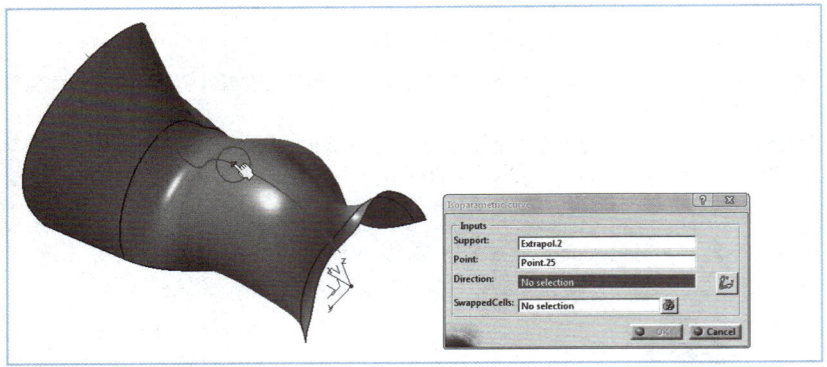

여기서 OK를 누르면 다음과 같이 Curve가 선택한 Point를 기준으로 만들어 진 것을 확인할 수 있습니다.

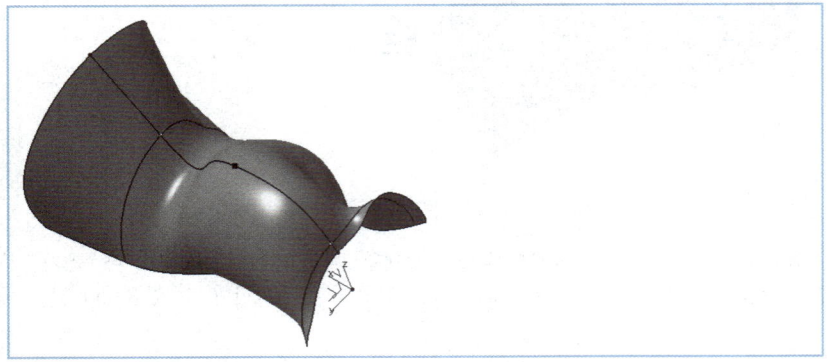

4 Surface

앞서 Wireframe 작업 또는 스케치에서 작업 다음 단계로 Surface를 만드는 Toolbar입니다. 각각의 특성에 따라 많은 응용 부분이 있기 때문에 다소 어려운 명령이 있기도 하지만 기능을 이해하면 손쉽게 Surface 형상을 만들 수 있습니다.

참고로 여기서 만들어지는 곡면형상 요소들을 '종이'라고 생각하시기 바랍니다.

4.1 Extrude-Revolution Sub Toolbar

A. Extrude

Profile에 길이 값을 입력하여 선택한 방향으로 Profile 형상이 직선 방향으로 늘어나는 Surface를 만드는 명령입니다.

명령을 실행시키면 다음과 같은 Definition 창이 나타납니다.

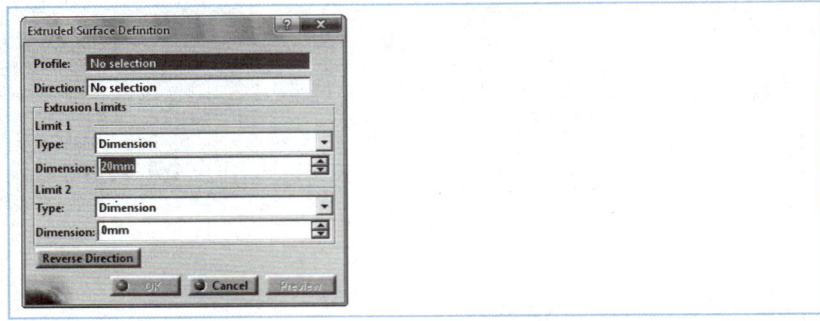

여기서 우선 선택 되어야 할 요소는 Profile이며 Direction은 Profile이 스케치인 경우엔 디폴트로 스케치에 수직인 방향이 됩니다. 그렇지 않은 경우에는 직접 방향 요소를 선택해 주어야 합니다.

➡ 따라하기 01 Step by Step

Step 01 다음과 같이 새로 Part도큐먼트를 실행하여 XY 평면에 지름 100mm짜리 원을 그리도록 합니다.

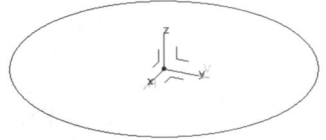

Step 02 다음으로 Extrude 명령을 실행하고 스케치를 Profile에 선택해 줍니다. 그럼 다음과 같이 미리 보기가 출력됩니다. 여기서 원하는 치수를 입력하고 OK를 눌러줍니다.

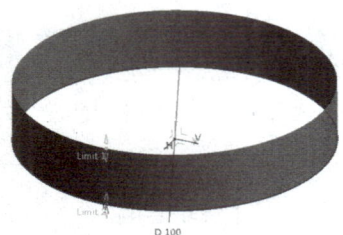
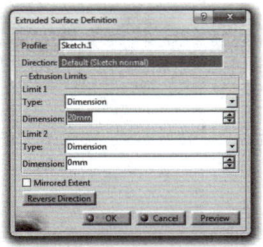

Step 03 프로파일 방향에 대해서 양쪽 방향으로 같은 값으로 곡면을 늘려주고자 할 경우에는 'Mirrored Extent'를 눌러줍니다.(Release 20부터 지원됩니다.)

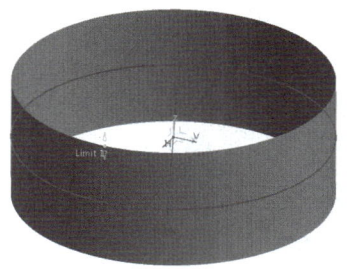
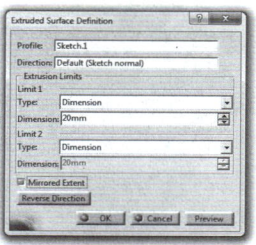

Step 04 Sketch가 Profile이 아닌 경우에는 Direction을 지정해 주어야 합니다.(Sketch를 Profile로 하는 경우에는 따로 Direction을 지정하지 않아도 스케치 형상의 기준이 되는 Plane 요소가 방향 성문으로 작용합니다.) 또는 Sketch 형상을 임의의 직선 방향으로 Extrude하고자 할 경우에는 다음과 같이 Direction을 선택해 주도록 합니다. Extrude의 방향은 임의적인 직선 방향이면 축 요소나 선이나 모서리 모두 가능하다.

Step 05 다음과 같이 앞서 스케치한 Part도큐먼트에 이번에는 ZY 평면으로 스케치 들어가 원점에서부터 45도 기울어진 직선을 스케치 하도록 합니다. 그리고 다시 Extrude를 실행하여 다음과 같은 순서로 대상을 선택해 줍니다. 그럼 Profile의 곡면 생성 방향이 변경되는 것을 확인할 수 있습니다.

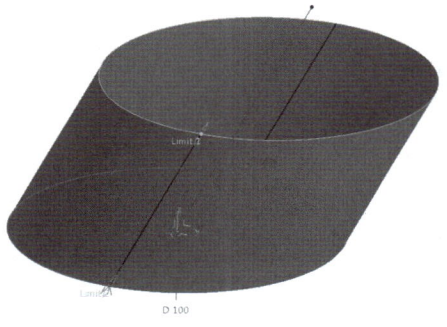
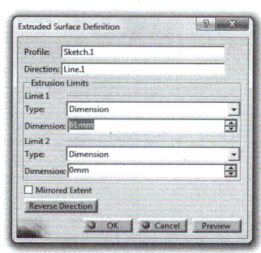

Step 06 또한 Extrude는 Profile에 대해서 두 가지 방향으로 길이를 부여할 수 있으며 각각 다른 값을 입력할 수 있습니다. Type을 Dimension이 아닌 'Up-to element'를 사용하면 다른 Surface 면이나 평면 등을 기준으로 Extrude 할 수 있습니다.

CATIA Surface의 정석

> Step 07 아래 그림과 같이 임의의 곡면을 만든 후 해당 곡면까지 Extrude를 수행해 보기 바랍니다.

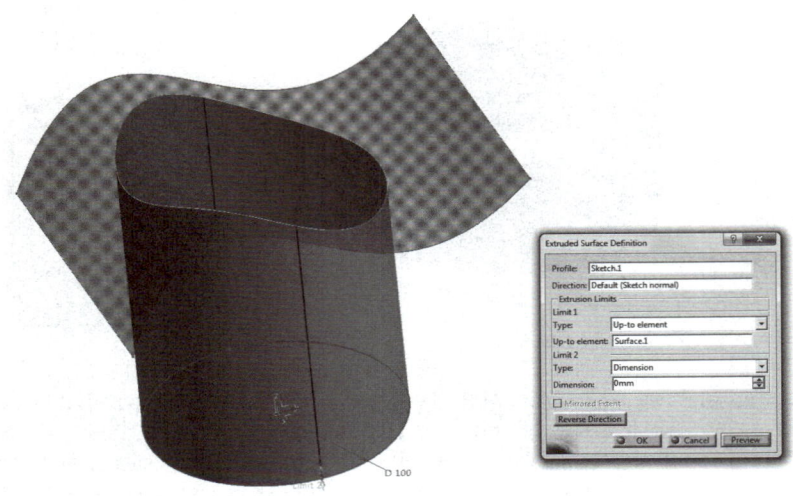

참고로 Point(Point) 요소를 Extrude하면 직선이 만들어집니다.

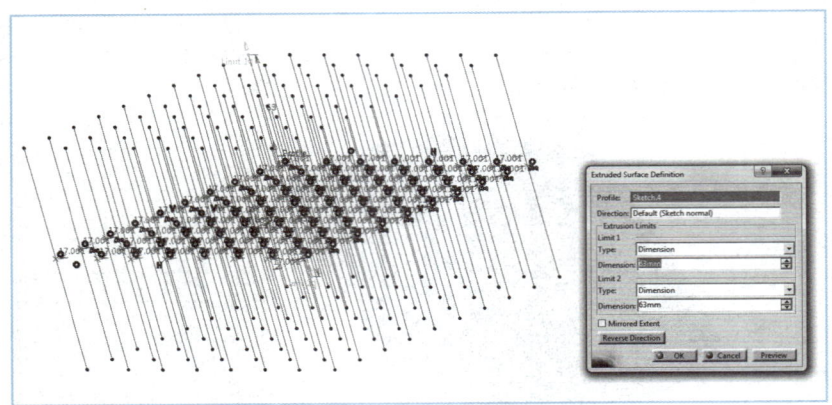

▶ Chapter 2 Generative Shape Design

B. Revolve

  Profile을 회전축을 중심으로 회전하여 Surface 형상을 만드는 명령입니다. Profile과 Revolution Axis를 먼저 선택해 줍니다. 다음으로 각도를 입력하여 완전한 회전체(360도) 또는 일부 각도를 가지는 형상을 만들 수 있습니다.

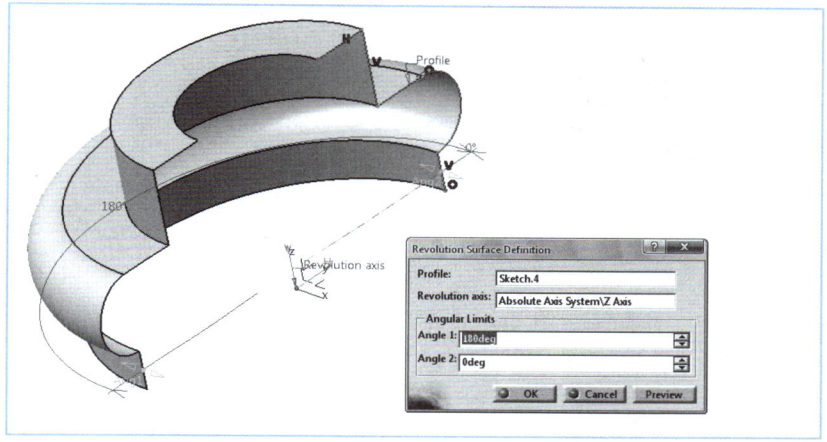

C. Sphere

  구를 만드는 명령으로 구의 중심점(Center)를 먼저 선택해 줍니다. Sphere Axis는 굳이 선택을 해주지 않아도 디폴트로 알맞은 값을 찾아 줍니다.

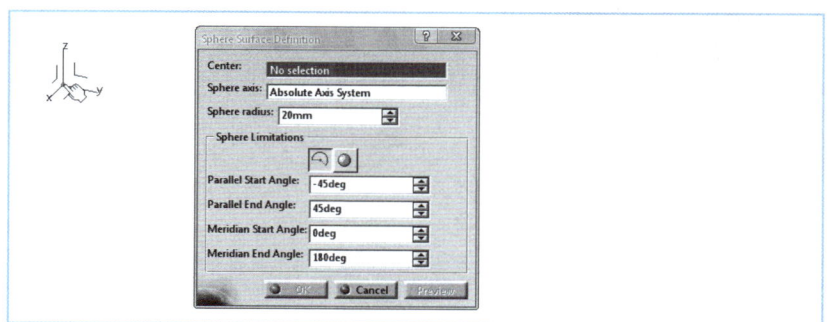

  다음으로 선택해줄 값은 Sphere radius로 구의 반지름 값입니다. 적절한 반경 값을 입력해 줍니다.

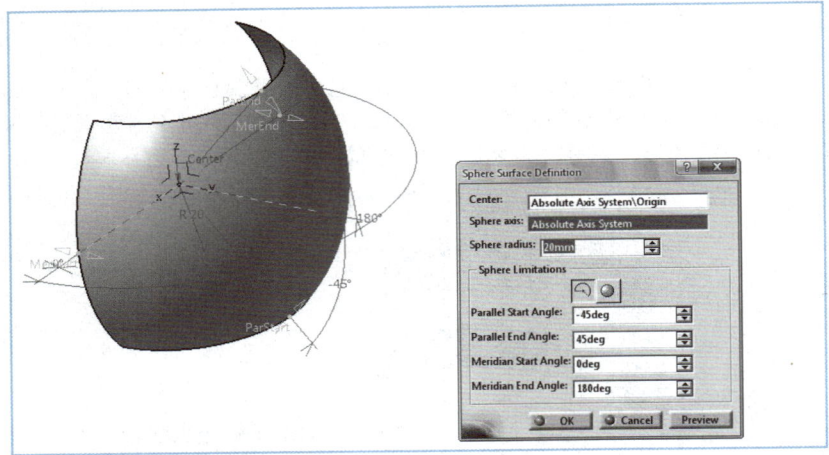

Sphere Limitation에서는 구의 각을 조절하여 완전한 구 또는 일부만을 만 들 수 있습니다. 완전한 구를 만들고자 한다면 ◉을 선택하면 됩니다.

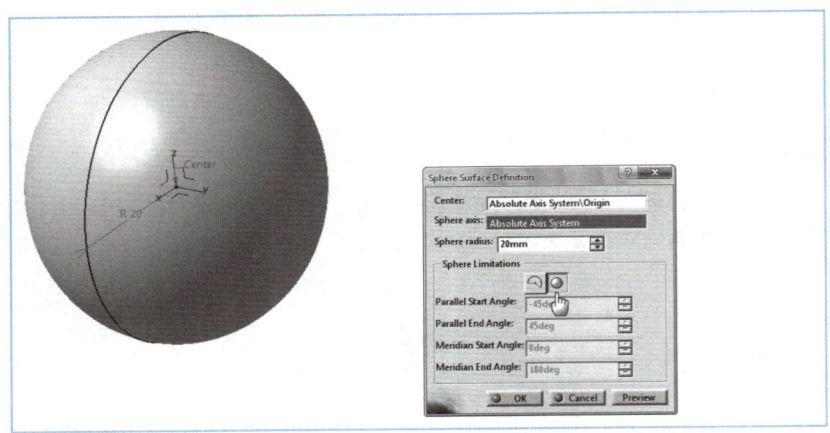

D. Cylinder

손쉽게 원통 형상을 만드는 명령으로 중심점(Point)과 방향(Direction)을 선택한 후 반지름(Radius)을 입력하여 원통 형상을 만듭니다.

간단한 예를 위해 빈 Part에 Cylinder를 실행하고 Point에는 원점을, Direction에는 Z축을 선택합니다. 그리고 Radius 값을 입력합니다.

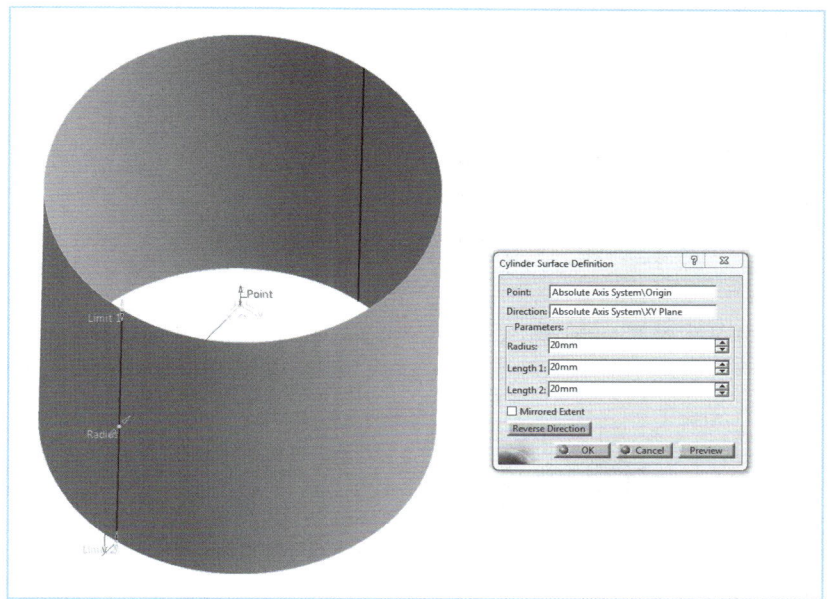

'Length 1'과 'Length 2'를 입력하여 원통의 길이를 조절합니다.

4.2 OffsetVar Sub Toolbar

A. Offset

Surface를 일정한 거리를 띄워 새로운 Surface를 만드는 명령입니다. 명령을 실행시키면 다음과 같은 Definition 창이 나타납니다.

Offset 하고자 하는 Surface를 선택하고 Offset 수치 값을 입력합니다.

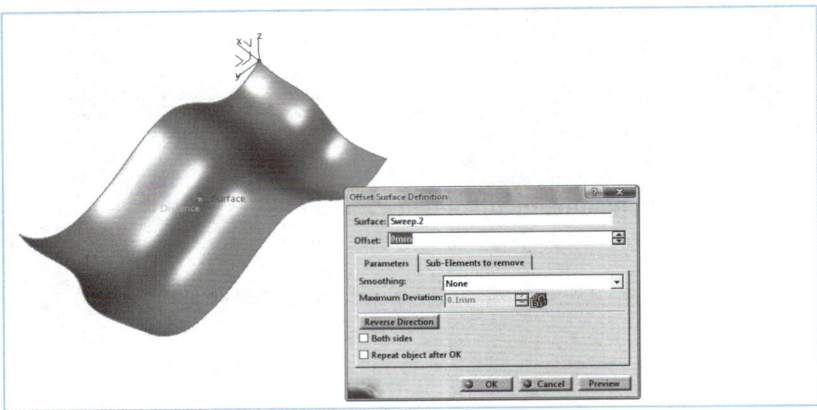

Offset은 형상에 나타나는 붉은색 화살표 방향대로 곡면이 만들어지며 이 화살표를 클릭하거나 Definition 창에서 Reverse Direction을 이용하여 Offset되는 방향을 바꿀 수 있습니다.

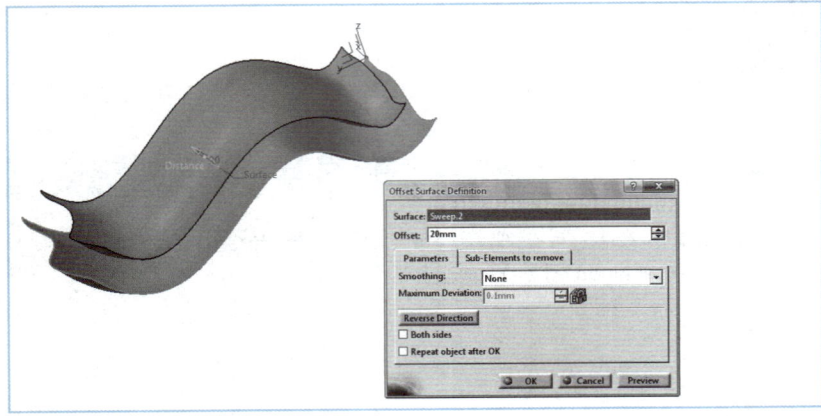

'Both sides'를 체크하면 Surface를 기준으로 양쪽 방향으로 Offset 시킬 수 있습니다.

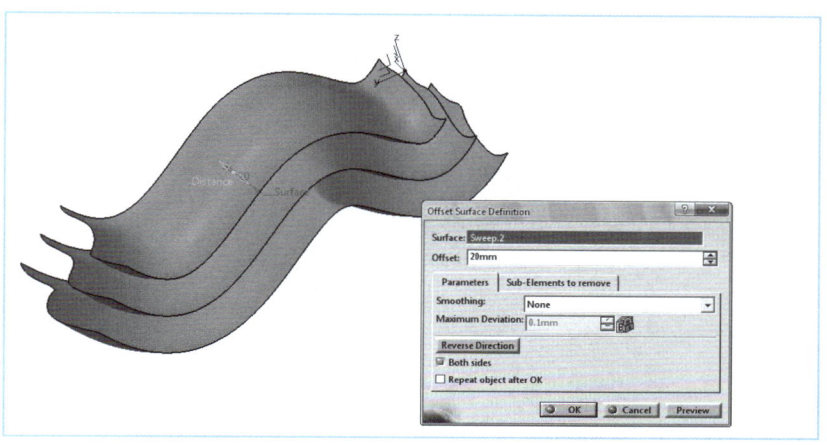

B. Variable Offset

이 명령은 Offset을 여러 개의 Sub Element로 이루어진 Surface에 대해서 일정한 값으로 동일하게 Offset 하는 것이 아닌 Sub Element(Domain 서피스) 마다 Offset 값이 변화하는 Offset을 수행하는 명령입니다. Variable Offset을 사용하려면 선택한 Surface 요소는 여러 개의 Sub Element로 나뉘어져 있어야 합니다.(특별한 경우가 아니고는 사용하기가 조금 까다로운 명령입니다.) 즉, 다음과 같은 하나의 Domain으로 이루어진 Surface는 Variable Offset을 사용할 수 없습니다.

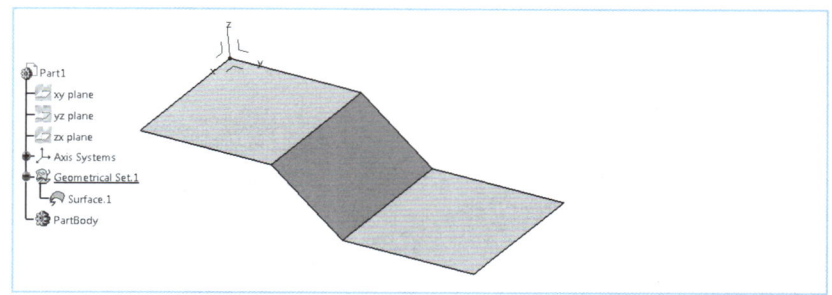

예제 파일을 준비합니다. 각 서피스가 어떠한 형상을 가지고 있는지 잘 살펴보기 바랍니다. 여기서 'Globalsurf'는 전체 형상을 모두 가진 서피스이고 나머지 3개의 서피스는 각각의 부분적인 형상을 나타내는 Domain 서피스입니다.

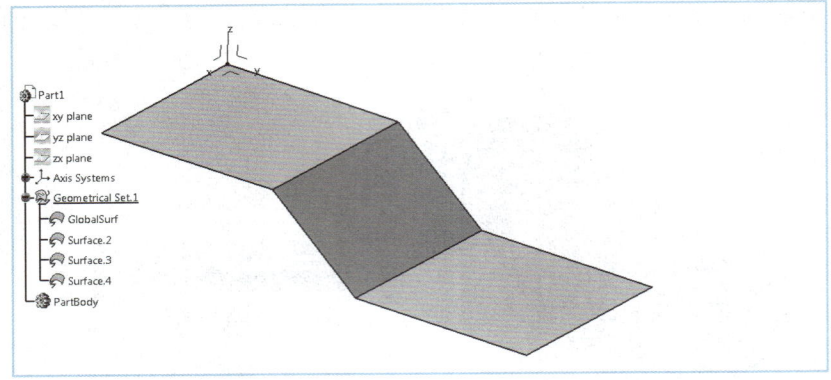

Variable Offset을 실행시키면 다음과 같은 Definition 창이 나타납니다.

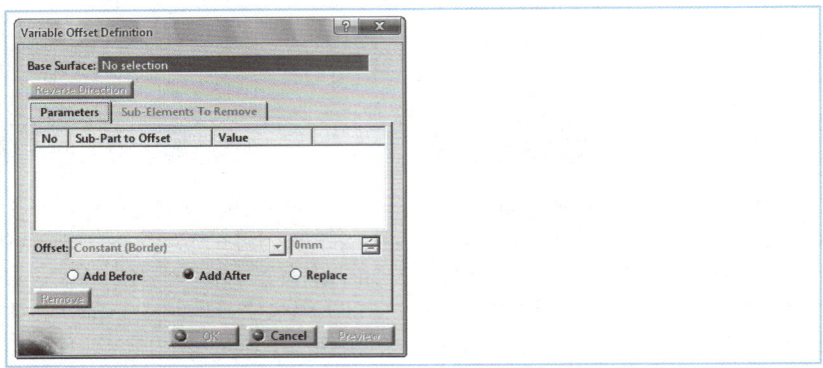

☑ **Global Surface** : 전체 Surface 형상을 선택해 줍니다. 앞서 언급하였듯 여러 개의 조각으로 이루어진 Surface를 선택해야 합니다.

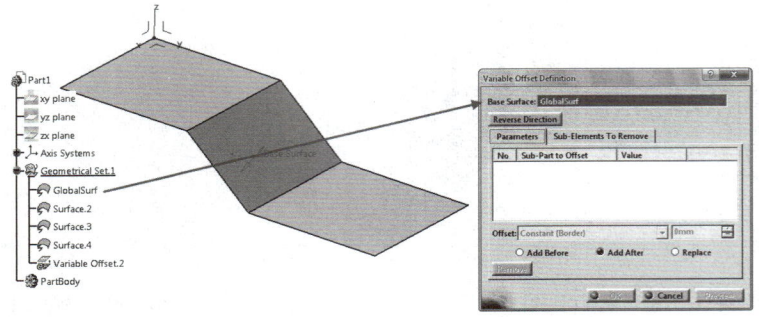

☑ **Sub-Partto Offset** : 여기서는 위의 Global Surface를 구성하는 Sub Element를 차례대로 선택해 줍니다.

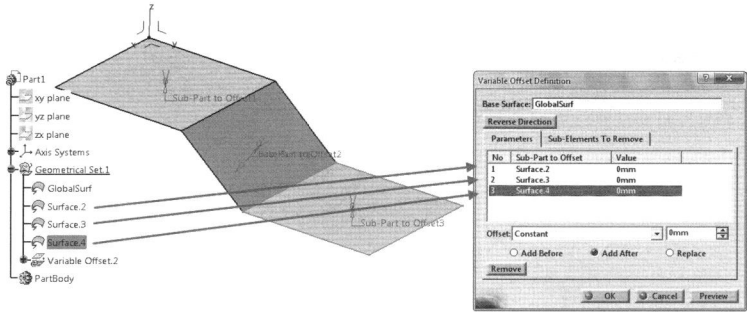

여기서 각 Sub Element에 Offset 값을 입력해 줍니다.

No	Sub-Part to Offset	Value
1	Surface.2	10mm
2	Surface.3	5mm
3	Surface.4	-10mm

그 결과는 다음과 같습니다.

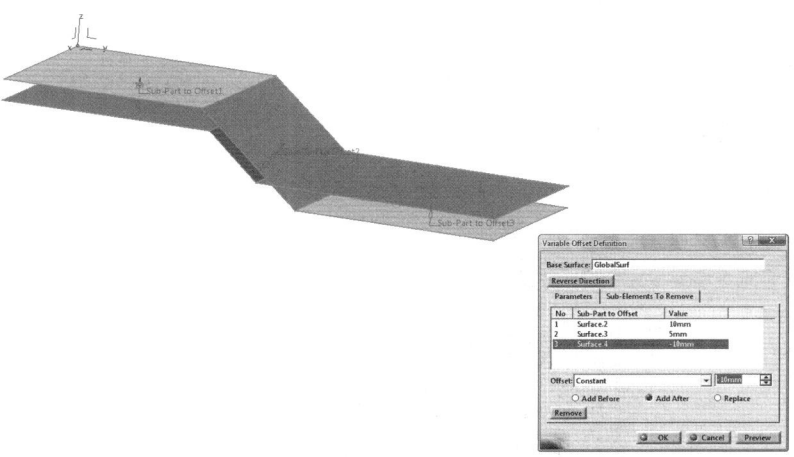

만약에 Offset 값을 Constant에서 Variable로 변경하게 되면 다음과 같은 결과를 확인할 수 있습니다. 가운데 서피스의 경우 양쪽 서피스의 Offset 값에 절충하여 형상이 변경됩니다.

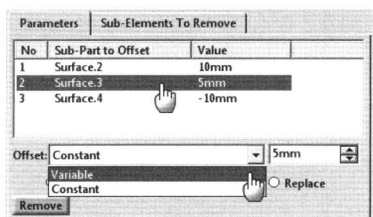

CATIA Surface의 정석

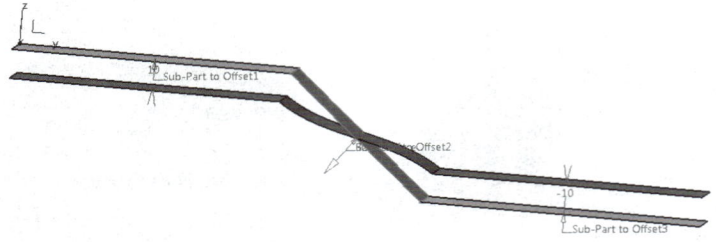

C. Rough Offset

  Rough Offset은 원래의 Surface의 특성만을 유지한 채 일정한 간격으로 Offset 하는 명령입니다. 일반적인 Offset과 다른 점은 일단 Deviation 값이 1mm에서부터 시작하는 것입니다. 편차를 1mm 이상 줄 수 있다는 것은 그만큼 실제 형상에서 Offset한 형상이 차이가 날 수 있으나 그만큼 더 넓은 범위까지 Offset을 만들어 낼 수 있게 됩니다. 복합한 형상의 Domain들을 단순화 시킬 수 있는 장점이 있습니다.

▶ 따라하기   Step by Step

Step 01 예제 파일을 준비합니다.

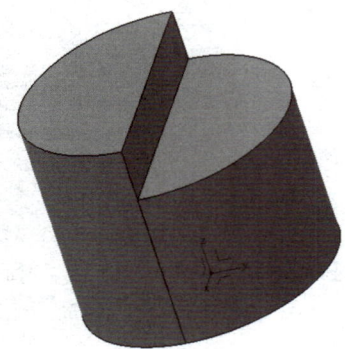

Step 02 Rough Offset을 실행 시키고 Surface를 선택해 주고 Offset 하고자 하는 값을 입력해 줍니다.

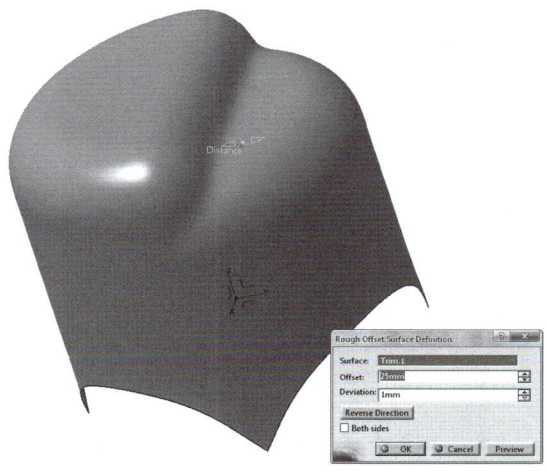

Step 03 미리 보기나 OK를 하면 다음과 같이 Computing하는 것을 확인할 수 있습니다.

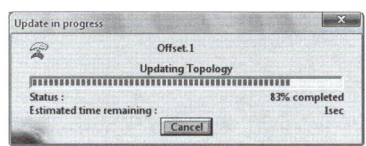

Step 04 다음과 같이 다소 거칠게 Offset 된 형상을 볼 수 있습니다. 그리고 하나의 Domain으로 서피스가 만들어진 것을 확인할 수 있습니다.

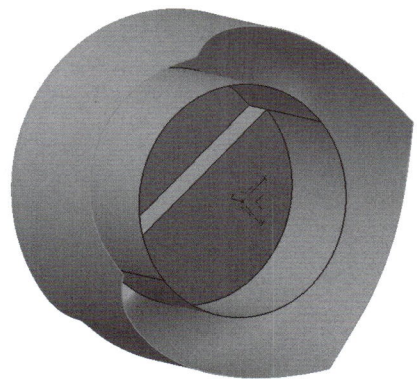

Step 05 Deviation은 1mm부터 줄 수 있습니다.

4.3 Sweeps Sub Toolbar

A. Sweep

GSD 워크벤치의 Surface 생성 명령 중에 가장 많은 Type을 가지고 있으며 사람들이 가장 어렵게 생각하는 명령이 바로 Sweep입니다. 그러나 그 만큼 표현할 수 있는 형상 또한 많기 때문에 중요한 명령입니다. GSD에서 Sweep을 사용할 줄 모른다면 Surface 모델링 쪽에서 형상 구현에 제약이 많이 따른다.

Sweep에는 Profile에 따라 다음과 같은 4 개의 Type을 가지고 있습니다. 이 중에 한 개만이 Explicit Type이고 나머지 3 개는 형상이 이미 정의된 Implicit Type입니다. 그리고 이러한 Profile Type은 각각 Subtype을 가지고 있어 그 안에서 또 다시 여러 가지 방식으로 표현할 수 있습니다.

a. Explicit

한 개 또는 두 개의 Guide를 따라 Profile이 지나가면서 Surface를 형상을 만들 때 사용합니다. Explicit 이라는 말에서 알 수 있듯이 Profile 형상을 임의로 그릴 수 있습니다. Explicit의 Subtype은 다음과 같습니다.

① With reference Surface

Sweep에서 가장 기본적이면서 많이 사용하는 Type입니다. 하나의 Profile과 Guide Curve를 사용하여 Guide Curve를 따라 Profile 형상이 지나가면서 Surface를 만듭니다. 이 Type으로 형상을 만들기 위해서는 앞서 설명대로 Profile과 Guide Curve를 선택해 주면 됩니다. 예제 파일을 준비합니다.

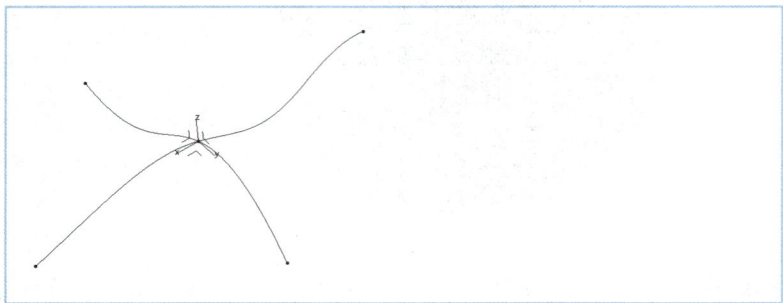

Profile 형상과 Guide curve 형상을 순서대로 선택해 줍니다.

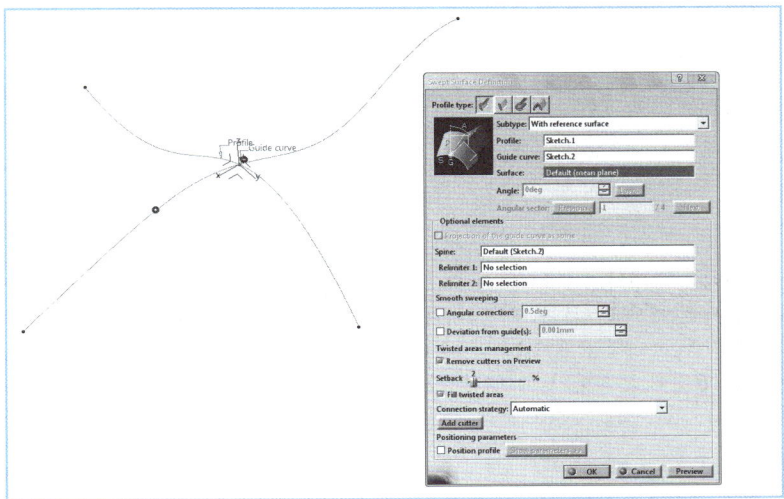

미리 보기해보면 다음과 같은 결과를 확인할 수 있습니다.

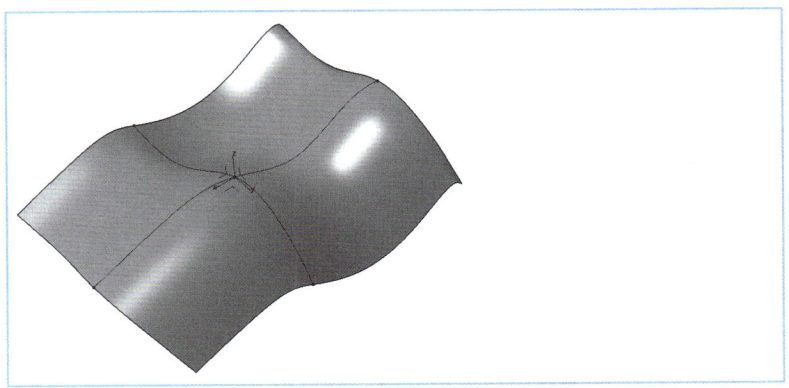

Surface는 부수적인 부분으로 대부분의 경우 사용하지 않습니다. Surface를 선택하지 않는 경우 디폴트로 mean plane을 잡습니다.

② With two guide Curves

Profile과 두 개의 Guide Curve를 사용하여 형상을 만드는 방법입니다. Profile을 선택하고 Guide Curve를 각각 선택해 줍니다.

예제 파일을 준비합니다.

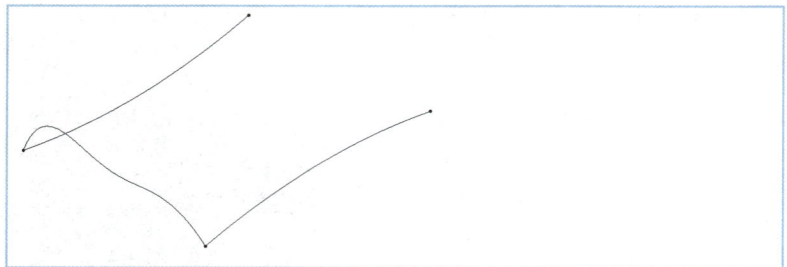

명령을 실행하고 Subtype을 'With two guide curve'로 변경한 후에 다음과 같은 순서로 대상을 입력합니다. 여기서 Anchor Point는 각 Guide Curve의 Profile쪽 끝점(Vertex)를 선택해줍니다. 위의 형상의 경우에는 Profile의 끝점과 Guide Curve 의 끝점이 일치하기 때문에 자동적으로 위치를 잡아 준 것입니다.(Computed)

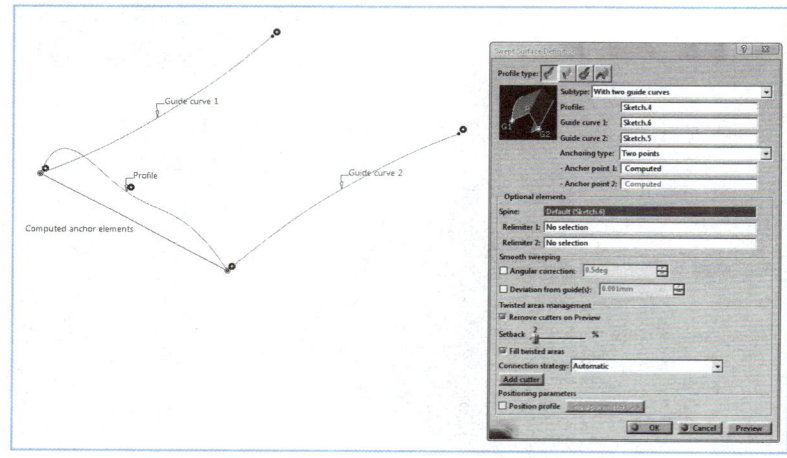

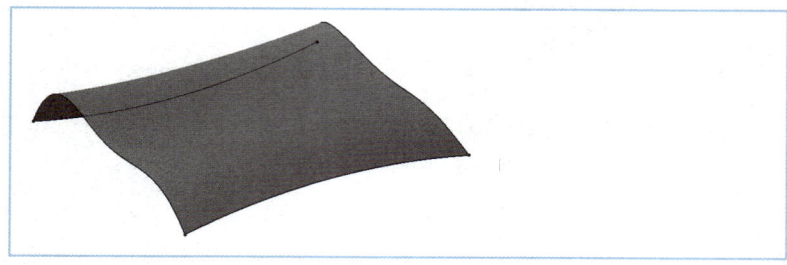

예제 파일을 준비합니다. 그리고 앞서와 같은 방법으로 Sweep을 실행합니다.

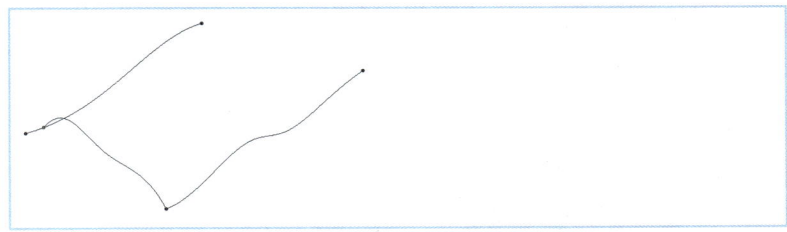

그러나 이 형상의 경우 원하는 값으로 형상이 나온 것 같지 않다는 걸 확인할 수 있습니다.

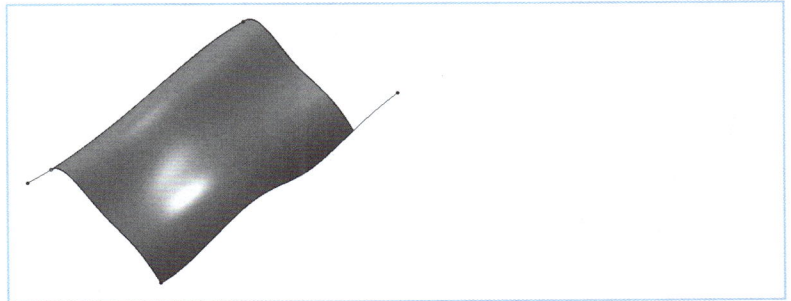

두 개 이상의 Guide Curve를 사용하는 경우 Spine을 필요로 하게 되는데 Spine을 따로 지정해 주지 않으면 Guide Curve 1을 spine으로 인식합니다. 이런 경우 Guide Curve 1에 의해서 Surface 형상이 만들어지기 때문에 Guide Curve 2에 대해서 완전한 표현이 힘들다. 따라서 이런 경우에는 Spine을 만들어 줍니다. 다음과 같이 Spine에서 Contextual Menu(MB3 버튼)를 클릭하여 'Create Spine'을 선택합니다.

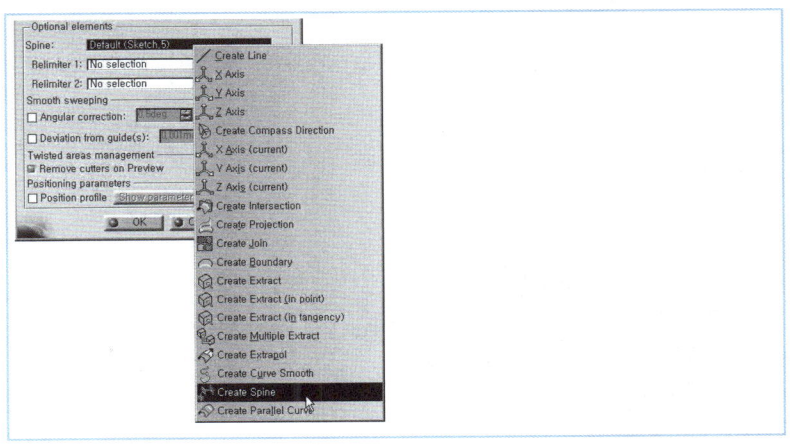

그러면 다음과 같이 Spine Definition 창이 나타납니다. Guide를 이용한 Spine 생성 이므로 아래와 같이 Guide Tab에서 두 개의 Guide를 선택해 줍니다. 두 가이드 Curve에 의한 Spine이 만들어지는 것을 볼 수 있습니다.

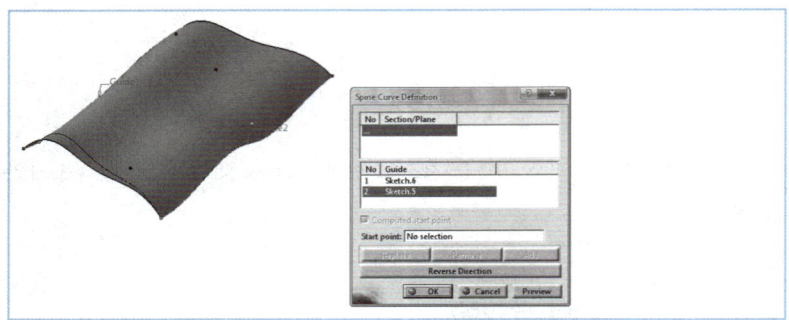

OK를 클릭하면 Sweep Definition 창으로 돌아오게 됩니다. 이제 Spine부분에 Guide Curve 1이 아닌 Spine. 1이 입력된 것을 볼 수 있습니다. 그리고 이제 Sweep 형상이 양쪽 Guide Curve를 모두 완전히 지나가고 있음을 보인다. (Spine 은 이러한 역할을 합니다.)

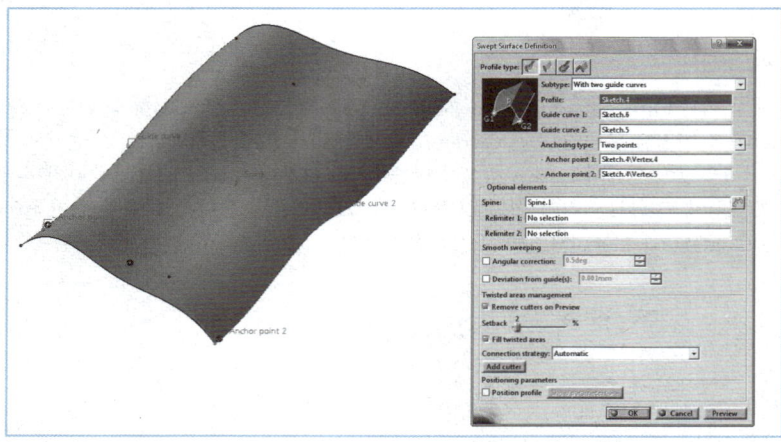

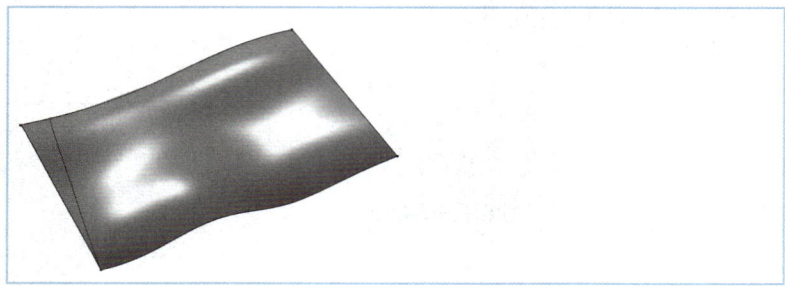

③ With pulling direction

Profile이 Guide Curve를 따라 지나가면서 형상을 만드는 방법은 위의 Reference Surface와 유사하나 Pulling direction을 지정해 각도를 주어 Profile이 Guide Curve를 따라 지나가면서 기울어지는 형상을 만듭니다.
예제 파일을 준비합니다.

Sweep 명령을 실행하고 Subtype을 'With pulling direction'으로 변경해 줍니다. 그리고 Profile과 Guide Curve를 선택하고 다음으로 Direction을 선택해 줍니다.

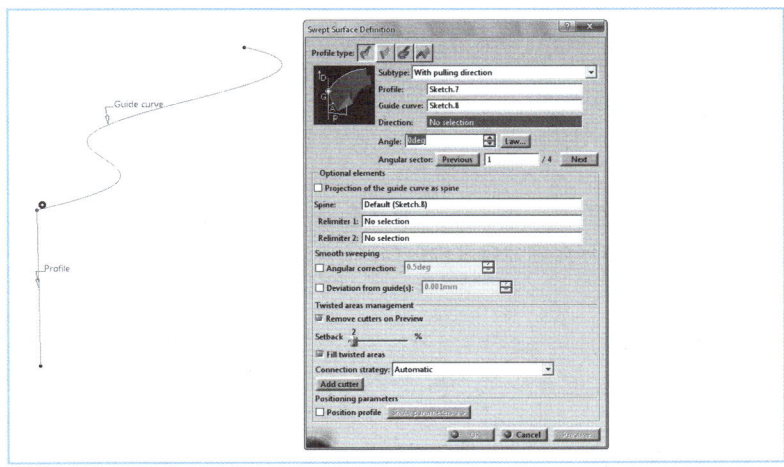

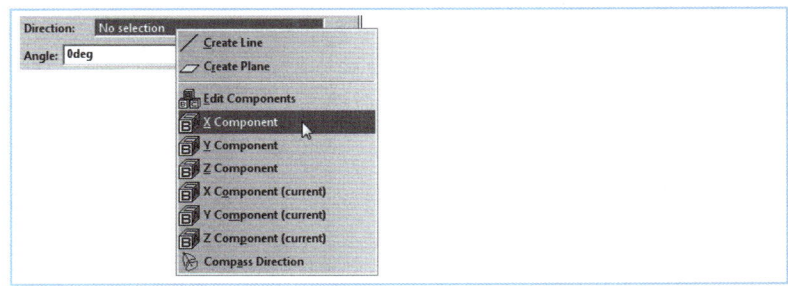

그리고 이 방향에 대한 각도를 입력해 주면 다음과 같이 Sweep 형상이 나타납니다.

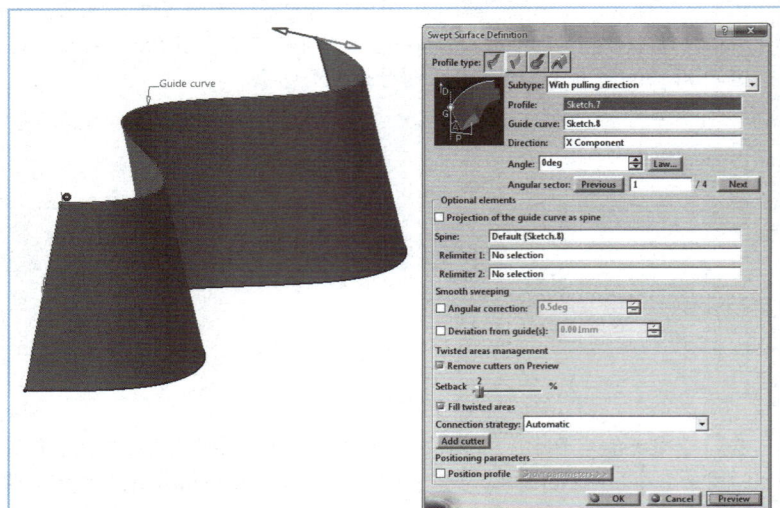

Angular Sector에서 Previous나 Next로 위와 같은 조건으로 만들어질 수 있는 Surface 형상 중에 원하는 것을 선택할 수 있습니다.

b. Implicit Line

Profile의 형태가 Line인 Sweep Surface를 만드는 방법입니다. Implicit형으로 따로 Line형태의 Profile을 그려주지 않고 Guide나 Reference Surface, Direction등에 의해 결정됩니다. Subtype은 다음과 같습니다.

① Two limits

두 개의 Guide Curve를 사용하여 형상을 만드는 방법으로 Guide Curve를 선택합니다.

예제 파일을 준비합니다.

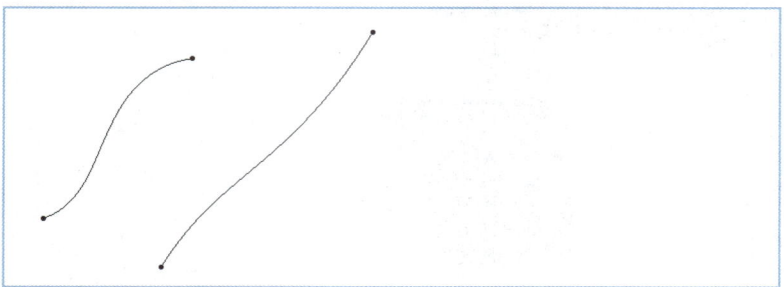

Sweep 명령을 실행하고 Profile Type을 Line으로 바꿔 줍니다.

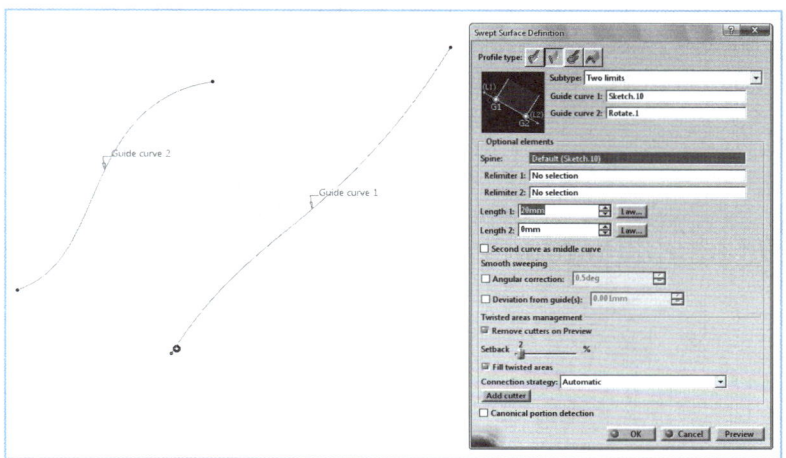

여기서 Guide Curve가 곡선이라서 형상이 바르게 나오지 않는 경우 Spine을 입력해 줍니다.

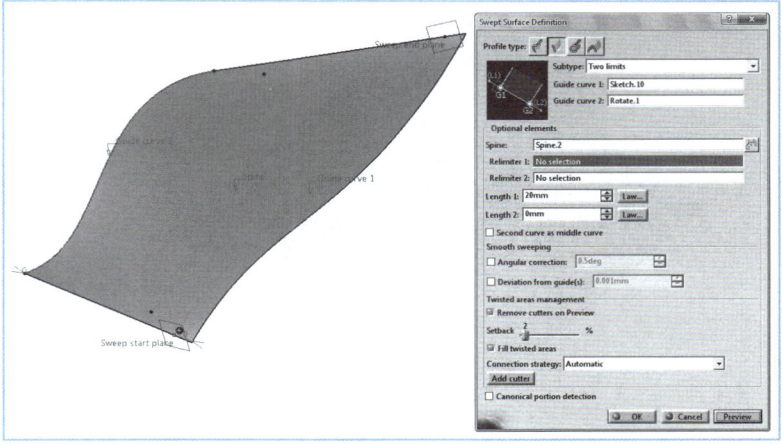

'Length.1'과 'Length.2'은 이 두 Guide Curve 바깥으로의 너비 Profile의 너비를 확장하는 길이입니다. 이 두 값을 입력해 주지 않으면 두 Guide Curve를 따라 그 사이만 형상이 만들어 집니다.

② Limit and middle

두 개의 Guide Curve 중에 하나는 첫 번째 Guide Curve는 경계선 역할을 하고 두 번째 Guide Curve는 중간 위치의 Guide Curve로 인식하여 형상을 만드는 방식입니다. 다음과 같이 두 개의 Guide Curve를 선택해 줍니다.

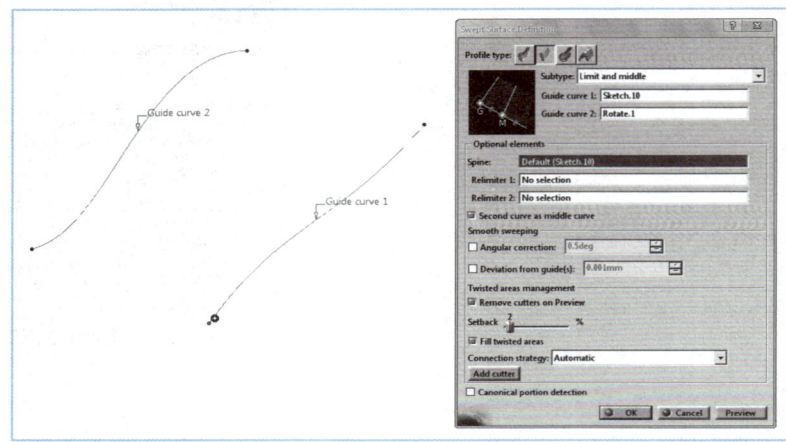

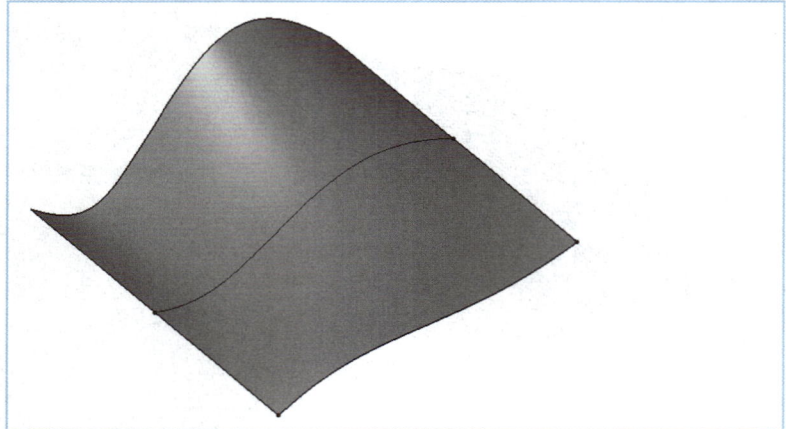

Second Curve as middle Curve를 해제하면 위의 Two limits Type이 됩니다.

③ With reference Surface

Guide Curve 하나와 기준이 되는 Reference Surface를 이용하여 형상을 만드는 방식으로 Reference Surface와 이루는 각도를 입력하여 경사를 줄 수 있습니다.

예제 파일을 준비합니다. 하나의 곡선과 그 곡선 위에 놓인 Curve를 확인할 수 있습니다.

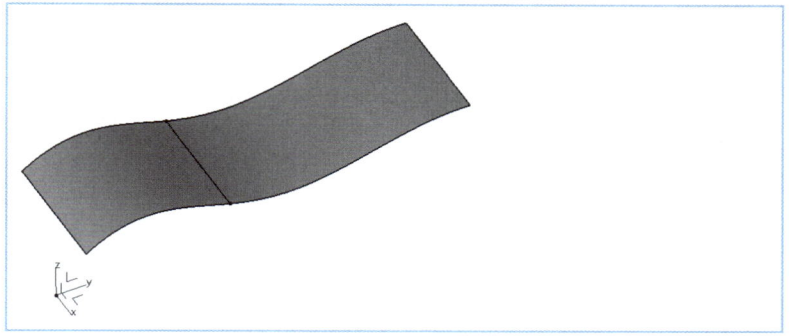

Sweep 명령을 실행하여 Profile Type과 Subtype을 변경 해 주고 대상을 차례대로 선택해 줍니다.

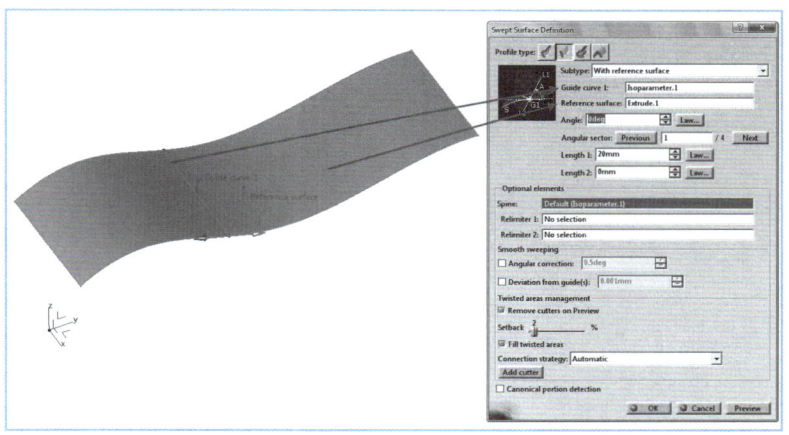

Length 값을 적절히 입력하고 미리 보기 하면 만들어진 결과 형상을 확인할 수 있습니다. Angle 값을 지정하고 Angular sector에서 원하는 위치의 형상을 선택합니다.(Angle은 '0'으로 해도 됩니다. Angle이 0이라는 건 해당 위치에서 곡면에 접하는 곡면이 만들어 진다는 의미가 됩니다. 아래 그림에서는 Angle을 45도로 지정하고 Length 1을 100mm로 지정하였습니다.)

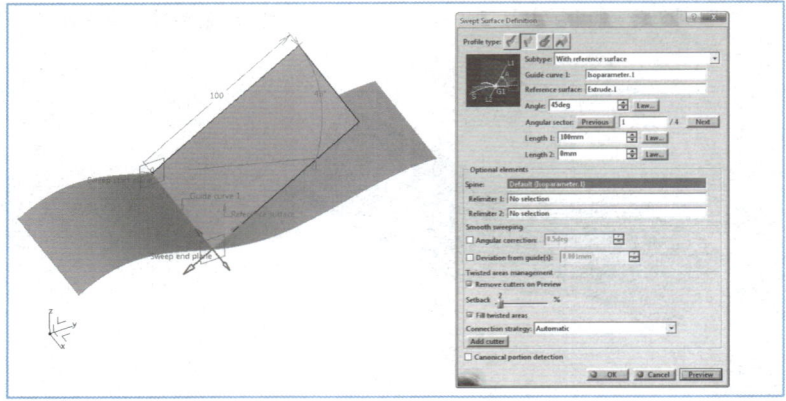

④ With reference Curve

Guide Curve하나와 기준이 되는 Reference Curve를 사용하여 형상을 만드는 방식으로 위의 Reference Surface를 만드는 방식과 유사합니다. 마찬가지로 경사각을 주어 Surface 형상을 만들어 냅니다.

예제 파일을 준비합니다.

Sweep 명령을 실행하여 Profile Type과 Subtype을 변경 해 주고 대상을 차례대로 선택해 줍니다.

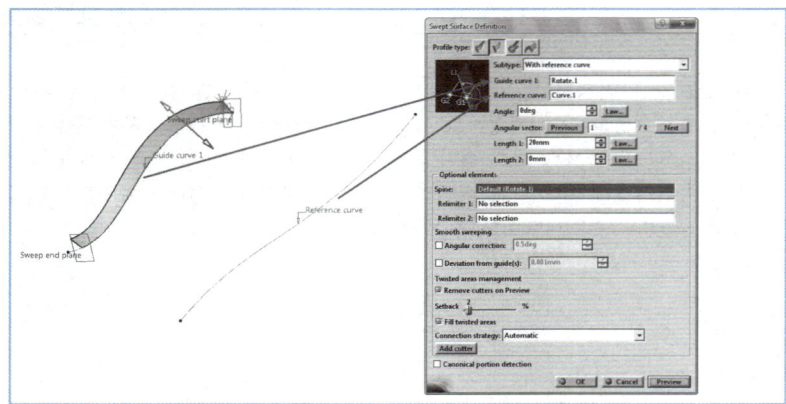

Angle과 Length.1, Length.2 값을 입력하여 형상의 위치와 길이를 조절합니다. 원하는 위치의 Surface는 Angular sector에서 고릅니다.(아래 그림에서는 Angle을 '15deg'로 지정하고 'Length.1'을 '100mm'로 지정하였습니다.)

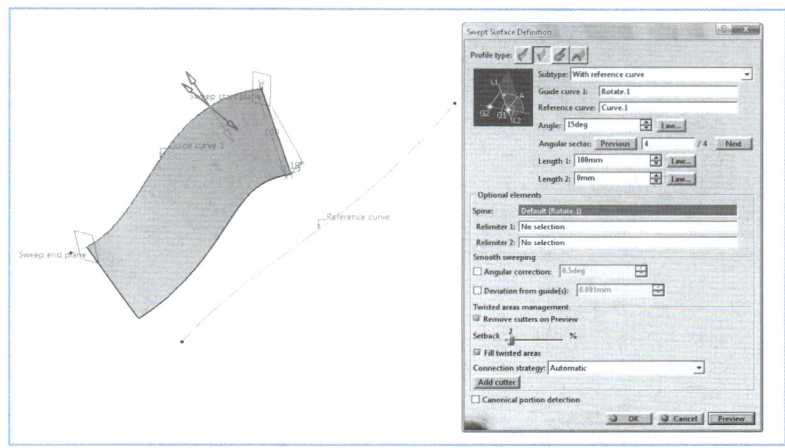

⑤ With tangency Surface

한 개의 Guide Curve와 Tangency Surface를 사용하여 형상을 만드는 방식입니다. 형상이 만들어지면 Guide Curve를 기준으로 Surface에 접하게 만들어 집니다.

예제 파일을 준비합니다.

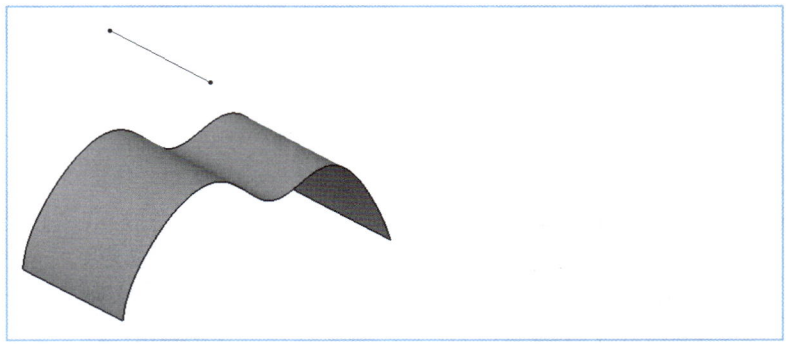

Sweep 명령을 실행하여 Profile Type과 Subtype을 변경해 주고 대상을 차례대로 선택해 줍니다.

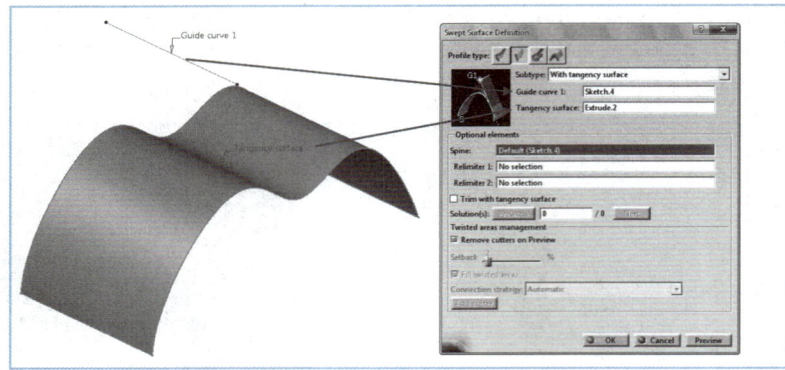

Guide Curve에서 Surface로 접하는 지점이 여러 개 존재한다면 이 중에서 Previous나 Next를 사용하여 원하는 형상을 선택할 수 있습니다.(주황색이 생성되는 결과이다.)

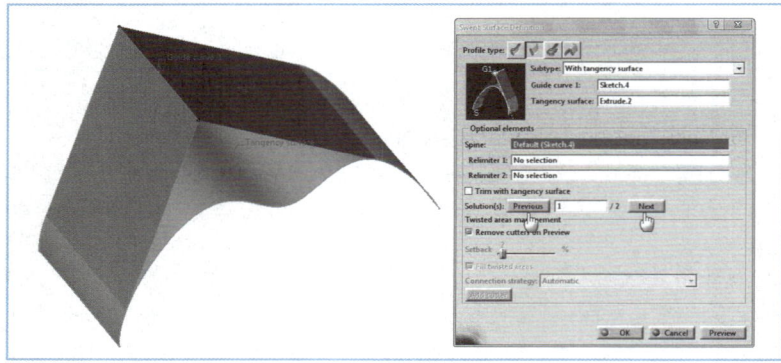

Trim with tangency Surface를 체크하면 Sweep으로 만들어진 Surface와 접하는 지점을 기준으로 Tangency Surface를 절단하여 Sweep Surface와 이어줍니다.

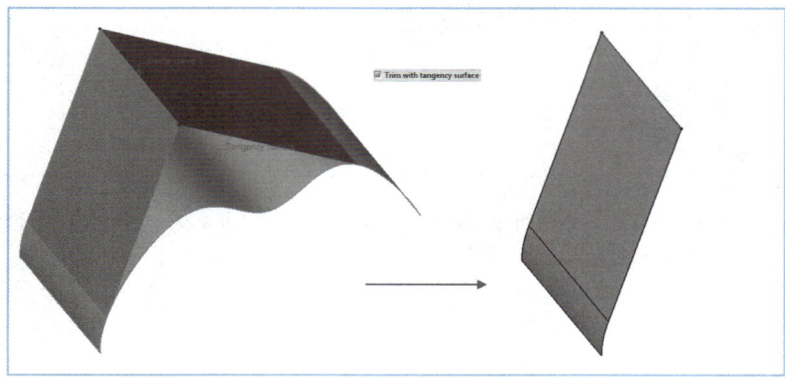

⑥ With draft direction

Guide Curve를 선택한 Pulling direction을 기준으로 각도를 주어 형상을 만들 수 있습니다. 여기서 Guide Curve에 스케치로 임의의 형상을 그린 Profile을 사용하여도 됩니다.

예제 파일을 준비합니다.

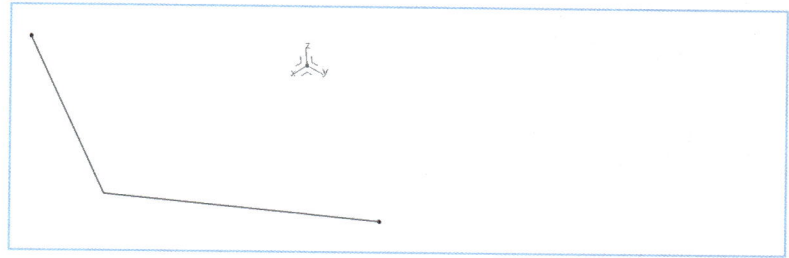

Sweep 명령을 실행하여 Profile Type과 Subtype을 변경 해 주고 대상을 차례대로 선택해 줍니다.

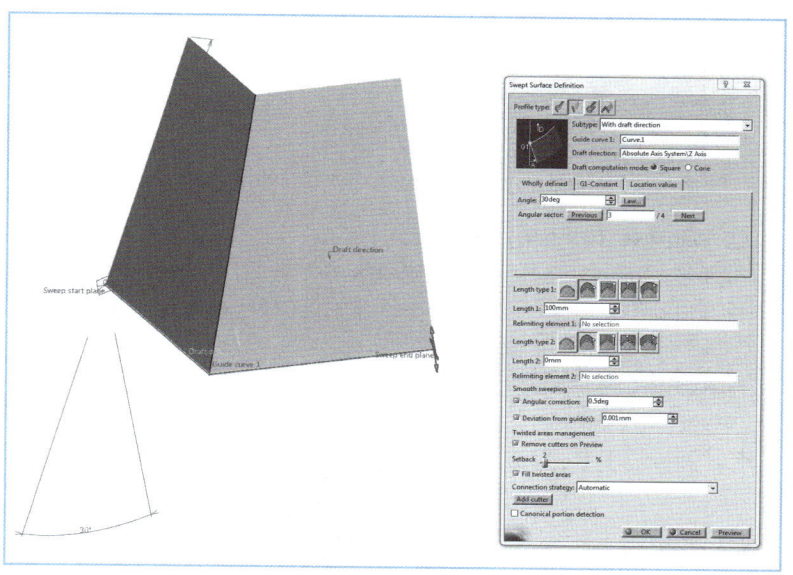

여기에 적절한 Draft Angle 값을 입력하고 길이를 정의합니다.(아래 그림에서는 Draft Angle을 '15deg'로 하고 Length 1을 '100mm'로 지정하였습니다.)

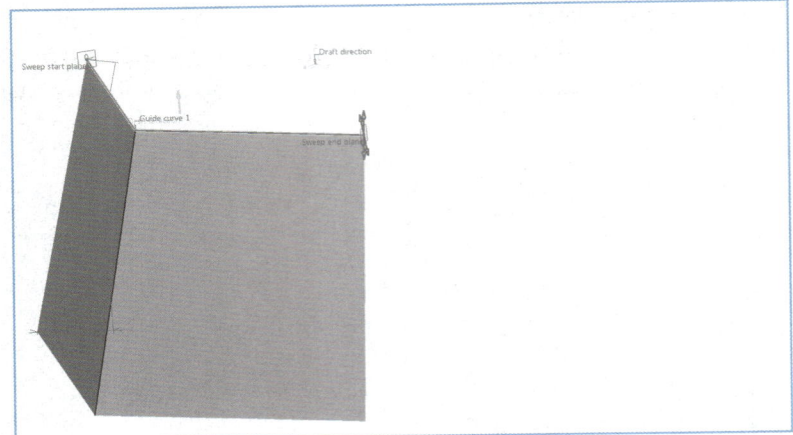

아래는 그 길이는 나타내는 방식들 입니다. 단순히 수치 값으로 지정하는 방식 외에 Up to element와 같은 방법이 존재합니다.

⑦ With two tangency Surfaces

이 방법은 두 개의 접하는 Surface를 이용하여 그 접하는 지점을 잇는 형상을 만드는 방법입니다. 두 Surface를 Tangent 하게 연결하기 위해 Spine을 필요로 합니다.

예제 파일을 준비합니다.

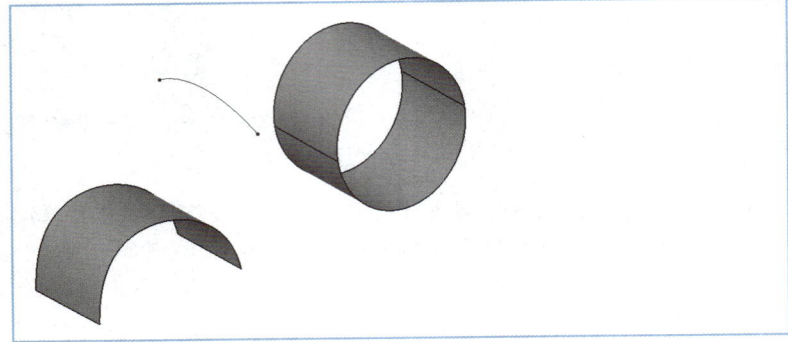

Sweep 명령을 실행하여 Profile Type과 Subtype을 변경 해 주고 대상을 차례대로 선택해 줍니다.

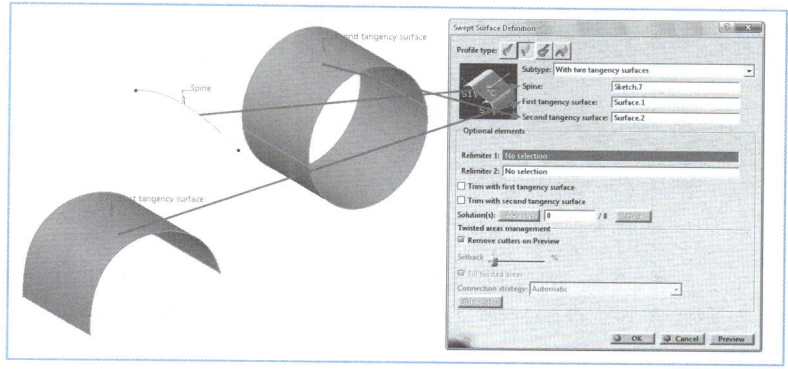

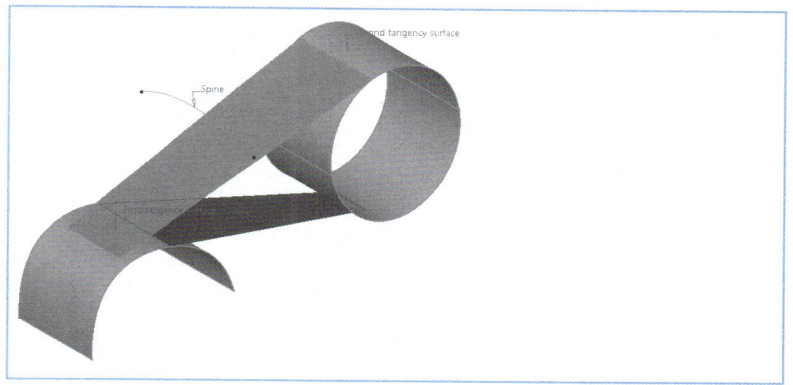

Trim first/second tangency Surface를 체크하면 접하는 부분을 기준으로 Tangency Surface를 잘라내어 Sweep으로 만든 Surface와 이어줄 수 있습니다.

c. Implicit Circle

Profile의 형태가 원형을 가지는 방식으로 따로 반경 값을 넣어 주거나 Guide나 Tangency한 Surface에 의해 정의 됩니다.

① Three guides

3 개의 Guide line에 의해 형상을 만드는 방법입니다. 이 방법으로 만들어진 형상은 단면으로 잘랐을 때 형상이 3 개의 Guide line을 지나는 원형을 띈다. 3 점을 알고 있는 경우 이 점들을 지나는 원을 만들 수 있는 것과 같은 원리입니다.

예제 파일을 준비합니다.

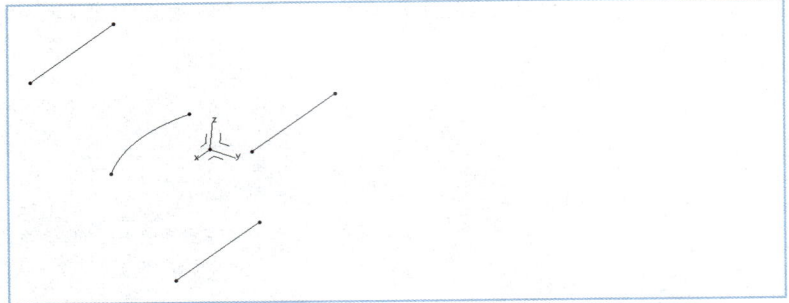

Sweep 명령을 실행하여 Profile Type과 Subtype을 변경 해 주고 대상을 차례대로 선택해 줍니다. 다음과 같이 3 개의 Guide Curve를 선택해 줍니다.

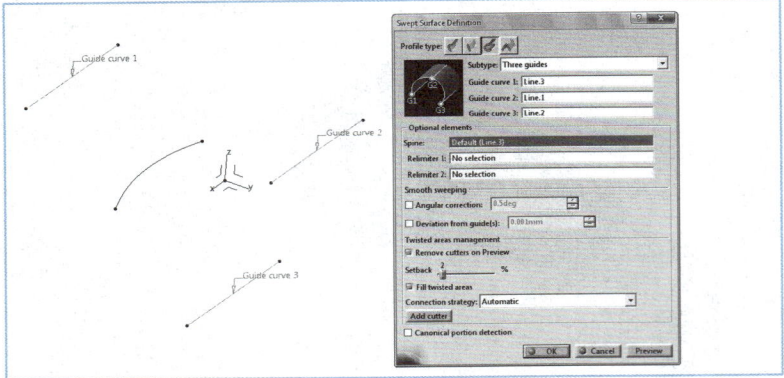

미리 보기를 해 보면 알겠지만 이 3 개의 Guide Curve를 지나는 원형의 Surface가 만들어 집니다.

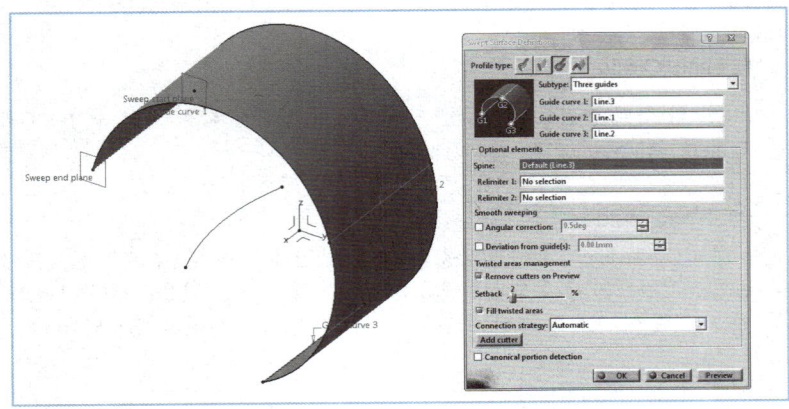

이번에는 다음과 같이 3개의 Curve를 순서대로 선택해 보기 바랍니다.

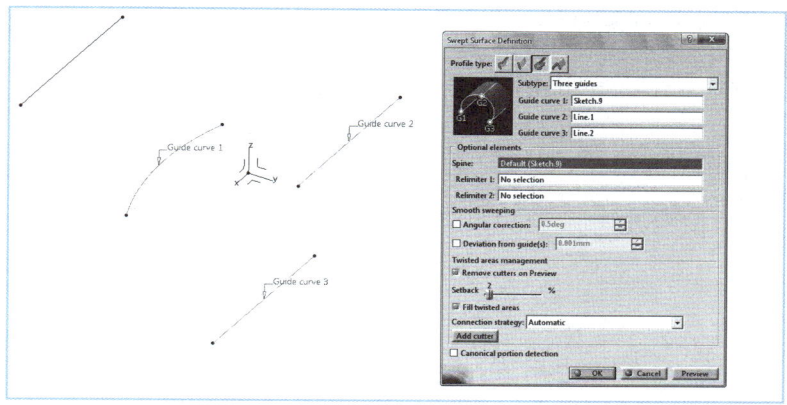

하나의 Curve가 곡선으로 이루어졌기 때문에 형상이 곡률을 지니면서 완전하지 않은 형상으로 곡면이 만들어지는 것을 확인할 수 있습니다. 이런 경우는 앞서와 마찬가지로 Spine을 지정해 주면 해결됩니다.

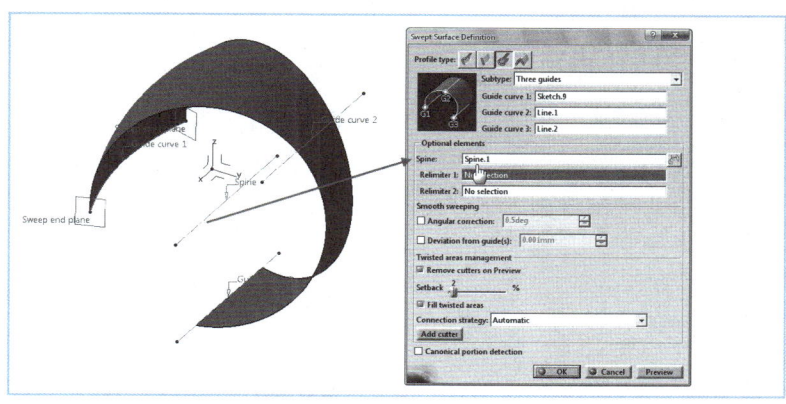

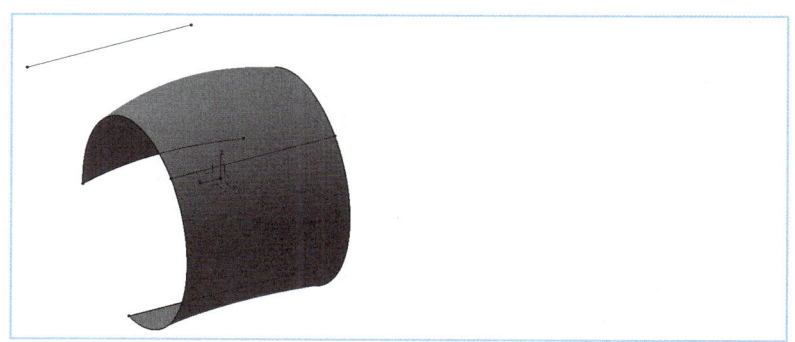

② Two guides and radius

두 개의 Guide Curve와 반경 값(radius)을 입력하여 Sweep 형상을 만듭니다.

예제 파일을 준비합니다.

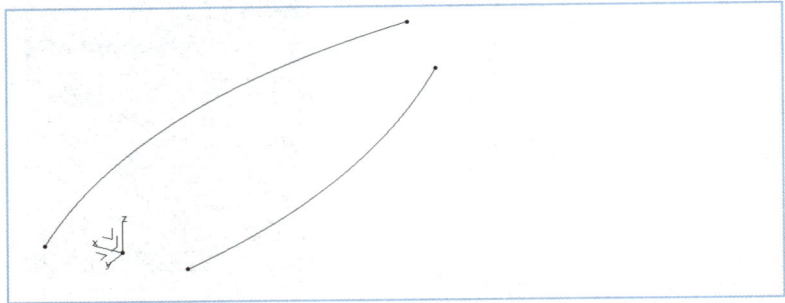

Sweep 명령을 실행하여 Profile Type과 Subtype을 변경 해 주고 대상을 차례대로 선택해 줍니다.

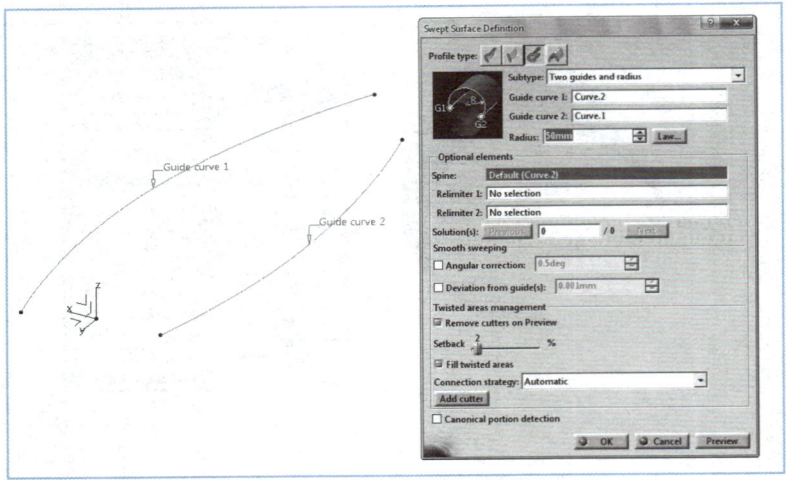

다음으로 반경 값을 입력해 줍니다. 만약에 반경 값이 두 Guide curve로 만들 수 없는 경우에는 다음과 같이 메시지를 출력합니다.

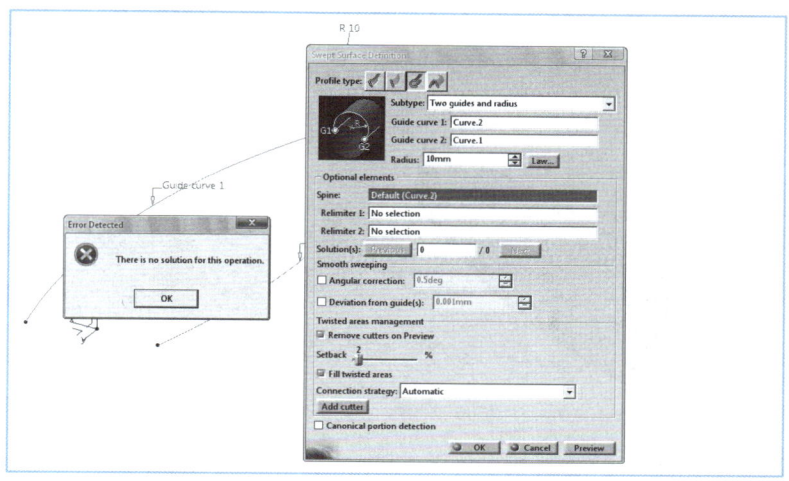

두 개의 곡선과 반경을 알 경우 만들 수 있는 형상의 수가 여러 개 일 경우 마찬가지로 원하는 형상을 Previous와 Next를 이용하여 고를 수 있습니다.

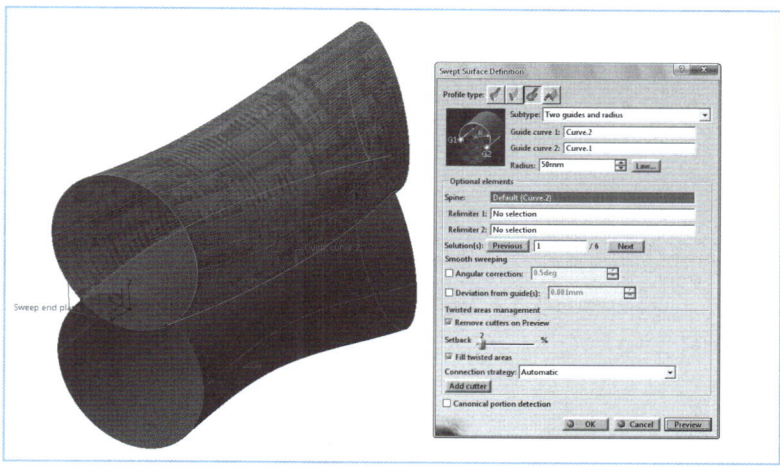

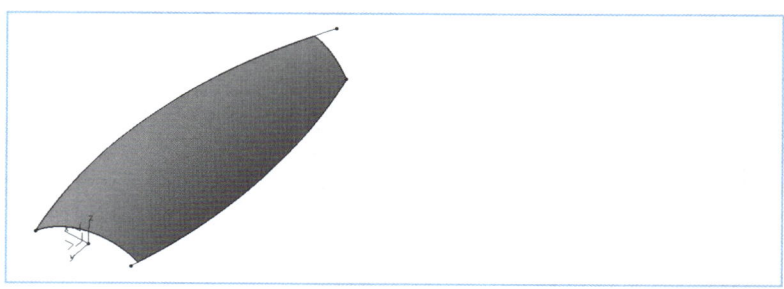

마찬가지로 Guide Curve를 두 개 이상 사용하는 경우 결과가 잘못날 수 있는데 이런 경우라면 Spine을 잡아 주어야 합니다. Spine을 잡아 주면 다음과 같이 결과가 나옵니다.

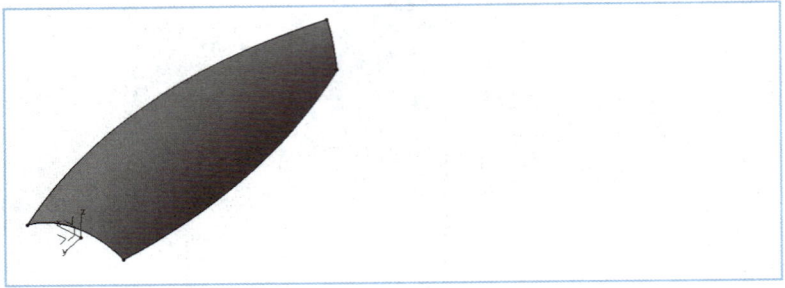

③ Center and two angles

단면 원의 중심 지나는 Center Curve와 반경에 해당하는 Reference Curve를 사용하여 형상을 구성하는 방법입니다.
예제 파일을 준비합니다.

Sweep 명령을 실행하여 Profile Type과 Subtype을 변경 해 주고 대상을 차례대로 선택해 줍니다.

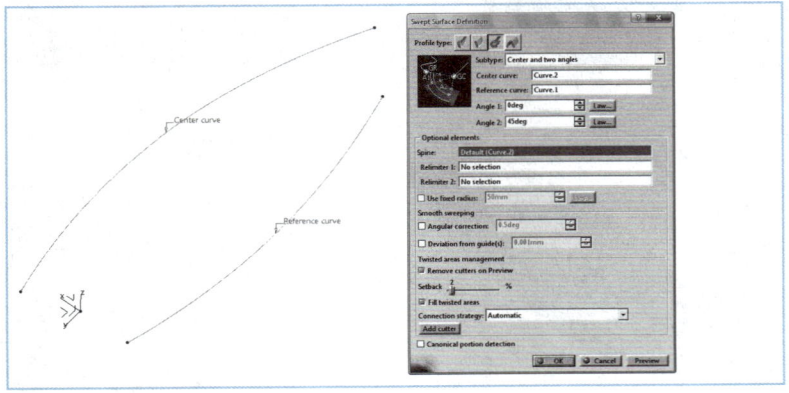

마지막에 Angle을 주어 원형 형상을 어느 정도 각 크기로 만들 것인지 정할 수 있습니다. 아래는 360deg를 입력하여 완전한 원형으로 만든 형상입니다.(Spine도 잡아 지정해 주었습니다.)

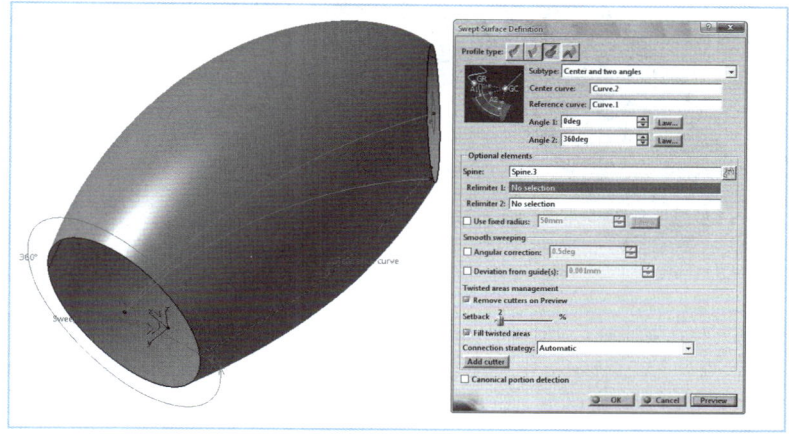

④ Center and radius

원의 중심을 지나는 Center Curve와 반경 값(Radius)을 이용하여 Sweep 형상을 만드는 방식입니다. 아래 그림과 같이 Center Curve를 선택해 주고 반경 값을 입력해 줍니다.

예제 파일을 준비합니다. Sweep 명령을 실행하여 Profile Type과 Subtype을 변경해 주고 대상을 차례대로 선택해 줍니다.

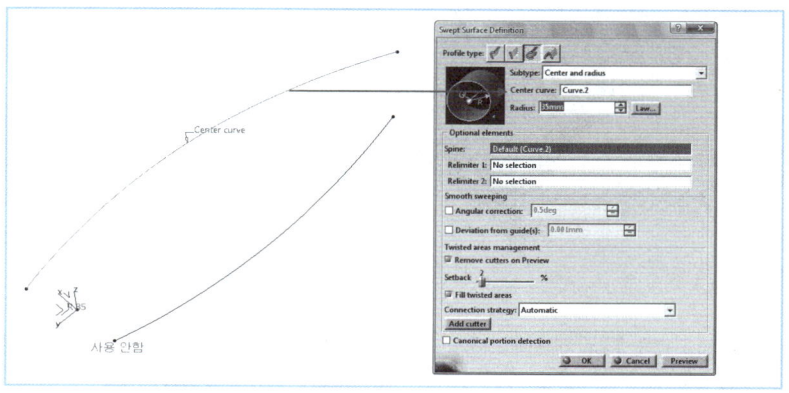

미리 보기를 해보면 아래와 같이 Center Curve를 따라서 원형 형상이 이어지는 Sweep 형상을 만들 수 있습니다.

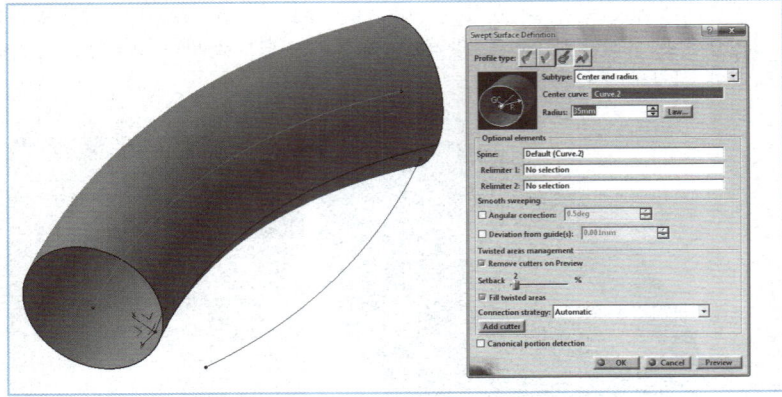

⑤ Two guides and tangency Surface

두 개의 Guide Curve와 하나의 Tangency Surface를 사용하여 형상을 만든 방법입니다. 두 개의 Guide Curve 중에 하나는 Tangency Surface의 위에 놓여 Sweep 형상이 접할 위치를 잡아주는 데 사용하는 Curve로 Limit Curve with tangency에 입력해 줍니다. 이 Curve는 반드시 Surface 형상 위에 놓여있어야 합니다. 다른 하나의 Guide Curve은 Limit Curve에 입력해 줍니다.

예제 파일을 준비합니다.

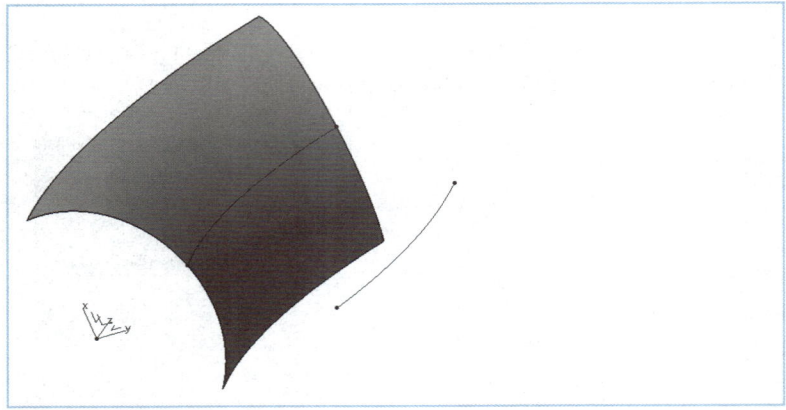

Sweep 명령을 실행하여 Profile Type과 Subtype을 변경 해 주고 대상을 차례대로 선택해 줍니다.

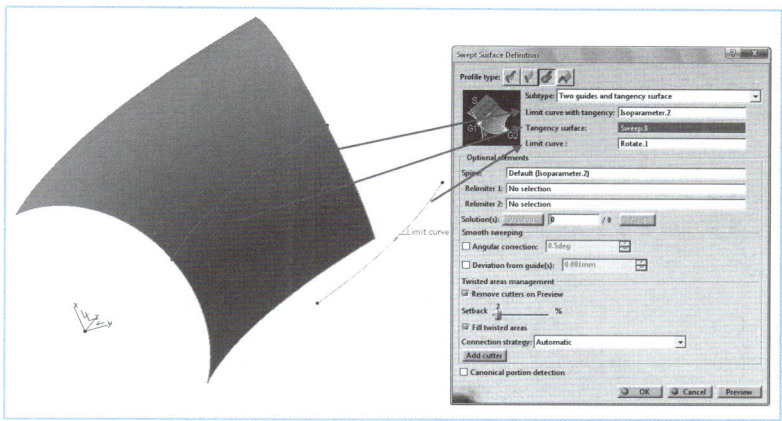

선택한 요소가 바르게 또는 계산 가능하도록 선택이 되면 아래와 같이 미리 보기가 가능하여 원하는 Surface 형상을 선택할 수 있습니다. (Spine까지 적용하였습니다.)

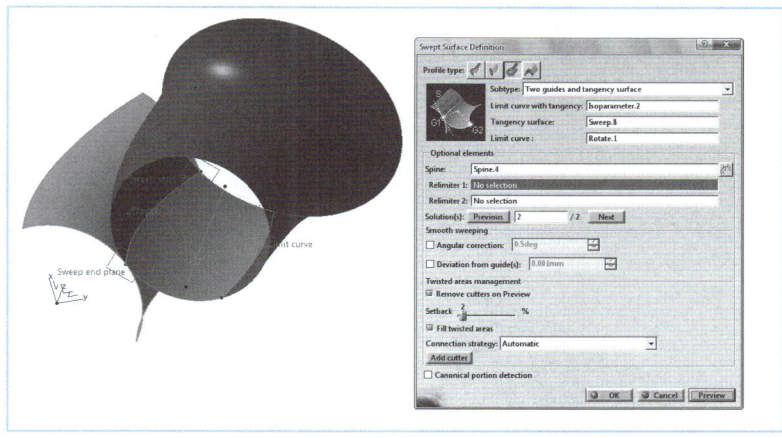

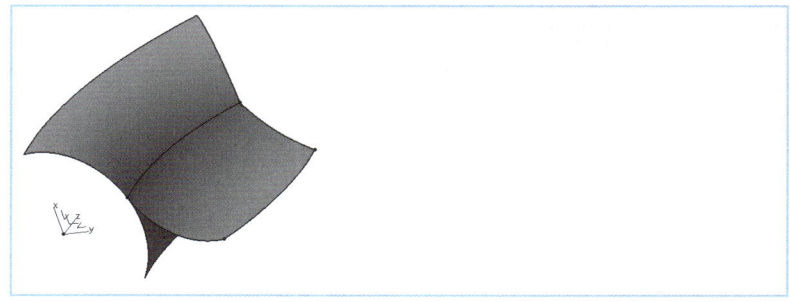

⑥ One guide and tangency Surface

한 개의 Guide Curve와 Tangency Surface, 그리고 반경(radius)를 사용하여 Sweep 형상을 만드는 방법입니다. 다음과 같이 Tangent한 Surface 형상과 Guide Curve를 선택합니다.

예제 파일을 준비합니다. Sweep 명령을 실행하여 Profile Type과 Subtype을 변경해 주고 대상을 차례대로 선택해 줍니다.

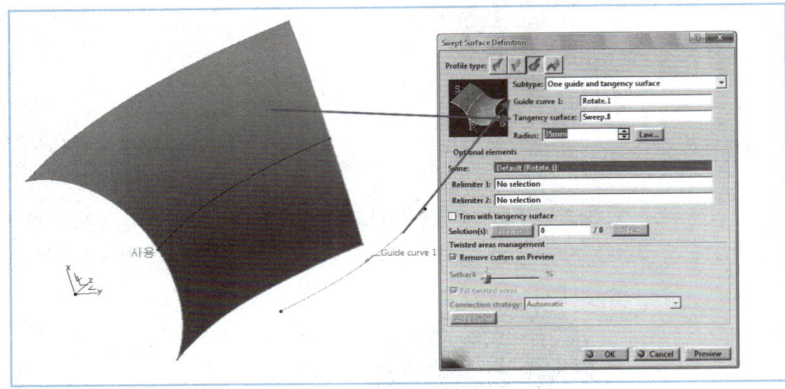

조건이 부합되면 다음과 같이 미리 보기가 될 것입니다. 여기서는 반지름을 150mm로 입력합니다. 만약에 형상을 만들 수 없는 경우에는 Error 메시지 창이 뜨는 것을 확인할 수 있습니다.

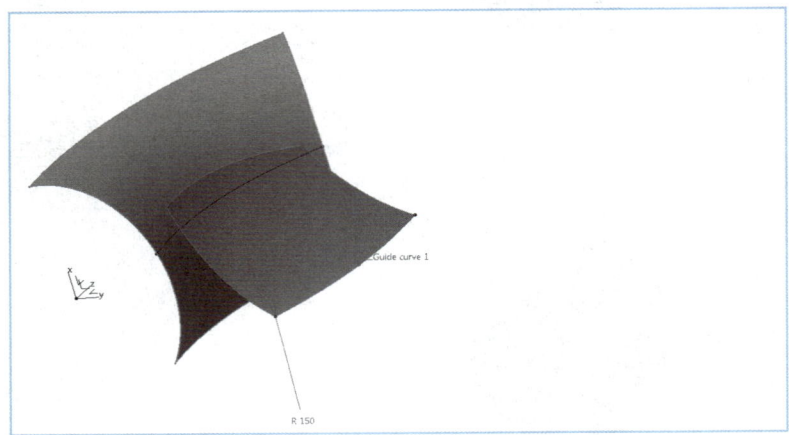

위의 조건으로 만들어지는 Sweep 형상은 다음과 같습니다.(여기서는 두 개의 Curve를 이용하여 Spine까지 잡았습니다.)

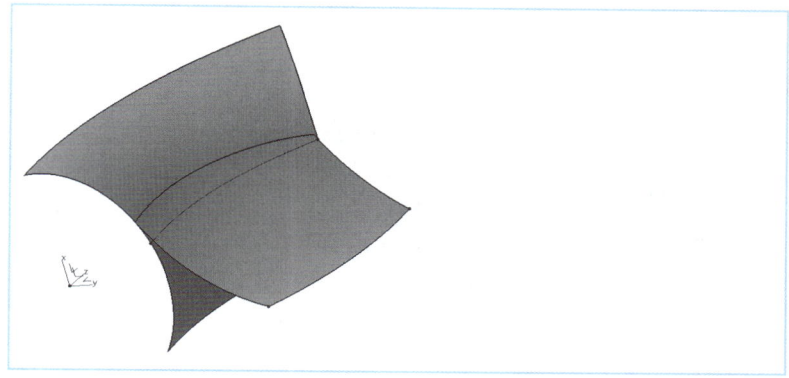

Trim with tangency Surface를 체크하면 접하는 지점을 기준으로 Tangency Surface와 Sweep Surface를 Trim시킨다.

d. Implicit Conic

Profile의 형상이 원뿔 모양인 Sweep 형상을 만들 때 사용하는 Type 입니다. 원뿔의 단면 형상을 가지는 타원이나, 포물선, 쌍곡선과 같은 형상을 Profile로 하는 형상을 그리는데도 사용할 수 있습니다.

① Two guides

두 개의 Guide Curve를 사용하여 Sweep 형상을 만드는 방법입니다. 이 두 개의 Guide Curve는 접하는 Surface가 있어서 Tangency에서 선택해 줄 수 있어야 합니다.

예제 파일을 준비합니다.

Sweep 명령을 실행하여 Profile Type과 Subtype을 변경 해 주고 대상을 차례대로 선택해 줍니다.

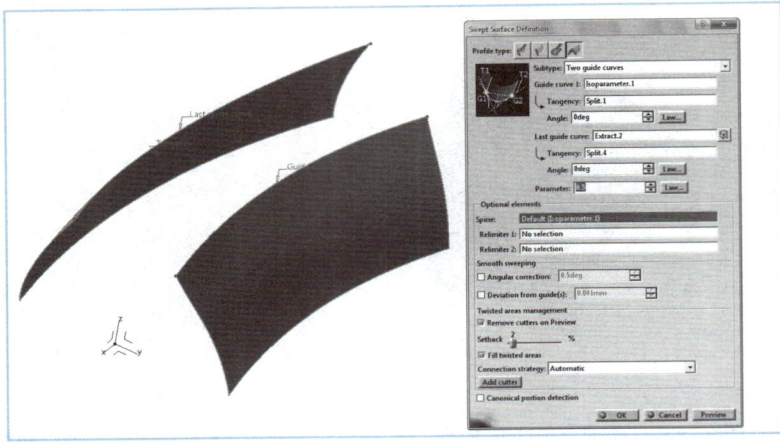

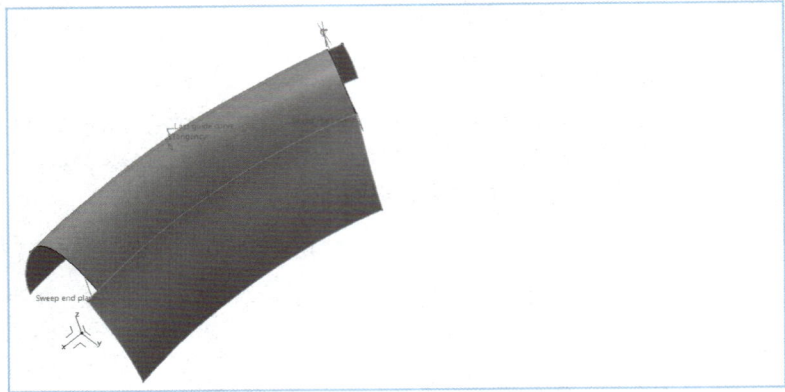

Spine을 잡아주면 형상은 다음과 같이 완성됩니다.

Parameter는 '0'에서 '1'까지의 범위를 갖습니다.

② Three guides

3개의 Guide Curve를 사용하는 방법으로 두 개의 Guide Curve는 접하는 두 개의 Surface를 선택해 줄 수 있고, 나머지 한 개의 Guide Curve는 이 두 개의 Guide Curve 사이에 위치하게 됩니다.

예제 파일을 준비합니다.

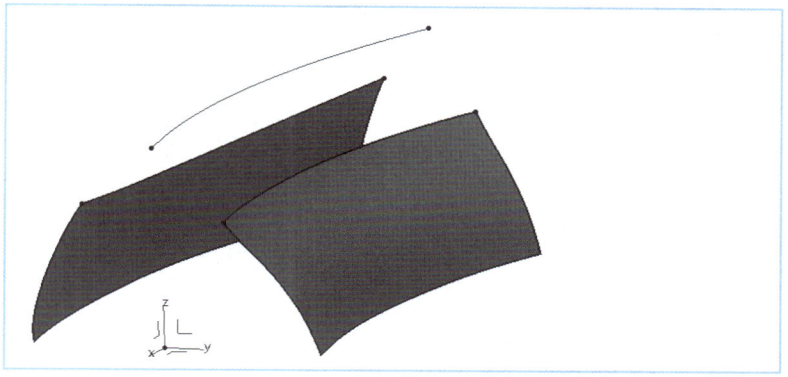

Sweep 명령을 실행하여 Profile Type과 Subtype을 변경 해 주고 대상을 차례대로 선택해 줍니다.

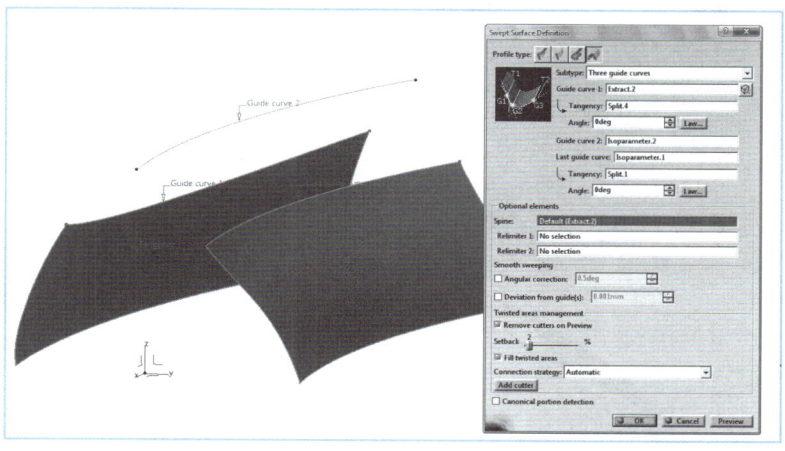

다음으로 Spine을 잡아줍니다.

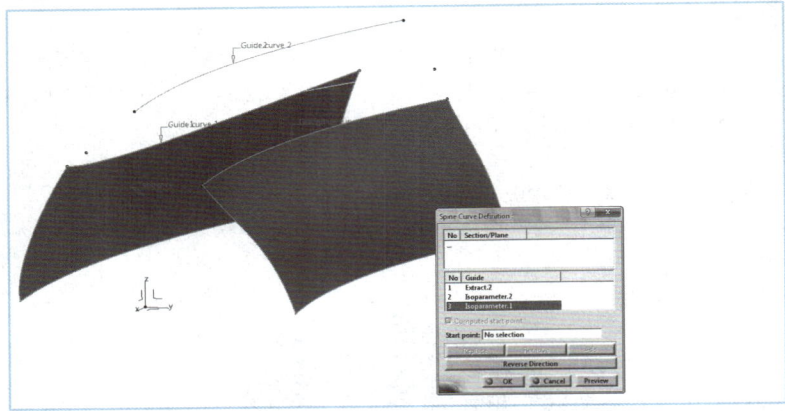

다음과 같은 형상을 얻을 수 있습니다.

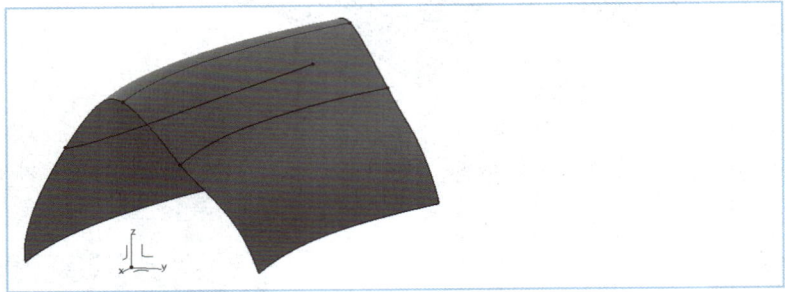

③ Four guides

4개의 Guide Curve를 사용하는 방법은 1개의 Guide Curve가 접하는 Surface를 선택할 수 있고 나머지 3개의 Curve가 각각 Guide Curve 2, Guide Curve 3, Last guide Curve로 선택됩니다. Guide Curve 1은 반드시 Tangency Surface가 있어야 합니다.

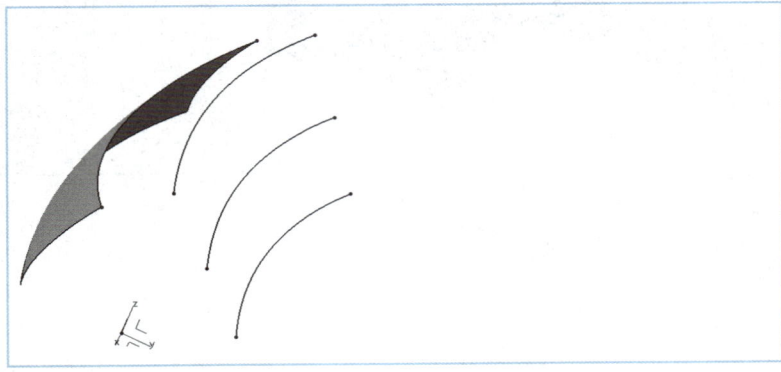

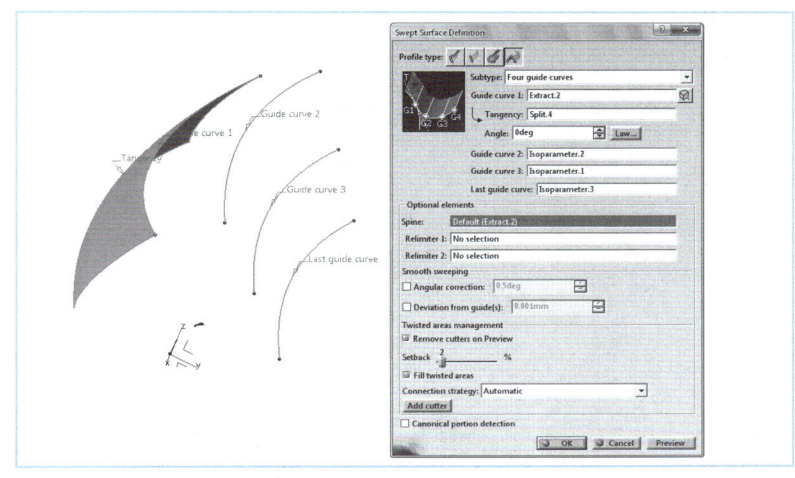

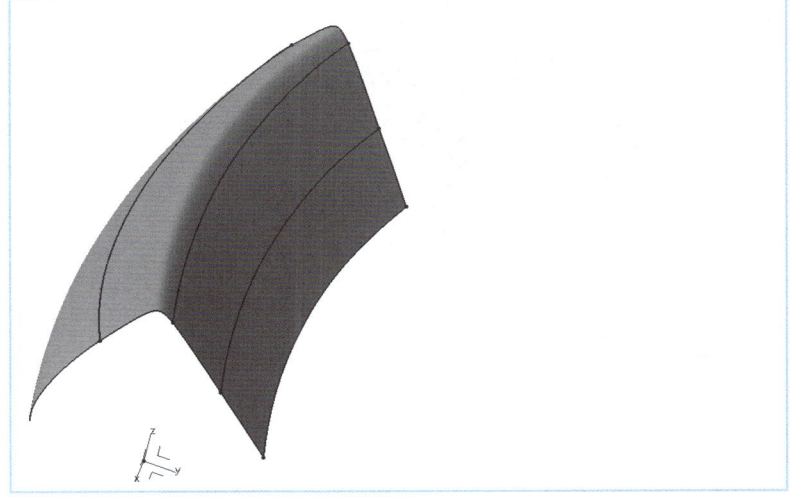

④ Five guides

5개의 Guide Curve를 사용하는 방법은 순차적으로 5개의 Curve를 손서대로 선택하는 다소 간단한 방법을 사용합니다.

다음과 같은 5개의 Curve가 있다고 했을 때 작업 순서는 손서대로 대상들을 선택해주면 됩니다. 예제 파일을 준비합니다.

CATIA Surface의 정석

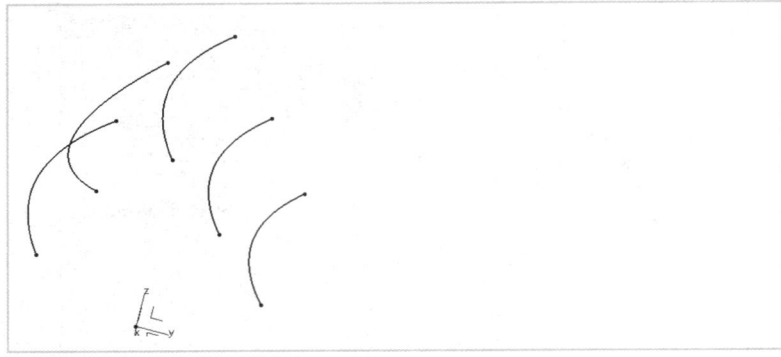

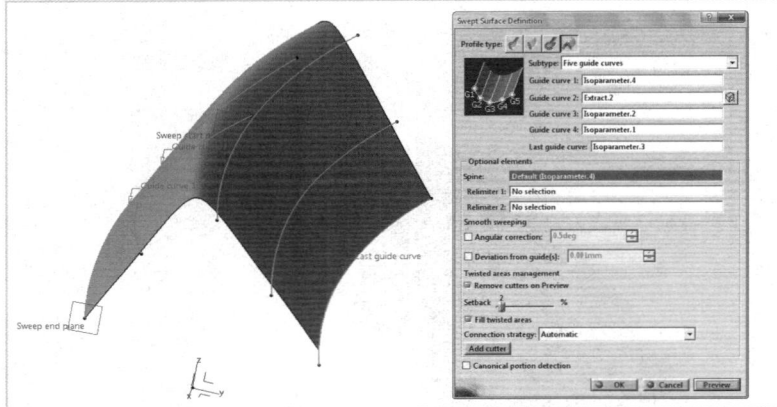

마찬가지로 여러 개의 가이드 Curve를 사용하는 경우 Spine을 설정해 주어야 바른 결과가 나옵니다.

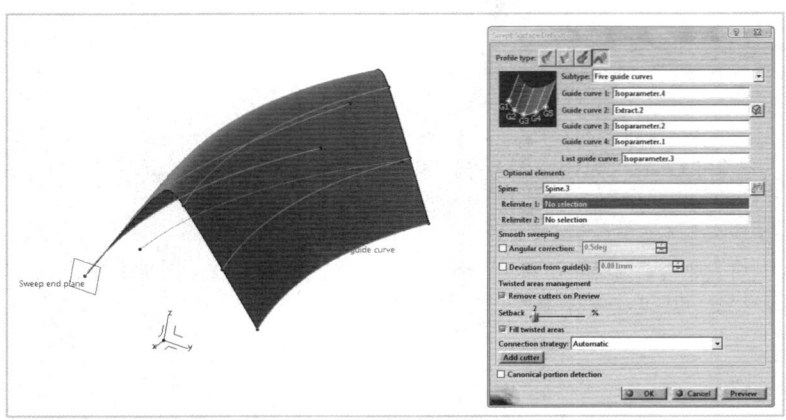

B. Fill

형상의 경계 모서리(Boundary Edge)나 Curve들이 닫힌 형상을 만들 때 이 부분을 Surface로 채워주는 명령입니다. 또는 스케치로 하나의 닫힌 형상을 그렸을 때 이것을 Fill로 Surface를 채울 수 있습니다.

Fill을 사용하면 다음과 같이 여러 개의 끝이 일치하지 Curve 요소들이 교차하면서 이루는 닫힌 부분을 Surface로 채워 줄 수 있습니다.

예제 파일을 준비합니다.

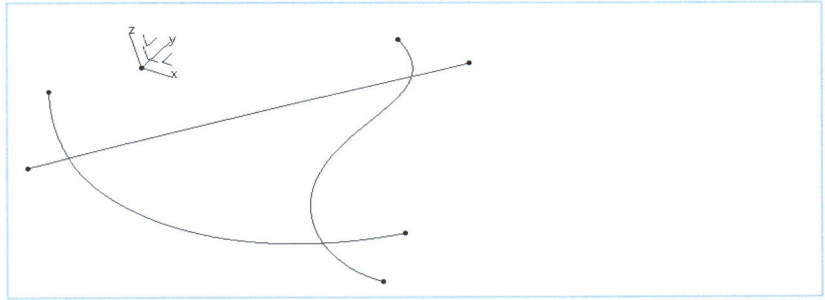

Fill 명령을 실행시키면 다음과 같은 Definition 창이 나타납니다.

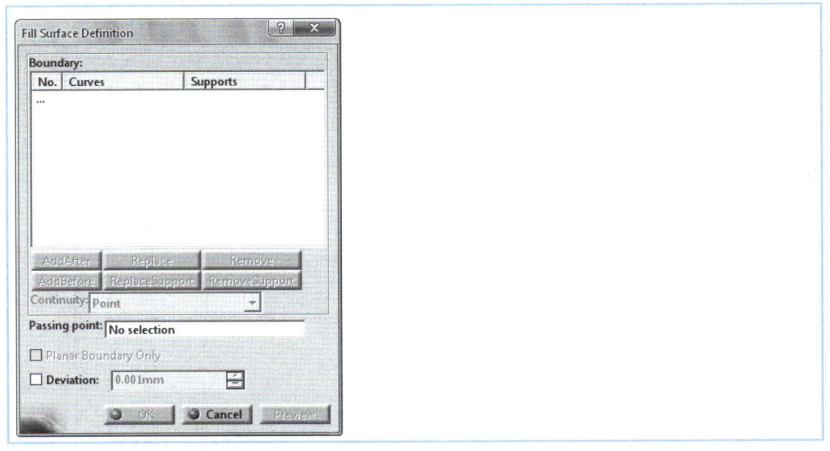

여기서 각 형상의 모서리나 Curve들을 순차적으로 선택해 주면 Boundary의 Curve 목록에 하나씩 쌓이는 것을 확인 할 수 있을 것입니다.

CATIA Surface의 정석

Fill을 하기 위해 명령을 실행시키고 각 모서리들을 순차적으로 선택해 줍니다. 하나의 방향성을 가지고 시계 방향이나 시계 반대 방향으로 선택해 주어야 합니다. 순서가 틀리게 선택을 하면 Error가 발생하니 주의하기 바랍니다.

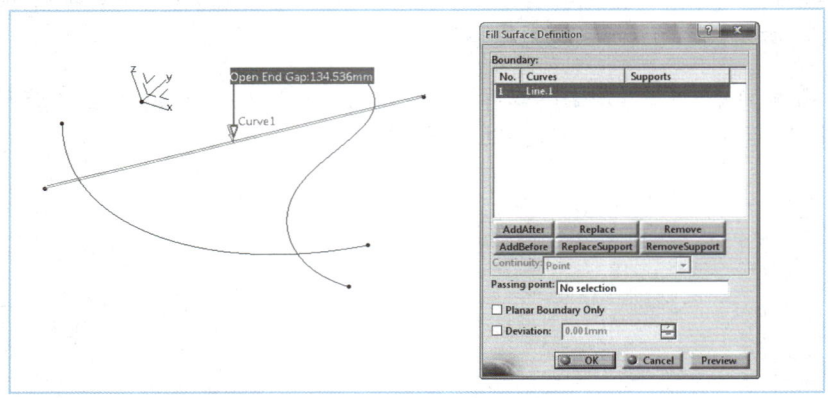

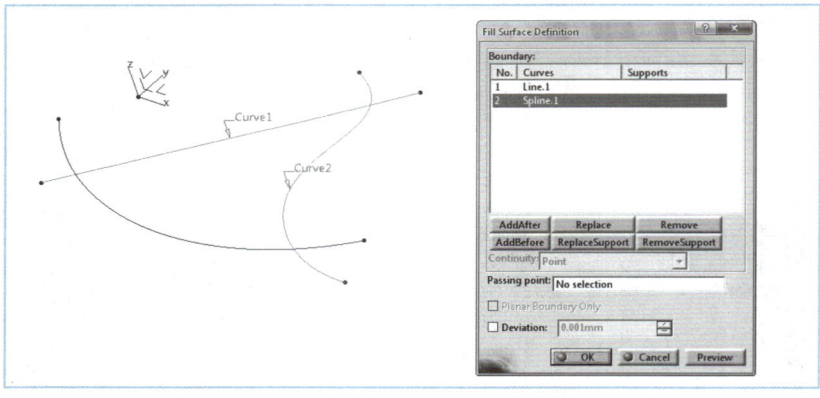

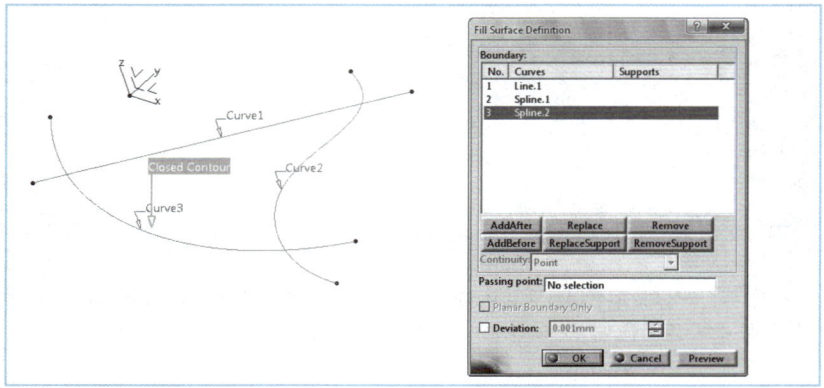

Chapter 2 Generative Shape Design

최종적으로 시작 모서리와 끝 모서리가 이어지거나 교차하면 'Closed Contour'라는 표시가 되며, 다음과 같이 곡면이 만들어지는 것을 확인할 수 있습니다.

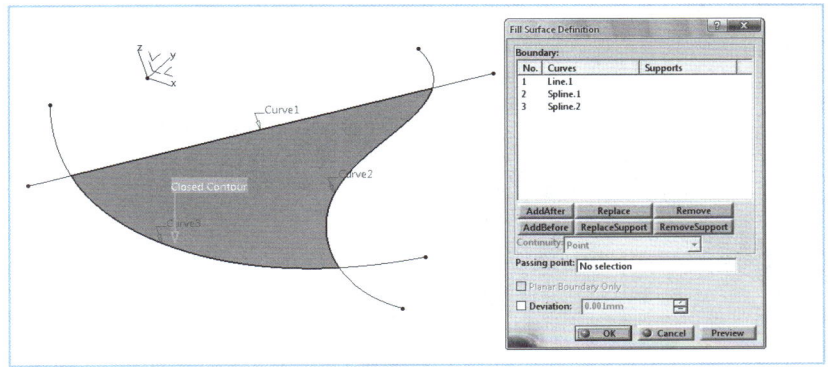

다음과 같은 경우에는 Fill을 사용할 수 없습니다. 완전히 닫혀있는 면을 만들지 못하기 때문입니다.

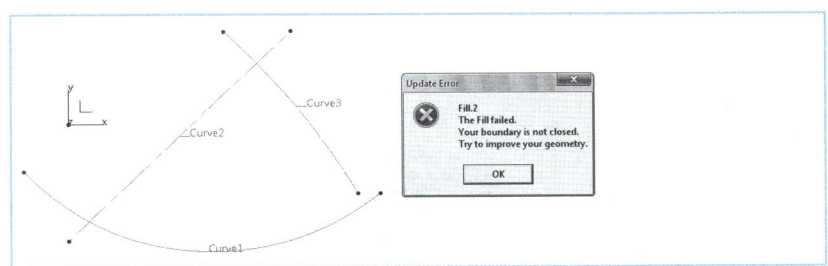

Fill을 사용하려면 Curve와 Curve 사이에 떨어진 간격이 0.1mm을 넘겨서는 안 된다는 것을 기억해 두기 바랍니다. 그리고 이렇게 떨어진 공간이 발생하면 Fill하는 Surface 형상이 바르게 만들어지지 않고 발산하는 경우도 있습니다.

예제 파일을 준비합니다.

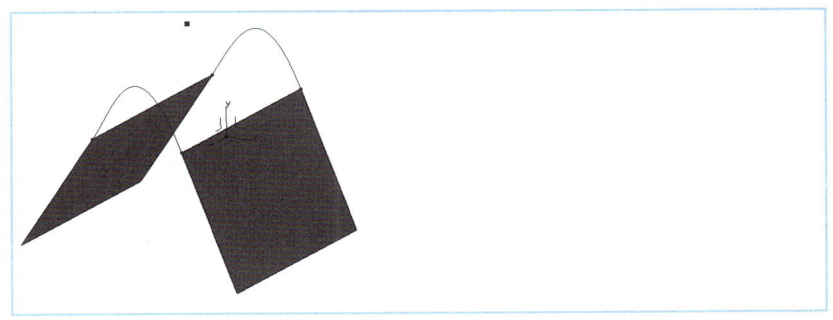

만약에 선택한 모서리를 그 모서리와 닿아있는 곡면과 접하게 하려면 모서리를 선택
후 해당 곡면을 다음으로 선택해 주면 목록에서 Support로 그 곡면이 선택된 것을 확인
할 수 있습니다.

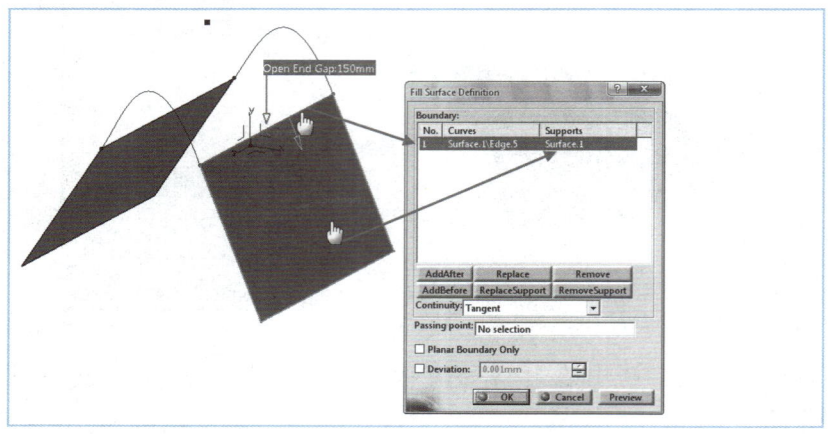

마찬가지로 다른 부분에 대해서도 같은 작업을 해주면 다음과 같은 결과를 얻을 수
있습니다.

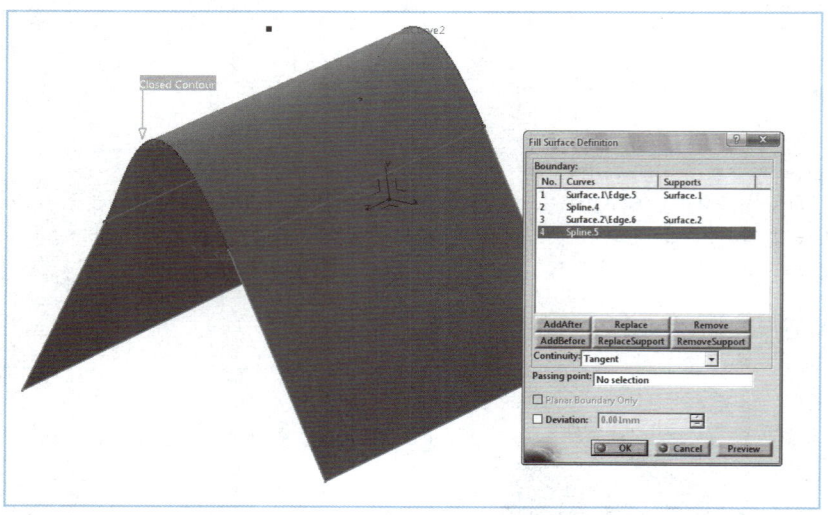

이와 같이 이웃하는 Surface 형상에 대해서 Tangent 조건을 줄 수 있으며 이러한 경우
에는 가능한 반드시 Tangent 조건을 넣어주어야 합니다.

Passing Point에 Point를 선택하면 Fill 형상이 그 Point를 지나가도록 만들 수 있습니다.

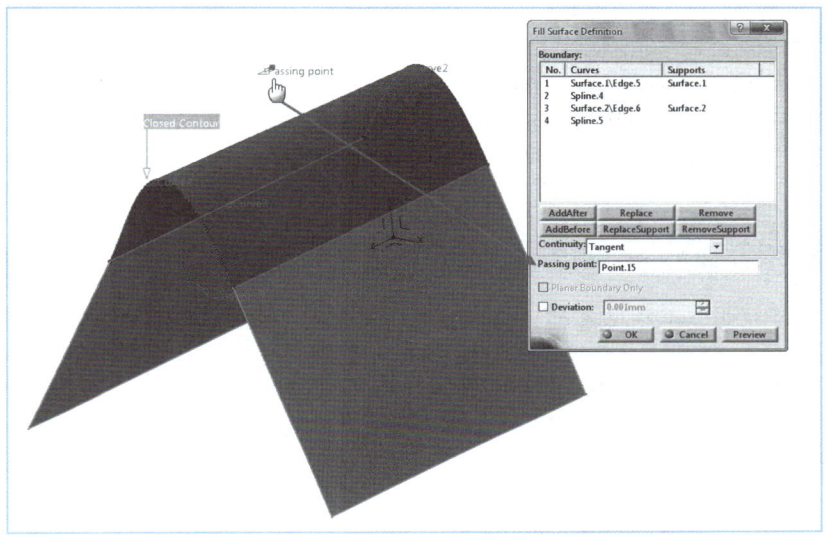

Passing point를 적용한 형상입니다.

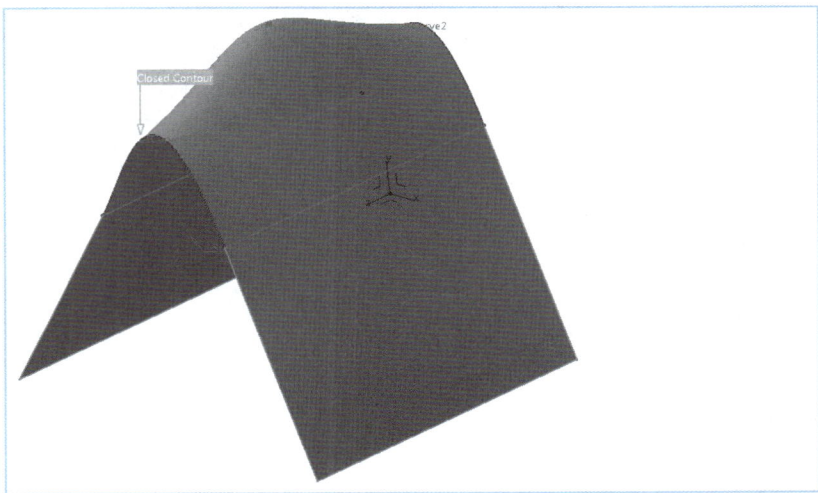

C. Adaptive Sweep

이 명령은 Implicit 프로파일 형상을 Constraint를 적용하여 Guide Curve를 따라 지나가는 곡면을 만드는 명령입니다. Adaptive Sweep에 의해 만들어지는 곡면은 선택한 단면 형상을 Guide Curve를 따라 정의하면서 생성됩니다.

D. Multi-sections Surface

여러 개의 단면 Profile을 이용하여 곡선을 만드는 명령으로 항공기의 동체 단면을 이어 외형을 입히거나 날개 형상을 그리는 경우 유용하게 사용할 수 있습니다. 두 개 이상의 단면 형상을 이용하여 그 단면들을 따라 이어지는 곡면 형상을 만들 수 있습니다. 복잡한 형사의 경우 여러 개의 단면 Profile 외에 Guide Curve나 Spine 등을 필요로 합니다.

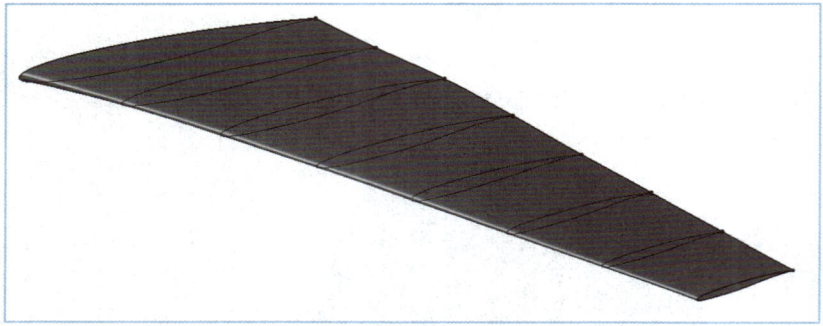

예제 파일을 준비합니다.

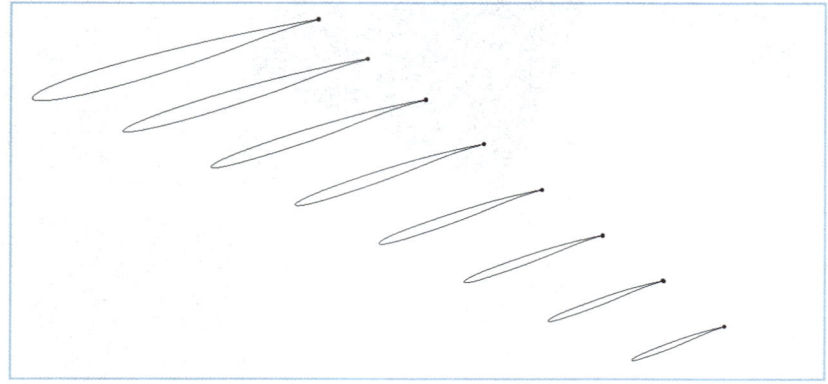

Multi-Sections Surface 명령을 실행하면 다음과 같은 Definition 창이 나타납니다.

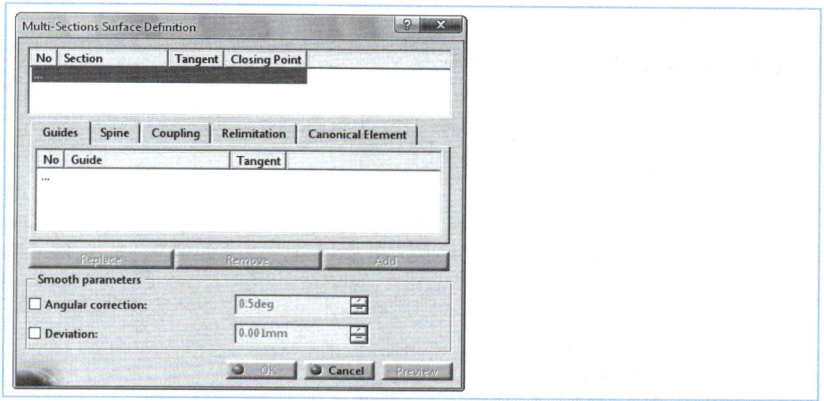

☑ **Section** : 단면 Profile을 선택해 주는 부분입니다. 다수의 단면 Profile을 입력 할 수 있습니다. 각각의 단면에는 Section1, Section2…… 와 같이 표시가 되며 단면 Profile을 선택할 때는 반드시 순서대로 선택하도록 합니다.

각 단면 Profile을 선택할 때는 반드시 순서대로 선택을 해주어야 한다는 것을 명심하기 바랍니다. (처음 중간 끝 이런 식으로 선택하면 안 됩니다. 단면 선택 작업이 순서에 영향을 받습니다.)

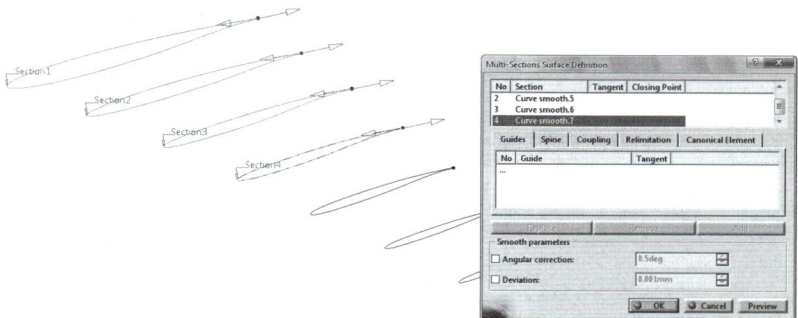

☑ **Guides Tab** : 각각의 단면 Profile의 형상을 잇는 선으로 임의로 Guide line 을 그려주었을 때 이 탭에서 선택해 주면 됩니다. Guide Curve는 주로 GSD 워크벤치의 Spline 등의 명령을 사용합니다.

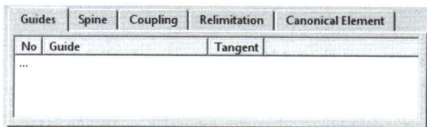

☑ **Spine Tab** : Spine은 '척추'라는 의미를 갖는데 이 작업에서도 같은 역할을 합니다. 전체 단면 형상을 가로지르는 Center Curve를 형상 정의에 사용한 방법입니다. Guides는 단면 Profile에 대해서 형상의 각 마디마다 그려주어야 하는 반면 Spine은 단면 형상들을 지나는

단 하나의 Guide Curve으로 형상을 정의 할 수 있습니다. Multi-Sections Surface에서 각 단면들의 위치의 Plane 요소를 사용하여 Spine을 정의하거나 Guide Curve 또는 임의적인 프로파일 작업을 사용하여도 됩니다.

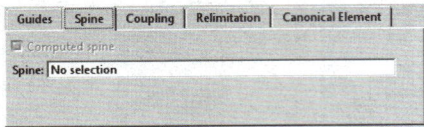

☑ **Coupling Tab** : Coupling은 각각의 단면 Profile이 가지고 있는 꼭지점(Vertex)들을 각각의 위치에 맞게 이어주는 작업 방식입니다. 앞서 Guide와는 결과나 그 의미가 다릅니다. Guides 는 실제 이 라인을 따라 형상을 만드는 것이지만 Coupling은 단순히 이 단면의 Vertex가 다음 단면의 이 Vertex 와 이어지고 또 다음 단면의 Vertex와 이어진다는 정의를 해주는 것입니다. 주로 단면의 형상이 제각기 다를 때 이 Coupling을 사용하여 Vertex들을 짝지어 줍니다.

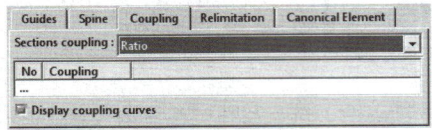

Coupling에도 몇 가지 종류가 있으나 다른 것들은 각각의 Vertex의 수가 같아야만 작업을 할 수 있습니다. 주로 Coupling에서는 'Ratio'를 많이 사용합니다.

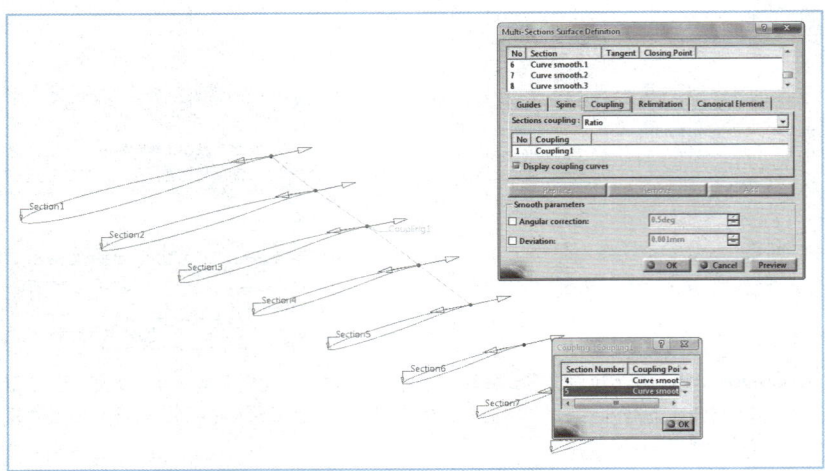

Section에서 단면 형상은 만들려는 Surface이기 때문에 반드시 닫힌 Profile을 사용할 필요는 없습니다. 물론 단면에 대한 방향성은 여전히 중요하기 때문에 각 단면들의 방향을 잘 맞춰 주어야 합니다. 닫힌 Profile에 대해서는 Closing Point가 나타날 것이며 열린 형상의 경우에는 화살표만이 나타납니다.

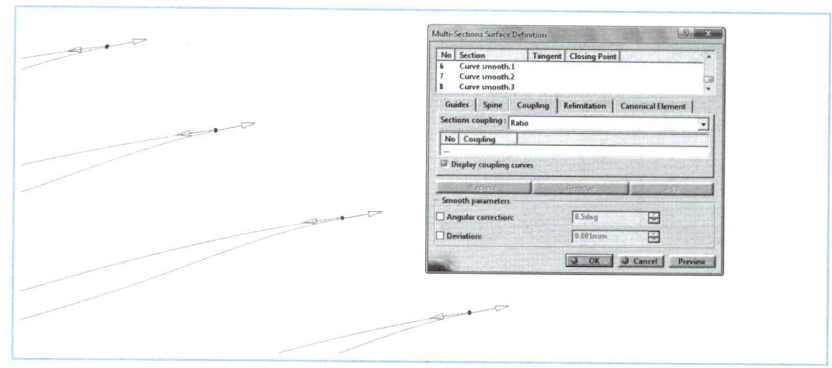

만약에 이웃하는 단면과 화살표의 배열 방향이 다르다면 반드시 방향을 하나의 반향으로 맞추어 주어야 합니다. 단면의 방향 조절은 해당 화살표를 클릭해 주면 됩니다.

본 예제 파일에서는 6번째 단면의 화살표 방향이 반대로 되어 있으므로 이를 수정해 주어야 합니다. 단면 선택 후 화살표 방향을 맞추어 준 후에 미리보기를 하면 다음과 같은 결과를 확인할 수 있습니다.

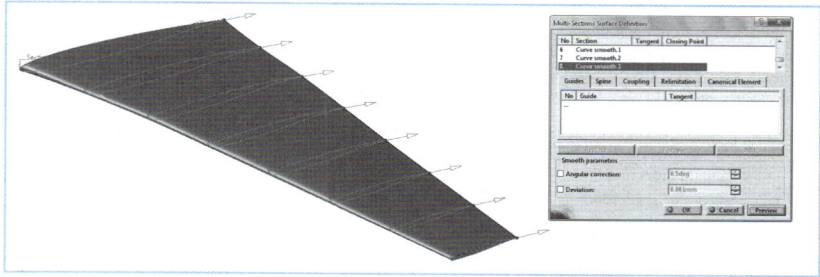

예제 파일을 준비합니다.

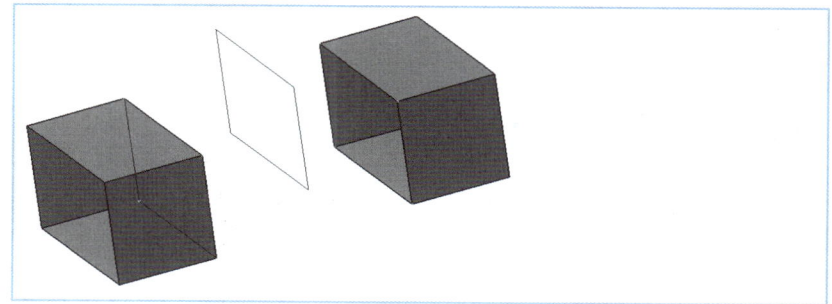

각 Section에 대해서도 Section으로 선택한 Curve에 대해서 이웃하는 Surface와 접하도록 조건을 넣어 줄 수 있습니다. 다음과 같이 해당 단면을 선택하고 그 단면과 접하는 곡면을 선택해 주면 Tangent 부분에 선택한 곡면이 들어가는 것을 확인할 수 있습니다. (그림에 잘 안보일 수 있으나 단면 프로파일과 사각형 곡면이 함께 있습니다. 단면을 선택하고 그 다음으로 곡면을 선택합니다.)

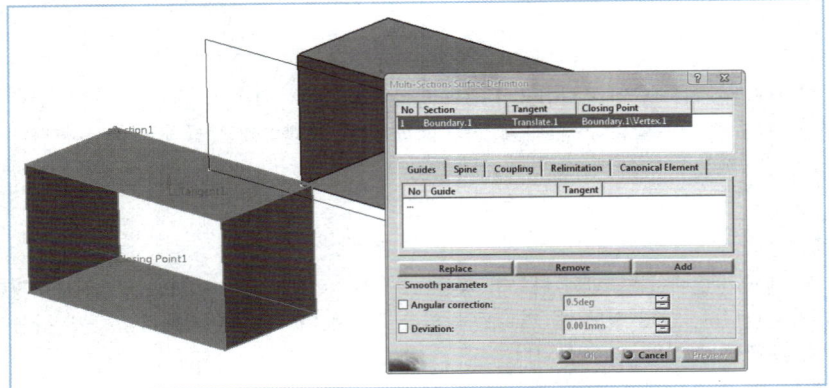

만약에 다시 이웃하는 접하는 곡면을 제거하고자 한다면 해당 Section을 선택하고 Contextual Menu에서 'Remove Tangent'를 선택합니다.

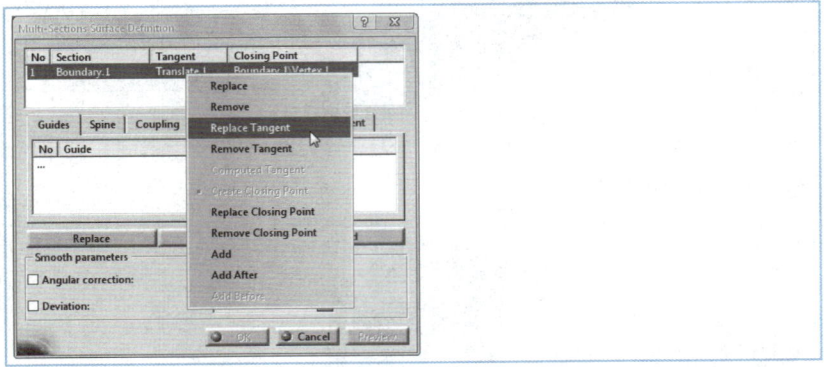

본 형상을 통해 이웃하는 서피스와 접하는 곡면을 만들어 보도록 하겠습니다. 우선 다음과 같은 순서대로 단면을 선택합니다. 여기서 자세히 관찰하면 각 단면에 'Closing Point x'라는 것이 생긴 것을 확인할 수 있습니다.

이것은 단면 형상이 닫힌 Profile인 경우에 나타나는 표시로 한 단면을 그린다고 하였을 때 시작점과 끝점이 만나는 부분이라고 생각하기 바랍니다. 그런데 여기서 중요한 것은 이 Closing Point들은 각 단면의 위치에서 그 방향이 동일해야 한다는 것입니다.

'Closing Point는 Closing Point를 따라간다.'

따라서 각 단면의 Closing Point의 위치가 다른 경우에는 이를 조절해 주어야 합니다. 아래 그림에서는 Section.1의 Closing Point의 위치가 다른 두 개와 다릅니다. 따라서 이를 조절해 줄 것입니다.

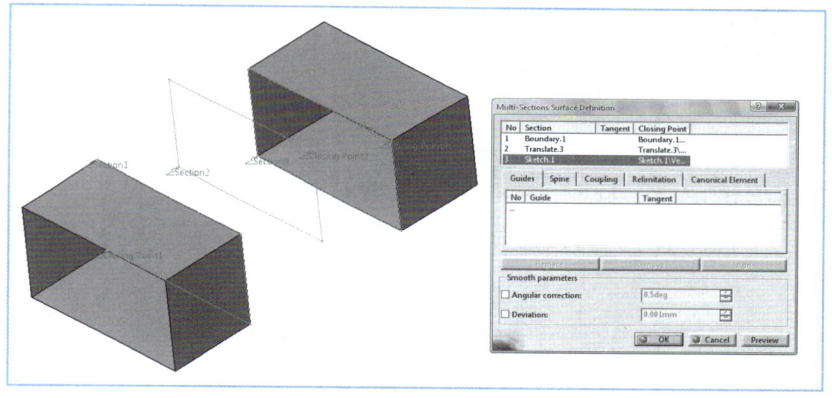

먼저 Section의 Closing Point를 선택한 후에 Contextual Menu를 선택 'Replace'를 선택합니다.

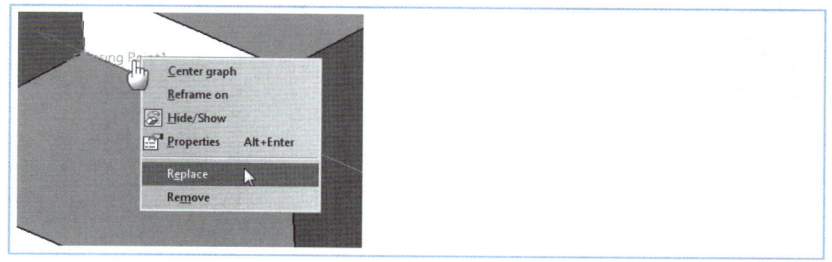

다음으로 뒤의 두 단면들의 Closing Point의 위치와 같은 지점을 마우스로 클릭해 줍니다.

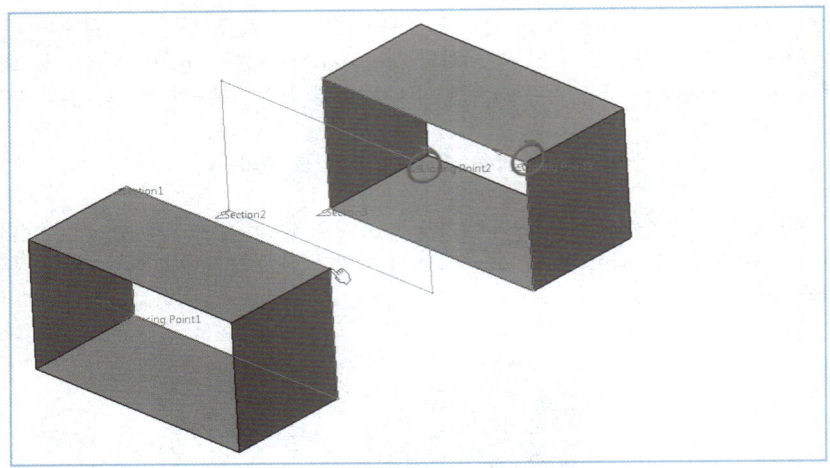

그럼 다음과 같이 Closing Point의 위치가 변경됩니다.

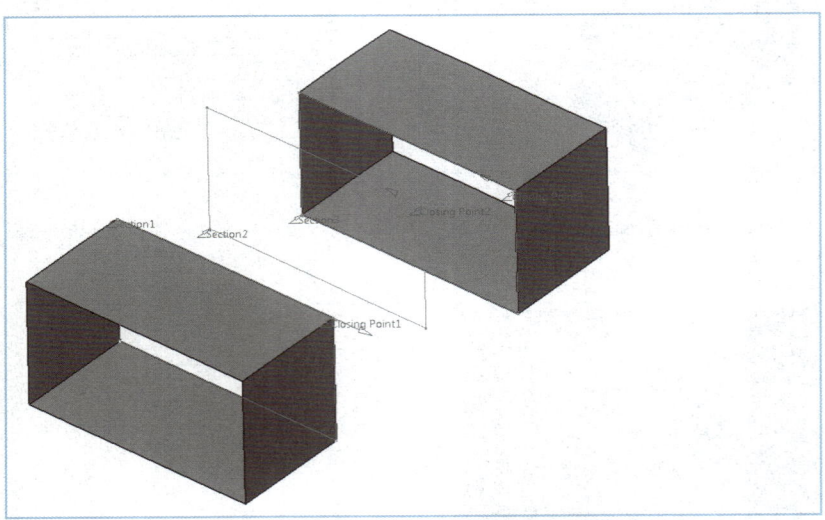

다음으로 해주어야 할 일은 회전 방향을 맞추는 것인데 아직 Section 1의 Closing Point의 방향이 뒤의 두 개와 동일하지 않다. 따라서 마우스 클릭을 통하여 변경해 줍니다.

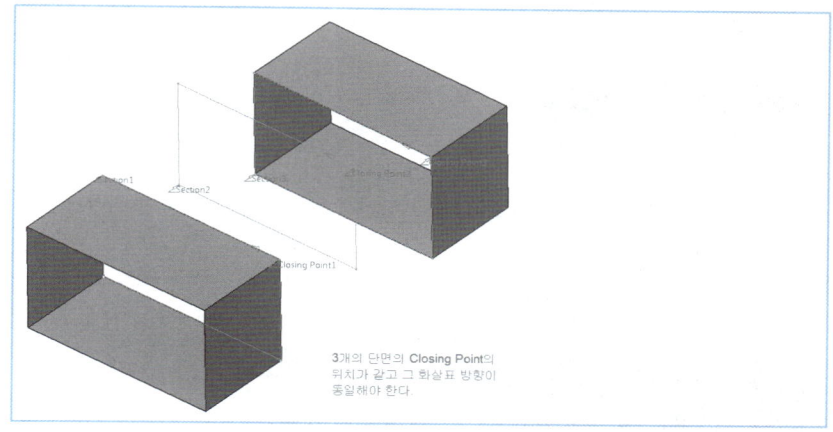

이 상태에서 미리보기를 하면 다음과 같은 결과 형상이 나옵니다.

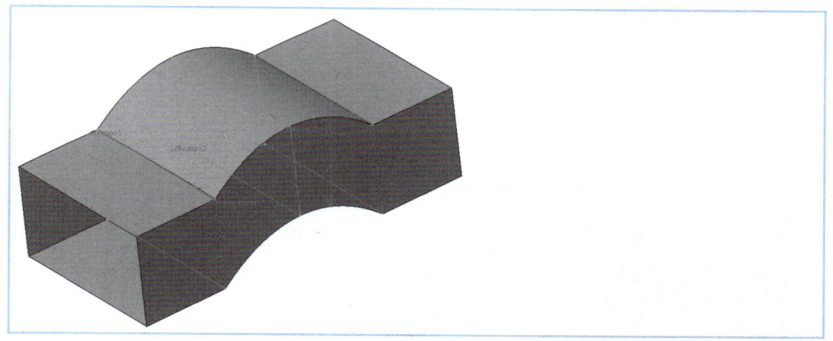

이제 이 형상에 Tangent 조건을 넣어주도록 합니다. 다음과 같이 Section 1을 Definition 창에서 선택하고 해당 위치의 곡면 형상을 선택합니다.

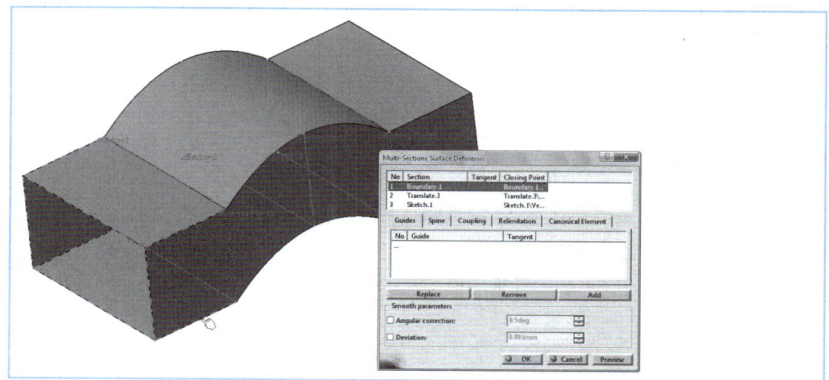

그럼 다음과 같이 Tangent가 입력되는 것을 확인할 수 있습니다.

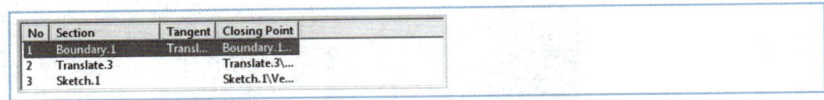

이 상태에서 미리보기 합니다. 아래 그림과 같이 선택한 단면부의 곡면이 변경된 것을 확인할 수 있습니다.

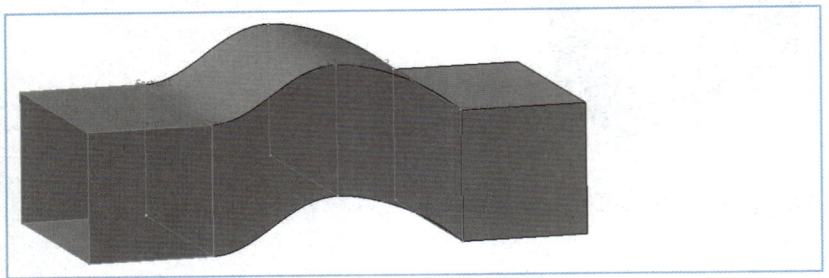

반대편의 단면에도 동일한 작업을 수행하였습니다.

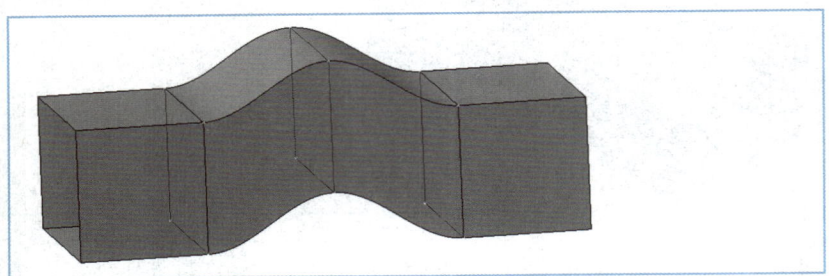

이웃하는 Surface가 있는 경우에는 연속성을 생각하여 반드시 Tangent 조건을 주어야 하는 경우를 잘 결정해야 합니다.

E. Blend

Curve 사이와 Curve 사이를 이어주는데 사용합니다. 주로 곡면의 모서리들을 이어줄 때 사용합니다. 곡면의 모서리를 이어줄 때 이웃하는 곡면은 Support로 선택할 수 있어 곡면과 곡면 사이의 틈을 부드럽게 이어주는데 사용할 수 있습니다.

예제 파일을 준비합니다.

일반적으로 아래와 같이 Blend 명령을 실행하고 두 Curve 요소를 선택하면(Curve 또는 Edge) 다음과 같이 두 대상 사이가 이어지는 것을 확인할 수 있습니다. 여기서 화살표 방향이 어긋나지 않도록 방향을 잘 맞춰 주어야 합니다. 방향 설정은 마우스로 클릭하면 됩니다.

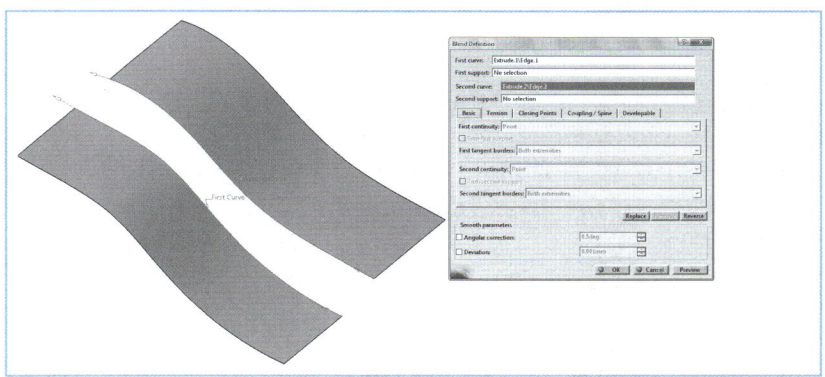

이런 경우 Support 성분을 입력해 주기 않았기 때문에 다음과 같이 두 대상이 날카롭게 이어진 것을 확인할 수 있습니다.

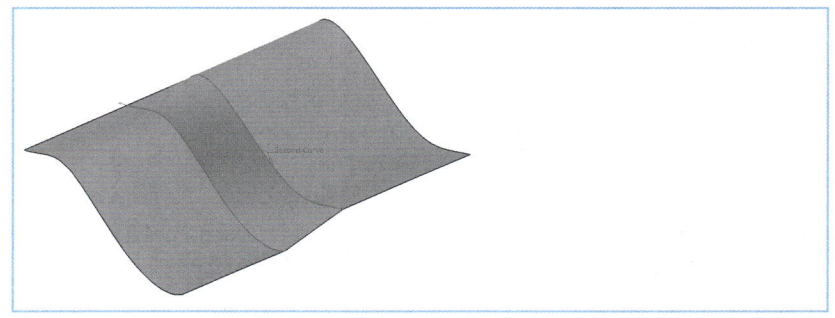

여기에 다시 각각의 Curve 성분에 Support를 넣어주면 이 Surface와 접하게 Blend Surface가 만들어 집니다.

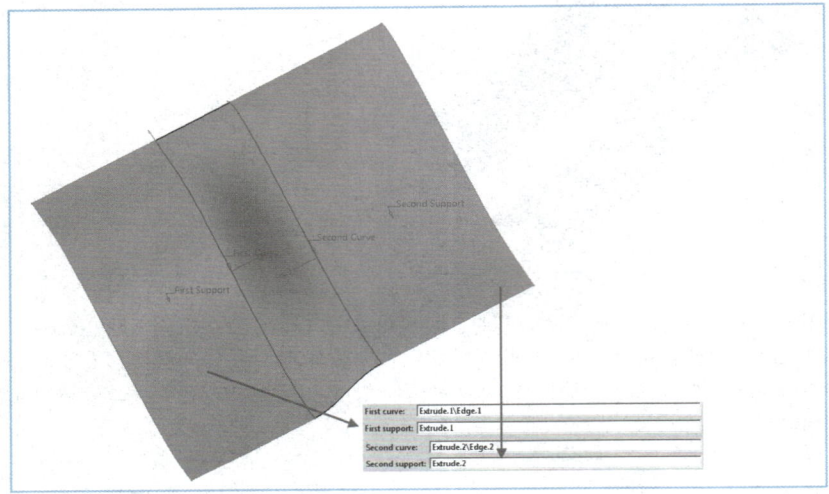

위 경우와 같이 Surface의 틈 사이를 이어줄 때 유용하게 사용할 수 있습니다.

☑ **Basic Tab** : 각 Curve의 연속성에 대한 정의와 Trim Support를 지원합니다.

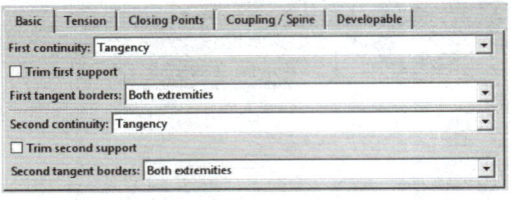

☑ **Tension Tab** : 각 Curve 지점의 Tension 값을 조절할 수 있습니다.

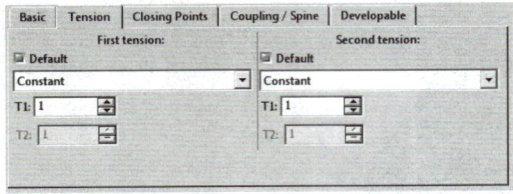

☑ **Closing Point Tab** : 닫혀있는 Curve 요소를 선택할 경우 Closing Point의 위치를 지정해 줄 수 있습니다. (위 형상과 같이 Open된 형상에는 의미가 없습니다.)

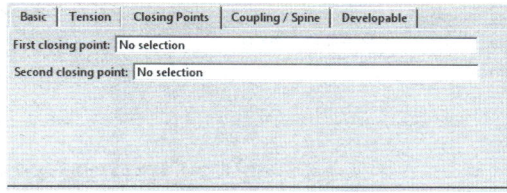

☑ **Coupling/Spine Tab** : 여러 개의 마디로 나눠진 복잡한 Curve 형상의 경우 각 Vertex 지점으로의 연결 위치를 Coupling으로 잡아 주거나 두 Curve 요소 사이에 Spine을 지정해 줄 수 있습니다.

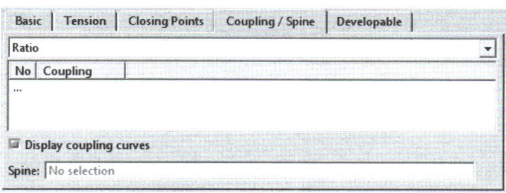

5 Operation

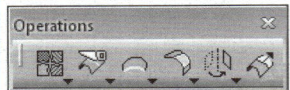

GSD 워크벤치 중에서 가장 중요한 Toolbar를 묻는다면 바로 이 Operation Toolbar가 아닐까 생각합니다. 실제로 Wireframe Toolbar와 Surface Toolbar가 없다면 형상을 그려낼 수 없는 게 사실이지만 이 Operation Toolbar가 없다면 이렇게 만들어 놓은 형상을 아무로 손도 델 수가 없게 됩니다. 각각의 곡면들끼리 이어 줄 수도 없고 불필요한 부분을 잘라낼 수도 없게 되는 것입니다. 실제로 솔리드 모델링 보다 GSD에서 작업의 강점을 나타나는 부분도 이 Operation Toolbar라고 생각합니다.

매우 중요한 부분이므로 이 Toolbar의 기능들을 확실히 체크해 두도록 하자.

5.1 Join-Healing Sub Toolbar

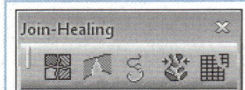

A. Join

GSD 워크벤치에서 하나 또는 여럿의 Geometrical Set에서 만들어진 형상들은 서로 이웃하고 있더라도 낱개의 Wireframe 또는 Surface 요소로 분류됩니다. 즉, 이어준다는 정의를 하지 않는 이상 각각의 작업으로 만들어진 결과 형상들은 독립적이다 할 수 있습니다. 다시 정리하자면

"하나의 Geometrical Set안에서라도 Surface 또는 Wireframe 형상을 만들고 다른 Surface나 Wireframe 형상을 만들어 주어도 이들을 이어주는(또는 합쳐주는) 명령을 실행하지 않는 이상 이 둘은 서로 독립적인 Surface, Wireframe 형상이 됩니다."

따라서 GSD 워크벤치에는 Surface나 Curve 형상을 하나로 이어주는 명령이 반드시 필요한데 그러한 명령이 바로 Join입니다.

Join은 여러 개의 Surface 또는 Curve들을 하나로 합쳐주는 역할을 수행합니다. Join 명령을 실행시키면 다음과 같은 Definition 창이 나타납니다.

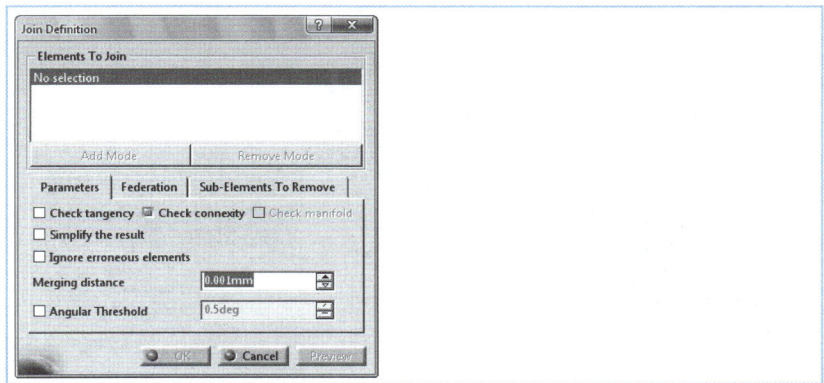

물론 Surface는 Surface 요소끼리 Curve는 Curve 요소끼리 선택을 해주어야 합니다. 즉, Surface와 Curve는 하나로 Join할 수 없다는 것입니다. 만약에 다른 차원의 요소들끼리 Join 하려고 한다면 다음과 같은 메시지가 출력될 것입니다.

같은 차원의 요소들끼리(Wireframe 요소는 Wireframe 요소들끼리 Surface 요소는 Surface 요소들 끼리) 선택하면 Definition 창의 'Element to Join'에 차례대로 나타날 것입니다.

여러 개의 Surface를 선택할 경우 Spec Tree를 열어서 'SHIFT Key'나 'CTRL Key'를 이용하여 선택하면 보다 편리합니다. 만약에 선택한 대상을 제거하고자 한다면 'Remove Mode'를 선택한 다음 Spec Tree에서 제거할 대상을 선택합니다. 반대로 추가하고자 하는 대상이 있다면 'Add Mode'를 선택하고 대상을 선택하도록 합니다.

☑ **Check tangency** : 이 Option을 체크하면 합치고자 하는 형상들이 Tangent한지를 체크할 수 있습니다. 그래서 만약 Tangent하지 않다면 Error 메시지를 내보낸다. 예제 파일을 통해 확인해 보시기 바랍니다.

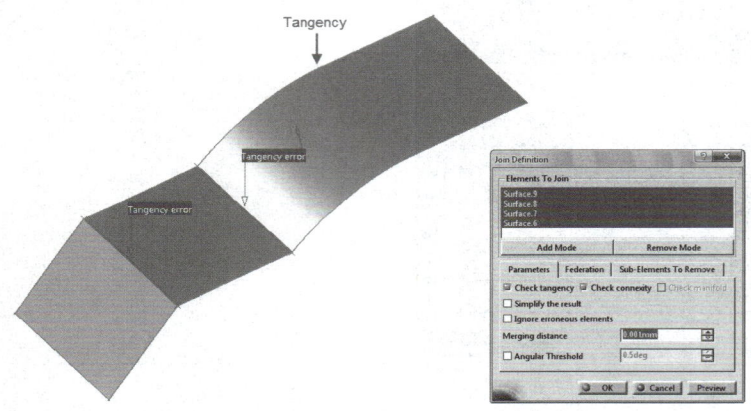

Tangent한 형상만을 Join하고자 할 때 유용합니다. 그러나 일반적으로 형상을 Tangent한 경우에 대해서만 Join하지는 않기 때문에 디폴트로는 해제 되어 있습니다.

☑ **Check connexity** : Join하고자 하는 요소들끼리 이웃하는지를 체크하는 Option으로 이웃하지 않거나 요소들 사이의 떨어진 거리가 '0.1mm'보다 클 경우에 Error 메시지를 내보낸다. 예제 파일을 준비합니다. 그리고 Join 명령을 실행하여 대상을 선택해 본다.

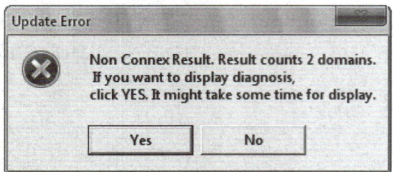

그럼 다음과 같은 메시지 창이 나타날 것입니다.

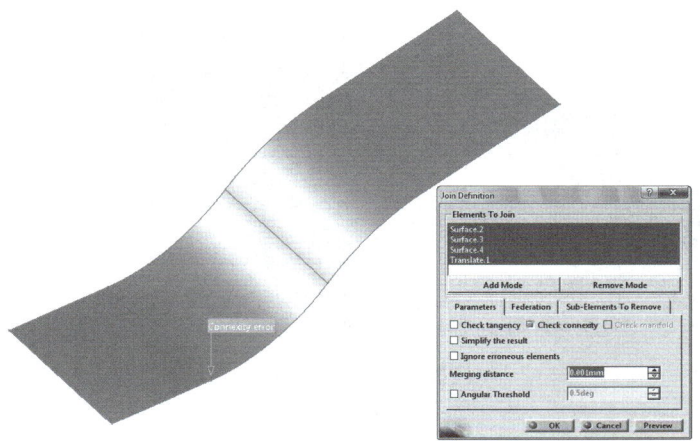

일반적으로 선택한 요소들을 하나의 형상으로 합치는 것이 목적이기 때문에 이 Option은 디폴트로 체크되어 있습니다. 그리고 만약에 이 Error가 발생한 경우에는 형상을 수정하거나 Join이 아닌 Healing 과 같은 방법을 사용해야 합니다. 절대 이 Error를 무시하고 넘어가지 말아야 합니다. 여기서는 이 형상들 사이에 틈새가 0.1mm 이상이기 때문에 나타나는 것으로 Definition 창의 Merging Distance 값을 0.1mm로 바꾸어 줍니다. 그럼 다음과 같이 Error가 발생하지 않습니다.

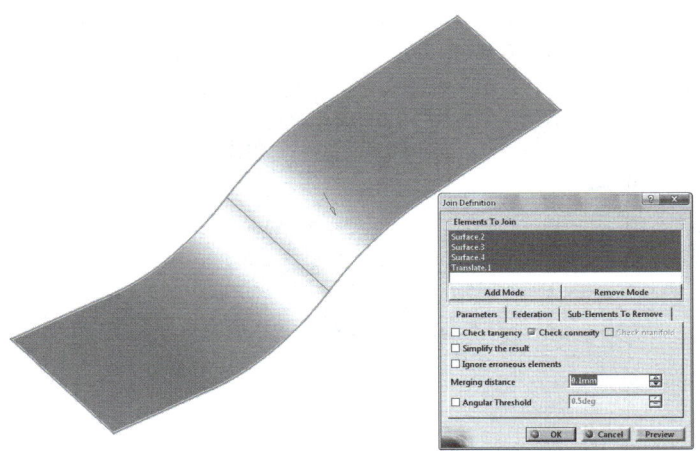

그러나 종종 실제로 이웃하는 형상을 이으려는 목적이 아닌 단순히 하나의 작업으로 묶으려는 목적으로 이 Option을 해제하고 Join을 하기도 합니다.

☑ **Simplify the result** : Join으로 여러 개의 형상을 합치다 보면 복잡하게 형상이 나타날 수 있습니다. 이 때 이 Option을 체크하면 형상을 단순화 시킬 수 있습니다. 즉, 불필요한 Face나 Edge를 줄일 수 있습니다. 복잡한 형상의 경우엔 매우 유용한 Option입니다. 다음의 예를 보도록 하겠습니다.

예제 파일을 준비합니다.

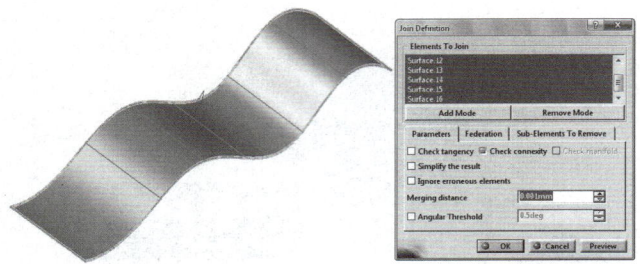

Join 명령을 사용하여 하나의 Surface 형상으로 합치면 다음과 같습니다. 그림에서 볼 수 있듯 각각의 형상의 마디의 흔적이 그대로 남아 있습니다.

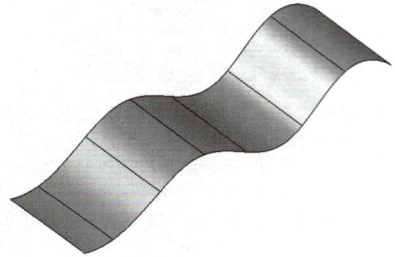

여기서 다시 Join 명령을 실행 시켜 이번엔 'Simplify the result' Option을 체크하고 Join을 해보면 다음과 같은 결과를 볼 수 있습니다.

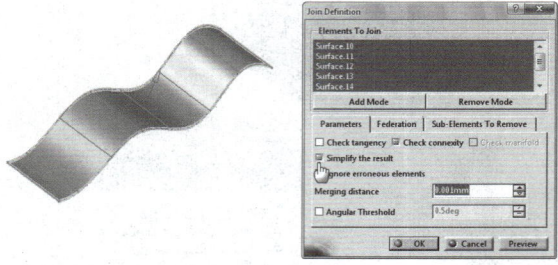

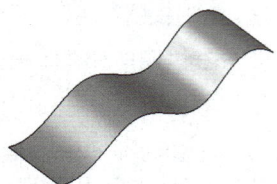

☑ **Ignore erroneous elements** : Join을 하면서 많은 부분을 한 번에 작업하다 보면 일부를 Join하지 못하는 요소가 있게 됩니다. 이 때 이러한 Error로 인식되는 부분을 무시하도록 하는 Option입니다. 이 Option을 체크하면 Error되는 부분은 Join에서 제외시킨다.

☑ **Merging Distance** : Join하려고 하는 형상이 반드시 이어져 있는 것은 아닙니다. Surface의 경우 이 들 사이에 틈이 있을 수도 있고 Curve와 Curve가 이어지지 않은 경우가 있을 수도 있습니다. 이러한 경우 Join은 허용된 범위 안의 거리나 틈에 대해서는 컴퓨터 스스로 형상을 수정하여 틈을 제거하고 합쳐주는 작업이 가능합니다. 이러한 허용 범위가 바로 Merging Distance로 공차(Tolerance)로 생각하여도 됩니다. 그러나 Merging Distance는 최대가 '0.1mm'의 값을 갖습니다. 그 이상의 값은 입력해 줄 수 없으며 이 보다 공차가 큰 경우에는 Healing 명령을 사용하길 권장합니다. 다음의 예를 보도록 하겠습니다.

예제 파일을 준비합니다. 다음과 같이 두 개의 Surface가 있습니다. 이 두 형상은 '0.095mm' 만큼 틈이 존재합니다.

이 두 Surface 형상을 Join을 사용해 합치려 하면 'Connexity error'가 될 것입니다.

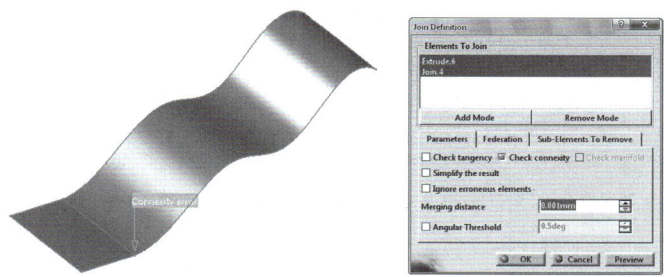

여기서 Merging Distance 값을 '0.1mm'로 변경 하고 다시 미리 보기를 해 보면 이번에는 Error 없이 Join이 되는 것을 볼 수 있습니다.

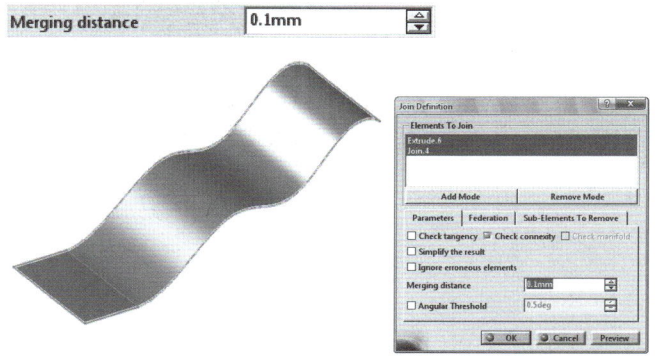

물론 여기서는 0.1mm를 Merging Distance로 사용하였지만 두 Surface 형상 사이의 거리가 '0.095mm' 인걸 알았다면 Merging Distance도 '0.095mm'로 사용했어야 바람직합니다.

'Merging Distance는 항상 최소값을 사용해야 합니다.'

Join으로 형상을 합친 후에 미리 보기를 선택하면 다음과 같이 녹색의 Boundary가 보이게 됩니다. 물론 Join이 바르게 되었다면 Boundary가 Surface와 Surface 사이에 나타나서는 절대 안 된다는 것을 기억해야 합니다. 다음의 첫 번째 형상은 잘못된 Join의 결과이고 두 번째 형상은 바른 Join 결과라고 할 수 있습니다.

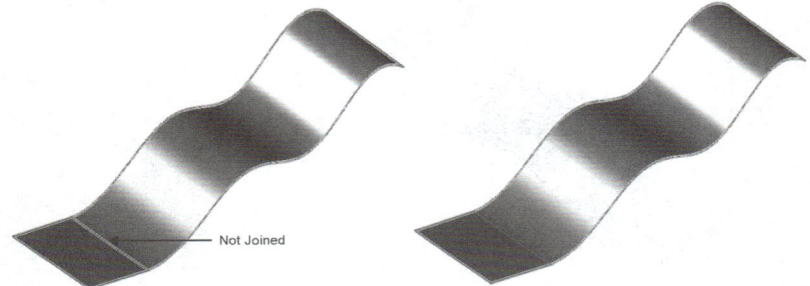

추가적으로 설명을 할 것이 있습니다. 바로 Join을 하면서 나타나는 화살표에 대한 것인데 이것은 이 Surface 형상의 법선 벡터(Normal Vector)의 방향을 나타낸다. 이 법선 벡터의 방향에 의한 작업의 영향이 있으므로 주의해야 합니다.

만약에 이 법선 벡터의 방향을 바꾸고자 한다면 Join 명령이 활성화 된 상태에서는 단순히 클릭만으로 변경이 가능합니다. 또는 다음과 같이 Invert 라는 명령을 사용하기도 합니다. 이 명령은 따로 Insert ⇨ Operations ⇨ Invert Orientation에서 선택합니다.

예제 파일을 준비합니다. 파일을 보면 Curve 요소들 역시 Join할 수 있다는 것을 확인할 수 있습니다.

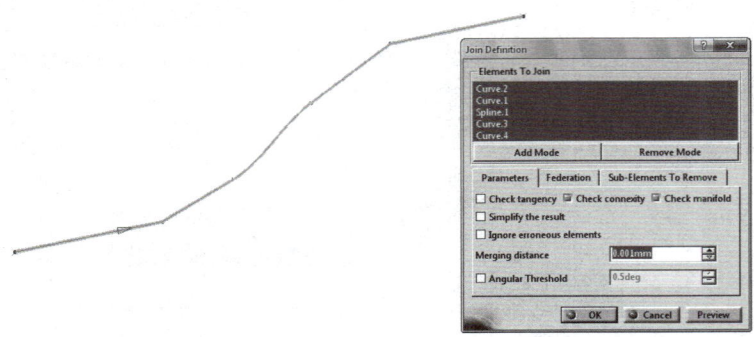

B. Healing

우선 Healing은 Join과 유사하게 Surface와 Surface를 하나로 합쳐주는 명령입니다. 그러나 Healing은 Curve 요소에는 사용할 수 없습니다. 또한 Healing은 일반적으로 Join이 해결하지 못할 정도로 큰 공차를 가진 Surface들을 하나로 합쳐주는데 사용됩니다.

명령을 실행시키면 다음과 같은 Definition 창이 나타납니다.

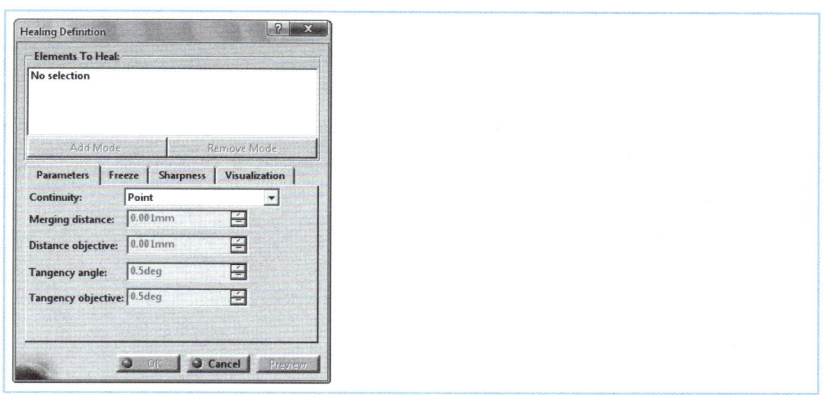

사용방법은 Join과 크게 다르지 않다. 합치고자 하는 Surface들을 선택하여 적절한 Merging Distance 범위 안에서 형상들을 합친다.

그러나 Healing은 Merging Distance값에 제한이 없다는 게 Join과 큰 차이이자 큰 이점입니다. Healing은 형상의 대 변형을 이용하여 형상의 벌어진 틈을 제거해 합치는 명령입니다. 그렇기 때문에 사용에 주의를 가져야 하는데 원본 형상을 크게 변형시킬 수 있기 때문에 가급적 Merging Distance 값은 최소로 해주어야 합니다.

Healing은 그래서 Analysis Toolbar에 있는 Connect Checker 라는 명령과 함께 사용합니다. 뒤에서 배우겠지만 Connect Checker는 Surface와 Surface의 틈 사이의 간격을 측정해 줍니다. 따라서 이 명령을 이용해서 Surface 형상들의 틈의 최대 값에 맞추어 Merging Distance를 입력해 주어야 합니다. Healing을 공부하기에 앞서 Connect Checker 부분을 먼저 공부하면 도움이 될 것입니다.

예제 파일을 준비합니다.

우선 Analysis Toolbar에서 Connect Checker 명령을 찾아 실행합니다. 그리고 다음과 같이 두 곡면을 선택합니다. 여기서 두 곡면의 선택은 CTRL Key를 사용합니다. 그럼 다음과 같은 메시지 창이 나타납니다.

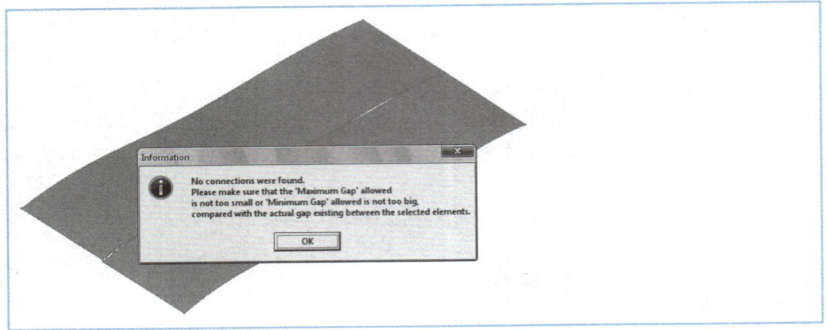

이것은 두 대상 사이의 곡면사이의 Gap이 현재 Definition 창에 입력된 값보다 클 경우를 나타내는 것으로 Definition 창에서 Maximum Gap을 3mm로 변경해 줍니다. 그럼 다음과 같이 출력됩니다.

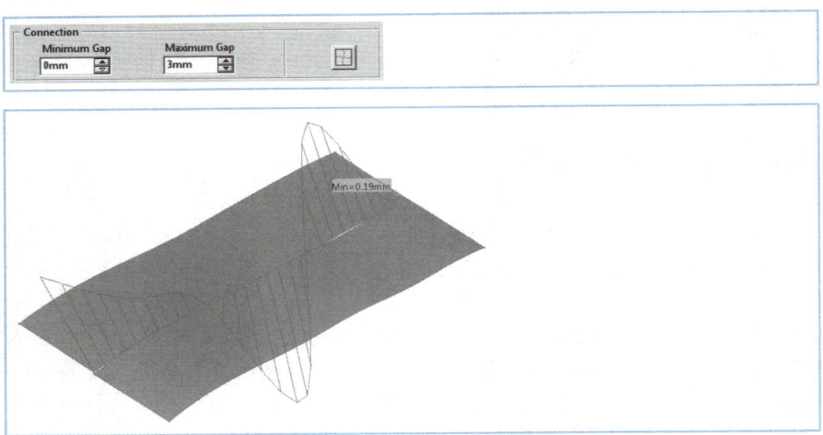

여기서 Definition 창에서 Full Color Scale 아이콘을 클릭합니다. 그리고 다음과 같이 Auto Min Max를 체크합니다. 다음으로 Definition 창에서 를 해제합니다.

그럼 다음과 같이 두 곡면 사이의 틈을 표시하는 정보를 확인할 수 있습니다.

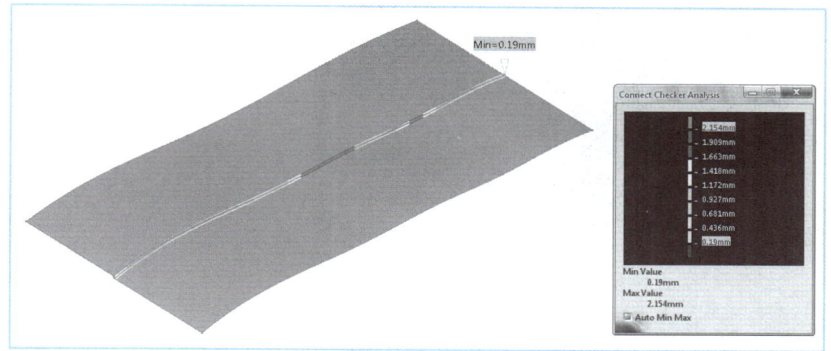

위 그림은 Connect Checker를 사용하여 두 Surface 형상 간의 틈 간격을 분석한 결과입니다. 최대 Gap이 '2.154mm'로 나오므로 Healing에서 Merging Distance를 '2.154mm'에서 약간의 '+'값을 가지게 잡아 줍니다. 값을 조금씩 변경하여 최소가 되는 값에서 OK를 해주어야 합니다.(여기서는 '2.2mm'를 입력했습니다.)

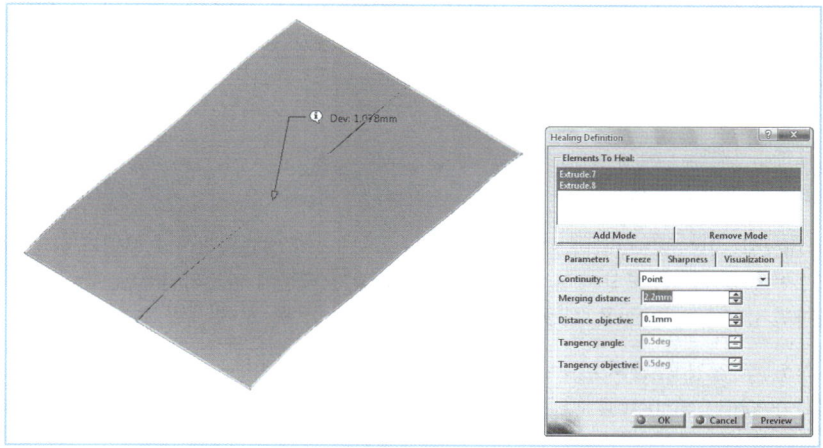

Distance Object는 Healing할 때 허용할 수 있는 최대의 차이 값을 말합니다. 최대 '0.1mm'까지 입력이 가능합니다.

- ☑ **Freeze Tab** : Parameter Tab을 지나 Freeze라는 Tab을 가면 선택한 Surface의 모서리 (Edge) 중에서 Healing할 때 현재 위치에서 변형이 일어나지 않도록 부분을 선택을 할 수 있습니다. 여기서 선택된 Edge 성분 곡면은 Healing 시에 변형이 최소화됩니다.

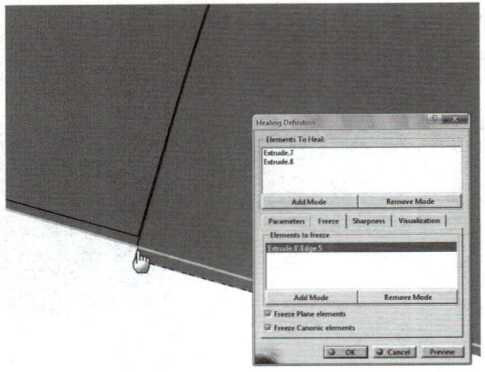

종종 형상이 이러한 Freeze를 수행하지 못할 경우에는 다음과 같이 Error 창을 띄운다.

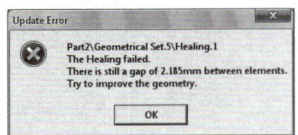

다시 한 번 강조하지만 Healing은 형상을 변형하여 벌어진 틈을 조여 합치는 명령입니다. 따라서 불필요하게 Merging Distance 값을 크게 하지 않기 권합니다. 그리고 Connect Checker 명령을 먼저 사용하고 Healing을 사용하면 도움이 될 것입니다.

C. Curve Smooth

Curve를 기반으로 만들어지는 Surface 형상은 Curve가 불연속적이나 마디가 나누어져 있으면 이렇게 나누어진 부분이 그대로 영향을 받기 때문에 양질의 Surface를 만들고자 한다면 Curve Smooth를 사용하여 Curve 형상을 수정해 줄 필요가 있습니다.

다음 두 형상은 같은 Curve 요소를 하나는 있는 그대로 Extrude 시킨 것이고 다른 하나는 Curve Smooth를 사용하여 Curvature를 약간 수정해 준 결과입니다.

이 명령은 Curve에 적용하는 명령으로 여러 개의 Sub Element로 즉, 여러 마디로 이루어진 Curve 형상에 대해서 각 연결지점을 부드럽게 처리해 주는 명령입니다. 여기서 선택하는 Curve는 반드시 이어져 있어야 하며 떨어진 경우 명령 실행이 되지 않습니다. 그리고 연속하더라도 Join과 같은 명령으로 묶여져 있어야 합니다.(낱개의 Curve 요소들 사이에 작업해주고자 한다면 Join을 먼저 수행하기 바랍니다.)

☑ 불연속인 마디나 Curve 요소들이 이어져 있지 않은 경우 출력되는 경고 메시지

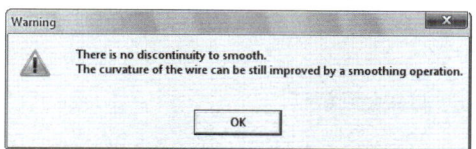

☑ 선택한 Curve 요소에 완전히 이어져 있지 않거나 겹치는 프로파일이 존재하는 경우 출력되는 경고 메시지

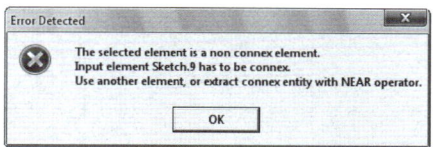

예제 파일을 준비합니다.

Curve Smooth 명령을 실행시키면 다음과 같은 Definition 창이 나타납니다.

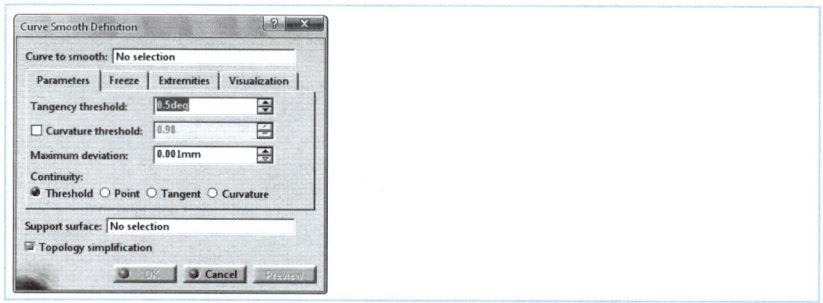

Curve를 선택하면 Curve to Smooth라는 부분에 입력이 되며 동시적으로 불연속적인 부분을 표시해 줍니다. 곡선에 대한 연속성(Continuity)은 크게 3가지로 Point discontinuous(C0 Continuity), Tangency discontinuous(C1 Continuity), Curvature discontinuous(C2 Continuity)가 있습니다. Curve Smooth를 사용하고자 하는 Curve 요소를 선택하면 자동적으로 연속적이 못한 부분이 표시되면서 어떠한 연속 상태인지 알려줍니다.

'In : 현재 연속인 상태'

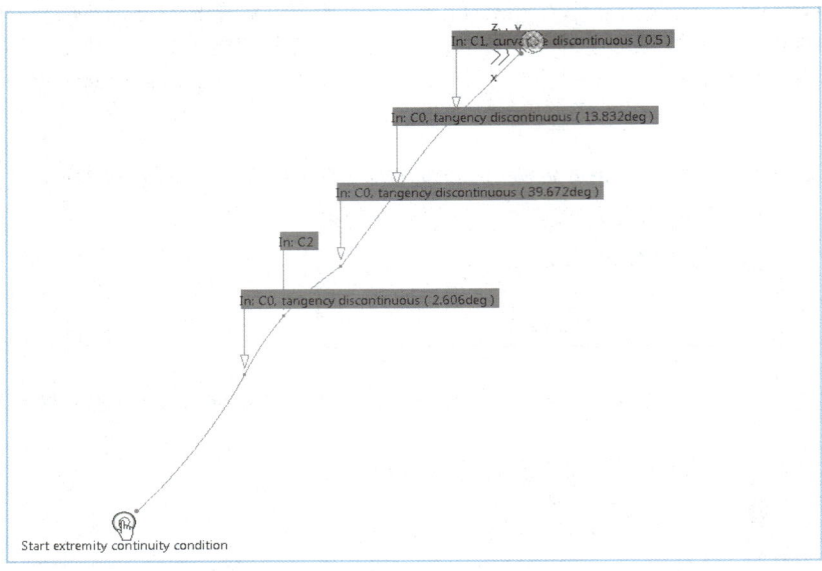

각 연속성의 속성을 이해하고 필요한 Smooth하게 하려는 Type을 Continuity에서 선택해 줍니다.

☑ **Threshold** : 디폴트 모드로 Tangency와 Curvature를 처리할 수 있습니다.

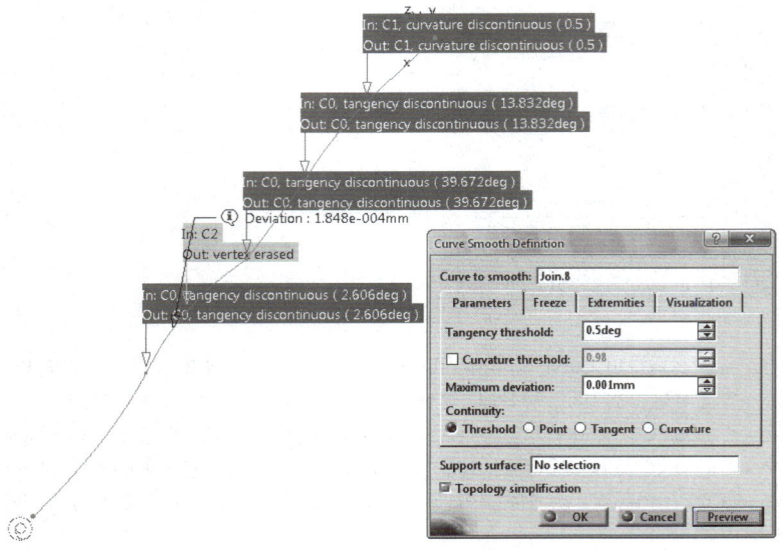

☑ **Point** : Point 연속(C0)인 부분이 사라집니다.

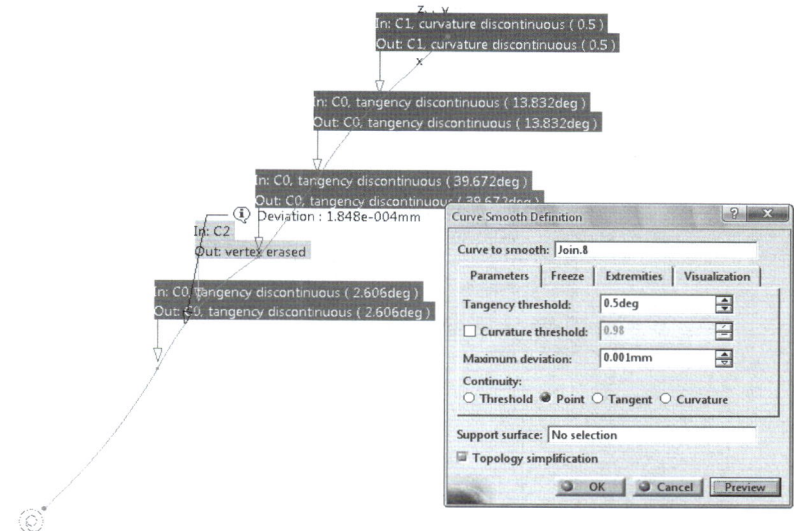

☑ **Tangent** : Tangency(C1) 연속인 것을 Curvature Continuous(C2)로 만듭니다.

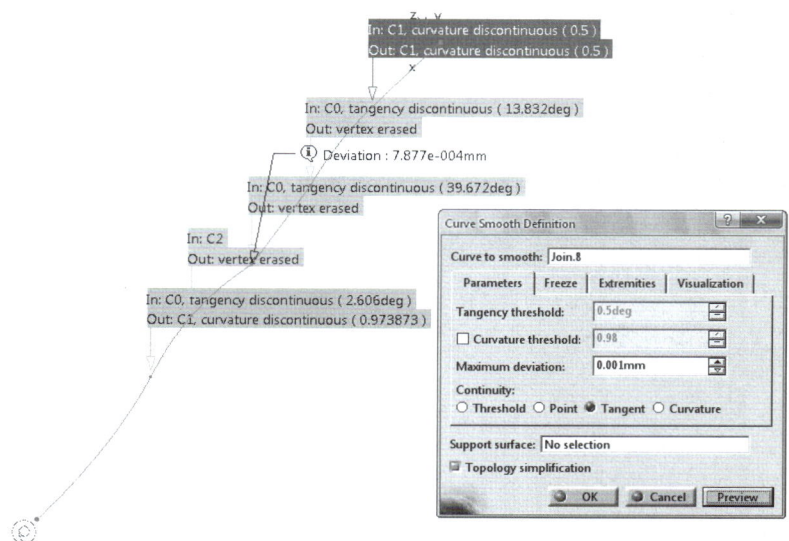

☑ **Curvature** : C0, C1 Continuity가 사라집니다. 모든 마디에 Vertex가 사라지고 C2 Continuity
가 됩니다. 일반적으로 곡선의 모든 불연속 Vertex를 제거하고자 할 때 사용합니다.

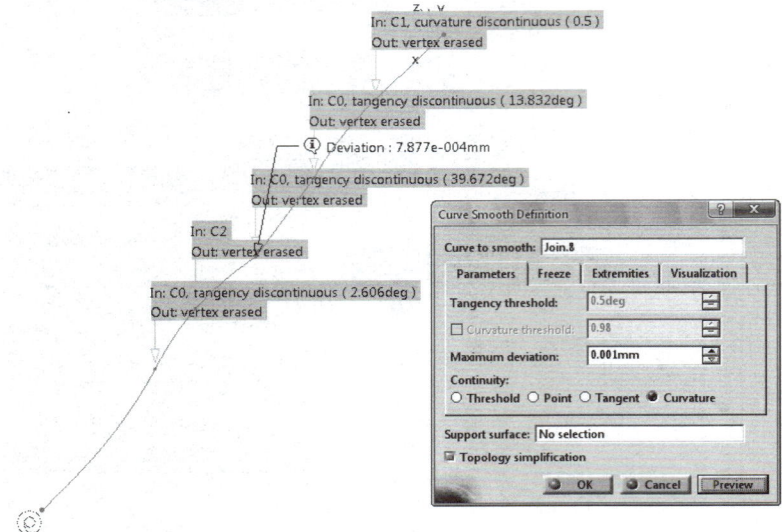

Maximum deviation(최대 편차) 값을 사용하여 Curve가 연속적이게 Curve를 변형 시
킬 수 있으나 이 값 역시 너무 큰 값을 입력해 두면 Curve 형상에서 벗어나게 되므로
주의해야 합니다.

이러한 작업으로 불연속적인 부분이 제거 되면 화면에서 붉은 색으로 나타나던 Vertex
부분이 녹색으로 바뀌면서 'Vertex erased' 라고 표시됩니다.

'Out : vertex Erased'

Parameters Tab을 지나 Freeze Tab에서는 변형을 일으키지 말아야 한 Curve 요소를
선택할 수 있습니다. Maximum deviation을 0.1mm로 하고 Freeze Tab에 Curve의 한
마디를 선택합니다.

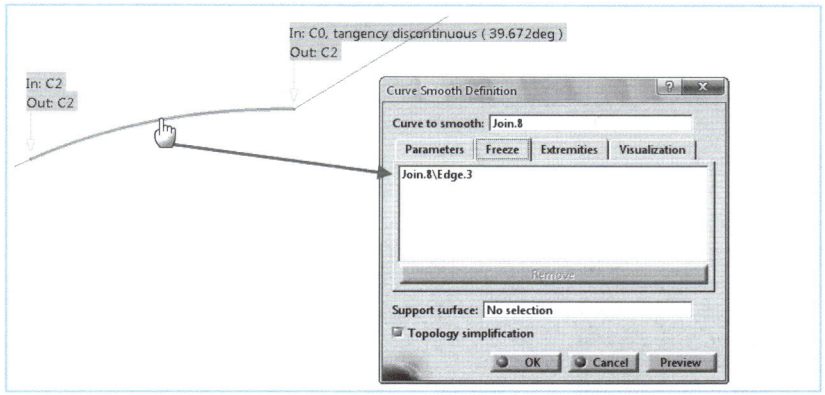

   Curve Smooth 명령 역시 원본 형상에 변형을 주는 명령이기 때문에 Maximum deviation(최대 편차)을 너무 크게 주지 않도록 주의해야 합니다.

D. Untrim

   이 명령은 Surface를 GSD 워크벤치의 Split 나 FreeStyle 워크벤치의 Break Surface or Curve 로 절단한 후 다시 이 절단되어 사라진 부분을 복구하는 명령입니다. 물론 앞서 명령을 취소하는 방법도 있을 수 있지만 명령을 취소할 수 없거나 형상이 Isolate된 경우라면 Untrim 명령을 사용하는 것이 제일 적합합니다.

   예제 파일을 준비합니다. 그리고 Untrim 명령을 실행시키고 다음과 같이 곡면을 선택합니다.

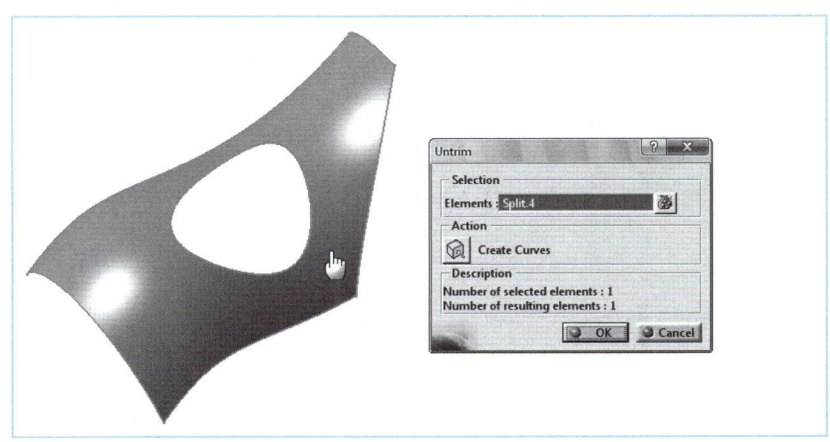

OK를 선택하면 일련의 Process가 진행되는 게 출력되면서면서 Split 이전의 형상이 다시 만들어 집니다.(아래 그림에서는 원본 형상과 Untrim 결과 형상이 겹쳐진 것입니다. Untrim 형상을 사용하려면 원본 형상은 숨기기 하면 됩니다.)

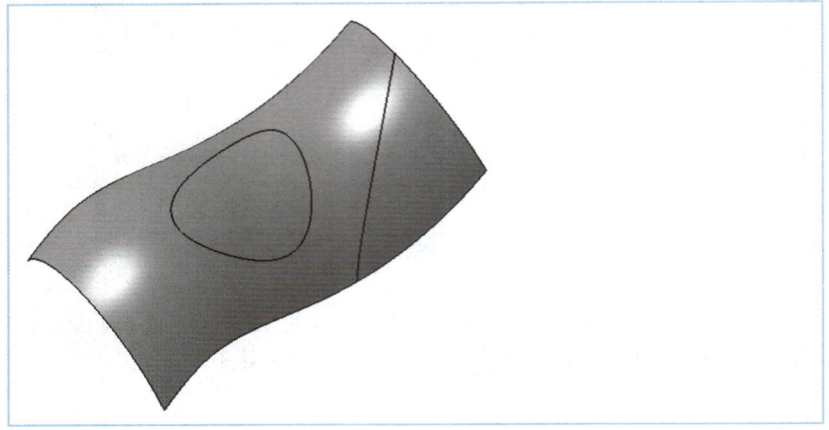

앞서 Definition 창에서 Create Curves 를 체크하면 Untrim을 수행하면서 잘려나간 지점에 경계 요소가 Curve로 추출되어 만들어 집니다.

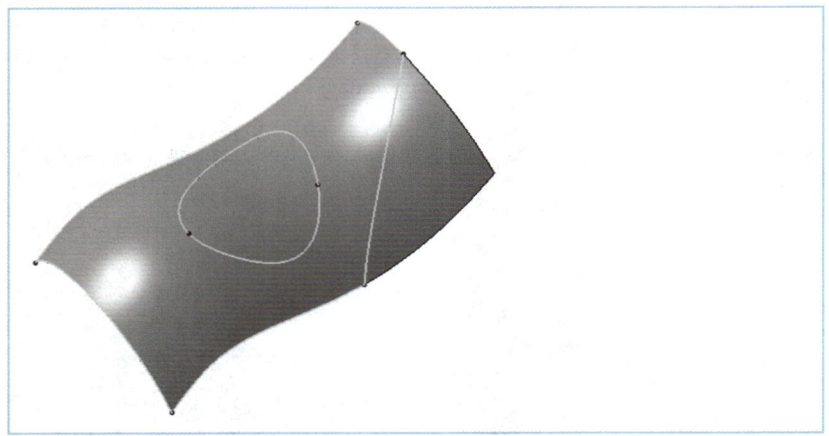

E. Disassemble

이 명령은 여러 개의 Sub Element로 이루어진 Surface나 Curve를 Domain을 기준으로 쪼개어 버리거나 또는 모든 Sub Element를 낱개의 요소로 쪼개어 버린다. Surface의 경우 여러 개의 마디로 나누어 졌을 경우 이 각각을 낱개의 Surface 들로 분리가 가능합니다. 마찬가지로 Curve의 경우도 연속적이지 않고 마디가 나누어진 부분들을 모두 쪼개어 낱개의 Curve 조각을 만들어 냅니다.

이렇게 Disassemble된 Surface/Curve는 Isolate된 상태이기 때문에 Spec Tree 상에서 Parent/Children 관계가 모두 끊어진다는 것을 기억하기 바랍니다. 즉, Profile을 수정하거나 변경이 불가능 합니다.

예제 파일을 준비합니다.

명령을 실행시키고 대상을 선택하면 다음과 같은 Definition 창이 나타납니다.

여기서 Input elements를 입력하면 디폴트로 Definition 창 왼쪽의 'All Cells'로 즉, 모든 Sub Element 단위로 Disassemble하도록 선택이 됩니다. 동시에 몇 개의 요소로 나누어지는지도 알 수 있습니다.

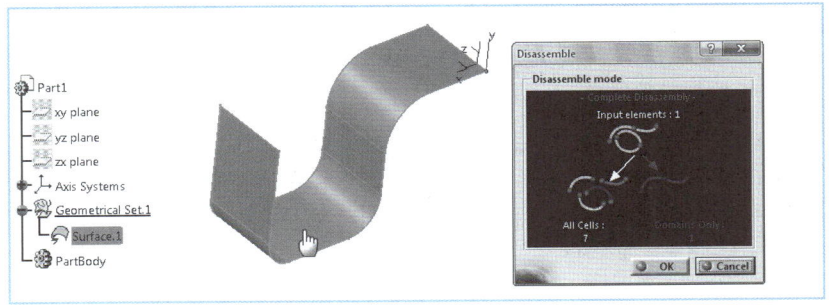

Disassemble 후에는 원본 형상은 그대로 있고 이 형상을 구성하던 요소들이 분리되어 따로 생기는 것을 볼 수 있습니다.

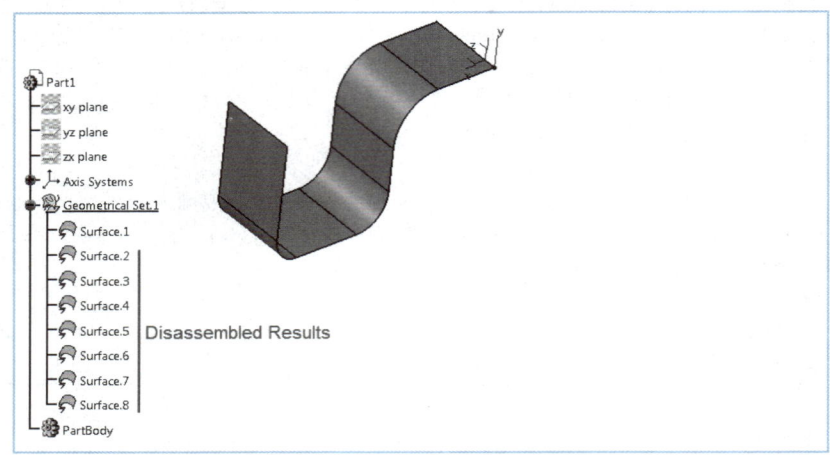

이렇게 분리된 형상들은 따로 숨기기나 또는 삭제, 경계면 수정과 같은 독립적인 작업이 모두 가능해 집니다.

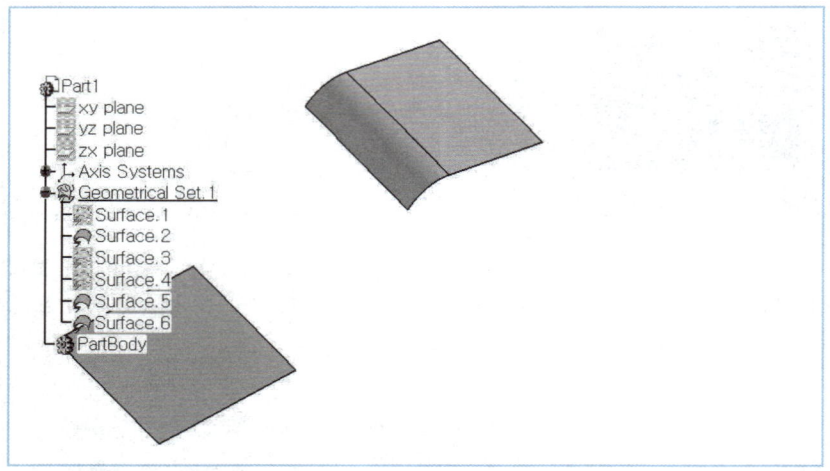

만약에 Domain 단위로 Disassemble하고자 한다면 Definition 창에서 오른쪽의 'Domain Only'를 선택해 줍니다. Domain 단위로 Disassemble을 하면 연속적인 부분은 나누어 지지 않고 떨어진 요소들끼리만 분리가 됩니다. Domain이 어떤 의미인지 안다면 결과도 쉽게 예상할 수 있을 것입니다.

다음과 같은 형상을 스케치 한 후에 연습해 보도록 합니다.

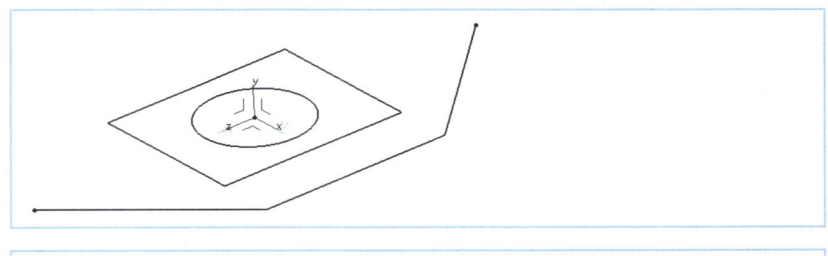

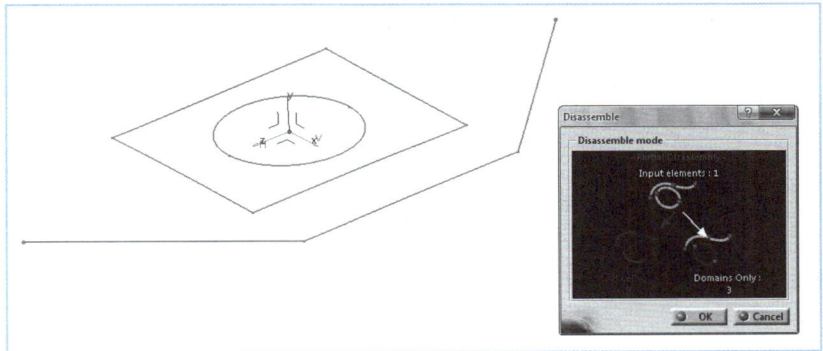

'Domain Only'로 작업한 결과 입니다.

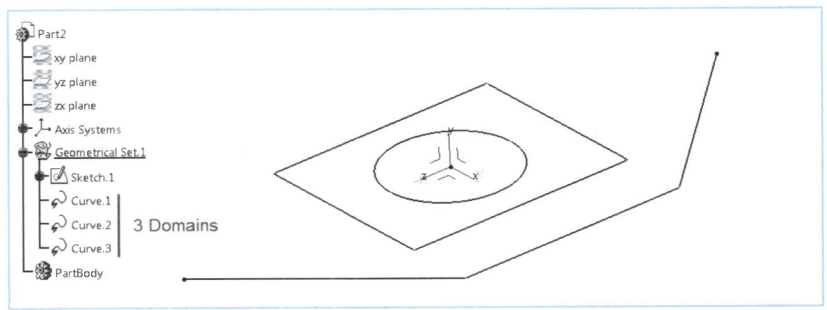

한 가지 주의할 것은 Disassemble에 의한 결과는 완전히 Isolate된 결과이기 때문에 앞서 원본 형상의 업데이트나 수정에 따라 달라질 수 없다는 점을 주의해야 합니다. 따라서 무작정 이 명령으로 형상 요소들을 분리한 후에 작업하는 것은 위험할 수 있습니다.

5.2 Split-Trim Sub Toolbar

A. Split

이 명령은 Surface 또는 Curve 형상을 임의의 기준 요소를 경계로 하여 절단하는 명령입니다. GSD 워크벤치에서는 형상을 만드는 과정에서 형상을 만들고 불필요한 부분을 잘라내어 다른 형상과 이어주는 작업 방식을 사용하기 때문에 필수불가결한 명령입니다.

Surface를 이와 교차하는 다른 Surface 면을 기준으로 절단하거나 또는 평면이나 Surface 위에 놓인 Curve를 사용하여 절단이 가능합니다. Curve의 경우에는 교차하는 다른 Curve를 기준으로 절단하거나 또는 평면, Curve 위의 Point를 사용하여 절단이 가능합니다.

다음의 경우를 보도록 하겠습니다.

[예1] Surface 위에 있는 Curve로 Split

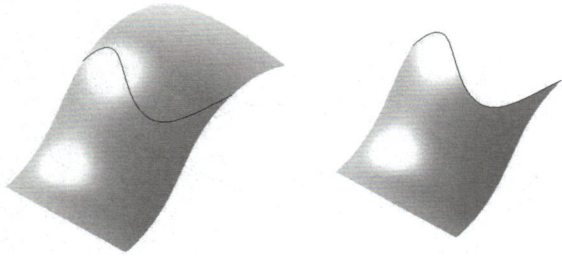

[예2] Surface를 교차하는 다른 Surface로 Split

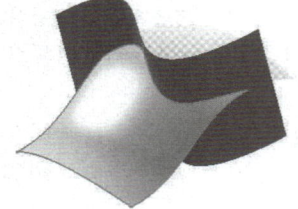

[예3] Curve를 Curve와 교차하는 Plane으로 Split

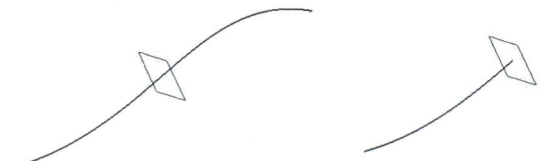

[예4] Curve를 Curve와 교차하는 다른 Curve로 Split

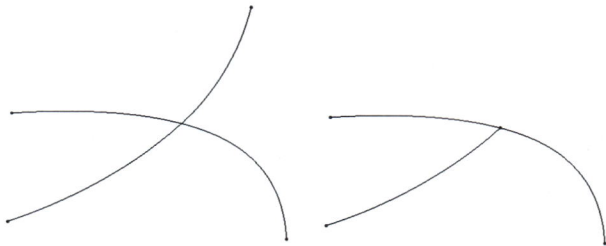

[예5] Curve를 Curve위의 Point로 Split

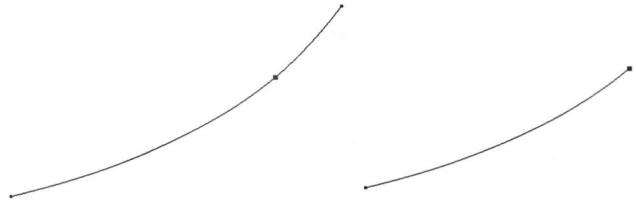

예제 파일을 준비합니다.

Split 명령을 실행시키면 다음과 같은 Definition 창이 나타납니다.

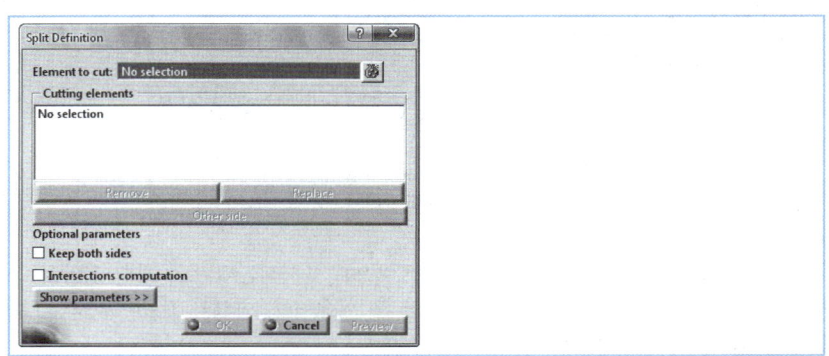

'Element to cut' 항목에 절단하고자 하는 대상을 선택합니다. 물론 복수 선택이 가능하기 때문에 동시에 여러 개의 요소를 절단할 수 있습니다. 여기서는 Surface와 Curve를 동시에 선택 가능합니다.

대상을 복수 선택할 때는 CTRL Key를 누르고 대상들을 먼저 선택한 후에 명령을 실행 시키거나 명령을 실행 시키고 을 클릭한 후 대상들을 하나씩 선택해 줍니다.

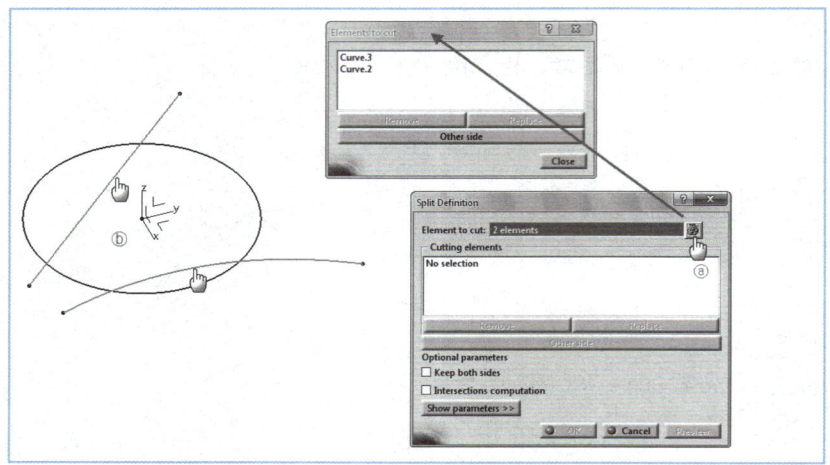

'Cutting elements'에는 절단의 기준이 되는 요소를 선택해 줍니다. 만약에 절단하려는 대상과 교차하지 않거나 절단을 할 수 없는 기준이라면 바로 Error를 표시합니다. 'Cutting elements' 역시 복수 선택이 가능합니다.

여기서 Split되어 남아있게 되는 부분이 주황색으로 표시되는데 만약 방향이 맞지 않는 경우 'Other Side'를 클릭하여 방향을 잡아 줄 수 있습니다. 아래와 같은 결과를 만들어 보고 Tree를 확인해 보기 바랍니다.

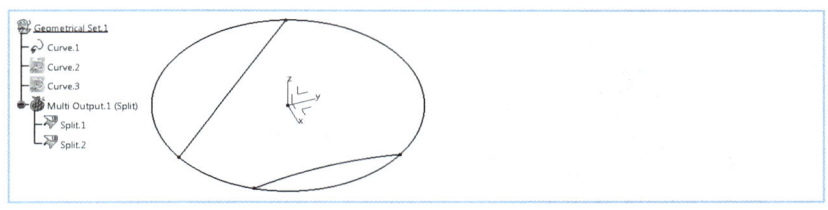

예제 파일을 준비합니다.

자르고자 하는 대상과 자를 기준이 선택되면 Slit되는 형상을 미리 보기 할 수 있습니다. 형상 중에 주황색으로 반투명하게 보이는 부분이 제거될 부분이 됩니다.

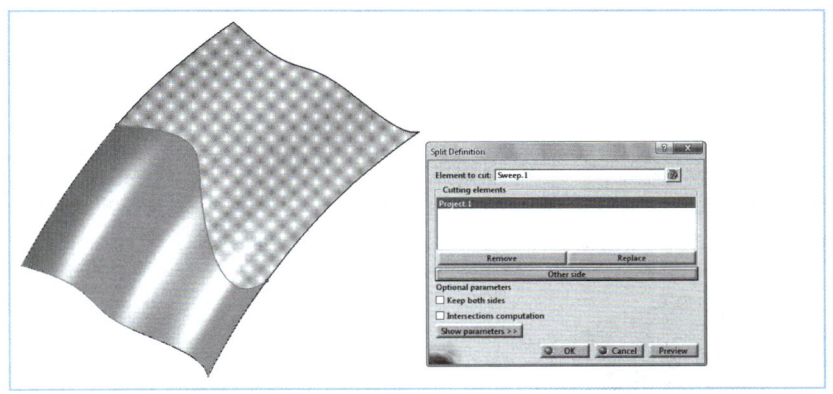

마찬가지로 'Other side'를 이용하여 Split 되어 잘려나가는 부분을 선택할 수 있습니다.

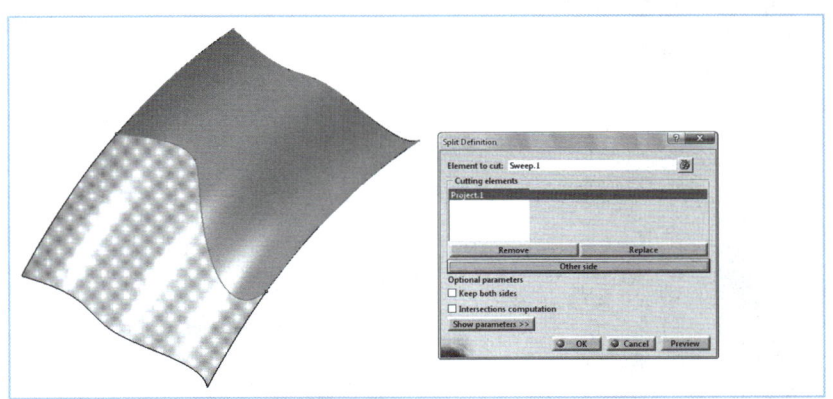

물론 Split가 경계를 기준으로 한쪽 부분을 무조건 잘라 없애는 것은 아니다. 아래의 'Keep both sides'를 체크하게 되면 경계를 기준으로 형상을 둘로 나누어 놓기만 하기 때문에 형상을 둘로 나누기만 원할 경우 이 Option을 체크합니다.

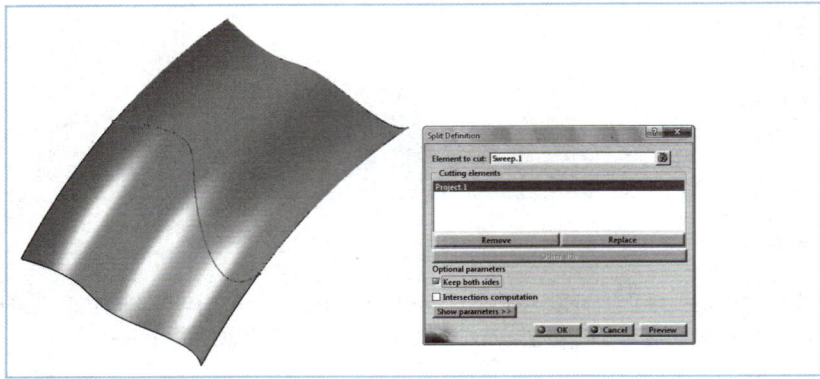

이 Option을 체크하면 Spec Tree에서는 다음과 같이 나타납니다.

또한 Split에서 기준면이 자르려고 하는 형상을 완전히 나누지 못하면 Automatic extrapolation 기능에 의해 자동적으로 기준면을 늘려 Split를 시킬 수 있습니다.

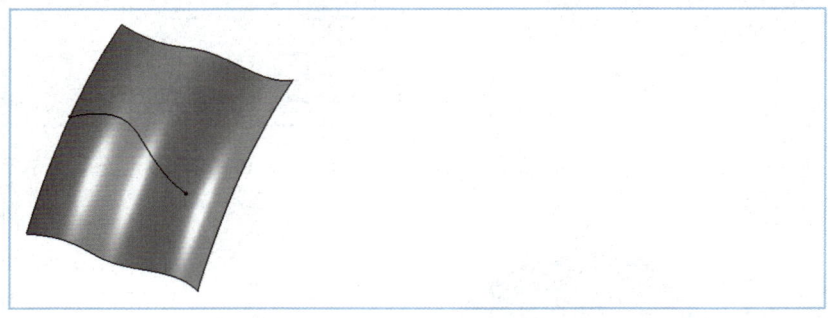

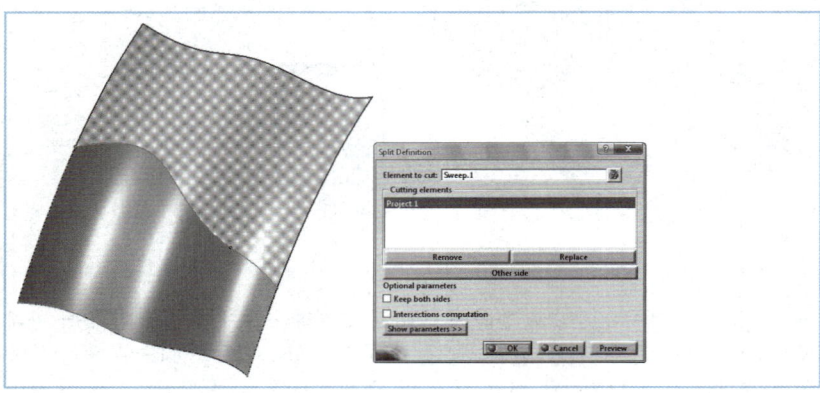

예제 파일을 준비합니다.

만약에 Split를 사용하여 Surface나 Curve 요소를 절단할 때 다음과 같이 여러 곳을 한 번에 제거하는 것도 가능합니다.

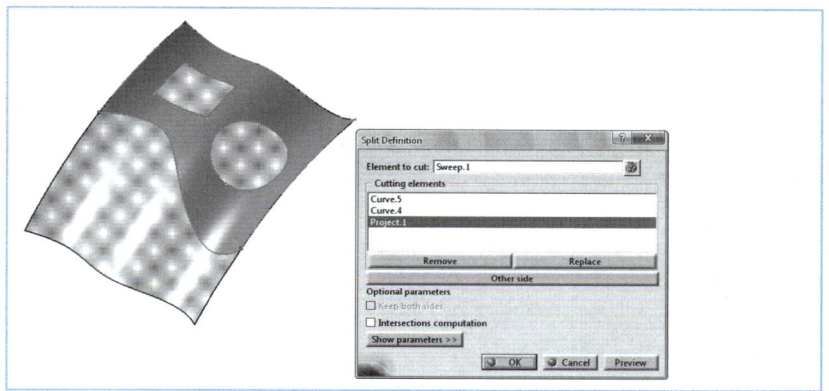

이 경우 각각의 Cutting Element에 대해서 절단 방향을 설정해 줄 수 있습니다.

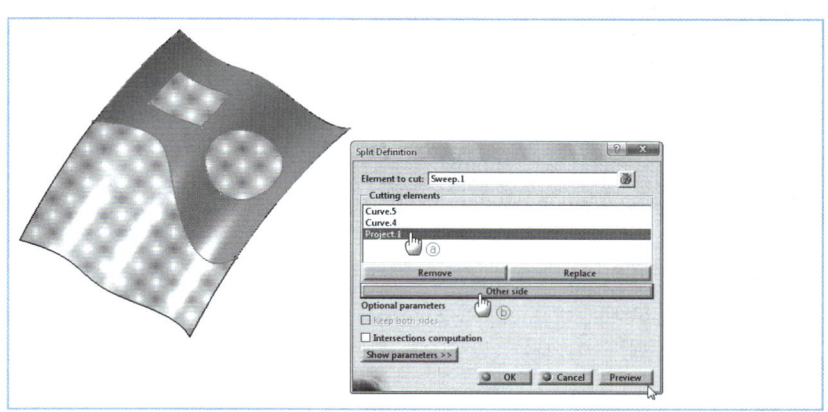

종종 Split 작업을 수행하는 과정에서 'Multi-Result'가 나온 경우에는 이 중에 원하는 한 부분을 선택해 주거나 또는 모두 현재 그 상태로 놔둘 수도 있습니다. 그러나 하나의 작업을 하였을 때 나오는 결과물이 여러 개로 나뉠 경우 이들을 독립적으로 사용할 수 없기 때문에 위와 같은 Multi-Result Management를 해주어야 합니다. 그리고 의도 하지 않은 상황에서 Multi-Result Management 창이 나타나면 작업에 자를 대상과 자를 기준 요소 사이에 문제가 있다는 것을 직감해야 합니다.

Multi-Result Management는 따로 설명을 추가하였으니 참고하기 바랍니다.

B. Trim

앞서 Split가 형상을 단순히 절단하는 것에서 그친 반면 Trim은 선택한 형상들을 서로를 기준으로 절단을 하면서 동시에 이 두 형상을 하나의 요소로 합쳐줍니다. 결국 Trim은 Split 명령 2번과 Join 명령 1번을 수행하는 것과 같은 결과를 가져옵니다.

'Trim 1회 = Split 2회 + Join 1회'

Trim은 두 가지 Mode를 가지고 있는데 'Standard Mode'와 'Piece Mode'입니다. 예제 파일을 준비합니다. Trim을 사용하기 위해 명령을 실행시키면 다음과 같은 Definition 창이 나타납니다.

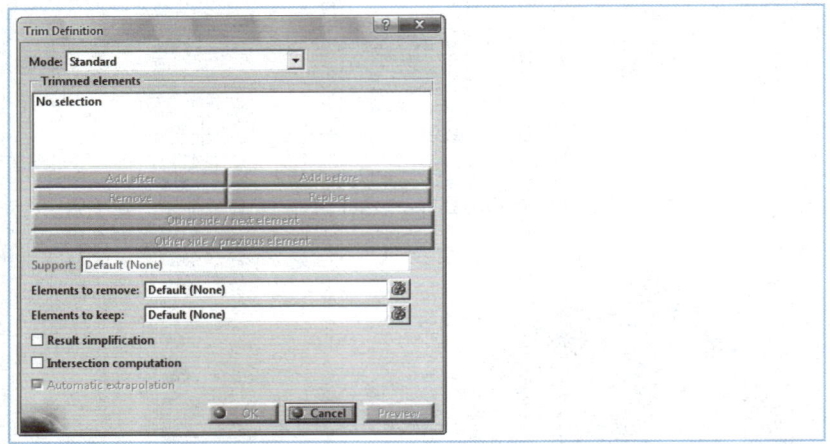

a. Standard Mode

디폴트 Mode이며 선택한 요소들을 인위적으로 Trim할 수 있습니다. Surface나 Curve 모두 선택이 가능하며 일반적으로 형상을 절단하여 합치고자 할 경우에 사용합니다.

Trim하려는 대상을 선택하면 'Trimmed elements'에 리스트가 나타나는데 여기서 두 개 이상의 형상을 선택할 수 있습니다. 반드시 두 개 라는 것이 아니기 때문에 복수 선택하여 각각의 이웃하는 형상들끼리 Trim하여 전체 Trim 형상을 만들게 됩니다. (Trim하고자 하는 대상이 여러 개인 경우에도 이들을 모두 하나의 명령 창 안에서 선택해 줄 수 있습니다. 물론 대상들 간에 교차가 확실히 이루어 져야 합니다.)

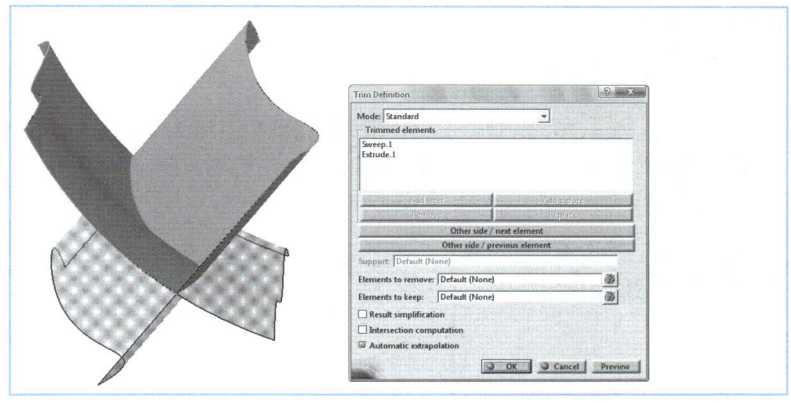

이렇게 선택 된 요소들은 각각의 성분끼리 경계에 의하여 다음과 같이 두 가지의 부분으로 나누어집니다. 그리고 이 두 가지 방향 중에 원하는 위치에 맞게 'Other Side'를 사용하여 선택해 주면 됩니다.

원하는 위치가 잡히면 Preview를 클릭하여 형상을 확인해 본 후 OK를 눌러줍니다.

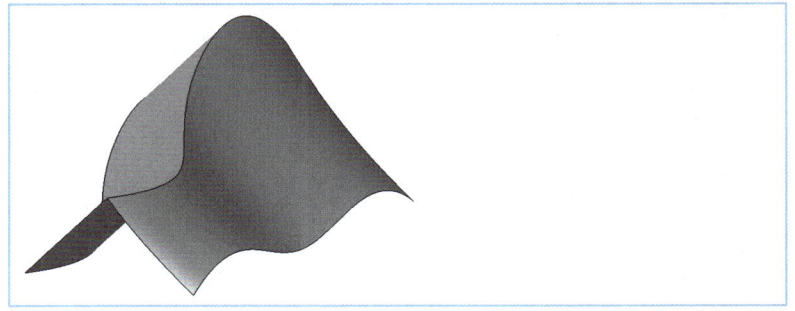

b. Piece Mode

예제 파일을 준비합니다.

이 Mode는 Curve 요소에만 사용이 가능한 방법입니다. 교차하는 Curve들을 한 번에 손쉽게 Trim 할 수 있으며 역시 복수 선택이 가능합니다. Trim 명령을 실행시 키고 Mode를 piece로 변경해 줍니다.

이 방법은 Trim할 요소를 선택하면서 Trim할 때 남아 있을 부위를 함께 선택합니 다. 즉, Trim 명령을 실행하고 남아있어야 하는 부분을 클릭하여 Curve를 선택하여 야 합니다.

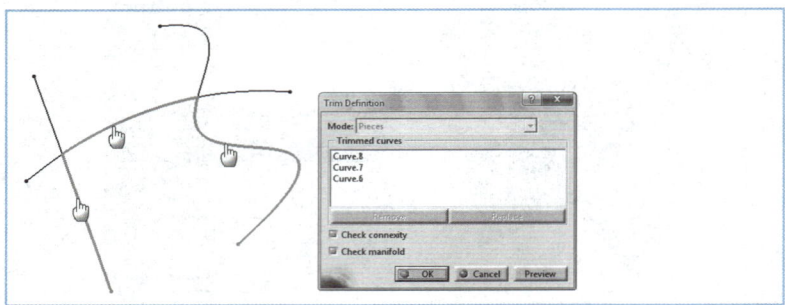

Curve 요소에서 마우스로 선택한 부분이 다른 Curve 요소를 경계로 남는 부분이 됩니다. 주황색 선으로 미리 보기가 됩니다. Piece Mode로 Curve 요소를 Trim한 결과입니다. 물론 이 Curve 요소들은 하나로 묶이게 됩니다.

5.3 Extracts Sub Toolbar

A. Boundary

Surface나 Solid 형상의 모서리(edge)를 Curve 요소로 추출하는 명령입니다. 일반적으로 Surface의 모서리나 Solid 형상의 것을 직접 선택하여 작업에 이용할 수 있습니다. 그러나 이 모서리는 내부 요소이기 때문에 수정하여 길이를 조절하거나 임의의 길이만큼 잘라서 사용할 수는 없습니다.

이런 경우 형상의 모서리를 따로 추출하여 사용하고자 할 필요성을 느끼게 되며 이런 경우 사용할 수 있는 방법이 Boundary를 이용하는 방법입니다. 주로 Surface의 모서리를 추출하는데 사용하고 Solid 형상에서는 면 단위로 경계선 추출이 가능합니다.

예제 파일을 준비합니다.

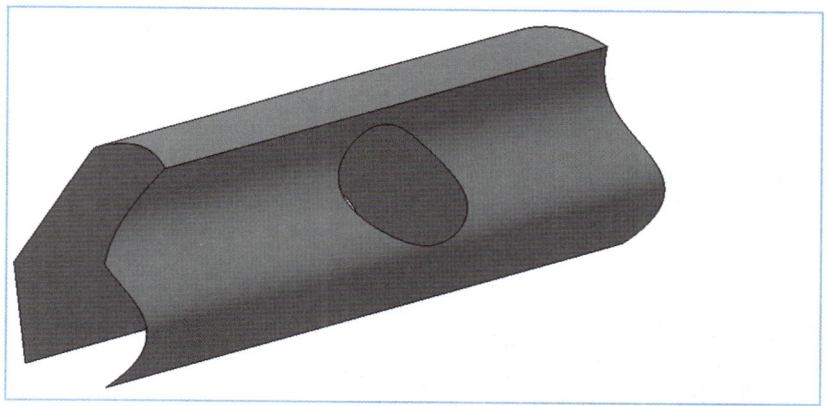

Boundary에는 다음과 같은 4 가지 Propagation Type이 있으며 필요에 따라 각 Type 중에서 선택해 주면 됩니다.

☑ **Complete boundary** : 형상이 가지고 있는 모든 모서리의 Edge가 Boundary로 추출됩니다. 형상이 가진 모든 Free Edge가 추출됩니다.

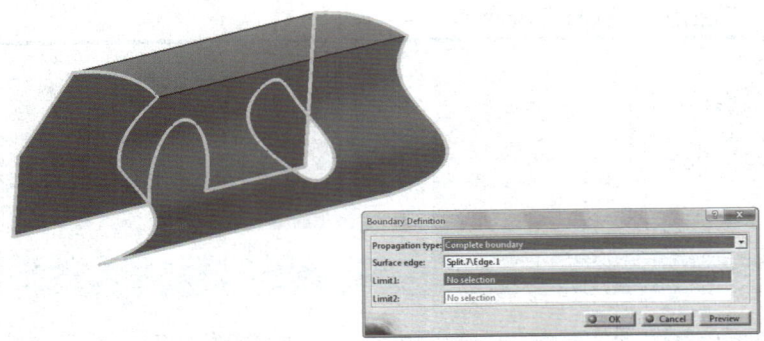

그러나 이런 경우 결과물이 형상의 내부 및 외부 Edge가 모두 추출되기 때문에 다음과 같은 Multi-Result Management가 필수적입니다.

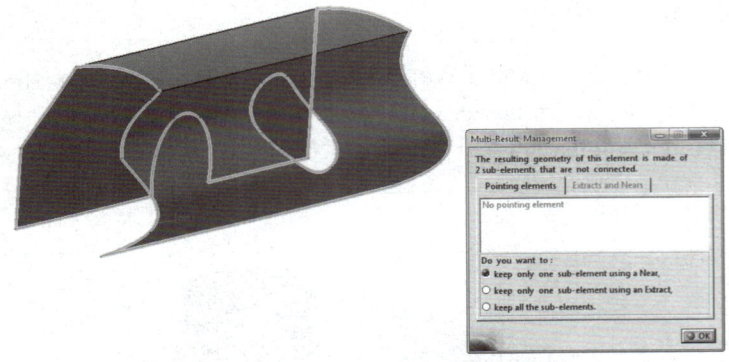

☑ **Point continuity** : 현재 선택한 모서리와 이어져 있는 모든 모서리가 Boundary로 추출됩니다. 선택한 Edge를 따라서 연속된 모든 형상의 경계를 추출합니다.

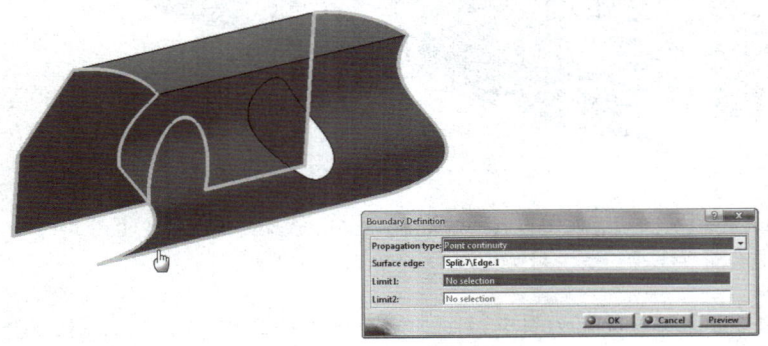

☑ **Tangent continuity** : 현재 선택한 모서리와 Tangent 하게 접하고 있는 모서리까지 Boundary로 추출됩니다.

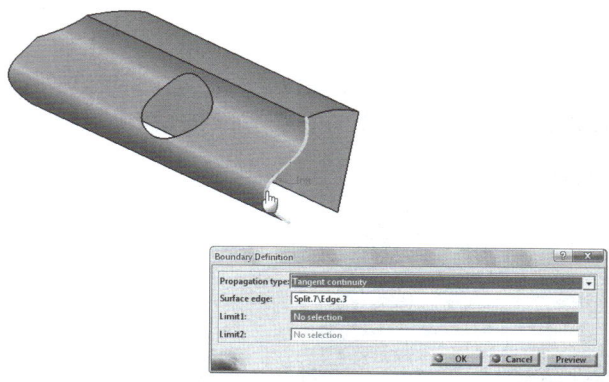

☑ **No propagation** : 현재 선택한 모서리만이 Boundary로 추출됩니다.

만약에 형상에서 추출할 수 없는 Non Free Edge를 선택하면 다음과 같이 Error 메시지가 나타납니다.

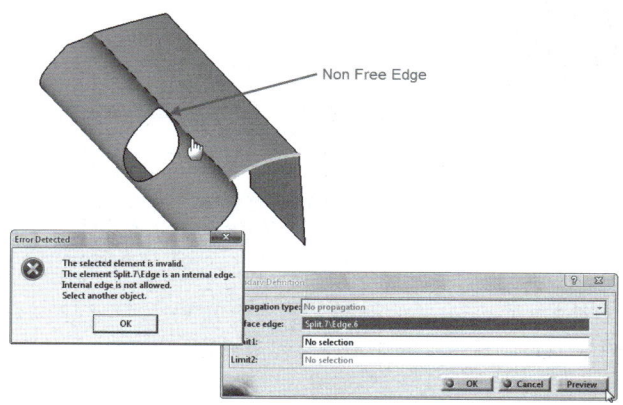

예제 파일을 준비합니다.

여기서 다음과 같이 모서리를 선택하고 Limit 요소(일반적으로 Point나 Vertex 등)를 선택하면 그 것을 기준으로 Boundary를 경계 지을 수 있습니다. 아래 그림과 같이 두 Limit 요소를 선택해 줍니다.

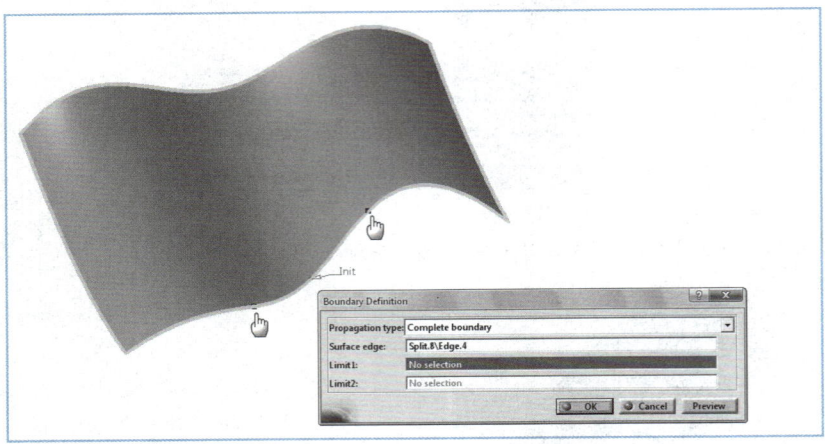

여기서 Limit 1의 화살표 방향에 맞추어 Boundary가 결정이 됩니다.

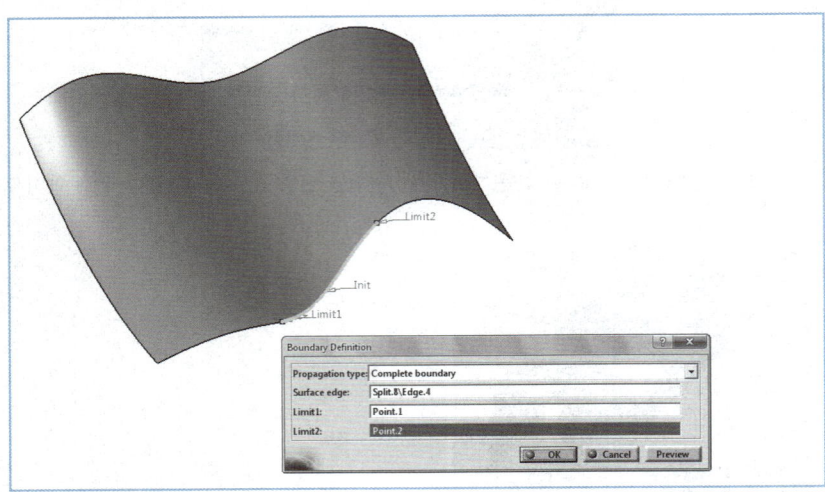

여기서 화살표의 방향으로 Limit에 의한 Boundary 생성 방향을 결정할 수 있습니다. 방향을 바꾸고자한다면 Limit 1의 화살표를 마우스로 클릭합니다.

형상의 전체 Boundary를 추출하려는 게 아니라 임의의 부분까지 만을 추스르려할 경우에 유용하다.(물론 추출한 후에 Split 등을 사용하여 제단이 가능하지만 번거롭게 작업이 두 번 오가는 것이므로 Limit를 지정하는 방법이 나을 것입니다.)

B. Extract

이 명령은 3차원 형상에서 Sub Element를 추출하는 명령으로 Curves, Points, Surfaces, Solids 등에서 형상을 추출 가능합니다. 만약에 곡면의 모서리(Edge)를 Extract 한다고 하면 선택한 모서리를 Curve 요소로 추출할 수 있습니다.

명령을 실행시키면 다음과 같은 Definition 창이 나타납니다.

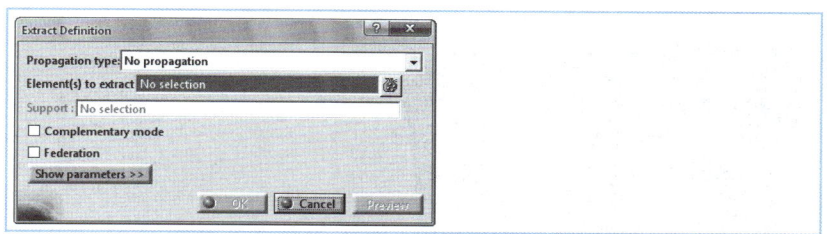

여기서 Complementary mode란 선택한 대상을 뺀 나머지 모두를 Extract하라는 Option입니다.

예제 파일을 준비합니다.
명령을 실행하고 다음과 같이 대상을 선택합니다.

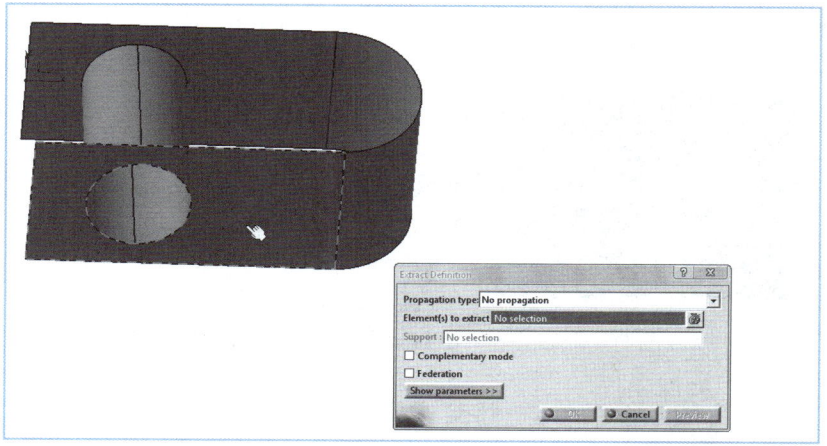

그럼 아래와 같이 선택한 부분이 추출되면서 녹색으로 하이라이트 됩니다.

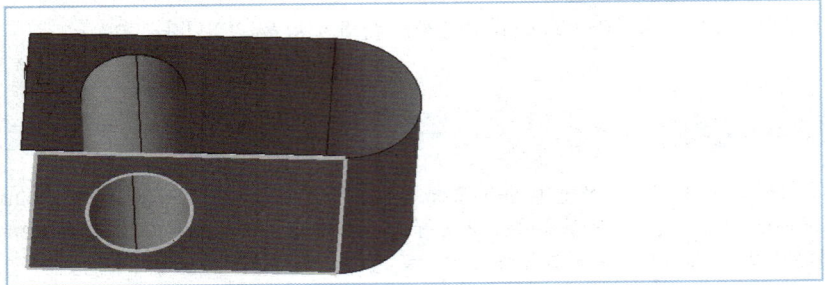

다음과 같은 요소들을 차례대로 추출해 보도록 합니다.

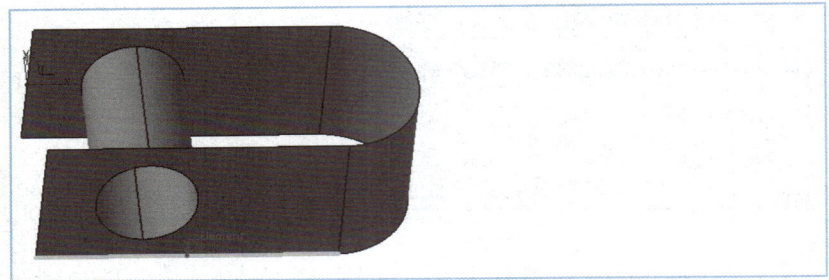

　Extract 역시 Element를 복수 선택 가능하고 Boundary와 같이 4가지의 Propagation Type이 있습니다. 복수 선택한 대상의 경우 각각의 Surface 형상은 따로 Spec Tree에 나타납니다. 여기서 복수 선택을 했다고 해서 대상이 하나로 이어지는 것은 아닙니다.(Extract는 서로 복수 선택한 대상들을 합치는 게 아니기 때문에 서로 다른 차원의 형상들을 함께 선택하여도 됩니다.)

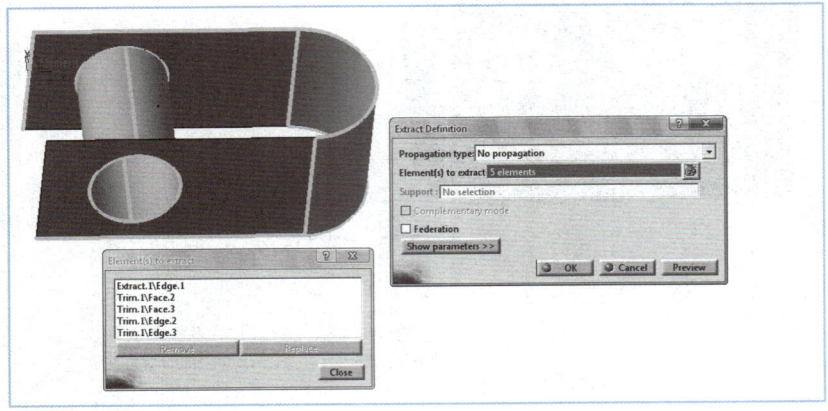

Extract와 같은 명령은 다른 형상 모델링 명령의 Stacking Command로 자주 활용할 수 있습니다.

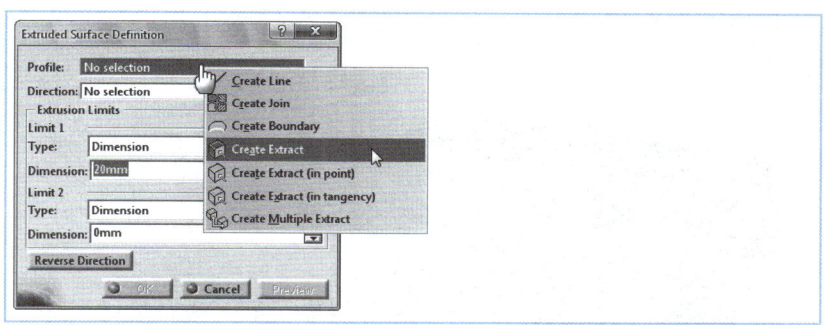

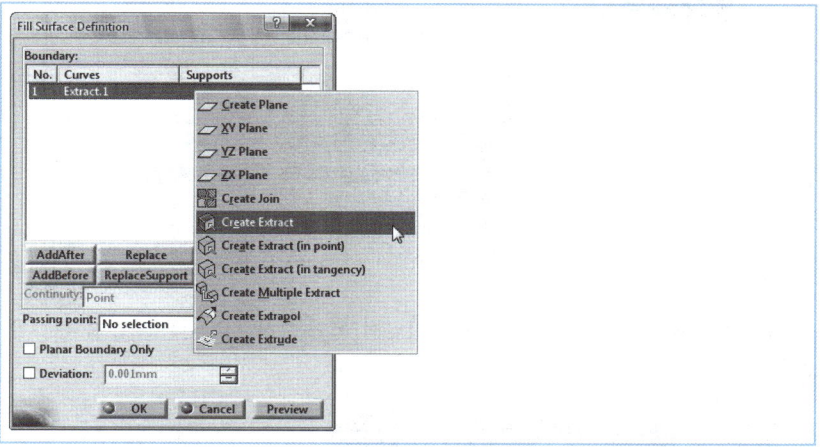

C. Multiple Extract

이 명령은 위의 Extract와 유사한 명령으로 선택한 요소를 추출해 내는 기능을 합니다. 다만 차이가 있다면 Multiple Extract는 선택한 대상에서 동시에 여러 개의 요소를 같이 추출할 수 있다는 것입니다.

일반적인 Extract는 복수선택으로 대상을 선택하였더라도 각각이 서로 독립적인 향상으로 추출이 됩니다. 그러나 이 Multiple Extract는 한 명령에서 선택한 모든 형상은 하나의 형상으로 모아져 추출이 됩니다.

예제 파일을 준비합니다. 그리고 다음과 같이 복수 선택을 통하여 형상의 면들을 잡아 주도록 합니다.

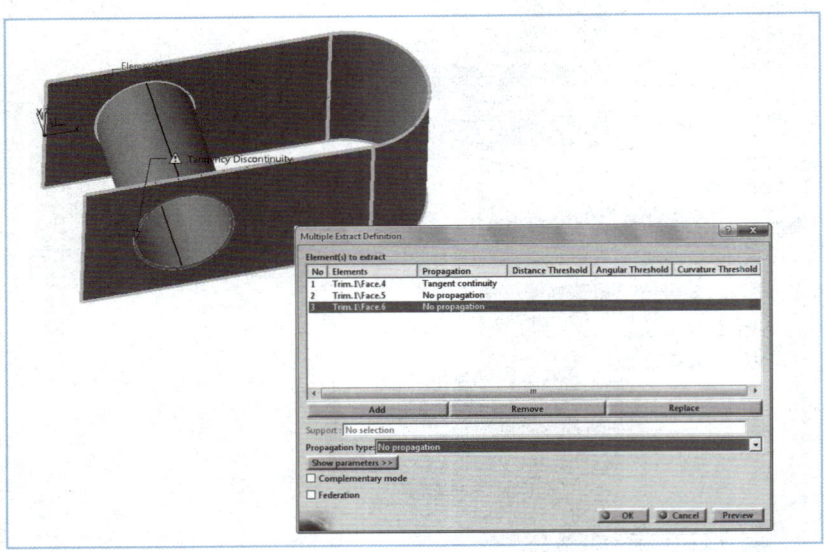

결과는 다음과 같습니다. 아래 형상은 하나의 곡면 형상으로 이어진 것을 확인할 수 있습니다.

따라서 다음과 같이 서로 이어지지 않은 두 개의 대상을 선택하여 Multiple Extract를 수행하는 것은 바람직하지 않다. 즉각적으로 Multi-Result Management 창이 뜨는 것을 확인할 수 있습니다.

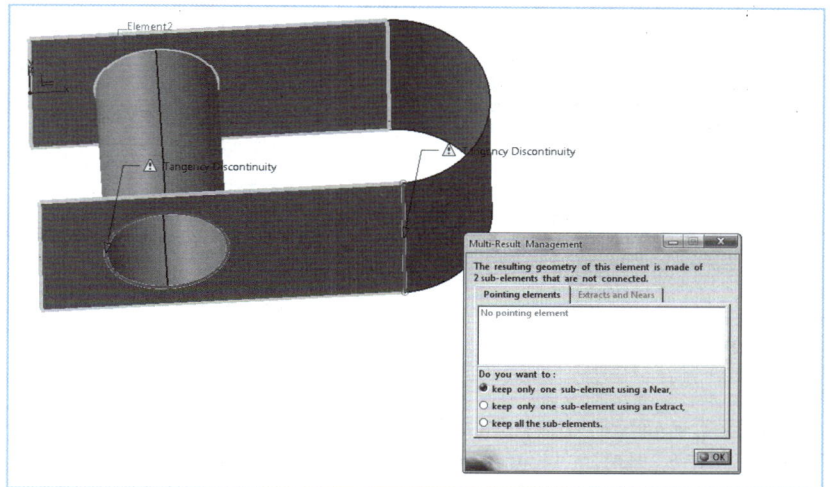

5.4 Fillets Sub Toolbar

A. Shape Fillet

두 개 또는 새 개의 Surface 사이에 Fillet을 수행하는 명령으로 이 명령은 서로 합쳐지지 않은 Surface들 간의 Fillet 작업이다.(Join되어 있지 않은 곡면들 사이에 사용합니다.)

Shape Fillet에는 다음과 같은 두 가지 Fillet Type이 있습니다.

a. BiTangent Fillet

두 개의 Surface 사이를 Fillet하고자 할 때 사용합니다. 디폴트 Type이며 두 개의 Surface를 각각 선택해 주면 Support1, Support2로 입력이 들어갑니다.

예제 파일을 준비합니다. 그리고 다음과 같이 대상을 순서대로 선택합니다.

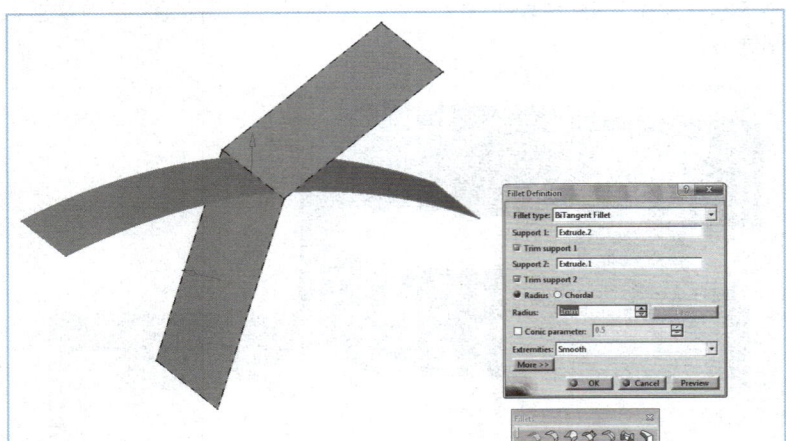

여기서 각 Surface에 나타나는 화살표의 방향을 주의해야 하는데 이 두 방향을 기준
으로 Fillet 이 들어갑니다. 따라서 원하는 방향에 맞게 화살표 방향을 조절해 주어
야 합니다. 물론 간단히 클릭을 해주면 방향을 바꿀 수 있습니다.

Trim Support란 Fillet을 두 Surface 사이에 만들어 주면서 원래의 Surface 형상을
이 Fillet 지점을 기준으로 잘라서 이어주는 작업을 합니다. 즉, 이 Option을 체크해
주면 Shape Fillet 후 두 형상은 Fillet이 들어가면서 하나로 합쳐지게 됩니다. 여기
서 화살표 방향에 따라 반투명해 지는 부분이 잘려나가게 됩니다.

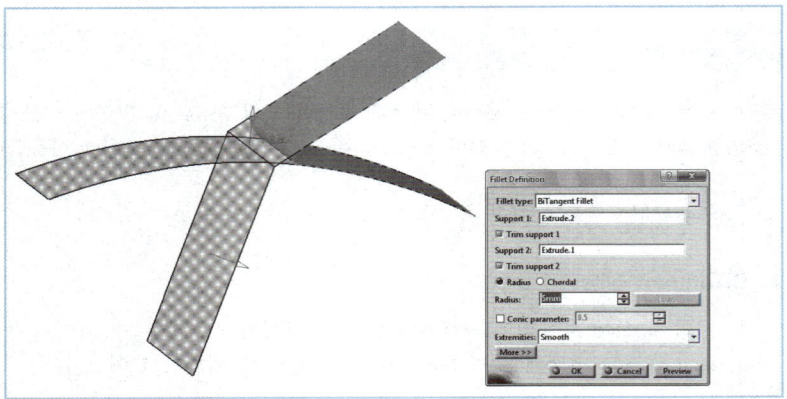

Fillet을 주기 위해 곡률 값(radius)을 입력해 주어야 합니다. 디폴트값은 1mm입니다.

본 예제와 같이 두 곡면의 길이가 다른 경우에는 자연스럽게 다음과 같이 Fillet 형상이 만들어 집니다.

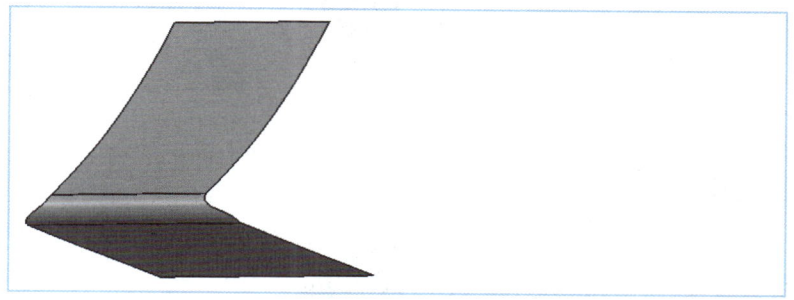

'Hold Curve'를 사용하면 곡률이 변하는 Fillet을 줄 수 있는데 이는 Fillet 이 Hold Curve에 입력한 곡선을 따라 두 Surface 사이를 Tangent 하게 만들어지기 때문입니다. Hold Curve를 사용하고자 한다면 곡률 값을 넣어줄 필요 없이 이 Curve를 선택해 주면 됩니다.

예제 파일을 준비합니다. 그리고 다음과 같이 순서대로 대상을 선택하고 Definition 창에서 Mode를 클릭합니다.

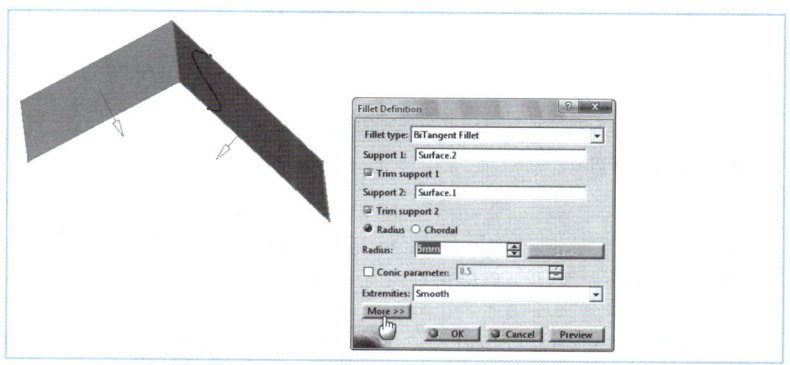

여기서 Hold Curve란 부분에 다음과 같이 곡선을 선택하고 Spine 역시 선택해 줍니다. 여기서는 간단히 Surface의 Edge를 선택하였습니다.

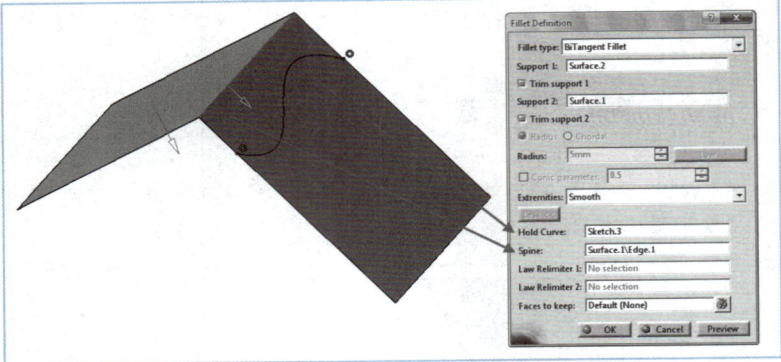

다음과 같이 두 Surface 형상을 Hold Curve를 따라 Tangent 하게 Fillet이 만들어 집니다.

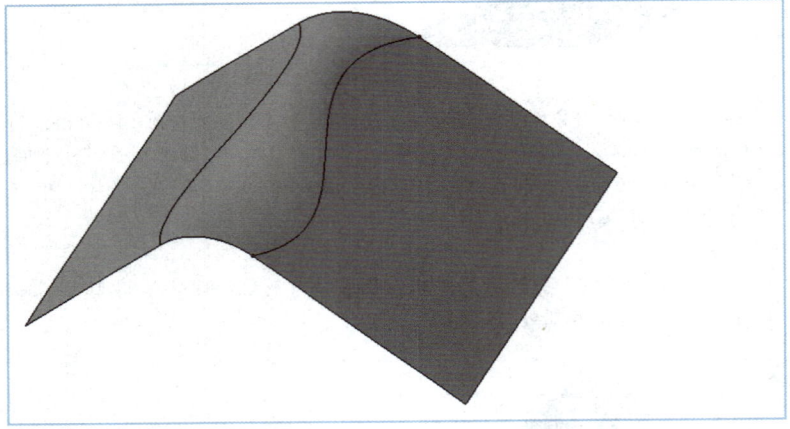

b. TriTangent Fillet

이 방식은 3 개의 Surface를 선택하여 마지막을 선택한 Surface 면으로 Fillet이 들어 가게 합니다. 역시 여기서도 화살표의 방향을 유의해서 방향을 맞추어야 합니다. 3개의 Surface에 접하는 Fillet이기 때문에 따로 곡률 값은 필요하지 않습니다.

예제 파일을 준비합니다. 그리고 다음과 같이 Fillet Type을 변경하여 순서대로 곡 면을 선택합니다. 각 곡면의 화살표 방향을 아래와 같이 맞추어 줍니다.

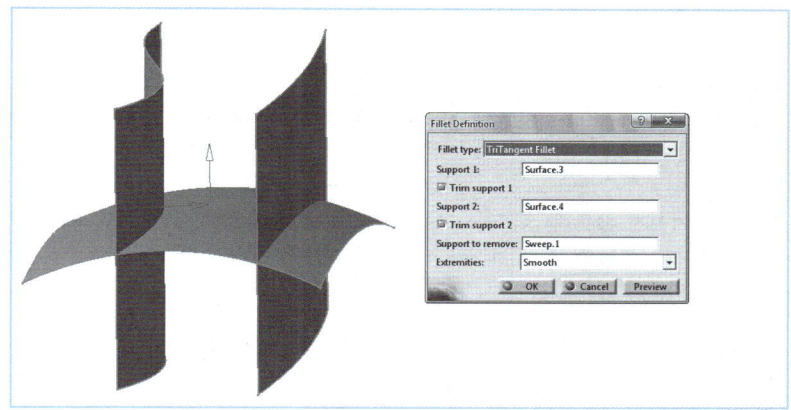

위 상태에서 Shape Fillet을 실행하면 다음과 같은 결과가 나옵니다.

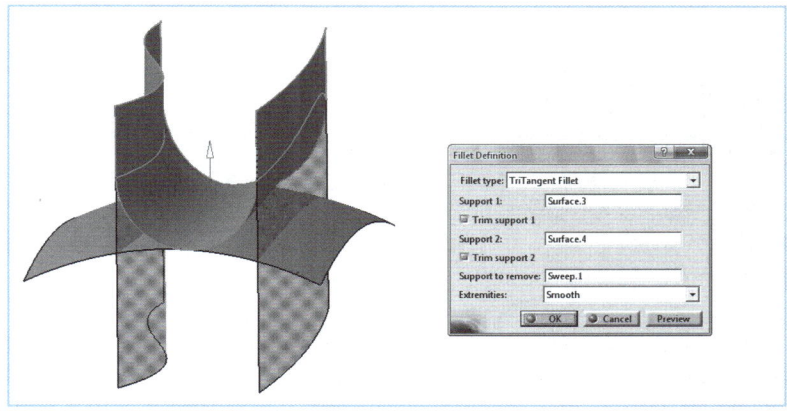

앞부분의 Surface를 Hide 시키면 다음과 같습니다.

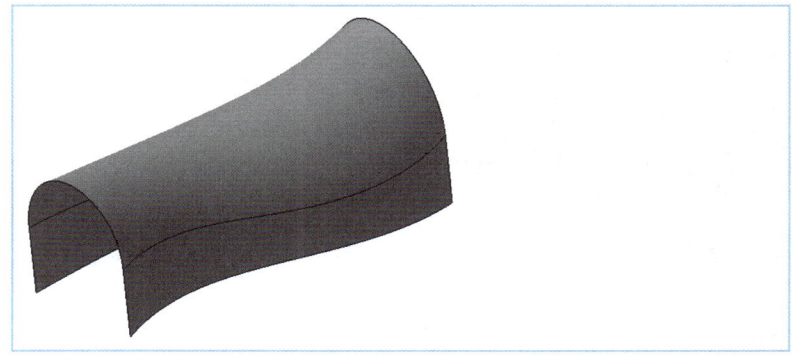

B. Edge Fillet

　일반적인 Surface의 모서리(Edge)를 Fillet하는 명령으로 하나로 묶여있는 형상들의 모서리를 둥글게 라운드 처리하는데 사용합니다. 형상의 날카로운 모서리를 제거하고자 할 경우에 사용합니다.

　하나로 합쳐지지 않은 두 Surface 사이를 Fillet하려고 할 경우에는 위의 Shape Fillet을 사용해야 합니다. 이웃하는 Surface와 하나로 묶여있지 않으면 다음과 같은 Error 메시지를 출력합니다.

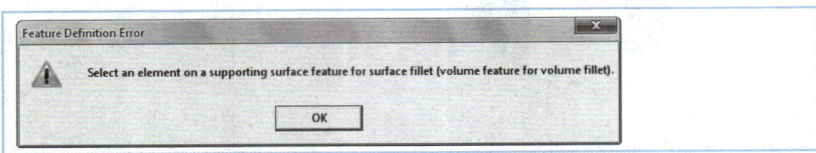

또는

와 같이 출력되기도 합니다.

　따라서 Edge Fillet을 사용하기 위해서는 우선 하나의 곡면으로 만들어진 형상인지 확인하거나 Join으로 이웃하는 Surface들을 묶어준 후에 작업해야 한다는 것을 기억하기 바랍니다.

　명령을 실행하면 다음과 같은 Definition 창이 나타납니다.

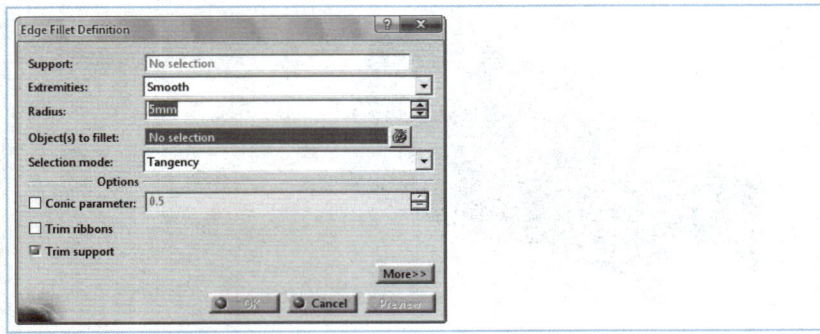

- ☑ **Radius** : Constant Radius Fillet이기 때문에 지정한 하나의 곡률 값으로 Fillet을 수행합니다.
- ☑ **Object(s) to fillet** : Edge Fillet의 사용은 우선 Fillet을 주고자 하는 모서리를 선택해 주는 것입니다. 복수 선택이 가능하므로 같은 곡률 값을 가지는 부분을 같이 선택해 주는 개 좋다. 모서리마다 한번씩 Edge Fillet을 사용하는 것은 Spec Tree를 불필요하게 길게 하므로 지양하는 것이 좋다.
- ☑ **Propagation** : Fillet을 모서리에 넣어줄 때 주변으로 전파를 Tangency 한 부분에까지 하는지 아니면 현재 선택한 모서리까지로 최소화(Minimal)할 지를 정합니다.
- ☑ **Conic Parameter** : Fillet의 단면 값을 반경이 아닌 Parabola, Ellipse, Hyperbola 형태로 변형할 수 있는 Option입니다. Option을 체크하고 다음과 같은 범위 내의 값을 입력할 수 있습니다.

0 < parameter < 0.5	Ellipse
0.5	Parabola
0.5 < parameter < 1	Hyperbola

Conic 형상은 형상에 따라 종종 Fillet Error가 날 수 있으므로 주의 바랍니다.

- ☑ **Extremities** : Fillet의 한계 값을 정의하는 부분으로 선택한 모서리에 대해서 Fillet을 어떻게 줄지를 선택할 수 있습니다.

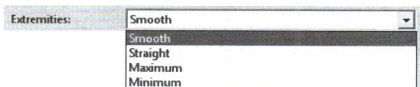

디폴트로는 Smooth로 사용하고 있으나 Straight, Maximum, Minimum으로 변경해 줄 수 있습니다. Smooth 모드는 두 Surface 사이에 Tangent 구속을 부여한 채로 Fillet 형상을 만듭니다.

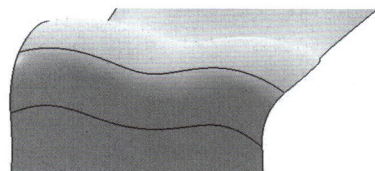

Straight 모드는 Tangency 구속 없이 두 Surface사이에 Fillet을 만들어 낸다.

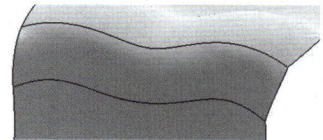

Maximum 모드는 Fillet을 만들 수 있는 가장 최대의 값으로 Fillet을 합니다.

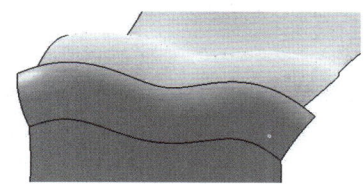

Minimum 모드는 Fillet을 만들 수 있는 가장 최소의 값으로 Fillet을 합니다.

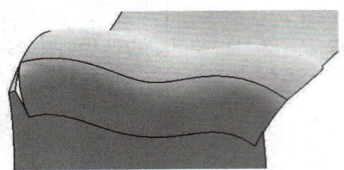

Selection mode는 이웃하는 모서리들과의 연속성을 설정하는 부분으로 Tangency, Minimal, Intersection Edges 모드가 있습니다. 디폴트로는 Tangency 모드를 사용합니다.

예제 파일을 준비합니다.

그리고 다음과 같이 Fillet을 연습해 보도록 합니다.

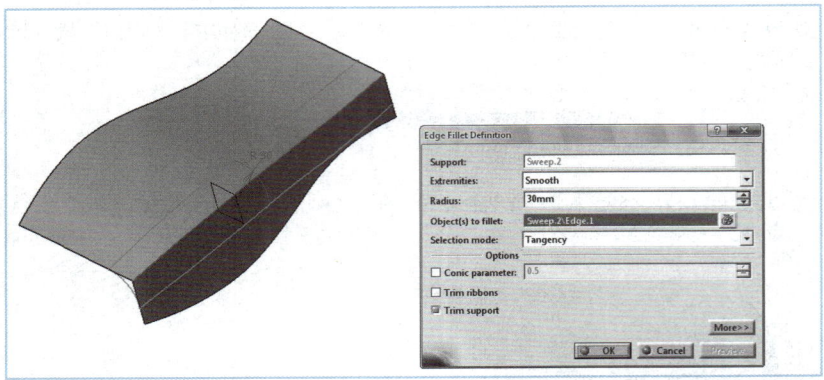

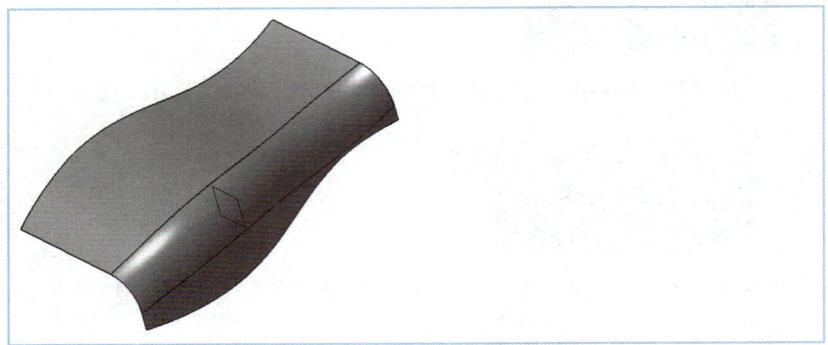

다음으로 Edge Fillet에 More를 열어 확장해 보면 다음과 같은 부가 Option이 있습니다.

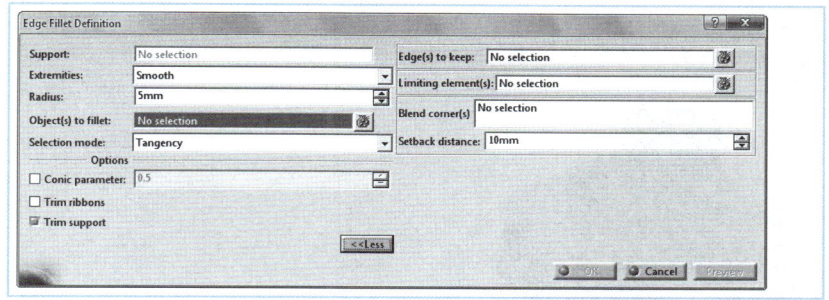

☑ **Edge(s) to keep** : 형상의 Fillet 값은 주고자 하는 부분 외에 그 주변의 모서리에 의해 그 범위가 제한이 됩니다.

예제 파일을 준비합니다.

Fillet 값으로 50mm를 입력해 본다. 그럼 다음과 같은 메시지와 함께 Fillet이 실행되지 않는 것을 확인할 수 있습니다.

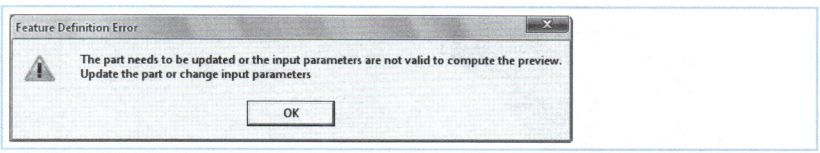

이 때 Definition 창에 More를 선택하고 Edge to keep 부분에 아래와 같이 모서리를 선택해 줍니다.

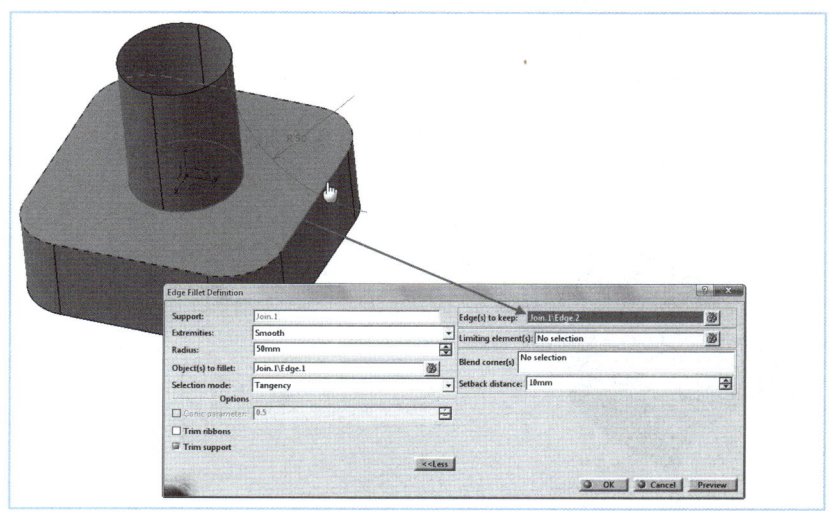

그럼 다음과 같이 해당 모서리에 Fillet 문제를 해결한 상태로 Fillet할 수 있습니다.
(Edge to keep은 선택한 모서리를 무시한다고 생각하면 됩니다.)

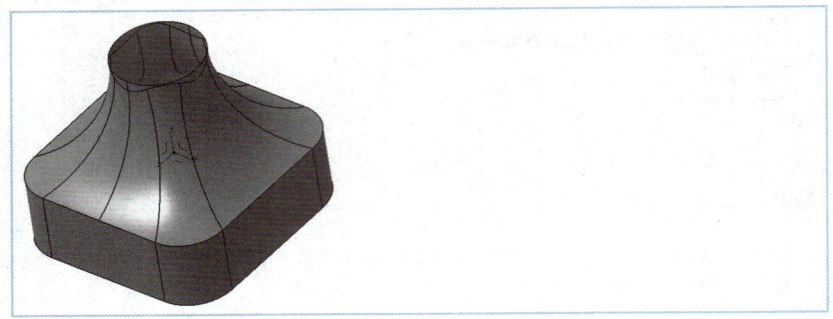

☑ **Limiting element(s)** : Edge(s) Fillet의 경우 하나의 모서리를 선택하면 그 모서리 전체에 대해서 Fillet 이 들어갑니다. 모서리에 임의의 기준을 넣고 이 기준까지 Fillet 하게 할 수 있는데 이것을 Limiting element(s)로 부른다.

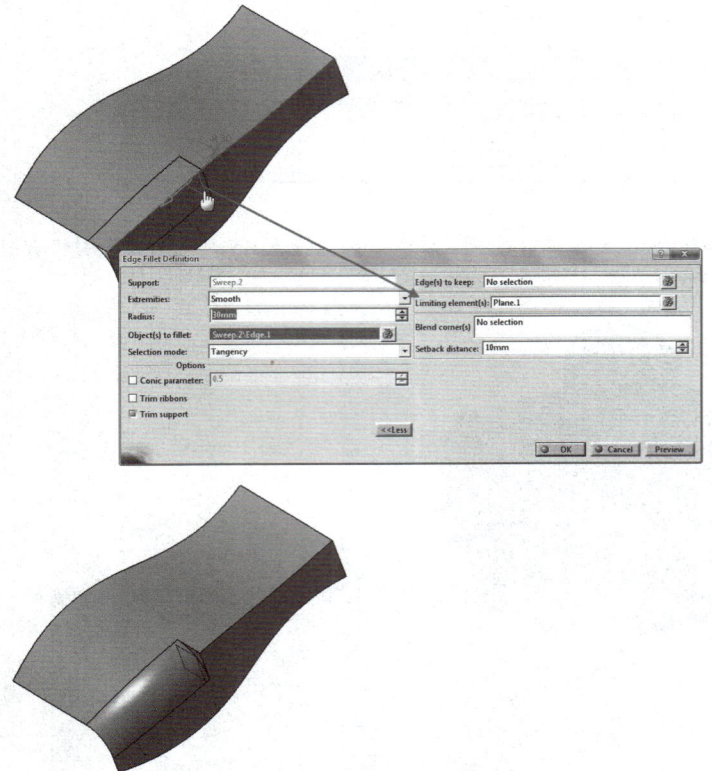

물론 Limiting element(s)로 여러 개를 선택할 수 있습니다.

☑ **Blend corner(s)** : 가끔 Fillet을 여러 곳에 주다 보면 형상을 매우 지저분하게 만드는 경우가 생긴다. 이럴 경우 이렇게 Fillet 이 모여 복잡한 형상을 나타내는 부분을 부드럽게 뭉개어 형상을 수정할 수 있습니다.

C. Variable Radius Fillet

앞서 Edge Fillet 이 모서리에 대해서 일정한 곡률 값으로 Fillet 을 준 것과 달리 곡률 값이 변하는 Fillet 하는 명령으로 임의의 지점에 곡률 값을 다양하게 정의해 줄 수 있습니다. 즉 우리가 곡률 값일 일정하지 않고 모서리를 따라 변한다면 바로 이 명령을 사용하여 구현할 수 있습니다. Surface나 Volume 요소에 대해서만 사용할 수 있습니다.

명령을 실행하면 다음과 같은 Definition 창이 나타납니다. 일반적인 명령 창 구조는 Edge Fillet과 유사합니다.

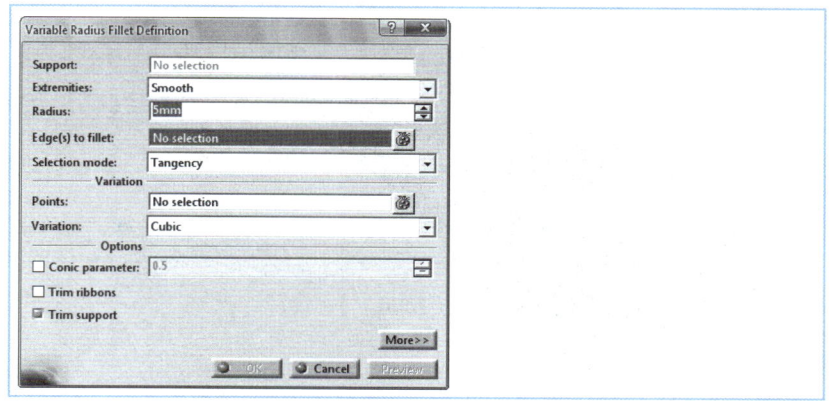

☑ **Points** : 바로 이 부분에 Fillet의 곡률을 변화시킬 지점을 선택하여 주면 되는데 작업자가 임의로 점을 선택하거나 또는 모서리가 Tangent하게 옆의 모서리와 연결되면서 그 사이의 마디 점을 곡률이 변하는 지점으로 선택될 수 있습니다. 또한 fillet 하고자 선택한 모서리와 교차하는 평면을 선택하여도 교차하는 부분의 교차점이 생겨 그 점을 기준으로도 곡률 값을 바꾸어 줄 수 있습니다.

물론 여기서 필요하지 않은 점을 제거할 수도 있습니다. 현재 선택된 점들 중에서 필요하지 않은 부분을 다시 클릭해 주면 제거시킬 수 있습니다.

예제 파일을 준비합니다.

명령을 실행하고 Fillet할 모서리를 선택하면 다음과 같이 두 개의 곡률 값이 나타나는 것을 확인할 수 있습니다.

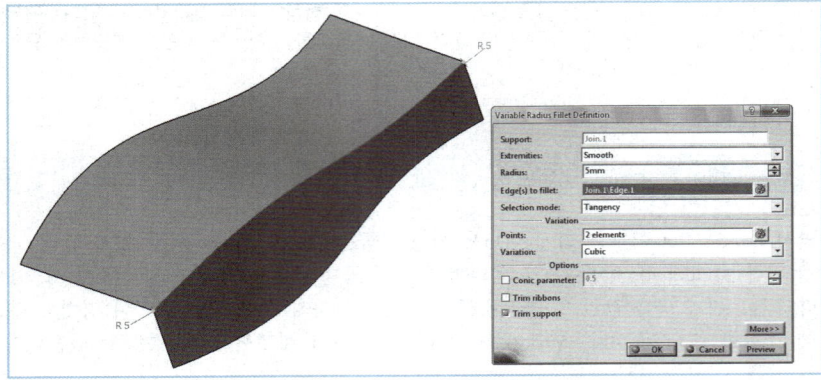

여기서 하나의 곡률 값을 더블 클릭하여 다음과 같이 수정하면 Fillet 값은 선택한 모서리를 따라 변하면서 만들어 집니다.

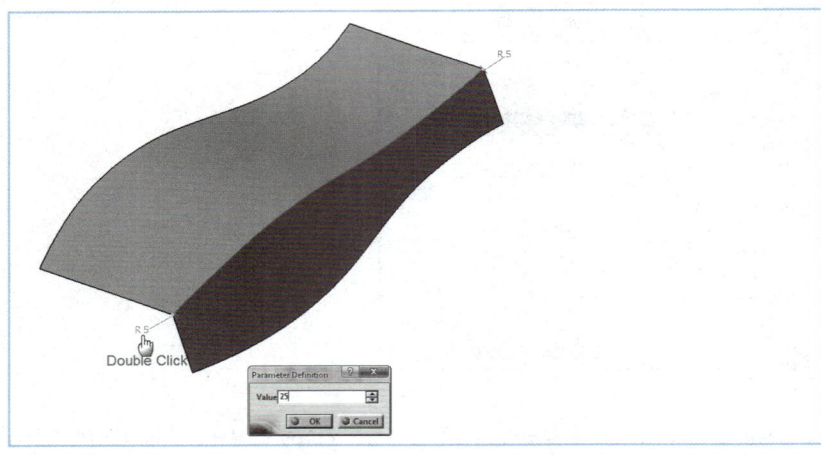

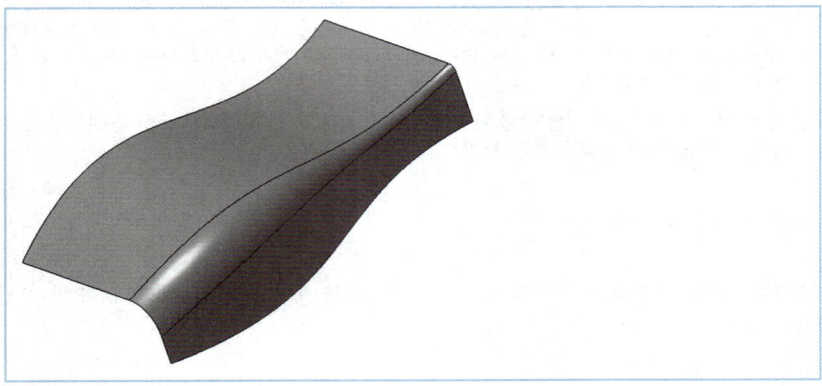

여기서 Definition 창에 보면 Point 입력란에 두 개의 Point가 잡힌 것을 확인할 수 있습니다. 선택한 모서리의 양 끝 점이 인식된 것입니다.

이 외에도 작업자의 의도나 필요에 따라 원하는 지점을 곡률이 변하는 지점으로 입력해 줄 수 있습니다.

Point 입력란에서 Contextual menu를 선택하면 다음과 같이 'Create Point'를 확인할 수 있습니다. 이것을 선택합니다.

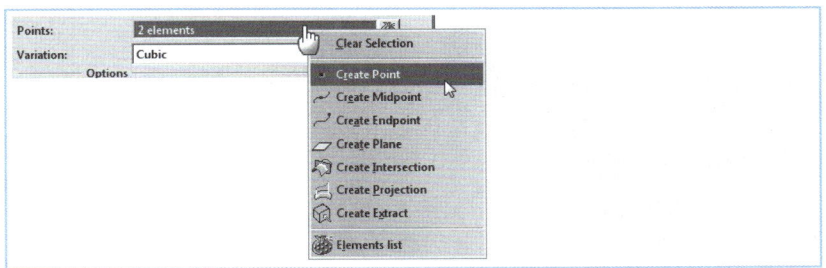

그리고 나서 다음과 같이 Fillet할 모서리를 선택 On Curve 타입으로 0.5 지점에 Point를 하나 생성합니다.

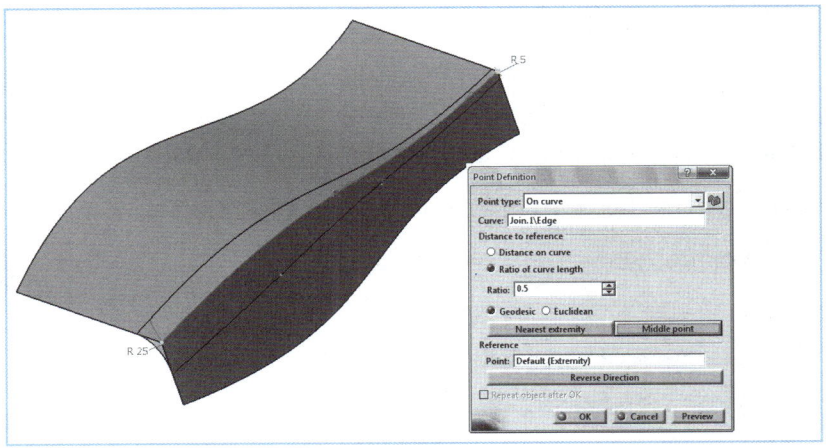

그럼 아래와 같이 해당 지점으로 곡률을 변경할 수 있는 입력란이 생성됩니다. 이 값을 변경하면 3 지점에 의한 Variable Radius Fillet을 만들 수 있습니다.

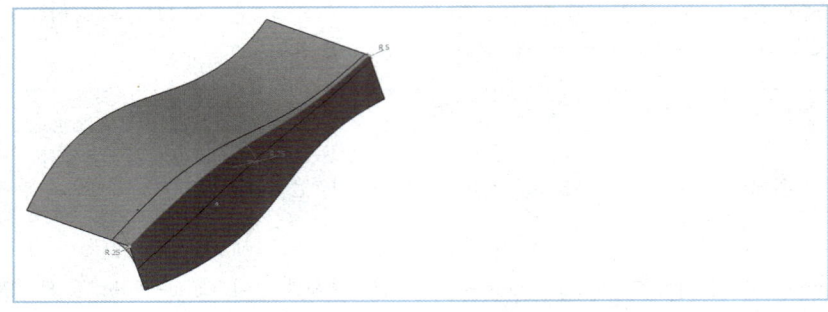

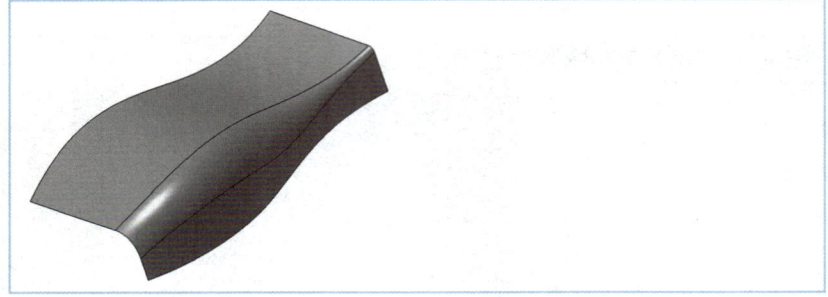

나머지 세부 명령 Option들은 Edge Fillet와 유사합니다.

D. Chordal Fillet

이 명령은 R18 이후에서부터 새로이 등장한 명령으로 Fillet을 부여하는데 있어 곡률 값을 사용하는 것이 아니라 값을 입력하는 지점에서의 현의 길이 즉, Fillet이 들어갔을 때 곡률이 끝나는 양 끝단의 거리를 입력하여 Fillet을 주는 방법입니다.

명령을 실행하면 다음과 같은 Definition 창을 확인할 수 있습니다.

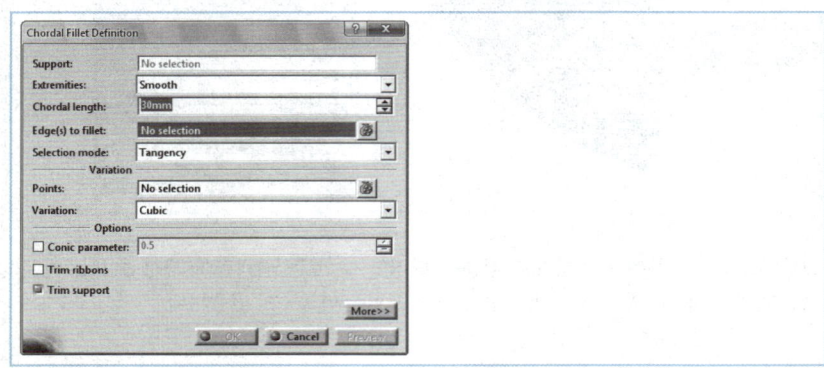

앞서의 예제 파일을 통해서 실습해 보면 다음과 같은 결과를 확인해 볼 수 있습니다. 치수의 표현은 곡률 형상의 양 끝단 길이를 나타냅니다.

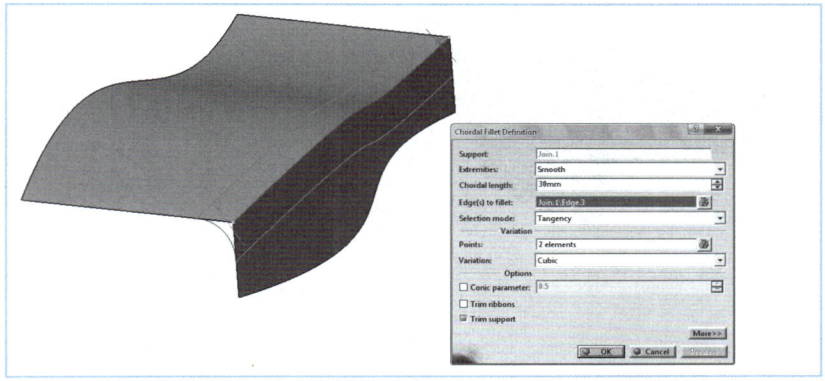

Variable Radius Fillet처럼 여러 곳에 값을 다르게 입력할 수 있습니다.

E. Styling Fillet

이 명령은 이웃하는 두 곡면 사이에 Fillet을 수행하는 데 있어 좀 더 고급적인 작업을 수행할 수 있는 명령으로 Free Style 워크벤치가 설치된 경우에 한하여 사용할 수 있습니다. Fillet 부위의 연속성과 함께 Trim Support 설정을 할 수 있습니다.

명령을 실행하면 다음과 같은 Definition 창을 확인할 수 있습니다.

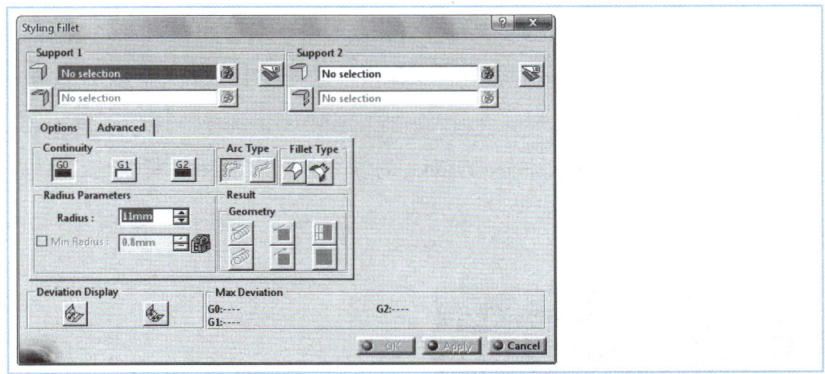

예제 파일을 준비합니다. 그리고 다음과 같이 순서대로 각 곡면을 선택하여 Support 1, Support 2에 입력해 줍니다.

그럼 다음과 같이 형상에 출력이 됩니다.

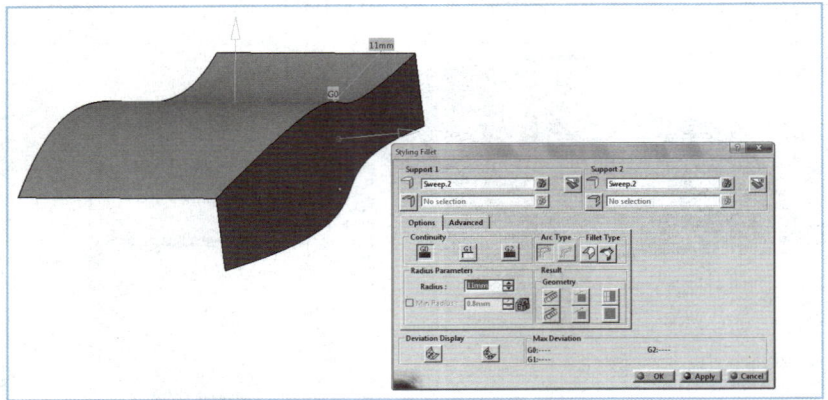

여기서 각 곡면 형상의 녹색 화살표 방향으로 Fillet이 적용되기 때문에 우리가 원하는 Fillet 방향으로 맞추어 주도록 합니다. 마우스로 간단히 그 방향을 변경해 줄 수 있습니다.

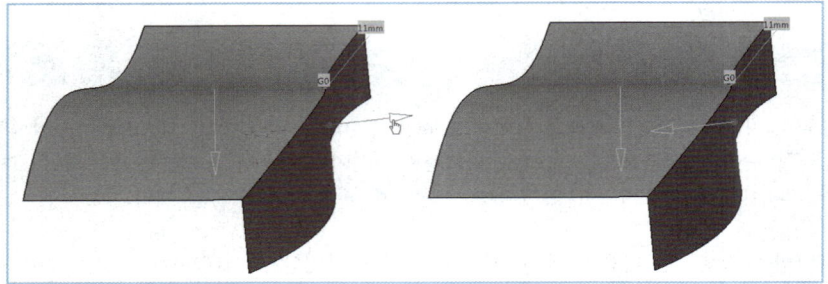

다음으로 두 곡면 사이에 Fillet을 통하여 Trim을 설정할 것 인지를 각 Support의 옆의 아이콘을 통하여 설정이 가능하다.(이것을 체크해 주어야 Fillet 후 곡면들이 하나로 합쳐집니다.)

다음으로 Fillet에 대한 Geometry Continuity를 설정해 주도록 합니다.
G0 : Point 연속(최단 거리 Fillet)

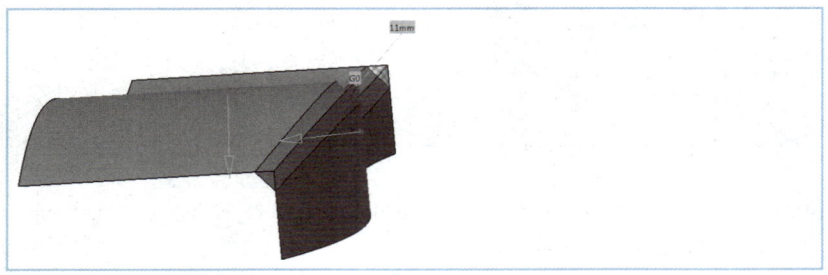

G1 : Tangent 연속, Arc Type 설정 가능

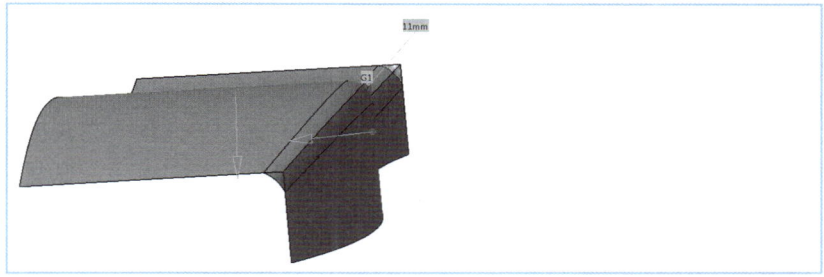

G2 : Curvature 연속

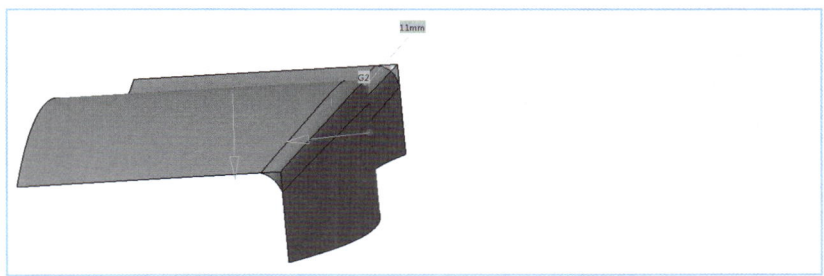

Fillet하고자 하는 Continuity를 정한 후에는 곡률 값의 설정이 가능하며(Min Radius도 설정 가능) Fillet Type도 변경 가능합니다.

그 외에도 Advance Tab에서는 Tolerance 값 설정도 가능합니다.

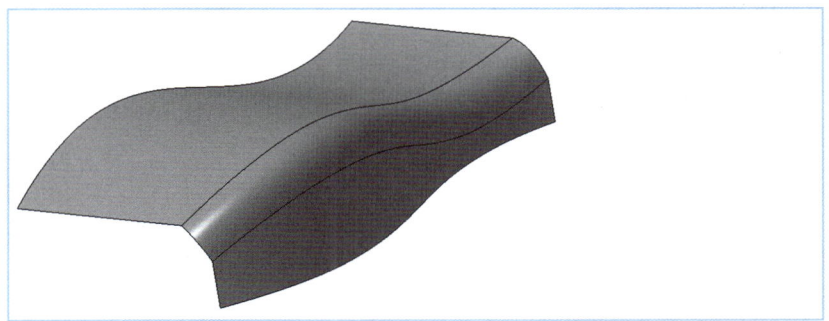

F. Face-Face Fillet

두 개의 Surface면과 Tangent하게 Fillet을 하는 명령으로 이 명령은 모서리가 아닌 형상의 면(Face)을 선택하여 그 면과 면 사이에 Fillet을 주는 명령입니다. 여기서 선택한 면은 서로 교차하는 않는 면입니다.

명령을 실행하면 다음과 같은 Definition 창이 나타납니다.

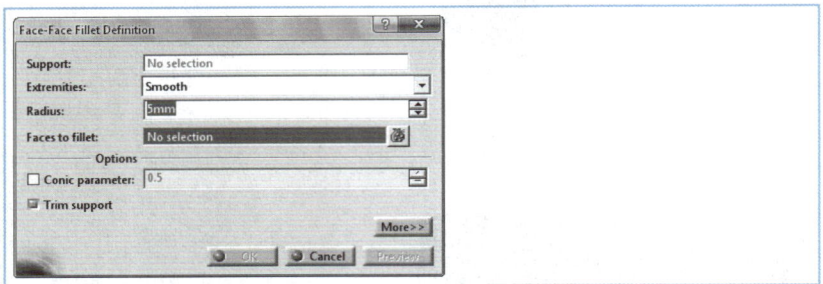

예제 파일을 준비합니다.

다음과 같이 두 면을 순서대로 선택하고 곡률 값을 20mm로 입력합니다.(모서리 선택이 아니다.)

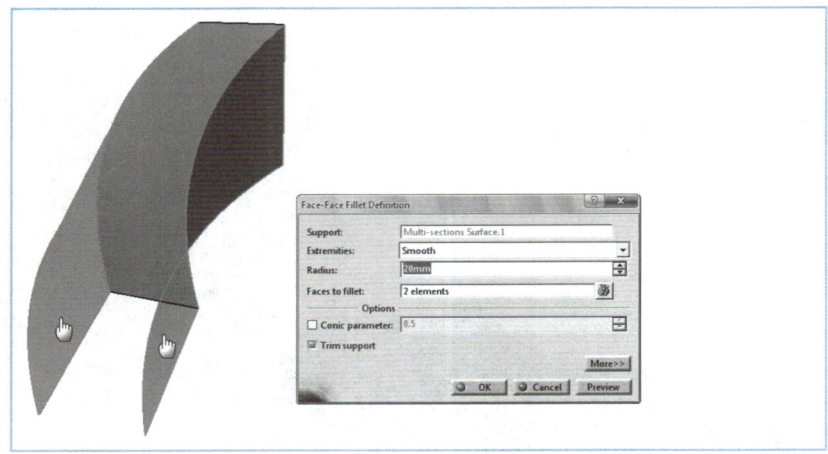

그럼 다음과 같은 결과를 확인할 수 있습니다. 이렇듯 Face-Face Fillet은 선택한 두 곡면 사이에 입력한 반경으로 접하는 Fillet 형상을 만듭니다. 중간에 부속된 면들은 무시할 수 있습니다.

Definition 창에 More를 열어보면 다음과 같이 Limiting Element와 Hold Curve에 대한 설정을 해줄 수 있습니다. (이 부분은 위 다른 명령의 것과 동일한 방식입니다.)

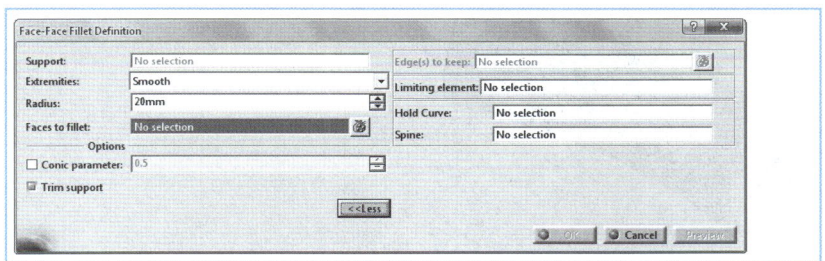

G. Tritangent Fillet

Tri-tangent Fillet은 곡률 값을 따로 지정하지 않고 3개의 면에 대해서 접하도록 Fillet 을 주는 명령입니다. Surface나 Volume 요소에 대해서 사용합니다. 그리고 Fillet 형상은 세 면에 모두 대해서 접하게 만들어 집니다. Tri-tangent Fillet 을 주기 위해서 우선 양 옆의 두 개의 면을 선택하고 마지막으로 Fillet 이 생길 면을 Face to remove 부분에 선택해 줍니다.

예제 파일을 준비합니다. 명령을 실행하면 다음과 같은 Definition 창이 나타납니다.

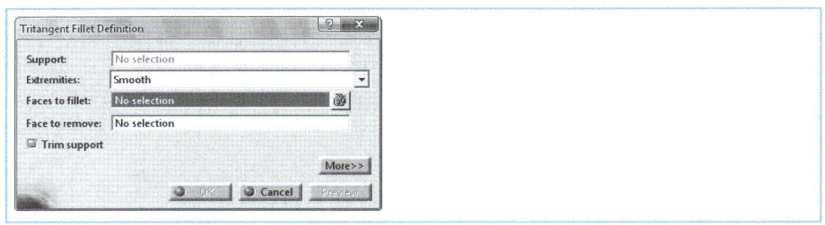

여기서 다음과 같은 순서대로 곡면을 선택해 줍니다.

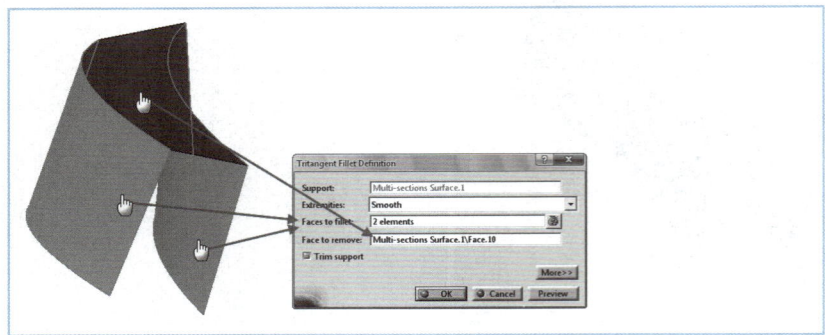

그럼 다음과 같은 결과가 나옵니다.

5.5 Transformations Sub Toolbar

A. Translate

Surface나 Curve, Point, Sketch 등의 요소를 평행 이동시키는데 사용하는 명령입니다. Geometrical Set 안에서 선택한 요소만을 이동 시킬 수 있으며 복수 선택 또한 가능합니다. Geometrical Set을 선택하면 그 안에 있는 모든 요소가 이동된다는 점을 기억하시기 바랍니다.

명령을 실행시키면 다음과 같은 Definition 창이 나타납니다.

예제 파일을 준비합니다. 평행 이동하고자 하는 대상(들)을 선택하고 이동할 방향을 선택하여 거리 값을 입력하는 것은 크게 다르지 않다. 우선 두 개의 곡면 형상이므로 복수 선택을 하고 방향을 지정하도록 합니다. 방향성분은 직선 요소인 Line이나 축, 평면 등이 가능합니다.

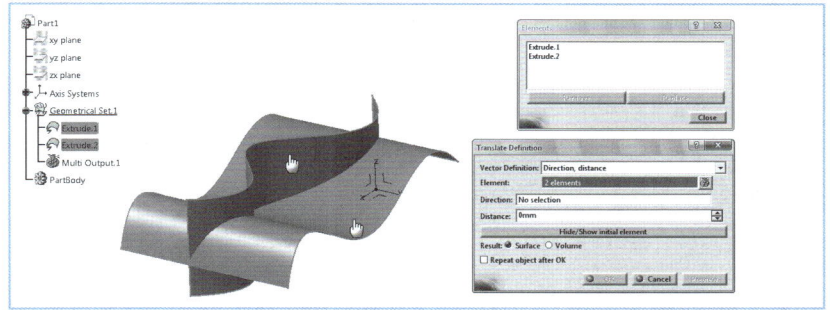

여기서 방향 성분은 Axis의 Y축을 선택하였습니다. 선택 후 이동할 거리 값을 입력하고 미리보기를 클릭하면 다음과 같은 결과를 확인할 수 있습니다.

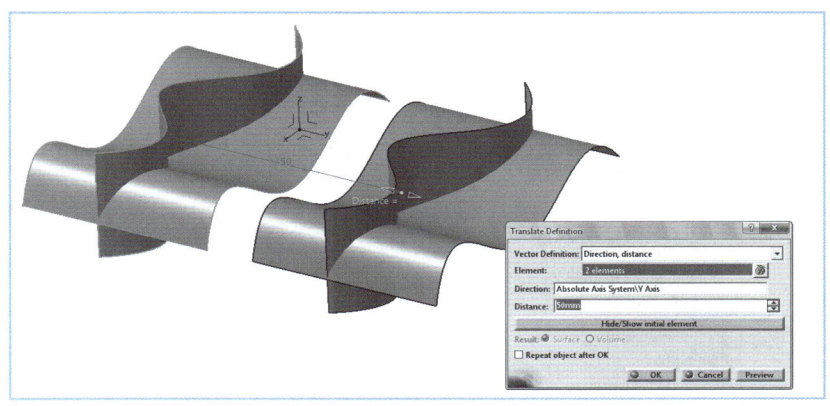

여기서 'Hide/Show initial element'를 클릭하면 원본 형상을 화면에 나타나게도 할 수 있고 또는 숨기기 할 수 있습니다. 따라서 원본 형상을 원래 자리에 두고 임의의 거리만큼 떨어진 지점에 같은 형상 하나를 복사해 놓게 사용할 수도 있다는 것입니다.

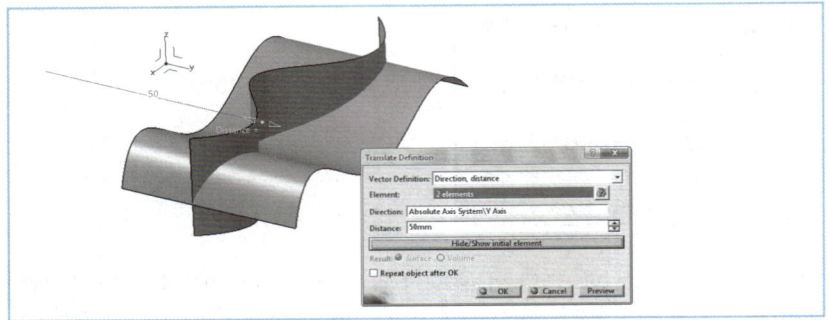

중요한 개념인데 GSD 워크벤치에서의 작업한 Surface나 Curve 요소는 절단이나 잇기 등의 작업으로 처음 만든 형상을 수정해 다른 형상을 만들어도 원래 상태의 모습을 가지고 있습니다. Spec Tree에서 단지 숨기기만 되는 것이기 때문에 언제든지 다시 사용할 수 있습니다.

B. Rotate

Surface나 Curve, Point, Sketch 등의 요소를 임의의 기준을 이용하여 회전 시키는 명령입니다. 역시 선택한 대상만을 이동하는 것이 가능하고 복수 선택도 가능합니다.

앞서 불러온 형상을 Y축 방향으로 50mm정도 Transform한 다음 Rotate 명령을 실행하여 다음과 같이 대상을 선택, 축, 회전각을 입력합니다. 여기서 축 요소는 Axis 'Z축'을 회전각은 '100deg'를 입력합니다.

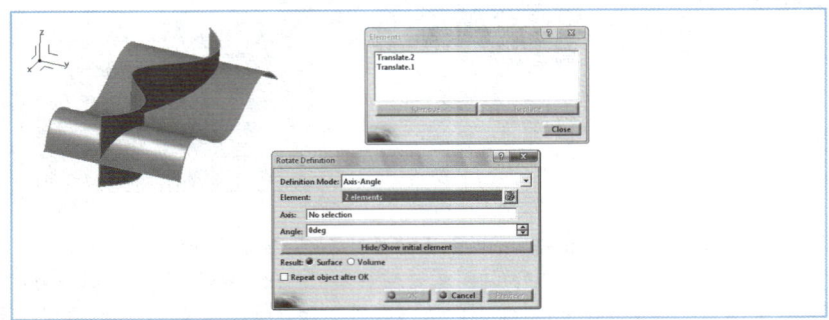

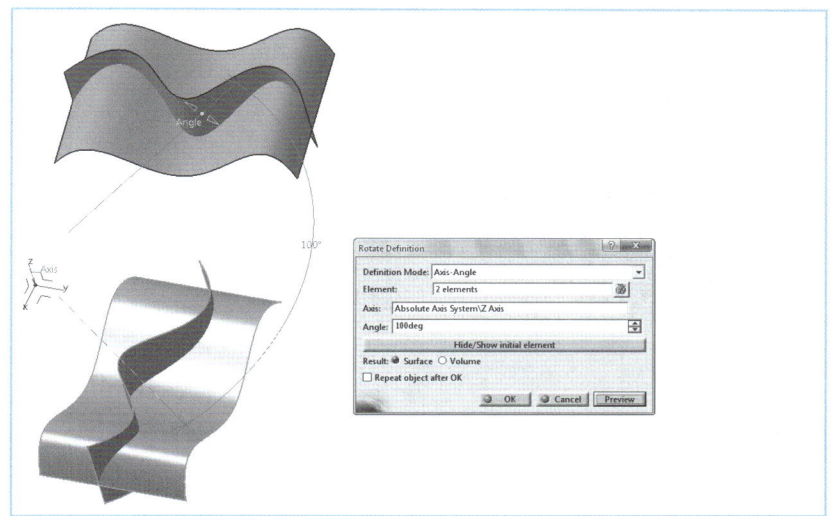

대상을 복수 선택한 경우에는 다음과 같이 Spec Tree에 형상이 나타납니다.

C. Symmetry

Surface나 Curve, Point, Sketch 등의 형상의 대칭 형상을 만드는 명령으로 Hide/Show initial element를 이용하면 형상을 대칭 복사하여 반쪽 부분을 손쉽게 만들 수 있습니다.

예제 파일을 준비합니다.

그리고 명령을 실행해서 대상 선택, 기준 면 선택을 수행합니다.

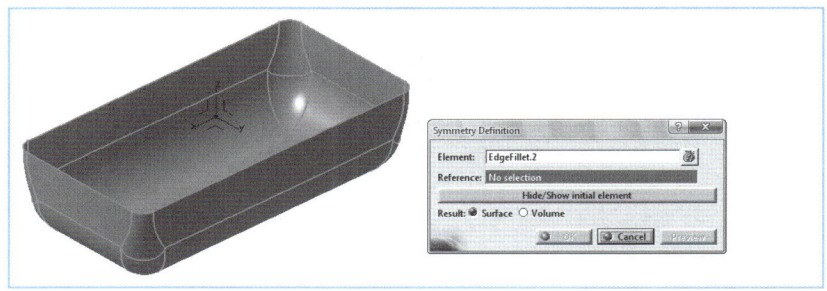

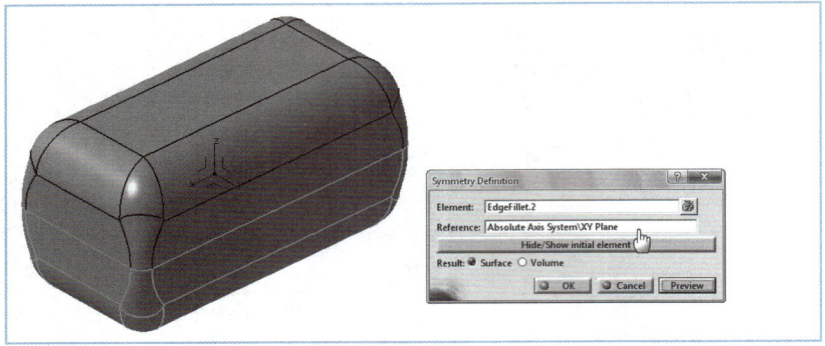

D. Scaling

Surface나 Curve, Point, Sketch 등의 형상을 임의의 방향을 기준으로 크기를 조절하는 명령입니다. 이 역시 3차원 방향에 대해서 각 방향으로 Scale을 따로 해주어야 합니다.

다음과 같이 원점 위치에 반지름 40mm짜리 원을 생성합니다.

그리고 다음과 같이 명령을 실행한 후에 대상을 선택(복수 선택 가능합니다.), 기준 방향과 비율 값을 입력합니다.

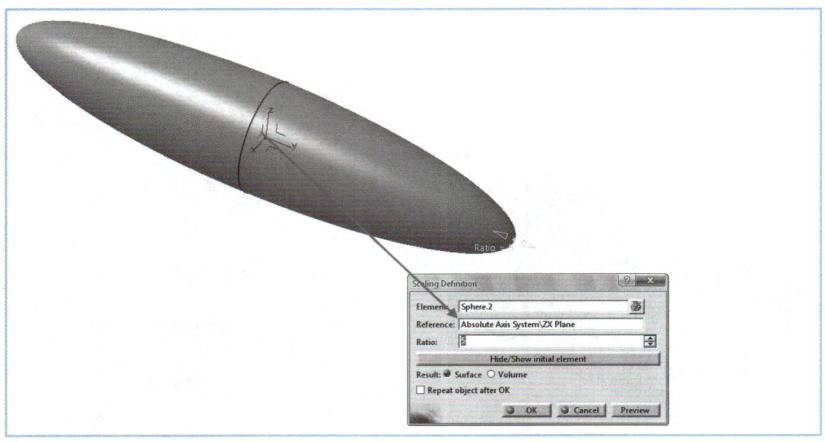

E. Affinity

앞서 설명한 Scaling의 보다 업그레이드 된 명령이라 할 수 있는데 대상을 3차원 모든 방향으로 크기를 조절할 수 있습니다. 어떻게 보면 진정한 의미의 3차원 Scale 명령이라 할 수 있습니다.

명령을 실행시키면 다음과 같은 Definition 창이 나타납니다.

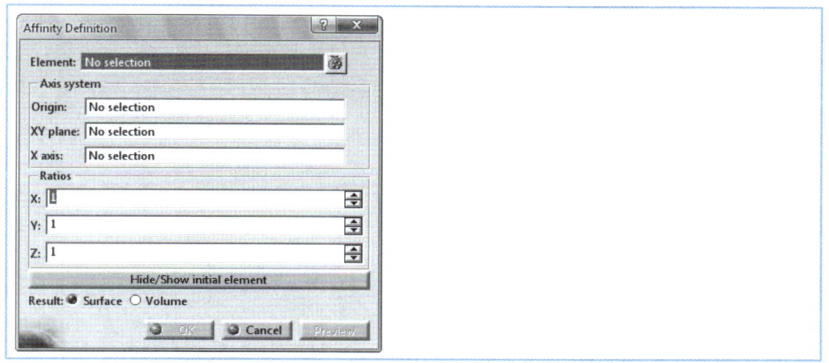

여기서 대상을 선택하고 방향을 잡기 위해 원점(Origin)과 평면(XY Plane), 축(X Axis)을 잡아 줍니다.

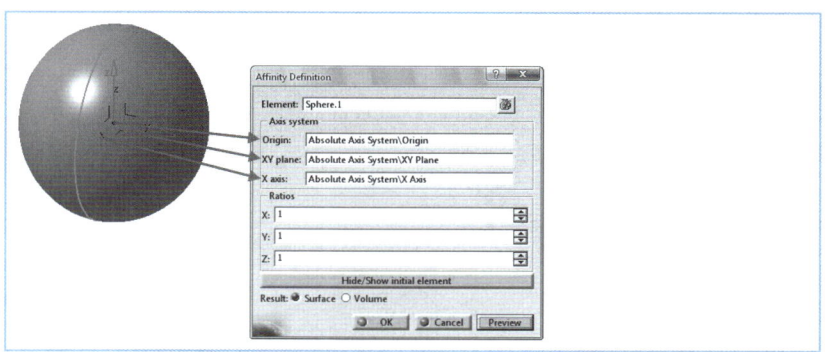

그 다음으로 각 축 방향의 Ratio를 조절하여 형상의 크기를 조절할 수 있습니다. 즉 3축 방향의 모든 비율을 한 번에 조절 가능하다는 것입니다.

아래 형상은 원래의 구 형상을 3차원으로 각각 비율을 조절하여 만들 결과입니다.

CATIA Surface의 정석

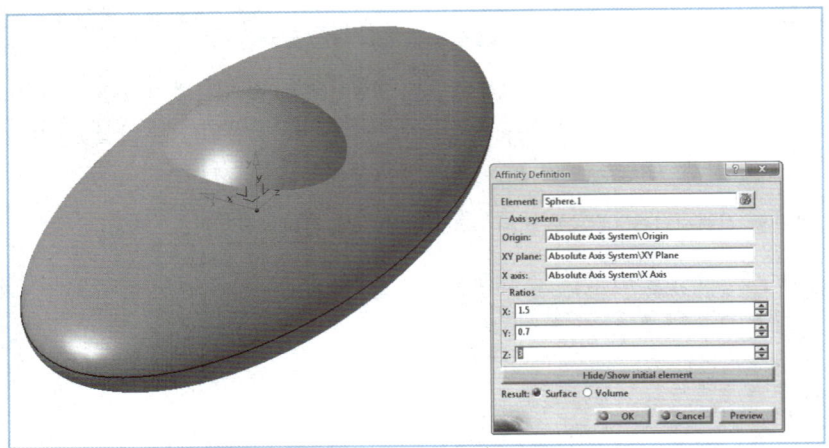

F. Axis to Axis

이 명령은 이동하고자 하는 대상을 Axis system을 이용하여 빠르고 간편하게 이동시키는 명령입니다. 옮기고자 하는 형상(element)을 선택하고 이 형상이 있는 부위의 Axis를 Reference에 선택합니다. 그리고 Target에 새로이 옮기고자 하는 위치의 Axis를 선택해 줍니다.

우선 이와 같은 작업을 연습해 보기 위해 원점에 구 형상을 만들고 Axis System을 실행합니다.

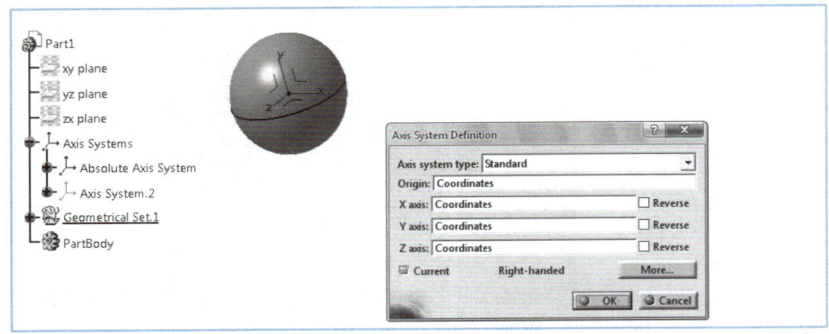

여기서 원점의 위치가 아직 정의되지 않았으므로 Definition 창에서 Contextual Menu 에서 Create Point를 선택하고 다음과 같이 Coordinate 좌표를 생성하도록 합니다.

328 ▶ Chapter 2 Generative Shape Design

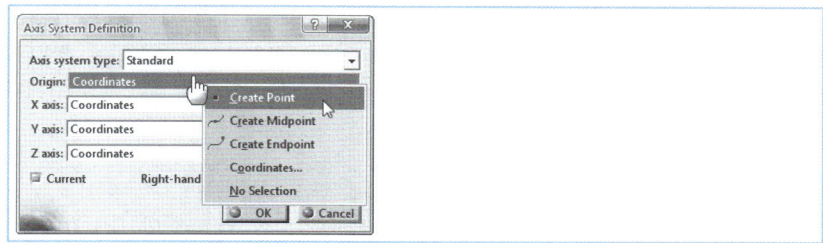

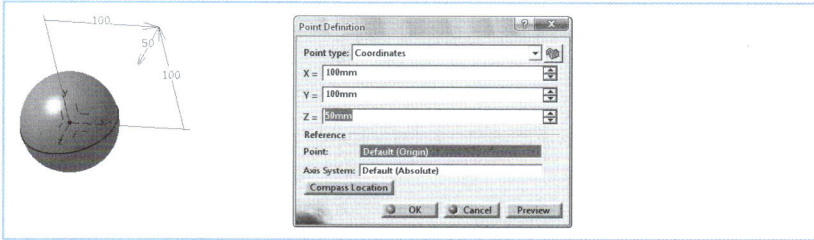

그럼 다음과 같은 위치에 Axis System이 정의됩니다.

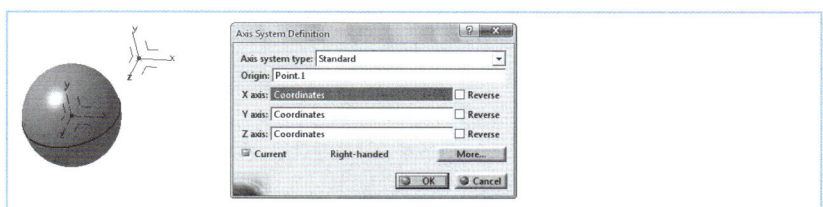

이제 Axis to Axis 명령을 실행하여 원점의 Axis에 만들어진 구 형상을 새로 만들어진 Axis로 이동시켜 보도록 합니다.

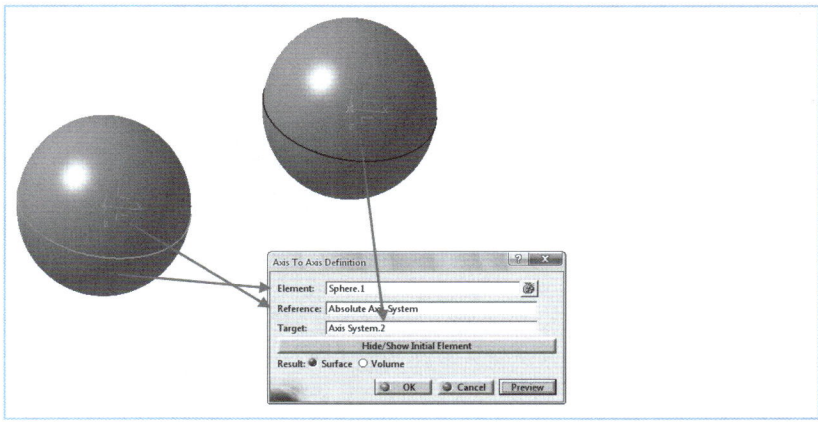

즉, 어떠한 형상을 복사해 옮기고자 할 때 원래 지점에 Axis를 생성해 주고 새로이 옮길 위치에 Axis를 만들어 주면 바로 형상을 복사하여 이동할 수 있게 되는 것입니다. 명령은 형상을 복사만 하는 것이기 때문에 Spec Tree에는 다음과 같이 나타납니다.

┌─────────────────────────────────────┐
│ ⊥ Axis to axis transformation.1   │
└─────────────────────────────────────┘

물론 원본 형상이 수정되면 Axis to Axis로 복사한 형상 역시 같이 수정됩니다.

G. Extrapolate

이 명령은 Surface나 Curve 요소에 대해서 선택한 지점을 기준으로 그 길이를 연장 시켜주는 명령입니다. Surface나 Curve를 이용하여 어떠한 작업을 하려고 할 때 그 길이가 모자란 경우 간단히 그 형상의 늘리고자 하는 위치의 Vertex나 Edge를 Boundary에 선택하고 대상을 Extrapolated에 선택해 줍니다. 그 다음으로 원하는 Continuity Option을 선택하고 늘리고자 하는 길이 값을 입력해 줍니다. Continuity Option은 Tangent, Curvature 두 가지가 있으며 늘어나는 값을 길이(Length)가 아닌 'Up to element'를 사용하여 임의의 위치의 대상까지 연장 시킬 수 있습니다.

예제 파일을 준비합니다.

우선 Curve의 경우를 예를 들어보면 다음과 같이 연장될 부분의 Vertex를 Boundary로 선택해 주고 Extrapolated에 Curve를 선택해 줍니다.

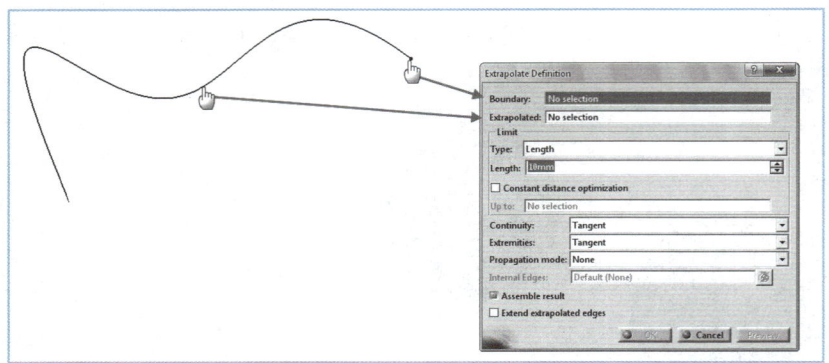

그러면 다음과 같이 선택한 Boundary를 기준으로 Curve 요소가 연장되는 것을 볼 수 있습니다. 현재 Continuity Type은 'Tangent'입니다.

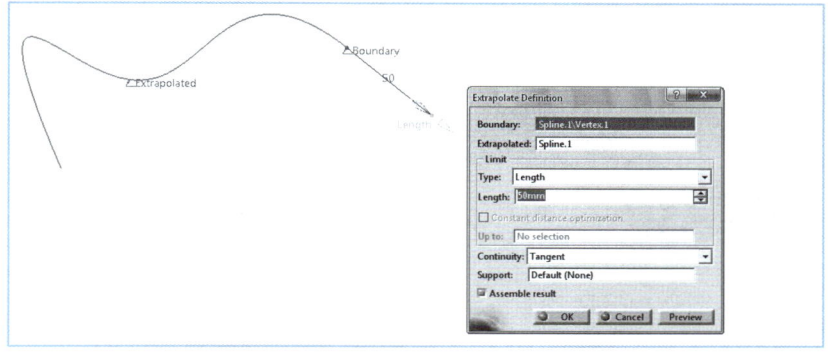

그런데 Curve 요소를 Extrapolate 시킬 때 주의할 것은 위와 같이 Tangent Type으로 할 경우 Curve가 불연속적이라는 것입니다. Boundary로 선택한 Vertex를 기준으로 이 지점에서만 Tangent하게 연장이 되는 것이기 때문입니다.

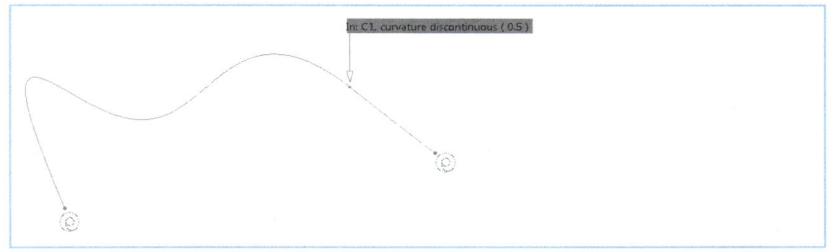

따라서 곡선 요소를 연장 시킬 때는 형상에 따라 이런 점을 고려해야 합니다. 아래는 Continuity Type을 'Curvature'로 하는 모습입니다.

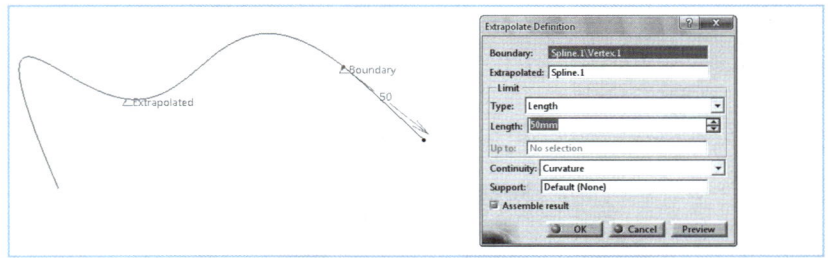

위와 같은 경우에는 Curve가 곡률에 맞추어 자연스럽게 연장이 됩니다.

예제 파일을 준비합니다.

다음은 Surface를 Extrapolate하는 예입니다. Surface의 경우 Boundary를 Surface형상

의 Edge나 실제 Profile Curve를 선택하면 됩니다. Extrapolated에는 물론 대상 Surface를 선택해 줍니다.

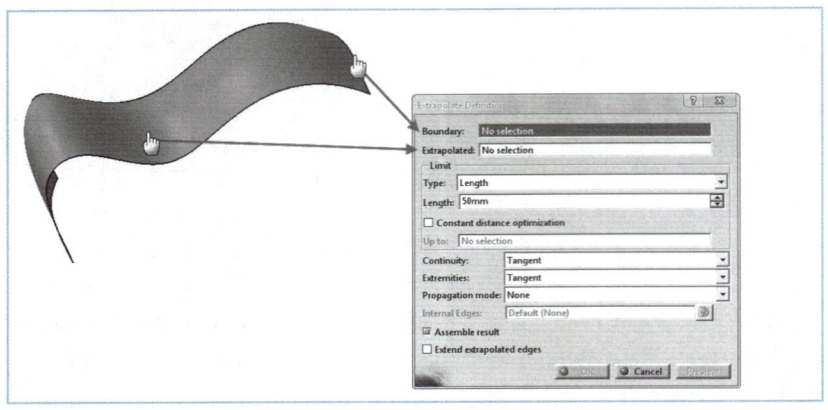

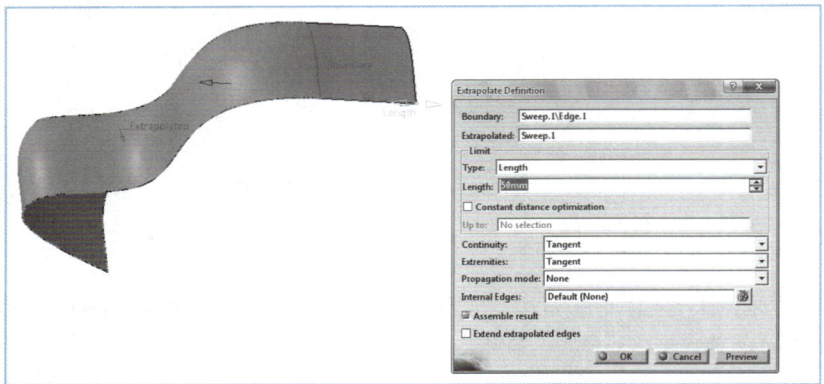

 Extrapolate를 하여 만들어진 연장된 형상은 원본 대상과 하나로 합쳐지게 된다는 것을 마지막으로 기억하기 바랍니다. 이것은 Definition 창의 'Assemble result'가 체크되었기 때문입니다. 이것을 해제하면 원래 형상과 연장된 형상을 분리할 수도 있습니다.

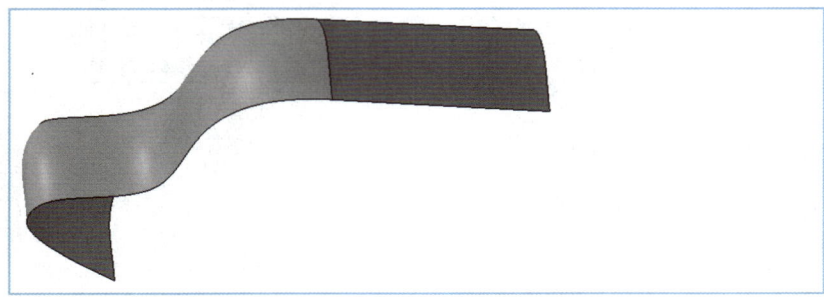

이렇게 Curve나 Surface 형상을 연장시킬 때 형상이 복잡한 경우 연장되는 형상을 만들어 내지 못하는 경우가 있으니 주의하기 바랍니다.

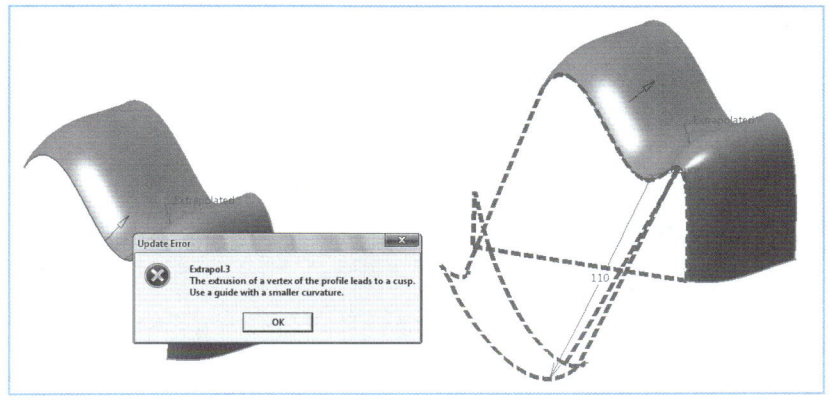

CATIA Surface의 정석

Replication

6.1 Repetitions Sub Toolbar

A. Object Repetition

이 명령은 현재 어떠한 대상을 만드는 작업을 한다고 할 때 이 생성 작업을 반복해서 하게 하는 명령입니다. 즉, 어떠한 작업을 한번 마치고 이 명령에 의해 그 작업을 몇 차례 반복해서 수행할 수 있게 합니다. 일부 작업 명령에 Repeat object after OK 라는 것이 있는데 이것을 사용하는 것과 같은 효과입니다.

Repeat object after OK Option이 있는 명령은 다음과 같은 종류들입니다.

- Point 생성 명령에서 Point Type이 On Curve인 경우
- Line 생성 명령에서 Line Type이 Angle/Normal to Curve인 경우
- Plane 생성 명령에서 Plane Type이 Offset from Plane인 경우
- Plane 생성 명령에서 Plane Type이 Angle/Normal to plane인 경우
- Surface 또는 Curve 요소를 Offset시키는 경우
- Surface 또는 Curve 요소를 Translate 시키거나 Rotate시키는 경우
- Surface 또는 Curve 요소를 Scale 하는 경우

명령을 실행시키면 다음과 같은 Definition 창이 나타납니다.

여기서 Instance(s)에 입력한 수만큼 선택한 작업을 반복하게 됩니다. Create in a new Body를 체크하면 선택한 작업을 반복한 결과는 따로 Geometrical Set을 나누어 줄 수 있습니다.

예제 파일을 준비합니다. 다음의 예를 보도록 하겠습니다. Curve 위에 Point를 생성하는 명령을 반복해서 수행해 볼 것입니다.

Point를 On Curve Type으로 길이 비율을 '0.2'로 하여 생성하도록 설정해 줍니다. 여기서 하단의 'Repeat object after OK'를 체크해 줍니다. 그리고 OK를 눌러줍니다.

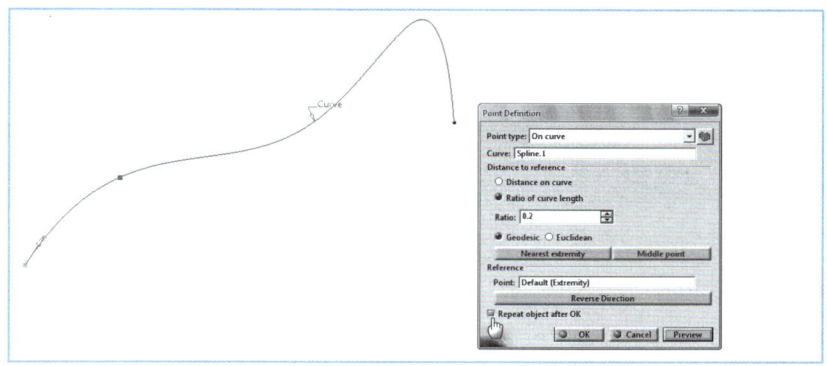

그럼 아래와 같이 Repetition 명령 창이 나타나게 됩니다. 여기서 원하는 수만큼의 반복 회수를 입력합니다.

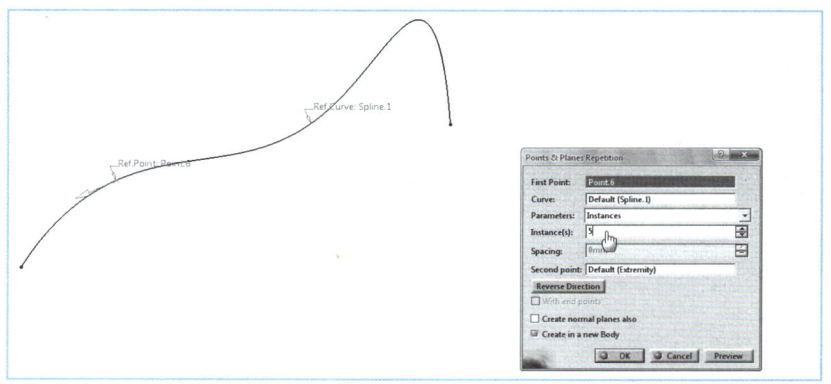

그럼 다음과 같이 처음 만든 Point와 같은 비율을 유지한 채 Point들이 만들어지는 것을 확인 항 수 있습니다. 'Create in a new Body'를 체크하였다면 앞서 언급한 대로 Geometrical Set이 추가되어 나머지 반복되는 Point들이 따로 저장이 될 것입니다.

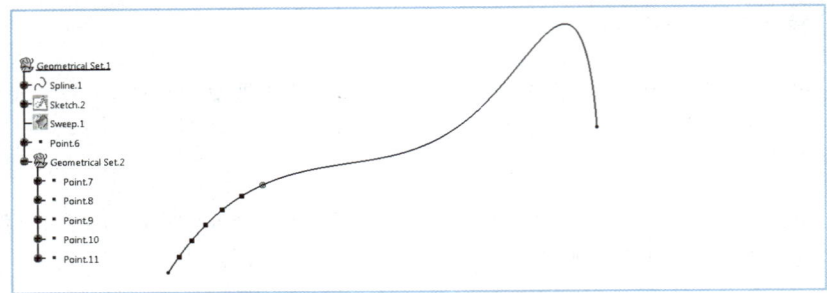

또는 Repeat object after OK를 선택하지 않고 Point 하나를 생성한 후에 Object Repetition 명령을 실행 시키고 위의 Point를 선택해도 됩니다.

이와 같은 방식으로 정해진 몇 가지 작업에 대해서 반복적인 작업을 손쉽게 할 수 있습니다.

B. Points Creation Repetition

이 명령은 앞서 Wireframe Toolbar의 Point & Planes Repetition에서 설명하였으므로 그 부분을 참고하기 바랍니다.

C. Planes Between

이 명령은 두 개의 평면 사이에 등 간격으로 평면을 만드는 명령입니다. 평행한 두 평면이 있다고 했을 때 이 사이에 일정한 간격으로 평면을 만들고자 할 때 사용할 수 있습니다. 명령을 실행시키면 다음과 같은 Definition 창이 나타납니다.

새로 Part도큐먼트를 실행하여 XY 평면을 기준으로 100mm 만큼 Offset한 평면을 생성합니다.

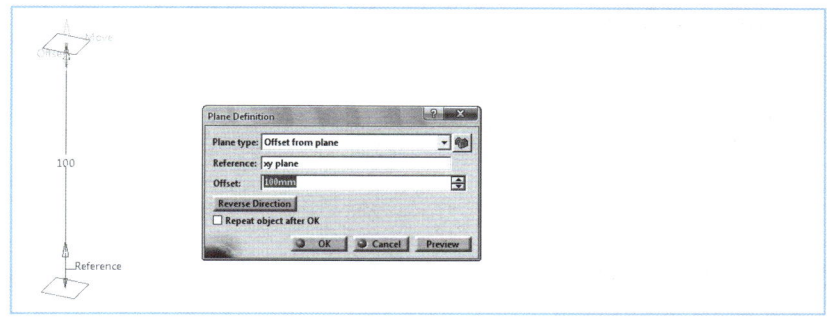

 여기서 Plane 1, Plane 2에 각 평면을 선택해 주고 아래의 Instance(s)에 필요한 수를 입력하는 비교적 간단한 방법을 사용합니다.

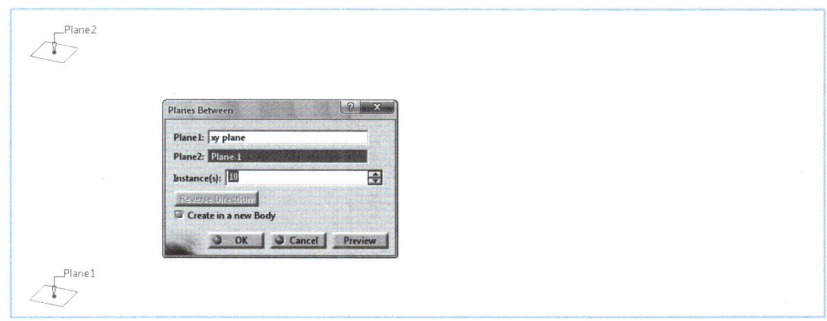

 물론 이 두 평면은 서로 평행한 상태이어야 합니다. 역시 'Create in a new Body'를 체크하면 따로 Geometrical Set을 이용하여 새로 만들어진 Plane들을 묶어줄 수 있습니다.

6.2 Patterns Sub Toolbar

A. Rectangular Patterns

Pattern이란 일정한 규칙성을 가진 채 반복되는 형상을 가리키는데 직각의 두 방향으로 임의의 선택한 Surface, Curve 형상을 복사하는 명령입니다.

Rectangular Pattern을 클릭하면 다음과 같은 창이 나타납니다.

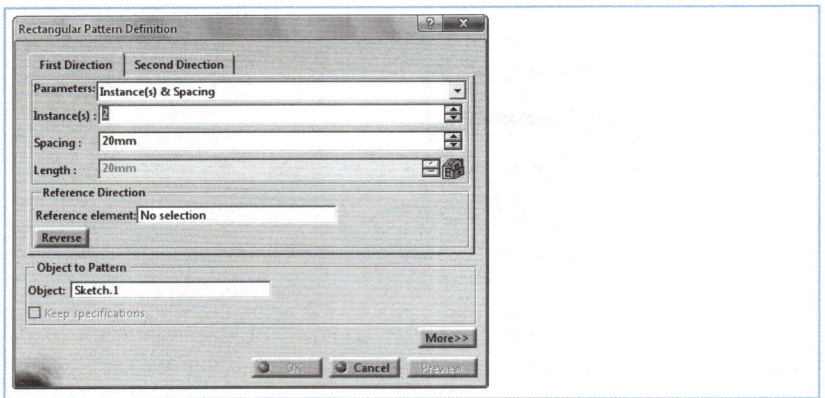

여기서 우선 First Direction 과 Second Direction 이 있는 것을 볼 수 있을 것입니다. 각각 두 개의 방향에 대해서 다른 값을 넣어줄 수 있습니다.

- ☑ **Instance & Spacing** : Instance 란 반복하여 만들 복사본의 수를 의미합니다. Spacing은 이들 사이의 간격이 됩니다.
- ☑ **Reference Direction** : Pattern 이 만들어질 기준 방향을 선택하게 되는데 직선 요소를 선택하거나 평면 요소를 선택하여도 됩니다.
  Reverse를 사용하면 선택한 방향에 대해서 반대 방향으로 Pattern의 방향을 바꾸어 줄 수 있습니다.

☑ **Object to pattern** : Pattern 하고자 하는 대상을 선택하는 부분으로 GSD의 Pattern의 경우 Pattern할 대상을 선택하지 않으면 명령이 실행되지 않습니다.
만약에 pattern 대상이 여러 개라면 pattern 명령을 시작하기 전에 미리 CTRL 키를 누르고 원하는 형상을 모두 선택한 후에 pattern 아이콘을 눌러야 합니다.

☑ **Keep Specifications** : 이는 pattern 하고자 하는 대상을 현재 형상만이 아닌 대상의 특성을 유지한 채 pattern 하라는 Option으로 다음 예를 통하여 이해하게 될 것입니다.

a. Pattern에서 필요 없는 부분 제거하기

Pattern을 하게 되면 두 개의 방향에 대해서 격자 형태로 형상이 복사됩니다. 그런데 항상 이렇게 모든 위치에 대해서 Pattern을 필요로 하지는 않습니다.

이럴 경우 Pattern에서 다음과 같이 미리 보기 상태에서 각 형상이 만들어질 위치에 있는 주황색 Point를 클릭하여 제거해 줍니다.

또한 여기서 More를 열어보면 다음과 같은 Option이 더 나타납니다.

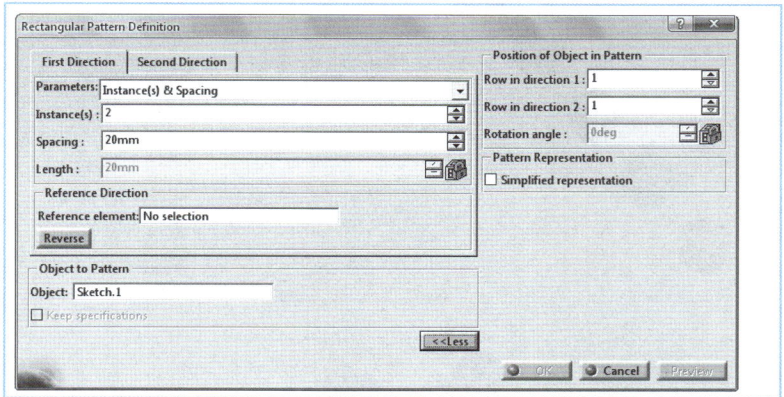

☑ **Position of Object in Pattern** : Pattern을 하게 되면 정해진 방향에 대해서 한쪽으로만 만들 수가 있는데 여기서 이 Row in direction의 값을 바꾸어 주게 되면 그 줄에서의 반대 쪽으로의 Pattern을 조절할 수 있습니다.

다음과 같이 새로 Part도큐먼트를 실행하여 구 형상을 만들어 줍니다. 그리고 Pattern 하고자 하는 구 형상을 선택하고 Pattern 명령을 실행합니다. GSD의 Pattern은 복수선택이 되지 않으니 이 점을 유의해야 합니다. 따라서 여러 형상을 한 번에 같이 Pattern 하려고 한다면 그 형상들을 모두 하나로 묶어 주어야 합니다.

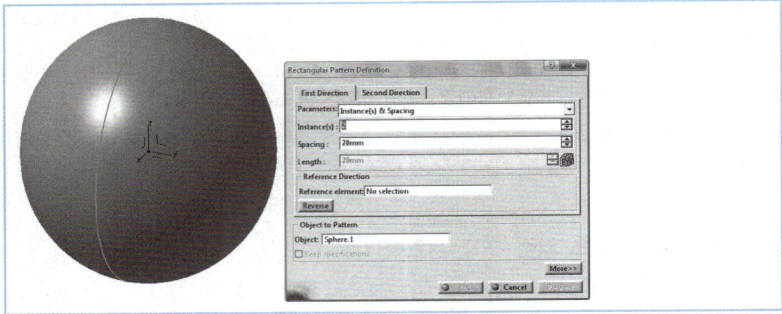

다음으로 형상의 Pattern 방향을 잡아 줍니다. Rectangular Pattern 이므로 두 개의 직교 방향을 잡아 주면 됩니다.(각각 Axis의 X축과 Y축을 잡아줍니다.) 그리고 Pattern 간격을 잡아 줍니다.

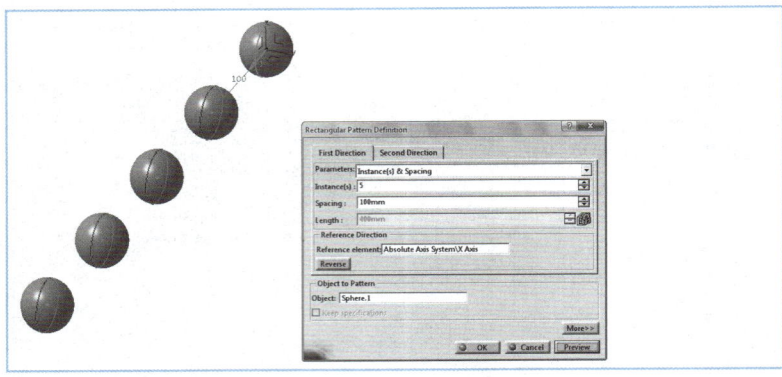

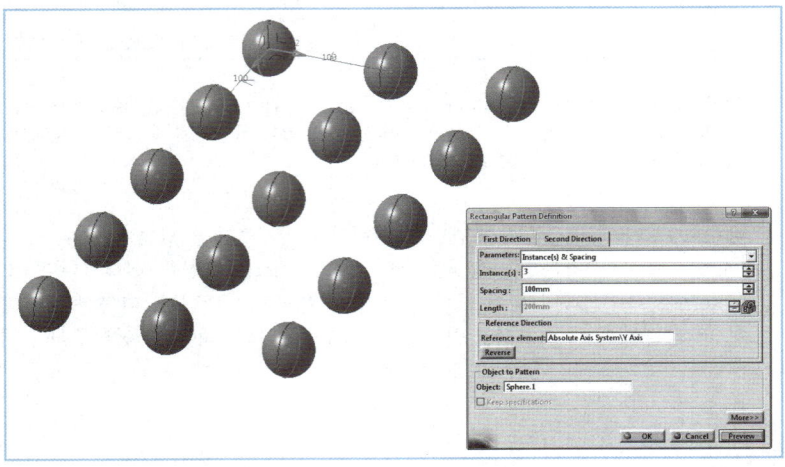

여기서 각 복사된 형상들의 중앙에 있는 Point를 클릭하면 해당 위치의 Pattern 형상을 제거해 줄 수 있습니다. 반대로 다시 이를 클릭하면 다시 형상을 그 위치에 복사하게 정의할 수 있습니다.

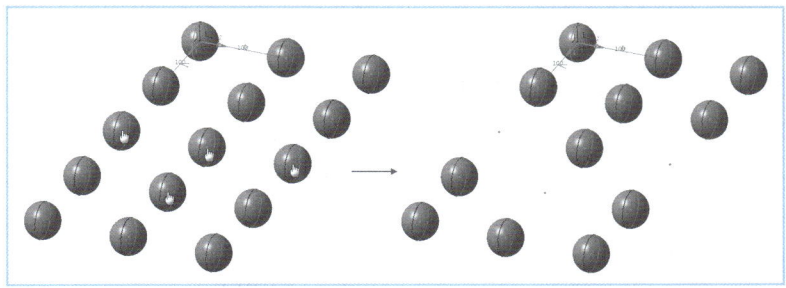

앞서 설명과 같이 Definition 창에서 More를 클릭하고 'Row in direction'을 조절하면 Pattern의 생성 방향을 설정해 줄 수 있습니다. (반드시 원점에서 한 방향으로 Pattern이 되는 것은 아닙니다.)

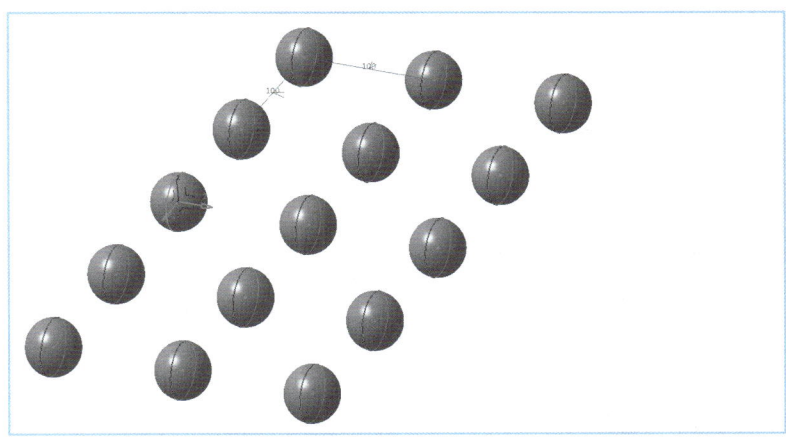

Anchor의 경우 각 단면 형상의 기준점의 위치를 맞추는데 사용합니다.

B. Circular Pattern

Circular pattern은 앞서 Rectangular Pattern과 마찬가지로 어떤 규칙을 가진 채 형상을 복사하게 되는데 이 명령은 회전축을 잡아 그 축을 중심으로 회전하여 원형으로 형상을 복사시킨다. 선택한 기준 축을 중심으로 임의의 선택한 Surface, Curve 형상을 복사합니다.

Circular Pattern 역시 Pattern 명령을 실행하고 Pattern 하고자 하는 대상을 선택해 주어야 명령이 활성화 됩니다. 회전의 중심을 'Reference element'에 선택해 주면 다음과 같이 원하는 각도와 수를 입력하여 형상을 원형으로 복사할 수 있습니다.

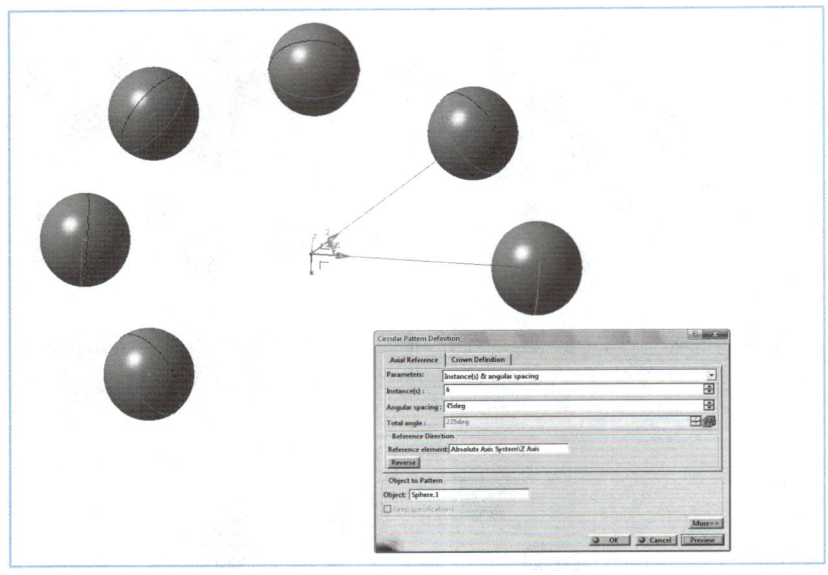

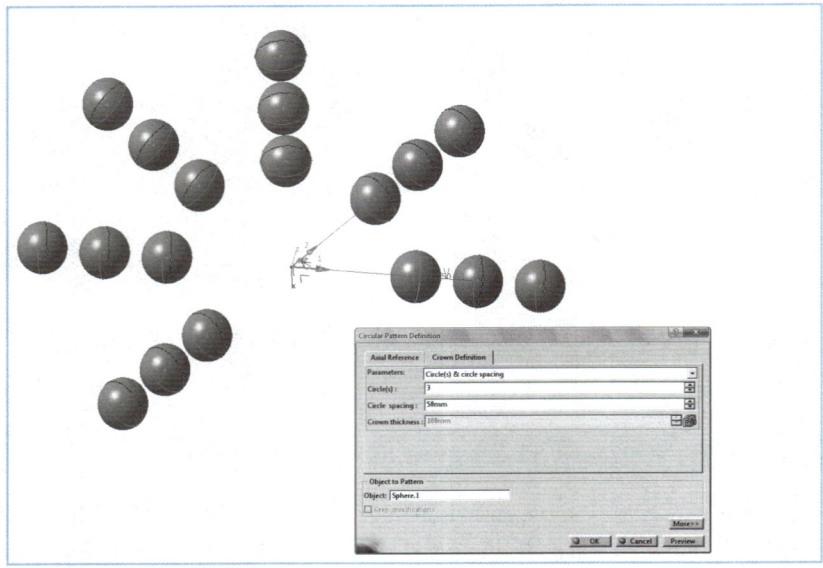

물론 이러한 Pattern은 Curve 요소에 대해서도 적용이 가능합니다.

C. User Pattern

User Pattern은 앞서 Pattern 과 다소 차이가 있는데 이 명령은 일정하게 Pattern되는 룰이 정해진 것이 아니라 자신이 Pattern으로 복사될 지점을 스케치에서 Point로 만들어서 이 지점으로 선택한 형상을 Pattern 시킵니다.

따라서 User Pattern에는 다음과 같이 Position이라는 부분이 있어 이곳에 작업자가 스케치로 그린 Point들의 위치를 입력 받습니다. 복사할 대상의 위치를 사용자가 스케치에서 Point로 Profile하여 임의의 선택한 Surface, Curve 형상을 복사하는 명령입니다.

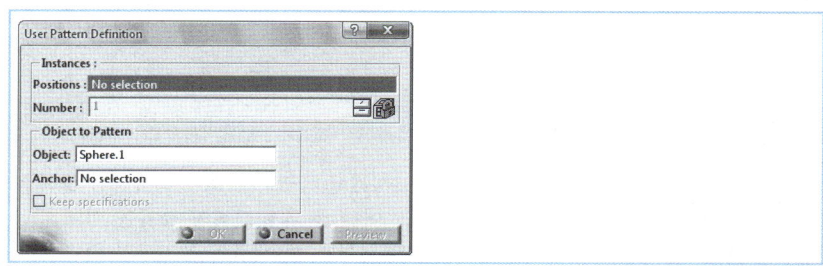

아래의 간단한 예를 따라해 보기 바랍니다.

다음과 같이 Pattern 하고자 하는 형상과 이 형상이 Pattern 될 위치를 나타내는 위치를 스케치에서 만들어 주도록 합니다.(간단한 구형과 스케치로 복사할 대상의 위치를 스케치 합니다.)

User Pattern 명령을 실행시키고 Pattern하고자 하는 대상을 선택합니다. 복사될 위치를 나타내는 Position에 앞서 스케치를 선택해 줍니다. 그럼 다음과 같이 각 Point의 위치에 형상이 Pattern됩니다.

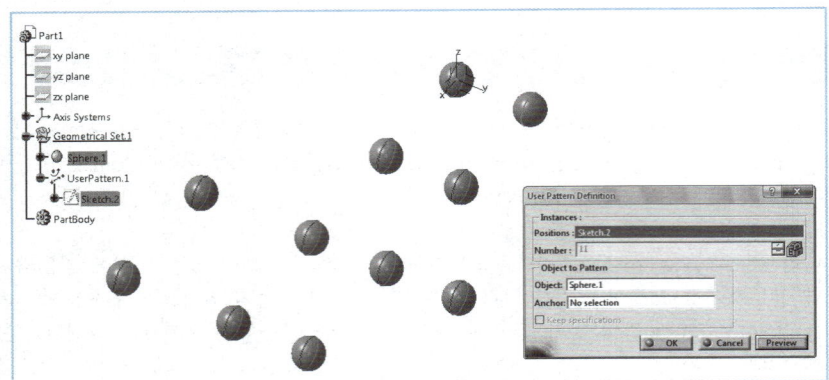

D. Duplicate Geometrical Set

이 명령은 Geometrical Set의 형상 전체를 복사해서 새로운 기준에 복사하여 붙여 넣는 방법입니다. 하나의 Geometrical Set에서 만들어진 형상과 전체의 작업을 이에 사용된 기준 요소(Plane, Axis, Point, Line, Face 등)를 이용하여 새로이 옮기고자 하는 위치에 같은 기준 요소를 준비하여 그대로 복사를 시킬 수가 있습니다. 다음의 예를 보도록 하겠습니다.

다음과 같은 형상을 가진 Geometrical Set 전체를 복사하려고 합니다.

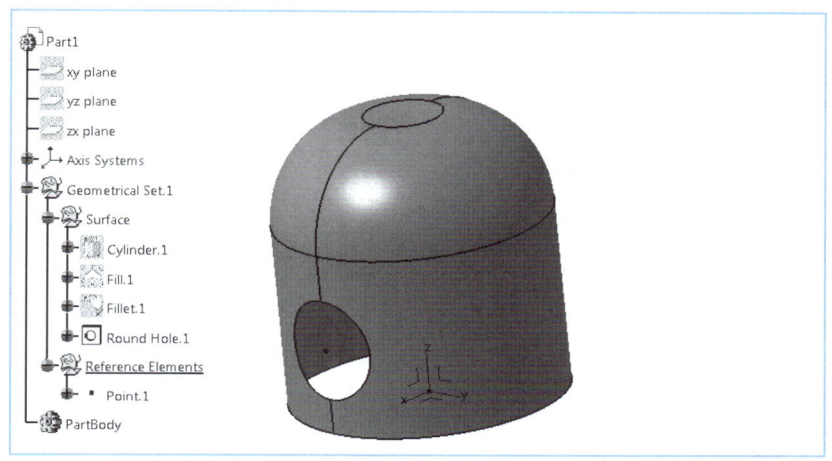

여기서 다음과 같은 위치에 새로운 Axis를 정의하였습니다.(축 방향이 변경 된 것을 확인할 수 있을 것입니다.)

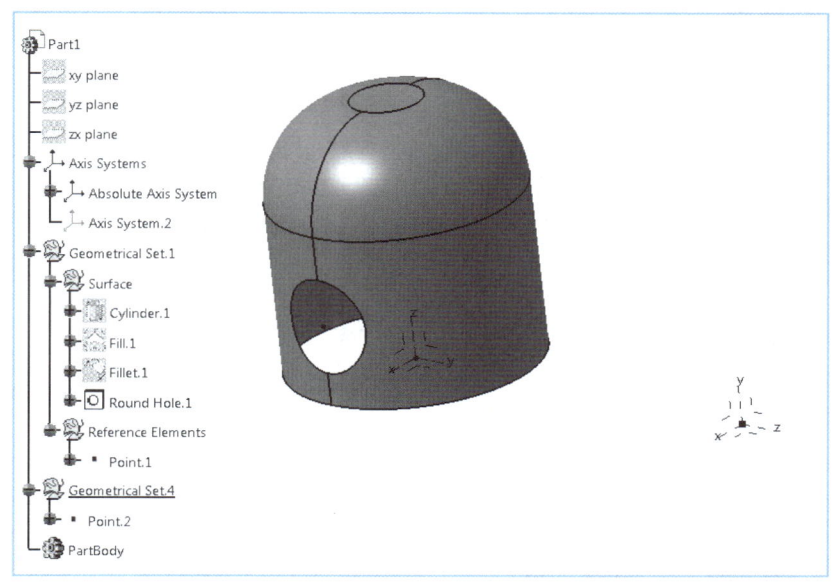

Duplicate Geometrical Set 명령을 실행 시키고 복사하고자 하는 Geometrical Set을 선택해 줍니다.

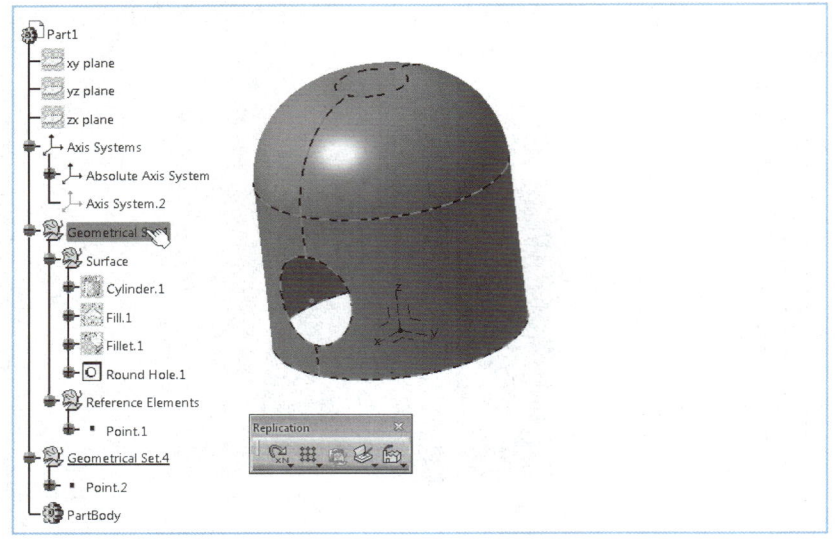

그러면 다음과 같이 Insert Object 창이 나타납니다.

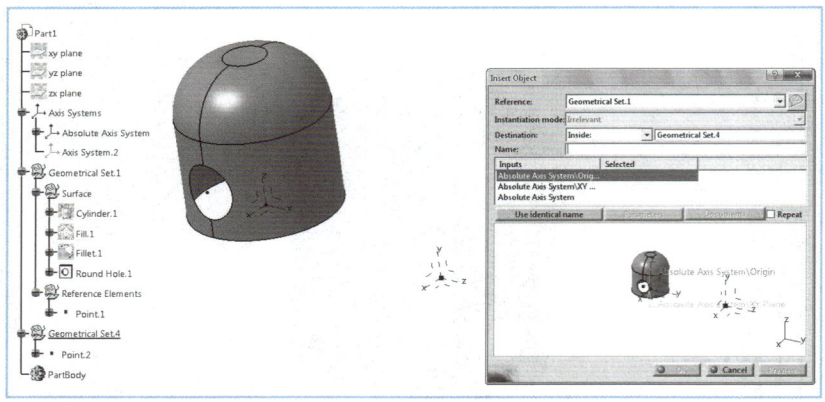

여기서 원본 Geometrical Set의 형상을 구성하는데 사용한 Plane이나 Axis 같은 기준 요소를 복사할 위치에 맞게 선택해 줍니다. 물론 입력 요소에 맞게 복사할 위치에 Axis나 평면을 미리 만들어 놓아야 함을 잊지 말기 바랍니다. 아래와 같이 기준 요소가 될 Axis 를 만들어 줍니다. 위의 경우에는 설명을 간단히 하기 위해서 Axis 하나로만 모든 값을 복사할 수 있도록 기준을 잡아 주었습니다.

Inputs	Selected
Absolute Axis System\Origin	Vertex
Absolute Axis System\XY Plane	XY Plane
Absolute Axis System	Axis System.2

입력 요소를 바르게 잡아 주면 다음과 같이 형상을 원하는 위치에 복사할 수 있습니다. 물론 Spec Tree 역시 그대로 복사됩니다.

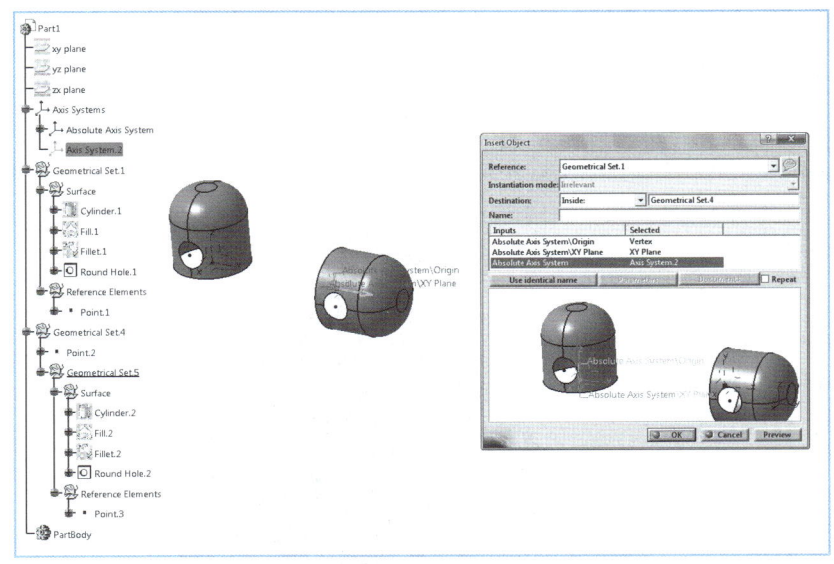

Geometrical Set에서의 동일한 작업을 다른 위치에서 하고자 할 때 반복 작업 없이 복사가 가능하므로 편리하게 사용할 수 있습니다. 그러나 형상을 만드는데 있어 입력 요소를 설정하는 것과 원점과의 구속으로 인해 형상이 바르게 복사되지 않는 경우가 있을 수 있으므로 원본 형상을 만드는데 이러한 문제를 잘 고려해야 합니다.

6.3 Power Copy Sub Toolbar

PowerCopy 부분은 상당히 중요하면서 GSD를 비롯한 모든 데이터 관리 형상 모델링에 통용되는 기술로 따로 장을 구성하여 설명하였으므로 그 부분을 참고하기 바랍니다.

A. PowerCopy Creation

PowerCopy란 CATIA 모델링에서 사용자의 작업 및 작업 노하우를 재사용하는 방법 중에 하나로 이미 완성한 작업 형상에서 일부 요소만을 입력 요소로 받아 같은 방식의 새로운 Part도큐먼트를 손쉽게 만드는 방법입니다.

즉, 한번 유사한 작업을 하였다면 이 작업의 전 과정을 다시 실행하지 않고 필요한 요소만을 변경하여 형상을 완성 시킬 수 있는 이점이 있습니다.

PowerCopy로 형상을 재사용하기 위해서는 원본 Part도큐먼트에 PowerCopy를 만들어 주어야 합니다. 그리고 새로운 Part도큐먼트에서는 필요한 입력 요소만을 구성한 뒤 PowerCopy를 불러와 입력 요소만을 잡아 주면 됩니다. 여기서는 다음과 같은 예를 이용하여 PowerCopy를 설명하도록 하겠습니다.

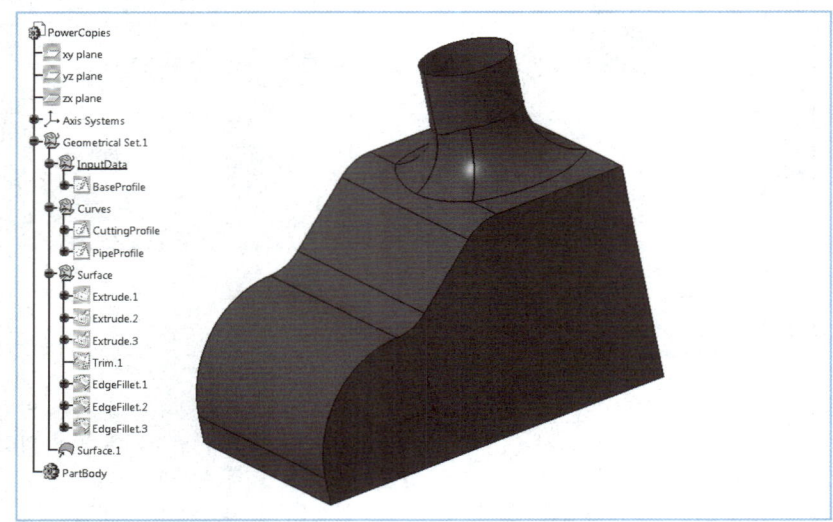

그런데 여기서 한 가지 주의할 것이 있습니다. 그것은 선택한 Geometrical Set 안에 Input Element(입력 요소)가 있는 경우 그 Geometrical Set 전체를 Component로 선택해 줄 수가 없다. 따라서 위와 같이 Input Element만 따로 Geometrical Set을 구성하여야 합니다.

PowerCopy Creation 명령을 실행시키면 다음과 같은 Definition 창이 나타납니다.

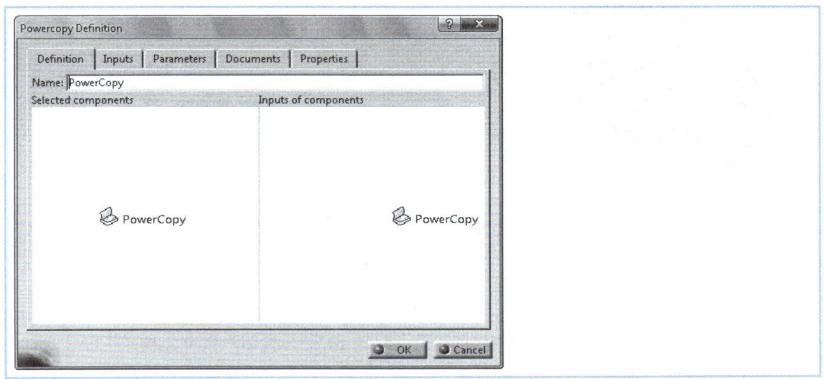

여기서 'Name'은 적절한 이름으로 바꾸어 주면 됩니다. 중요한 부분은 바로 아래 Selected Components와 Inputs of Components입니다. 여기서 Selected Components는 PowerCopy에서 나중에 불러오게 될 형상을 의미합니다. 따라서 현재 형상을 PowerCopy에 넣어주고자 한다면 Selected Components에 Spec Tree에서 원하는 형상들을 모두 선택해 주어야 합니다. 간단히 클릭만 해주면 선택한 요소들이 선택됩니다. 아래의 그림에서 Geometrical Set의 요소를 일일이 선택하지 않고 다음과 같이 Geometrical Set을 선택하면 전체 형상이 들어가게 됩니다.

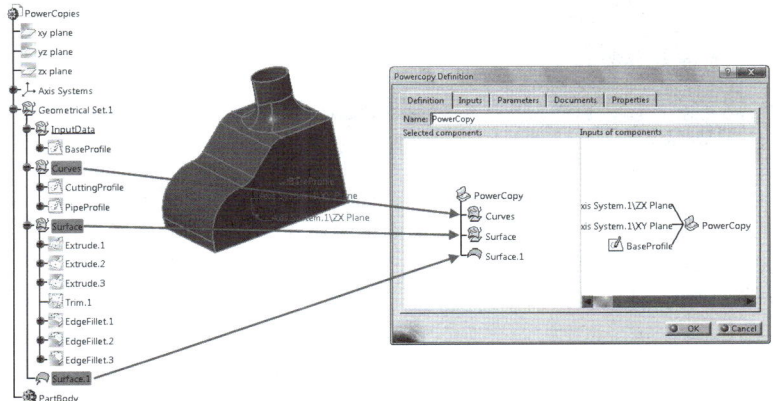

☑ **Inputs** : 다음으로 이 형상에서 PowerCopy로 불러올 때 필요한 입력 요소를 선택해 주어야 합니다. Inputs of Components가 이러한 형상에서 새로운 Part에서 만들어 주어야 하는 입력 요소를 의미합니다. 아래 그림과 같이 이 형상에서는 'BaseProfile'이라는 스케치를 입력 요소로 하여 형상을 복사할 수 있도록 할 것입니다. 입력 요소에 대해서 다음과 같이 Name에 별칭을 입력 할 수도 있습니다.

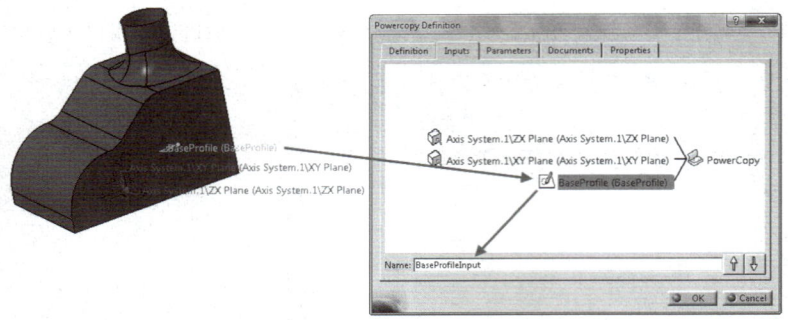

이렇게 Inputs of Components에 있는 요소들을 새로 Part도큐먼트를 만들 때 미리 갖추어 놓아야 할 요소가 됩니다. 즉, 위의 예의 경우에는 ZX 평면과 XY 평면, BaseProfile Sketch가 될 요소만 있으면 위 형상을 반복하여 작업하지 않고 만들어 낼 수 있습니다.

그런데 간혹 Inputs of Components에 입력하지 않은 요소가 포함되기도 하는데 이것은 현재 자신이 선택한 입력 요소와 관계된 요소이기 때문에 강제로 제거할 수 없다. Vertex나 Plane, Axis 등이 그러한 예입니다. 이럴 경우 PowerCopy를 불러오는 과정에서 이것들 역시 짝을 맞추어 주어야 합니다.

☑ **Parameters** : 다음으로 Parameter Tab에 가면 현재 형상 중에 임의의 치수를 공개 시켜 놓을 수 있습니다. 치수를 공개해 놓으면 PowerCopy로 형상을 불러왔을 때 이 값을 Definition 창에서 임의로 조절 하여 형상을 불러 올 수 있습니다. 여기서는 간단히 Fillet곡률 값만을 Parameter화 하도록 합니다.

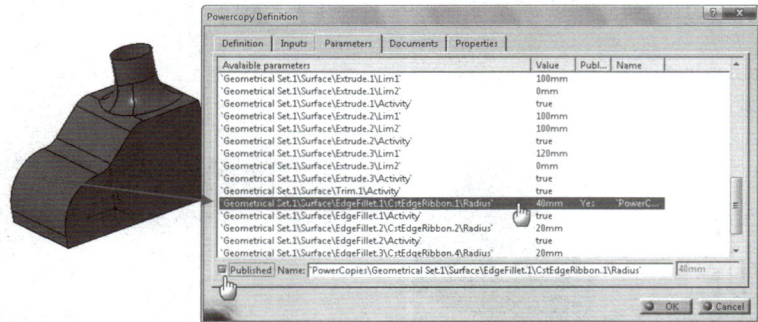

Parameter에서 공개를 원하는 수치를 선택하고 아래의 Published Name을 체크 한 뒤 이름을 입력해 줍니다.

여기까지 작업이 되었다면 이제 'OK'를 눌러줍니다. 뒷부분에 아이콘을 생성하거나 하는 부분은 생략하도록 합니다. 그러면 다음과 같이 Spec Tree에 방금 작업한 PowerCopy가 생기는 것을 볼 수 있습니다.

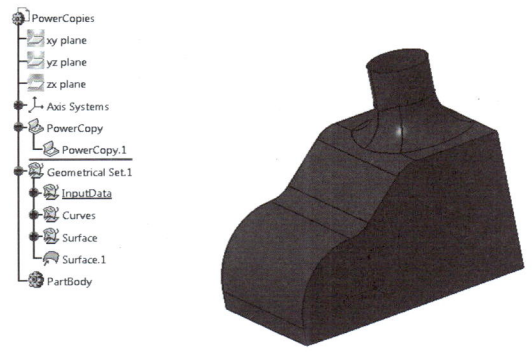

이 Part도큐먼트가 원본이기 때문에 파일의 경로나 이름을 잘 정의하기 바랍니다.

다음의 나올 명령을 통하여 이렇게 생성한 PowerCopy를 불러와 재사용하는 방법을 설명하도록 하겠습니다.

이제 PowerCopy Creation으로 만든 형상을 불러와 새로운 Part도큐먼트를 구성하는 방법을 설명하겠습니다.

새로운 Part도큐먼트를 불러옵니다. 이제 여기에 앞서 형상에서 입력 요소로 선택한 대상을 구성해 줍니다. 필요한 요소만을 그려주면 됩니다. 위의 형상의 예에서는 'Base Profile' Sketch와 ZX 평면만을 준비하면 되었습니다.

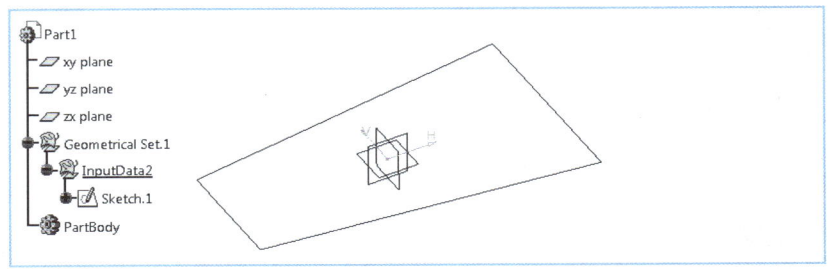

다음으로 풀다운 메뉴의 Insert ⇨ Instantiate From Document 를 클릭합니다.

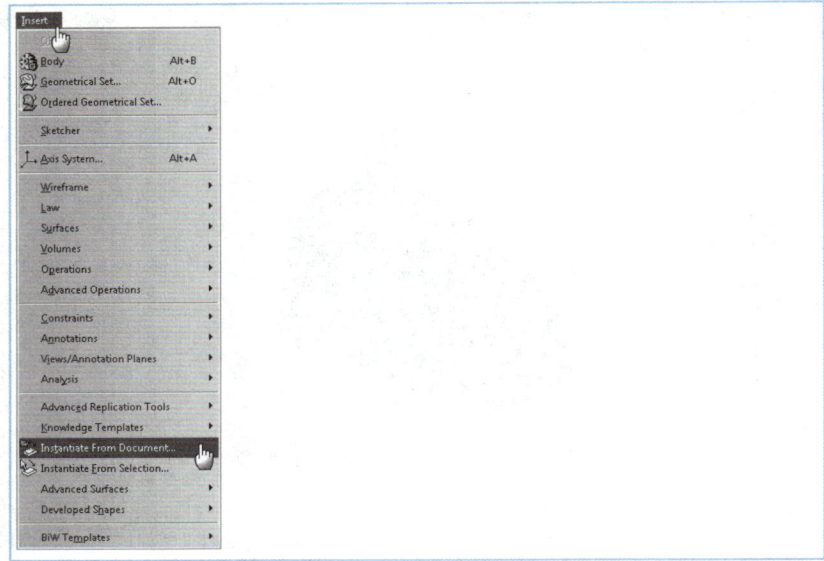

그러면 다음과 같이 파일 선택 창이 나타나게 되는데 여기서 앞서 PowerCopy 형상을 만들었던 파일을 선택합니다.

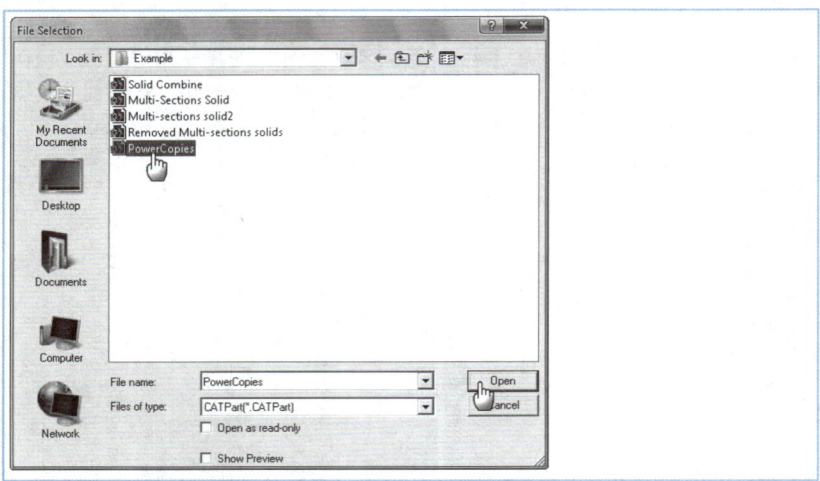

이제 Insert Object 창이 나타납니다. 여기서 중간의 Inputs 요소를 현재의 Part도큐먼트에 맞게 선택해 줍니다. Inputs에 있는 게 앞서 PowerCopy에서 입력 요소로 선택한 요소들이고 Selected에 새로이 만든 Part도큐먼트에 만들어 놓은 대상을 선택해 주는 것입니다.

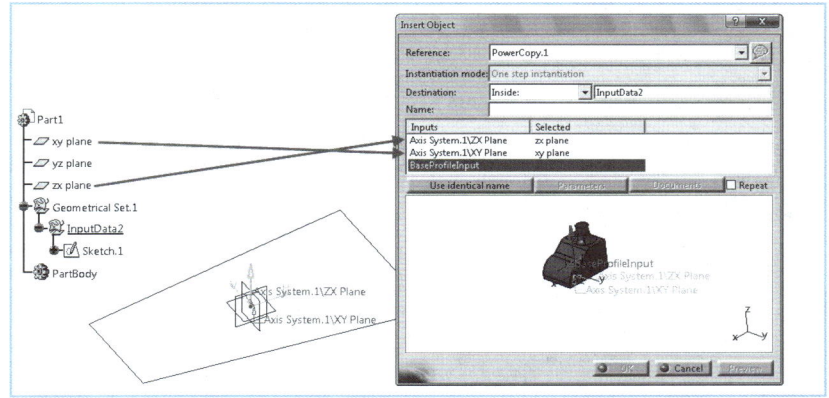

    스케치와 같이 복잡한 입력 요소의 경우에는 아래와 같이 Replace Viewer를 통하여 대체시킬 부분을 정의하여야 합니다.

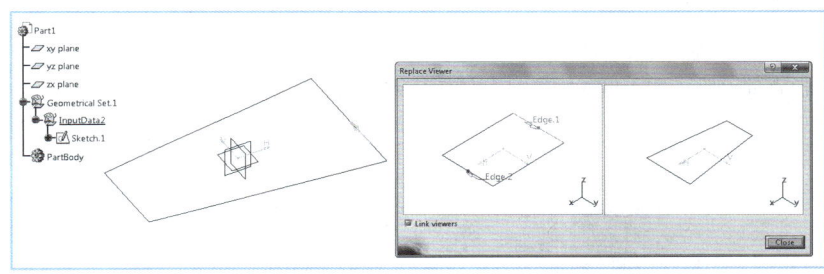

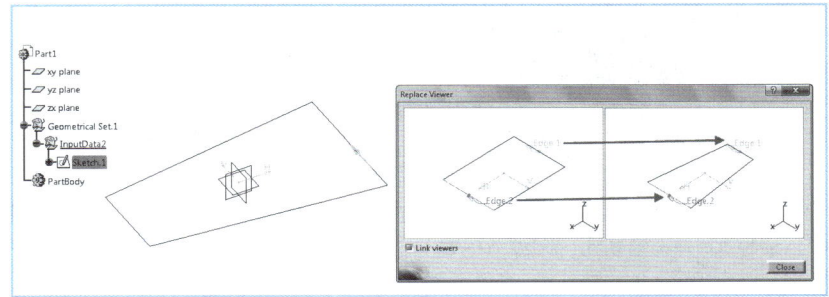

    다음으로 Parameter를 클릭하여 앞서 Publish한 치수 값을 수정 입력해 줄 수가 있습니다.

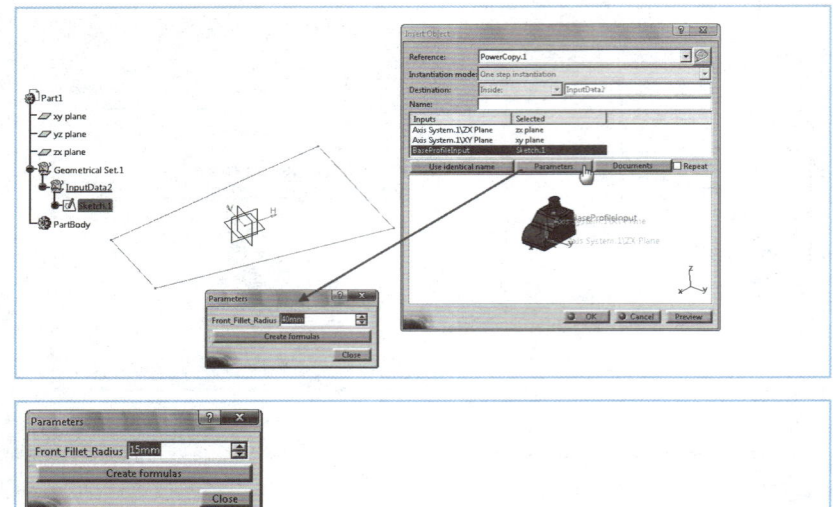

이제 미리 보기나 OK를 해 보면 앞서 PowerCopy 형상으로 만들었던 형상을 입력 요소에 해당하는 부분만 바꾸어 형상이 만들어지는 것을 볼 수 있습니다.

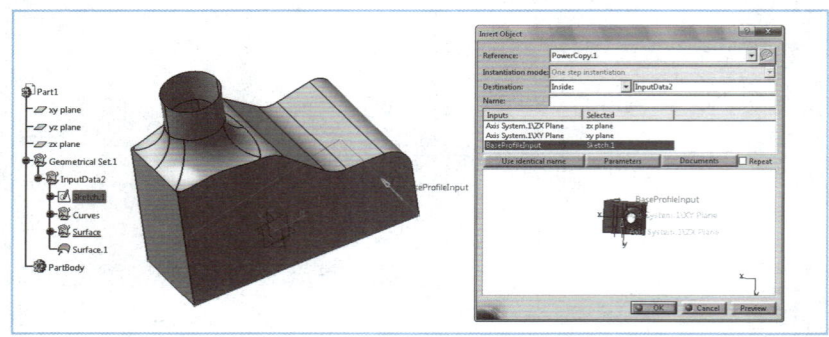

여기서 작업에 따라 일부 형상을 수정해야 하는 경우가 발생하기도 합니다. 위의 예에서는 Spec Tree를 변경해 주어야 할 필요가 있습니다.

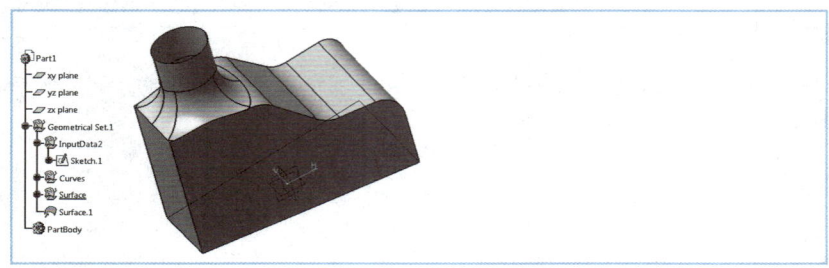

이러한 방법을 사용하여 원본 형상을 재사용하는 기술을 PowerCopy라 하며 PartBody의 형상이나 Geometrical Set의 형상 모두 사용 가능합니다.

B. Save In Catalog

이 명령은 현재 PowerCopy를 카탈로그(Catalog)라고 하는 CATIA 도큐먼트 형식으로 저장하는 방법입니다. 카탈로그 역시 작업 및 작업 노하우를 CATIA에서 재사용하는 방법 중에 하나입니다.

원본 형상이 있는 Part도큐먼트에서 Save in Catalog를 실행 시킵니다. 그럼 다음과 같은 Catalog Save 창이 나타납니다.

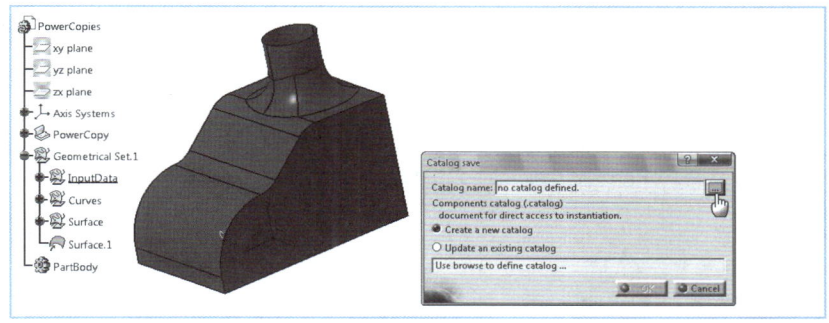

여기서 우측의 저장 경로 선택 아이콘을 클릭하고 파일이 저장될 경로와 Catalog name을 입력해 줍니다.

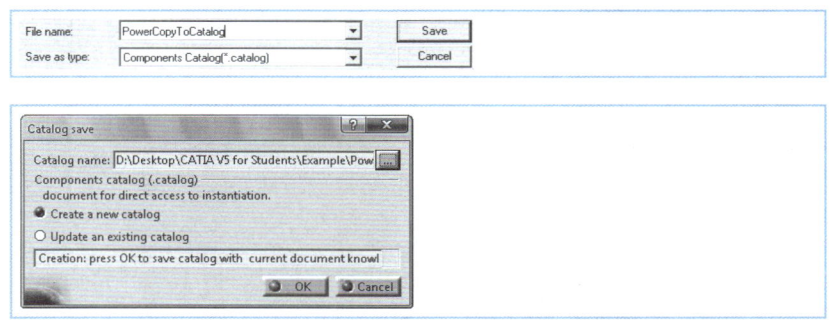

그 다음으로 'Create a new Catalog'로 선택 후 OK를 누르면 PowerCopy 형상이 저장된 카탈로그가 만들어 집니다.

6.4 UserFeature Sub Toolbar

A. UserFeature Creation

이 명령 역시 작업 및 작업 노하우를 재사용하는 방법으로 위의 PowerCopy와 유사한 방법으로 원본 형상에서 입력 요소만을 사용하여 형상을 재구성 합니다.

UserFeature 명령을 실행시키고 재사용 하고자 하는 원본 형상을 선택해 주고 입력 요소를 선택, 필요한 부분에 대해서 Parameter를 공개하여 변경 할 수 있도록 하는 방법 모두 PowerCopy와 유사합니다. 대신에 User Feature는 복사될 형상으로 작업 Tree가 공개되지 않습니다.

UserFeature 명령을 실행시키고 복사할 형상과 입력 요소를 선택해 줍니다.

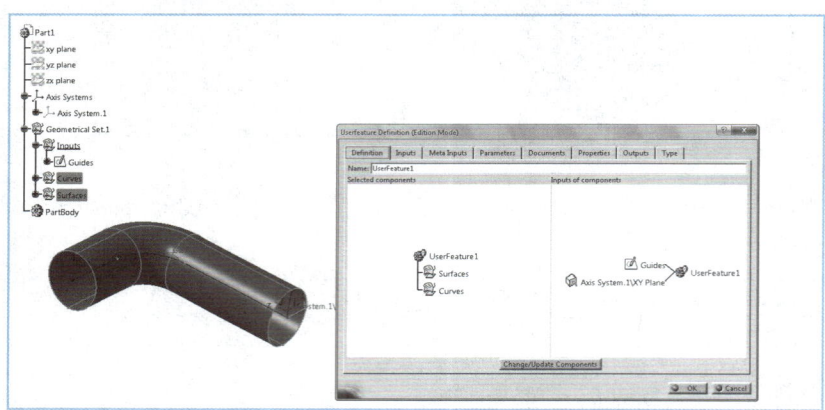

UserFeature 작업이 완성되면 다음과 같이 Spec Tree에 나타납니다.

이러한 UserFeature를 만들어 불러올 때 역시 Instantiate From Document 를 클릭해 원본이 들어 있는 파일을 선택해 줍니다. 다음과 같이 입력 요소를 준비해 주고 형상을 불러 온다. 입력 요소를 맞춰 주고 Parameter를 변경해 주고 OK를 누릅니다.

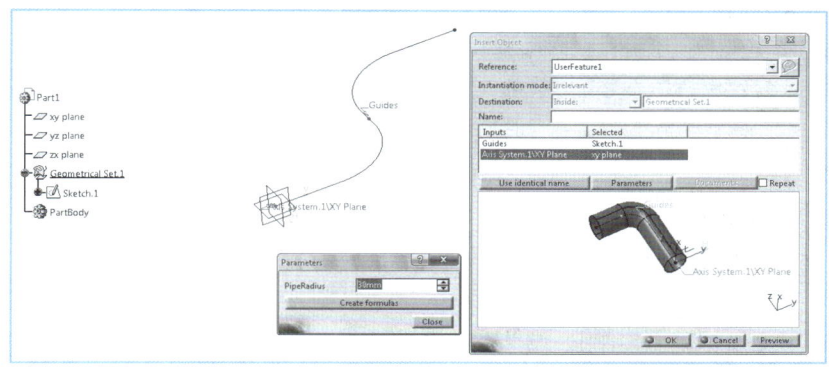

다음과 같이 형상이 복사되어 만들어지는 것을 볼 수 있습니다.

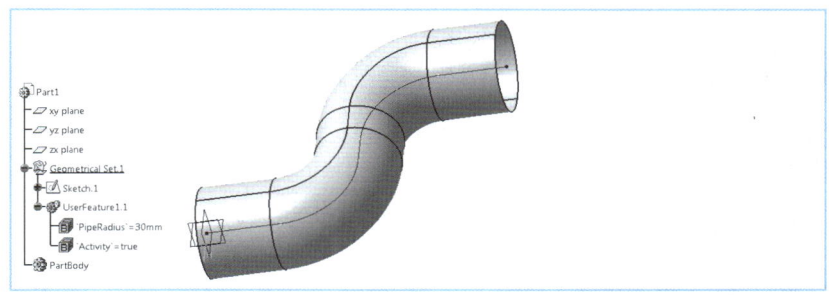

그러나 새로운 Part도큐먼트에서 UserFeature에 입력한 형상을 가져온다고 했을 때 불러온 형상은 보이지만 그 Spec Tree는 따라오지 않는다는 것이 큰 차이입니다. UserFeature를 사용해 형상을 불러오면 Input 요소와 공개된(Published) Parameter 만이 Spec Tree에 나타나고 나머지는 UserFeature안에 모두 담겨 버립니다. 즉, 공개한 Parameter나 입력 요소로 선택한 것 이외에는 형상을 구성하는 다른 요소에는 접근을 제한한다는 것이 PowerCopy와 다른 점입니다.

B. Save In Catalog

이 명령을 사용하면 앞서 작업한 형상을 Catalog 파일로 만들 수 있습니다. Catalog 파일 역시 재사용을 위한 강력한 도구입니다.

앞서 PowerCopy에서 설명과 동일합니다.

7 Advanced Surface

Advanced Surface에 속하는 명령들은 이미 만들어진 형상을 여러 가지 방법을 사용하여 변형시키는 명령입니다. 고급 기능에 속하는 만큼 자주 사용한다고는 할 수 없으나 형상을 변형시키는 강력하면서도 효율적인 방법들입니다.

A. Bump

Bump라는 명령은 말 그대로 혹을 만드는 명령으로 Surface 형상을 돌출시킨 모양을 만들어 줍니다. 명령을 실행시키면 다음과 같은 Definition 창이 나타납니다.

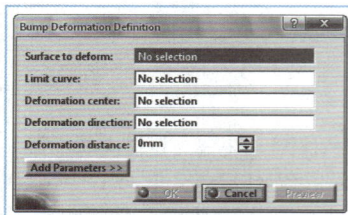

예제 파일을 준비합니다. 그리고 아래와 같이 XY 평면에 지름 70mm짜리 원을 그려줍니다.

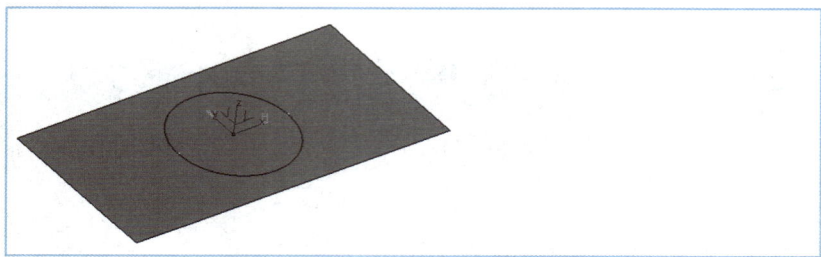

우선적으로 Bump 형상을 만들기 위해서는 변형시킬 Surface 형상(Surface to deform)과 변형이 일어날 범위를 제한하는 Curve(Limit Curve), 변형이 일어날 부위의 중심위치(Deformation center)를 선택해 주어야 합니다. 변형시키고자 하는 대상이 있다면 위와 같이 3 가지 선택 요소를 미리 만들어 놓아야 합니다. 마지막으로 변형이 있어날 방향(Deformation direction)을 선택해줍니다.(Deformation direction은 지정해 주지 않으면 그냥 수직 방향으로 적용됩니다.)

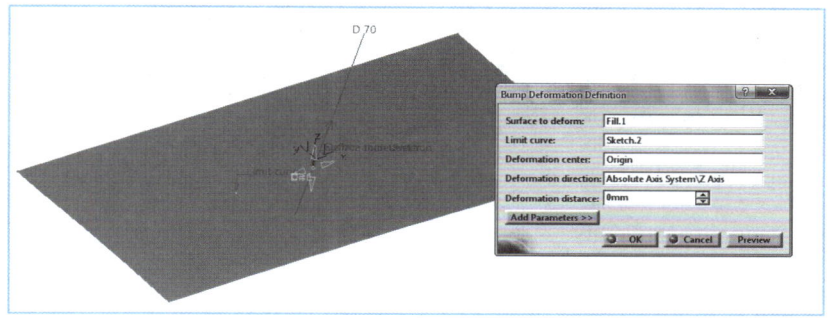

이렇게 기본 선택요소가 모두 선택이 되면 형상을 돌출 시킬 수 있습니다. 돌출되는 값은 거리(Deformation Distance)로 입력을 받습니다.

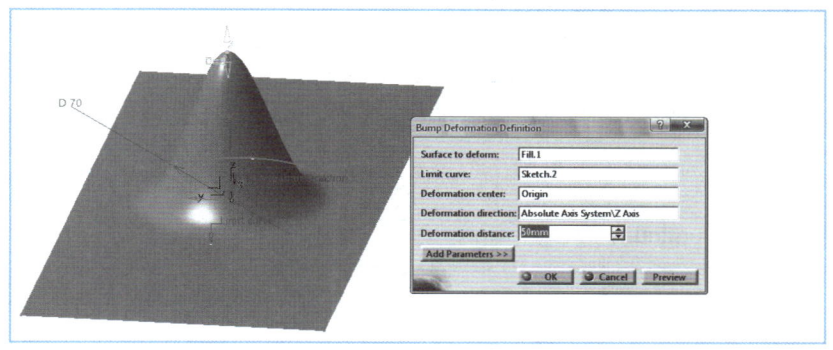

여기서 Definition 창 아래 Add Parameter를 클릭해 Definition 창을 확장해 보면 다음과 같은 Continuity Type을 선택할 수 있습니다.

a. Curvature Continuity

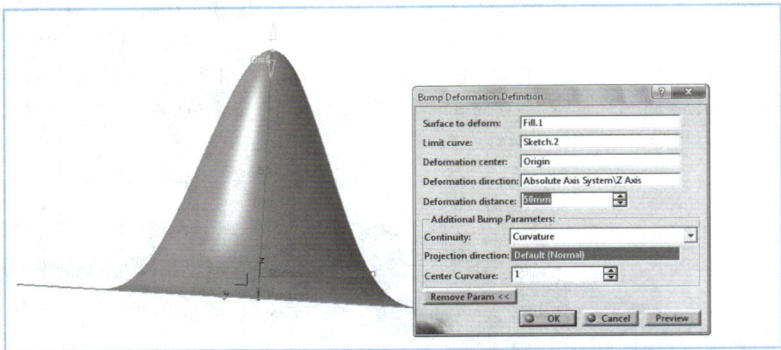

b. Tangent Continuity

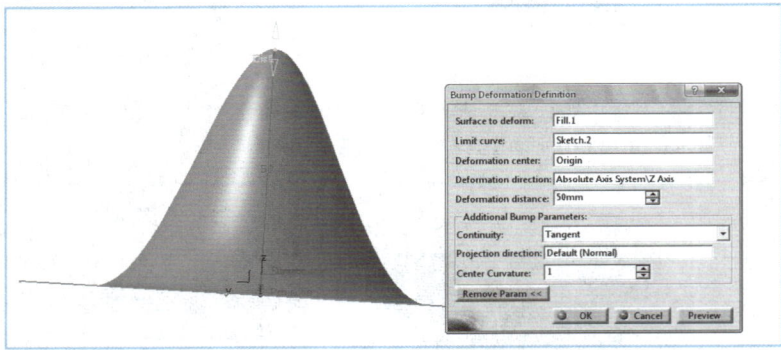

c. Point Continuity

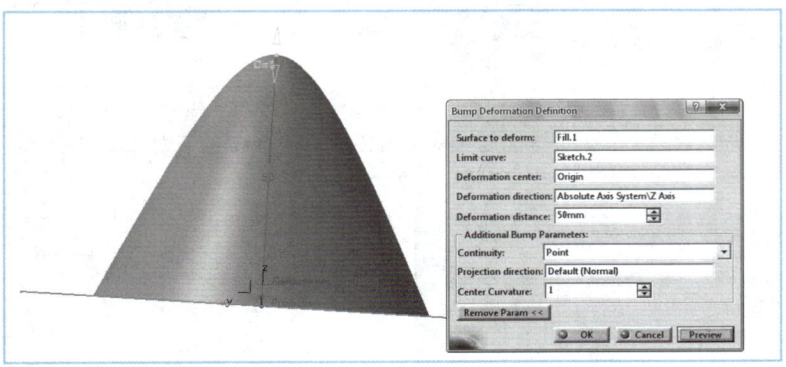

여기서 Continuity를 Point, Tangent, Curvature로 바꾸어 줄 수 있습니다. Center

Curvature 값을 이용하면 돌출되는 Surface 형상의 머리 부분의 곡률을 조절할 수 있습니다.

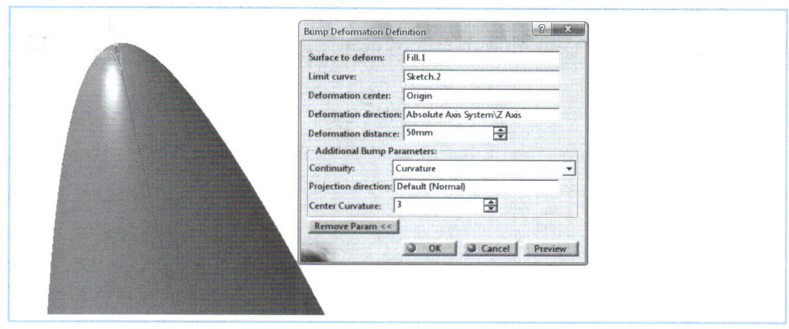

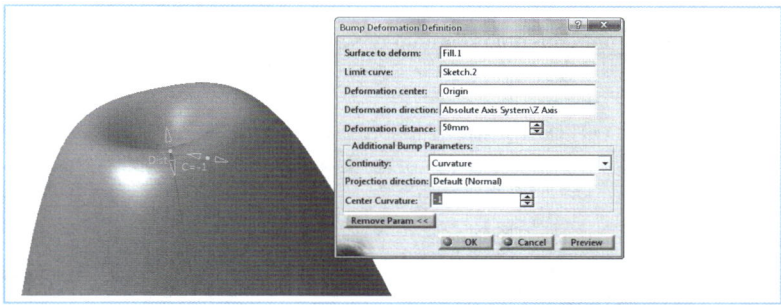

B. Wrap Curve

이 명령은 Surface 형상을 Curve를 이용하여 구부러트리는 명령입니다. 즉, 현재의 Surface를 임의의 Curve의 형상으로 휘게 하거나 펼치는 작업이 가능합니다. 명령을 실행시키면 다음과 같은 Definition 창이 나타납니다.

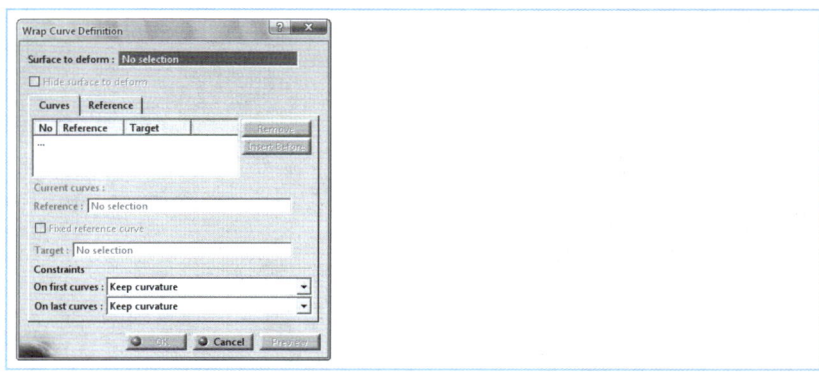

여기서 필요한 3가지 변수가 있는데 바로 변형시키고자 하는 Surface 형상(Surface to deform), 그리고 현재 형상에서 변형 시키고자 하는 방향으로의 기준 Curve(Reference), 변형 시킬 형상의 모양을 지닌 Curve(Target)입니다. 변형시키고자 하는 Surface는 하나이나 Reference와 Target은 변형을 원하는 부위의 Curve마다 선택을 해 줄 수 있습니다.

예제 파일을 준비합니다. 다음과 같이 ZY 평면에 다음과 같은 형상을 스케치합니다.

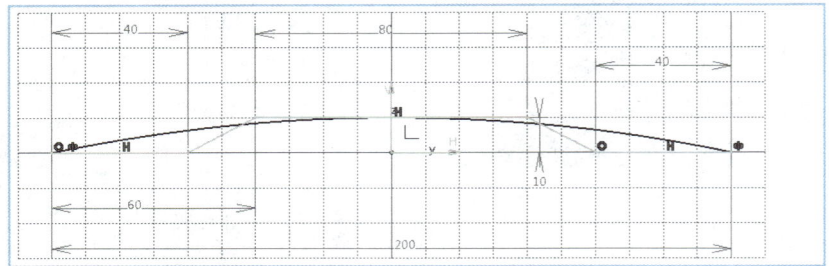

그리고 WrapCurve 명령을 실행하여 다음과 같은 순서대로 형상을 선택해 줍니다.

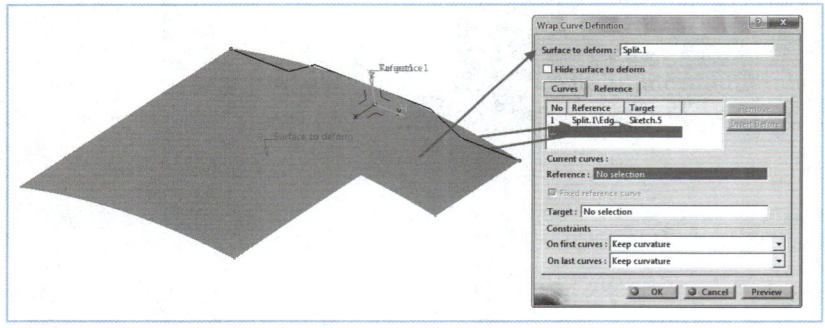

그럼 다음과 같은 결과를 미리보기 할 수 있습니다.

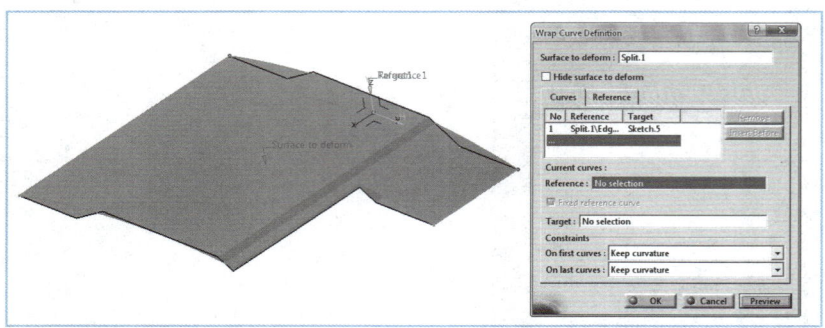

현재 형상의 위치에서 변형시키기를 원치 않는 부분은 해당 모서리(Edge)나 Boundary를 Reference로 선택한 후 Fixed reference Curve를 체크하면 이 부분은 변형 후에도 현재의 형상을 유지하게 됩니다. 따라서 다음과 같은 고수준의 Surface형상을 만들 수 있습니다.

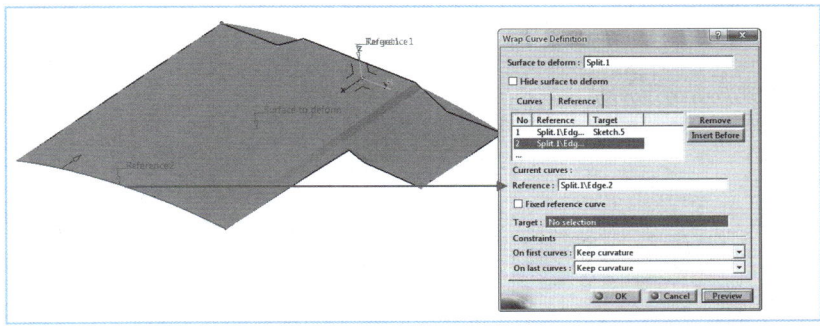

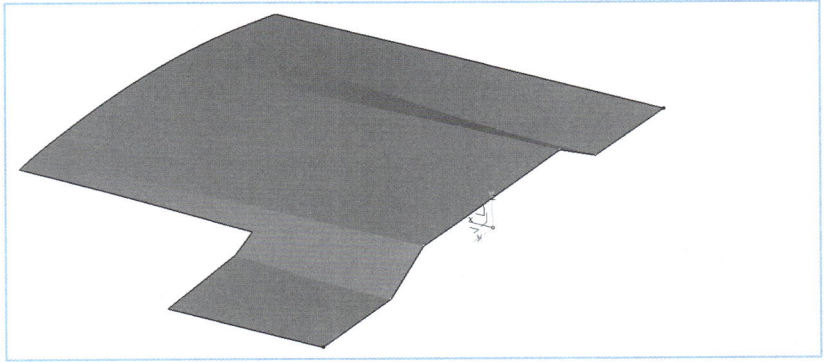

물론 여기서 사용하는 Curve의 수는 제한이 없으므로 위 Surface를 지나는 여러 개의 Curve를 사용하여 Surface를 변형시킬 수 있습니다.

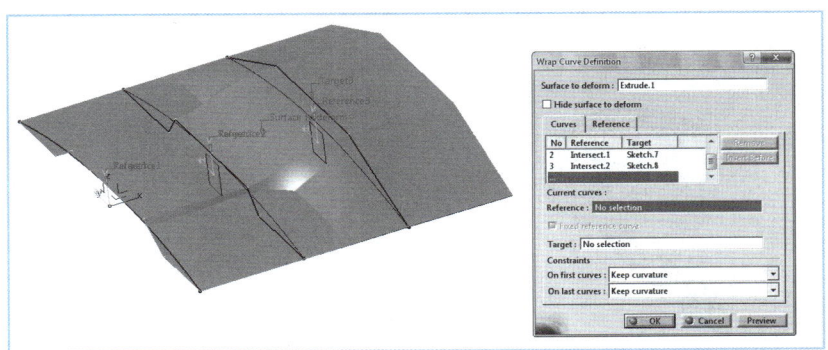

CATIA Surface의 정석

C. Wrap Surface

이 명령은 Surface 형상을 다른 Surface를 기준으로 형상을 이용하여 구부러트리거나 펼치는 명령입니다. Wrap Surface 명령을 사용하려면 우선 변형시키고자 하는 Surface 형상(Surface to deform)과 이에 기준이 되는 Surface 형상(Reference Surface) 그리고 변형의 기준이 될 Surface 형상(Target Surface)을 필요로 합니다.

예제 파일을 준비합니다.

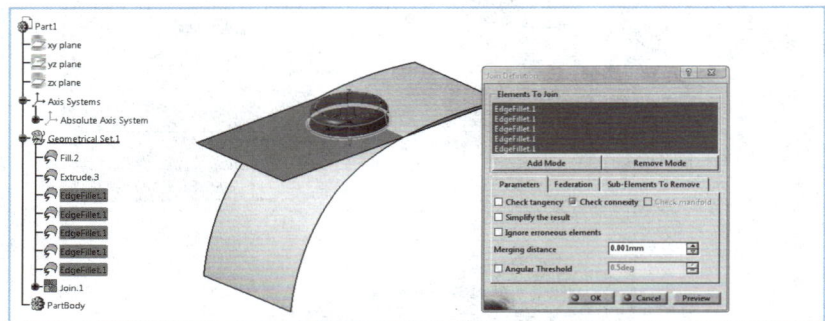

다음으로 아래와 같은 순서로 대상을 선택해 줍니다.

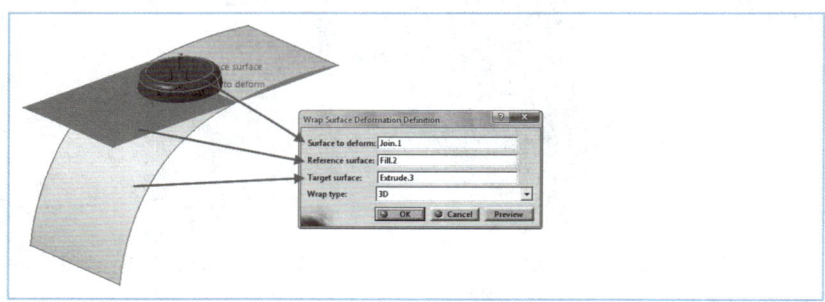

결과는 다음과 같이 나타납니다. 원본 형상에 비하여 앞서 곡면들에 영향을 받아 형상이 변형된 것을 확인할 수 있습니다. (사용한 곡면은 숨기기 하였습니다.)

Chapter 2 Generative Shape Design

또한 Wrap Surface는 Wrap Type으로 다음과 같이 3D, Normal, With direction 3
가지 방식을 가지고 있습니다. 각 방식에 따른 Wrap Surface 결과이다.(아마 대부분의
작업은 Normal Type이 적합할 것입니다.)

a. 3D Type

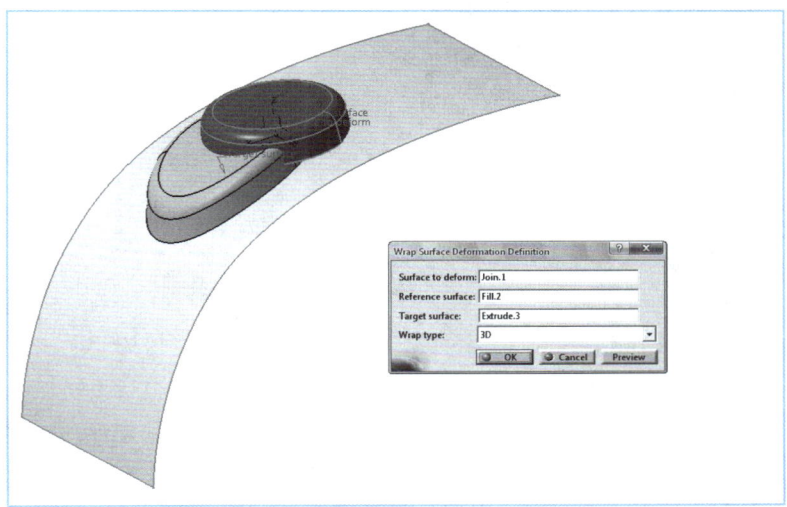

b. Normal Type

Target Surface에 대해서 수직하게 결과 형상을 만듭니다.

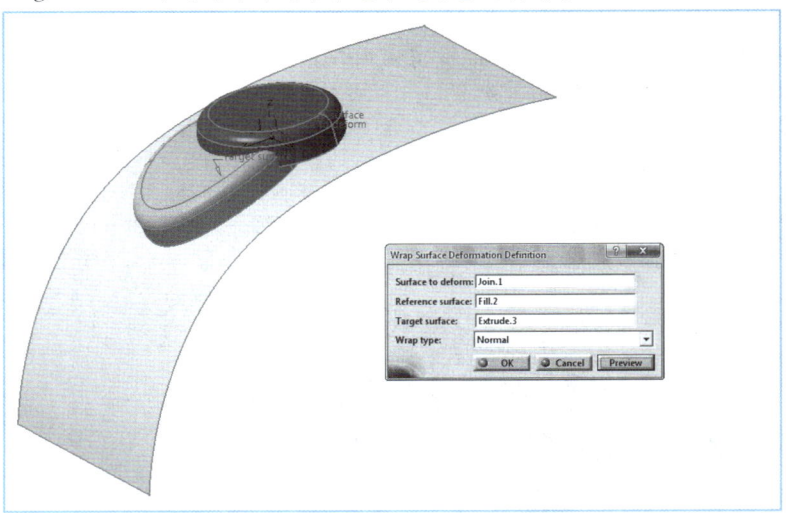

c. With Direction Type

방향을 축 요소나 직선 요소로 지정해 줍니다.

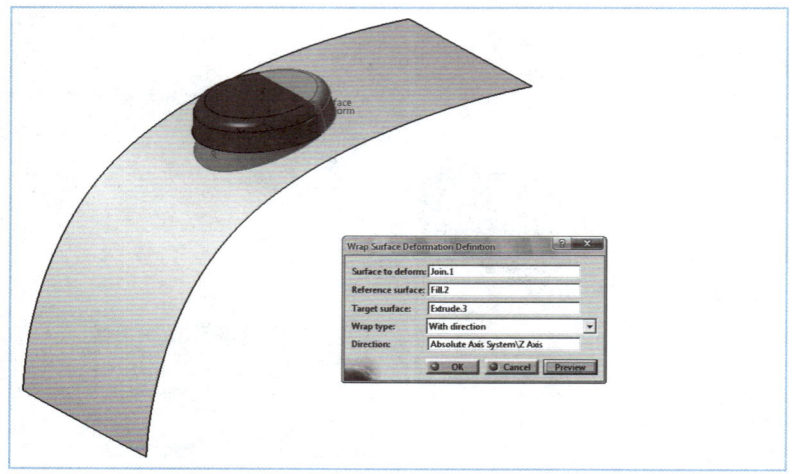

위와 같은 3 가지 Wrap Type 중에 원하는 조건에 맞게 선택을 해주면 다음과 같이 원본 형상은 Hide되고 Wrap된 형상이 남게 됩니다.

D. Shape Morphing

이 명령은 앞서 Wrap Curve의 한 단계 진보된 형상을 만드는 명령으로 생각할 수 있는데 변형시키고자 하는 Surface 형상(Surface to deform)을 기준이 되는 Curve (Reference)에서 대상이 될 Curve (Target)로 형상을 변경 시킵니다.(Wrap Curve와 다소 비슷하나 표현할 수 있는 범위가 더 넓습니다.)

예제 파일을 준비합니다. 여기서는 변형시키고자 하는 Surface 형상을 4곳의 Curve를 이용하여 형상을 변형시킬 것입니다. 그림에서 볼 수 있듯 두 곳에 대해서는 Reference를 다른 Curve로 대체할 것이며 한 곳에서는 현재의 Reference를 그대로 사용할 것입니다.

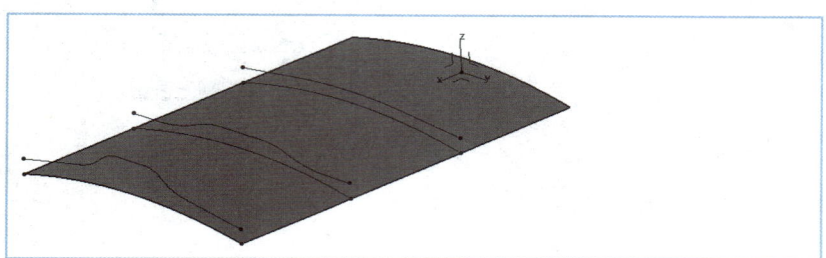

변형 시키고자 하는 Surface를 선택해 주고 Curve 요소는 Reference에서 Target 순으로 선택해 줍니다. Target 부분이 비어 있는 곳은 현재 Reference를 그대로 유지한다는 뜻이 됩니다. (여기서 첫 번째 Curve 요소는 Reference와 Target 모두 곡면의 끝 Edge를 선택하였습니다.)

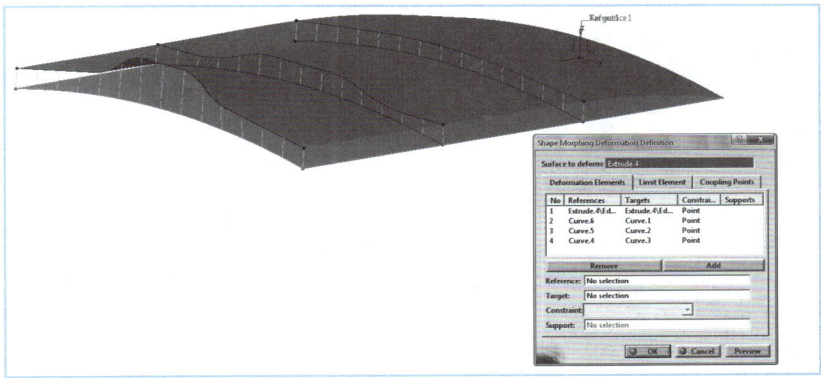

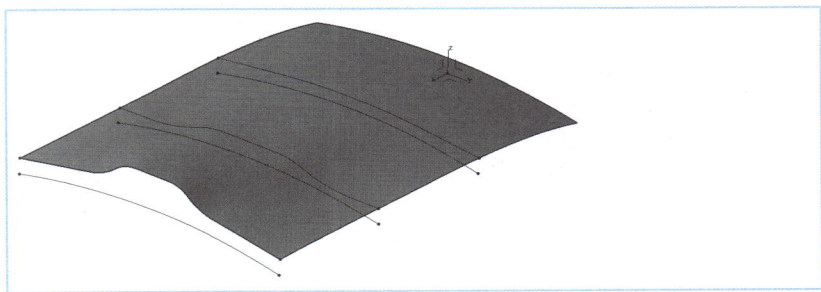

또한 Target이 되는 Curve 지점에 Surface가 있다면 이를 이용하여 다음과 같이 Tangent 하게 형상을 변형시킬 수 있습니다.

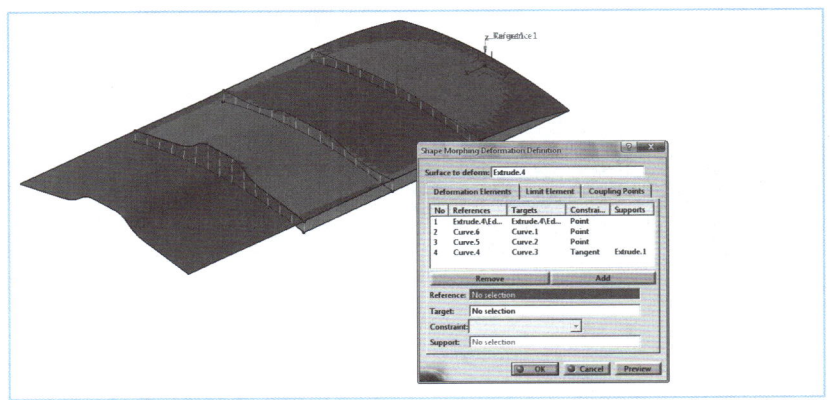

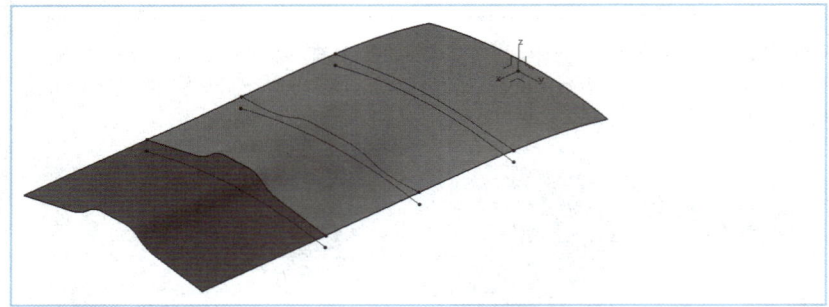

　　Limit Element Tab으로 이동하면 Limit Curve를 선택할 수 있는데 이 Curve를 기준으로 만들질 Surface를 제한할 수 있습니다. Limit 할 때 Continuity를 Point, Tangent, Curvature로 선택할 수 있습니다. 아래와 그림과 같이 Limiting Element는 Deformation Element와 중복을 선택해서는 안 되며 Limiting Element에 나타난 화살표 방향 쪽의 형상을 변형하게 됩니다.(앞서 예제 파일에서 동일하게 선택하고 작업을 수행해 보기 바랍니다.)

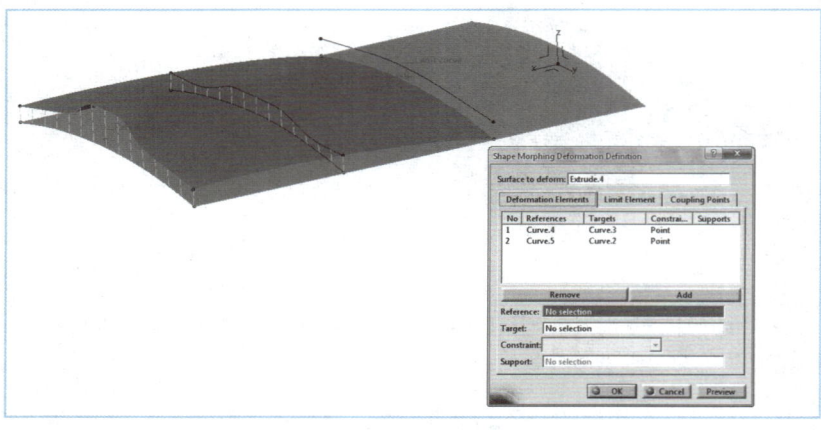

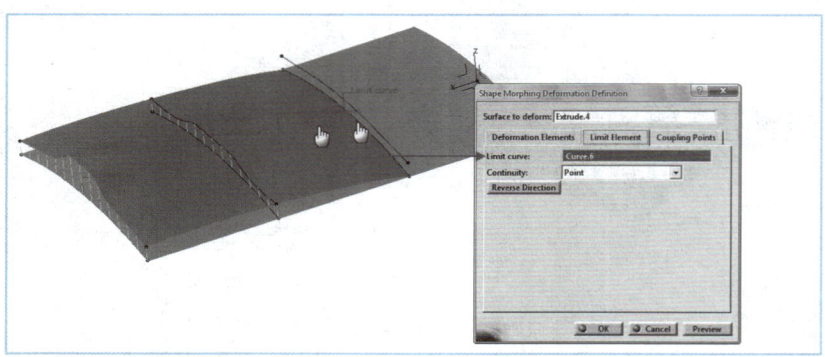

a. Point Continuity 경우

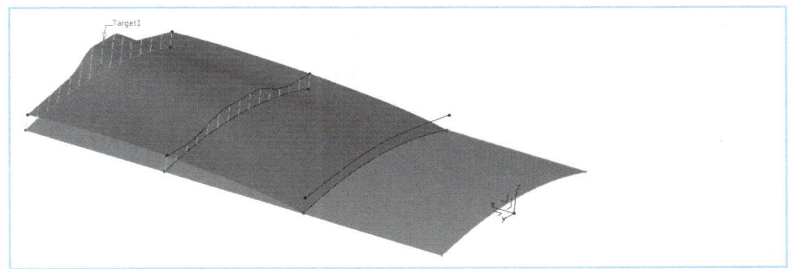

b. Tangent Continuity 경우

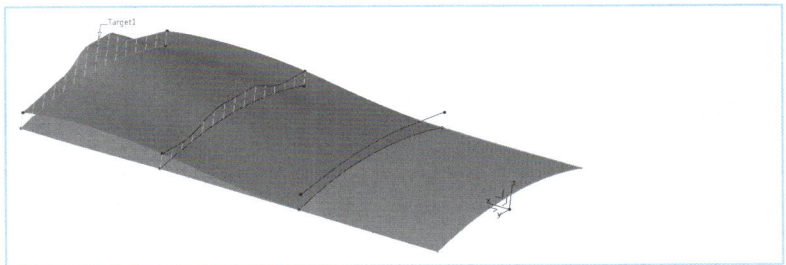

c. Curvature Continuity 경우

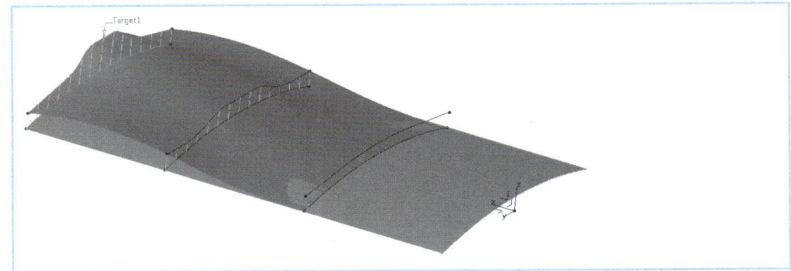

다음은 완성된 형상의 모습입니다.

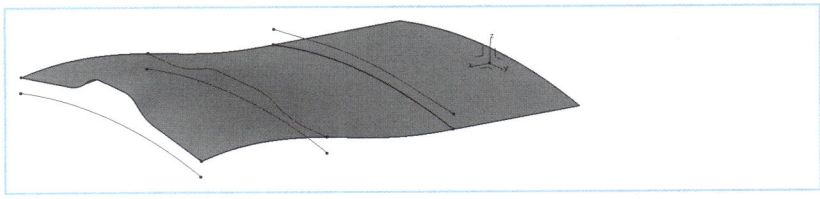

Shape Morphing과 같은 명령은 곡면 형상의 수정과 응용에 훌륭하게 적용할 수 있습니다.

Developed Shapes

A. Unfold

단 차원으로 구부러진 Surface 형상을 하나의 기준 평면에 펼치는 명령입니다. 여기서 단 차원 Surface란 Multi-Section이나 Sweep 등과 같이 각 단면의 형상이 일정하지 않게 그려진 Surface 형상을 일컫습니다. (다차원 곡률을 가진 Surface 형상을 Unfold 하는 방법은 CATIA V5 Release 17부터 지원합니다.)

따라서 Release 16이하에서는 3차원 곡률을 가지는 형상을 Unfold 하려면 다음과 같은 메시지가 출력됩니다.

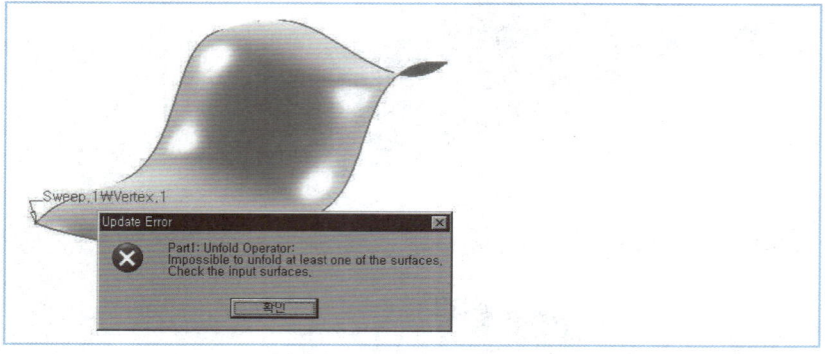

그러나 CATIA 곡면 처리 기술의 발달로 이제는 이와 같은 처리가 간단해 졌습니다. 그러나 여기서 주의할 것이 있습니다. 3차원 방향으로 곡률진 곡면의 경우 형상에 따라 Unfold되면서 길이가 달라지는 경우가 있습니다. 따라서 Unfold 후 반드시 Measure로 길이를 자시 측정해 보셔야 합니다.

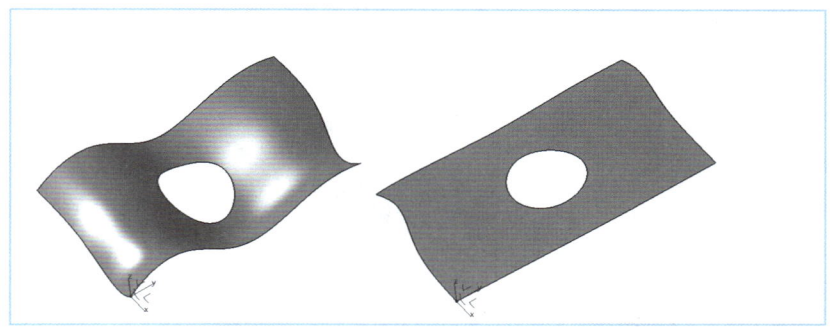

 Unfold하고자 하는 대상을 선택한 후에 명령을 실행시키면 다음과 같은 Definition 창이 나타납니다. 여기서 Surface가 닫혀있는 형상이 아니라면 Unfold할 수 있는 형상은 바로 펼쳐진 형상이 미리 보기가 될 것입니다.

 예제 파일을 준비합니다. 명령을 실행하고 대상을 선택합니다.

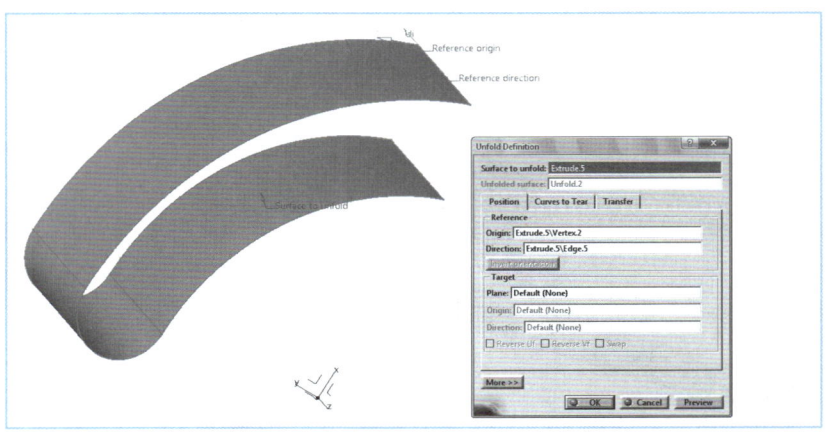

여기서 바로 미리 보기를 수행하면 다음과 같습니다.

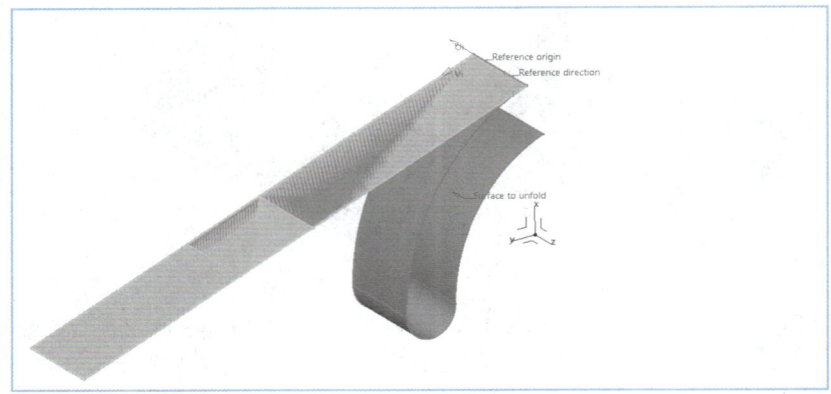

여기서 Unfold 된 형상이 원본 형상의 끝에 만들어지는데 Position Tab에서 Target에서 Plane을 선택해 주면 선택한 평면으로 Unfold되는 형상이 옮겨집니다.

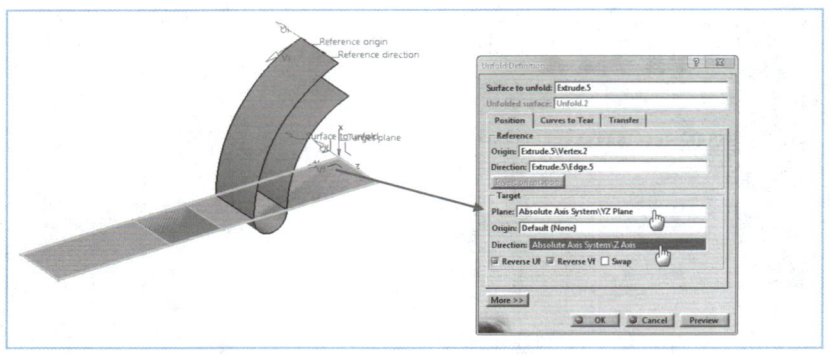

이렇게 Unfold된 형상을 사용하여 실제 제작을 위한 대상의 전개 곡면을 생성할 수 있습니다.

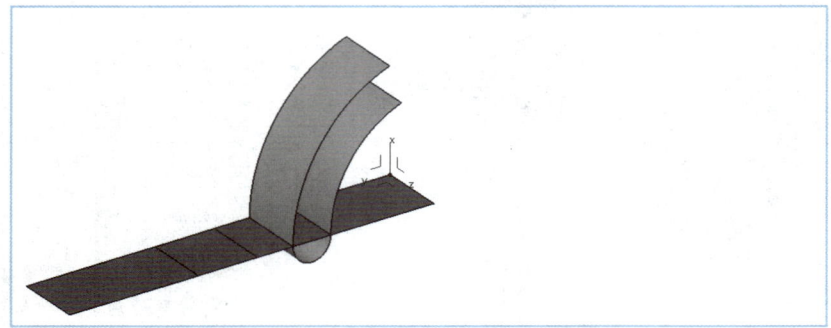

그러나 만약에 Surface 형상이 Band 타입으로 이어져있거나 Shell 타입이라면 바로 Unfold되지는 못하고 형상이 펼쳐질 수 있도록 찢을 부분을 선택해 주어야 합니다.

예제 파일을 준비합니다. 명령을 실행하고 미리보기를 하면 다음과 같이 파란 선과 Annotation으로 찢을 수 있는 부분을 나타내 주고 있기 때문에 선택만 해주면 됩니다.

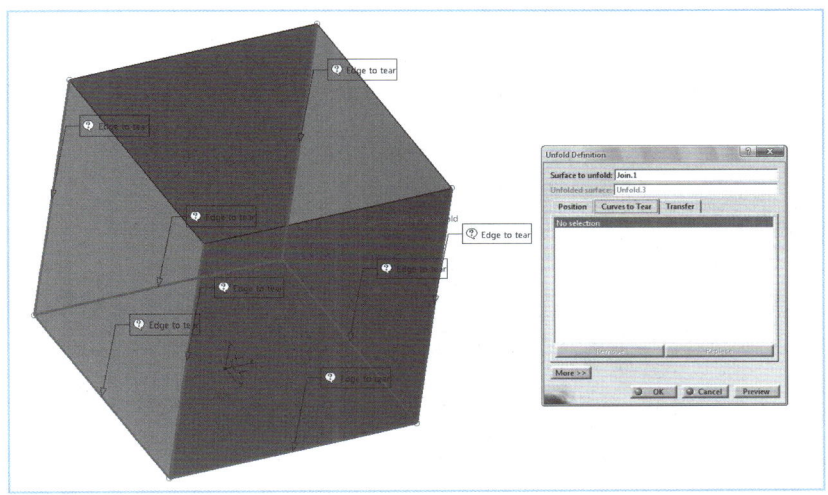

형상에 맞게 찢을 부분을 하나씩 선택해 줍니다.

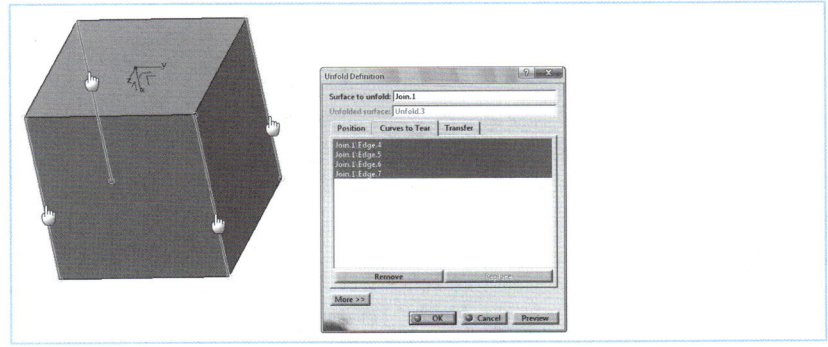

다음으로 다시 Position Tab으로 이동해서 원점을 정의해 주도록 합니다.

원점을 정의하지 않으면 다음과 같은 Error 창이 나타납니다.

형상을 완전히 펼칠 수 있는 부분까지 선택을 하면 다음과 같이 미리 보기가 됩니다.

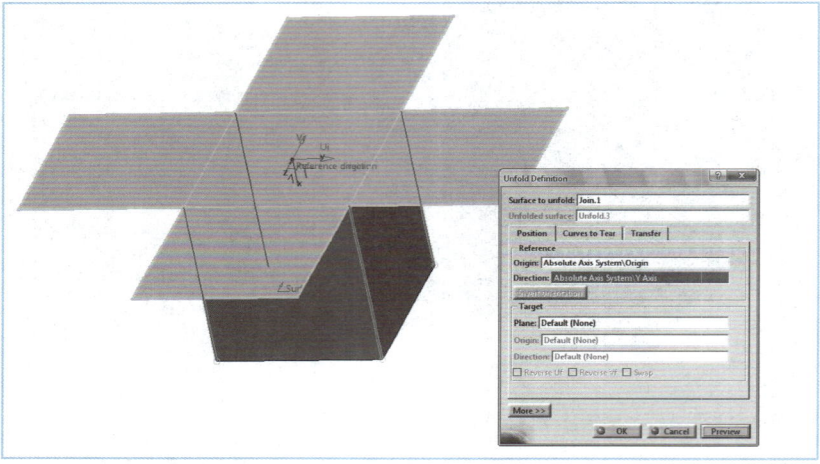

마찬가지로 Plane을 이용하면 Unfold된 형상의 위치를 잡아줄 수 있습니다.

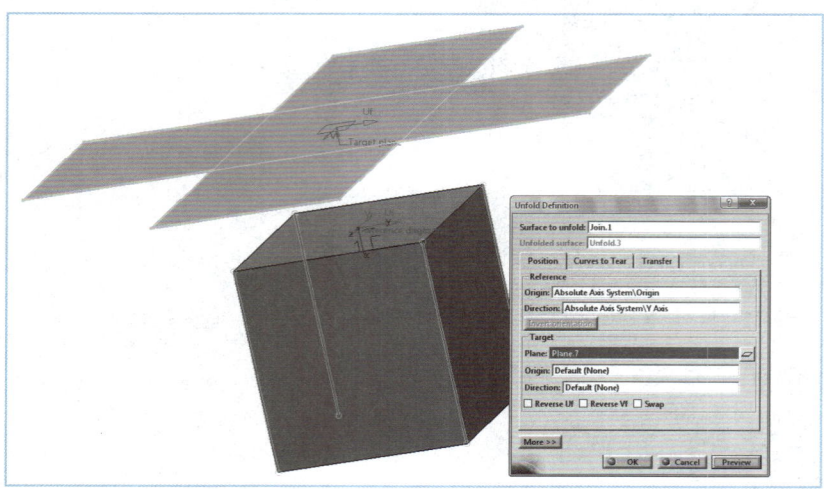

결국 다음과 같은 형상을 얻을 수 있습니다.

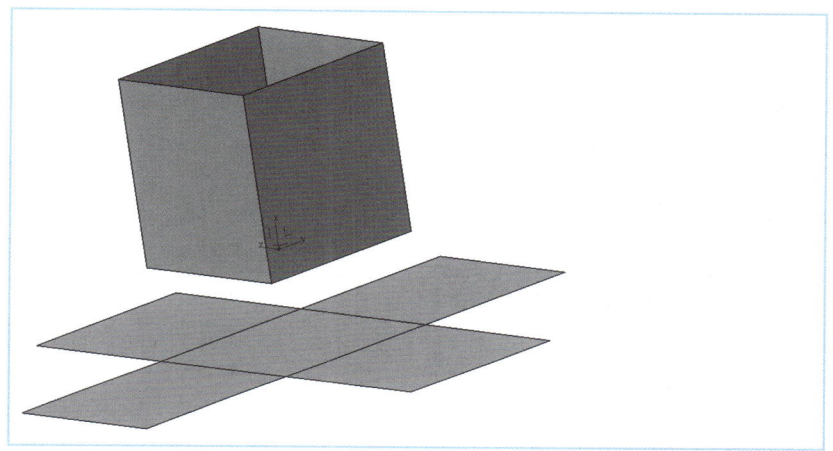

예제 파일을 준비합니다. 마지막으로 다음과 같은 곡면 형상을 Unfold해 보기 바랍니다.

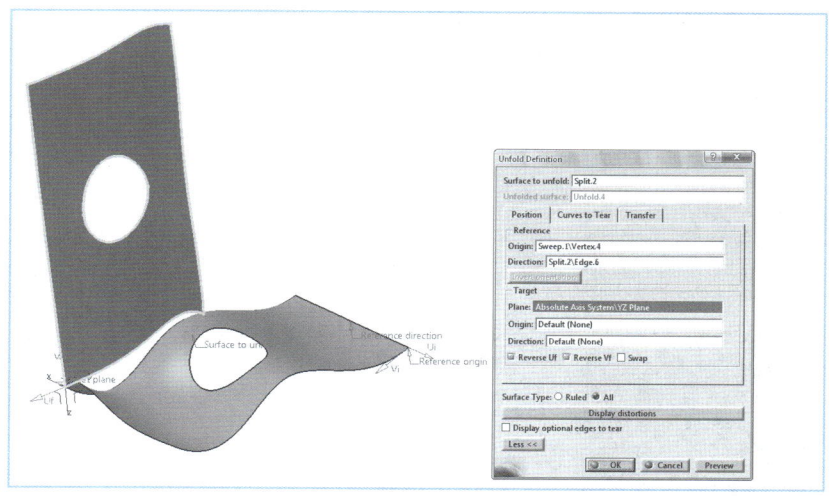

B. Transfer

이 명령은 Point, Curve, Sketch와 같은 Wireframe 요소를 기준이 되는 곡면의 Unfold 형상에 맞추어 기존 위치에서 Unfold 후의 위치로 전가하는 명령입니다. 즉, Unfold 이전의 형상을 기준으로 만든 Wireframe 형상을 Unfold 후 형상에 맞게 변형 시켜주고자 할 때 사용할 수 있습니다.

명령을 실행하면 다음과 같은 Definition 창이 나타납니다.

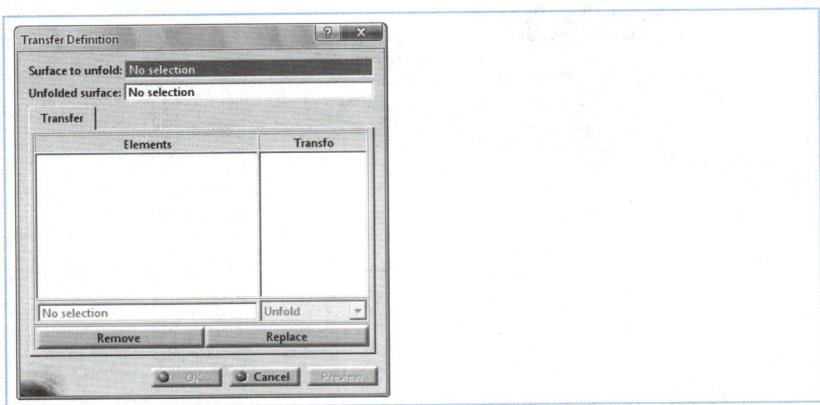

예제 파일을 준비합니다.

그리고 아래와 같이 XY 평면을 기준으로 원을 스케치합니다.

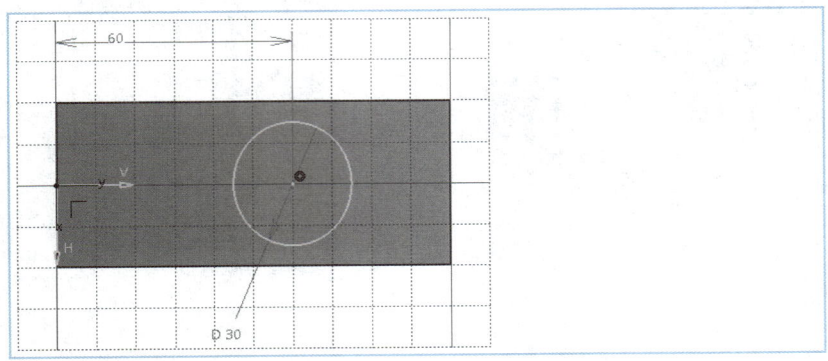

그리고 Transfer 명령을 실행하고 다음과 같은 순서대로 대상을 선택합니다.

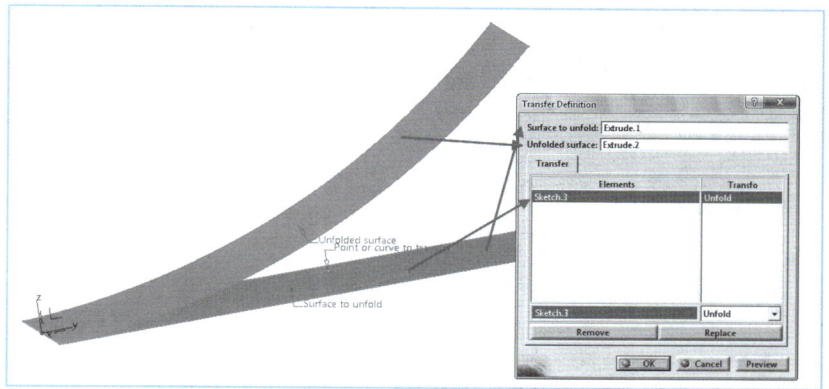

그럼 다음과 같은 결과를 확인할 수 있습니다.

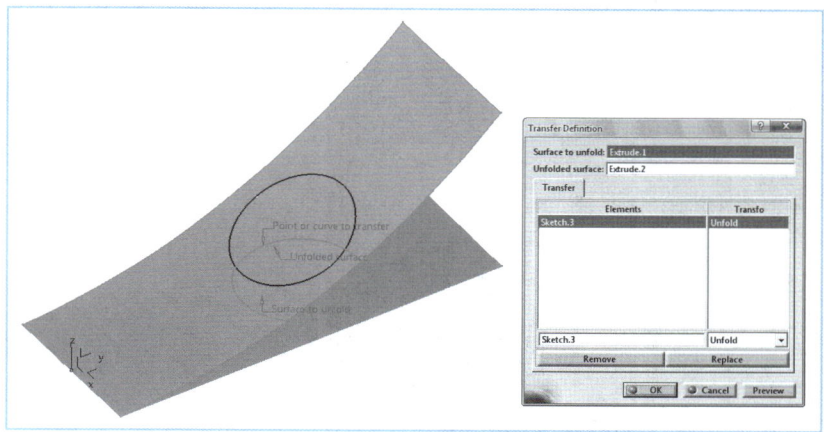

C. Develop

이 명령은 Curve, Sketch, Point와 같은 Wireframe 요소를 회전체의 곡면 형상의 위로 전개하고자 할 경우에 사용할 수 있는 명령입니다. Domain이 교차하지 않는 Open된 형상이나 완전히 Closed된 Wireframe 요소만을 수행할 수 있습니다. 또한 회전체가 아닌 곡면은 사용할 수 없습니다.

명령을 실행하면 다음과 같은 Definition 창이 나타납니다.

CATIA Surface의 정석

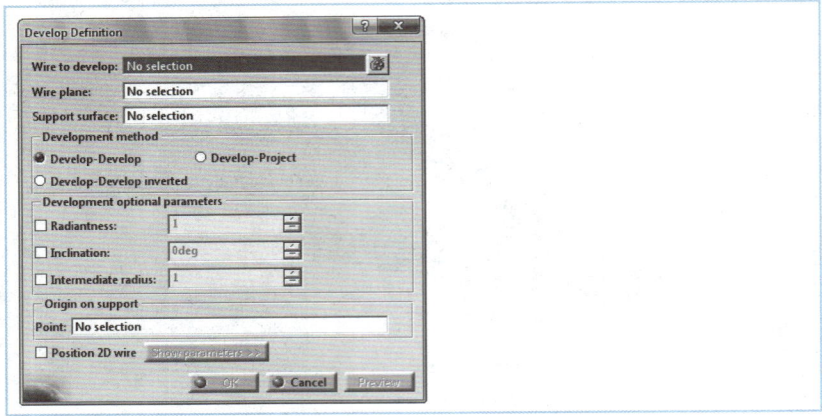

전개 작업을 수행할 수 있는 방법으로는 다음의 3가지 method를 제공하고 있습니다.

- Develop-Develop
- Develop-Project
- Develop-Develop inverted

예제 파일을 준비합니다.

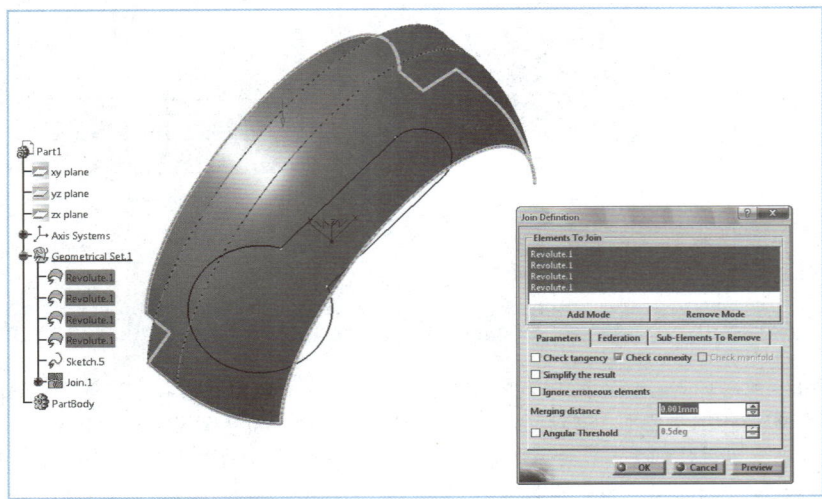

다음으로 Develop 명령을 실행하여 순서에 맞게 대상을 선택하여 줍니다.

Chapter 2 Generative Shape Design

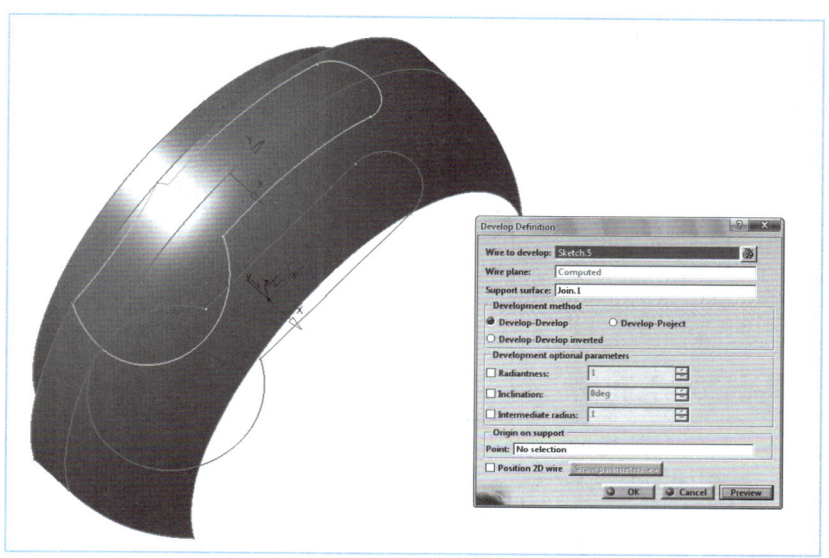

각 method를 변경해가며 명령을 다시 수행해 보기 바랍니다. Optional Parameter를 사용하면 전개의 속성을 추가적으로 변경해 줄 수 있습니다.

9. BIW Template

BIW - Body In White란 도색을 하기 직전의 완성된 차체를 부르는 명칭으로 차체 모델링에서 온 기능인만큼 역시나 고급 Surface 모델링 기능을 수행합니다.

A. Junction

이 명령은 두 개 이상의 Surface 형상을 이어주는 명령입니다. 각 Surface 형상의 단면과 단면을 이어주는 작업을 수행하며 따로 Guide를 그려주거나 방향성을 맞추어줄 필요 없이 스스로 각 단면의 마디와 방향, Guide 등을 감지하여 형상을 만들어 냅니다.

명령을 실행시키면 다음과 같은 Definition 창이 나타납니다.

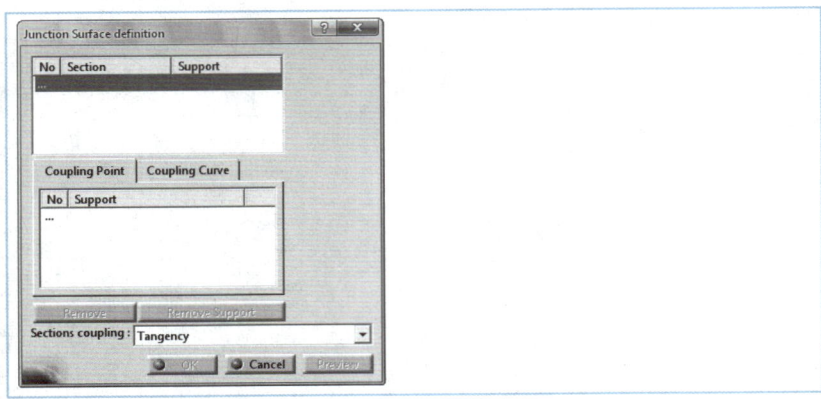

예제 파일을 준비합니다.

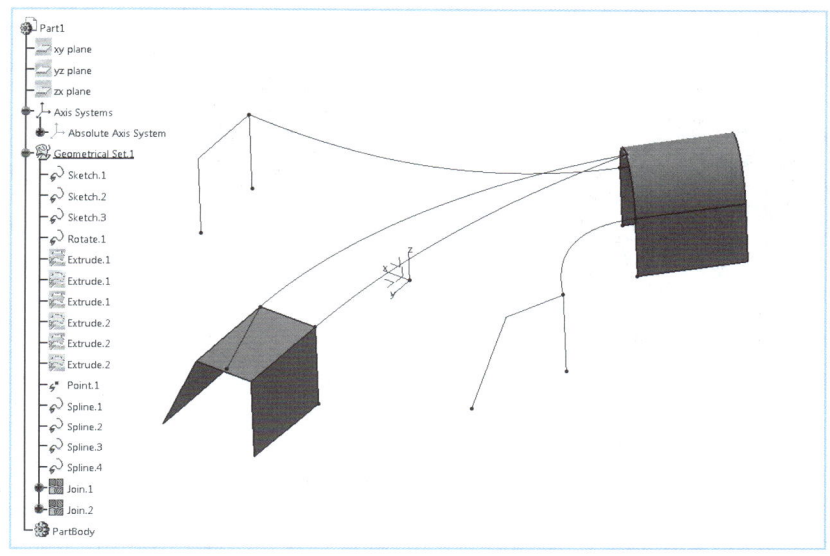

여기서 위의 Section이라는 부분에 각 Surface 형상의 이어질 부분의 단면 Curve를 선택해 줍니다. 우선은 다음과 같이 두 개의 Surface를 가지고 작업을 해 볼 것입니다. 단면을 선택했을 때 나타나는 녹색의 Guide는 CATIA 내에서 계산한 것입니다.

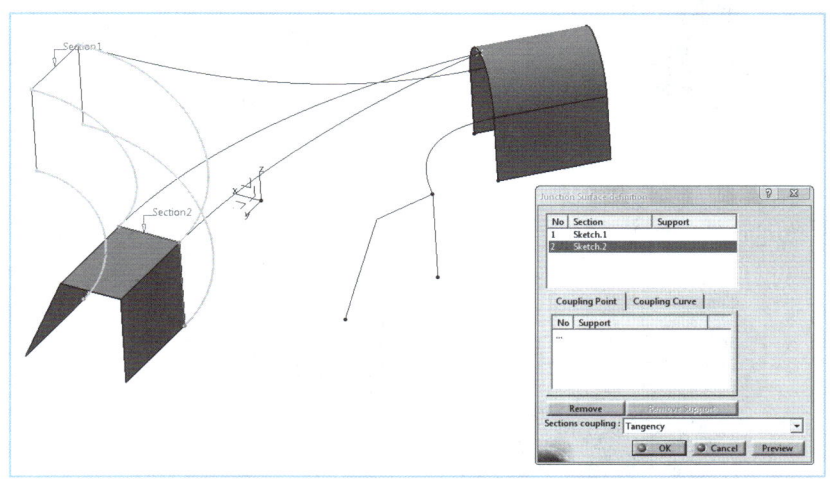

이렇게 단면상의 Curve들을 선택해 주고 미리 보기를 해 보면 손쉽게 두 대상 간을 이어지는 것을 볼 수 있습니다.

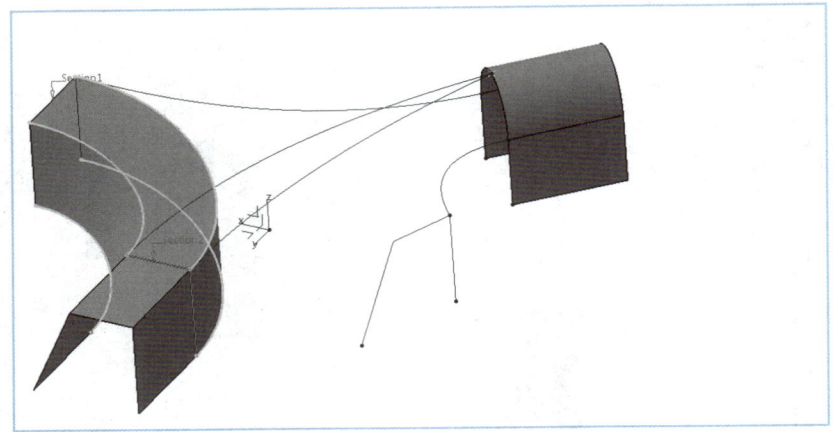

이제 3개의 Surface를 사용해 보도록 하겠습니다. 3개의 단면에 해당하는 Curve를 선택해 주면 자동적으로 Guide가 잡힙니다.

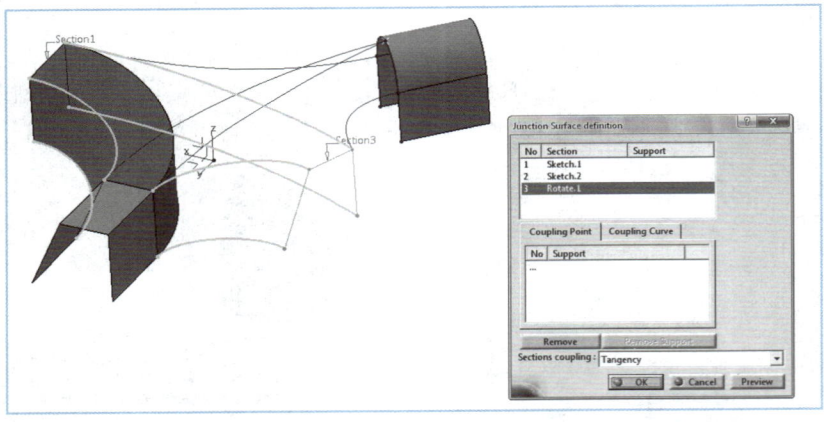

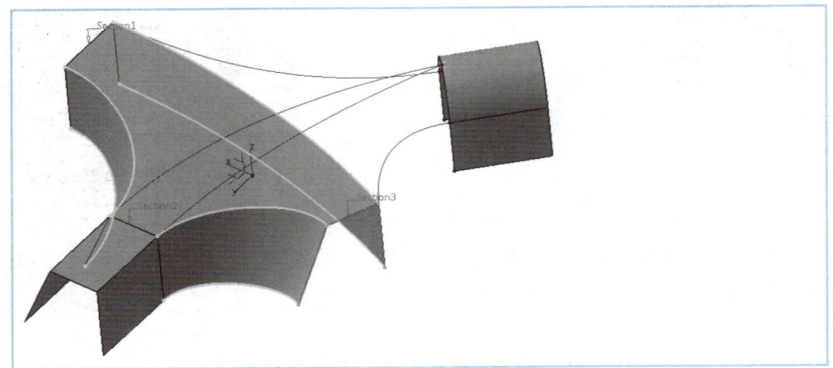

또한 각 단면의 Curve를 Surface에 Tangent하게 하기 위해 Curve를 선택하고 Surface를 선택하여 Support로 입력을 해주면 Junction으로 만들어지는 Surface 형상과 단면을 가진 Surface가 연속적으로 이어집니다.

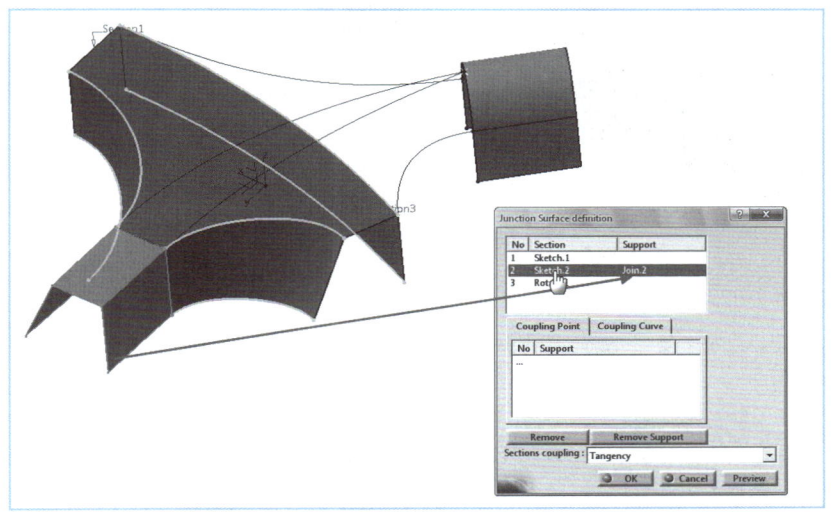

Definition창 아래의 Coupling Point나 Coupling Curve를 이용하여 각 단면의 이어지는 모양을 잡아 줄 수 있습니다. (단면이 복잡하거나 여러 개인 경우에 사용하게 됩니다.) 다음은 4 개의 Coupling Curve를 사용하여 Junction을 작업한 것입니다.

위 작업 상태에서 둥근 단면 형상을 선택한 후에 Coupling Curve Tab에 Coupling Curve에 4 Curve 요소를 선택해 줍니다.

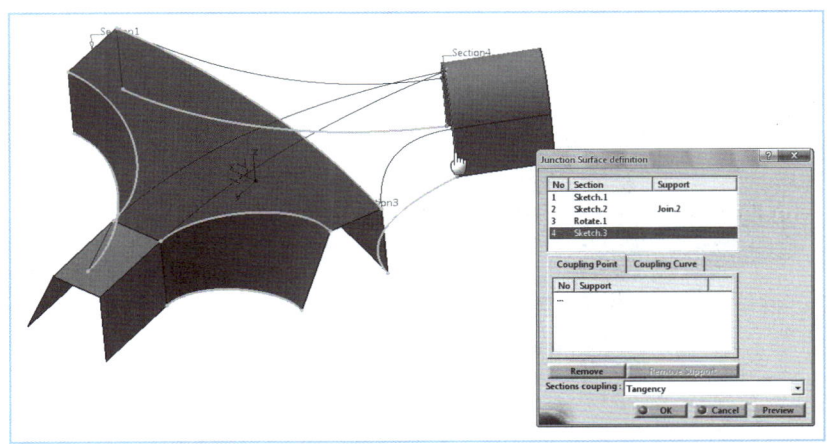

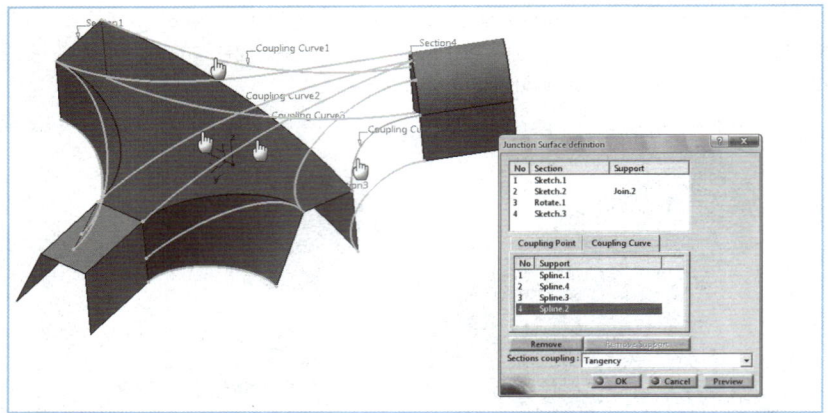

아래 그림에서 볼 수 있듯이 형상이 이어지는 부분이 변경 된 것을 확인할 수 있습니다.

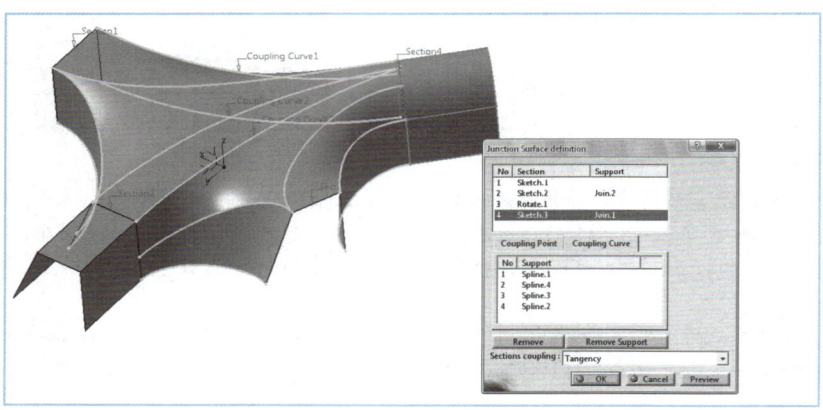

결국 다음과 같은 결과를 얻게 됩니다.

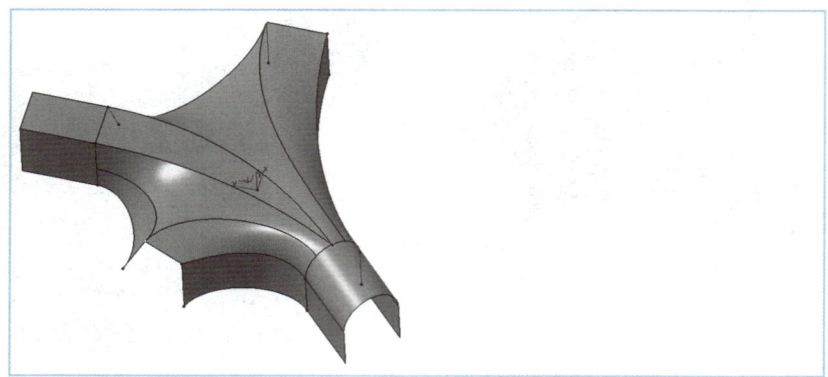

B. Diabolo

이 명령은 하나의 Surface 형상에 또 다른 Surface 형상을 합쳐 넣는 명령입니다. 작업한 곡면 형상의 중간에 임의의 공간을 설계하기 위한 경우에 유용하게 사용할 수 있습니다.

명령을 실행하면 다음과 같은 Definition 창이 나타납니다.

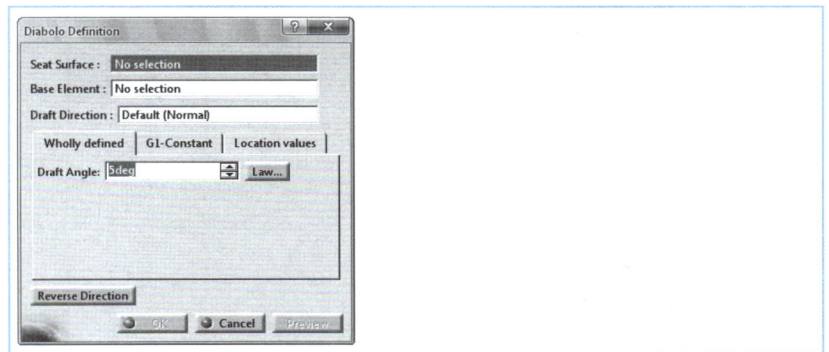

여기서 기준에 되는 Surface 형상을 Base Surface라고 부르고 이 Base Surface에 합쳐질 Surface 형상을 'Seat Surface'라고 부릅니다.

예제 파일을 준비합니다.

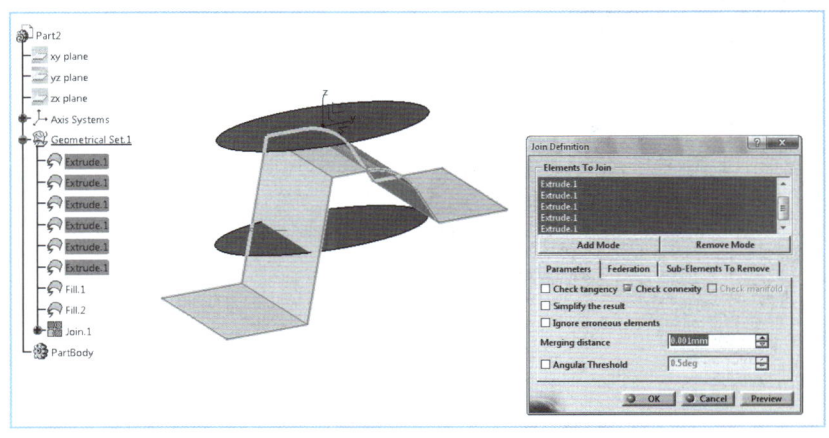

그리고 다음과 같이 대상을 순서대로 선택해 줍니다.

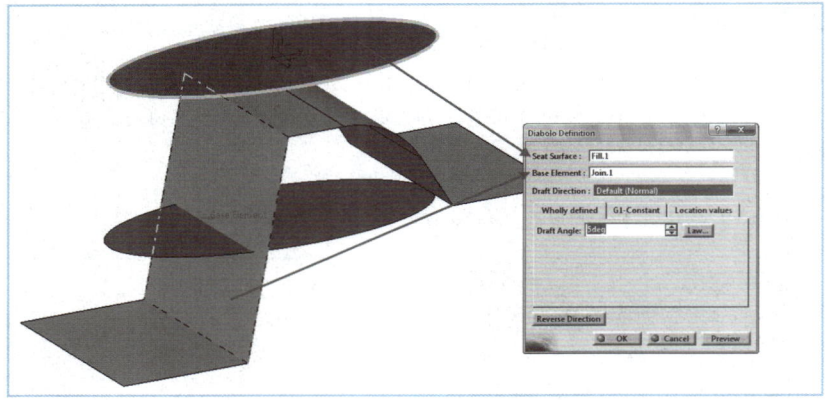

위와 같은 조건에서 Diabolo 명령을 실행한 결과는 다음과 같습니다.

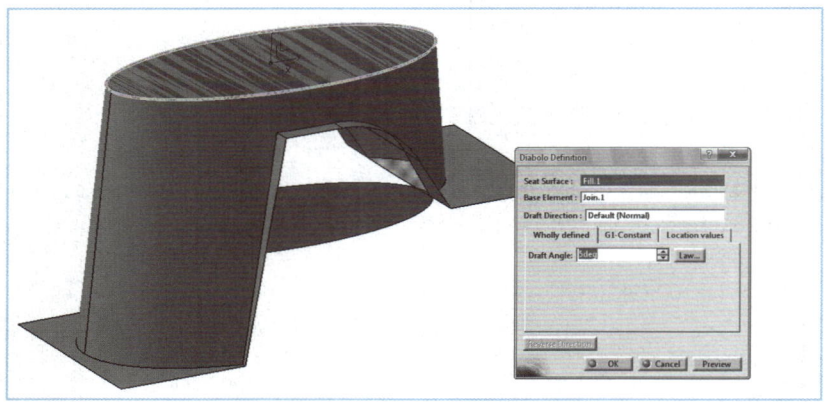

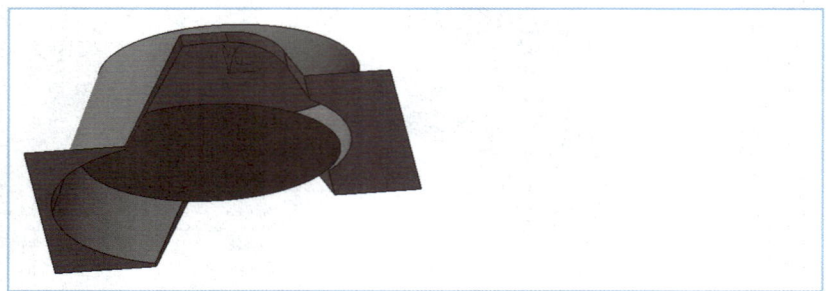

Diabolo를 사용하여 두 형상을 합치면서 Seat Surface와 base Surface 사이에 Draft를 줄 수 있습니다.

또한 Seat Surface와 Base Surface의 위치는 다음과 같은 조건에서도 가능합니다.

a. Seat Surface와 Base Surface가 교차할 경우

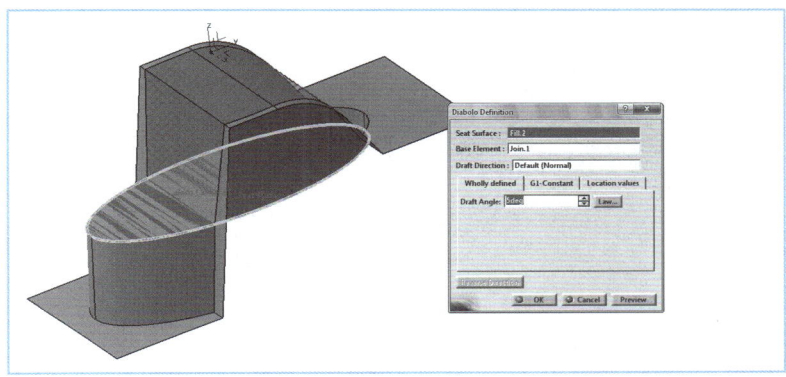

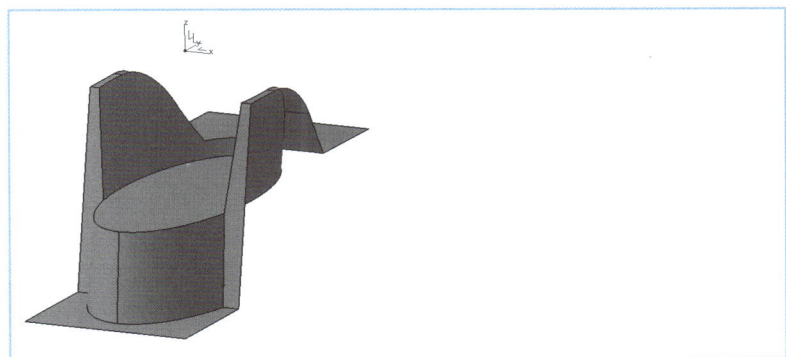

b. Seat Surface와 Base Surface가 평행하지 않을 경우

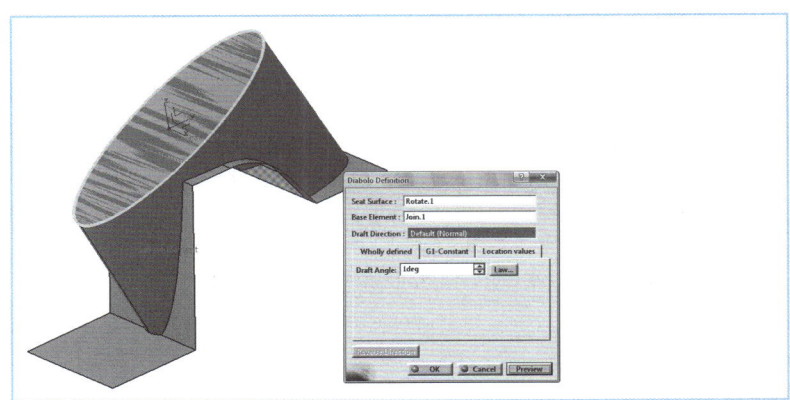

물론 이 경우에는 Draft Direction을 잡아 주어야 합니다. 조건이 맞지 않는 경우에는 다음과 같이 Error 메시지가 출력됩니다.

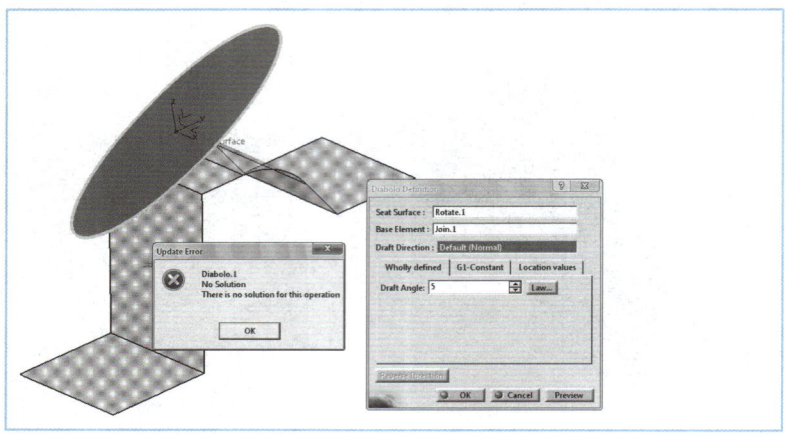

Diabolo를 서로 떨어진 Surface 형상을 자유롭게 합성하는 작업을 매우 쉽게 할수 있습니다.

9.1 Holes Sub Toolbar

A. Hole

이 명령은 Hole(Round) 또는 Rectangle, Square, Elongated Hole(Slot) 형상을 Surface 위에 직접 만들어 주는 명령입니다. Surface 형상 위에 펀치를 뚫는다고 생각하면 더 쉽게 이해될 것입니다.

명령을 실행시키면 다음과 같은 Definition 창이 나타납니다.

여기서 기본적으로 선택해야 할 요소로 Hole의 중심(Center Point), 기준 면(Support Surface)입니다. 이 두 가지 요소를 선택해 주면 Type을 정해서 형상을 뚫게 됩니다. Punch Direction의 경우는 일반으로 잡아주지 않아도 디폴트로 잡아 줍니다.

예제 파일을 준비합니다.

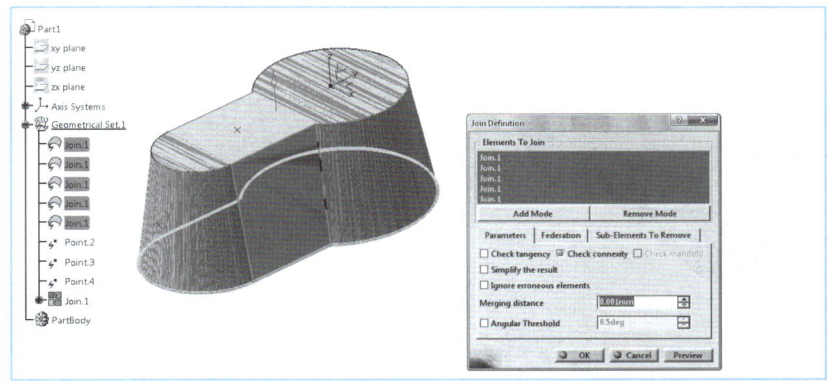

그리고 명령을 실행하여 다음과 같이 Center Point와 Support Surface를 선택합니다.

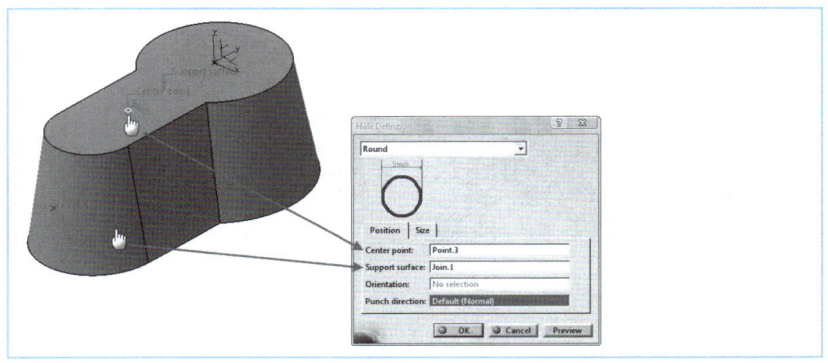

Definition 창에 미리 보기 되는 값을 더블 클릭하여 수치 값을 입력해 줍니다.

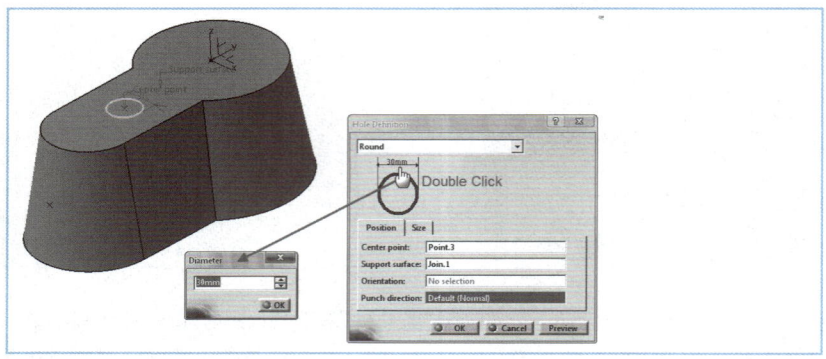

그러면 다음과 같이 Surface 위에 Hole이 만들어지는 것을 볼 수 있습니다.

물론 Surface 위에 Hole을 생성하는 데 있어 평평한 부분에만 가능한 것은 아닙니다. 아래와 같이 굴곡이 있는 면에 대해서도 Hole을 생성하는 것이 가능합니다.

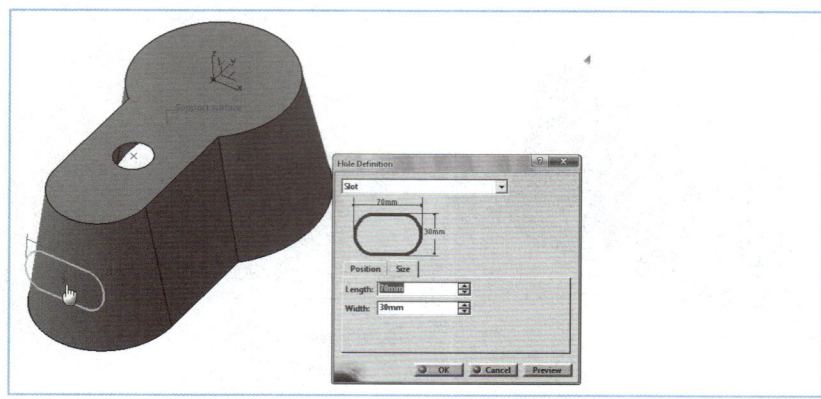

앞서 말한 4 가지 Type을 선택해 주면 그 형상이 Definition 창과 형상에 미리 보기가 됩니다. 여기서 수치 값을 더블 클릭하여 값을 바꾸어 주면 됩니다.

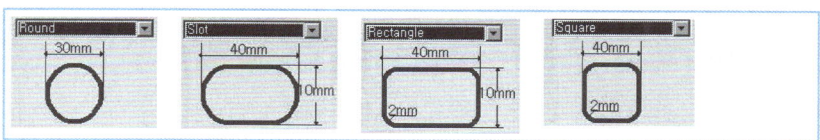

B. Hole Curve

이 명령은 위의 Hole 명령과 조금 다르게 Surface 형상 위에 Hole(Round) 또는 Rectangle, Square, Elongated Hole(Slot) 형상을 투영하여 그려줍니다. 즉, 단순히 곡면 형상위에 Hole 형상을 투영시켜 그려주는 것입니다. 여기에 Split를 명령을 포함하면 위의 Hole과 동일한 명령이 될 것입니다.

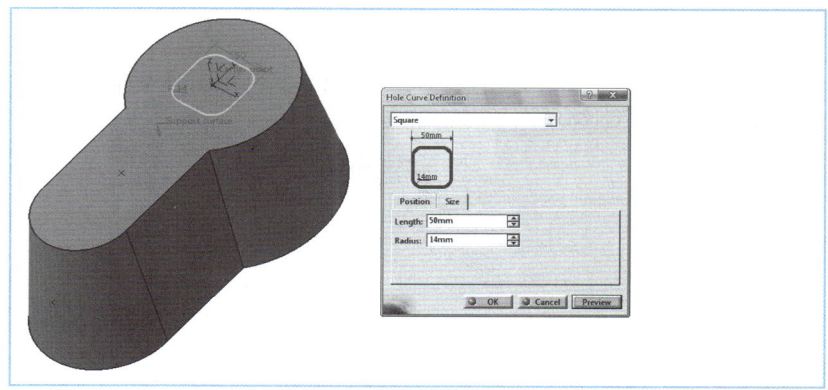

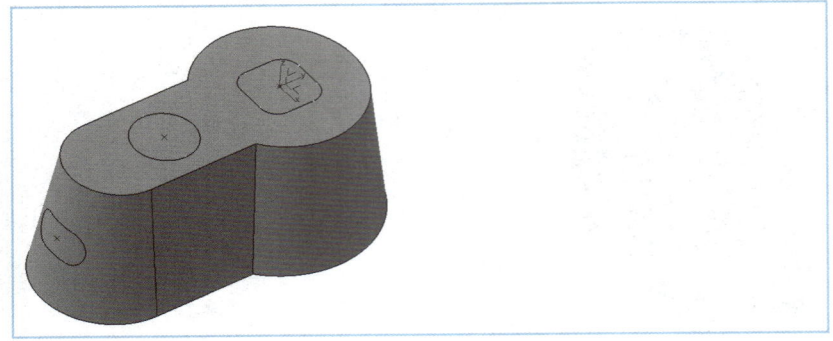

기본적으로 선택하는 요소나 4 가지 Type 모두 위의 Hole과 동일하므로 이를 참고하기 바랍니다.

C. Mating Flange

Mating Flange는 현재의 Surface 형상에 Flange 형상을 만들어 주는 명령입니다.

다음과 같은 Definition 창에서 가장 먼저 선택 해주어야 할 요소는 Flange가 들어갈 Base Surface와 Flange가 시작되는 위치인 Reference element 입니다. 이 Reference element는 반드시 직선일 필요는 없습니다. 추가적으로 Reference direction은 따로 선택해 주지 않으면 Reference element에 대해서 수직 방향으로 선택이 됩니다. Flange의 방향은 Reverse Direction을 사용하여 변경이 가능합니다.

예제 파일을 준비합니다.

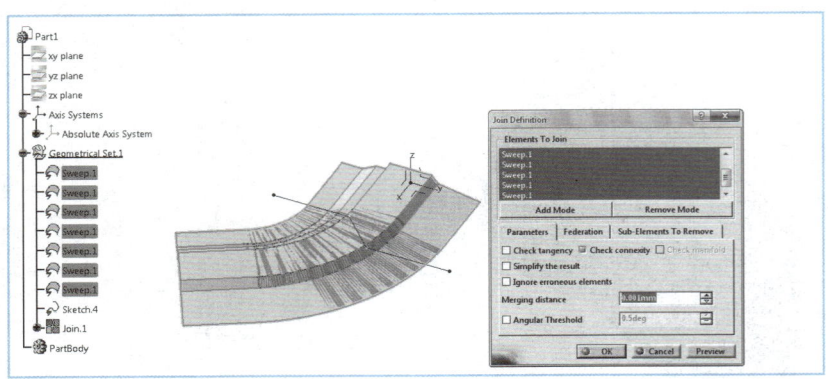

그리고 다음과 같이 순서대로 대상을 선택합니다. Reference direction은 Z 축은 선택합니다.

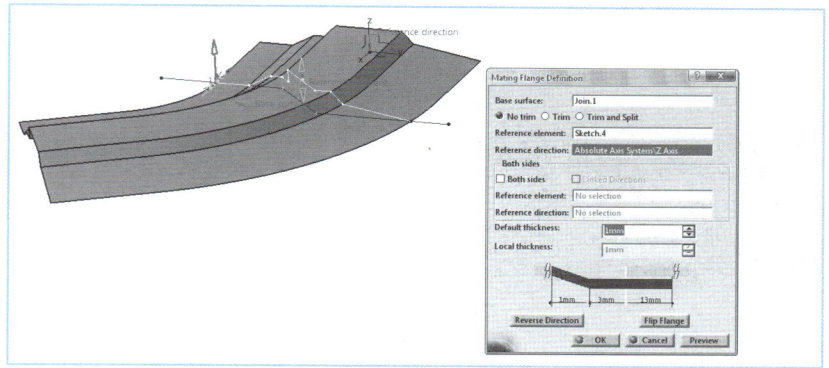

Flange를 만들 때 기존의 Base Surface 위에 그대로 만들 것인지(No trim), 또는 Base Surface와 하나로 합칠 것인지(Trim)를 결정할 수 있으며 Flange가 들어가는 부분은 Trim하고 반대 부분은 Flange를 기준으로 절단하게(Trim and Split) 할 수도 있습니다.

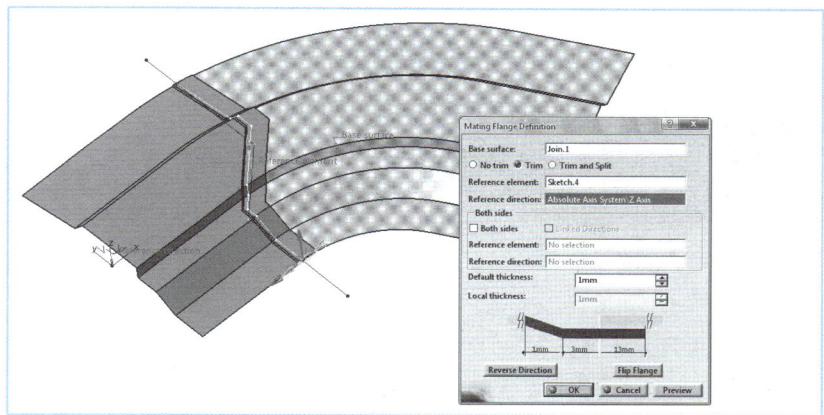

Trim을 사용한 결과입니다.

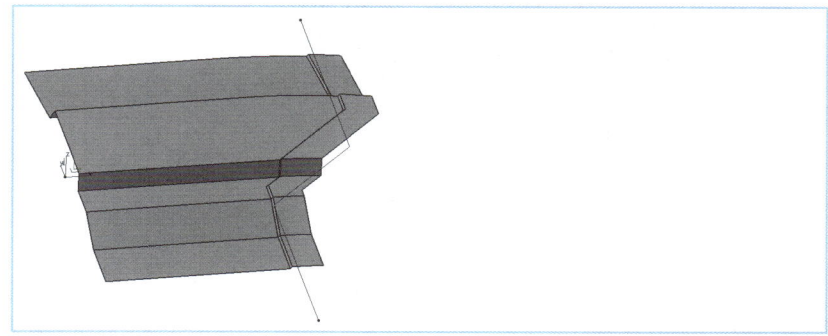

Trim & Split를 사용하면 다음과 같이 반대편 부분은 절단하여 두고 Flange가 들어가는 부분은 형상을 Trim해 버립니다.

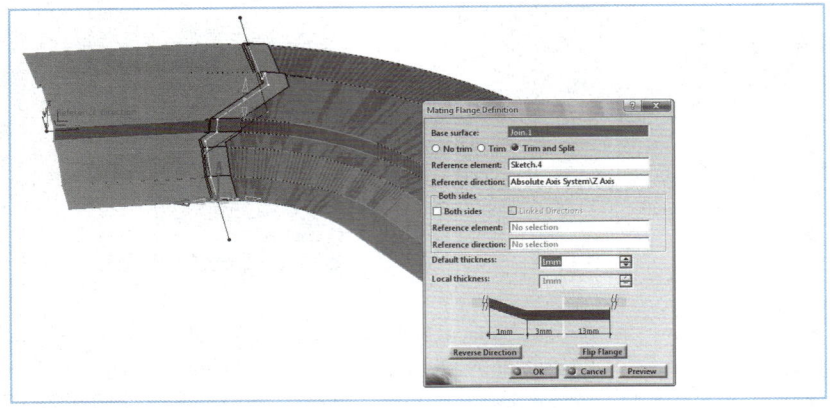

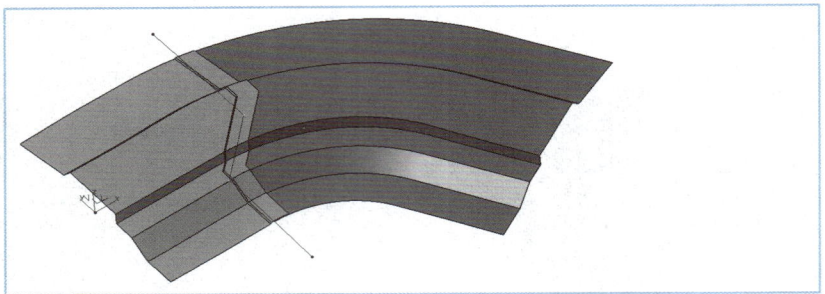

중간의 Both sides를 체크하게 되면 양쪽으로 Flange를 만들게 됩니다.

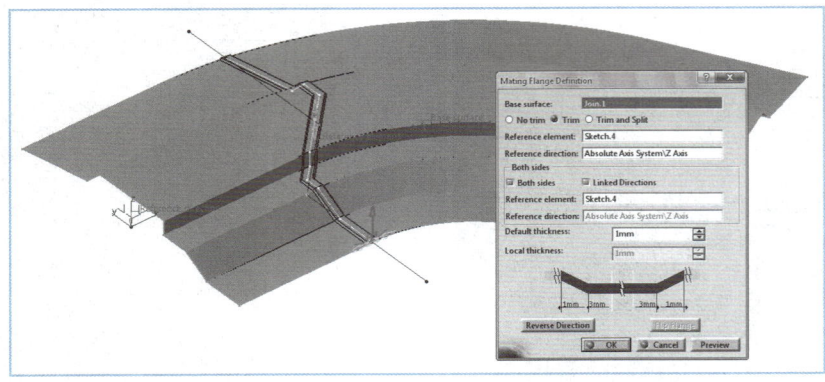

다음으로 Flange의 수치 입력은 Thickness 값과 Width, Margin, Wrap을 수치를 더블 클릭하여 입력해 줍니다.

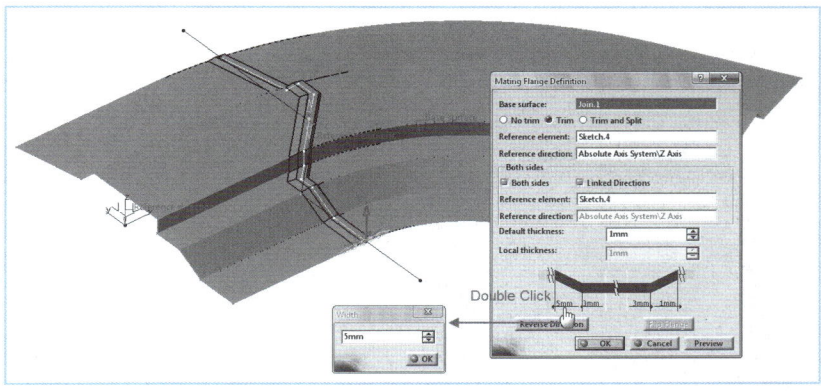

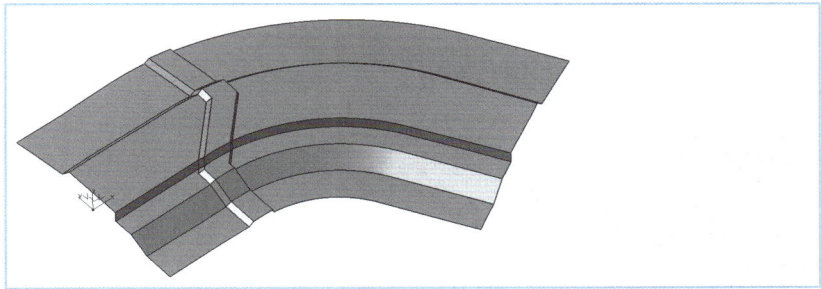

D. Bead

이 명령은 차체 형상에 보강 부위를 만들어 주는 명령으로 다음과 같이 형상에 각진 돌출 형상을 만들어 줍니다.

명령을 실행하면 다음과 같은 Definition 창이 나타납니다.

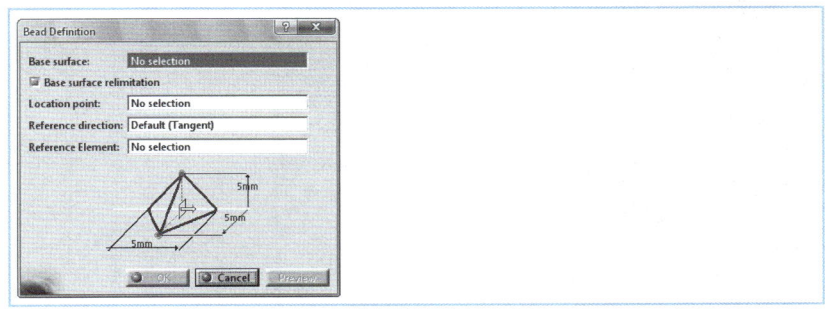

예제 파일을 준비합니다.

Definition 창에서 다음과 같이 기준이 될 Base Surface를 선택해 주고 Bead가 들어갈 위치를 Point로 Location point에 입력해 줍니다. 대상을 선택해 주면 다음과 같이 미리 보기 형상이 나타납니다.

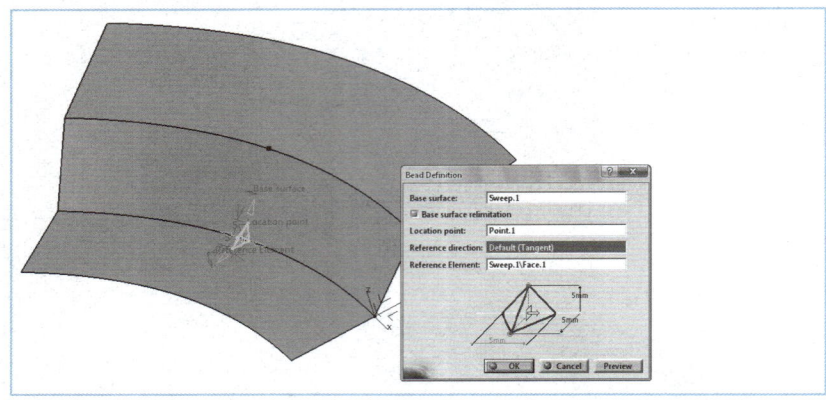

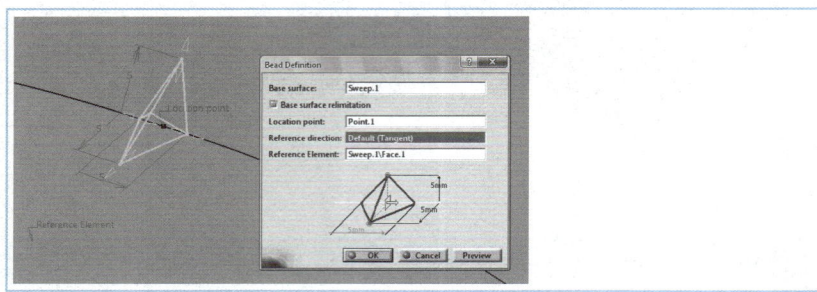

여기서 원하는 수치 값을 더블 클릭하여 입력해 줍니다.

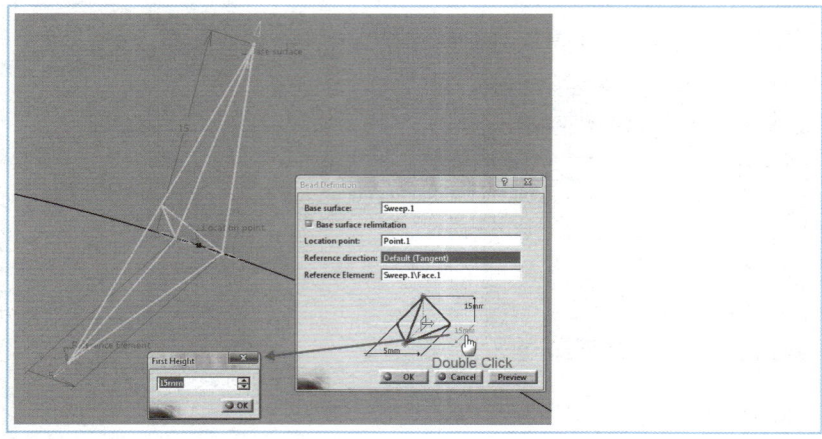

다음과 같이 Surface 형상이 만들어 집니다.

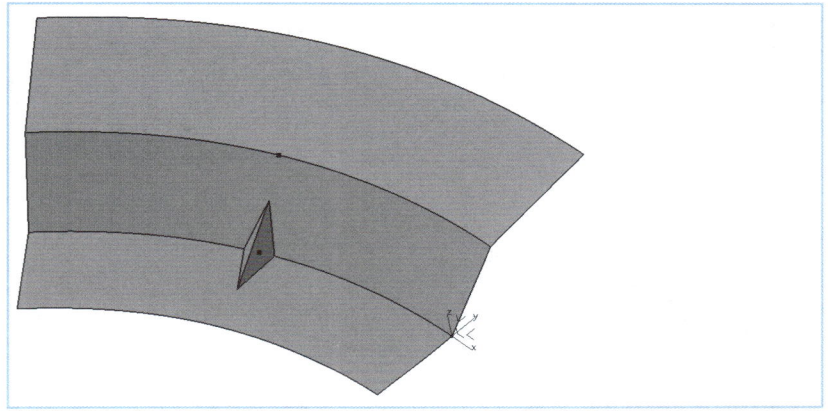

다음과 같이 오목한 형상이 아닌 위치라 하더라도 Bead의 형상은 정의가 가능합니다.

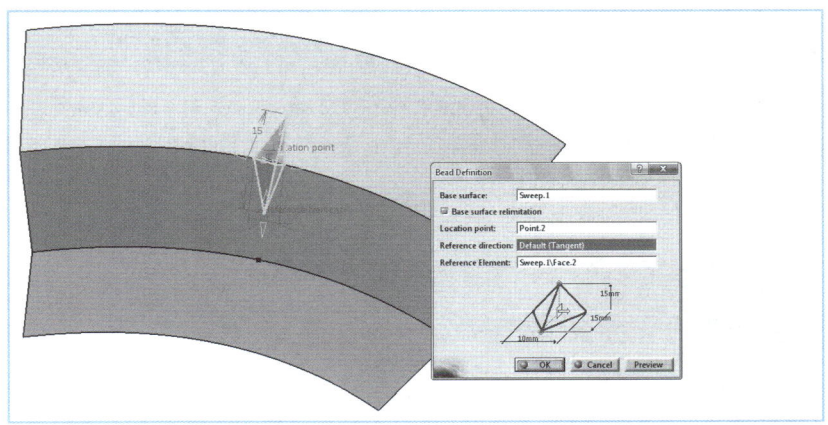

10 Analysis

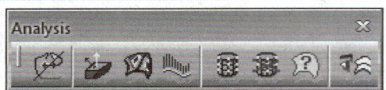

Analysis Toolbar에서는 현재 만들어진 형상의 상태를 분석해 주는 역할을 합니다. 가장 쓰임새가 많은 일부 명령에 대해서 설명을 하도록 할 것입니다.

A. Connect Checker

이 명령은 앞서 Healing 명령을 설명하면서 언급한 바 있는데 이웃하는 Surface 또는 Wireframe 형상들 간의 떨어진 정도를 분석해 주는 명령입니다.

명령을 실행시키면 다음과 같은 Definition 창이 나타납니다.

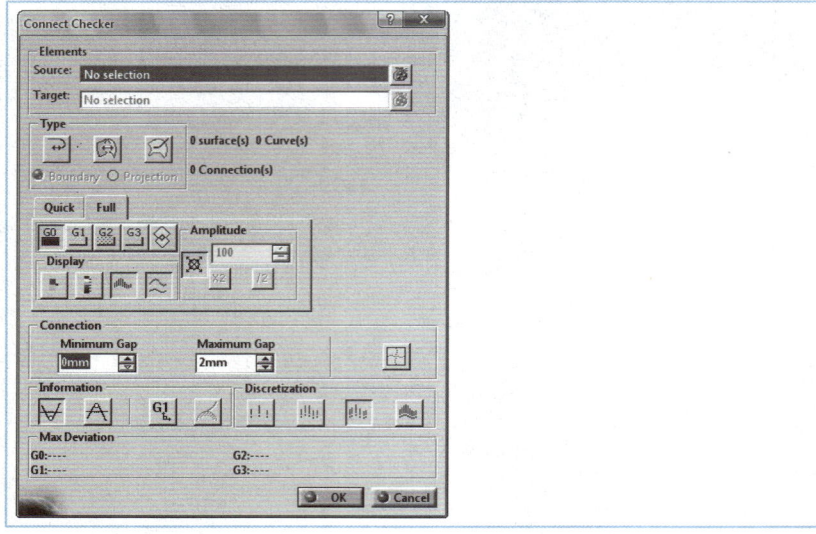

☑ Type : 여기서 대상을 선택하기에 앞서 해석 Type을 결정해 주도록 합니다.
- Curve-Curve Connection : 서로 나누어진 곡선들 사이에 연속성을 분석하기 위해 선택합니다.
- Surface-Surface Connection : 서로 나누어진 곡면들 사이에 연속성을 분성하기 위해 선택합니다.
- Surface-Curve Connection : 선택한 곡면과 곡선 사이에 연결 정보를 분석하기 위해 사용합니다.

☑ Continuity : Geometry에 대한 4가지 Continuity Mode를 설정하고 분석할 수 있습니다. 일반적으로 G0 Continuity가 이어지지 않은 형상들 사이에 제일 먼저 파악되어야 하지만 연속을 고려한 G1, G2도 고려해야 하는 경우가 많습니다.

☑ Connection : 분석할 대상들 사이의 Gap을 지정합니다. Maximum Gap은 특히 선택한 대상들 사이의 최대 Gap 보다 큰 값을 지정해 주어야 합니다.

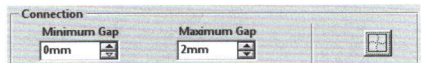

▶ 따라하기 Step by Step

Step 01 예제 파일을 준비합니다. 그리고 Connect Checker 명령을 실행하여 Curve-Curve Connection으로 분석 타입을 설정하고 CTRL Key를 사용하여 곡선들을 선택합니다.

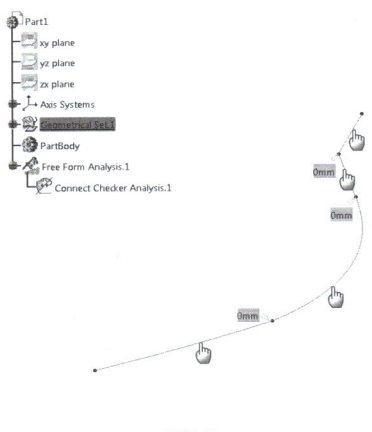

CTRL Key

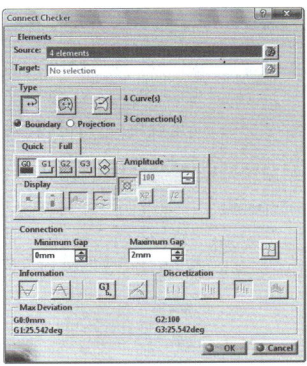

CATIA Surface의 정석

Step 02 그럼 아래와 같이 Maximum Deviation 값을 확인할 수 있습니다.

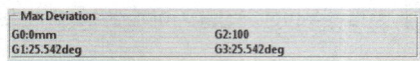

Step 03 이번에는 다음 예제 파일을 준비합니다. 그리고 Connect Checker 명령을 실행하여 Surface-Surface Connection으로 분석 타입을 설정하고 CTRL Key를 사용하여 곡선들을 선택합니다.

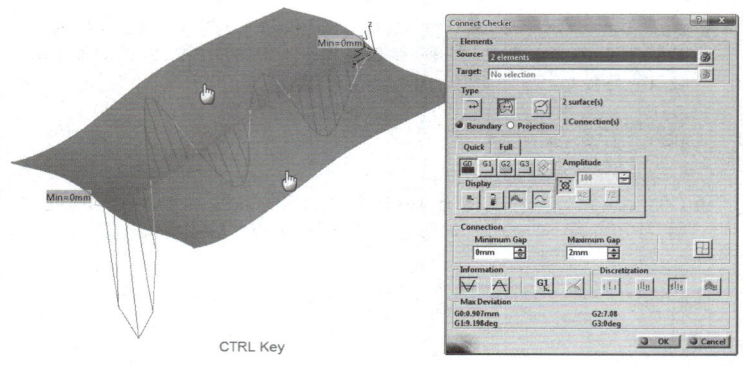

Step 04 간혹 Surface 형상을 복수 선택하면 바로 다음과 같은 메시지가 뜰 수 있습니다.

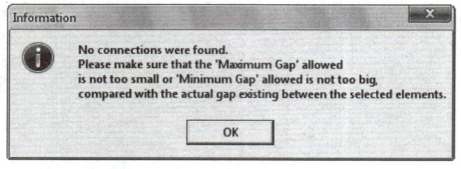

Step 05 이것은 Definition 창의 Maximum Gap 값 때문인데 이 값이 현재 Surface 형상들 간의 Gap 보다 작기 때문입니다. 이런 경우에는 이 값을 큰 값에서부터 서서히 작게 입력하여 적절한 범위를 찾아 주어야 합니다.

Step 06 적절한 Maximum Gap 값이 입력되었다면 화면에 다음과 같이 Surface 형상 사이에 색으로 벌어진 틈을 표시해 줍니다. 여기서 Comb를 해제하고 Full Color Scale을 선택하면 다음과 같은 Color Scale 창이 나타납니다.

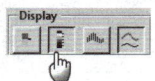

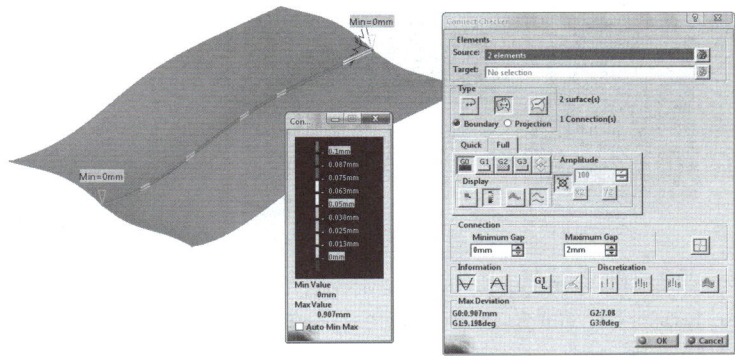

Step 07　여기서 'Auto Min Max'를 체크하여 두 Surface 사이의 최대와 최소 Gap을 자동적으로 찾아 표시해 줍니다. 그리고 그 사이의 값들 역시 등분할 하여 다시 표시해 줍니다.

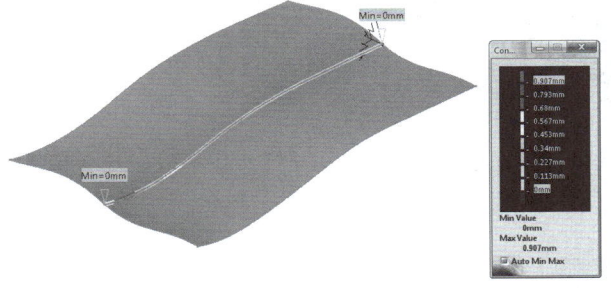

Step 08　마찬가지로 Continuity를 변경해 그 결과를 확인해 볼 수 있습니다.

B. Feature Draft Analysis

이 명령은 형상의 면에 대해서 기울어진 값을 찾아내는 명령입니다. 즉, Draft를 얼마를 주었는지를 작업 후 역 추적 할 수 있습니다. 이 명령을 실행하려면 우선 다음과 같이 View mode를 'Shade with material   '로 변경해 주어야 합니다.

명령을 실행시키고 Surface를 선택하면 다음과 같은 창이 나타납니다.

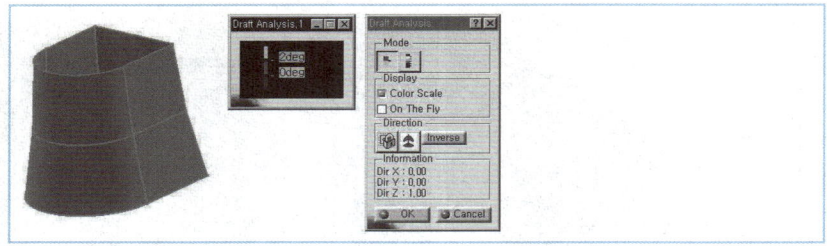

여기서 위와 같은 Quick Analysis Mode인 경우에는 간단히 3개의 각도 값을 이용해 Analysis합니다. Full Analysis mode인 경우에는 다음과 같이 6개의 각도 값을 사용할 수 있습니다.

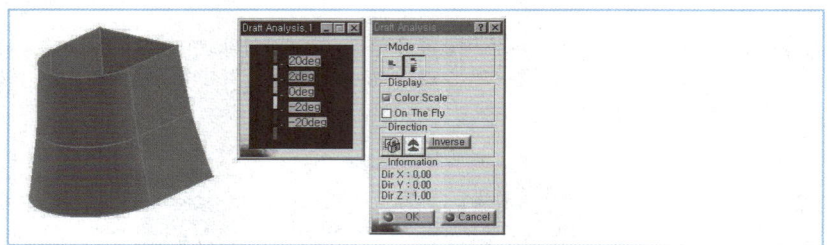

물론 여기서의 각도 값은 고정된 것이 아니기 때문에 직접 각 각도 값을 수정해 줄 수 있습니다.

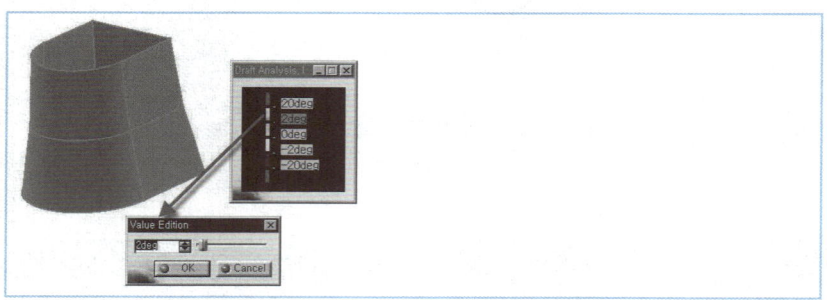

이러한 각도 값을 변경하는 것을 반복하여 실제 Draft 각도 값을 찾을 수 있습니다.

이 예제에서는 윗부분의 Surface는 5도의 각도를, 아래 부분의 Surface는 10도의 Draft 각도를 가짐을 알 수 있습니다.

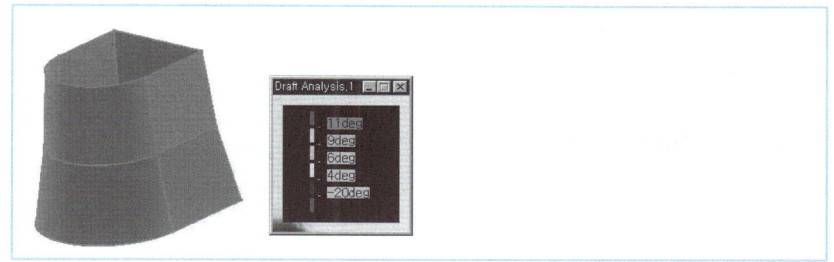

물론 이와 같은 작업은 위와 같은 곧은 Surface 형상뿐만 아니라 곡선이나 solid 형상의 Draft 면에 대해서도 가능합니다.

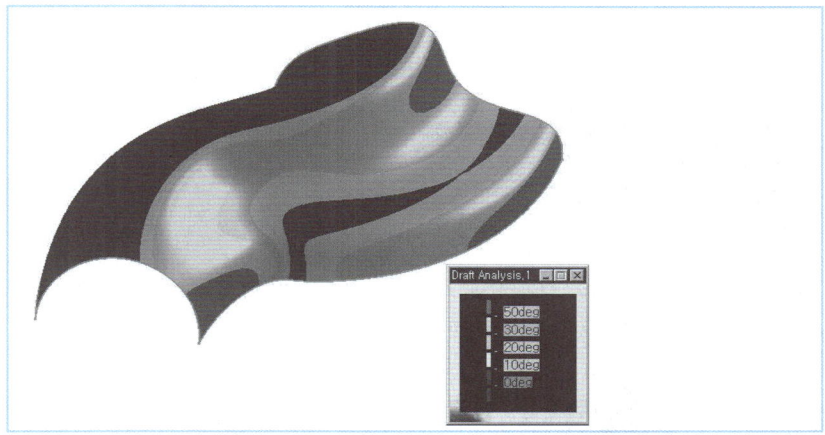

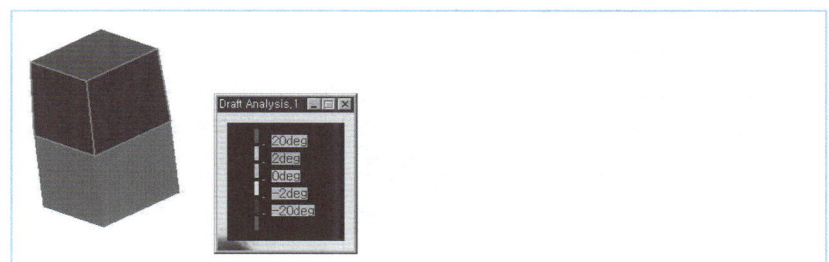

Spec Tree에는 다음과 같이 나타납니다.

C. Surface Curvature Analysis

이 명령은 Surface의 곡률을 분석하는 도구입니다. 평평한 Surface 형상이 아닌 경우 사용할 수 있으며 이 명령을 실행하려면 우선 다음과 같이 View mode를 'Shade with material '로 변경해 주어야 합니다.

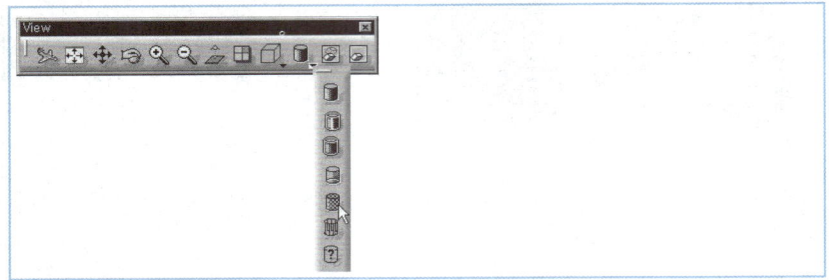

혹 다음과 같은 메시지가 출력되면 View mode를 체크하기 바랍니다.

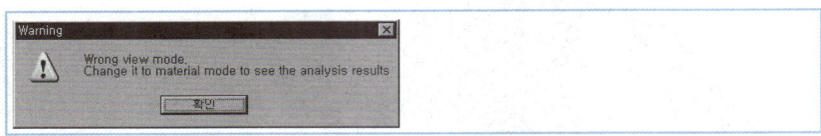

View mode 설정 후 다음과 같이 Surface를 선택해 주면 다음과 같은 Definition 창과 Surface 형상에 표시가 나타날 것입니다.

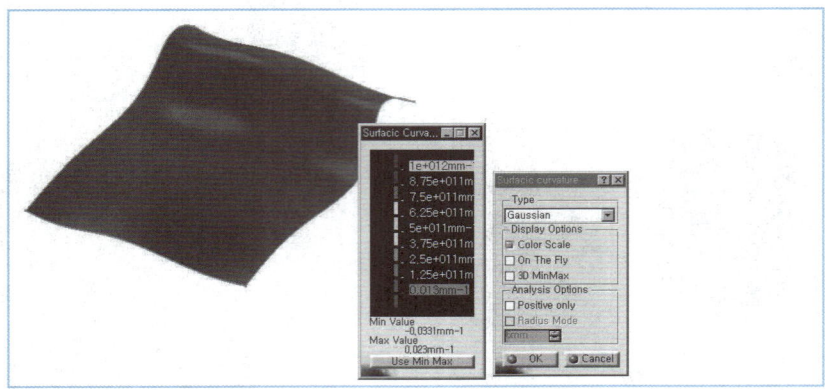

그러나 위에서 바로 원하는 곡률 값을 볼 수는 없습니다. 여기서 Use Min Max를 클릭해 주면 다음과 같이 Surface의 곡률을 최대에서 최소로 나누어 나타내 줍니다.

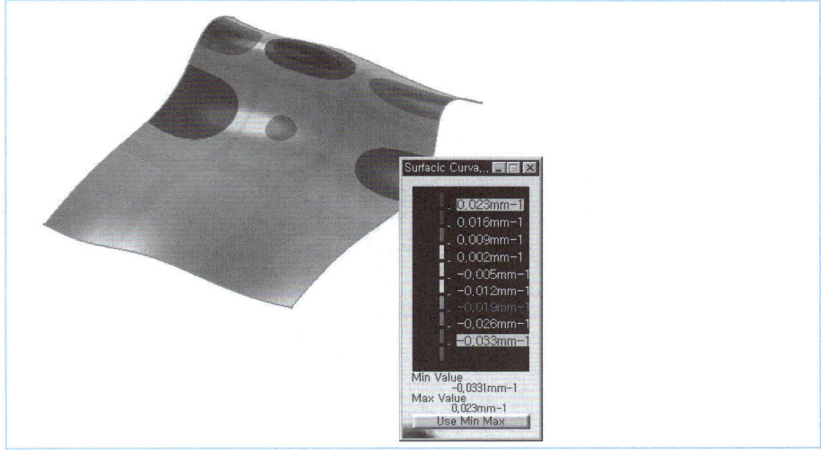

여기서 Surface Curvature 창에서 Type을 Gaussian, Minimum, Maximum, Limited, Inflection Area로 변경하여 분석할 수 있습니다. 또한 다음과 같이 '3D Min Max'를 체크하면 Surface 위에 곡률 값이 최대와 최소인 지점을 표시해 주며 Positive Only를 체크하면 곡률이 양의 값을 가지는 곳만을 표시하게 할 수 있습니다.

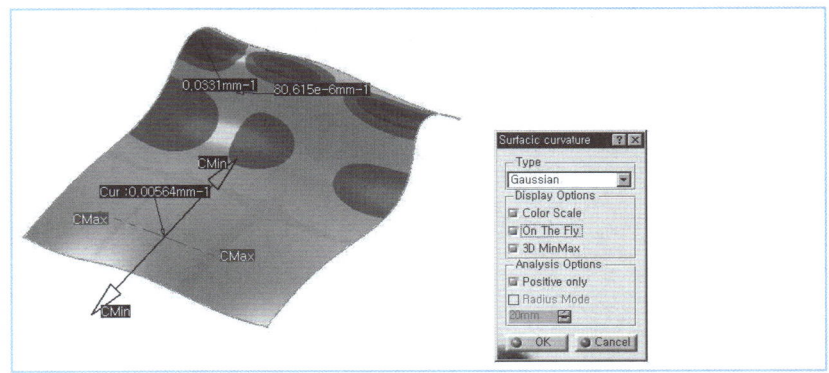

D. Porcupine Analysis

이 명령은 Curve나 Surface의 Edge 요소에 대해서 곡률을 분석하는 명령입니다. 명령을 실행하고 Curve 요소를 선택해 주면 다음과 같이 Curve 요소가 어떠한 곡률을 가지고 있는지 나타내 줍니다.

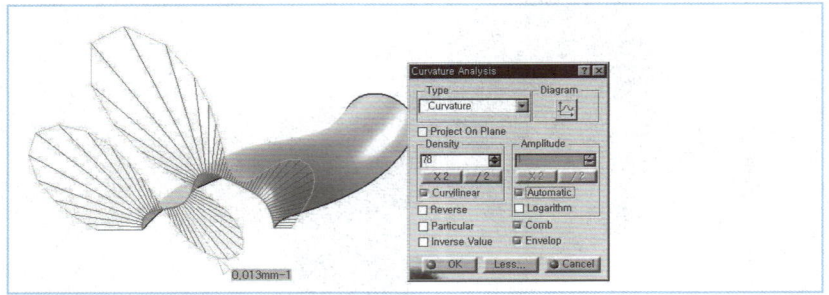

선택한 Curve 요소에 대해서 Curvature 또는 Radius 두 가지 Type으로 분석해 볼 수 있습니다. 아래의 경우는 Radius로 Curve의 곡률을 분석한 모습입니다. 반경이 큰 부분일수록 높게 솟아나는 것을 볼 수 있으며 방향에 따라 위쪽이나 아래쪽으로 나타나 보입니다.

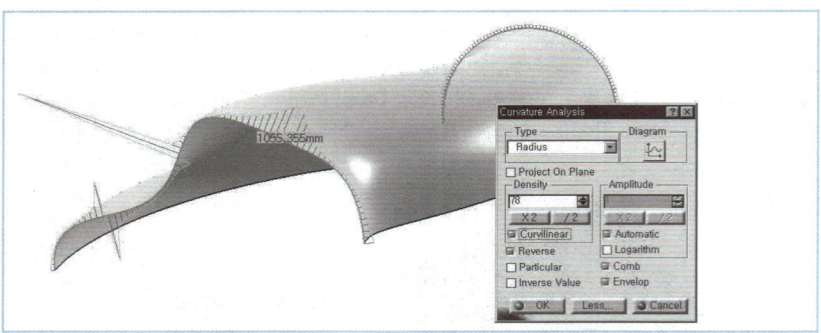

또한 다음과 같이 여러 개의 Curve 요소를 동시에 선택하여 한 번에 관찰이 가능합니다.

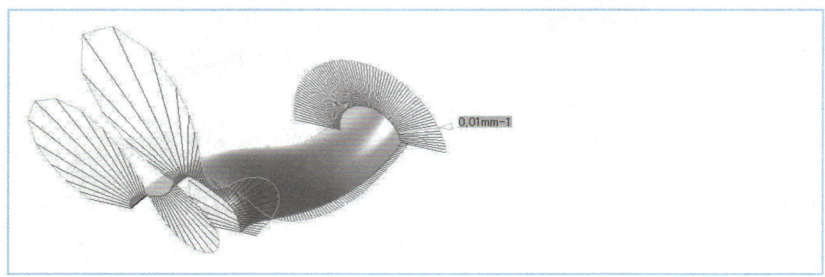

Diagram을 이용하여 각 Curve 요소에 대한 분석 값을 그래프화 할 수 있습니다. Definition 창에서 Diagram을 선택합니다.

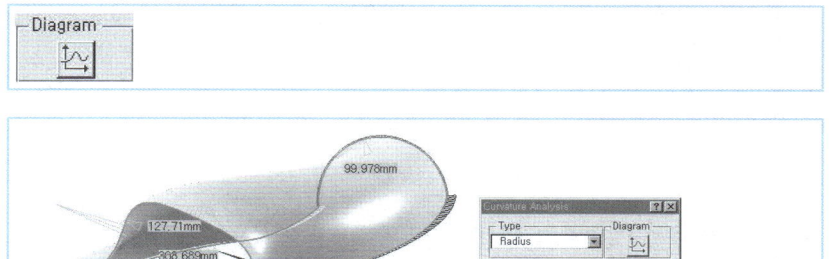

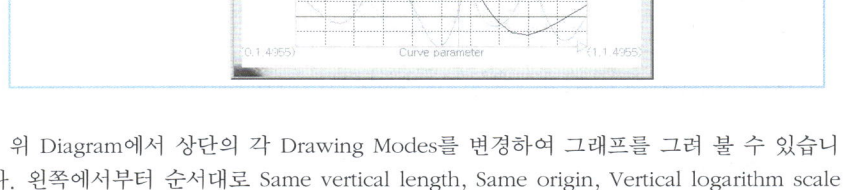

위 Diagram에서 상단의 각 Drawing Modes를 변경하여 그래프를 그려 볼 수 있습니다. 왼쪽에서부터 순서대로 Same vertical length, Same origin, Vertical logarithm scale 입니다.

11 Tools

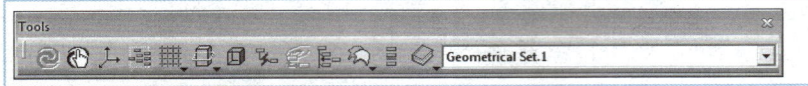

A. Update All

이 명령은 모델링 작업에 있어 형상 변경 후 수정 사항이 업데이트 되지 않았을 경우에 사용합니다. 자동 업데이트 옵션을 설정해 놓았다면 비활성화 되며 업데이트가 항상 자동으로 수행됩니다.

작업을 수행하고 결과가 바로 업데이트 되지 않으면 이 명령을 확인하기 바랍니다.

자동 업데이트 설정은 Tools ⇨ Options ⇨ Infrastructure ⇨ PartInfrastructure ⇨ General Tab에서 설정 가능합니다.

B. Manual Update mode

모델링 작업에서 수정 상황이 발생하였을 때 자동으로 업데이트 하지 않고 작업자의 지시에 따라 업데이트 하도록 하고자 할 경우에 설정합니다. 이 명령이 켜있으면 위의 Update All 명령을 사용하여 수동으로 업데이트 합니다.

C. Create 3D Axis System

이 명령은 모델링 작업 시 작업 기준이 되는 Axis를 생성하여 정의할 수 있습니다.

Axis란 CATIA에서의 Reference Element의 일종으로 원점과 3축 방향, 그리고 XY, YZ, ZX 평면 요소를 가진 요소입니다. 하나의 Axis에 7개의 Reference Element를 가지고 있습니다.

기본적으로 원점에 정의된 Axis와 달리 추가적으로 새로운 위치에 Axis를 생성하고자 했을 때 사용할 수 있습니다.

명령을 실행하면 다음과 같은 Definition 창이 나타납니다.

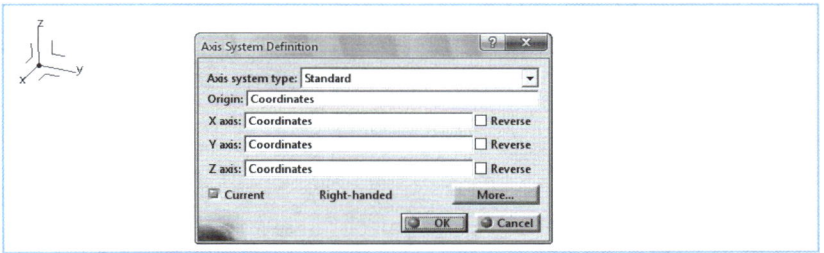

여기서 반드시 설정되어야 할 요소로 원점(Origin) 성분이며 그 다음으로 부가적으로 X, Y, Z 각 축 방향 성분을 지정할 수 있습니다. 반드시 Part의 각 축 방향을 그대로 사용하지 않고 새로운 방향을 정의할 수 있습니다.

원점은 기존의 3차원 형상의 꼭지점(Vertex)를 사용할 수 있으며 Point를 생성하여 이것을 원점의 위치로 지정할 수 있습니다.

a. Geometry 이용

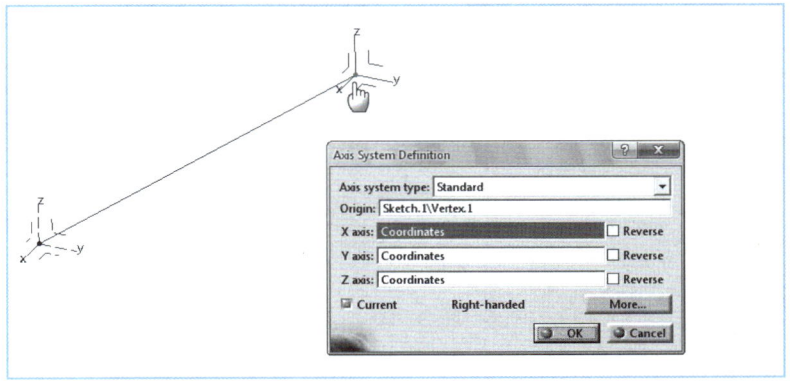

b. Point 생성

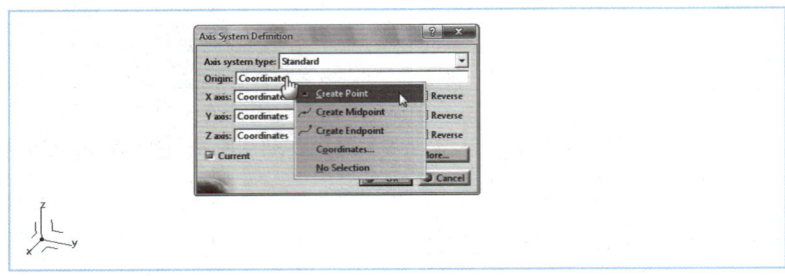

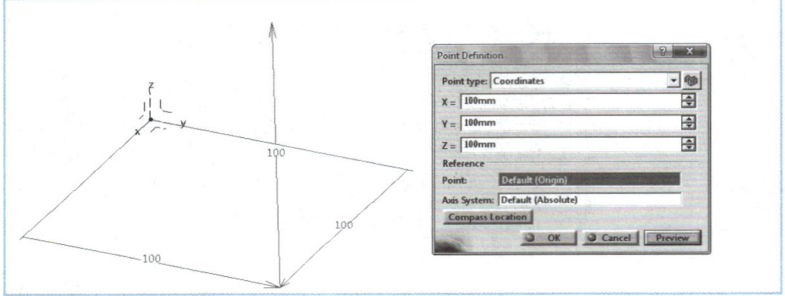

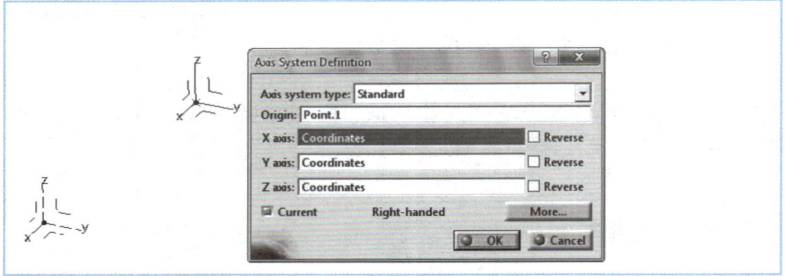

Axis를 지정하면 각 위치를 상대적인 원점으로 사용할 수 있습니다.

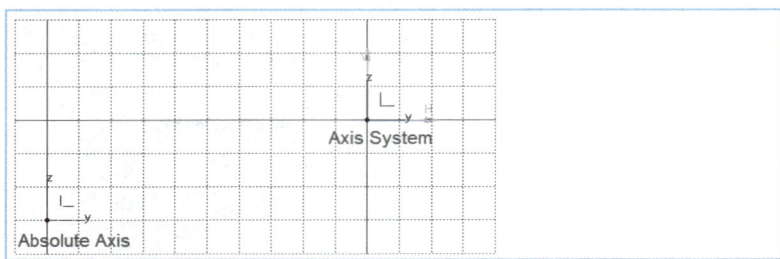

자신이 사용하고자 하는 Axis에 Set as Current로 지정해 주도록 합니다.

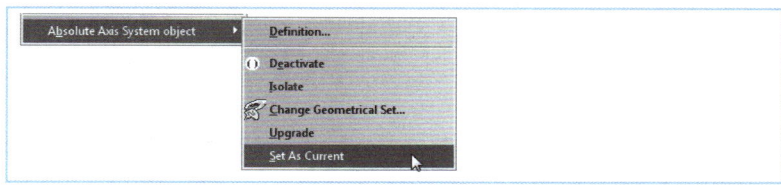

Axis의 사용은 필요한 경우에만 생성해 주고 기본적인 Reference element인 Plane을 사용하도록 합니다.

11.1 Grid Sub-toolbar

A. Work On Support

이 명령은 3차원 GSD 상에서 공간을 제약적으로 사용하기 위해 Support를 지정하는 기능으로 여기서 Support를 지정하면 해당 평면 위치로 한 차원으로의 자유도가 제거되어 마치 평면에서 스케치를 하듯이 GSD 메뉴를 다룰 수 있습니다.

명령을 실행하면 다음과 같은 창이 나타납니다.

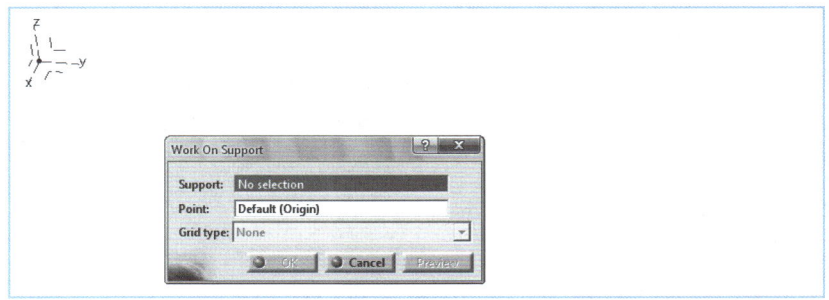

여기서 Support에 평면 요소를 선택하면 아래와 같이 창이 확장됩니다. 여기서 Work on Support의 원점이 될 지점을 선택해 주고 Grid Spacing 등의 설정을 추가로 해줄 수 있습니다.

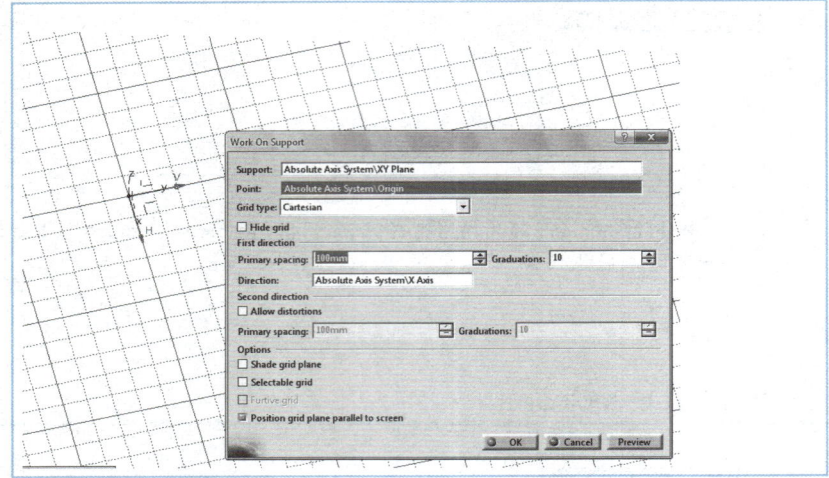

설정이 완료되면 OK를 눌러 줍니다. 그럼 다음과 같이 GSD 상에서 2차원 평면상에 스케치를 들어온 것과 같은 상태를 확인할 수 있습니다.

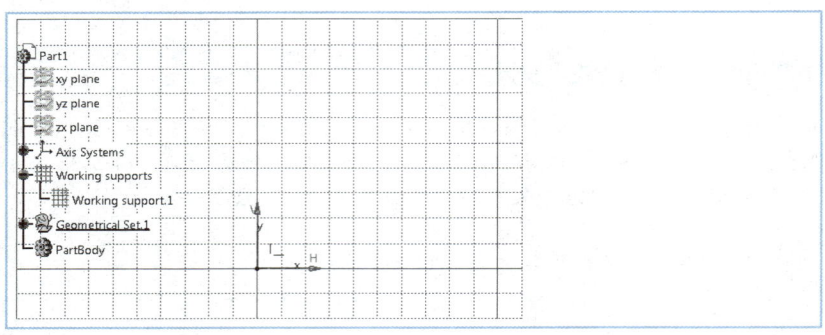

여기서 만약에 다음과 같이 Line 요소를 그린다고 하였을 때 작업을 따라해 보기 바랍니다. 따로 포인트 정보를 정의하지 않아도 작업자가 가리키는 지점으로 포인팅 되는 것을 확인할 수 있습니다.

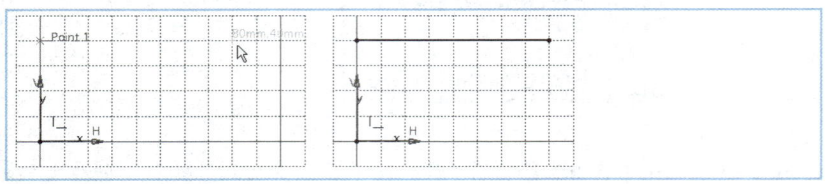

물론 현재 작업 워크벤치이기 때문에 다음과 같이 GSD 작업을 능숙하게 소화할 수 있습니다.

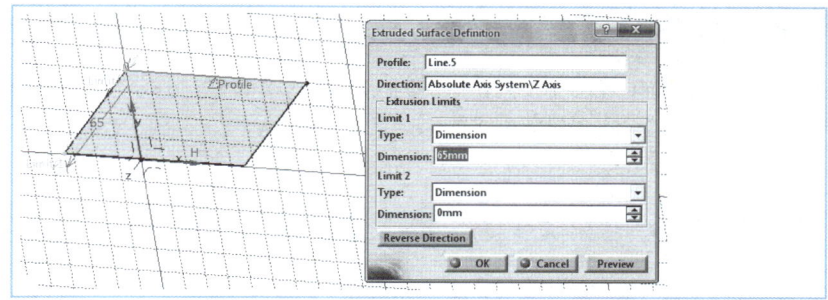

이러한 Work on Support는 작업의 필요에 따라 임의의 평면 위치에 설정이 가능하며 한번 작업을 마친 후에도 필요에 따라 재사용이 가능합니다. Spec Tree에서 Work on Support는 다음과 같이 기록됩니다.

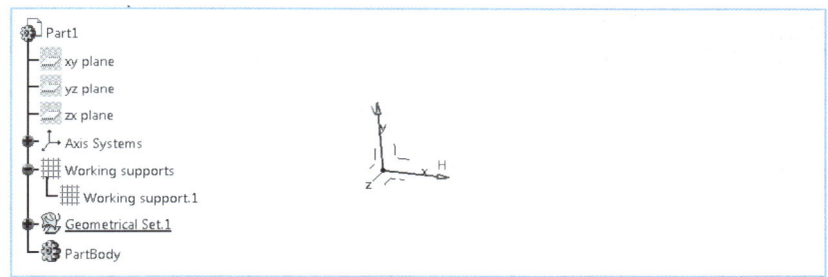

여기서 Work on Support가 활성화 되면 붉은 색으로 표시가 납니다.

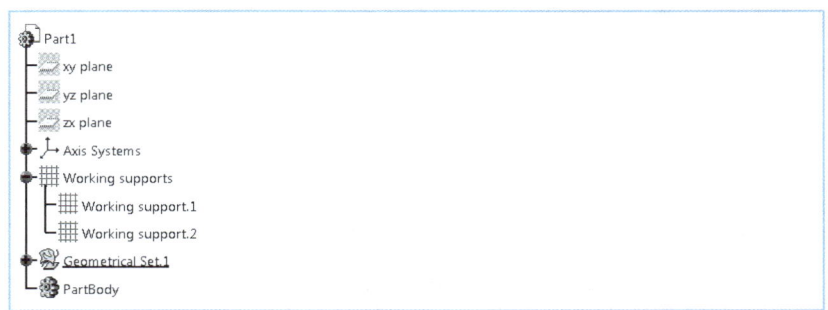

위와 같이 여러 개의 Work on Support를 사용할 경우에는 활성화하고자 하는 경우에는 원하는 Work on Support를 선택하고 Work Supports Activity 명령을 사용하여 전환이 가능합니다.

Work on Support의 사용 종료 역시 Work Supports Activity 명령을 사용합니다.

B. Snap To Point

앞서 Work on Support 상에서 작업하는 경우에 Grid가 생성되어 마치 2차원 Sketcher 와 같은 환경에서 3차원 모델링 도구를 사용할 수 있습니다.

C. Work Supports Activity

앞서 Work on Support를 사용하다 종료를 하려거나 또는 Support로 이동하고자 할 경우에 이 명령을 사용합니다.

Work on support와 연동하여 반드시 알아두어야 합니다.

D. Plane System

Plane System은 선체나 항공기의 경우에 등간격으로 Plane을 정의하고 작업해야 하는 경우에 유용하게 사용할 수 있는 명령으로 수작업으로 일일이 평면 요소들을 정의하지 않고 Primary Set 및 Secondary Subset까지 정의가 가능합니다.

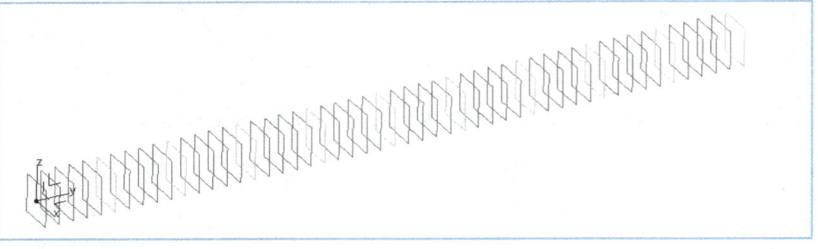

명령을 실행하면 다음과 같은 Definition 창이 나타납니다.

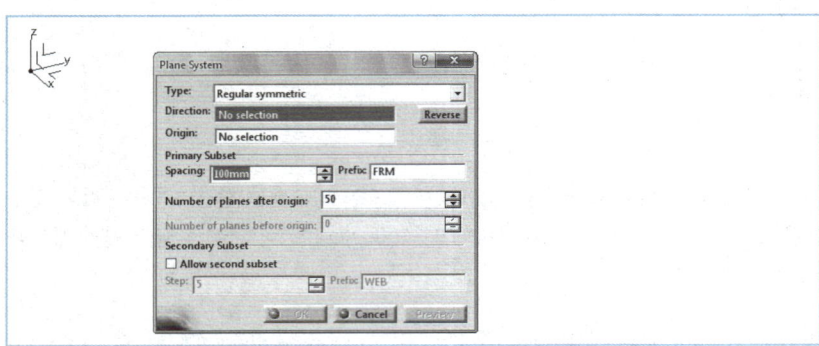

Type으로는 Plane 생성에 대한 정렬 방식을 의미합니다.

> Regular symmetric
> Regular asymmetric
> Semi-regular
> Irregular symmetric
> Irregular asymmetric

여기서 Plane이 생성될 방향과 원점 성분을 차례대로 선택해 줍니다.

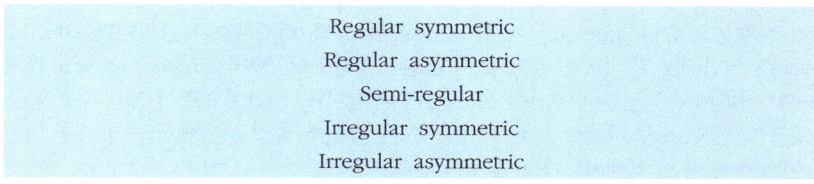

다음으로 Plane 사이의 간격과 Plane의 수, Prefix 값을 정의해 주고 추가적으로 필요한 경우 Primary Set 두 평면 사이에 위치할 Secondary Subset의 수를 정의할 수 있습니다.

다음은 원점을 기준으로 Spacing 100mm로 50개씩 대칭으로 Primary Set을 만들고 Secondary를 Subset을 지정한 결과입니다.

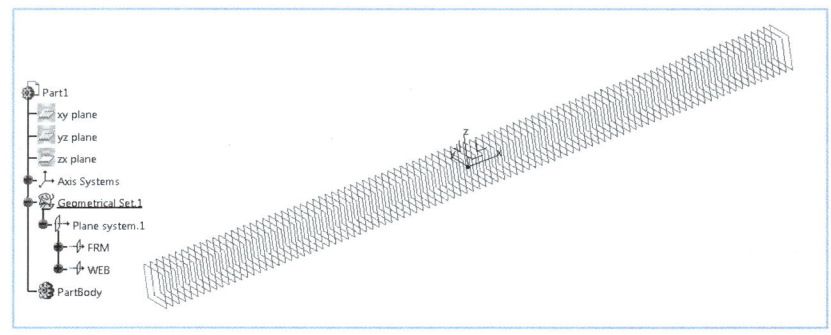

이와 같은 Plane System은 Structural Design에 유용하게 사용할 수 있습니다.

E. Create Datum

이 명령은 CATIA Modeling 시 Historical Mode를 해제하는 명령입니다. Historical Mode란 일반적으로 어떠한 모델링 작업을 수행하는데 있어 Parents/Children 관계를 유지한 상태에서 작업을 수행하는 Mode를 의미합니다. 일반적으로 우리가 수행하는 모델링은 작업에 종속 관계에 따른 Link가 있기 때문에 작업 과정에서 수정이나 데이터 변경/삭제에 따른 업데이트가 수행됩니다.

그러나 Datum Mode를 사용하면 만들어진 결과 형상을 Parent와 상관없이 Isolate된 형상을 만들어 줍니다.

Datum을 실행한 상태에서 다음과 같이 간단한 프로파일을 이용하여 Extrude를 실행해 보기 바랍니다.

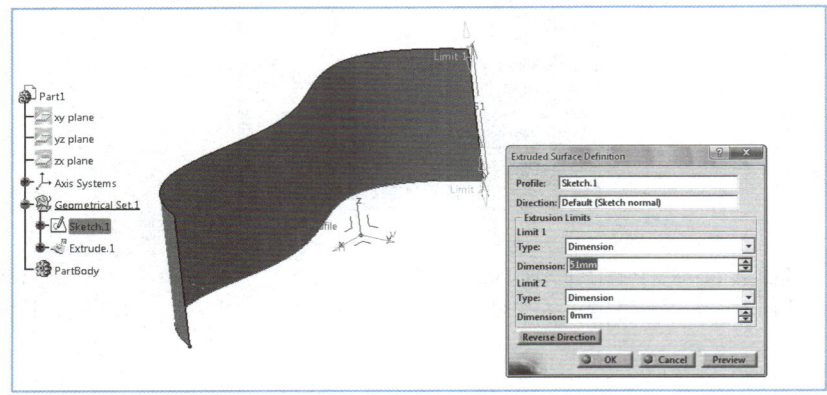

그 결과는 다음과 같습니다.

Isolate 된 상태이기 때문에 여기서 스케치 형상을 삭제해도 곡면 형상에는 아무런 문제가 없습니다.

이러한 속성 때문에 원본에 상관없이 결과 형상을 만들고자 할 경우에 매우 유용하게 사용할 수 있습니다. 그러나 이러한 속성이 유지되는지 아닌지 작업자 자신이 파악하고 작업에 임해야 하겠습니다.

Chapter 3

Sketch Tracer

1. Sketch Tracer란?
2. Sketch Tracer의 활용 예

CATIA Surface의 정석

1

Sketch Tracer란?

CATIA Surface

    Sketch Tracer란 CATIA에서 이미지 형상을 이용하여 3차원 곡면 형상을 설계하기 위한 보조 도구입니다. 실제로 3차원 형상을 만들어 낸다거나 이미지로부터 직접 형상을 뽑아내는 것은 아닙니다. 그러나 우리가 인식할 수 있는 형상의 이미지가 있다고 했을 때 스케치 또는 FreeStyle와 같은 자유 곡선 및 곡면 프로파일 기능을 통하여 3차원 형상을 2차원 이미지로부터 뽑아낼 수 있는 것입니다. 물론 쉬운 일은 아닙니다. 또한 정확도 100%를 보장하는 작업 방식도 아닙니다. 하지만 3차원 형상을 이미지 파일로만 유추하여 만들어 낼 수 있다는 점은 굉장히 큰 매력이라 할 수 있습니다.

    디자인 작업은 아직까지 2차원으로 시작되는 경우가 많습니다. 자동차만 생각하더라도 전체적인 윤곽이나 스타일, 포인트 등을 표현하기위해 스케치 한두 장이 만들어지게 됩니다. 그리고 그것을 기반으로 3차원 형상이 만들어지게 되는데 주로 Clay를 이용하여 만들어 내는 경우가 대부분입니다. 그리고 다시 이것을 3차원 스캔하여 이를 곡면으로 재탄생시키는 작업이 디자인 부서의 업무입니다. 하지만 시간과 노력이 상당히 소요됩니다.

    이러한 방식을 벗어나 2차원 이미지 도안에서 바로 3차원 곡면 디자인을 생성하는 방법을 강구한 것 중에 CATIA에서 제시하는 방법이 Sketch Tracer를 통한 이미지 View를 CATIA 워크벤치로 가져오는 것입니다. 그리고 Sketch , FreeStyle , Imagine&Shape 등과 같은 유용한 툴을 사용하여 곡면을 생성하는 것이지요.

Sketch Tracer의 활용 예

본 워크벤치를 설명하는 데는 기능 위주의 방식보다 예제를 중심으로 어떻게 실제로 적용할 수 있는지를 보여드리도록 하겠습니다.

▶ 따라하기 Step by Step

Step 01 우선 Option에 가서 다음과 같이 Setting 합니다. Sketcher 워크벤치에서 그리는 프로파일 선의 색상을 바꾸어 주는 것인데 나중에 이것은 Sketch 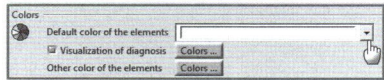를 그려 줄 때 불러온 그림의 바탕색이 하얀 색이어서 선을 그리는데 불편하므로 미리 설정을 바꾸어 주는 것입니다.

Step 02 다음과 같이 풀다운 메뉴의 Tool ⇨ Option ⇨ Mechanical Design ⇨ Sketcher Tab : Color항목을 선택합니다.

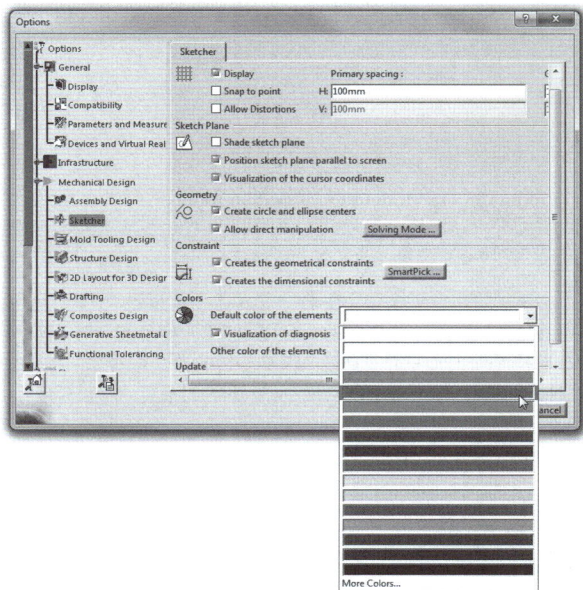

Step 03 이제 이미지 형상을 CATIA로 불러오는 작업을 수행도록 하겠습니다.

Step 04 Sketcher Tracer 는 Start ⇨ Shape ⇨ Sketcher Tracer에서 시작합니다.

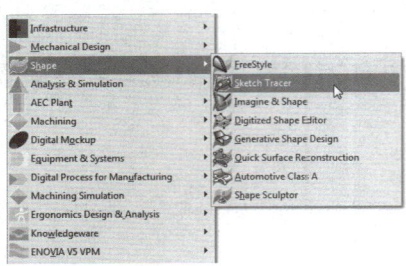

Step 05 워크벤치를 실행하면 다음과 같은 화면을 확인할 수 있을 것입니다. Sketch Tracer 는 Product를 활용한 워크벤치로 CATIA에 이미지 파일을 불러와 공간상에 배치하는 작업을 수행합니다.

따라서 실제의 Sketch 작업을 수행하기 위해서는 현재의 Product에 모델링 데이터가 들어가는 Part 도큐먼트를 삽입해 주어야 합니다. 기초서적을 보시면 아시겠지만 Product 도큐먼트는 Application 기능을 주로 담으며 3차원 모델링 데이터는 오로지 Part 도큐먼트에 저장해서 사용할 수 있습니다.

Step 06 Part 도큐먼트를 추가하기 위해 Spec Tree에서 Product를 선택한 후 풀다운 메뉴의 Insert ⇨ New Part를 선택합니다.

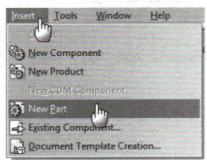

Step 07 그리고 Part 도큐먼트가 삽입될 Product를 선택하면 다음과 같이 현재의 Product에 Part 도큐먼트가 삽입됩니다.

Step 08 이런 상태에서 적절히 Product와 Part의 이름을 변경해 주고 Sketch Tracer에서 Audi TT 이미지 파일을 불러오도록 하겠습니다.

Step 09 이미지 파일을 불러오기 전에 우선 View Toolbar에서 View Mode를 Top view 를 선택합니다. 화면에 불러질 그림이 좌표계와 나란하게 하기 위함입니다. 절대 Isometric view 상태로 OK 하지 않기 바랍니다. 그러게 되면 화면에 불러 온 그림 파일이 Sketch 하고자 하는 화면과 비틀어져 보입니다. 주의 하세요!

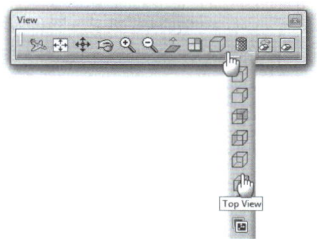

Step 10 그 다음으로 그림 파일을 불러오기 위해 사용해야할 명령은 'Painting' Toolbar에 서 Creating an Immersive Sketch입니다.

Step 11 이 명령을 실행하면 아래와 같이 이미지 파일을 선택하는 창이 나타납니다. 여기 서 본 작업에 사용할 Audi TT 형상의 사면도가 들어있는 파일을 선택합니다.

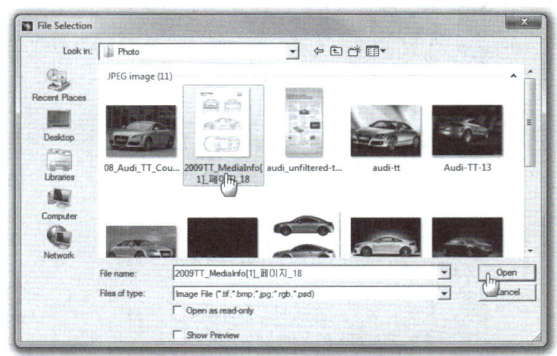

Step 12 이미지 파일이 불러와졌을 때 화면에 이미지가 보이기 위해서는 View Toolbar에서 View mode가 Shade with material 로 체크되어 있어야 합니다.

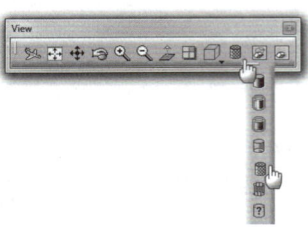

그러지 않은 경우 Material을 적용하라는 메시지가 뜨면서 그림 파일의 내용이 보이지 않을 것입니다.

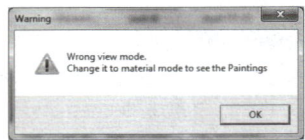

Step 13 View Mode와 Quick View를 다르게 설정 하였다면 그림 파일이 열리면 다음과 같이 그림 형상이 CATIA 화면에 나타날 것입니다.

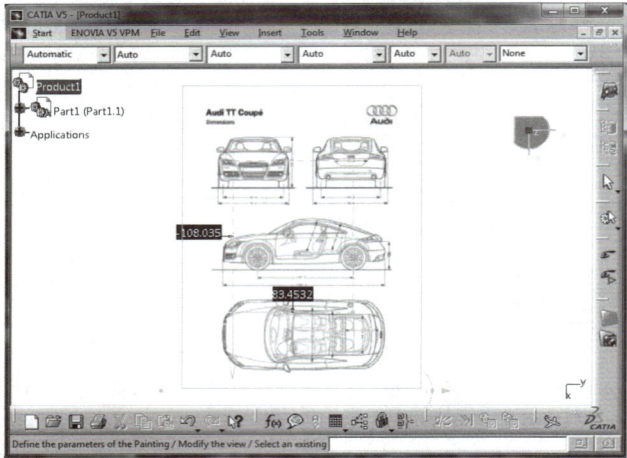

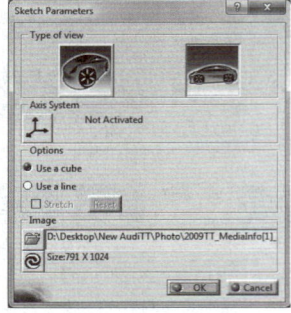

Step 14 여기서 Sketch Parameter 창을 바로 OK를 눌러 닫아버리지 말고 Part 도큐먼트의 원점과 Sketch의 이미지에서의 차체 형상의 중심을 맞추어 주도록 합니다. 원점을 맞추어 주는 방법은 마우스를 사용하여 원점 표시가 있는 위치의 화살표를 이동하면 됩니다.

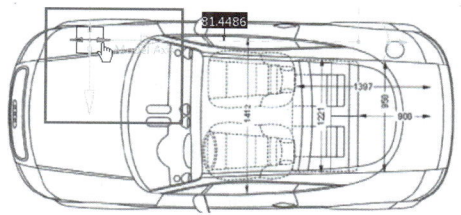

Step 15 다음과 같이 평면도 상의 좌우 대칭 위치를 기준으로 차체 전면에 위치시키도록 합니다.

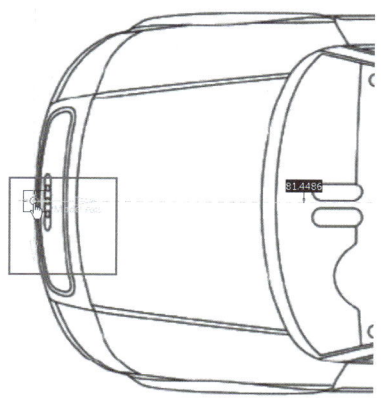

Step 16 위치를 바르게 맞춘 후에는 이미지 파일이 Focus OFF 라고 표시가 될 것입니다.

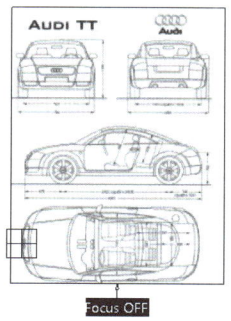

만약에 다시 원점의 위치를 맞추어 주고자 한다면 이미지 파일을 더블 클릭하여 위치 조절을 할 수 있습니다.

CATIA Surface의 정석

Step 17 이렇게 원점을 맞추어 주게 되면 Sketch 작업 및 모델링 작업에서 상당한 이점이 있습니다. 이는 모델링 작업에서 확인할 수 있을 것입니다.

Step 18 Sketch Tracer를 사용하는데 있어 각 방향의 View를 이러한 방법으로 불러와 3차원 상에 배치를 시키고 모델링 하는 방법을 추천하기는 합니다. 그러나 이미지를 각 평면 방향을 기준으로 불러오게 되었을 때 원점 기준의 정의 및 이미지 파일의 스케일 조절에 어려움이 있어 우리는 현재의 평면도를 기준으로 사면도를 모두 Sketch 하고 나중에 모델링 전에 위치를 맞추어 주도록 할 것입니다.

Step 19 아래 그림은 New Audi TT로 Sketch 작업을 마친 결과입니다. 앞으로 Audi TT 형상을 Sketch 하신다면 아래와 같이 모든 형상을 다 그리는 것이 아닌 모델링에 필요한 부분을 추려 내어 Sketch해야 한다는 것을 명심해 두기 바랍니다.

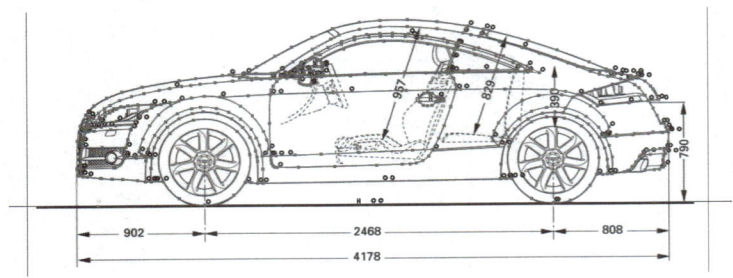

Step 20 처음에 이러한 스킬이나 직관력을 가지기는 어려울 수도 있으니 Sketch Tracer 작업 파일을 잘 Backup하고 필요할 때마다 수정할 수 있도록 준비해야합니다. 다음은 스케치 작업을 마친 상태입니다.

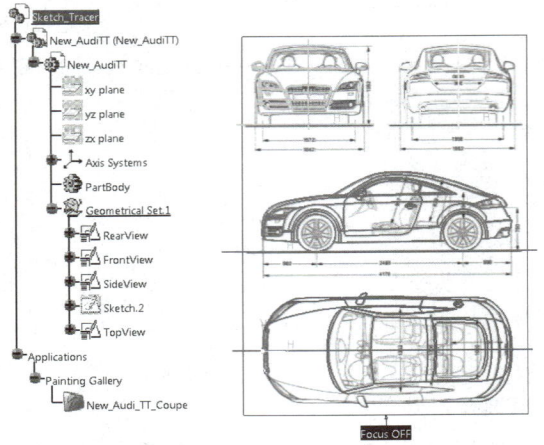

Step 21 이제 Specification Tree에서 삽입 된 Part를 더블 클릭하여 Product에서 Part로 이동합니다. 더블 클릭하게 되면 파란색으로 Part가 Specification Tree에서 표시 됩니다. (Specification Tree에서 대상을 더블 클릭하면 작업 공간이 해당 영역으로 이동됩니다.

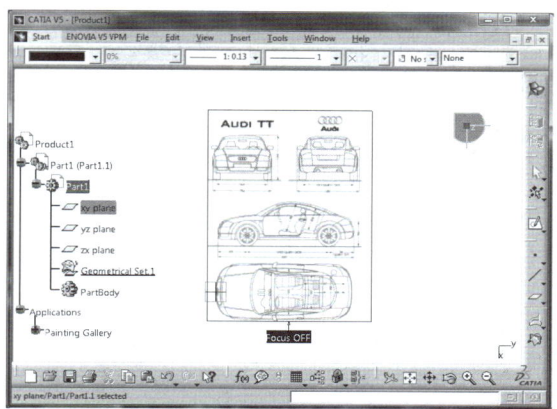

다시금 강조하지만 Sketch Tracer라는 게 형상에 대한 Sketch 정보를 CATIA가 자동으로 직접 다 그려주거나 추출하는 것은 아닙니다. 여러분이 직접 Sketcher 에서 그려주어야 하는 것입니다. 따라서 직접 Sketch 하는 정확도와 그림 파일의 질(Quality)에 따라 형상을 더 잘 표현 할 수 있습니다.

Step 22 Sketch 버튼을 누르고 불러와 있는 그림 파일과 수직인 평면을 선택합니다. (만약에 수평 수직 축에 대한 방위가 맞지 않는다면 Positioned Sketch를 사용하기 권장합니다.) 위에서 View를 Top View로 했다면 XY 평면에 배경처럼 그림이 펼쳐져 보일 것입니다.

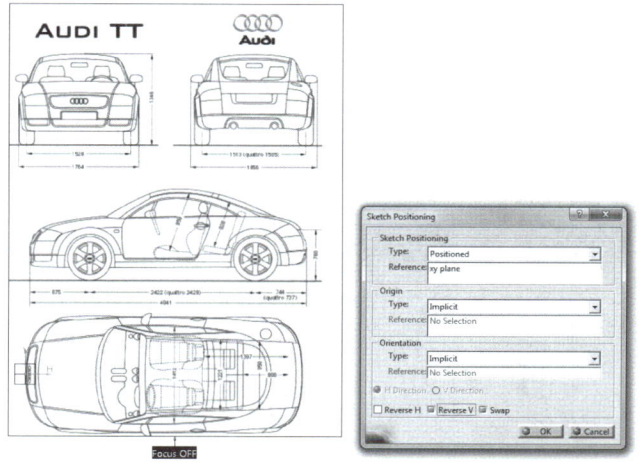

2 Sketch Tracer의 활용 예 ◀ 425

Step 23 이제 Profile에 있는 명령들을 사용하여 이 그림에 있는 형상을 따라 그려줍니다. 곡선 형상이 많은 경우 Spline이 매우 유용합니다. 중심에 대해서 대칭일 경우 대칭인 성질을 잘 이용하여 형상을 그려 주도록 합니다. 아래 형상은 New Audi TT 형상을 가지고 작업한 결과입니다.

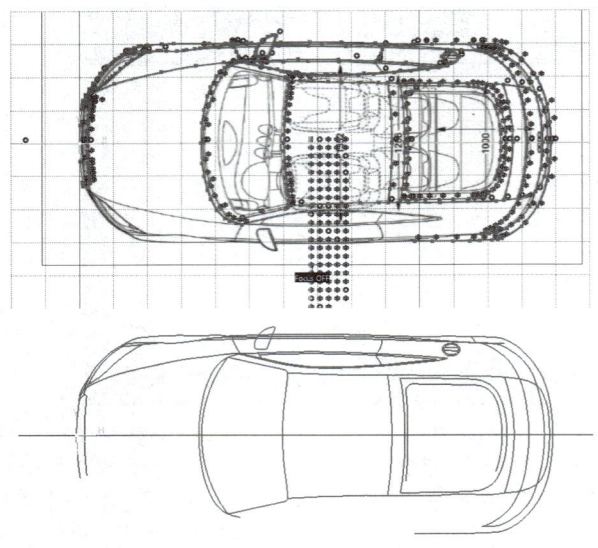

Step 24 물체의 4개의 면 모두 그려 주어야 하며 그려주고 나서 나중에 이 개의 형상을 4개의 Sketch로 나눠져 주어야 합니다. (정면, 평면, 측면, 후면) 나눠진 각각의 Sketch는 원점을 기준으로 4개의 평면에 배치시킬 것입니다. 시간이 소요되더라도 정성과 노력을 기울여 자세하게 만들어야 합니다. 물론 사용 목적에 따른 단순한 형상을 요한다면 간단히 만들어 주어도 무방합니다. 하지만 아래와 같은 정도의 수준으로 Sketch 가 작업되어 있어야 합니다. 아래 형상들은 하나의 Sketch 에 있는 것이 아니고 4개의 Sketch 로 따로 만들어 준 것입니다.

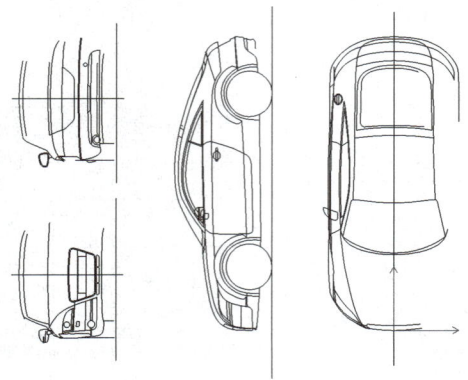

Step 25 Sketch ⊘가 모두 끝나면 Sketch Tracer를 포함한 Product는 더 이상 쓸모가 없습니다. 모델링을 마친 후 Product에서 작업을 하게 되지만 지금의 Product1을 그대로 사용할 필요는 없으므로 Part만 따로 열고 Product는 저장하고 닫아 줍니다.

Step 26 이제 Part 도큐먼트만 따로 Product에서 불러내 사용하려면 다음과 같이 Part 도큐먼트를 선택하고 Contextual Menu에서 'Open in New Window'를 클릭합니다.

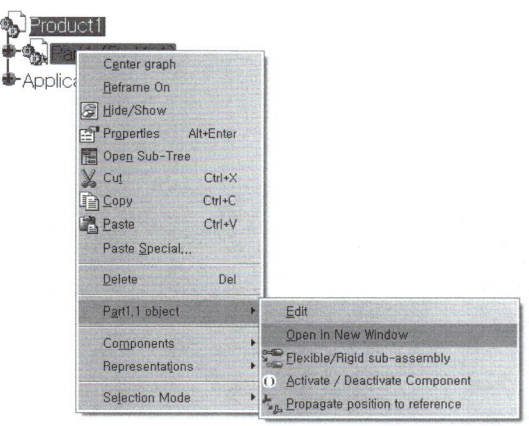

Step 27 그럼 다음과 같이 Sketch 파일만을 가진 Part 도큐먼트가 열리는 것을 확인할 수 있습니다. 여기서 Sketch.2는 Positioned Sketch를 수행하기 위해 각 기준점 위치에 Point를 찍어 놓은 것입니다. (Positioned Sketch를 사용하면 원하는 기준 위치에 보다 편리하게 Sketch를 생성할 수 있습니다.)

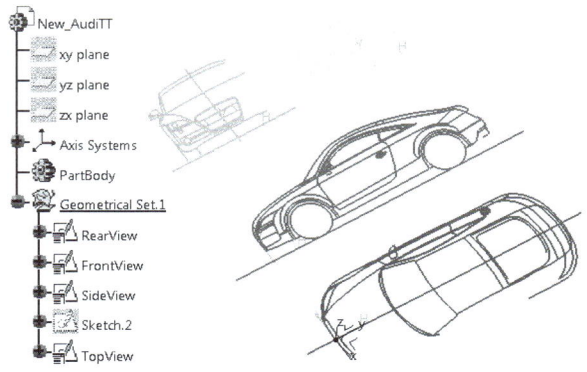

이와 같은 과정을 통해서 여러분은 이미지 파일로부터 3차원 형상을 만들기 위한 프로파일을 생성하였습니다.

이제 이 프로파일들을 이용하여 곡면을 생성해 나가는 것입니다. 곡면 또는 곡선을 직접 뽑아내는 기능이 아니라 조금 아쉬워하실 것 같은데요. 그래도 우리의 공간지각 능력을 CATIA와 접목한다면 그리 어렵지 않을 것입니다.

이미지 View가 반드시 정면 평면 측면으로 이루어질 필요는 없습니다. 다음과 같은 View를 이용해서도 3차원 형상을 얻기 위한 구도 배치가 가능합니다. 물론 이런 경우에는 구도를 잡아주기 위하여 3개의 축 방향으로의 설정이 필요합니다.

Chapter 4

FreeStyle

1. FreeStyle 워크벤치에서의 모델링 특징 및 접근 방법
2. GSD vs. FreeStyle
3. Generic Tools Toolbar
4. Curve Creation
5. Surface Creation
6. FreeStyle Constraints Toolbar
7. Operation
8. Shape Modification
9. Shape Analysis
10. Tools Dashboard

CATIA Surface의 정석

FreeStyle 워크벤치에서의 모델링 특징 및 접근 방법

FreeStyle이라는 이름의 워크벤치가 의미하는 것처럼 이 워크벤치에서의 곡면 또는 곡선을 설계하는 방법은 치수나 경계 조건에 크게 구애받지 않고 자유롭게 정의가 가능합니다. 단순히 주어진 치수에 맞추어 형상을 완성해 나가는 설계를 넘어 주로 스타일링 디자인을 위한 도구로 사용될 수 있습니다. 앞서 이론 부분에서 보셨겠지만 CATIA는 Bezier 방식에서부터 NURBS에 이르기까지 곡면 설계를 정의하는 가장 강력한 방법을 제공합니다.

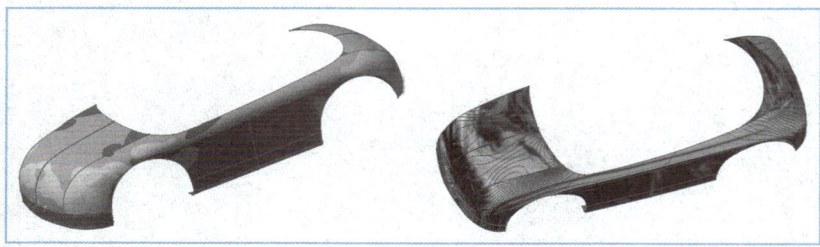

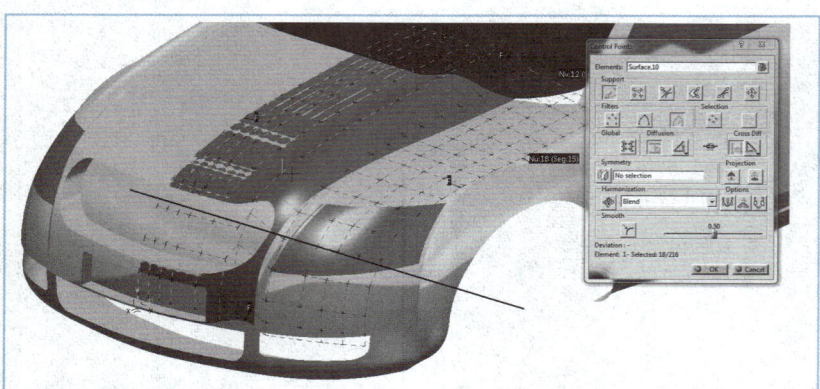

GSD vs. FreeStyle

일반적으로 우리가 곡면 모델링을 한다고 할 경우에 일반적으로 작업하는 워크벤치는 GSD 입니다. 정형화된 치수로부터 형상을 만들어내는 작업을 하는 대부분의 작업이 GSD에서 가능하기 때문입니다. 그런데 많은 분들이 느끼시겠지만 GSD 모델링의 단점은 프로파일이나 치수에 따른 설계기 때문에 딱 맞아 떨어지지 않으면 오류가 난다거나 추가적으로 전체 곡면이 매끄러운 연속을 유지하면서 자연스럽게 변형하는 처리가 어렵습니다. 경우에 따라 부드럽게 이어주어야 할 곡면들이 매끄럽지 못하게 연결되는 경우도 발생하게 됩니다. 치수에 프로파일에 곡면의 연속성에 여러 가지를 동시에 만족하는 곡면을 생성하기가 그렇게 쉽지만은 않은 부분이라 할 수 있습니다.

대신에 FreeStyle 의 경우에는 딱 정해진 치수를 기반으로 형상을 만들지는 않습니다. 사용자의 직접적인 제어점(Control Point)의 조작을 통하여 곡면을 변형 시킬 수 있으며 부분적(Local)으로 또는 전체적인(Global) 변형이 가능합니다.

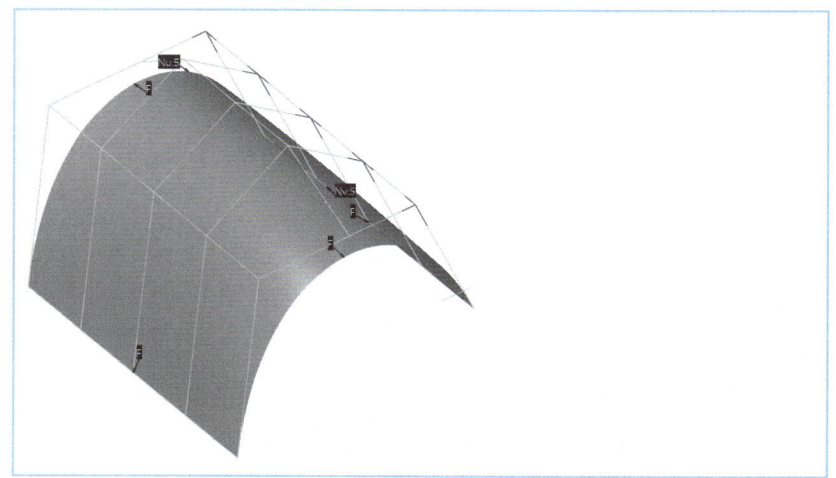

또한 사용하는 곡면 자제가 수학적으로 완벽하다고 평가되는 NURBS를 기반으로 하기 때문에 형상 정의가 매우 포괄적입니다. 전체적인 크기를 가늠해서 그 안에서 자유로이 형상을 수정할 수 있으며 매우 자연스럽게 이웃하는 곡면들과 이어줄 수도 있습니다.

또한 실시간 곡면 분석 기능을 통하여 곡면의 품질 분석이 가능합니다. 모델링 작업을 하면서 분석도 동시에 가능하지요.

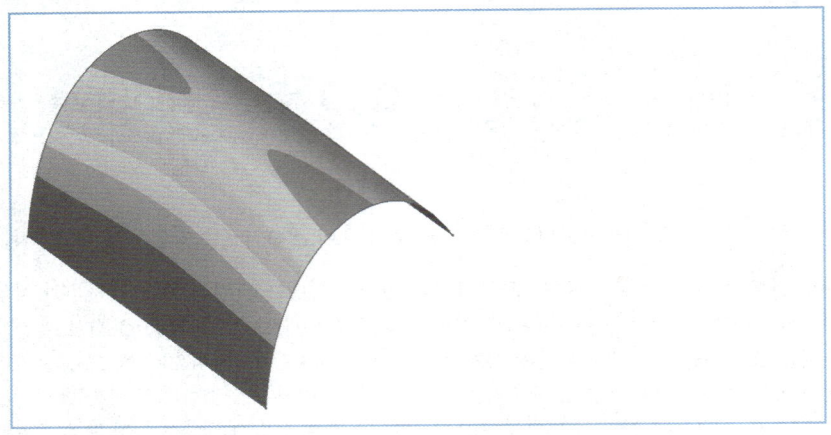

특히 FreeStyle의 경우에는 기본에 GSD 로 만들어진 형상이나 외부에서부터 불러온(Import) IGES, STEP 등의 중립파일(Neutral File)에 대해서도 형상 수정 및 연관된 작업이 가능합니다.

다만 FreeStyle을 이용해 작업할 경우 우리가 주의할 사항이 하나 있습니다. FreeStyle을 통해 생성한 곡면은 Datum과 같은 형태를 지니게 됩니다. Spec Tree에 보이는 바와 같이 Isolate된 상태를 띄게 됩니다. 일반적인 History 기반의 모델링 방식이 아니기 때문에 이와 같이 표시가 됩니다. 물론 한번 생성한 곡면은 수정이 가능합니다. 하지만 FreeStyle 기능을 사용해 만들어진 대상은 그 기능의 특성은 끊어진 채 각각의 곡면 Patch로만 인식되게 됩니다.

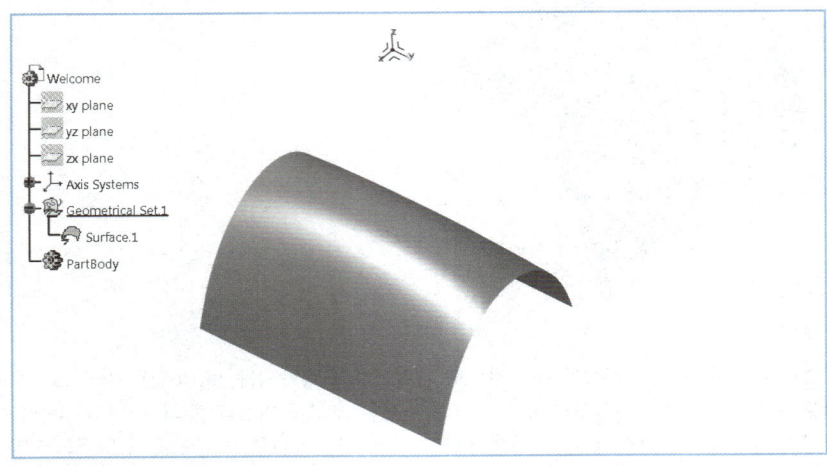

다음은 하나의 예로 FreeStyle Blend 명령을 사용하여 두 곡면 사이를 이어주는 경우입니다. Spec Tree에서 보이이듯이 Blend라는 특정 기능에 의해서 기록되지 않고 서피스로만 인식되어 버리는 것을 확인할 수 있을 것입니다. 물론 더블클릭하여 다시 Blend의 연속성과 같은 값을 수정하는 것도 불가능합니다.

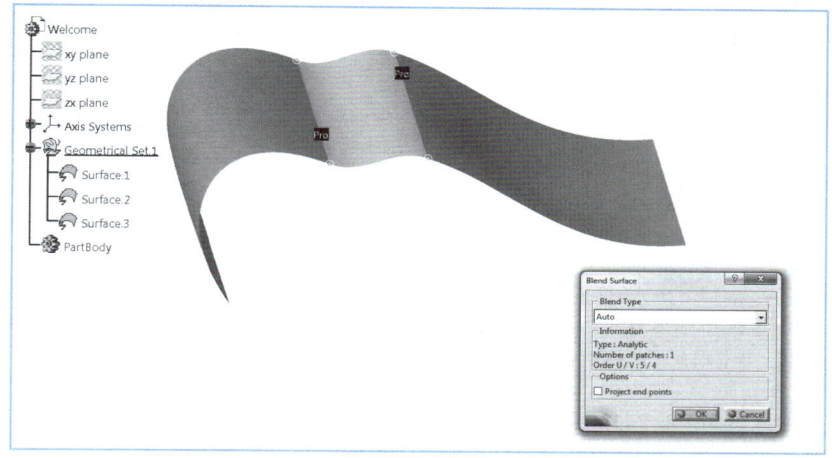

더욱이 만약에 양쪽에 있던 곡면이 수정된다고 했을 때 이를 반영하여 중간에 곡면이 자동으로 업데이트 되지는 않는다는 것도 알아두시기 바랍니다.

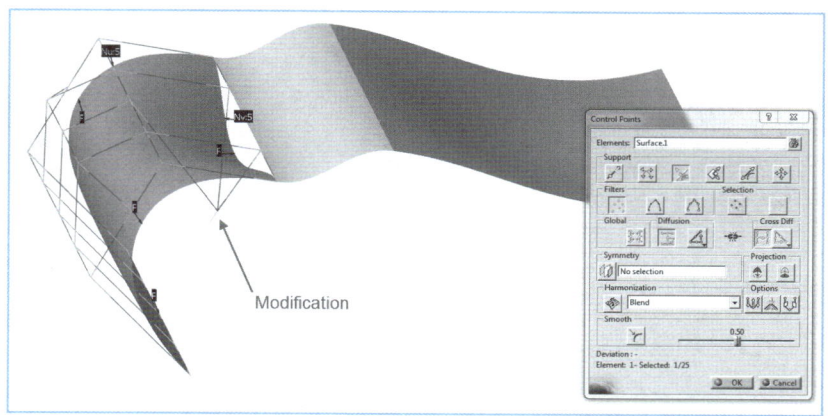

물론 각 기능의 특성상 동시 업데이트가 안 된다는 것이지 곡면 요소들을 전체적으로 변형이 함께 일어나도록 하는 것은 언제든 가능합니다.

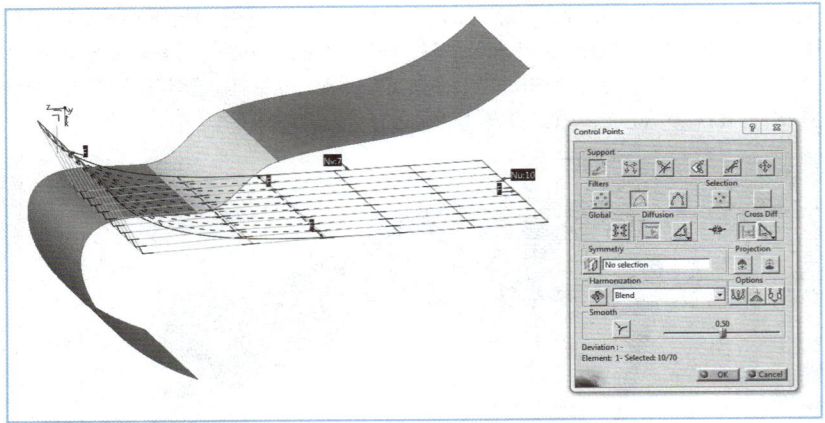

 일부 명령 중에는 History 기반이나 Feature로 인식되어 작업에 사용되는 명령도 있으니 이를 구분하여 사용 바랍니다.

 보다 직관적이면서 신속하게 치수나 프로파일에 구애받지 않고 형상을 정의할 수 있는 이점으로 FreeStyle은 스타일 디자인 분야에서 각광받고 있습니다. FreeStyle은 CATIA의 기존 기계 디자인 부분과 산업 디자인적인 감각적인 부분이 조화될 수 있는 주요한 소통이 되리라 생각합니다.

3 Generic Tools Toolbar

CATIA Surface

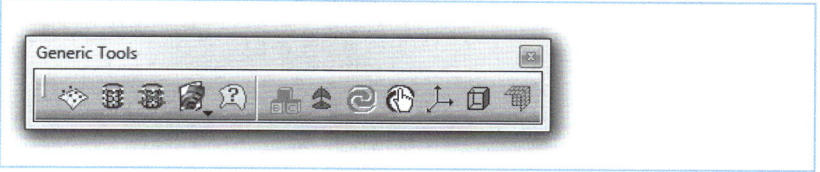

본 Toolbar의 도구들은 특정한 FreeStyle의 기능적인 역할을 하는 부분은 아닙니다. 그러나 FreeStyle에서 작업을 하면서 작업자에게 안내 또는 보조 도구 역할로 작용하는 도구들을 담고 있습니다.

A. Dress-Up

이 명령은 FreeStyle에서 생성한 곡면(또는 곡선)이나 외부에서 작업한 곡면(또는 곡선)의 제어점(Control Point)나 Segment 등을 화면에 출력하도록 설정하는 기능을 합니다. 나중에 배우시게 될 곡면 수정을 위한 Control Point 명령을 실행한 것과 유사한 화면을 출력하여 작업자로 하여금 현재 형상의 곡면(또는 곡선)의 상태를 확인할 수 있게 합니다.

명령을 실행하면 다음과 같은 창이 나타납니다.

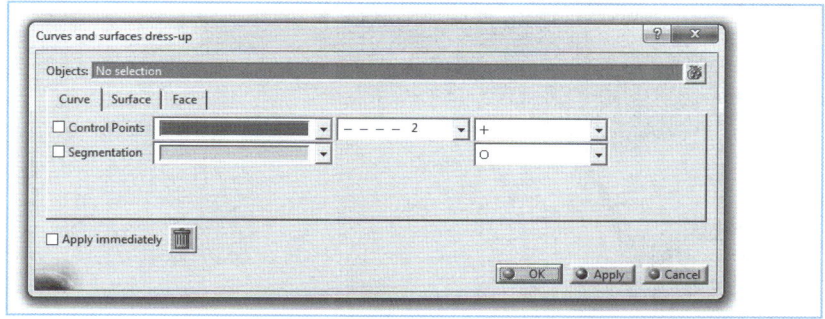

☑ **Objects** : Dress-up을 적용하고자 하는 대상을 선택합니다. 복수 선택도 가능합니다. 여기서 어떤 대상을 선택하느냐에 따라 아래의 3가지 탭 요소 중에 하나로 자동으로 탭이 변경됩니다.

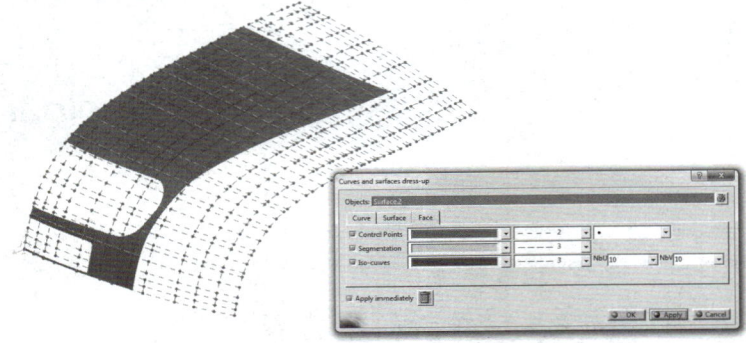

B. Apply Dress-Up

위의 Dress-Up 과 유사한 명령으로 선택한 곡면 요소에 제어점이나 Segment를 출력해 주는 기능을 합니다.

명령을 실행하고 대상들을 선택한 후에 Control Points 또는 Segmentation을 체크해주고 Apply를 눌러 줍니다.

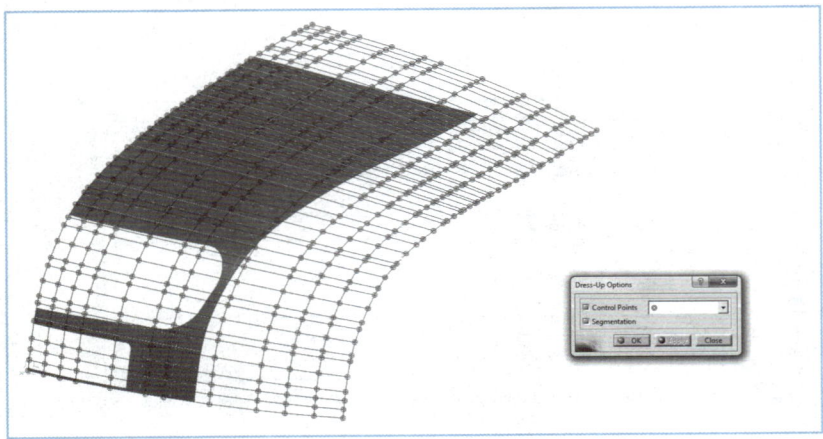

C. Remove Dress-Up

앞서 Apply Dress-Up을 적용한 대상의 Dress-Up을 제거하고자 할 경우에 사용합니다.

명령을 실행한 상태에서 Dress-Up을 제거하고자 하는 대상을 클릭해 주면 됩니다.

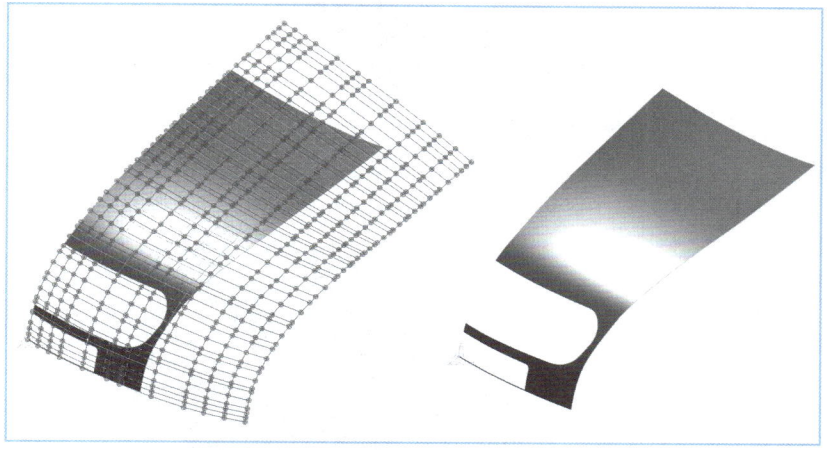

D. Visual Symmetry

이 명령은 Product상에 속한 Part의 FreeStyle 곡면 요소의 대칭 요소를 생성해 주는 기능을 합니다. Part 도큐먼트만 열려있는 상태에서는 실행이 안 되며 반드시 Product에 Part가 삽입된 상태에서 실행해 주어야 합니다.

Product에 배치된 Part에 Define한 후에 명령을 실행하고 대칭의 기준이 되는 평면을 선택하면 새로운 Part가 Product에 생성되면서 Mirror된 반대 형상이 만들어지는 것을 확인할 수 있습니다.

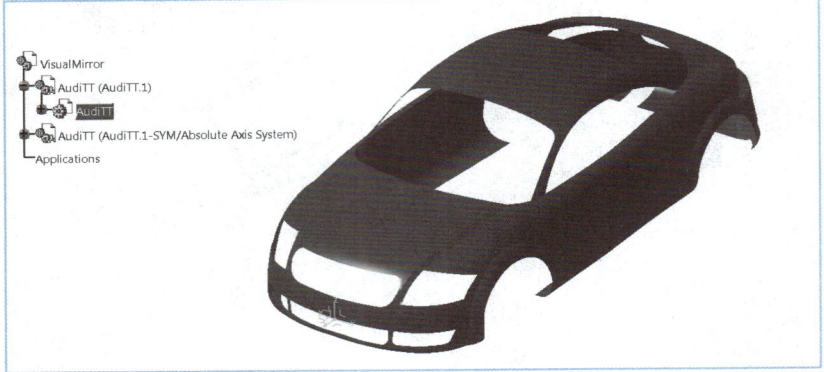

이렇게 Mirror된 Part는 원본 Part의 FreeStyle에서 수정을 같이 적용받습니다.

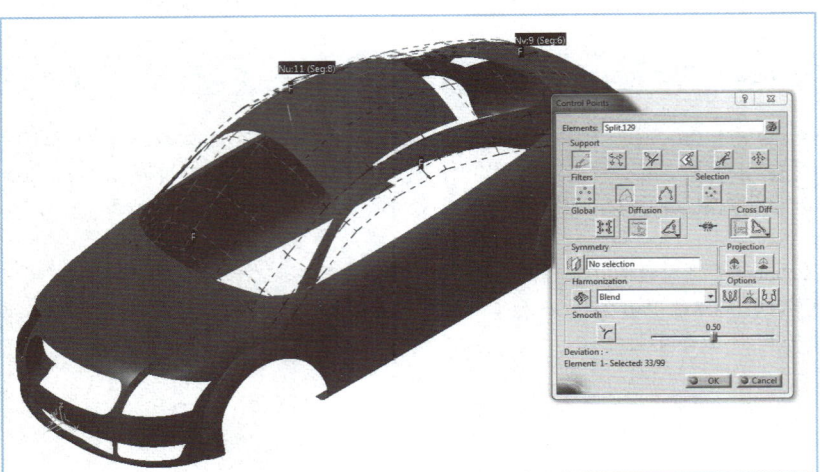

E. Mirror Analysis

이 명령은 작업한 형상의 대칭되는 부분을 가상적으로 만들어 주는 명령입니다. 대칭 기준면이 잡히면 자동으로 대칭되어 나타날 반대편 형상을 보여 줍니다. 추가적으로 대칭 기준면이나 복사된 형상을 회색으로 출력되게 할 수 있습니다.

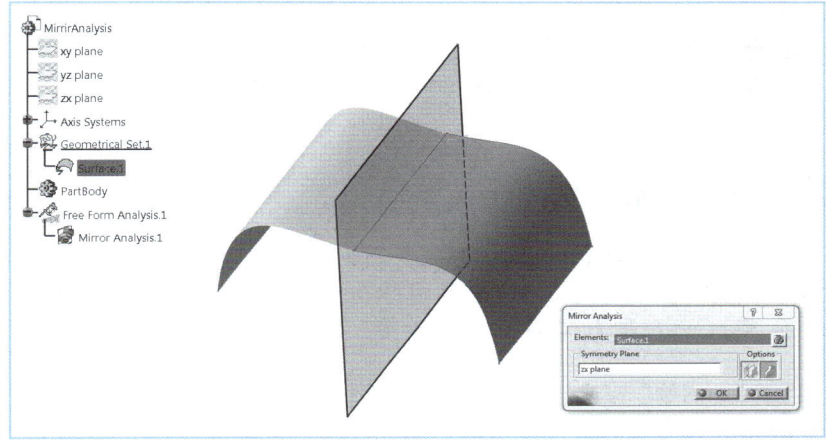

본 명령으로 Mirror된 형상은 가상의 형상이기 때문에 서피스로 인식되지는 않습니다.

F. Geometric Information

이 명령은 앞서 GSD 워크벤치의 것과 동일한 명령으로 선택한 형상 요소의 특성을 표로 알려 주는 기능을 합니다.

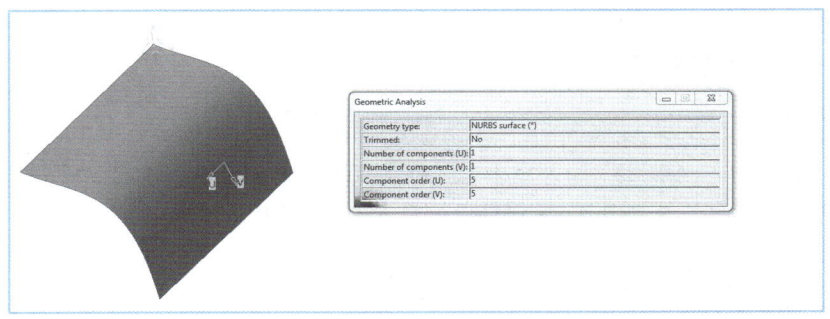

G. Dashboard dialog box

이 명령은 화면에 Dashboard Tools Toolbar를 출력하는데 사용합니다. 활성화되지 않으면 Dashboard Tools가 나타나지 않습니다.

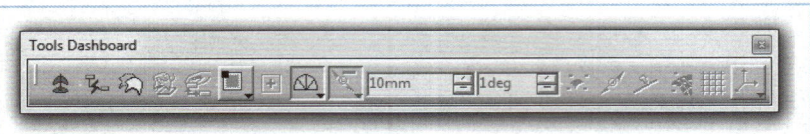

H. Quick Compass Orientation

이 명령은 FreeStyle에서 형상을 수정하는데 굉장히 유용한 요소입니다. 곡면 또는 곡선의 방향을 지정하여 변형을 주고자 할 때 일일이 Compass에서 변경해 주지 않고도 손쉽게 방향을 정의할 수 있습니다.

일반적으로 방향을 정의하여 모델링을 수행하는 경우 우리는 화면 우측 상단에 있는 Compass를 마우스 오른쪽 메뉴(Contextual Menu)에서 정의합니다. 이것은 View의 방향을 전환하는 것이 아닌 모델링 상에서 기준 방향을 설정하는 것이니 View 설정과 혼동하지 않기 바랍니다.

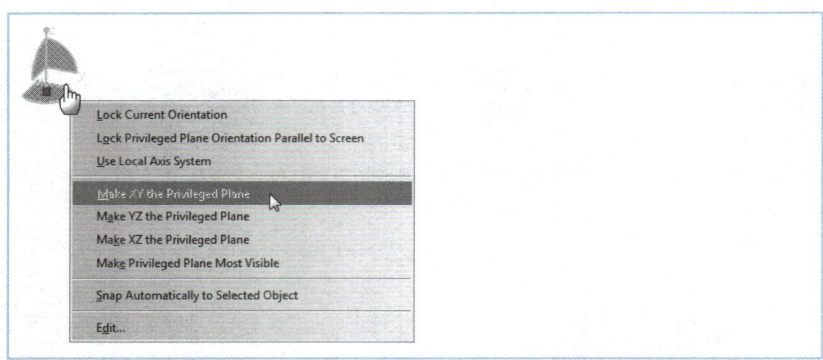

키보드에서 F5를(또는 F6) 입력하여도 출력됩니다.(F5키를 반복적으로 누르면 순서대로 기분 방향이 XY에서 YZ로 그리고 ZX로 변경됩니다.)

여기서 앞의 3가지 방향을 가리키는 명령어들은 Compass 기준 방향을 변경할 때 사용합니다. 만약에 'Z 방향'으로 제어점(Control Point)를 변경한다고 했을 때, 위에서 Flip to UV or XY를 선택한 후에 형상의 제어점(Control Point)를 조절해 주면 됩니다.

그 외에도 Compass의 방향을 변경한다거나 초기화하는 등의 명령을 담고 있어 모델링하는 과정에서 중요한 도구로 사용하게 될 것입니다.

Flip to UV or XY : Compass의 기준 방향을 XY평면으로 설정합니다. 따라서 수직 벡터 방향은 Z 방향이 됩니다. 절대 좌표가 아닌 사용자가 직접 정의한 방향으로 Compass를 설정한 경우에는 UV방향으로 정의되며 수직 벡터 방향은 W방향입니다.

아래 그림은 곡면의 Control Point를 수정하는 과정에서 Compass 방향을 XY로 잡고 변형시키는 모습입니다. 이렇게 방향을 설정한 경우에는 다른 방향으로의 움직임을 제한할 수 있어 형상을 수정하는데 방향에 맞춘 수정을 가능케 합니다.

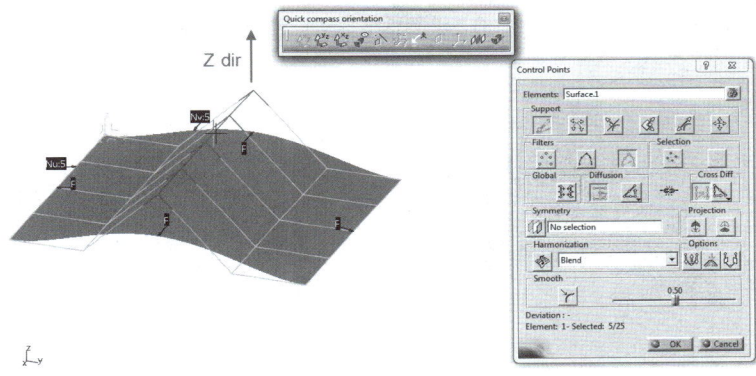

Flip to VW or YZ : Compass의 기준 방향을 YZ평면으로 설정합니다. 따라서 수직 벡터 방향은 X 방향이 됩니다. 절대 좌표가 아닌 사용자가 직접 정의한 방향으로 Compass를 설정한 경우에는 VW방향으로 정의되며 수직 벡터 방향은 U방향입니다.

Flip to WU or XZ : Compass의 기준 방향을 ZX평면으로 설정합니다. 따라서 수직 벡터 방향은 Y 방향이 됩니다. 절대 좌표가 아닌 사용자가 직접 정의한 방향으로 Compass를 설정한 경우에는 WU방향으로 정의되며 수직 벡터 방향은 V방향입니다.

Most Seen Plane : 이 옵션은 Compass를 화면에 수직인 평면에 가장 가까운 평면으로 정의합니다. 따라서 우리가 일일이 방향을 변경하지 않아도 화면의 회전을 통해 Compass에서 수직 벡터 선택이 가능합니다.

Set Compass Orientation : 기존의 절대 좌표계상의 방향의 아닌 사용자 정의의 임의의 방향으로 Compass 방향을 설정하고자 할 경우에 사용합니다. UVW 방향 개념은 이것을 통하여 좌표계 방향을 임의로 한 경우입니다.

이 명령은 다음과 같은 경우에 사용가능합니다. 수정하고자 하는 곡면이 있습니다. 아래 그림처럼 수직 방향으로 중간 Mesh를 늘린 상태에서 Mesh가 가지는 사선 방향으로 기준 방향을 변경하고자 합니다. 이때 이 명령을 실행합니다.

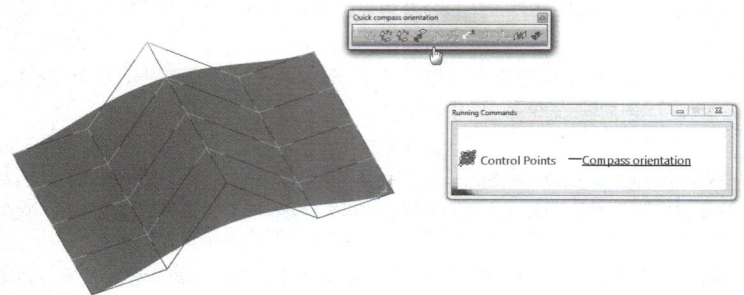

이제 여기서 Compass에서 기준 방향을 먼저 정의합니다. 그러고 나서 시작점 위치를 선택합니다. 그리고 두 번 더 클릭하여 3점에 의한 평면을 정의합니다. 그럼 앞서 선택한 평면 기준 방향이 3차례 클릭한 점들의 평면 방향으로 변경이 되면서 Compass가 XYZ가 아닌 UVW로 변경됩니다.

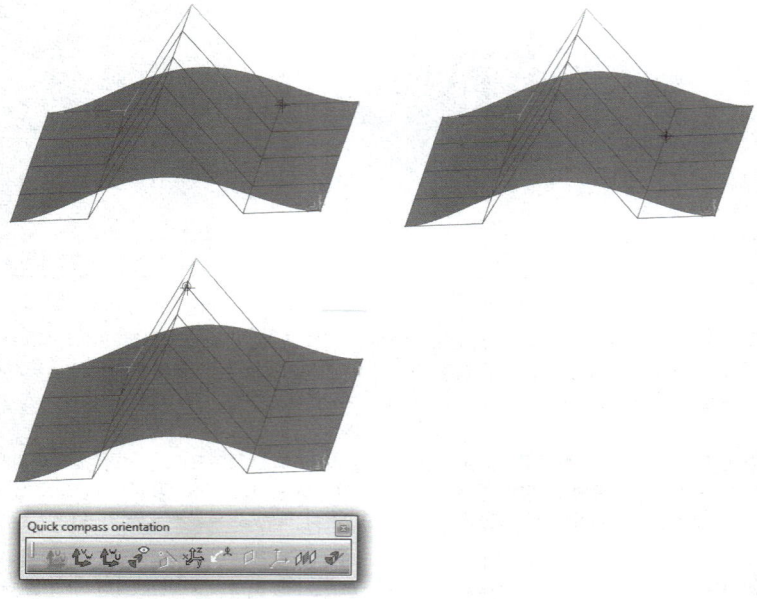

Reset Compass to XYZ : 위의 명령을 통해 Compass 방향을 변경한 후에 다시금 원래 절대 좌표계의 방향으로 Compass를 초기화 하고자 할 때 이 버튼을 클릭합니다.

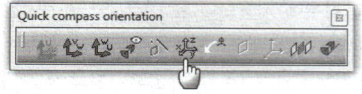 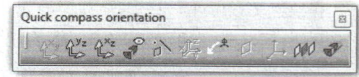

In Model or on Perch : 이 옵션은 Compass를 화면 우측 상단에 표시할지 또는 Model에 지정한 기준 위치에 출력할지를 설정합니다.

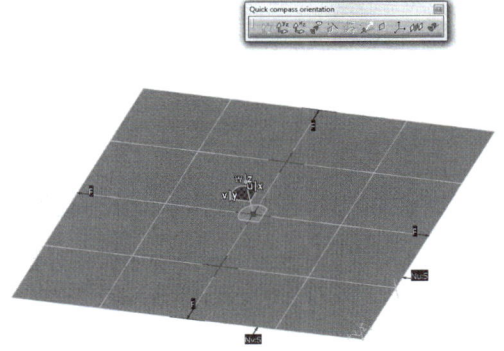

Create Compass Plane : 이 옵션은 Compass가 Model 형상에 위치한 상태에서 Compass가 위치한 곳에 Plane을 생성합니다. Compass가 우측 상단에 있는 경우에는 활성화되지 않습니다.

Create axis system : 이 옵션은 Compass가 Model 형상에 위치한 상태에서 Compass가 위치한 곳에 Axis를 생성합니다. Compass가 우측 상단에 있는 경우에는 활성화되지 않습니다.

Set compass to mean plane : 이 옵션은 Model 형상에 Compass가 있는 상태에서 두 면 요소의 중간 위치에 Compass가 위치하도록 하는 설정입니다.

Set compass to trace plane : 이 옵션은 면을 따라 Compass 위치를 설정하고 표시하도록 합니다.

I. Axis System

Axis란 3차원 상에서 기준 축 요소 및 면 요소, 원점 요소 등을 포함하는 Reference Element로 Axis 하나 당 3개의 축과 3개의 면, 1개의 원점을 지니고 있어 곡면 모델링에서 Plane 보다 중요하게 사용되고 있습니다.

Axis는 필요에 따라 Part에 필요한 개수만큼 생성이 가능합니다. 물론 필요한 수만큼 생성하는 것이 좋습니다. 나중에 다른 Part로 형상을 복사할 경우 Tree를 보전한 상태로 한다했을 때 Axis가 함께 복사되지 않으면 Error가 날 수 있다는 점도 기억하기 바랍니다.

Axis 생성 및 정의 방법은 GSD 워크벤치의 Tools Toolbar를 한 번 더 참고해 보시기 바랍니다.

J. Mask

이 명령은 3차원 박스 형상을 만들어 공간상에 영역을 지정해 줍니다. 관찰하고자 하는 영역을 지정하여 형상의 출력을 제한할 수 있으며(실제로 형상을 잘라 내거나 하지는 않습니다.) 형상의 실측 사이즈를 가늠해 볼 수 있습니다.

명령을 실행하면 다음과 같은 창이 나타납니다. 그리고 여기서 원하는 형상에 대해서 사이즈를 맞추기 위해 크기를 조절할 수 있습니다.

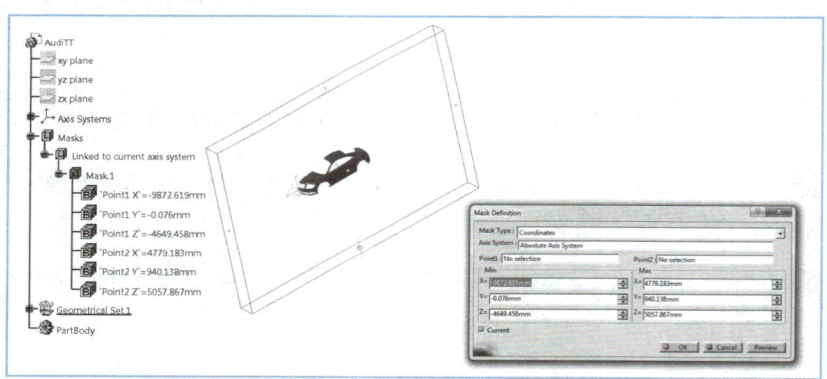

여기서 Mask의 크기를 지정하는 방법으로는 Mask 화면에 나타나 있는 6개의 면 중앙에 있는 녹색 점에 커서를 놓고 드래그하여 위치를 변경할 수 있습니다. 또는 두 점을 기준으로 6면체 Mask를 생성할 수 있습니다.

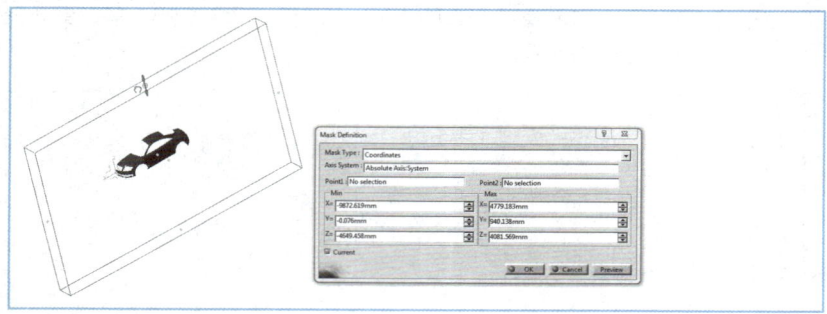

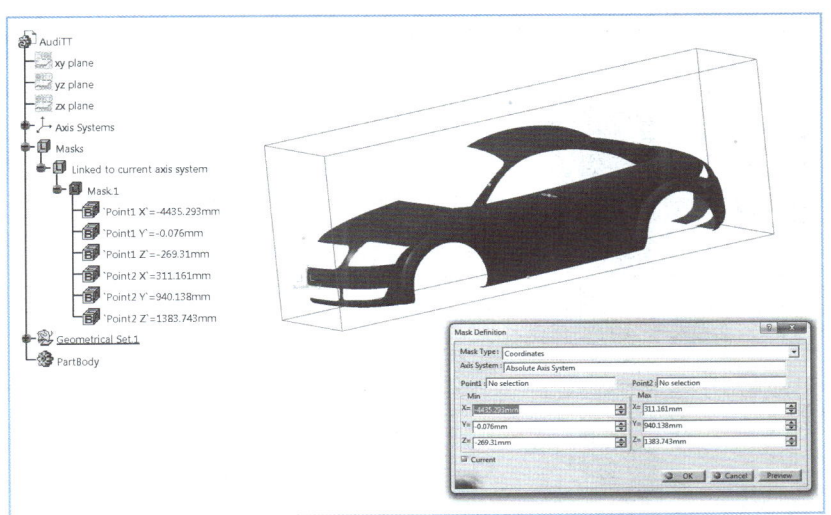

K. Work on Support 3D

이 명령은 3차원 공간상에 Sketch에서 Grid 및 Snap to point가 실행되는 것과 같은 상태로 3차원 형상을 정의할 수 있게 해줍니다.

명령을 실행하면 다음과 같은 창이 나타나며 설정해 줄 수 있습니다.

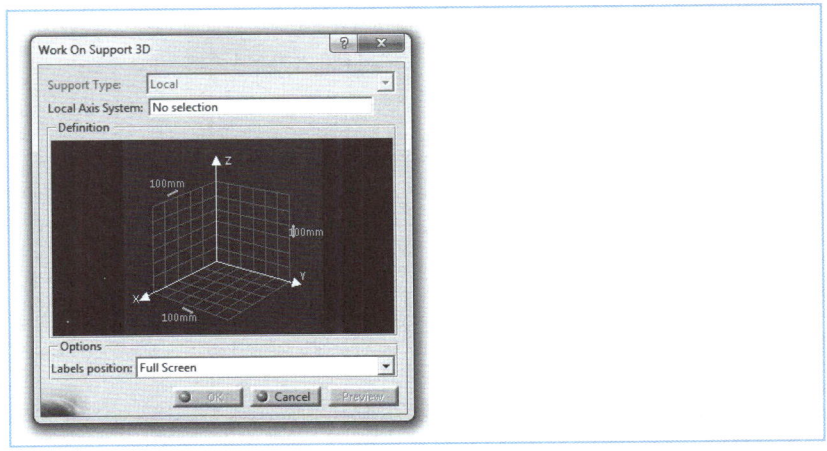

Work on 3D Support는 각 좌표 방향에 나란한 경우에만 Grid가 출력됩니다.

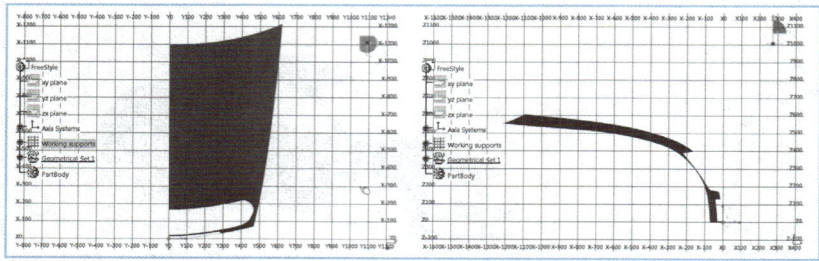

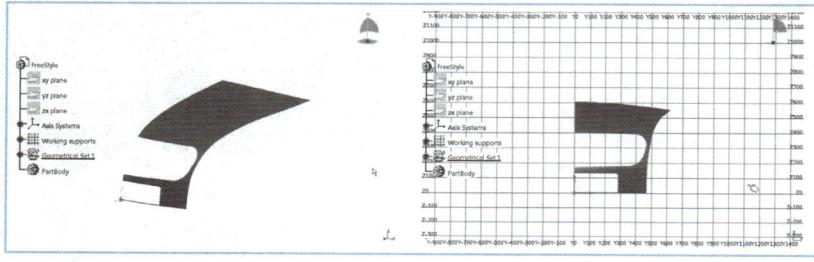

Curve Creation

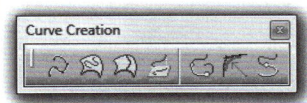

본 Toolbar에서는 FreeStyle 상에서 곡선을 정의하는 방식에 대해서 설명하도록 하겠습니다. 3차원 상에서 형상이 가지게 될 Guide Curve나 Boundary를 만드는 유용한 방법을 공부할 수 있을 것입니다.

A. 3D Curve

이 명령은 3차원 공간상에서 선택한 위치 또는 포인트들을 잇는 곡선을 만들어 주는 명령입니다. 앞서 GSD를 공부한 분들이라면 이와 비슷하게 3차원 상에 점들을 이어 곡선을 생성하는 것을 쉽게 이해할 것입니다. 그런데 3D Curve는 여기에 더 나아가서 빈 공간상의 임의의 위치를 지나가는 곡선을 생성할 수 있습니다. 즉, 포인트가 없더라도 해당 위치를 클릭하여 곡선의 정의 점으로 입력할 수 있다는 것입니다.

a. Creation

명령을 실행하면 다음과 같은 창이 나타납니다.

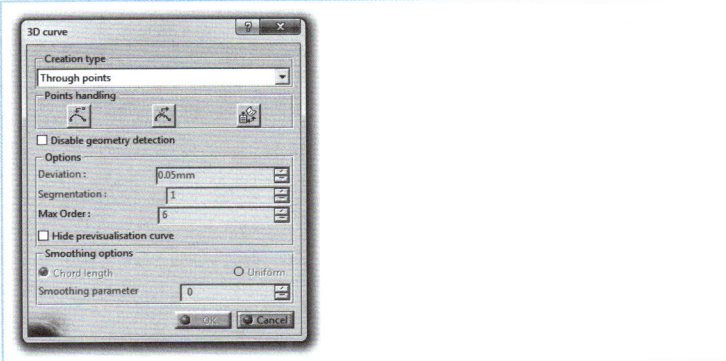

Creation Type

3D Curve를 만드는데 있어 선택하는 위치 또는 포인트 정보를 곡선 정의에 어떠한 방식으로 정의할지를 결정합니다. 다음의 3가지 방식이 있습니다.

Through points : 선택한 점들을 지나는 Multi-Arc Curve가 만들어 집니다.

Control points : 선택한 점들을 제어점으로 하는 Curve가 만들어 집니다.

Near points : 선택한 점들에 가장 가까이 부드럽게 지나는 Curve가 만들어 집니다. 따로 곡선의 방정식의 차수(Order)를 정의할 수 있습니다.

3D Curve를 사용할 때 주의할 것은 방향 성분을 잘 맞추어야 하는 것인데요. F5나 F6를 눌러 Quick Compass Orientation을 통해 방향을 잡거나 또는 우측 상단의 Compass를 통해서 방향을 현재 그리고자하는 방향에 맞추어 주어야 합니다.

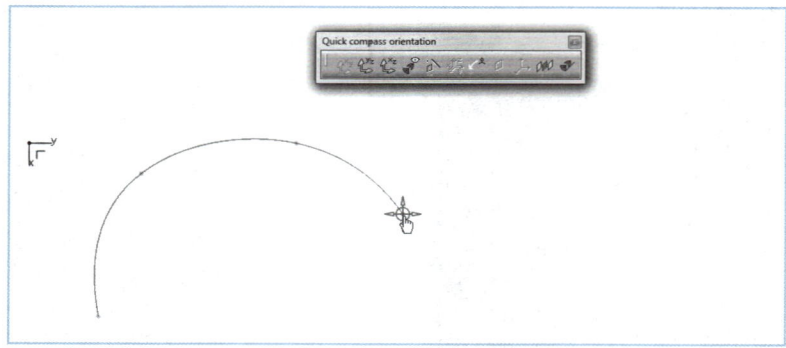

그렇지 않으면 엉뚱한 방향으로 3D Curve가 생성됩니다.

만약에 Geometrical Set을 통해서 입력하고자 하는 포인트들의 위치가 모두 정의되어 있다면 다음과 같이 간단한 방법으로 포인트들을 정의할 수 있습니다. 명령을 실행하고 Geometrical Set을 선택한 후에 오른쪽 마우스를 선택하면 다음과 같은 메뉴를 확인할 수 있을 것입니다. 단, 여기서 입력되는 순서는 Point들의 번호 순입니다.

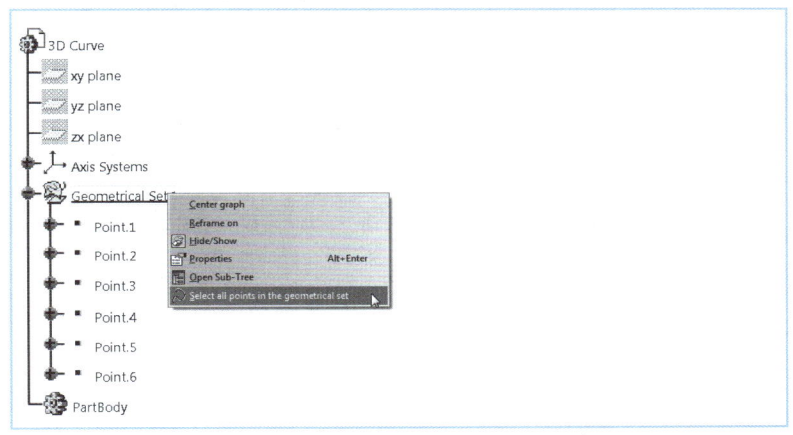

b. **Modification**

3D Curve가 만들어진 후 더블클릭을 해주면 수정 모드가 됩니다. 여기서 각 점의 위치를 변경하거나 Type을 변경해 주거나 차수(Degree)를 변경해 주는 것이 가능합니다.(물론 3D Curve를 만드는 동안에도 이러한 변경은 가능합니다.)

또한 여기서 각 지점의 위치를 수정하는 방법으로 3D Curve Definition 창이 활성화 된 상태에서 각 포인트를 마우스로 이동 시킬 수 있습니다. Quick Compass Orientation을 이용하여 방향을 Compass 방향을 정의하면 더 다양한 수정이 가능합니다. 화살표를 선택하면 해당 방향으로만 이동을, 가운데 원 기호를 선택하면 평면 방향으로 이동이 가능합니다.

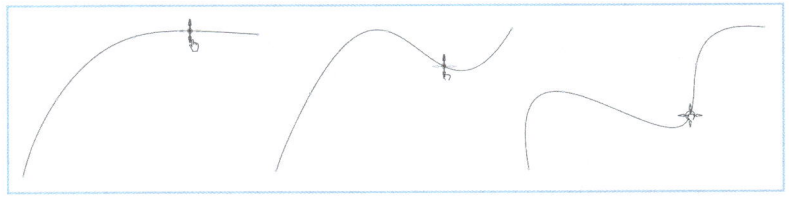

또는 포인트 위치에서 마우스 오른쪽(Stacking Command)을 눌러 다음과 같이 수정도 가능합니다.

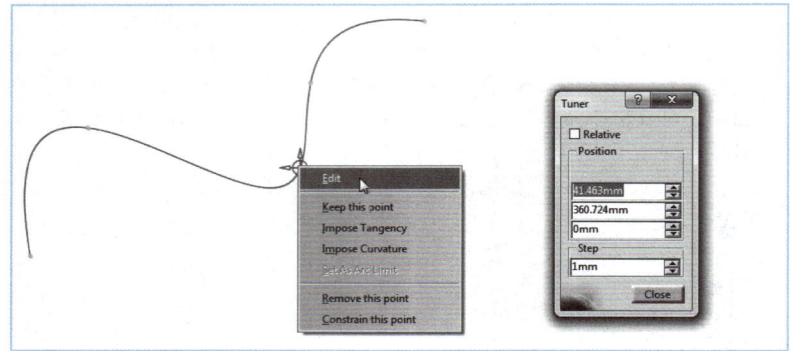

그 외에도 Contextual Menu를 통해서 Tangency(접하는 방향으로 표시)나 Curvature(수직인 방향으로 표시)도 정의가 가능합니다.

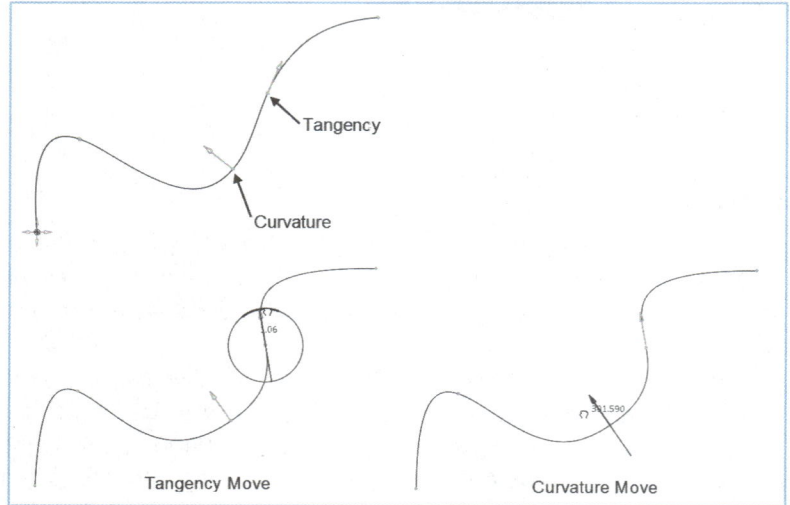

Point handling

3D Curve를 수정할 경우 Spline처럼 추가로 마지막 지점에 다른 포인트를 추가하고자 할 경우에는 그냥 이어서 클릭만해주면 됩니다.

- **Insert a point** : 현재 만들어진 Curve의 포인트 사이에 새로운 포인트를 입력해 주기 위해 사용합니다. 3D Curve Definition 창이 활성화 된 상태에서 Insert a point를 클릭하고 원하는 두 포인트 사이의 Curve를 선택합니다. 그리고 추가할 위치를 클릭해 줍니다.

- **remove a point** : 현재 만들어진 Curve의 불필요해진 포인트 요소를 제거해 주고자 할 때 사용합니다.

- **Free or constrain a point** : 현재 만들어진 Curve의 포인트를 다른 실제 Point나 형상의 꼭지점에 구속을 주는 또는 반대로 구속되어진 포인트 요소의 구속을 풀어주고자 할 경우에 사용합니다. 3D Curve Definition 창이 활성화 된 상태에서 Free or constrain a point를 누르고 원하는 포인트를 선택한 후 형상 요소의 꼭지점이나 포인트를 선택해 줍니다.(구속을 풀어주고자 할 경우에는 원하는 포인트만을 선택해 주면 됩니다.)

- ☑ **Disable geometry detection** : 이 Option이 켜 있으면 3D Curve를 그리는 동안 외부 Geometry의 꼭지점이나 3차원 포인트 등을 인식하지 못하게 됩니다.

B. Curve on Surface

이 명령은 곡면 위에 놓인 Curve를 그리는 기능을 합니다.

명령을 실행하면 다음과 같은 창이 나타납니다.

Creation Type : 곡선을 정의하는 방식을 설정합니다.

Point by point : 앞서 3D Curve와 같이 3가지 방식으로 곡면 위의 곡선 모양을 정의할 수 있습니다. Mode 항목에서 Through points, Near Points, With control points 방식으로 정의가 가능합니다.

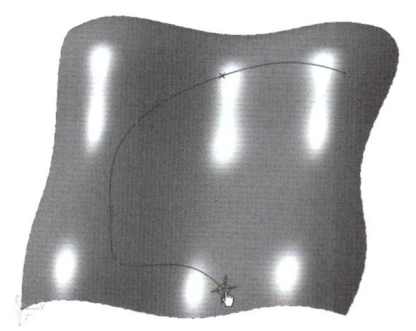

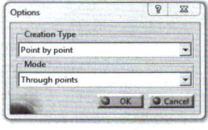

Isoparameter : 곡면 위에 Isoparametric Curve(Isocurve)를 생성할 수 있는 Option입니다. Isoparametric Curve의 경우 곡면의 특성을 반영한 곡선이라 모양은 직접 정의할 필요는 없으며 위치를 정의하기만 하면 됩니다. Isoparameter인 경우에는 Mode에 다음과 같이 수동 또는 자동 두 가지가 나타납니다. 자동인 경우에는 여러분이 직접 U, V 방향의 Isocurve의 개수를 입력할 수 있습니다. Isoparameter인 경우 동시에 여러 개의 곡선 생성이 가능합니다.

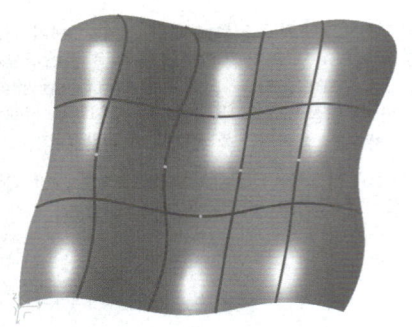
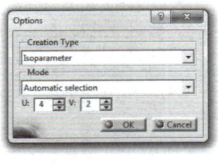

또한 여기서 각 곡선의 녹색 포인트를 통해 위치를 수정하는 것도 가능합니다.

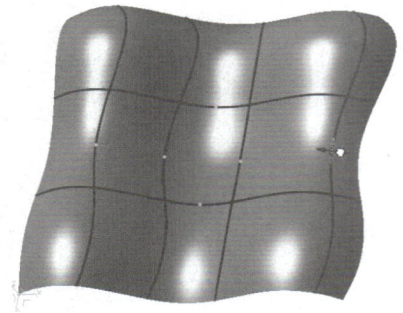

단, 이 명령으로 만들어진 곡선은 Datum(Isolate된 형상)이 됩니다.

C. Isoparametric Curve

이 명령은 곡면 위에 Isocurve를 생성해 주는 명령으로 위의 Curve On Surface 또는 GSD 의 Isoparametric Curve 명령을 참고하기 바랍니다.

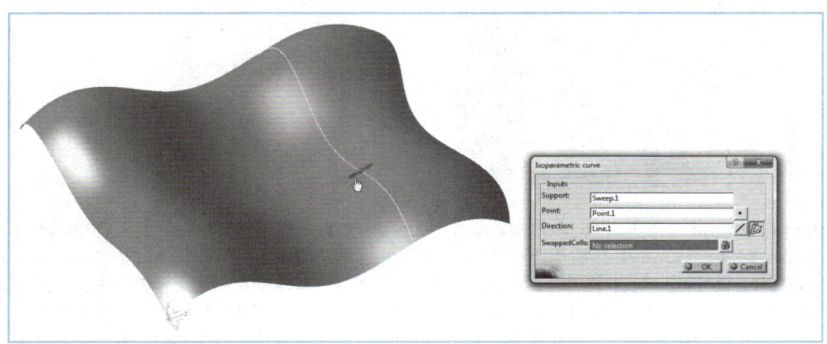

D. Project Curve

이 명령은 3차원 상의 곡선을 곡면 위에 투여시키는 기능을 합니다. GSD 의 Projection 과 유사하다고 할 수 있습니다.

명령을 실행하면 다음과 같은 창이 나타납니다. 여기서 두 가지 Mode를 선택할 수 있습니다.

Normal to the Surface : 곡면에 대해서 곡선 요소를 수직이 되도록 투영을 시킵니다. 원래 곡선의 모양과는 달리 곡면에 대해서 수직인 형상을 갖게 됩니다. CTRL Key를 누르고 곡면과 곡선을 함께 선택해 줍니다.

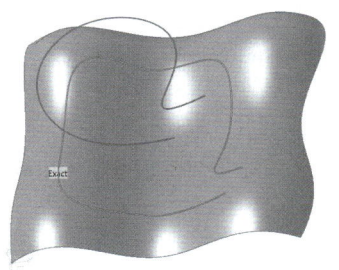

Compass Projection : 이 방식은 Compass가 이루고 있는 방향에 따라 곡선을 곡면에 투영시키는 방법입니다. GSD 의 Projection 에서 Along a direction과 유사하다고 할 수 있습니다. Mode를 변경한 후에 F5를 눌러 Compass 방향을 설정하고 CTRL Key로 곡면과 곡선을 모두 선택합니다.

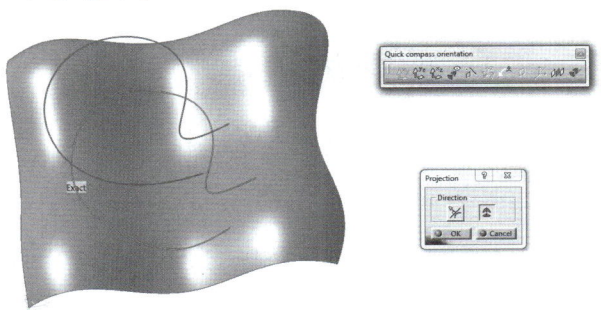

이 명령으로 만들어지는 곡선은 Tree에 새로 생기지 않으며 투영시키기 위해 선택한 곡면이 변형되어 옮겨집니다.(원래 곡선은 남지 않고 투영된 곡선으로 바뀌게 됩니다.)

E. FreeStyle Blend Curve

이 명령은 두 곡선 사이를 이어주는 기능을 합니다.

명령을 실행하고 곡선 요소를 선택하면 다음과 같이 자동으로 이어주는 곡선을 미리보기 해 줍니다.

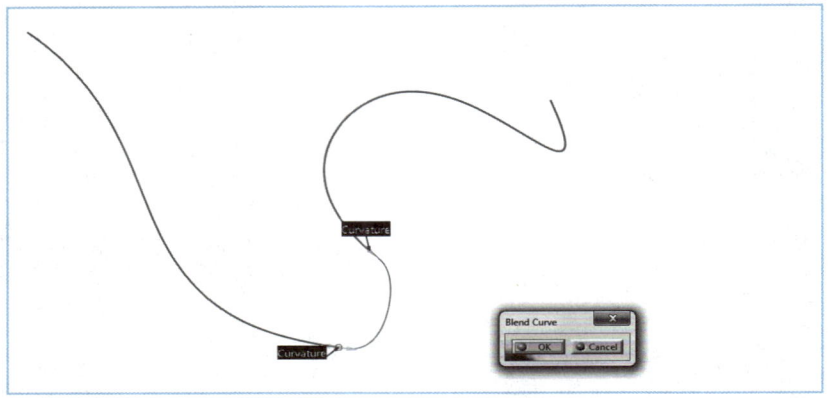

여기서 곡선 요소간의 연속성을 변경해 주고자 할 경우에는 해당 위치에서 연속성의 종류를 나타내는 글씨 부분에서 Contextual Menu를 선택하여 연속성 값을 변경해 줄 수 있습니다.

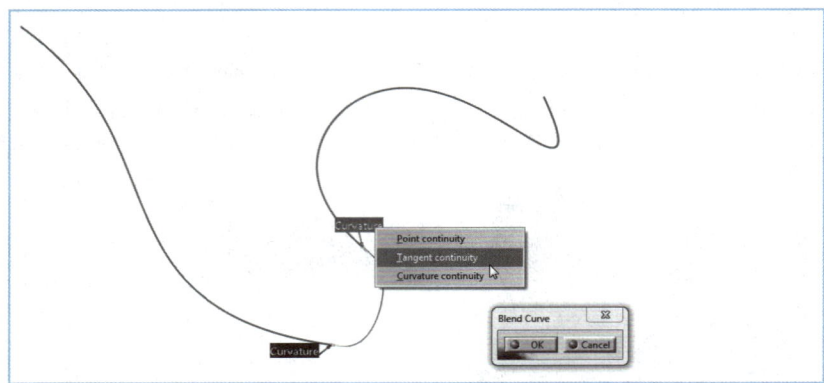

여기서 Blend Curve가 만들어지는 위치를 각 끝점을 옮김으로 변경할 수 있다는 점과 Dashboard로 Tension 값을 변경해 줄 수도 있다는 점을 확인해 보시기 바랍니다.

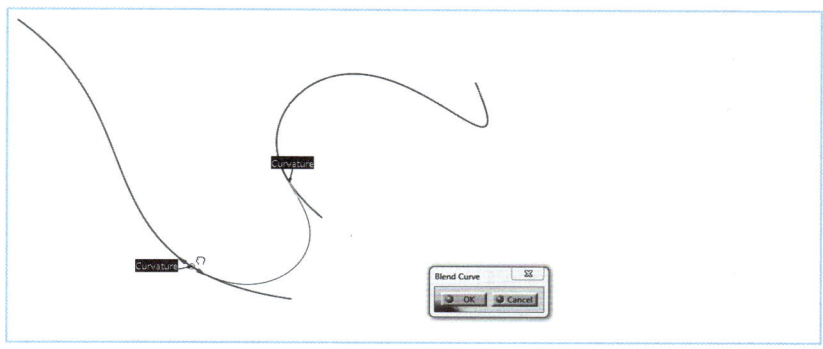

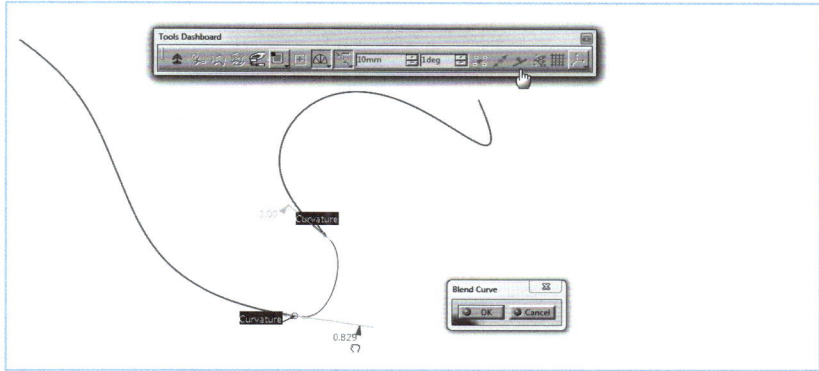

이 명령으로 만들어진 Curve 역시 Datum이 됩니다.

F. Styling Corner

이 명령은 곡선 요소 사이에 Corner를 주는 기능으로 GSD 의 그것보다 강력합니다. 명령을 실행하면 다음과 같은 창이 나타납니다.

여기서 곡선 요소들을 선택해 준 후에 적당한 R 값을 주고 Apply를 실행하면 다음과 같이 미리보기 됩니다.

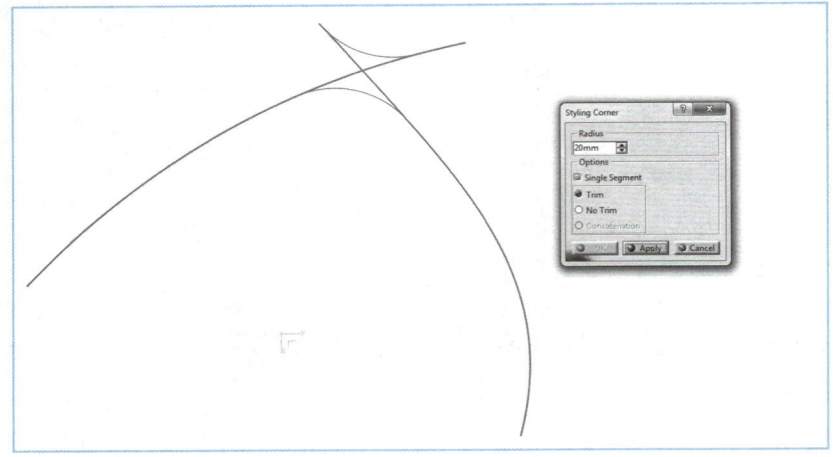

여기서 원하는 방향으로 만들어진 Corner를 선택해 주면 다음과 같이 Corner가 변경된 것을 확인할 수 있습니다.

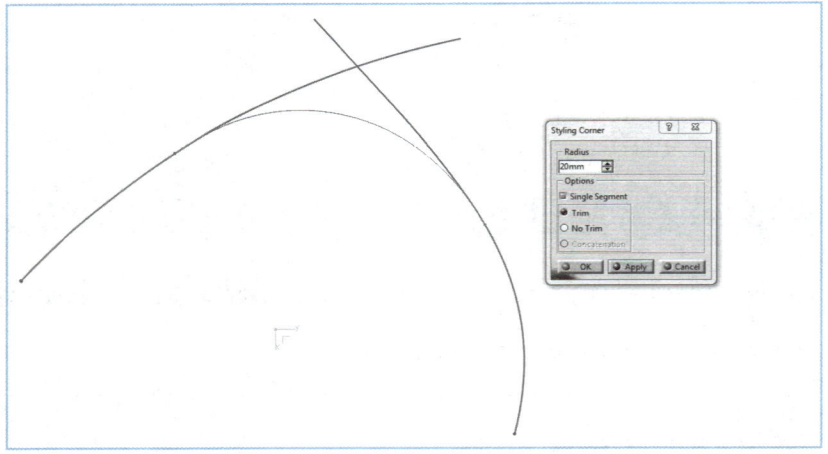

추가적으로 Corner의 시작 위치를 조작해 줄 수 있습니다. Trim 옵션이 체크되어 있으면 원래 곡선은 그대로 남겨두고 새로이 Corner와 연결되는 부분으로 곡선이 잘려 붙여지게 됩니다.

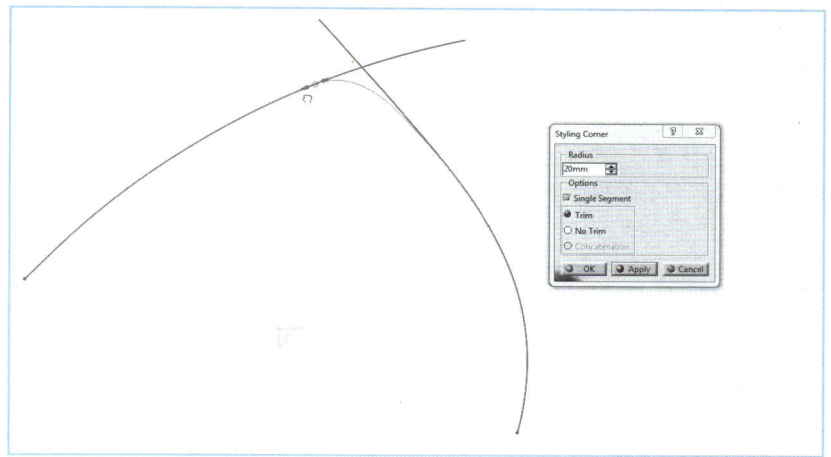

 또한 Single Segment를 해제하면 R값으로 인식되는 부분의 영역을 정의해 줄 수 있기도 합니다.

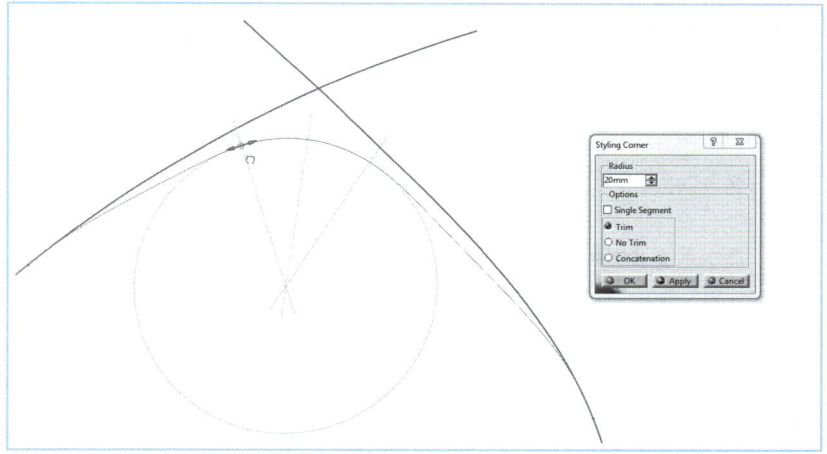

 이 명령으로 만들어진 곡선은 Tree에 남아있어 언제든 수정이 가능합니다.

G. Match Curve

 이 명령은 곡선을 다른 곡선을 기준으로 또는 포인트를 기준으로 목표하고자 하는 대상에 맞추어 변형시키는 기능을 합니다. 작업 중에 서로 닿지 않는 곡선들 때문에 고민하신 분들에게는 추천할만한 명령이라 할 수 있겠습니다. 앞서 Blend Curve의 경우에는 그 사이에 새로 곡선을 만든 것이라 한다면 이 명령의 경우에는 곡선 스스로가 변형되어 이어진다는 게 다르다 할 수 있습니다.

 명령을 실행하면 다음과 같은 창이 나타납니다.

 다음으로 곡선을 선택해줍니다. 여기서 첫 번째 선택한 곡선이 변형되어 목표로 하는 대상과 이어지게 됩니다. 우선은 한 포인트와 Matching하는 경우입니다. 포인트와는 Tangency나 Curvature로는 연결이 불가능하기 때문에 Point 연속으로 이어지는 것을 확인할 수 있습니다. 여기서 추가적으로 곡선의 차수(Degree)가 출력됩니다. 원한다면 차수를 낮추거나 높이는 것도 가능합니다.

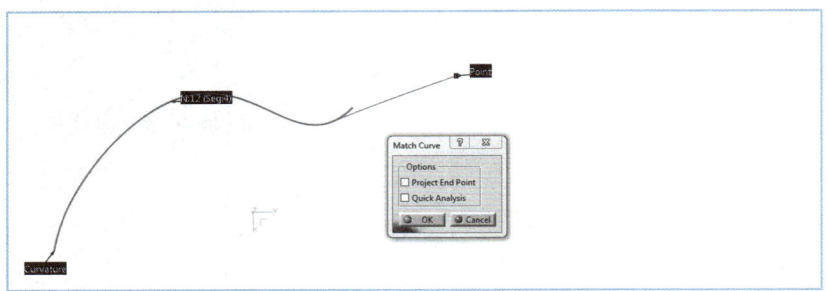

 결과는 다음과 같습니다.

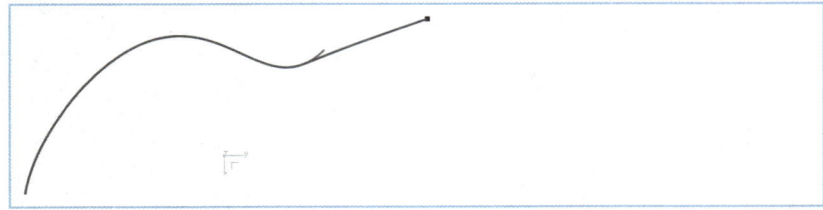

곡선을 기준으로 Matching하는 경우에는 다음과 같습니다. 곡선과의 연결이기 때문에 연속성을 3가지 방식으로 정의할 수 있습니다.

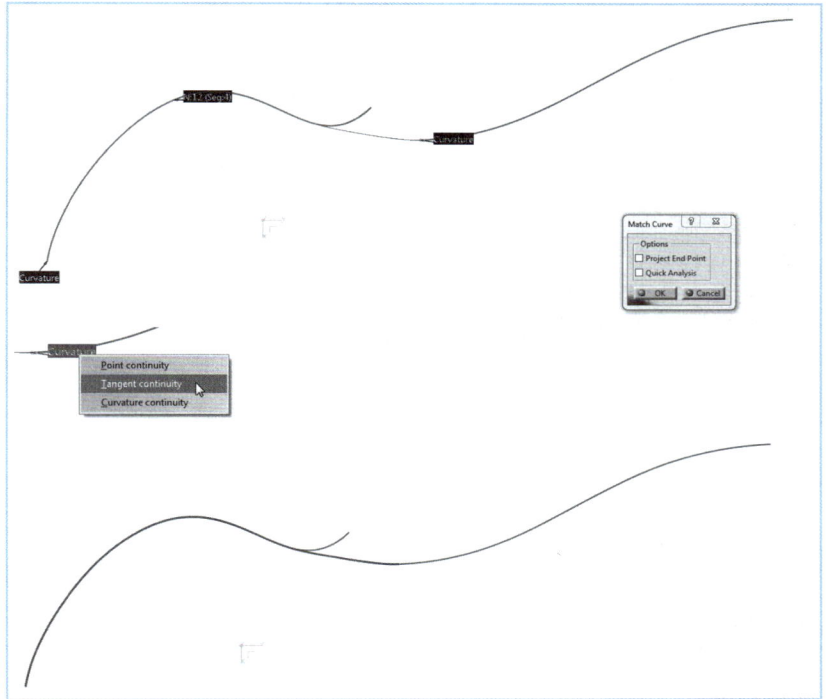

앞서 곡선을 선택할 때 선택한 곡선이 Datum이 아닌 경우 원래의 곡선은 숨기고 그것과 동일한 Datum Curve를 만들어냅니다. 그리고 다음과 같은 메시지를 출력합니다.

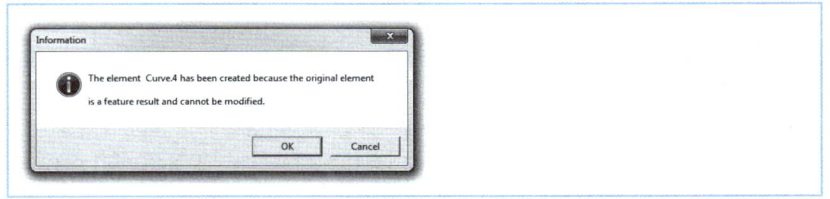

이 명령에 의해 만들어진 곡선은 Datum으로 됩니다.

CATIA Surface의 정석

CATIA Surface

5 Surface Creation

본 Toolbar에서는 FreeStyle에서 생성할 수 있는 곡면을 생성하는 방법을 공부할 것입니다. 일반적으로 처음 설계에서부터 곡면 생성을 FreeStyle에서 하는 경우도 있으며 때로는 다른 워크벤치나 외부 프로그램으로부터 작업한 곡면을 수정하는 경우도 있습니다.

5.1 Patches Sub-toolbar

A. Planar Patch

Patch란 Boundary의 내부를 정의하는 곡면이라고 할 수 있습니다. 일반적으로 CATIA 에서는 4개의 경계선을 가지는 Patch를 주로 생성하는데요. 이 명령은 이러한 Patch를 대각선으로 두 점을 지정하여 생성합니다.

우선 F5 또는 F6를 눌러 Quick Compass에서 패치가 만들어질 방향을 잡아줍니다. 또는 Compass에서 오른쪽 마우스를 눌러(Contextual Menu) 패치의 생성 방향을 정의할 수 있으니 참고 바랍니다.

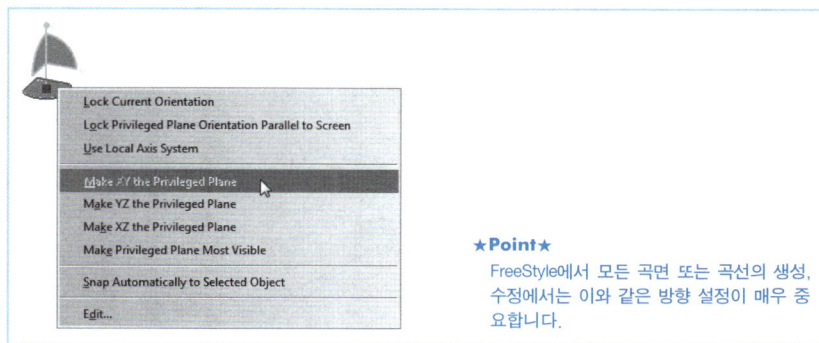

명령을 실행하고 우선은 임의의 지점에 클릭을 합니다. 그리고 마우스를 움직이면 다음과 같이 패치의 미리보기 형상이 보일 것입니다.

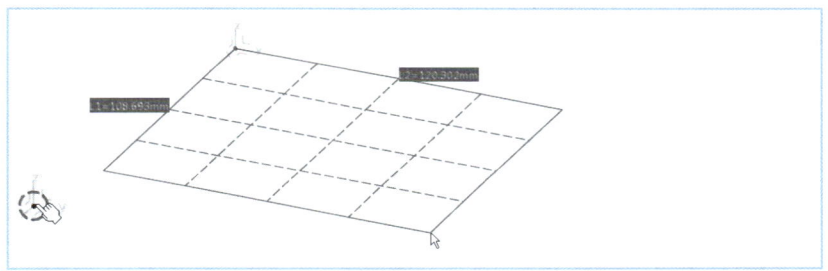

여기서 다음 위치의 지점에 클릭을 해주면 바로 패치가 만들어지는 것을 확인할 수 있습니다.

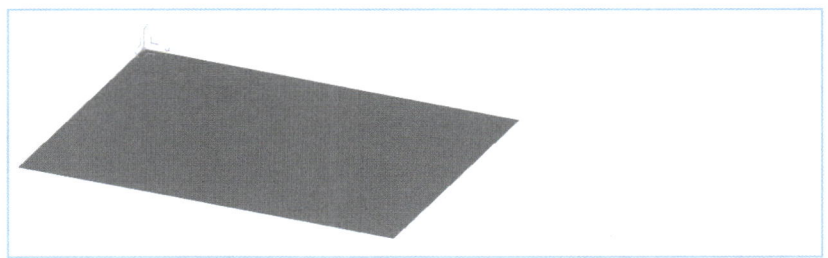

앞서 두 번째 지점을 클릭하기에 앞서 마우스 오른쪽의 Contextual Menu를 보면 다음과 같이 곡면의 차수(Degree)와 U, V 방향 길이를 정의할 수도 있습니다.

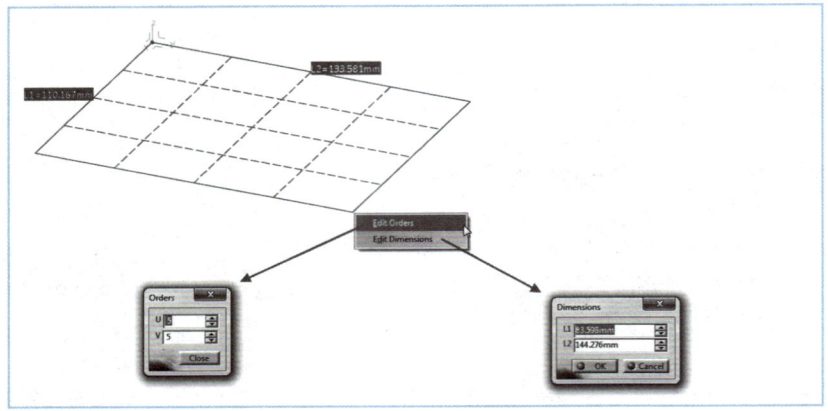

 이렇게 만들어진 곡면은 Datum 형태로 나타나며, 수정을 통해 원하는 형상으로 변형해 나가게 됩니다. 마치 종이 접기와 같습니다.

B. 3-Point Patch

 이 명령은 패치를 생성하는데 3번 클릭하는 것 외에는 위의 명령과 동일합니다.

 방향을 정의한 후에 먼저 한 지점을 클릭한 후에 직선 방향으로 한 번 더 클릭합니다. 그럼 다음과 같은 빨간 선을 확인할 수 있습니다.

 여기서 마지막으로 한 번 더 클릭해 주면 됩니다.

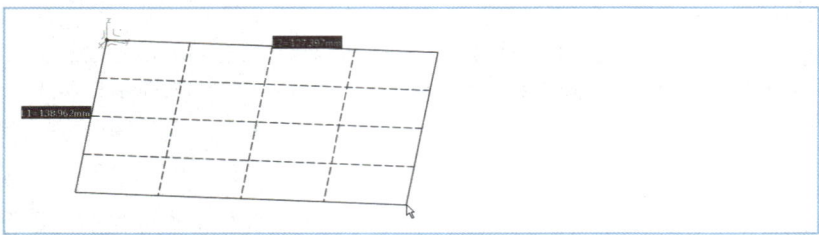

C. 4-Point Patch

이 명령은 4개의 점을 이용하여 패치를 생성합니다. 일반적으로 4개의 모서리와 4개의 꼭지점을 가지는 패치를 정의한다고 할 때 기본적으로 사용됩니다.

곡면 위의 4개의 지점을 잇는 패치를 만든다거나 곡선 사이를 잇는 패치를 만들기도 합니다.

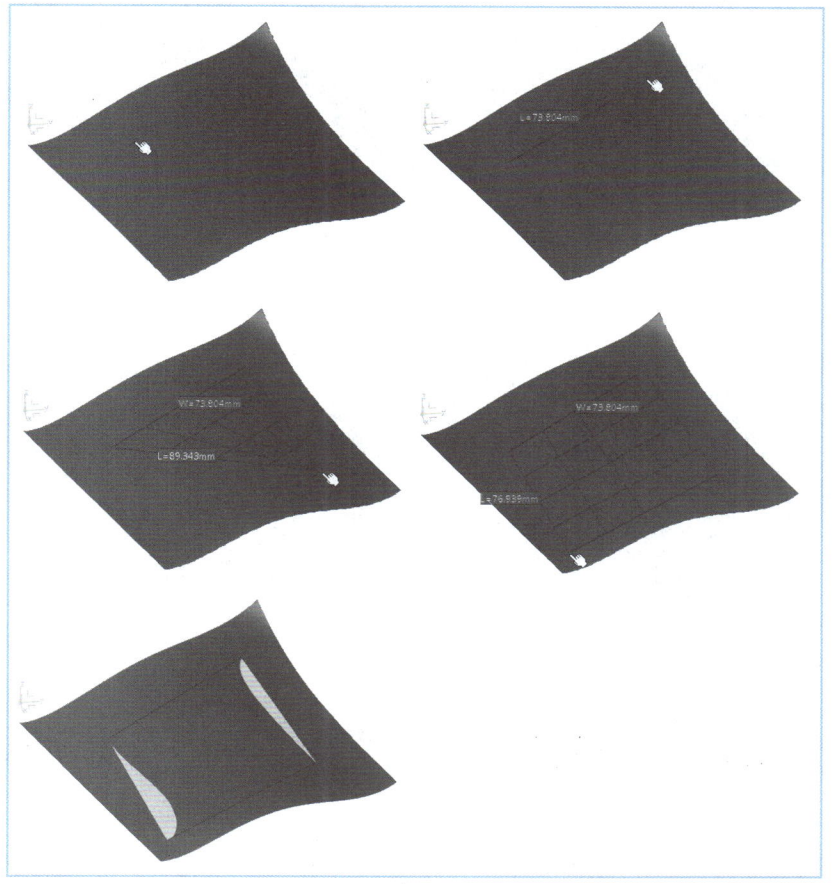

물론 곡률진 곡면위의 4점을 선택한다고 해서 그 면의 곡률을 따라가는 패치가 만들어지지는 않습니다.

D. Geometry Extraction

만약에 곡률진 곡면의 일정 부분만을 잘라내어 새로운 면으로 만들고자 할 경우에는 이 명령을 사용합니다.

명령을 실행한 후에 추출하고자 하는 곡면을 먼저 선택합니다. 그러고 나서 추출이 시작될 위치를 클릭해 줍니다.

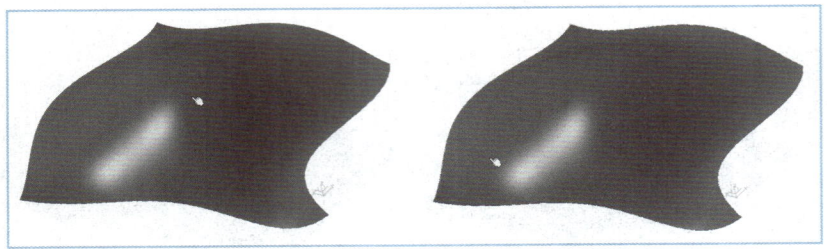

마지막으로 대각선 맞은편의 위치를 지정해 주면 곡면 추출이 완료됩니다.

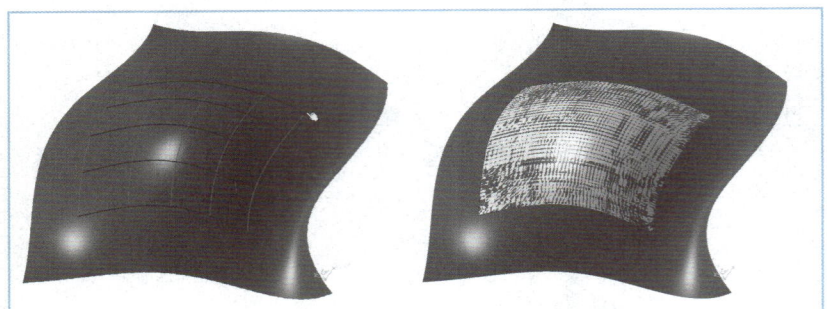

E. Extrude Surface

이 명령은 선택한 곡면 요소를 곡선에 수직하게 또는 Compass로 방향을 지정하여 해당 방향으로 늘려 곡면을 생성합니다. GSD 에서 Extrude를 사용해 보신 분들이시라면 쉽게 이해하실 수 있을 것입니다.

명령을 실행하면 다음과 같은 창이 나타납니다.

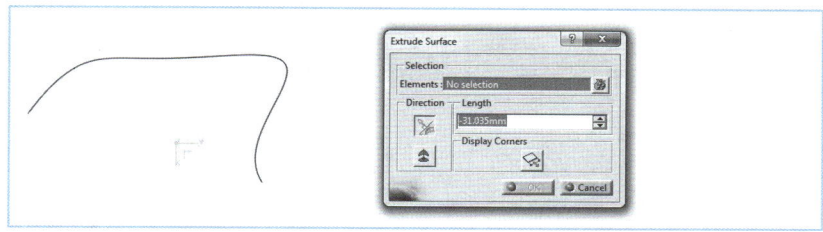

a. Normal to curve

여기서 곡선 요소를 선택해 줍니다. 여기서 아래와 같은 미리보기를 확인할 수 있으며 길이 값을 조절해 줄 수 있습니다.

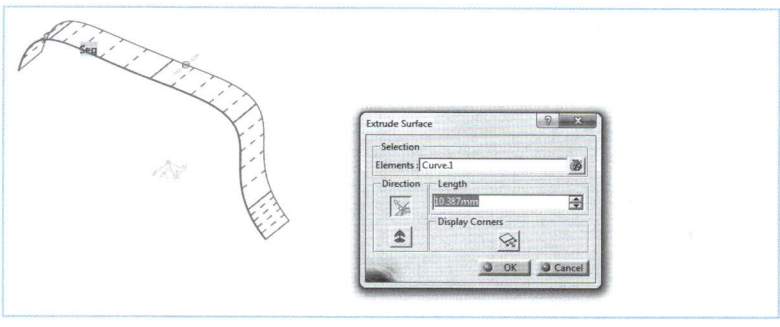

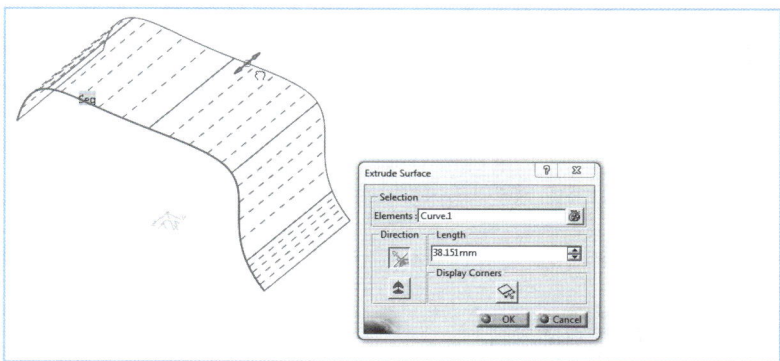

b. Compass direction

Compass의 방향으로 곡면이 만들어 질 방향을 정의할 경우에는 곡면선 특성에 따라 일정 방향으로는 만들어지지 않을 수도 있다는 점을 유의하기 바랍니다. 마찬가지로 F5 또는 Compass를 통해서 방향을 설정해 줍니다.

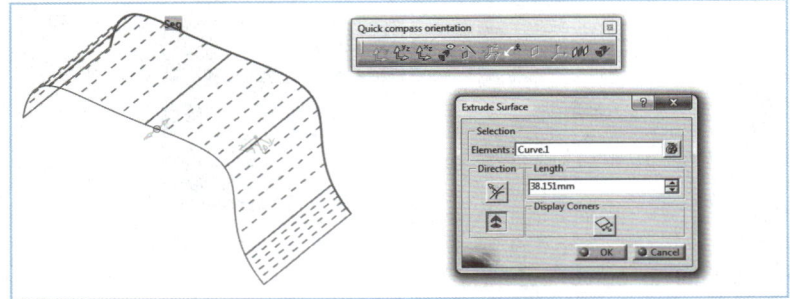

곡면 생성이 불가능한 방향의 경우에는 다음과 같은 창이 나타나니 이런 경우 방향을 수정해 주기 바랍니다.

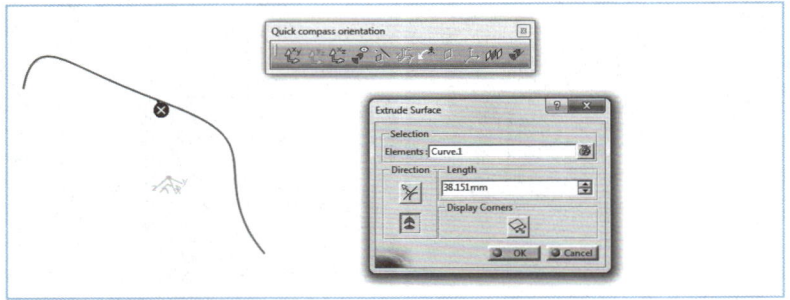

F. Revolve

이 명령은 GSD 의 Revolute 와 마찬가지로 프로파일 형상을 지정한 축 요소를 기준으로 회전시켜 곡면을 생성시켜 줍니다. 기본적으로 프로파일 형상과 축 요소를 필요로 합니다.

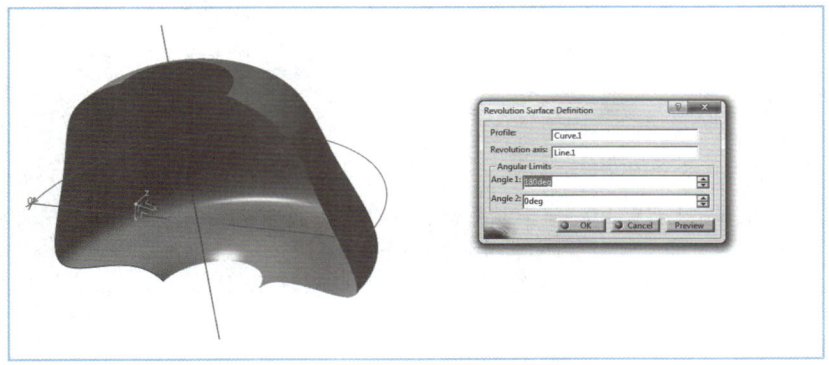

G. Offset

이 명령은 선택한 곡면을 일정 간격을 유지한 상태로 Offset 을 해주는 기능입니다. Sketch나 GSD 에서 기능적으로 생각하시는 Offset 이기는 하지만 FreeStyle의 Offset인 만큼 강력한 Offset 능력을 제공합니다.

명령을 실행하면 다음과 같은 창이 나타납니다.

a. Type

● **Simple** : 일정한 간격으로 Offset 곡면이 만들어지게 정의합니다. Type이 Simple인 상태에서 곡면을 선택하면 다음과 같이 화면에 나타납니다.

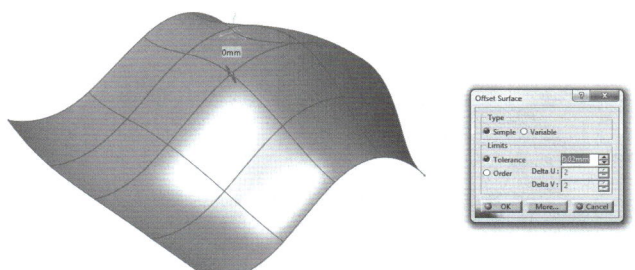

여기서 가운데 녹색으로 하이라이트 되어 있는 Tuner를 마우스로 조작하여 Offset 값을 정의할 수 있습니다.

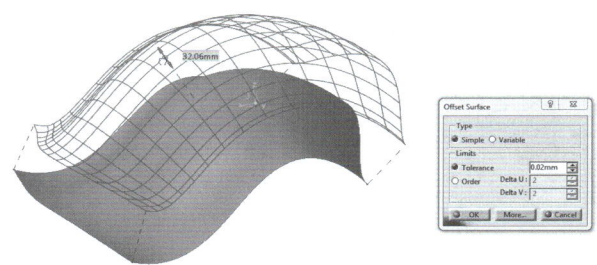

여기에 Tuner에서 마우스 오른쪽을 눌러 보면 다음과 같은 창 메뉴로도 수정이 가능한 것을 확인할 수 있습니다.

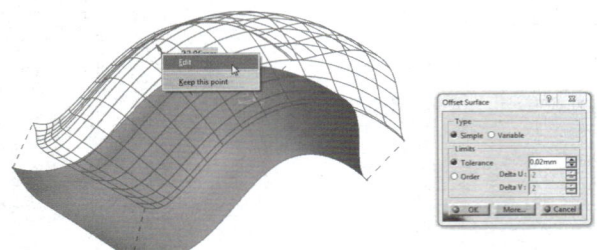

● **Variable** : 곡면 형상을 Offset한다고 했을 때 각 꼭지점 위치에서 Offset 값을 다르게 지정해 줄 수 있습니다. Type을 바꾼 후에 곡면을 선택하면 다음과 같이 각 위치에 Tuner가 나타나는 것을 확인할 수 있습니다.

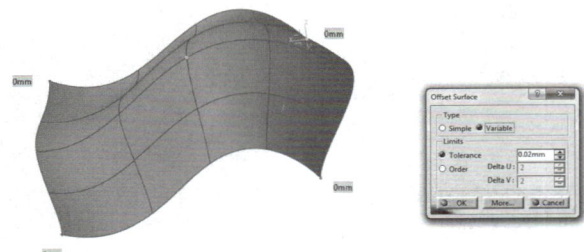

여기서 각 지점을 직접의 Offset 값을 수정해 줄 수 있습니다.

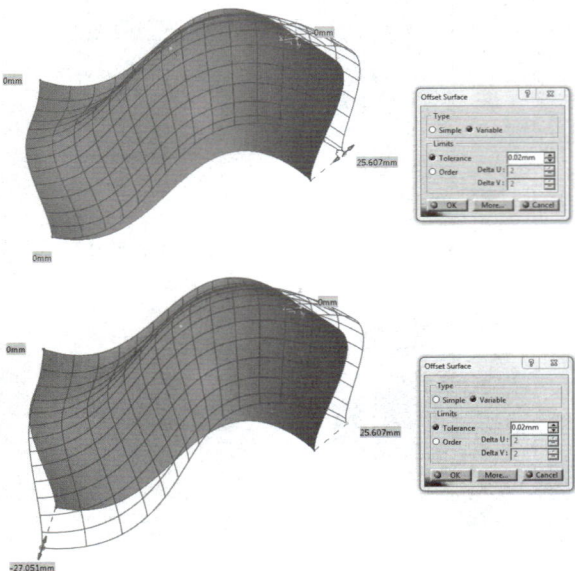

b. Limit

- **Tolerance** : Offset을 할 때 기본적인 공차 값을 정의해 줄 수 있습니다.
- **Order** : Offset할 때 U, V 방향 차수를 조절할 수 있습니다.

추가로 Definition 창에서 More를 클릭하면 다음과 같은 추가 옵션 설정이 가능합니다.

c. Display

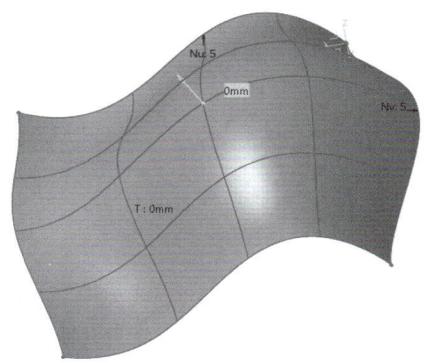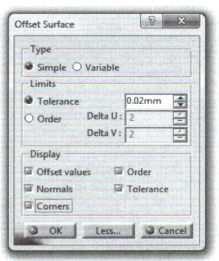

H. Styling Extrapolate

이 명령은 곡선 또는 곡면의 경계를 연장하는 기능을 합니다. GSD 의 것과 유사하다고 할 수 있습니다. 하지만 좀 더 직관적이죠.

명령을 실행하면 다음과 같은 창이 나타납니다. 여기서 연장시키고자 하는 대상을 선택하는데 늘어날 경계의 방향에 맞춰 선택해주도록 합니다.

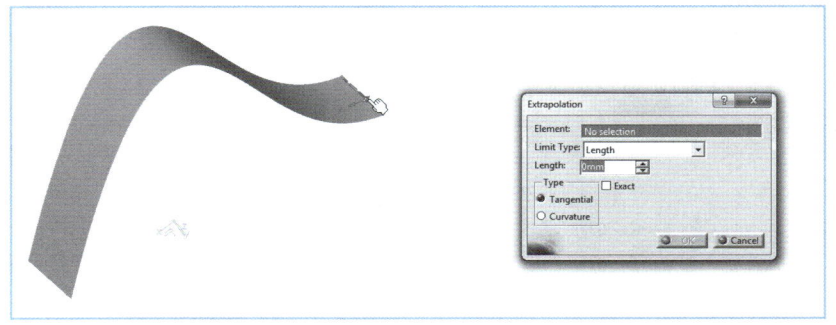

다음으로 늘어날 길이 값과 연속성 Type을 결정합니다. 아래 그림은 각각 Tangential 과 Curvature Type의 따른 형상입니다.

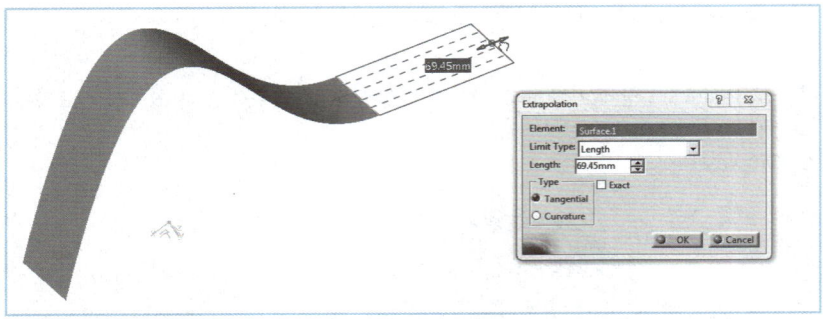

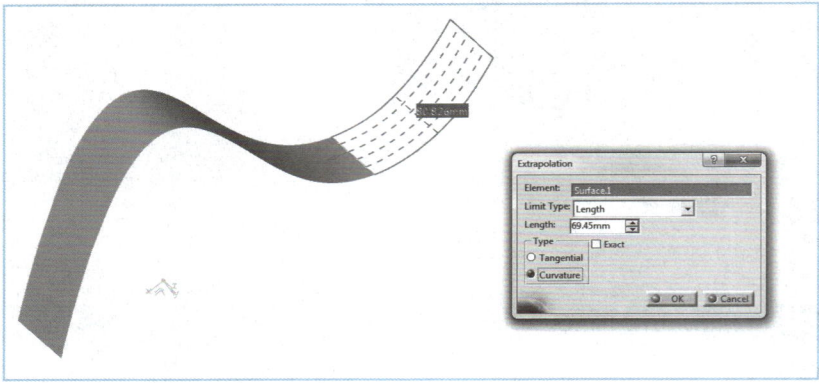

이 명령 역시 GSD 와 마찬가지로 곡선에 대해서도 가능하다는 점을 잊지 말기 바랍니다.

I. FreeStyle Blend Surface

Blend라는 명령은 서로 일정 간격이상 떨어진 두 곡면의 모서리 사이를 연결하는 곡면을 생성하는 명령입니다.

명령을 실행하고 연결하고자 하는 모서리 방향에 맞게 곡면을 순서대로 선택하면 다음과 같은 모습을 볼 수 있습니다.

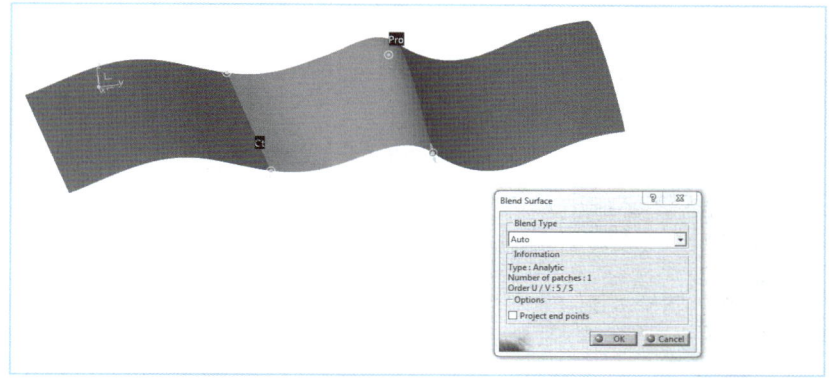

여기서 Blend로 원래의 곡면과 이어지는 부분에 대해서 연속성을 정의할 수 있습니다. Contextual Menu를 사용하거나 단순히 마우스 클릭만으로도 순차적으로 연속성을 변경해 줄 수 있습니다.

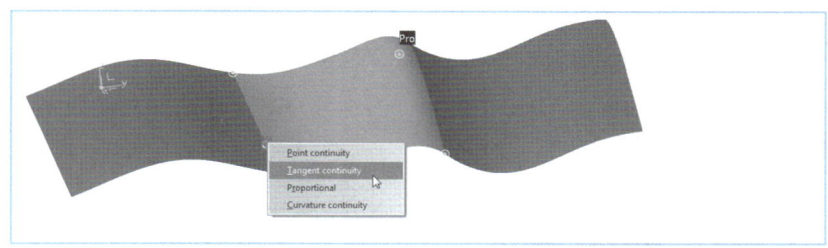

연속성의 종류로는 Point, Tangent, Proportional(Tangent와 유사), Curvature가 있습니다. 또한 Dashboard를 통하여 Tension 값 등을 추가적으로 설정해 줄 수 있습니다.

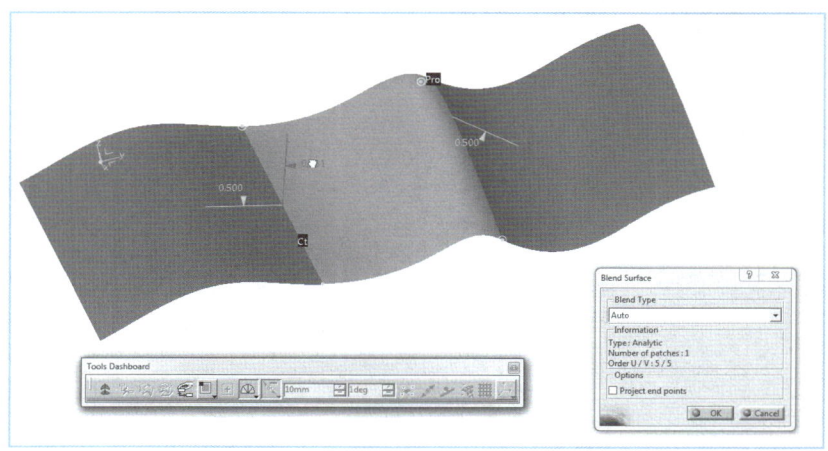

여기서 선택한 곡면의 경계 양 끝에 있는 Tuner를 조절하여 Blend의 크기를 조절할 수도 있습니다.

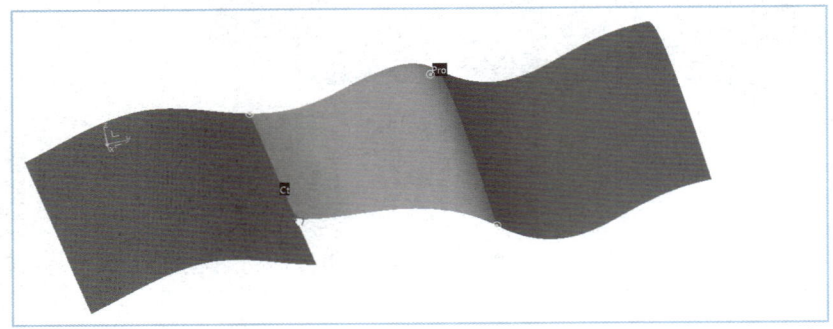

J. ACA Fillet

ACA Fillet은 Styling Fillet으로 불리는데요. 단순히 면 사이에 곡률 값으로 라운드를 주는 것 이상으로 다양한 정의가 가능합니다. 앞서 GSD 에서 Styling Fillet으로 설명한 부분을 참고하기 바랍니다.

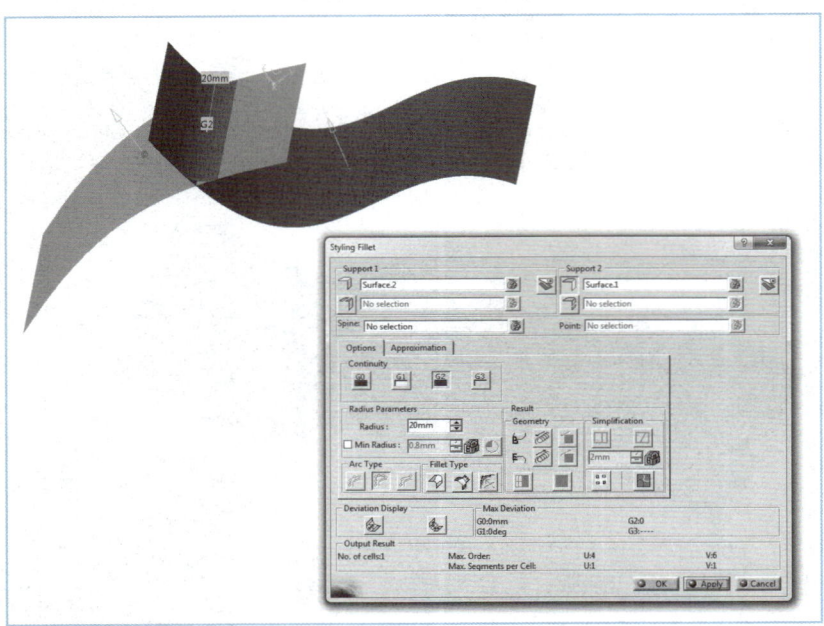

5.2 Fills Sub-toolbar

A. Fill

이 명령은 곡면들 사이 또는 곡선들 사이에 경계들에 의해 닫혀있는 부분을 곡면으로 채워주는 기능을 합니다. 앞서 GSD 를 공부하신 분들이라면 Fill의 기능을 충분히 이해하시리라 생각합니다. 다만 FreeStyle의 것인 만큼 좀 더 직관적이고 경계 곡면들과의 연속성을 중요하게 생각합니다. Blend 명령은 두 경계 사이의 빈곳을 이어주는 것이고 Fill의 경우에는 복수의 경계들에 의해 닫힌 부분을 채워주는 것입니다.

명령을 실행하면 다음과 같은 창이 나타납니다. 여기서 순차적으로 곡면의 모서리와 곡선을 선택해 채워주어야 할 부분을 정의합니다.

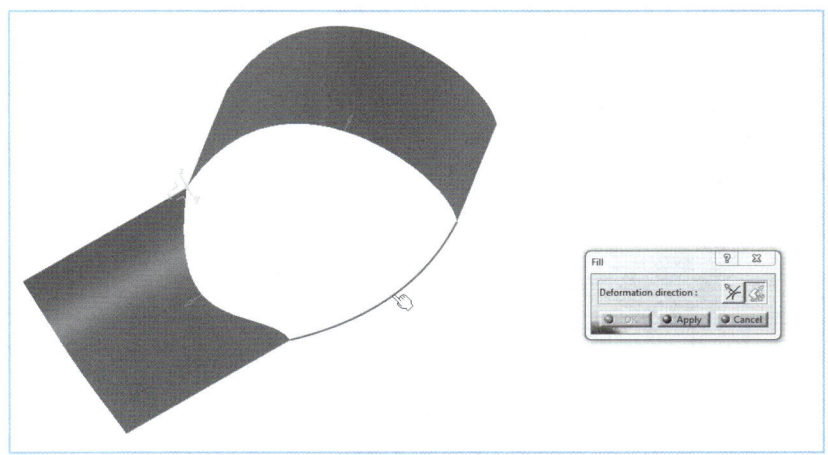

선택해준 경계들이 Fill을 수행할 수 있는 닫혀있는 조건이 되면 자동으로 다음과 같이 곡면이 표시됩니다. 여기서 각 경계 위치에서 이웃하는 경계 요소와의 연속 상태를 표시해줍니다. 원한다면 이 연속의 종류를 바꾸어 줄 수 있습니다. 그러나 곡선의 경우에는 오로지 Point 연속만이 허용된다는 점을 기억하기 바랍니다. Point 연속과 Tangency 연속으로 각 경계 부분을 변경해 보기 바랍니다.

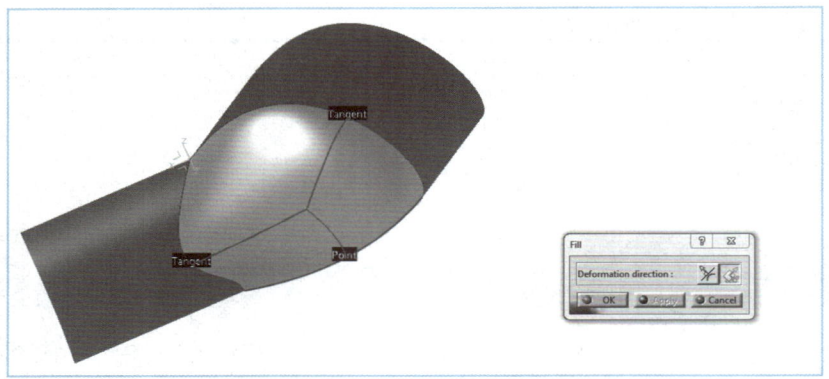

여기서 추가적으로 Fill 곡면의 채워진 부분에 대한 미세 조정이 가능한데요. Definition 창에서 Deformation direction에 있는 Normal to surface direction 또는 Compass direction으로 곡면의 중앙에 있는 Tuner로 설정해 줄 수 있습니다.

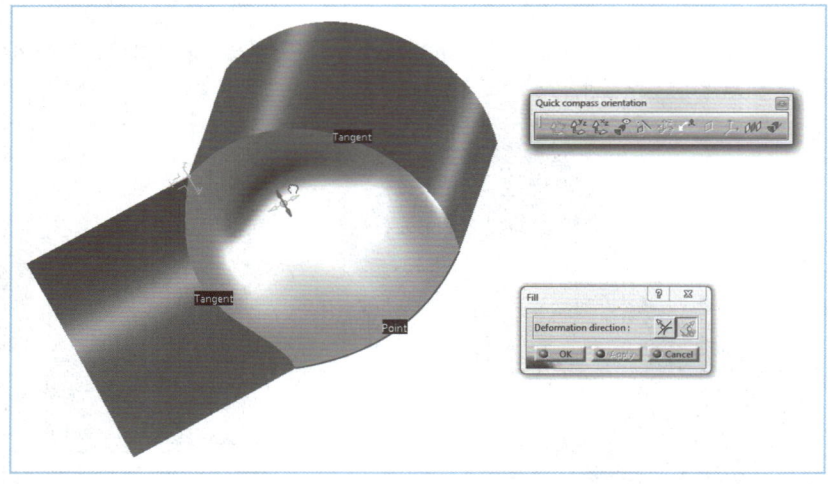

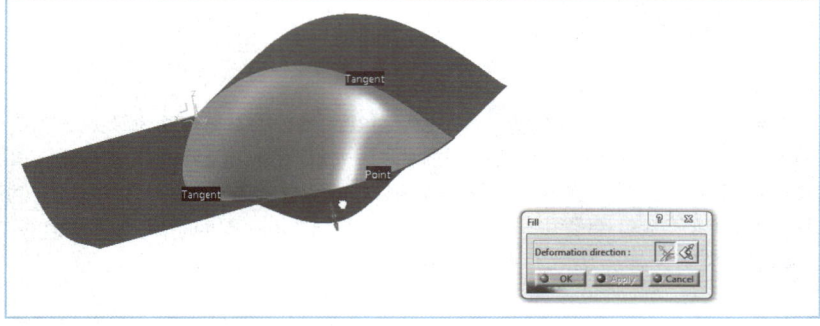

FreeStyle Fill은 패치들로 해당 곡면을 정의하기 때문에 하나의 서피스로 Fill이 만들어 지지 않고 3 개의 패치들로 만들어 집니다. 아래는 3개의 패치로 만들어진 결과입니다.

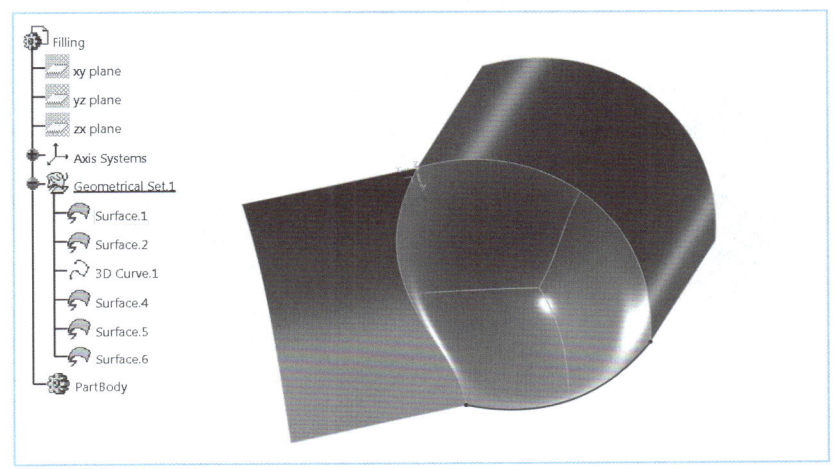

B. FreeStyle Fill

FreeStyle Fill은 앞서의 것 보다 강력한 성능을 발휘합니다. 이웃하는 경계에 대해서 Curvature 연속까지 정의가 가능하며 세부 설정으로 Fill로 만들어지는 곡면의 차수 (Degree)나 공차를 정의할 수 있습니다.

명령을 실행하면 다음과 같은 창이 나타납니다. 여기서 여러분은 Fill Type을 변경해 줄 수 있으며 More 버튼을 눌러 세부 설정이 가능합니다.

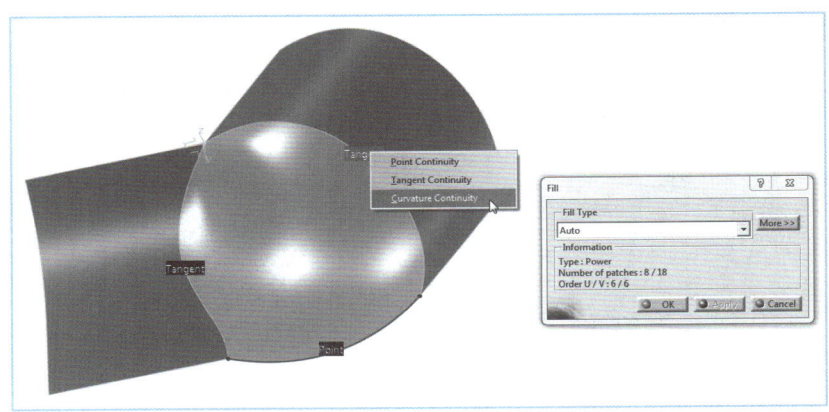

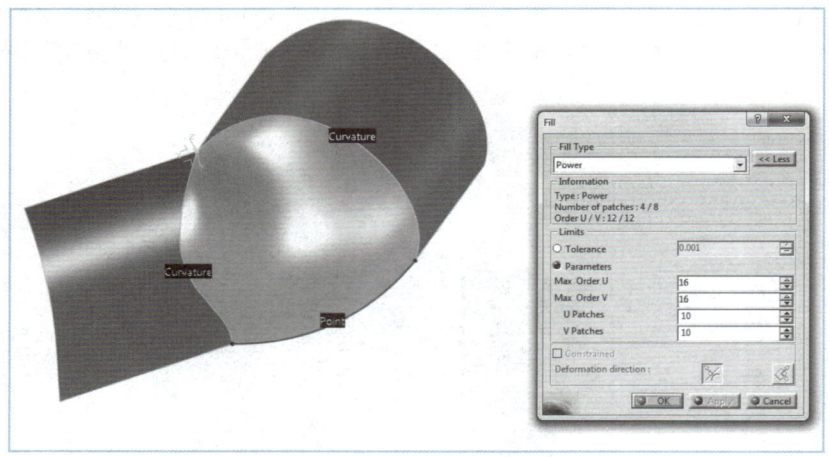

FreeStyle Fill은 Datum이 되지 않고 Tree에 남아있어 언제든 수정이 가능합니다.

C. Net Surface

이 명령은 마치 그물과 같이 서로 교차하는 여러 개의 곡선들 사이를 곡면으로 만들어 줍니다. GSD 에서 공부한 Multi-sections Surface 보다 강력한 기능이라 할 수 있습니다.

명령을 실행하면 다음과 같은 창이 나타납니다. 여기서 Profile과 Guide를 잘 구분하여 선택을 해주어야 합니다. 우선 한 방향으로 나란히 있는 곡선들의 경우 일반적으로 함께 선택해 주기 바랍니다. CTRL Key를 누르고 대상들을 복수 선택해 줍니다. 우선은 Guide 부터 선택해 보겠습니다.

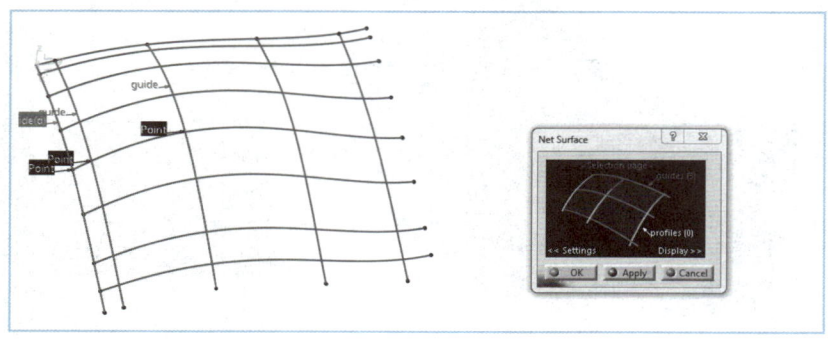

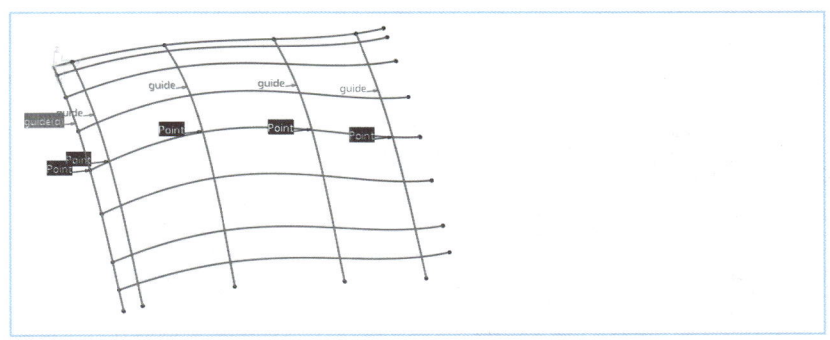

여기서 단순히 Apply를 눌러 보아도 곡면이 만들어지는 것을 확인할 수 있습니다. 일반적으로 Guide는 그 형상이 완전히 모양을 따라가지는 않습니다. Profile을 기준으로 형상이 만들어집니다.

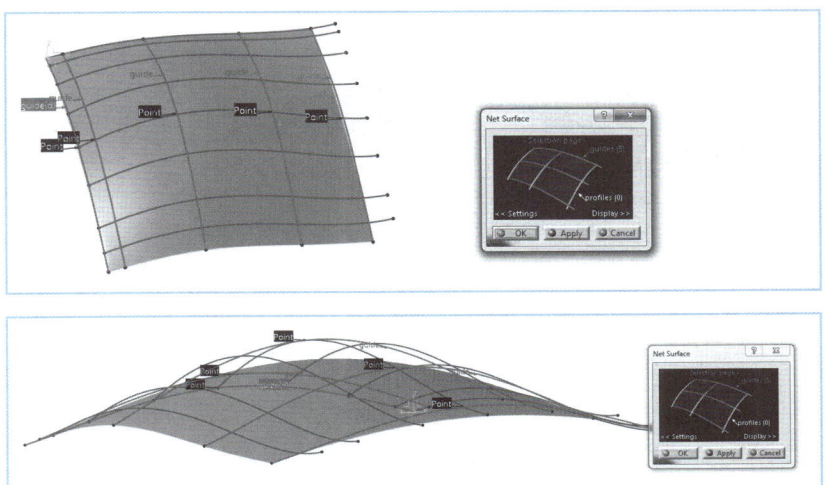

그러나 Profile 방향으로의 곡선들의 세부적인 변형은 고려하기 어렵기 때문에 Definition 창에서 Profile을 클릭하고 다시금 CTRL Key로 Profile 방향에 들어가게 될 곡선들을 순서대로 선택해 줍니다.

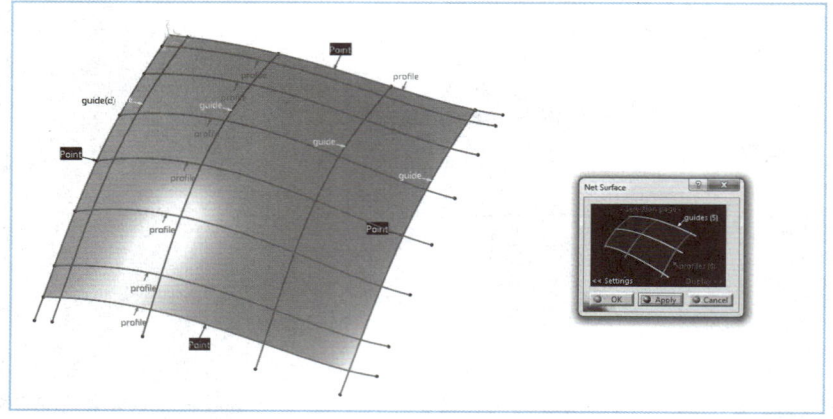

완벽히 두 방향으로의 곡선들을 지나는 곡면이 만들어지는 것을 볼 수 있습니다.

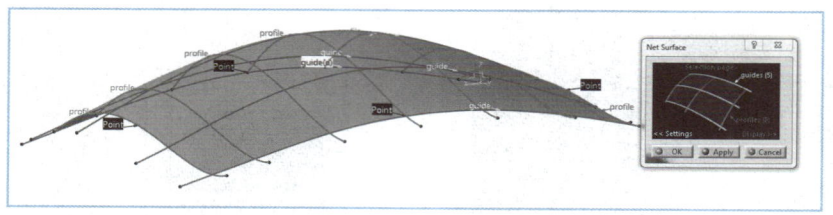

여기서 경계선으로 잡은 대상이 곡면의 경계선이었다면 연속성을 Tangency나 Curvature로도 변경해 줄 수 있습니다.

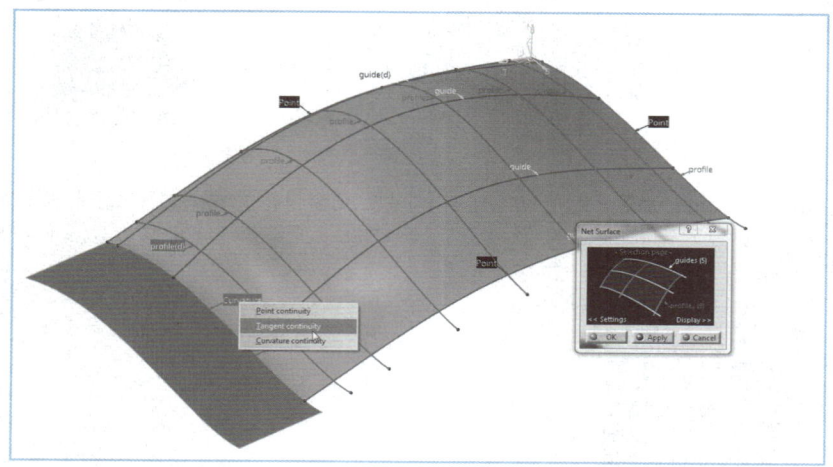

Net Surface는 Tree에 남아있기 때문에 언제든 수정이 가능합니다.

D. Styling Sweep

이 명령은 GSD의 Sweep과 같이 Profile과 Guide에 의한 곡면 형상을 정의하는 방법을 제공합니다.

명령을 실행하면 다음과 같은 창이 나타납니다.

a. Sweep Type

Simple sweep : 기본적인 방식으로 하나의 Profile과 Spine에 의해 곡면을 생성합니다. 순서에 맞게 Profile부터 선택해 줍니다.

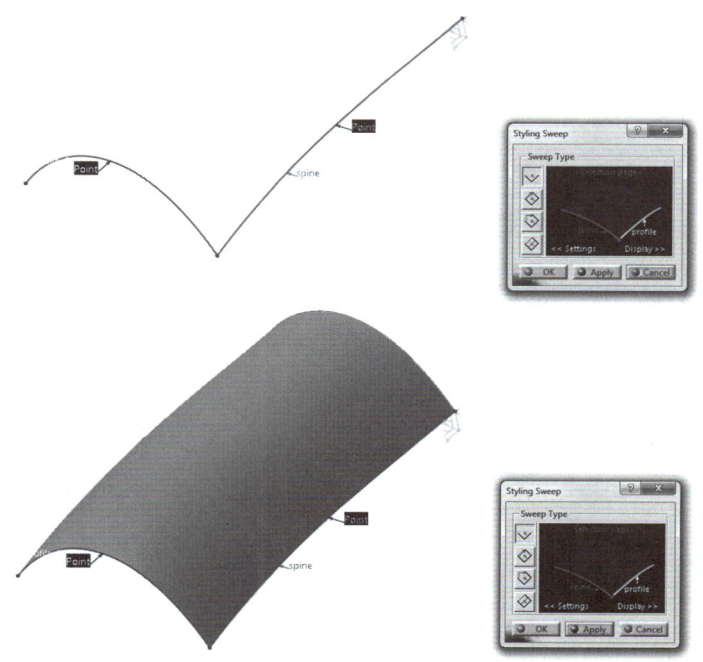

5 Surface Creation ◀ 479

◇ **Sweep and snap** : Profile과 Spine 그리고 Guide를 사용하여 곡면을 생성합니다.

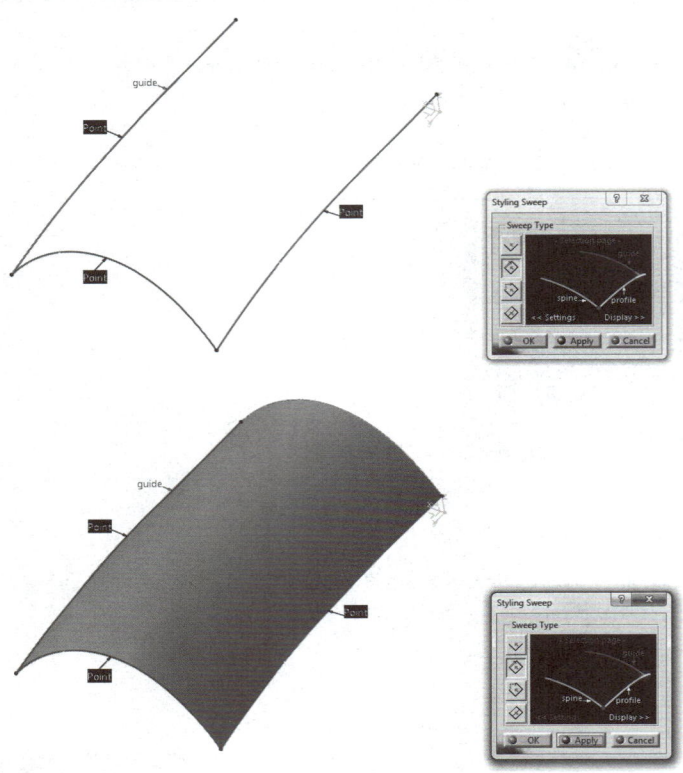

여기서 Guide에 따라 Profile의 일부만이 곡면으로 만들어 질 수 있습니다.

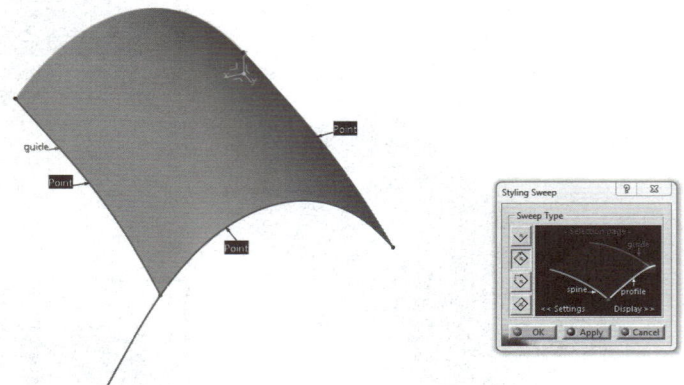

◇ **Sweep and fit** : Profile, Spine, Guide에 의한 곡면을 생성합니다.

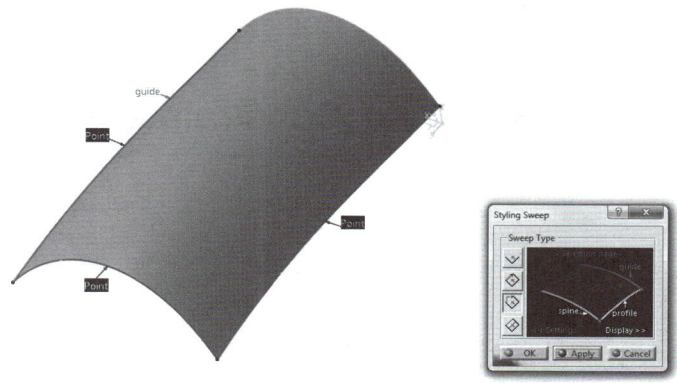

◇ **Sweep and near profile** : Profile, Spine, Guide와 함께 최소 한 개 이상의 Reference Profile을 사용하여 곡면을 생성합니다. 여기서 Reference Profile은 Sweep을 할 때 참고 용으로 사용되며 반드시 해당 Profile을 지나지 않습니다.

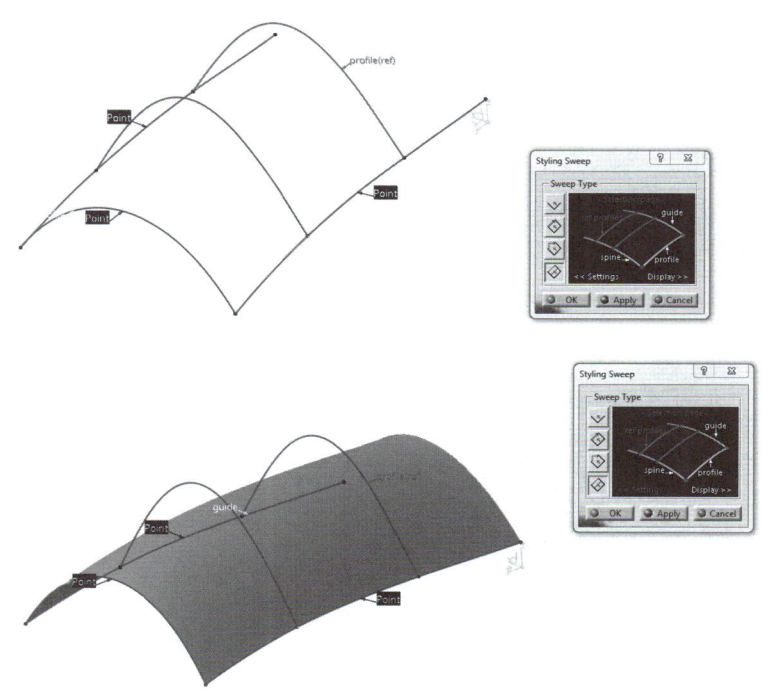

FreeStyle Constraints Toolbar

A. Matching Constraint

이 명령은 우리가 여러 개의 낱개의 곡면 패치들을 가지고 작업할 경우에 이들을 서로 간의 경계에 맞추어 변형시킬 수 있습니다. 일반적으로 두 개의 곡면 사이가 떨어져 있을 경우 Blend로 그들 사이에 새로운 곡면을 생성하여 이어줄 수 있습니다. 그러나 패치의 수가 증가하기 때문에 항상 좋은 방법이라고 할 수는 없습니다. 또는 Fill 명령을 사용하여 곡면들의 틈을 채울 수도 있을 것입니다. 그러나 이 경우는 반드시 닫혀있는 경계가 만들어져야만 하기 때문에 제한이 있습니다. 그래서 Matching Constraint 명령이 사용되는 경우가 많이 있는데요. 이 명령은 하나의 Reference 곡면에 대해서 다른 곡면들을 늘려 줍니다. 물론 연속성(G0, G1, G2, G3)을 정의할 수 있습니다.

명령을 실행하면 다음과 같은 창이 나타납니다.

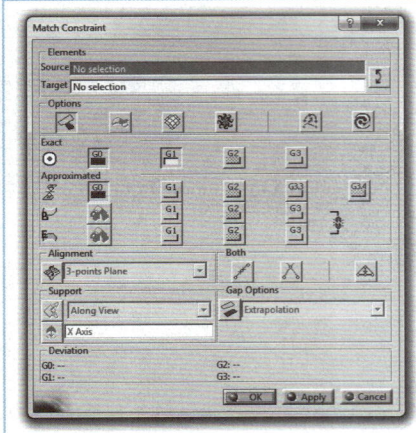

a. Elements

Source : 변형시키고자 하는 곡면의 모서리를 선택합니다.
Target : 변형의 기준이 되는 곡면의 모서리를 선택합니다.

위 순서에 맞게 곡면 모서리를 선택한 후에 Apply를 눌러보기 바랍니다.

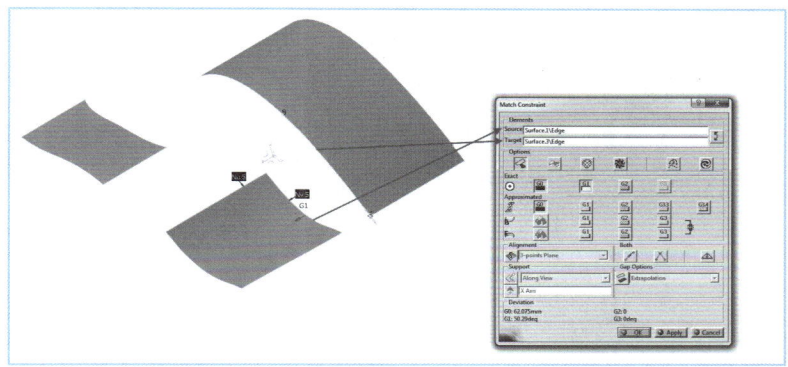

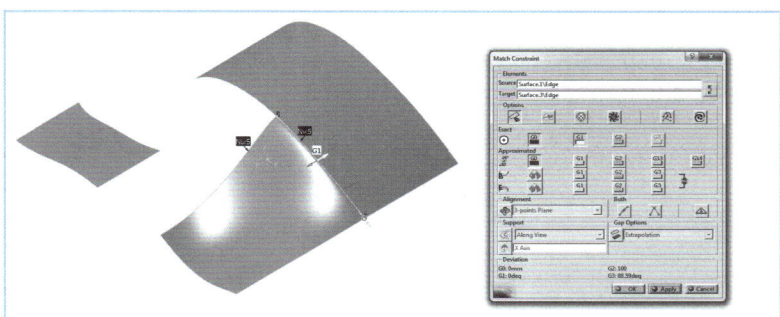

현재는 Target이 되는 곡면 모서리에 일부만 닿도록 설정이 되어 있는데요. 이 경우에는 가운데 보이시는 Tuner를 조절하여 조절이 가능합니다.

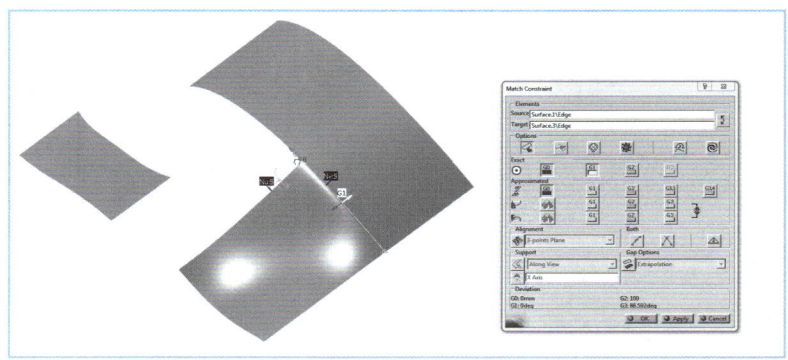

만약 두 모서리 사이를 완전히 같은 길이로 닿게 하고자 할 경우에는 Options에서 Partly 를 해제해 줍니다. 그럼 다음과 같이 변경된 결과를 확인해 볼 수 있습니다.

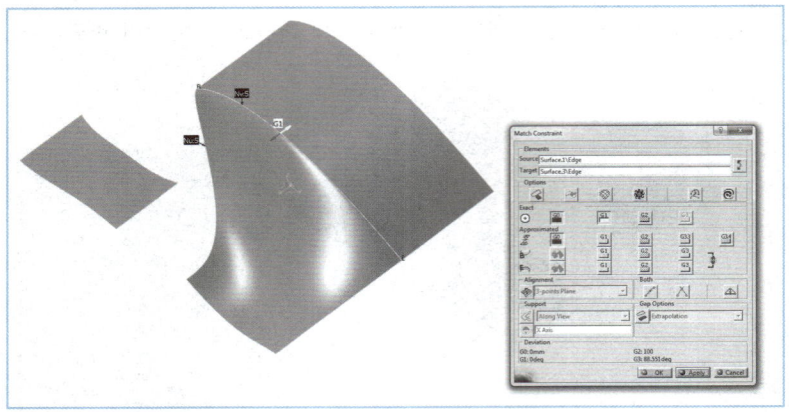

여기서 연결되는 부분에서의 연속성을 조절해 줄 수 있는데요. Exact 항목에서 G2까지 설정이 가능합니다. Approximated에서는 G3까지 연속을 정의할 수 있습니다. G3는 Curvature 연속으로 G2보다 높은 차수의 연속을 정의합니다.

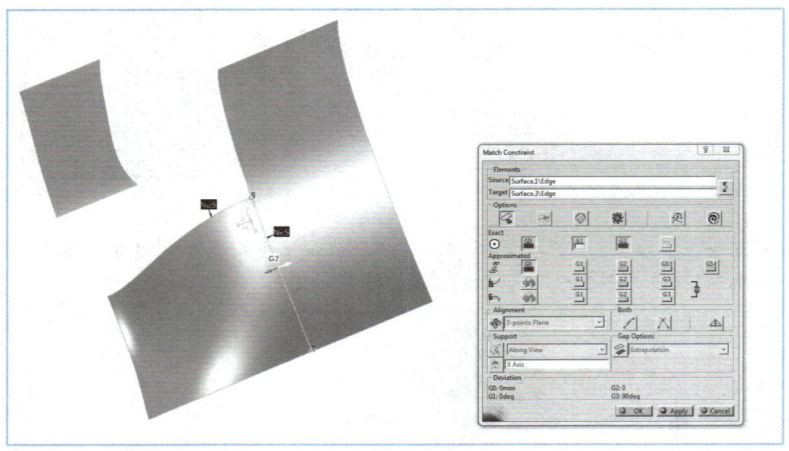

필요한 경우에는 Both에서 Source와 Target 모두 변형될 수 있도록 설정해 줄 수도 있습니다.

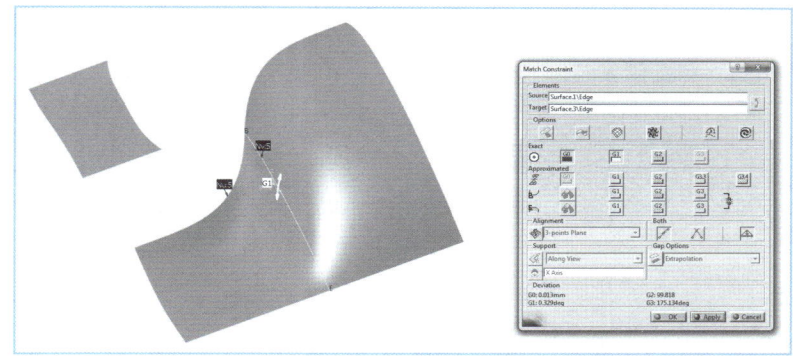

Matching Constraint가 생성된 후에는 Tree에 이 항목이 남아 있어 Target이 되는 곡면에 종속되게 됩니다. 따라서 Targer 곡면이 수정되면 Source 곡면에 그 변형이 전달됩니다.

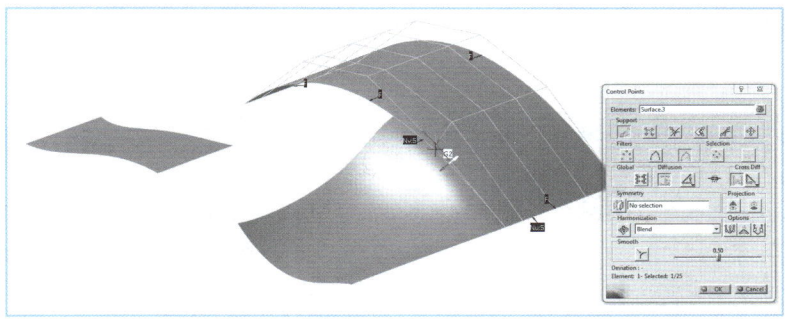

대신에 Source 곡면은 움직임이 제한적이 됩니다. 특히 Target 곡면과 연결되는 부분과는 묶어 버리기 때문에 Source 부분에서는 해당 모서리 부분에 대한 변형이 제한됩니다.

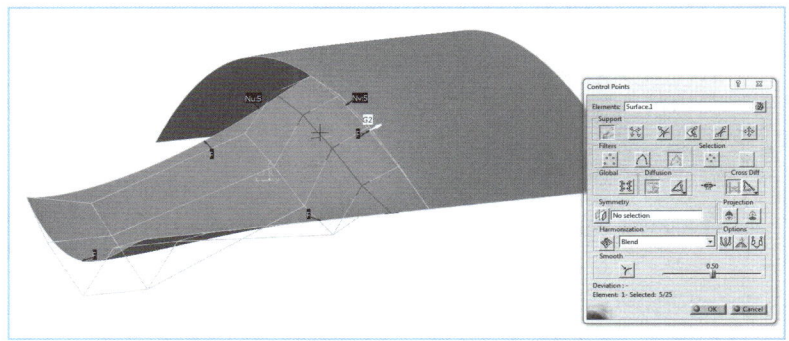

7 Operation

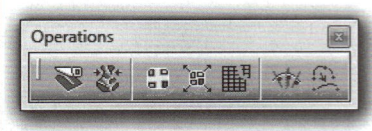

여기서는 FreeStyle에서 곡면 또는 곡선을 수정하는 방법에 대해서 알아보도록 하겠습니다.

A. Break Surface or Curve

이 명령은 GSD 의 Split와 유사한 기능으로 곡면이나 곡선을 절단해 줍니다.

명령을 실행하면 다음과 같은 창이 나타납니다.

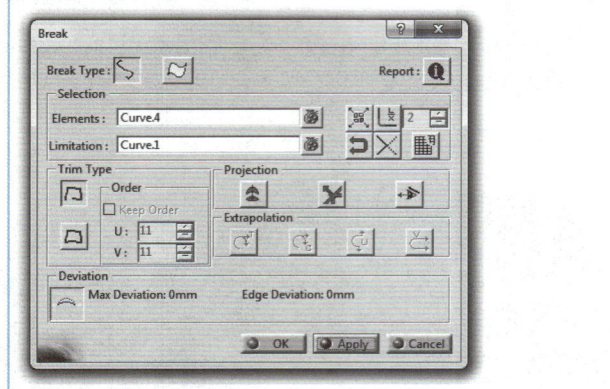

a. Break Type

자르고자 하는 대상을 선택합니다.

- **Break Curves** : Type을 변경한 후에 자리고자 하는 곡선을 선택합니다. 그리고 기준이 될 다른 곡면 또는 곡선, 점 요소를 선택합니다. 서로 교차하지 않는 대상으로는 절단이 안 되니 주의 바랍니다.

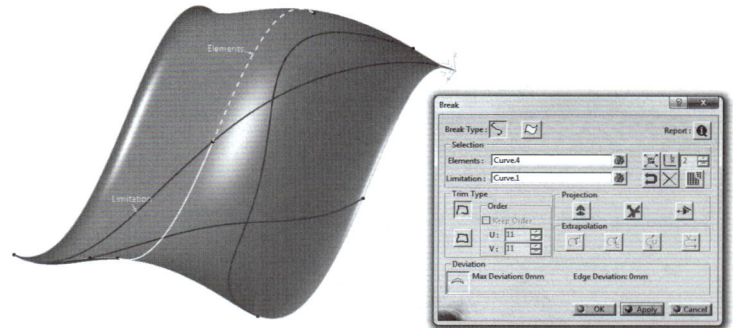

Break Both ✕를 체크하면 자를 대상과 자를 기준을 서로가 서로를 기준으로 잘라낼 수 있습니다.

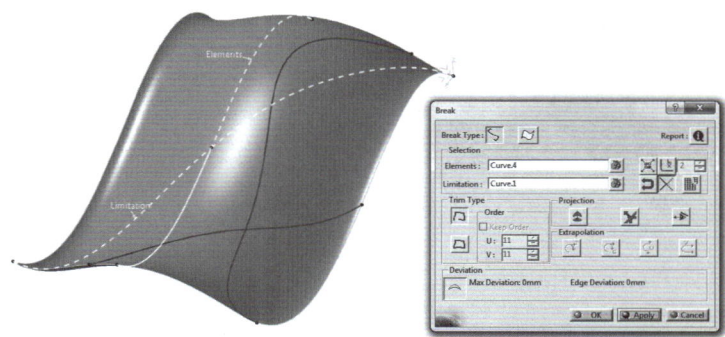

- **Break Surface** : Type을 변경한 후에 자리고자 하는 곡면을 선택합니다. 그리고 기준이 될 다른 곡면 또는 곡선, 점 요소를 선택합니다. 곡선과 마찬가지로 원하는 방향의 것을 선택해 주면 해당 곡면이 남고 나머지 부분이 잘려나갑니다.

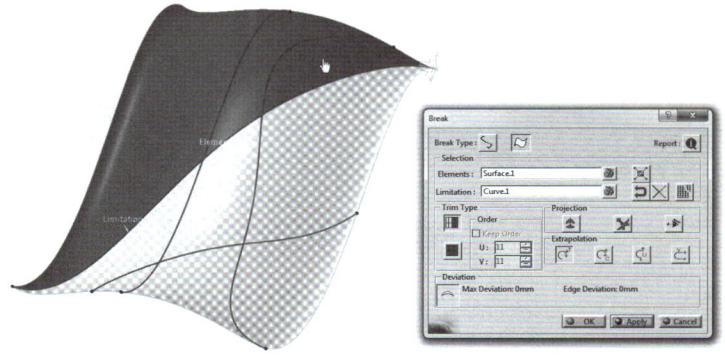

곡면의 경우에는 대상을 잘라낼 경우 연장할 수 있는 옵션을 추가로 사용할 수 있습니다. 접하는 방향 또는 곡률 방향에 대해서 연장을 지원합니다.

Break된 대상은 Tree에서 새로 생겨나지 않으며 기존 Feature가 그것으로 변경됩니다.

B. Untrim Surface or Curve

이 명령은 절단되었던 곡면이나 곡선의 형상을 인식하여 원래의 형상으로 복원해 주는 기능을 합니다. 앞서 GSD 의 Untrim을 참고해 보기 바랍니다.

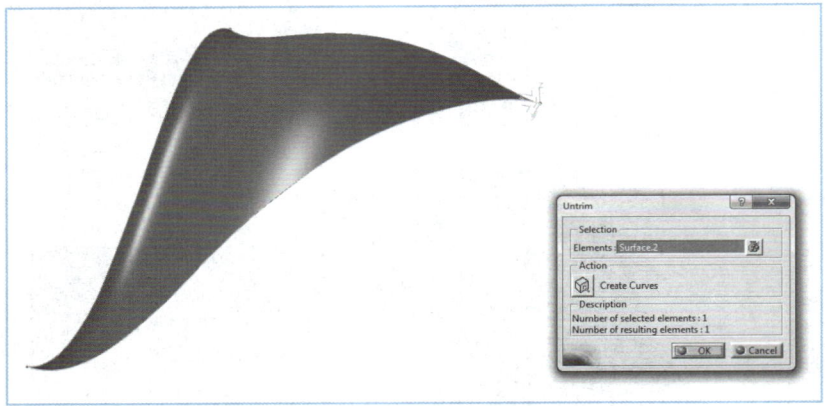

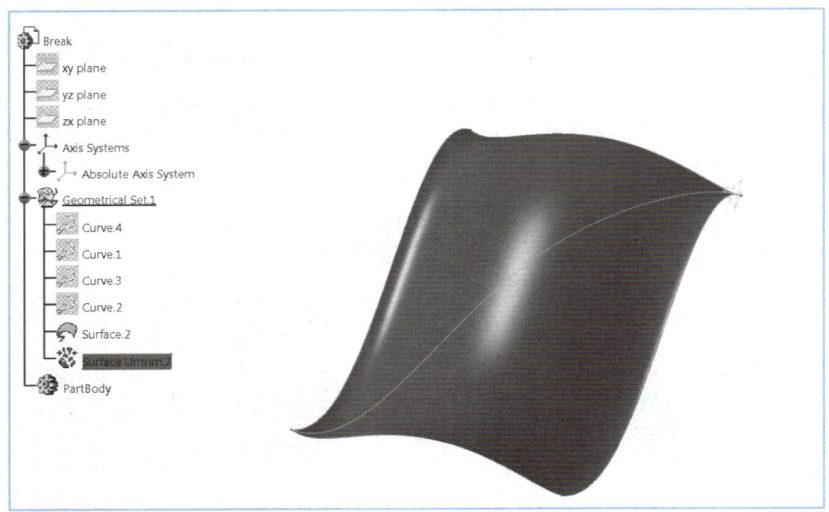

C. Concatenate

이 명령은 낱개의 단일 도메인 곡선들을 하나의 곡선으로 연결시킵니다.

명령을 실행 한 후에 하나로 이어줄 곡선들을 선택해 줍니다.

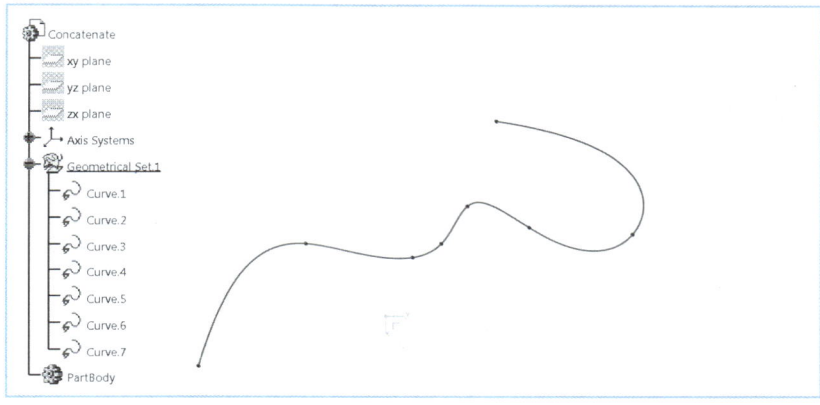

그리고 적절한 크기의 공차 값을 입력합니다. 이 값보다 곡선들 사이의 Gap이 큰 경우에는 합쳐지지 않게 됩니다.

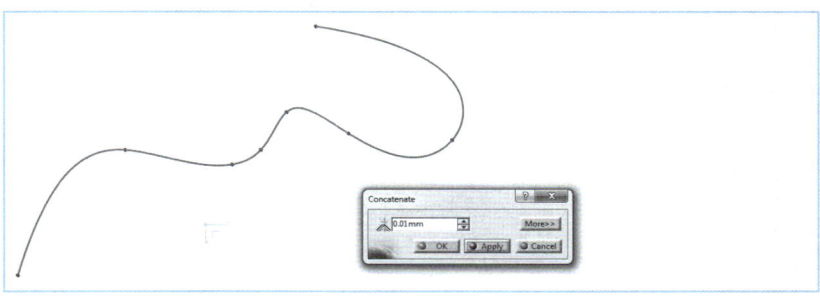

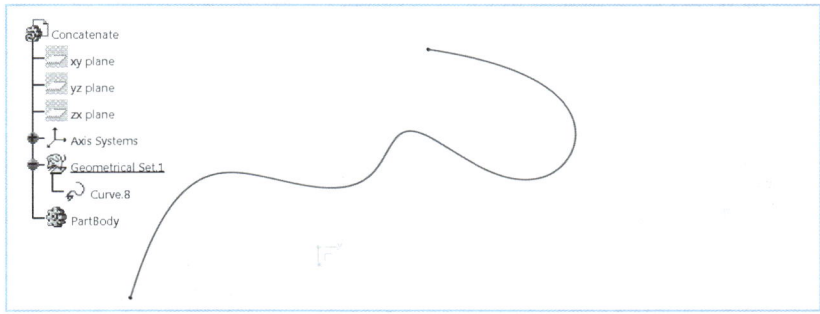

D. Fragmentation

이 명령은 단편화라는 뜻의 Fragmentation이라는 단어를 사용하는데요. 곡면 또는 곡선을 여러 개의 셀 단위로 나누어주는 기능을 합니다. 명령을 실행하면 다음과 같은 창이 나타나며 Type을 U 또는 V, UV로 정의할 수 있습니다.

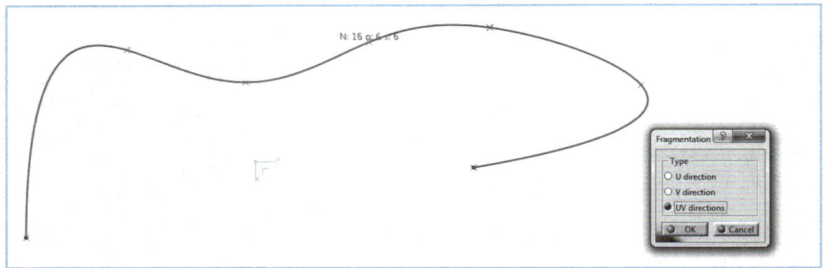

단편화 후에는 아래에서와 같이 낱개의 호 형상(Mono Arc)으로 분리된 것을 확인할 수 있습니다.

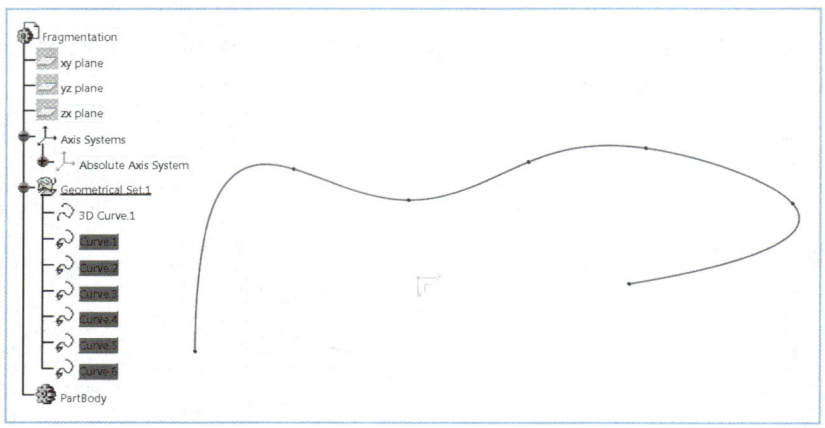

물론 곡면의 경우도 마찬가지입니다.

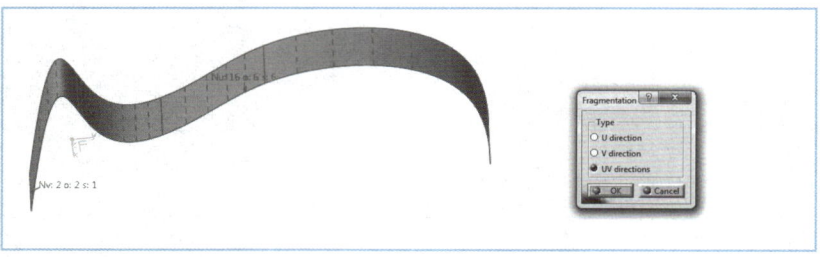

E. Disassemble

이 명령은 여러 개의 패치, 셀의 조합으로 만들어진 곡면 또는 곡선을 낱개의 Datum들로 분리하는 역할을 합니다. GSD 에도 동일한 명령에 대한 설명이 있으므로 이를 참고하기 바랍니다.

F. Converter Wizard

이 명령은 FreeStyle 워크벤치에서 만들지 않은 곡면 형상을 NURBS로 변환해 주는 기능을 합니다. (곡선의 경우는 NUPBS - Non Uniform Polynomial B-Spline으로 변환합니다.)

명령을 실행하고 곡면 또는 곡선을 선택하였을 때 자동으로 완벽히 변환되는 Definition 창이 출력되지 않습니다. 그러나 완벽하게 변환이 안 되는 경우에는 공차나 차수를 정의하기 위하여 Definition 창이 나타납니다.

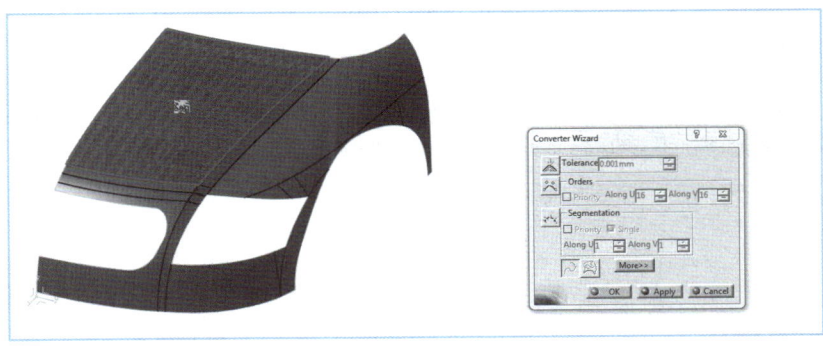

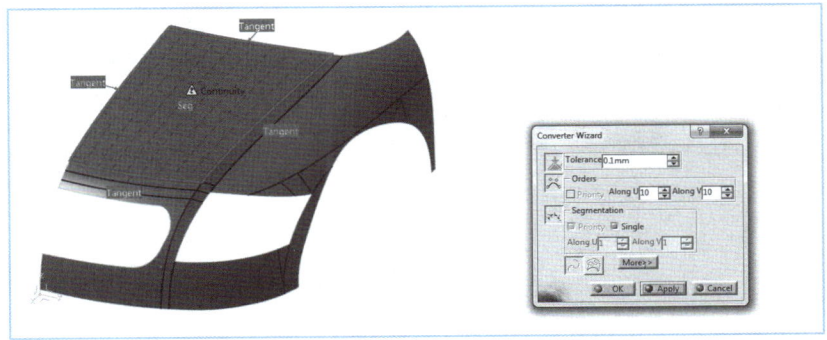

이렇게 변환된 곡면 또는 곡선은 FreeStyle 명령으로 수정이 가능합니다.

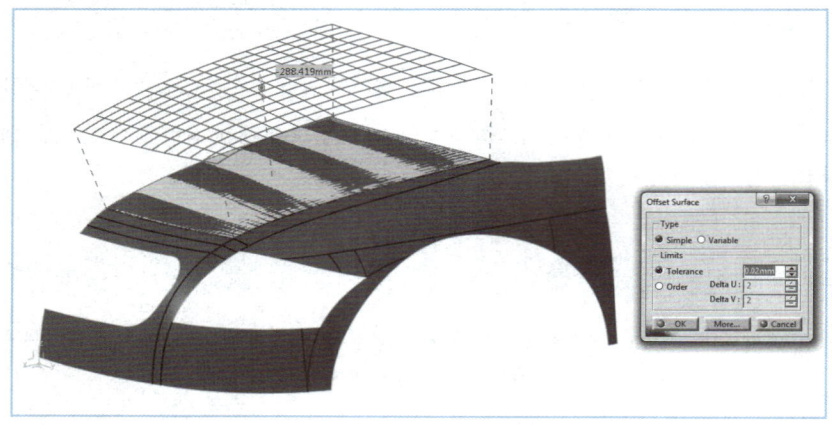

G. Copy Geometric Parameters

이 명령은 하나의 곡선이 가지는 Geometric Property를 다른 곡선에 부여하고자 하는 경우에 사용합니다.

명령을 실행하면 다음과 같은 창이 나타납니다. 여기서 우선 기준이 될 Template Curve를 선택합니다. Template Curve의 Arc에 대한 차수 및 수가 나타납니다.

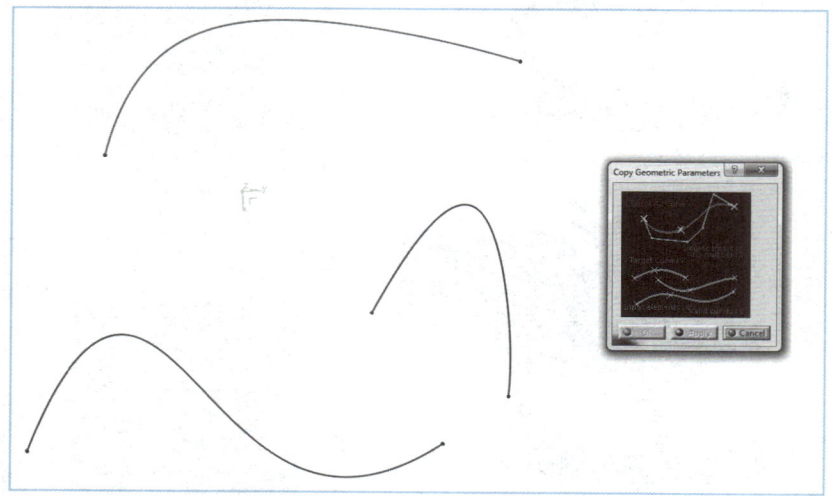

그리고 나서 속성을 부여하고자 하는 Target Curve들을 선택해 줍니다. 그리고 Apply를 눌러주면 속성이 동일하게 부여되는 것을 확인할 수 있습니다.

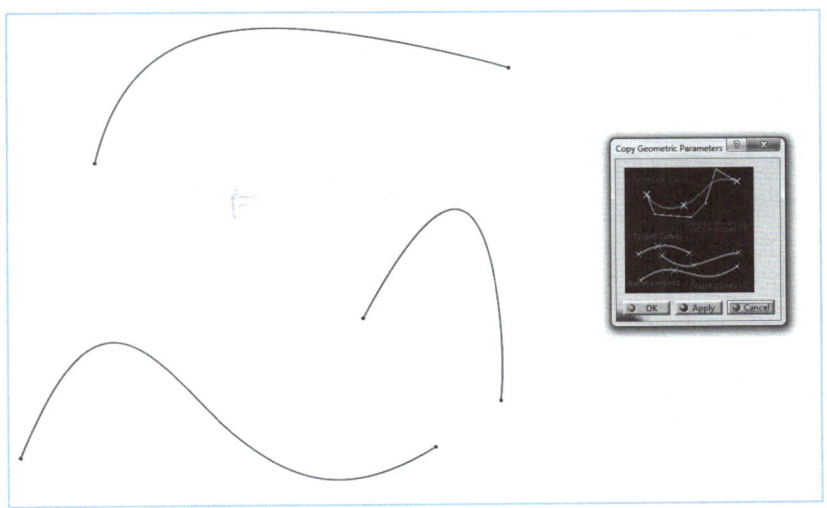

  만약에 Valid Curve로 표시되는 것이 없으면 곡선들을 선택했더라도 적용할 수 없으니 주의 바랍니다.

CATIA Surface의 정석

8

Shape Modification

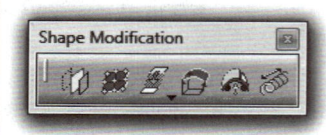

　여기서는 우리가 설계한 형상의 수정을 위한 도구를 공부할 것입니다. Operation Toolbar 별도로 Modification Toolbar가 어떤 특성에 의해 구분되는지 확인해 보기 바랍니다.

A. Symmetry

　일반적으로 우리가 설계하는 대상의 경우 대칭인 성질을 많이 가지고 있습니다. 대칭인 물체라 한다면 우리가 일부러 같은 작업을 반복해가며 다른 방향으로 같은 모양을 만들 필요는 없을 것입니다. 따라서 Symmetry 명령을 통하여 대칭을 통해 작업 시간을 단축할 수 있습니다. 자세한 설명은 GSD 의 것과 동일하니 참고 바랍니다.

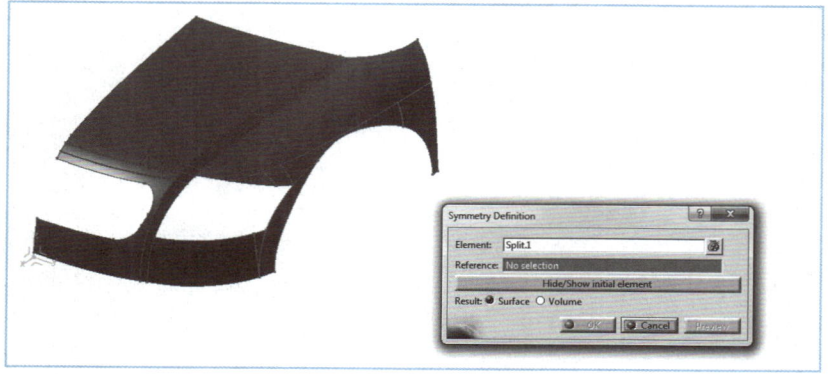

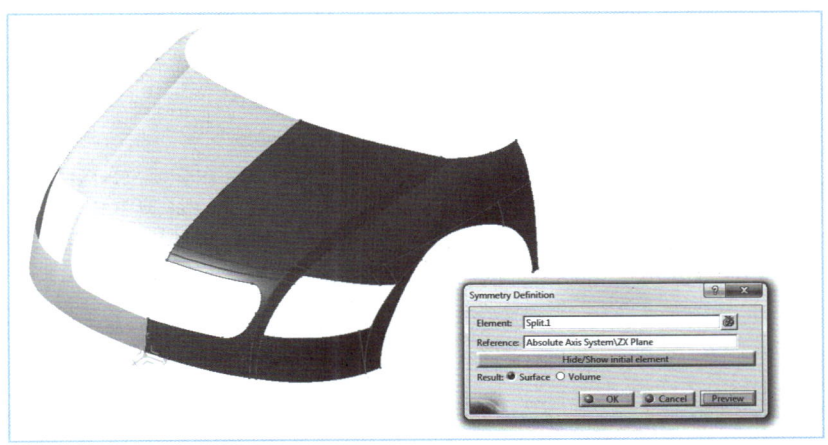

B. Control Points

이 명령은 FreeStyle에서 가장 중요한 명령이라 할 수 있습니다. 우리가 생성한 패치나 외부로 불러온 곡면 또는 곡선 형상을 제어점을 이용해서 변형하거나 수정하는 작업을 수행할 수 있기 때문입니다. 이 명령을 사용할 때는 수치 값에 의존하여 형상을 변형하는 것이 아닌 직접적인 조작을 통해서 형상을 정의하기 때문에 여러분의 직관과 감각, 숙련도가 결과물에 중요한 영향을 주게 됩니다. 처음에 FreeStyle로 형상을 설계한다고 할 때 제일 어려운 부분이 치수로 설계하는 것이 아닌 감각적인 부분을 적용해야 하는 게 아닐까 생각합니다.

명령을 실행하면 다음과 같은 창이 나타납니다.

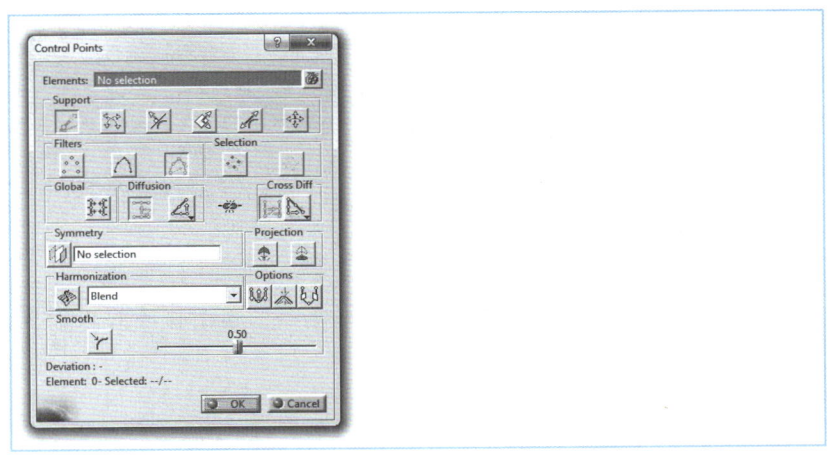

a. Elements

수정하고자 하는 대상을 선택합니다. 복수 선택도 가능하나 Global한 변형을 위해서는 나중에 배우게 될 Global Deformation 을 통해서 수정해야 합니다.

여기에 선택할 수 있는 대상은 다른 명령에 의한 Function이 살아있는(Fill, Multi-section Surface, Join 등) 대상이어서는 안 됩니다. 그러나 완전히 선택이 안 되는 것이 아니고요. 이러한 대상을 선택하면 다음과 같은 메시지와 함께 선택한 대상을 NURBS로 만들어줍니다. (Datum 표시)

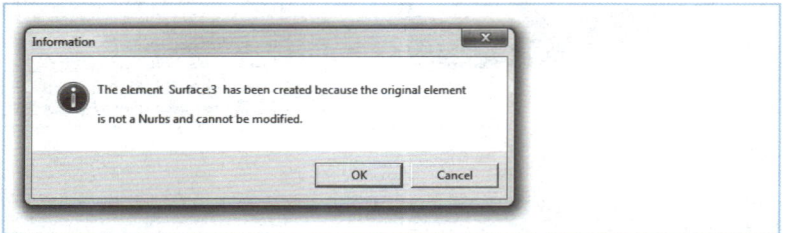

그럼 다음과 같이 선택한 대상의 Control Mesh와 차수, 연결속성 등이 나타납니다.

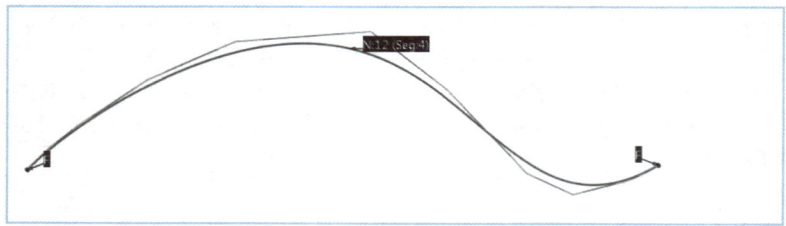

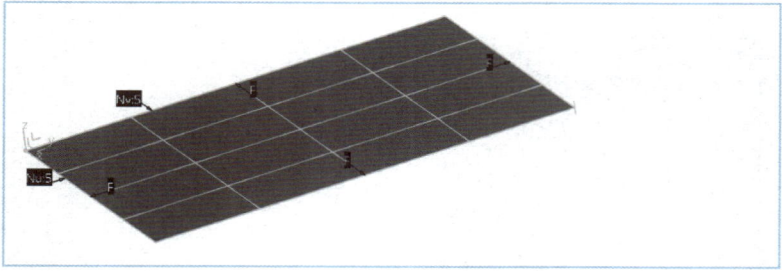

여기서 필요하다면 여러분은 각 방향으로의 차수를 조절해 줄 수도 있습니다.

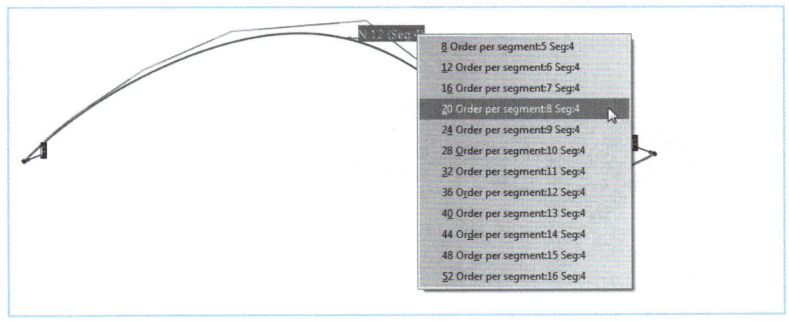

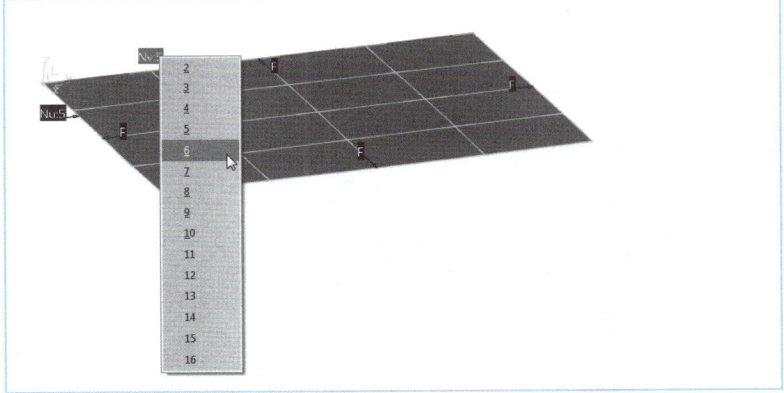

b. Support

Control Point를 통해서 형상을 어떻게 변형시킬지를 정의하는 부분입니다. 주로 Normal to Compass나 Local Normal 등과 같이 몇 가지 방식이 많이 사용되고는 있지만 모든 방식으로의 정의방법을 익혀두기 권장합니다.

Normal to compass

Compass로 방향을 정의한 후에 해당 방향으로 Control Point 또는 Control Mesh를 선택하여 변형시킵니다. 따라서 먼저 F5 또는 Compass에서 방향을 정의한 후에 Control Points 또는 Mesh를 선택합니다.(만약에 원하는 방향이 직교 좌표 방향이 아닌 임의의 방향이라면 Compass의 방향을 Quick Compass Orientation에서 재설정하여 작업하는 것이 가능합니다.) 그리고 마우스로 이동을 해면 Control Point(Mesh)와 곡면 또는 곡선이 함께 변형되는 것을 확인할 수 있습니다.

Control Point냐 Mesh인지에 따라 변형되는 범위가 다르기 때문에 원하는 목적에 맞추어 잘 선택해 주어야 합니다.

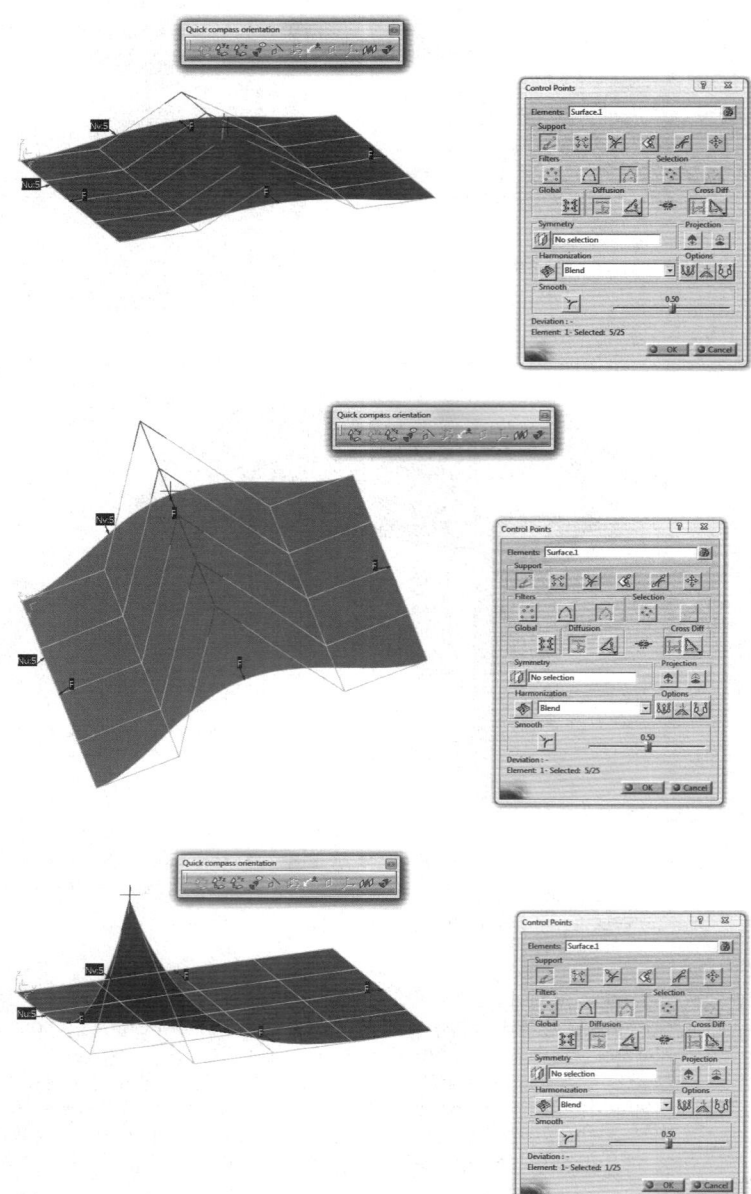

FreeStyle에서 작업은 작업 History가 없기 때문에 Control Point 명령이 활성화된 상태에서 CTRL + Z를 눌러서 취소하는 것만이 가능하다는 것을 알아두기 바랍니다. 명령이 일단 닫힌 후에는 CTRL + Z로 Control Point 명령에서 변형한 스텝별로 뒤로 가는 것이 안 됩니다.

Mesh Lines

Control Mesh로 잡힌 형상의 Mesh Line 방향을 따라 곡면 또는 곡선이 변형되도록 하는 방법입니다. 선택한 Control Point 또는 Mesh의 Line 방향으로만 움직일 수 있다는 점을 주의하기 바랍니다.

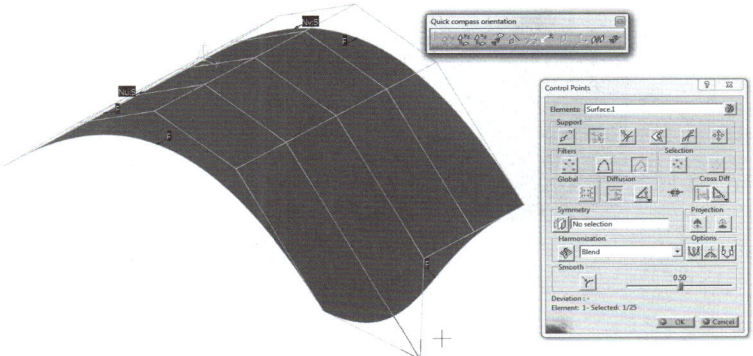

Local normals

각 Control Point(또는 Mesh) 위치에서의 수직 벡터 방향으로 변형되도록 정의합니다.

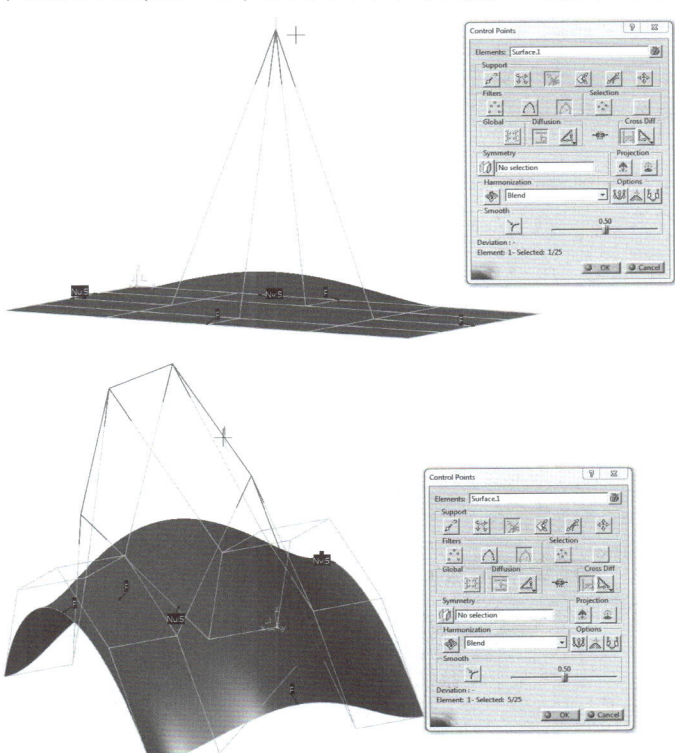

Compass Plane

Compass의 평면 방향으로 변형될 수 있게 하는 방법입니다. 3개의 직교 방향 중 한 방향이 고정된 상태에서 평면상에서 자유롭게 변형시킬 수 있습니다.

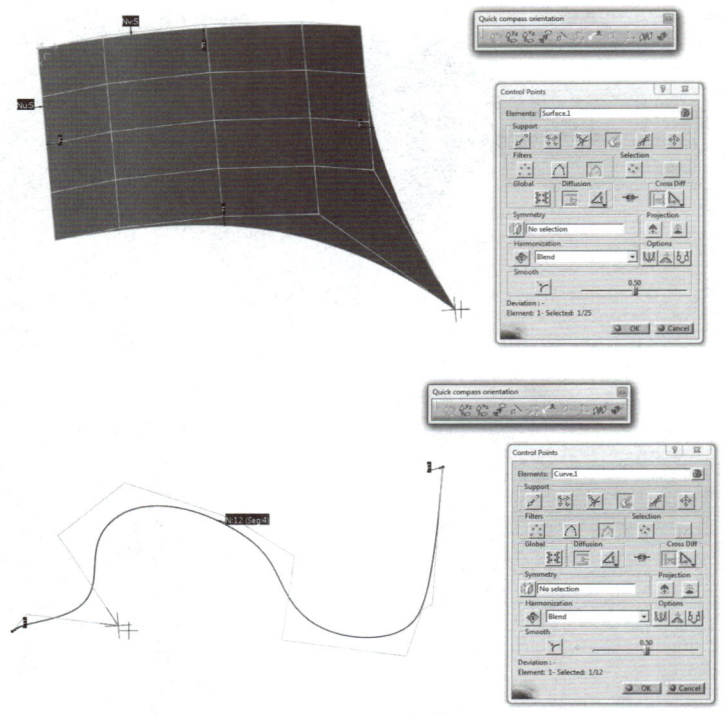

Local Tangent

Control Mesh의 Line의 접하는 방향으로 대상을 변형 시킬 수 있습니다. Control Point 선택만 가능하며 한 지점에서 접하는 방향은 유일한 접선 방향이기 때문에 다른 방향으로의 변형은 제한됩니다.

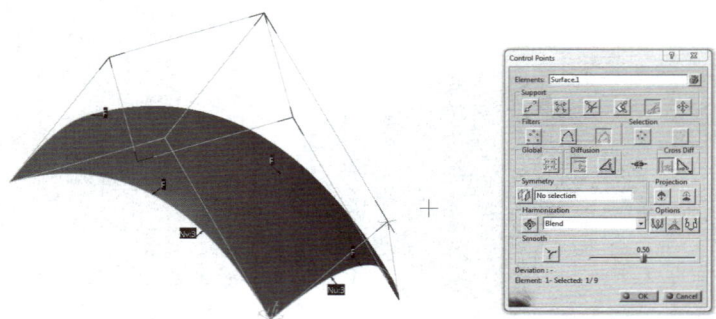

⊕ Screen Plane

이 방식은 현재 작업자가 바라보는 화면 방향에 나란하게 Control Point(또는 Mesh)를 이동시켜 변형하는 방법입니다.

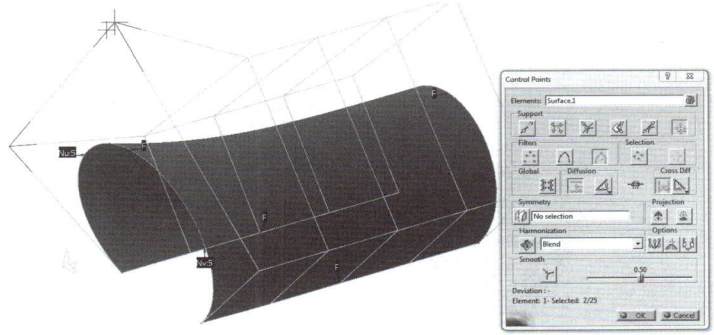

c. Filters

- **Point Only** : 수정하기 위해 Control Point만을 선택할 수 있게 설정합니다. 이 방식으로 설정되면 Control Mesh는 선택되지 않습니다.

- **Mesh Only** : 수정을 하기 위해 Control Mesh만을 선택할 수 있게 설정합니다. 이 방식으로 설정되면 Control Point는 선택되지 않습니다.

- **Point and mesh** : 수정을 하기 위해 대상의 Control Point와 Control Mesh 모두를 선택할 수 있습니다. 일반적으로 이 방식을 사용합니다.

d. Selection

- **Select all points** : 만약에 전체 Control Point를 선택하고 싶을 때 이 아이콘을 클릭합니다.

- **Deselect all points** : 전체 선택된 Control 요소를 취소하고자 할 때 선택합니다.

e. Global

이 부분은 Global Deformation 을 실행한 상태에서 활성화되며 여러 개의 독립적인 패치들을 동시에 변형 시킬 수 있습니다.

f. Diffusion

곡면 또는 곡선을 변형시킨다고 할 때 연결된 부위에서 일부 부분을 변형시키는 것이기 때문에 변형에 대한 성질이 주변으로 연결되게 되어있습니다. 여기서는 그러한 연결되어 주변으로 변형의 속성이 전달될 때 어떠한 양상으로 전달될지를 정의하게 됩니다.

Constant Law : 일반적으로 가장 많이 사용되는 방식으로 선택된 제어 지점에서의 변형이 일정하게 전달됩니다.

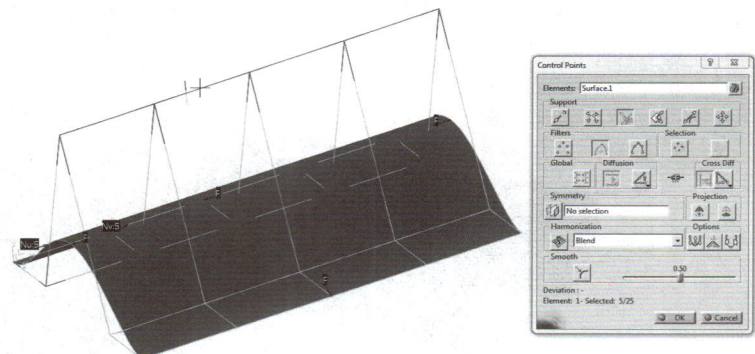

Linear Law : 선택한 지점에서 변형되는 양상이 이웃으로 선형적이도록 합니다.

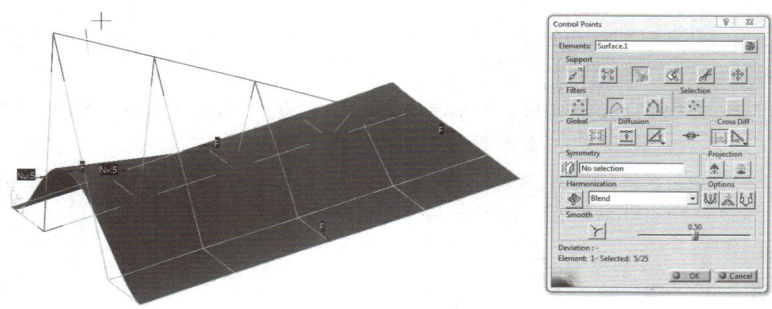

Concave Law : 선택한 지점에서 변형되는 양상이 이웃으로 오목하게 변형되도록 합니다.

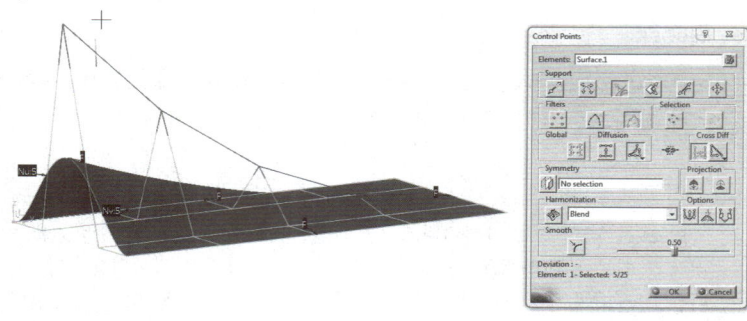

Convex Law : 선택한 지점에서 변형되는 양상이 이웃으로 볼록하게 변형되도록 합니다.

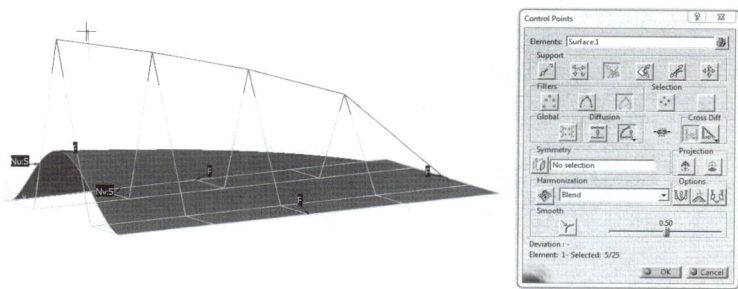

Bell Law : 선택한 지점에서 변형되는 양상이 이웃으로 종 모양처럼 변형되도록 합니다.

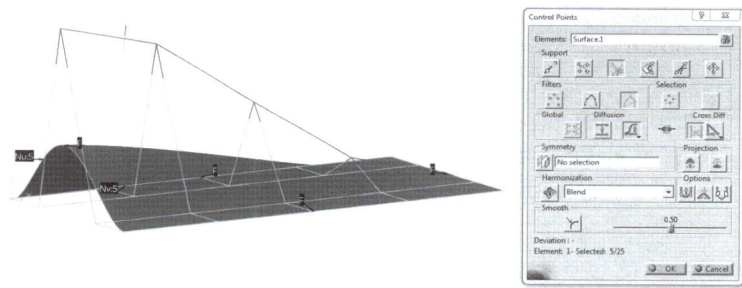

g. **Symmetry**

여기서는 Control Point 대상이 선택한 기준면에 대해서 대칭이 되어 변형되도록 정의할 수 있습니다. 일반적으로 완성 후 Symmetry로 형상을 생성하는 것이 간결한 방법이긴 하지만 작업에 따라 변형하는 동안 대칭이 필요할 경우 대칭면을 정의해 줍니다.

대칭 평면을 지정하고 간단한 변형을 시켜보면 다음과 같이 대칭이 들어가는 것을 볼 수 있습니다.

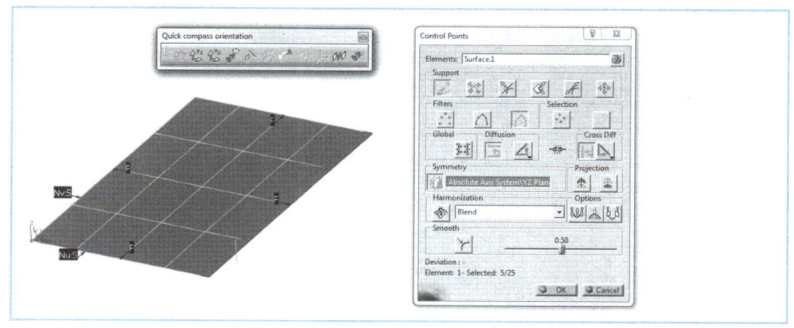

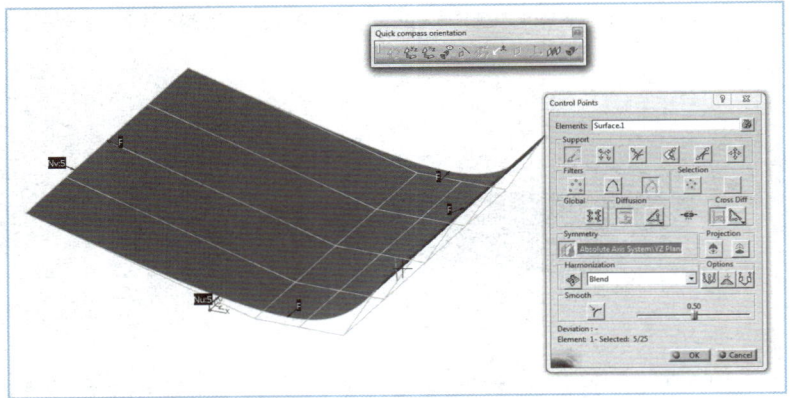

h. Smooth

여기서는 Control Point를 이용하여 변형을 줄 때 곡면 또는 곡선의 변형 정도를 다시 부드럽게 처리해 줄 수 있습니다. 슬라이드를 조절하여 값을 정하고 좌측의 Smooth 버튼을 클릭합니다. 1로 가까이 값을 줄수록 대상의 Smooth한 정도가 커집니다.(평평하게 펴진다는 말입니다.)

8.1 Match Sub Toolbar

A. Match Surface

이 명령은 두 곡면을 하나를 기준으로 다른 하나의 곡면을 맞추거나 곡선에 곡면을 맞추기 위해 사용합니다.

명령을 실행하고 변형될 곡면의 모서리를 선택합니다. 그러고 나서 맞추고자하는 곡면의 모서리 또는 곡선을 선택합니다.

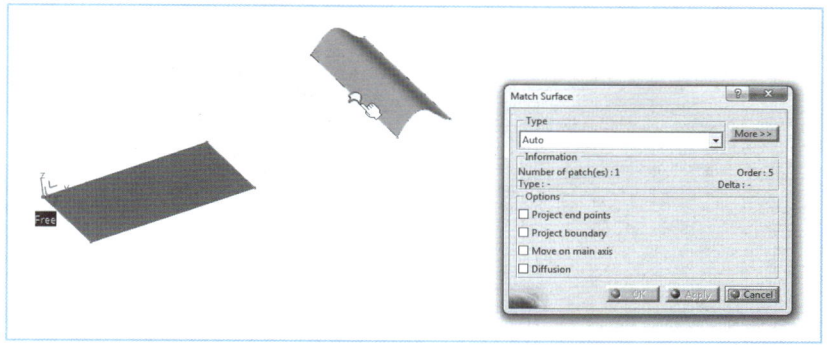

여기서 조건이 바로 만족된다면 다음과 같이 미리보기가 될 것입니다. 여기서 곡면의 경우에는 필요에 따라 연속성을 정의하거나 맞춰지는 범위를 정해줄 수 있습니다.

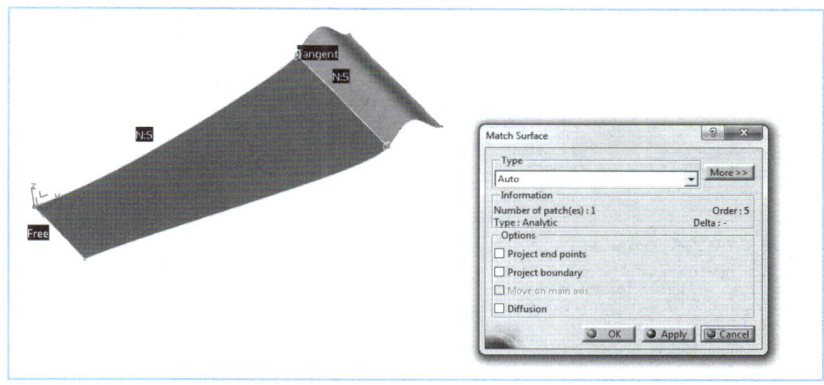

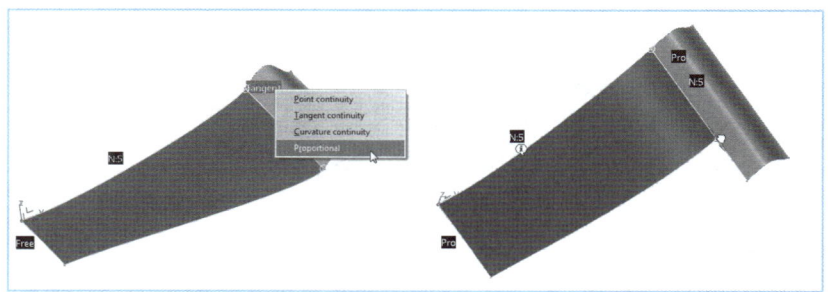

곡선을 기준으로 Matching할 경우에도 이와 유사합니다.

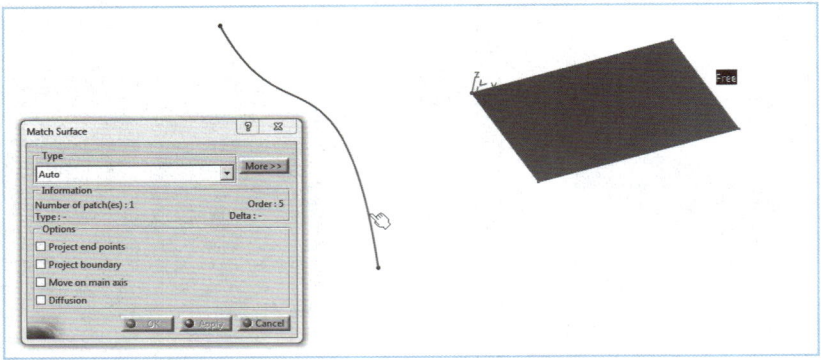

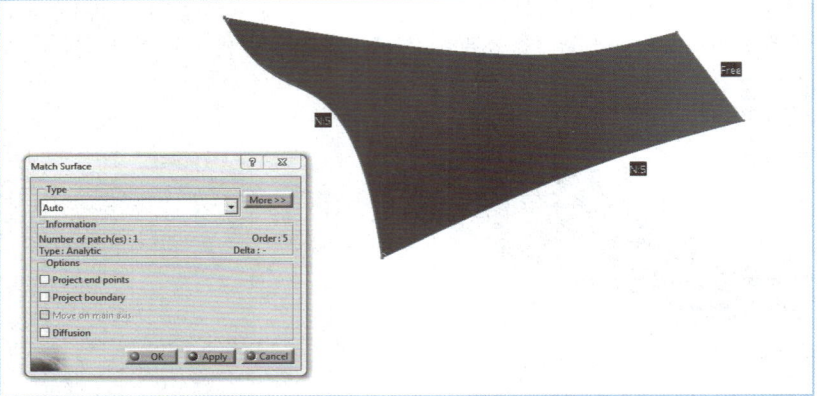

추가로 필요한 경우에는 More 버튼을 눌러 Control Point를 선택하여 Matching과 동시에 Control Point를 조절해 줄 수 있습니다.

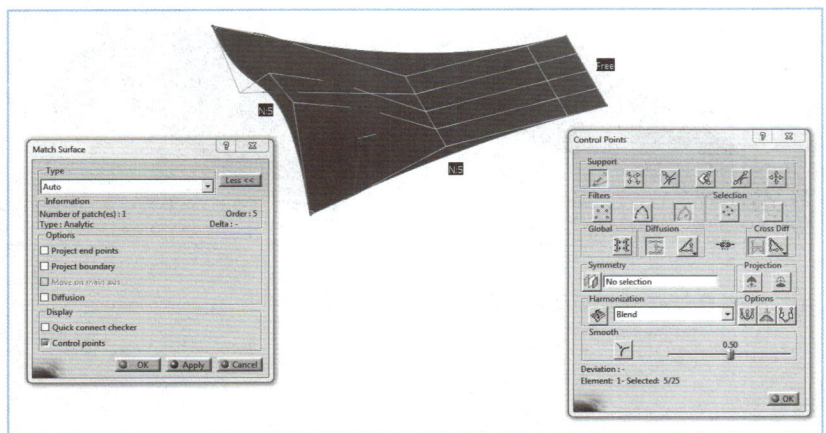

B. Multi-Side Match Surface

이 명령은 위에서 공부한 것과 유사한 기능이지만 동시에 여러 곡면의 모서리를 Matching해줄 수 있다는 장점이 있습니다.

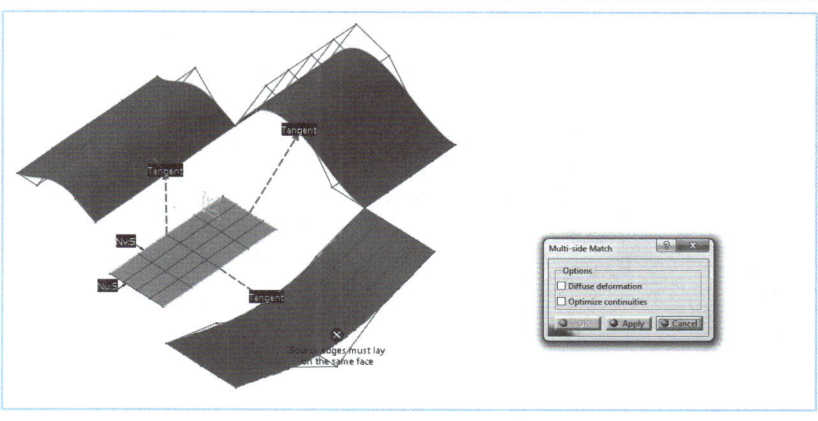

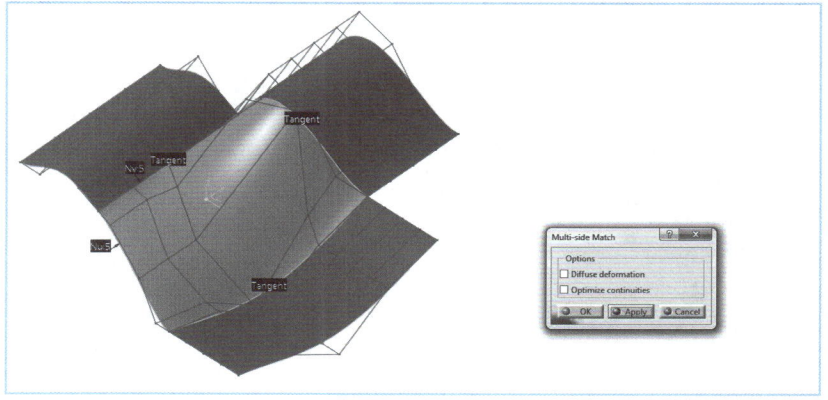

C. Fit to Geometry

이 명령은 Scan 데이터에 의한 점 데이터에 곡선이나 곡면을 입히는 방법으로 후에 역설계를 다루는 교재에서 다루도록 하겠습니다.

D. Global Deformation

여러 개의 곡면 패치를 이용해 설계 작업을 하는 경우 각각의 패치들이 서로 연결되어 있지 않다면 Control Point를 통해 수정을 할 때 선택한 하나의 패치에만 수정이 될 것입니다.

따라서 이웃하는 여러 개의 패치들을 동시에 수정할 수 있도록 설정하는 방법이 필요한데 이 명령이 바로 그렇습니다.

아래 그림처럼 복수의 곡면이 만들어진 상태에서 명령을 실행합니다. 그리고 CTRL Key를 사용하여 복수선택을 해 줍니다. 다음과 같이 Control Mesh가 두 대상 사이에 출력되는 것을 볼 수 있습니다.(자신의 Compass 방향 설정에 따라 다른 방향으로 보일 수 있습니다. 여기서는 XY 방향 기준입니다.)

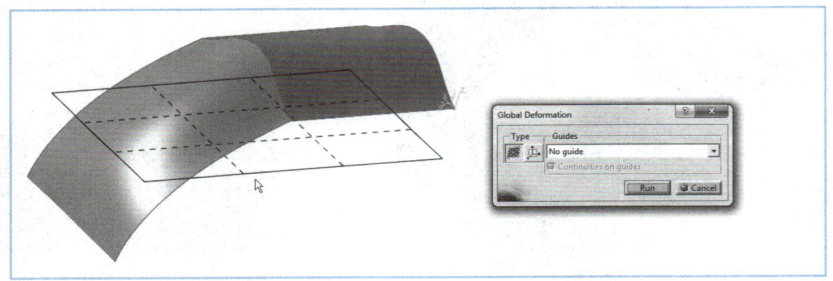

여기서 Run을 실행하면 Control Point 가 실행되어 복수의 대상에 대한 수정 작업을 동시에 수행해 줄 수 있습니다.

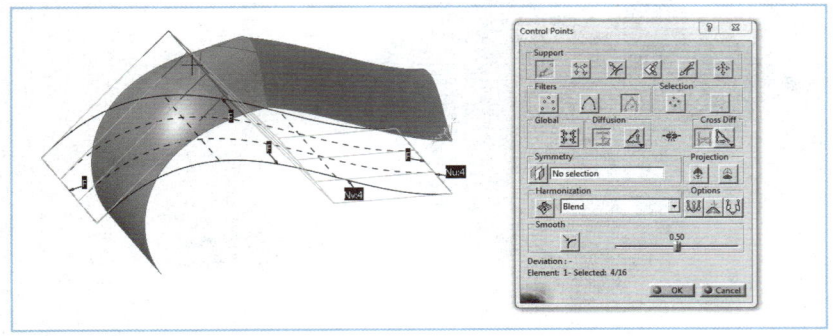

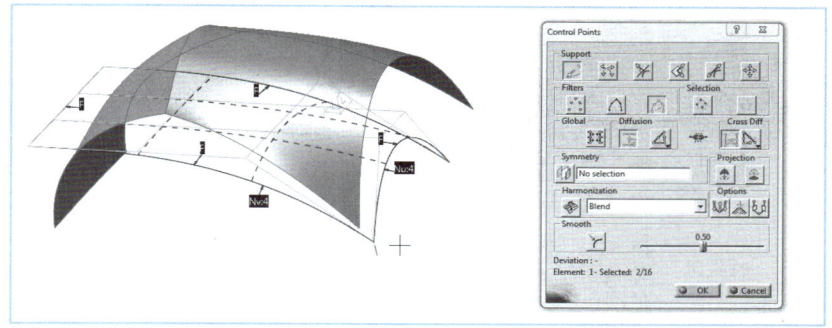

E. Extend

이 명령은 곡선 또는 곡면의 경계를 연장해 주는 기능을 합니다. 앞서 Styling Extrapolate와 유사하다는 느낌을 받으실 것입니다. 다만 이 명령은 길이에 의해서 연장하거나 줄이는 두 가지가 모두 가능한 점을 기억해두시면 좋을 것 같습니다.

명령을 실행하고 곡선 또는 곡면을 선택한 후에 양쪽 경계에 있는 Tuner를 이동시켜 보면 대상의 길이가 연장되거나 줄어드는 것이 가능하다는 것을 확인할 수 있을 것입니다.

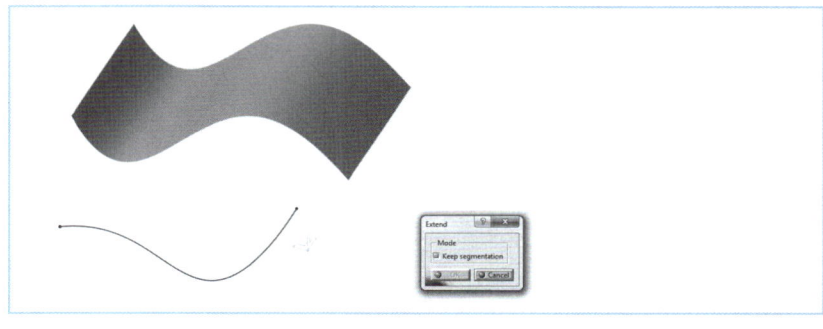

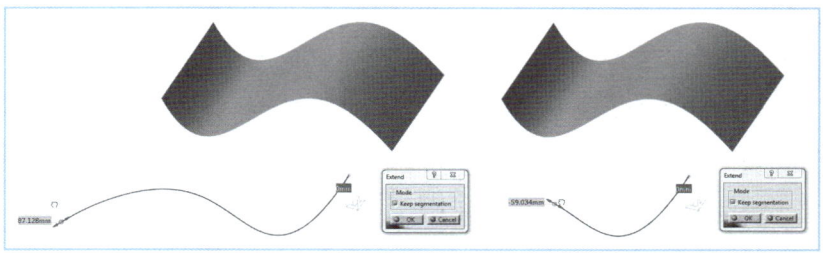

CATIA Surface의 정석

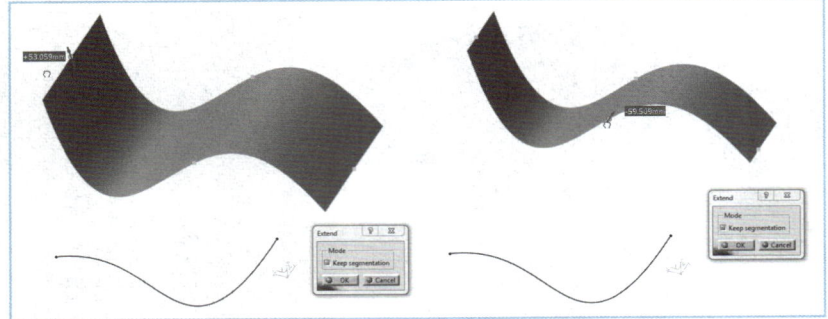

Shape Analysis

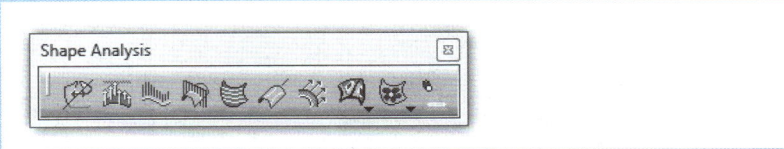

A. Connect Checker Analysis

이 명령은 떨어진 두 곡면 또는 곡선 사이 또는 선과 면사이의 거리를 측정하는 기능을 가지고 있습니다. GSD 의 Analysis에서 상세히 언급하였으므로 이 부분을 참고 바랍니다.

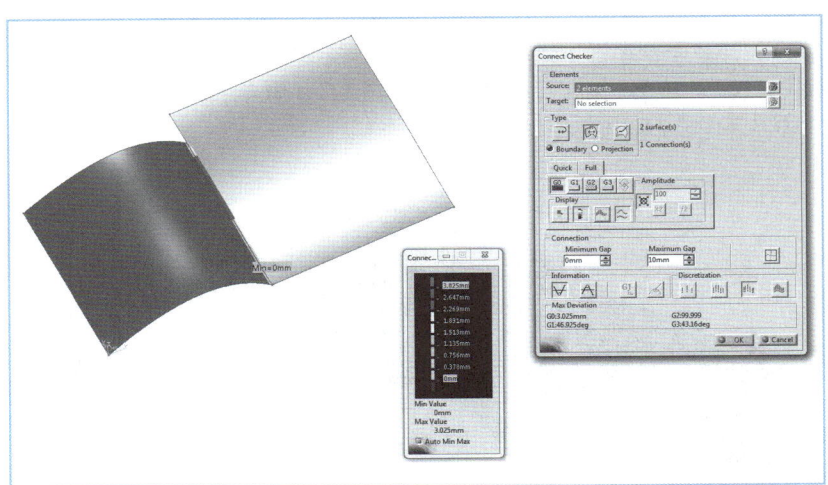

B. Distance Analysis

이 명령은 두 형상 요소(들) 사이에 떨어진 거리를 측정하는 기능을 합니다.

명령을 실행시키고 떨어진 두 형상 요소를 각각 First Set과 Second Set에 입력해 줍니다. 복수 선택이 가능합니다. 그러고 나서 거리 측정이 이루어질 방향을 설정합니다. 원하는 좌표 방향이 아닌 경우 일반적으로 Normal Distance를 선택합니다.

아래 그림은 곡선과 두 곡면 사이의 거리 측정 결과입니다.

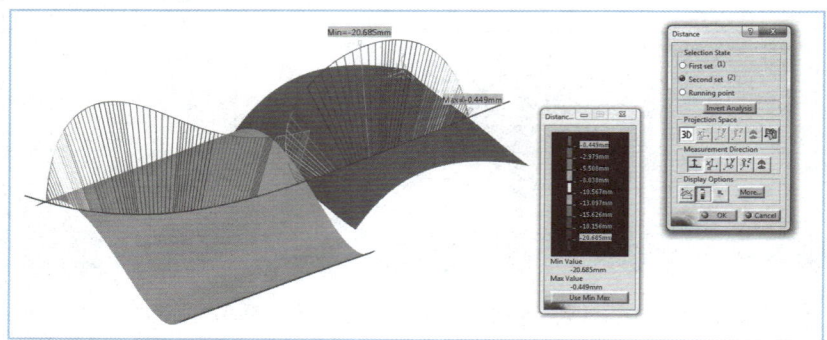

다음으로 출력하고자 하는 방식에 맞추어 Display 옵션을 설정해 줍니다. More 버튼을 누르면 추가적인 상세 설정이 가능합니다.

아래 그림은 두 곡면 사이의 거리 분석입니다. 특히 여기서는 곡면 사이의 거리 측정에 대한 효과를 돋보이기 위해 'Texture' 옵션을 사용하였습니다. View 모드에서 재질을 포함한 View 상태에서만 출력 가능합니다.

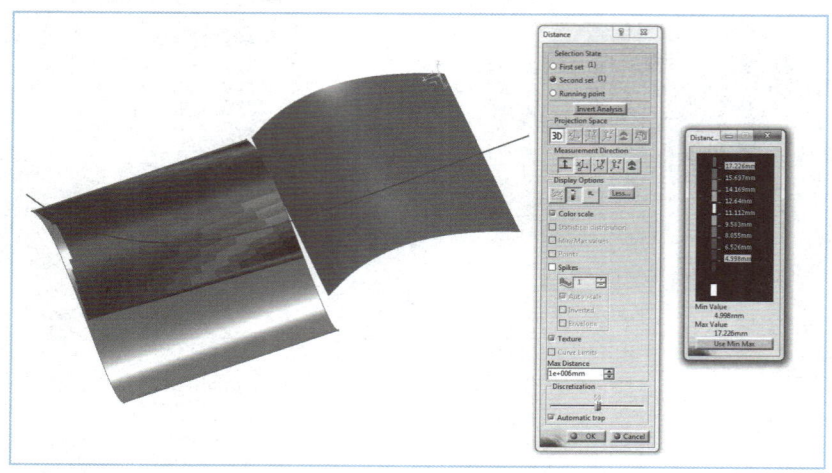

C. Porcupine Curvature Analysis

이 명령은 곡선의 곡률 또는 곡면이 가지는 경계(Boundary)에 대한 곡률을 분석하는 명령입니다. GSD 의 Analysis에서 상세히 언급하였으므로 이 부분을 참고 바랍니다.

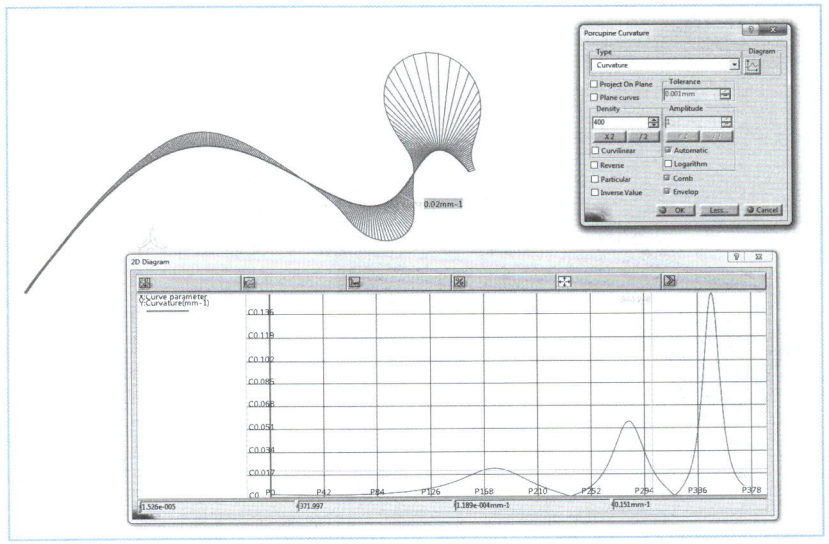

D. Cutting Plane Analysis

이 명령은 곡면 위에 나란한(또는 곡선에 수직이 되도록) 평면을 생성하여 곡면이 가지는 경계뿐만 아니라 곡면의 사이사이에 곡률의 특성 등을 굳이 실제로 곡면을 절단하지 않고도 분석할 수 있게 해 줍니다.

명령을 실행하고 곡면(들)을 선택하면 Cutting Plane의 방향을 설정하게 됩니다.(곡면을 선택할 때 낱개로 선택할 수도 있지만 Geometrical Set을 잡으면 그 안의 전체 성분을 선택할 수 있습니다.) 물론 Compass를 사용하여서입니다.

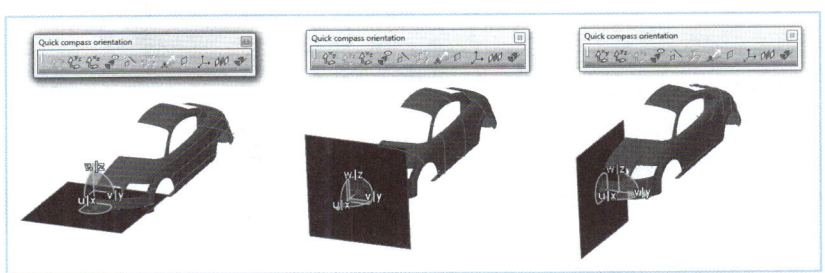

그러고 나서 Cutting Plane의 수를 정의합니다. 또는 거리 간격을 입력할 수도 있습니다.

여기에 추가적으로 Plane을 표시하거나 곡면과 Cutting Plane의 교차로 만들어진 Intersection Curve의 길이를 표시하거나 또는 Porcupine Curvature Analysis를 수행하게 할 수 있습니다.

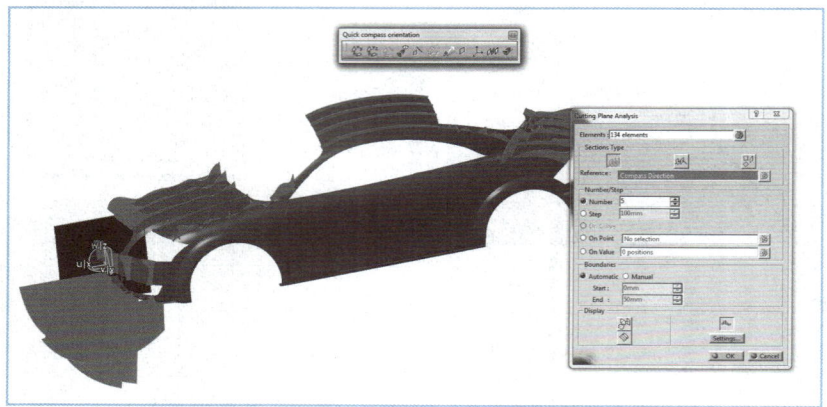

E. Reflection Lines

이 명령은 곡면 위에 마치 선들이 나란히 비춰진 것 같은 효과를 줍니다. 이 효과를 통해서 작업자는 자신이 설계한 곡면이 얼마나 매끄럽고 부드럽게 이어지고 있는지를 가늠할 수 있습니다.

명령을 실행하면 다음과 같은 창이 나타납니다. 여기서 Line들의 수와 거리 간격을 정의할 수 있습니다. 아직 곡면을 선택하지 않았기 때문에 곡면에는 아무것도 나타나지 않습니다.

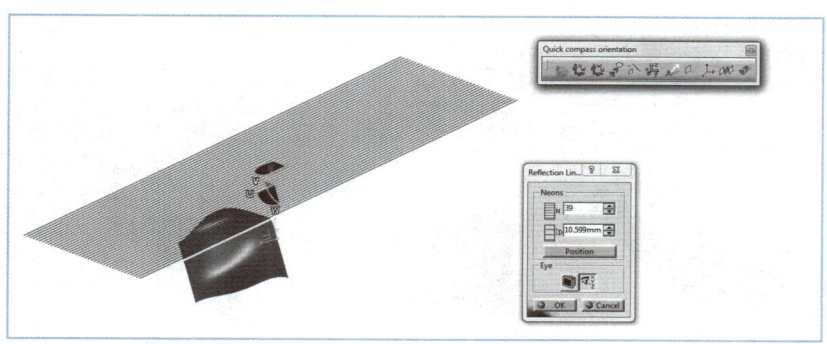

Line들의 방향은 Compass를 통해서 정의되며 곡면을 선택하여서 Compass에 의한 곡면들의 나열 방향을 맞춰 보기 바랍니다.

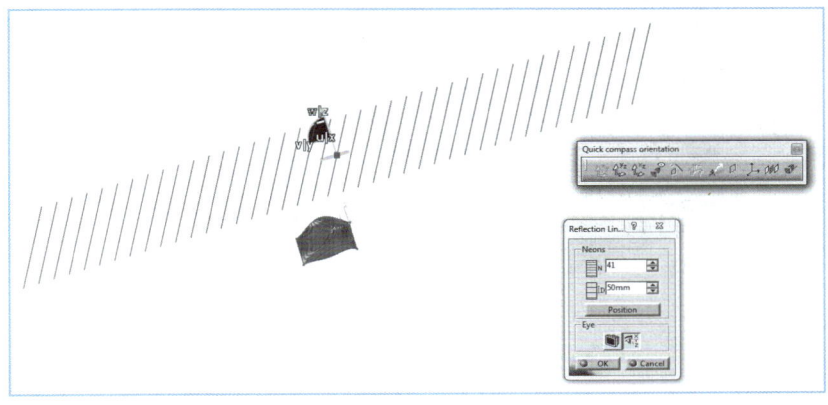

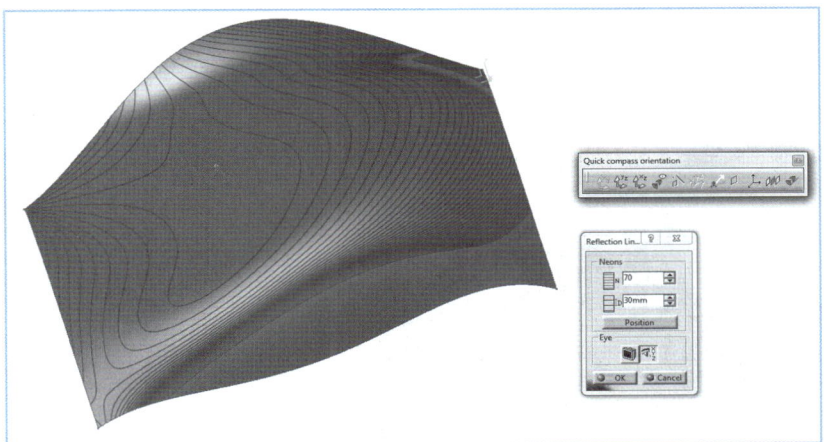

여기서 필요에 따라 시선의 방향을 변경해 줄 수 있습니다.

F. Infection Lines

Infection Line이란 곡률 값이 Null인 지점들을 연결한 선입니다. Compass의 방향이나 Parametric에 의해 값을 설정할 수 있습니다.

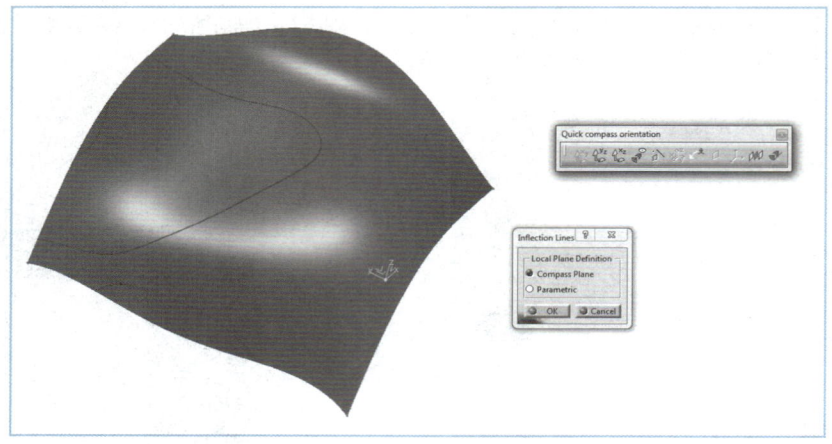

G. Highlight Lines Analysis

이 명령은 곡면의 형상과 곡률의 변화를 분석하기 위해서 사용하는 기능으로 선택한 곡면에 각도나 포인트를 기준으로 접하는 또는 수직인 지점들을 이어서 곡선으로 보여줍니다.

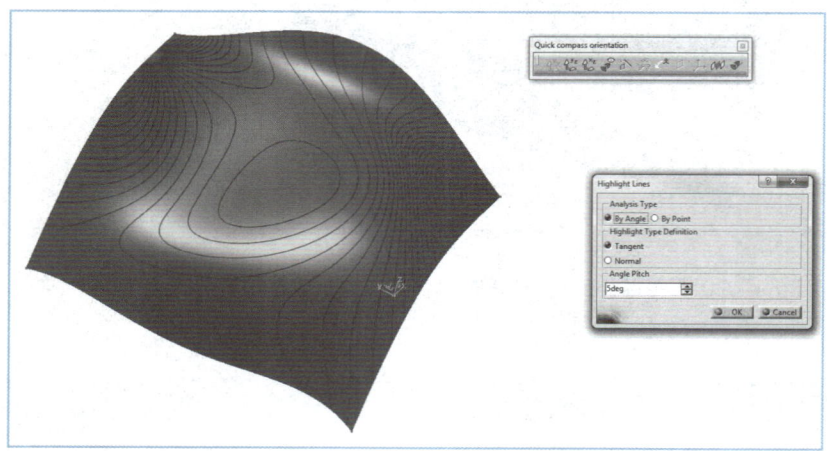

일반적으로 이러한 곡선들의 분포는 자연스럽게 유선을 따르는 게 좋습니다. 균일한 것도 중요합니다.

9.1 Draft Sub Toolbar

A. Surfacic Curvature Analysis

 이 명령은 곡면 자체가 가지는 곡률의 분포를 보여주는 명령으로 곡면의 품질을 평가하는 또 다른 방법이라 할 수 있습니다. GSD 의 Analysis에서 상세히 언급하였으므로 이 부분을 참고 바랍니다.

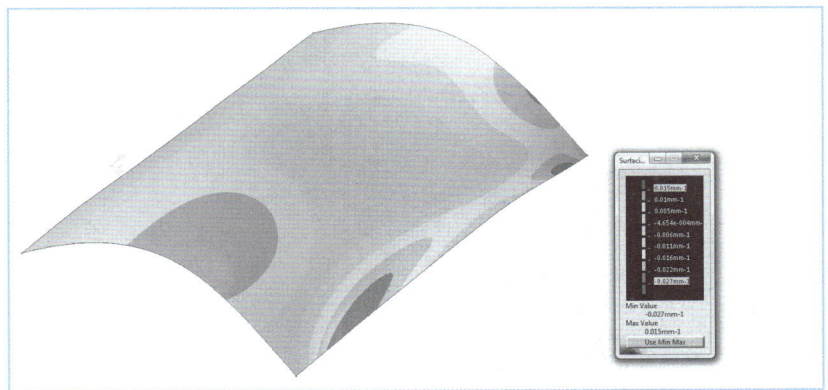

B. Draft Analysis

 이 명령은 면이 가지는 각도 분포를 측정합니다. GSD 의 Analysis에서 상세히 언급하였으므로 이 부분을 참고 바랍니다.

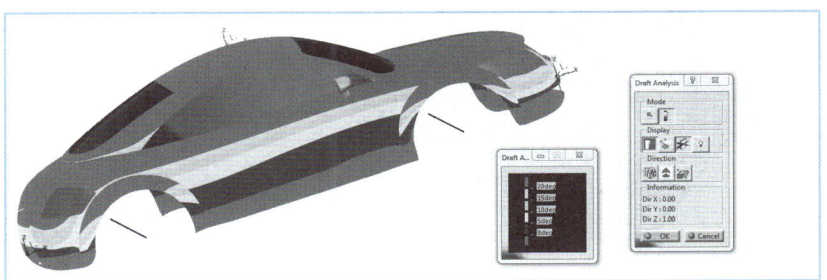

9.2 Image Mapping Sub Toolbar

A. Environment Mapping

 이 명령은 주변의 실제 사물이 곡면에 지추어지는 것 같은 효과를 통해서 곡면의 자연스러운 정도나 표면의 질감을 가늠할 수 있게 해 줍니다. 앞서 공부한 곡률 분포 해석이나 Reflection line등과 같이 곡면의 품질을 검사하는 도구가 됩니다.

 View Mode를 Shade with Material로 설정한 후, 명령을 실행하여 이미지 소스를 선택해 줍니다. 그러고 나서 곡면을 선택합니다.

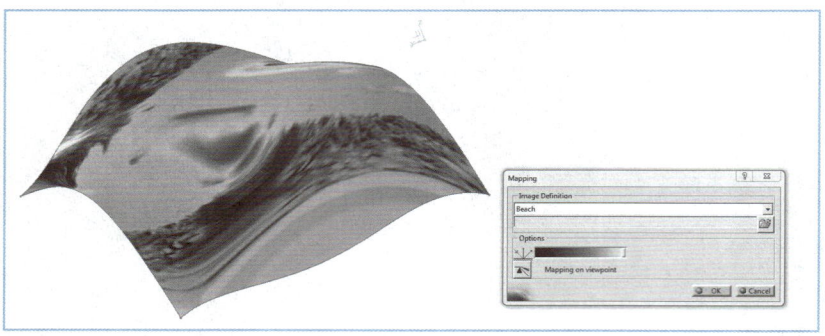

 필요한 경우 반사도를 조절해 줄 수도 있습니다.

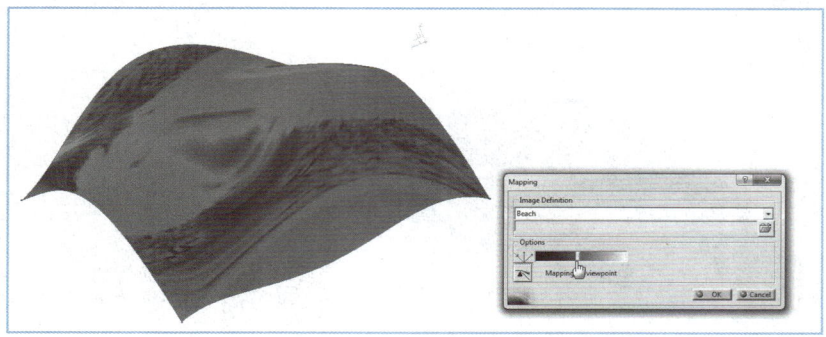

이러한 곡면 분석을 통해서 여러분은 설계한 곡면 형상이 자연스러운지, 설계 의도를 잘 반영하는지를 골똘히 생각해 보셔야 합니다.

B. Isophotes Mapping Analysis

Isophote는 등광도선이라고 불리는데요. 설계한 곡면에 이러한 등광도선을 적용하여 구, 원통, 평면 등의 방식으로 일정한 빛의 발생에 의한 곡면의 상태를 분석할 수 있습니다. 설계한 형상이 실제로 양산되어 만들어 진다고 했을 때 외관적인 미를 강조하는 제품의 경우 이러한 분석이 필수적이라 할 수 있습니다.

여기에 Zebra Parameter라고 해서 얼룩무늬와 같은 효과를 통해 표면의 상태를 분석할 수 있습니다.

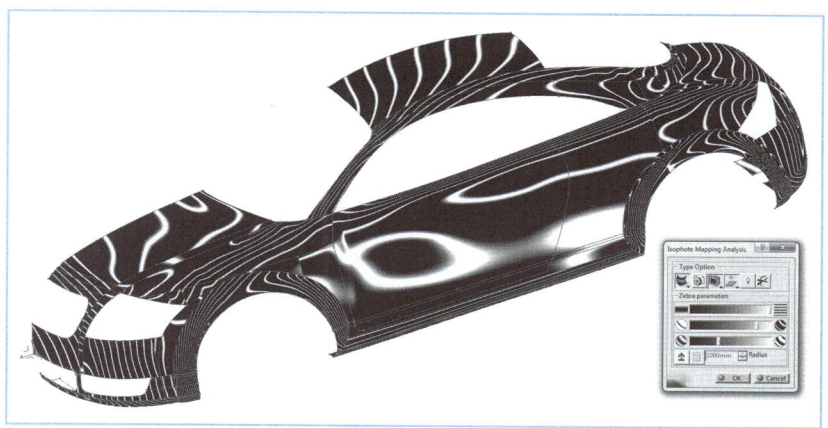

C. Light Source Manipulation

이 명령은 화면의 물체에 비춰지는 조명의 위치를 조절합니다.

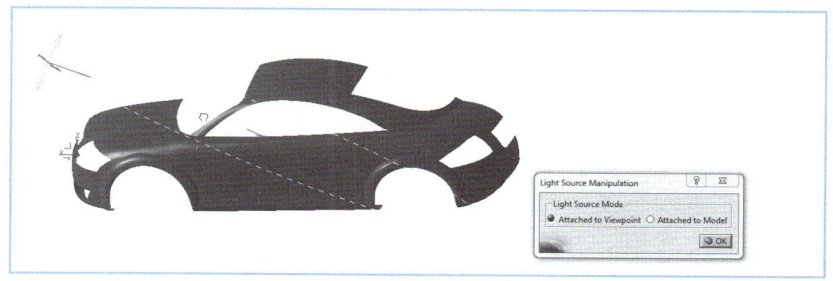

물론 풀다운 메뉴의 View에서 Lighting으로 설정하는 것과 동일합니다. 1장의 Interface 부분을 참고 바랍니다.

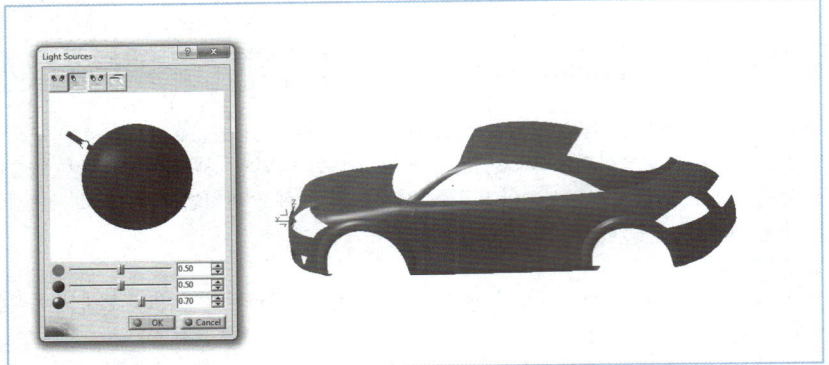

10 Tools Dashboard

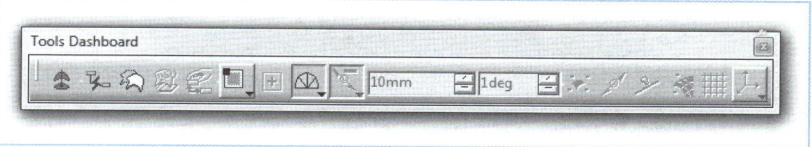

본 Toolbar에서는 FreeStyle에서 작업을 돕기 위한 보조도구들이 있습니다. 간단히 참고해 보도록 하겠습니다.

A. Quick Compass Orientation

FreeStyle에서 Quick Compass Orientation 창을 출력하게 하는 명령입니다. 이 명령보다 단축키인 F5를 사용하기 권장합니다.

B. Create Datum

Datum을 생성하기 위한 옵션으로 이것이 체크되어 있으면 만들어지는 결과물은 무엇이든 History를 갖지 않는 Datum이 됩니다.

아래는 간단히 프로파일 형상을 GSD 에서 Extrude하는 것인데요. Datum을 활성화 한 상태와 그렇지 않은 경우를 보도록 하겠습니다.

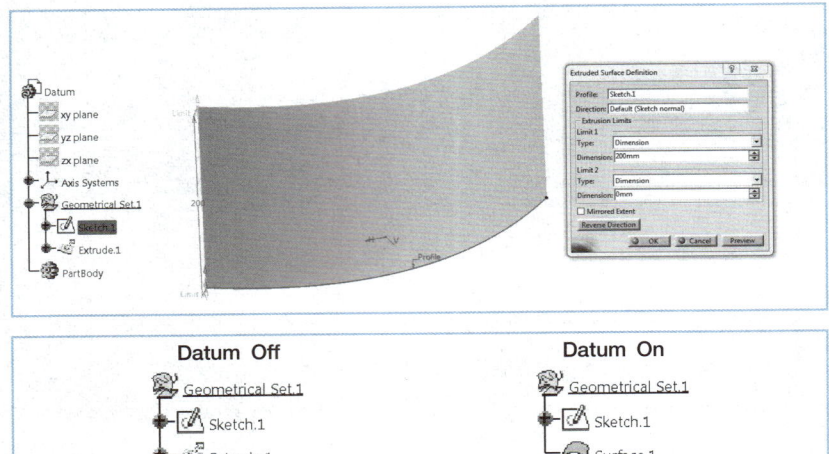

이 명령은 반드시 사용 후 다시 체크 해제를 해야 명령이 비활성 됩니다.

C. Keep Original

FreeStyle에서 형상에 대한 수정 작업을 한다고 했을 때 원본 형상이 변경되거나 없어지지 않고 원래 것이 남아 있게 할 수 있습니다.

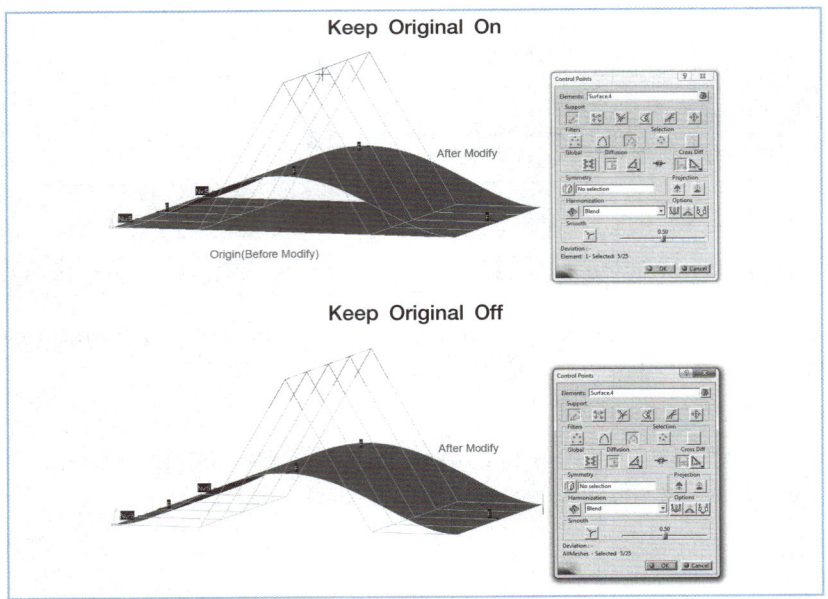

D. Insert In a New Geometrical Set

이 옵션은 명령을 통하여 곡면 또는 곡선과 같은 결과물이 새로 생성될 경우 이를 새로운 Geometrical Set을 생성하여 분류시켜주는 기능을 합니다. 모든 기능에 대해서 활성화되지는 않습니다.

E. Displaying Continuities On Elements

형상에 연속성 정보를 기호로 출력하게 해줍니다. 만약에 이 옵션이 꺼있게 되면 이웃하는 대상들과의 연속 정보를 확인할 수 없으므로 주의바랍니다.

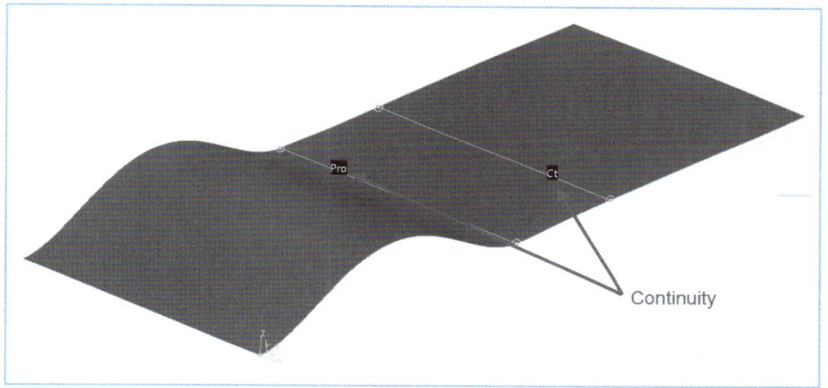

F. Temporary Analysis mode

이 옵션은 형상을 생성하는 단계에서 Analysis Toolbar에 있는 명령들을 사용하여 생성 또는 수정과 동시에 분석을 같이 할 수 있게 해 줍니다.

다음과 같이 곡면 패치를 선택하여 Control Point 명령을 실행한 상태에서 Temporary Analysis mode 를 켜고 Analysis에 있는 Reflect Line 명령을 실행합니다.

그럼 다음과 같이 Reflect Line이 실행되고 여기서 우선 설정을 해준 후에 Reflect Line 을 OK하고 Control Point 를 통해 수정을 진행합니다. 그럼 보시는 바와 같이 해석 모드와 수정을 동시에 할 수 있습니다.

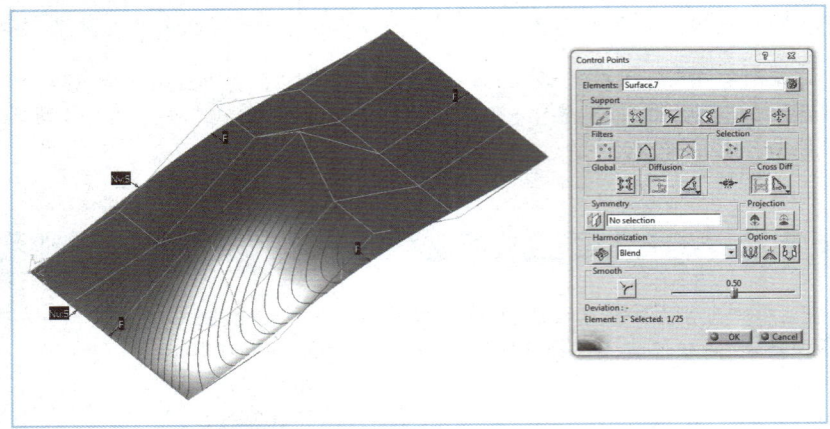

G. Auto detection mode

여기서는 대상을 선택하거나 수정하는데 있어 필요한 제어점을 선택하는 옵션을 제공합니다.

- **Snap On Vertex** : 포인트 요소를 선택할 때 형상이 가지고 있는 꼭지점만 선택할 수 있습니다.
- **Snap On Edge** : 포인트 요소를 선택할 때 형상이 가지고 있는 모서리 상에서 임의의 위치만을 선택할 수 있게 합니다.
- **Snap On Cpt** : 포인트 요소를 선택할 때 형상이 가지고 있는 Control Point만을 선택할 수 있게 합니다.
- **Snap On Segment** : 포인트 요소를 선택할 때 형상이 가지고 있는 Control Mesh 상의 임의의 점만을 선택할 수 있게 합니다.

H. Manipulators Snap

이 옵션은 Control Point 를 사용하는 과정에서 Snap 기능을 사용할 수 있게 정의합니다. Control Point를 실행한 상태에서 이 옵션을 활성화 하면 꼭지점, Control Point,

곡선 위의 임의의 점, 곡면위의 임의의 점만을 선택할 수 있습니다. 그리고 다음과 같이 대상 출력 시 표시됩니다.

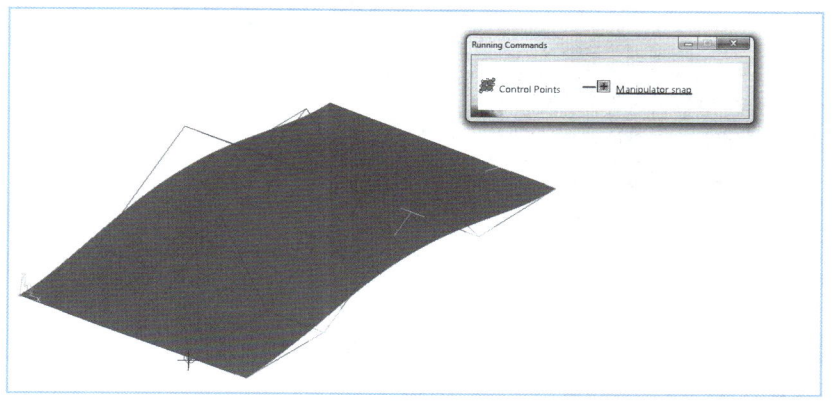

I. Attenuation

이 옵션은 마우스 동작의 움직임과 그에 따른 형상에 변화의 크기를 조절합니다. 즉, 마우스 조작과 그에 대한 상대적인 형상 변화의 크기를 조절할 수 있습니다. 상세한 설명은 Imagine & Shape 를 참고 바랍니다.

J. Manipulator mode

이 옵션은 우리가 Control Point를 이동시킬 때 대상을 선택하고 마우스로 움직일 때 움직임 양상을 정의합니다.

Dynamic mode 의 경우에는 우리가 커서를 움직이는 대로 Control point가 따라 움직입니다. Step mode 의 경우에는 임의의 거리 값을 정의하여 해당 거리만큼씩 움직이게 할 수 있습니다. 거리 값의 정의는 Dash Board Toolbar에 기입란 10mm 에 입력해 주면 됩니다. Grid mode 도 이와 유사합니다.

K. Contact Points

이 옵션은 선택한 형상 요소들 사이에 접촉이 일어나는 지점을 하이라이트해 줍니다. 그리고 우리는 이것을 선택하여 위치를 조절해주는 것이 가능합니다.

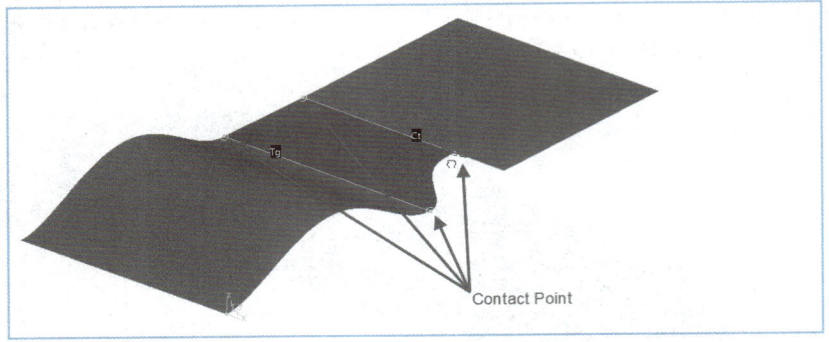

L. Displaying Tensions On Elements

곡선 또는 곡면이 연결되는 지점에어 G1이상의 연결 속성을 지닐 때 가중치를 줄 수 있는 Tension 값을 출력하여 세부 조절이 가능하게 해줍니다.

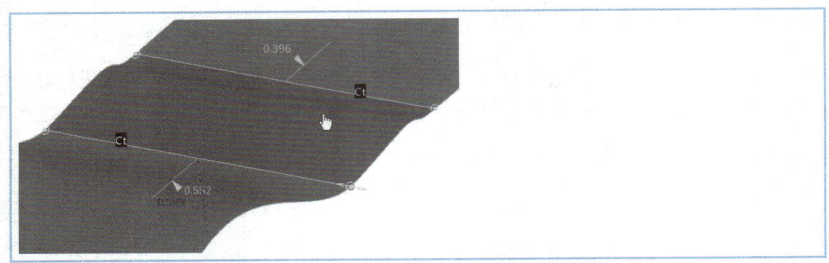

M. U, V Orders

이 옵션은 선택한 곡면 또는 곡선 형상의 차수(Degree)를 출력하는 기능을 합니다.

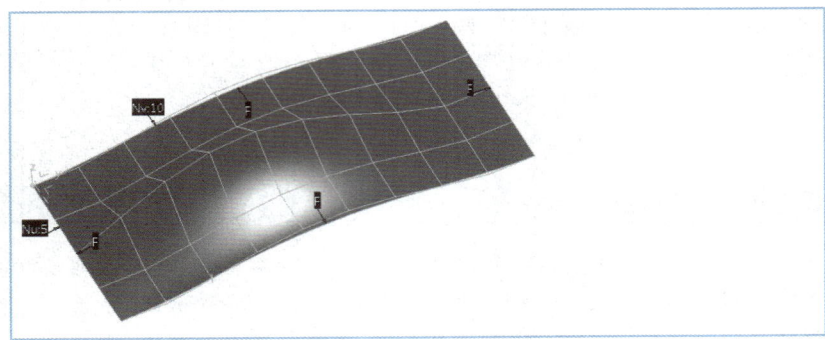

곡면 또는 곡선의 차수가 출력된 상태에서 여기에 Contextual Menu를 눌러 차수를 변경해 주는 것도 가능합니다.

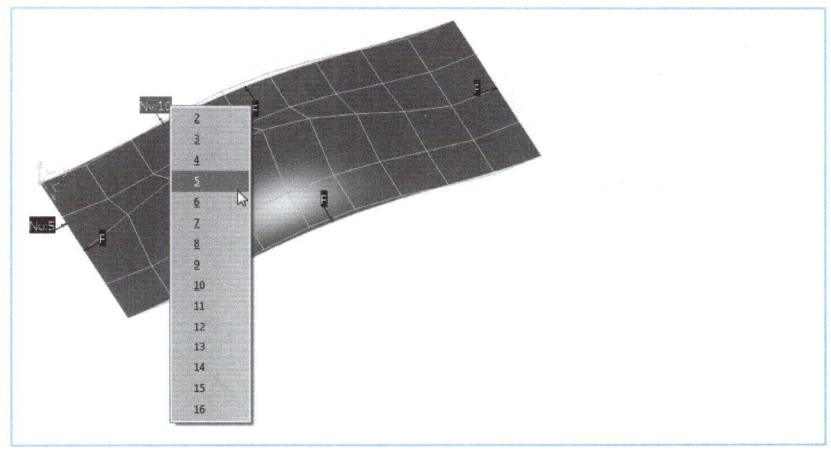

N. Furtive Display

이 옵션은 FreeStyle의 기능을 사용할 때 Control Point를 임시로 출력해 주는 기능을 합니다. 다음과 같이 곡면 사이를 Blend로 이어주는 경우에 한번 활성해 보기 바랍니다.

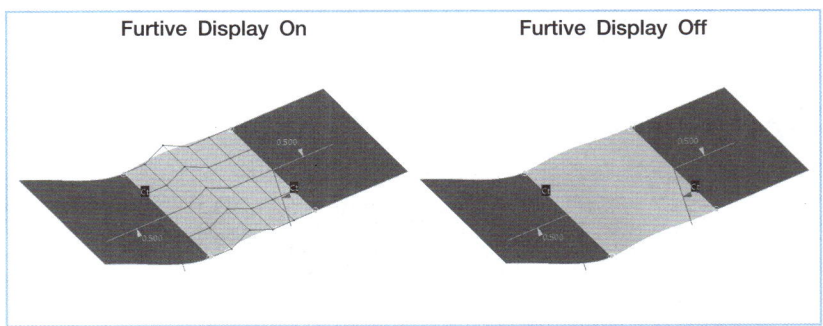

O. Manipulator Position

여기서는 형상의 Control Point를 Manipulate할 때 선택한 지점에 대한 정보를 출력하는 옵션을 변경할 수 있습니다.

3D Manipulator : 선택한 Control Point의 기존 Control Point의 위치와 수정 후 Control Point의 위치 사이에 거리를 표시해 줍니다.

Local Coordinates : 선택한 Control Point의 기존 Control Point의 위치와 수정 후 Control Point의 위치 사이에 3축 방향 변화량을 표시해 줍니다.

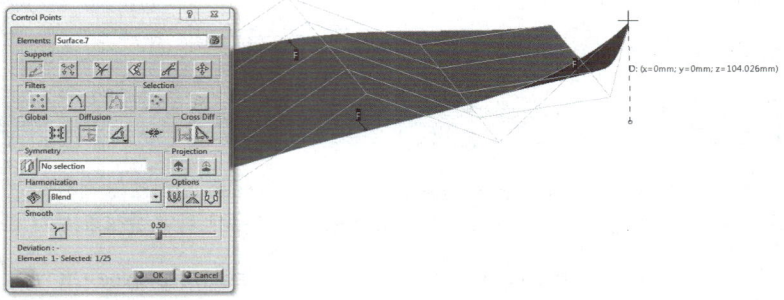

Absolute Coordinates : 선택한 Control Point의 수정 후 위치를 좌표로 표시해 줍니다.

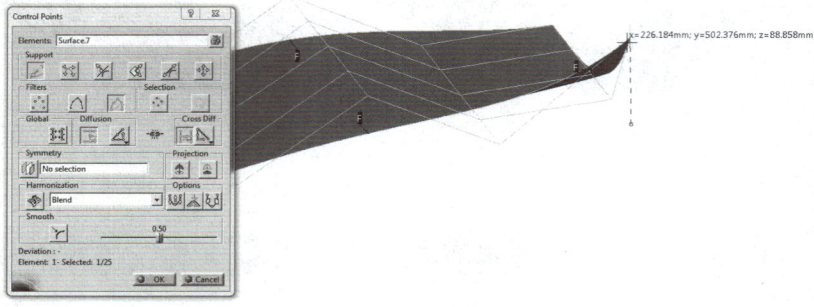

Chapter 5

Imagine & Shape

1. Imagine & Shape 워크벤치에서의 모델링 특징 및 접근 방법
2. GSD vs. Imagine & Shape vs. FreeStyle
3. General Options Toolbar
4. Creation Toolbar
5. Modification Toolbar
6. Styling Surface
7. Operation
8. View Management
9. Shape Operation
10. Update

Imagine & Shape 워크벤치에서의 모델링 특징 및 접근 방법

　CATIA Imagine & Shape(IMA) 워크벤치는 기본적으로 정의된 형상 Element만을 사용하여 복잡한 곡면 형상의 제작을 가능하게 하는 새로운 개념의 Surface Modeler로, 가히 New Generation Modeling Tool이라 불릴 만큼 지금까지 CATIA를 비롯한 일반적인 3차원 CAD 프로그램의 모델링 방식과 차별되는 설계 형상 구현의 길을 제시하고 있습니다. Imagine & Shape는 설계하고자 하는 대상을 치수나 구속 조건에 의한 프로파일들의 단계적 모델링 방식을 사용하지 않고 직관적인 디자인 감각을 활용하여 기본 형상(Primitive)을 가공하는 곡면 모델링 방식이라 할 수 있습니다.

　따라서 작업자는 형상을 구현하는데 Plane이나 Axis와 같은 Reference Element에 완전히 종속되거나 구애받지 않으며 2차원 단면 프로파일 역시 필요로 하지 않습니다. 단순히 CATIA에서 기본적으로 정의된 형상(Primitive)을 변형(Transform)시켜 구현하고자 하는 디자인 형상을 만들어냅니다.

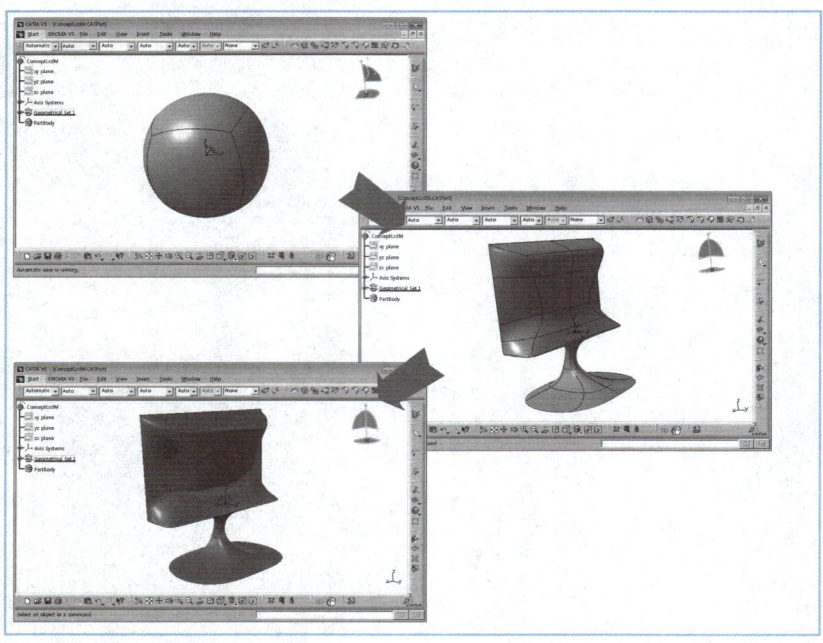

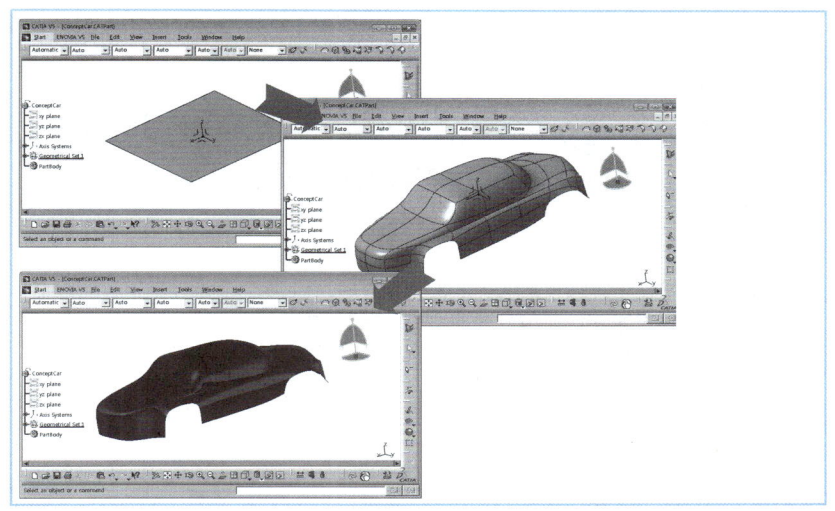

이러한 Imagine & Shape는 Mechanical Design이나 Surface Modeling 관련 비전문가도 사용할 수 있을 만큼 그 방법이 매우 간단하며, 결과물을 빠르고 손쉽게 만들어 낼 수 있습니다. 특히 치수나 구속에 의존하지 않고 형상을 구현할 수 있다는 점이 디자인 관련 분야에서 설계 프로그램을 사용하고자 하는 작업자에게 충분한 강점을 제공할 것입니다. 결과적으로 Imagine & Shape는 이 워크벤치를 사용함으로써 Styling Designer와 Engineering Designer 사이의 작업 시간의 지연 및 데이터 괴리를 줄이는 것을 목표로 합니다. 디자인 부서와 설계 부서간의 흔히 일어나는 서로간의 작업 지연과 데이터 차이로 인한 논쟁을 경험한 작업자라면 Imagine & Shape 워크벤치의 필요성과 효과를 짐작할 수 있을 것입니다.

Imagine & Shape의 등장은 CAD/CAM/CAE 통합 솔루션인 CATIA를 산업 디자인 분야까지 포괄할 수 있는 제조업 분야의 최강자로 자리매김하는데 큰 역할을 할 것이라 확신할 수 있습니다.

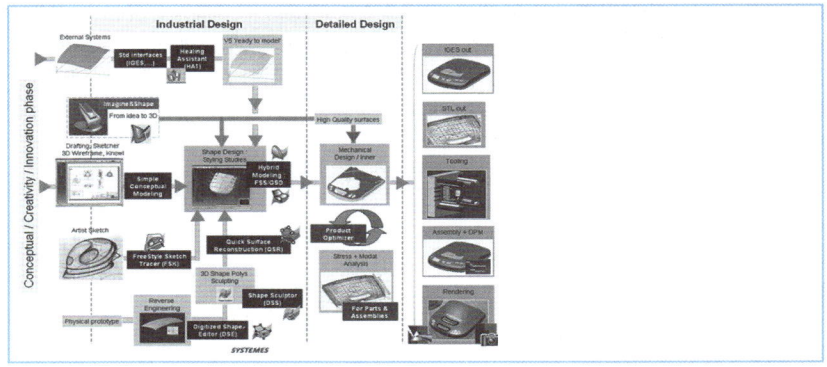

1 ▶ Imagine & Shape 워크벤치에서의 모델링 특징 및 접근 방법

GSD vs. Imagine & Shape vs. FreeStyle

앞에서 Imagine & Shape(IMA)가 지금까지의 모델링 워크벤치와 확연히 다른 방식으로 형상 모델링을 수행한다고 소개한 바 있습니다. 그렇다면 실제로 어떠한 차이가 있는지 기존의 워크벤치와 그 내부 작업 요소나 기능을 잠시 비교해 보도록 하겠습니다. 자유곡면을 다루는 FreeStyle과도 다른 점이 있으니 이점도 놓칠 수 없을 것입니다.

지금까지 GSD(Generative Shape Design)을 사용하여 일반적인 Mechanical Design 방식의 설계 작업을 해온 독자라면 Profile이나 Guide Curve에 익숙하실 것입니다. 하지만 IMA에서는 이러한 2차원 요소를 통한 3차원 생성이나 수정이 필요 없습니다. Primitive라고 하는 기본 분할곡면 형상요소를 불러와 이를 조작하여 원하는 형상을 만들게 됩니다. 물론 분할곡면으로 만들어진 대상이라 하더라도 Split나 Trim, Join과 같은 수정 작업이 가능합니다. 자유롭게 원하는 부분을 늘리고 구부려 형상을 정의한 후 일반 Surface Operation 툴로 정형화된 모델링과 접목이 가능합니다. 또한 GSD에서는 Parameter가 지원하였지만 IMA에서는 Parameter, Formula, Rule과 같은 기능으로 형상이 변경되는 양상을 정의할 수 는 없습니다. GSD와 연결된 부분에서 Knowledge를 사용하고 이를 IMA와 접목하는 방법으로만 가능합니다.

FreeStyle의 경우 외부 Surface 형상을 NURBS 곡면으로 변환하여 수정이 가능한 반면 IMA는 오로지 IMA에서 생성한 Primitive만 가지고 부분적인 변형이나 수정이 가능합니다. 물론 GSD에서 작업하는 기본 Operation들은 똑같이 적용 가능하지만 Modification을 이용한 수정이 불가능하다는 것입니다. FreeStyle의 경우 이웃하는 곡면 또는 곡선들과 연속성 정의가 가능하여 Smooth하고 자연스러운 연결이 가능하지만 IMA의 경우에는 만들어진 하나의 Primitive를 주로 완성 형상으로 발전시켜 나가기 때문에 이웃하는 형상들과의 연속성을 세부적으로(G0, G1, G2 연속성처럼) 정의하거나 설정하는 부분은 없습니다. 두 워크벤치 모두 Modification을 마치게 되면 작업하던 History들은 볼 수 없다는 점은 공통점이라 할 수 있습니다.

General Options Toolbar

Imagine & Shape 워크벤치는 다른 워크벤치들과 달리 작업을 수행하는 동안 직접적인 도움말 기능을 제공합니다.

3.1 Text Help Level

Imagine & Shape에서는 다음의 3가지 Mode로 작업자에게 작업하는 동안 Text를 사용하여 선택한 대상이나 작업에 대해서 설명해주도록 할 수 있습니다. Text는 마우스 바로 옆에 생성됩니다.

A. Long Help

Text level Help의 Mode가 Long Help로 설정한 경우에는 작업자에게 작업하는 동안 Full Text를 사용하여 도움말을 표시해줍니다. Imagine & Shape를 처음 사용하는 작업자에게 적합합니다.

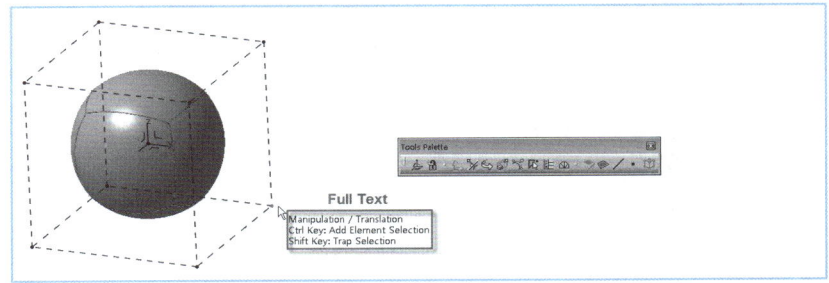

B. Short Help

Text level Help의 Mode가 Short Help로 설정한 경우에는 작업자에게 간단한 Text를 사용하여 도움말을 표시해 줍니다.

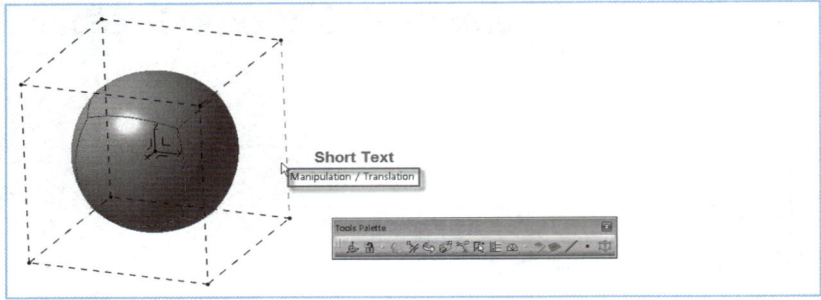

C. No Help

Text level Help의 Mode가 No Help로 설정한 경우에는 작업하는 동안 Text를 사용하여 도움말을 제공하지 않는다. Imagine & Shape 작업이 익숙한 작업자에게 화면에 불필요한 Text가 뜨지 않게 할 수 있습니다.

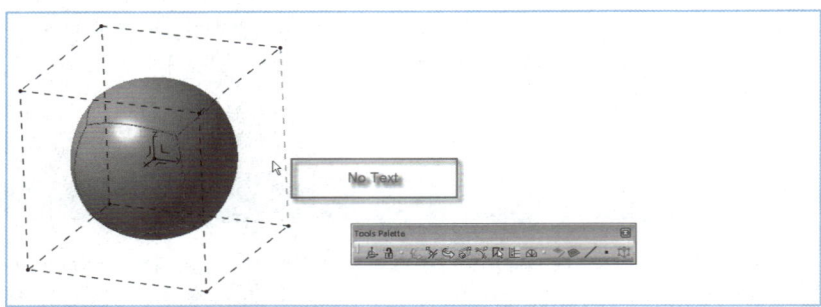

Text Help의 Mode를 변경하는 방법은 아이콘을 클릭하여 변경할 수 있는데 위 세 가지 순서에 따라 Mode가 변경됩니다.

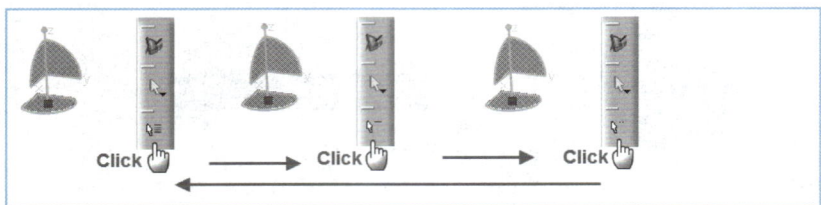

3.2 Show Coord

이 옵션은 Compass의 변경된 값 표시를 설정하는 기능을 합니다. 다음과 같이 3가지 Mode가 있습니다.

A. Along Compass

기본 옵션으로 Compass가 위치한 곳에 변형되는 값을 표시해 줍니다.

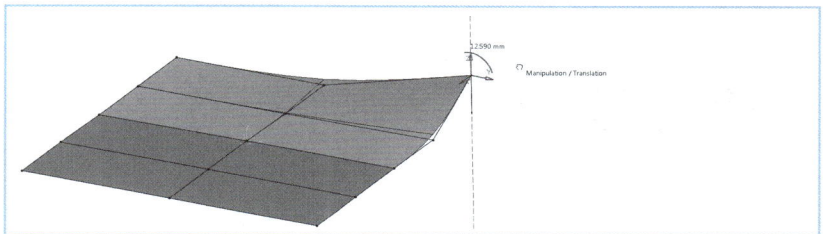

B. Along Cursor

커서가 위치한 곳에 변형되는 값을 표시해 줍니다.

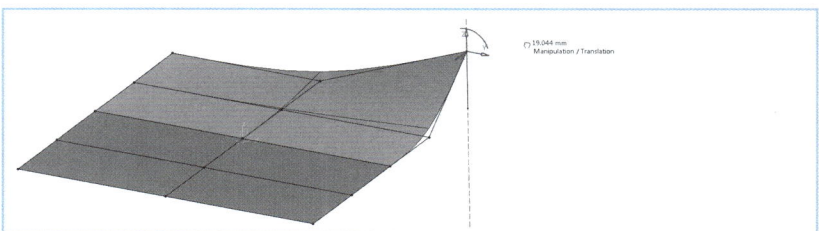

C. None

값을 표시하지 않습니다.

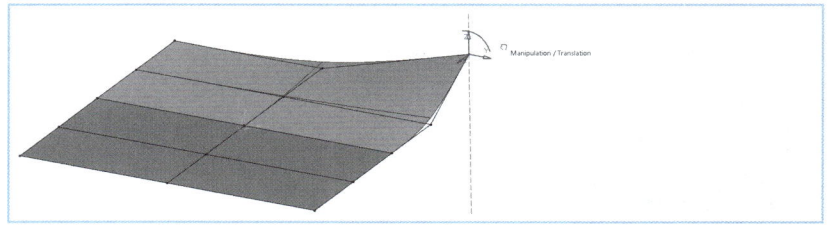

4 Creation Toolbar

Imagine & Shape 워크벤치에서 모델링 작업을 수행하는데 있어 가장 먼저 사용되는 Toolbar로 작업에 사용하고자 하는 기본 Primitives를 생성하는 명령들을 담고 있습니다.

작업자는 여기에 주어진 기본 Primitives만을 사용하여 자신이 원하는 형상으로 변형을 시켜나가야 합니다. 따라서 작업하고자 하는 형상에 맞게 기본 Primitives를 잘 선택하는 것도 중요합니다.

명령을 실행하여 형상을 생성하고 나면 Tools Palette는 바로 Modification Mode로 전환되므로 대상의 생성 및 수정 작업이 끝난 후에는 반드시 ESC 키를 눌러 해당 작업을 종료해야 합니다.

4.1 Sketch Curve

현재 Part 도큐먼트 상에 Styling Curve를 생성하는데 사용합니다. 여기서 생성되는 Styling Curve는 마우스를 이용해 작업자가 그리는 궤적을 따라 형상이 만들어집니다. Subdivision Surface의 보조 도구 역할을 하는 자유 곡선을 생성할 수 있습니다.

명령을 실행하면 다음과 같이 Tools Palette Toolbar가 나타납니다.

A. Sketch

현재의 지정된 평면상에 Styling Curve를 그릴 수 있는 상태를 나타냅니다. Sketch Curve를 그리는 동안 해제되지 않습니다.

다음과 같이 Sketch Curve 명령을 실행하고 화면을 드래그 하면 다음과 같은 Styling Curve가 만들어집니다.

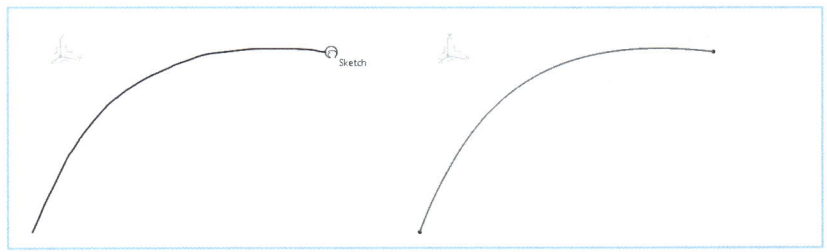

여기서 만들어지는 Styling Curve는 앞서 작업자가 그린 궤적을 완전히 따라가는 것은 아니며 Curve를 정의하는 함수식에 의해서 어느 정도 차이가 있습니다. 가능한 매끄럽게 그려진다고 보시면 됩니다.

B. Plane Selection

Styling Curve를 그리고자 할 때 기준이 되는 평면을 선택하는 명령입니다. 앞서 단순히 Sketch가 활성화된 상태에서 Styling Curve를 그려주면 임의의 위치상으로 Curve가 만들어집니다. 따라서 정확히 원하는 위치의 평면을 지정해주어야지만 자신이 의도한 위치에서 Styling Curve가 만들어집니다.

여기서 한 가지 Tip으로 View Toolbar에서 원하는 위치와 일치하는 View의 위치를 Quick View에서 선택한 후에 Styling Curve를 그려주면 한결 그리기가 수월합니다.

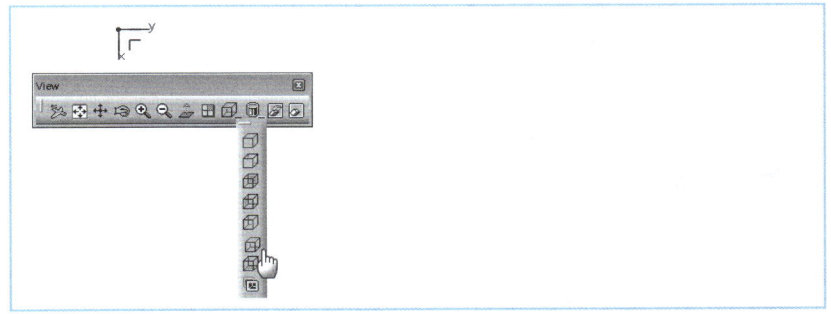

Plane Selection 을 클릭하고 Curve의 기준면으로 지정하고자 하는 평면을 선택합니다. 기본 원점 상의 평면을 사용하고자 하는 경우가 아닌, 다른 임의의 지점의 평면을 사용하고자 하는 경우라면 미리 평면을 생성해 주어야합니다.

평면을 지정하고 나면 Tools Palette가 Styling Curve를 그리는 단계로 다시 돌아가며, 이때 Curve를 그려주도록 합니다.

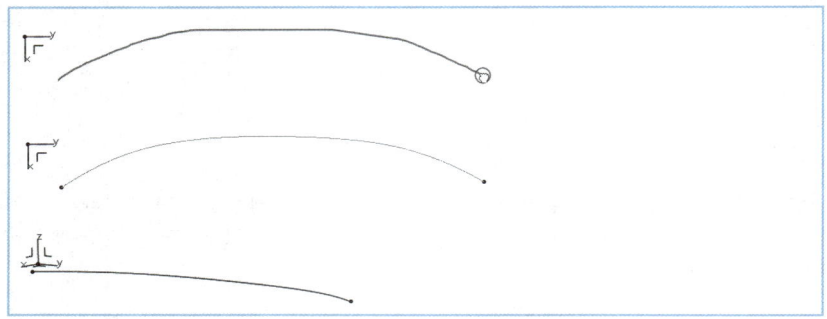

Styling Curve를 그리고자 하는 평면을 지정해 주지 않으면 임의의 공간상에 그려지므로 주의하도록 합니다.

C. Characteristics

Styling Curve를 그릴 때 이 Curve의 특성을 조절할 수 있습니다. 여기서 Order는 Curve를 수학적으로 구성하는 함수의 차수를 재정의할 수 있습니다. Default로 6차로 정의되어 있으며 4에서 11까지 조절할 수 있습니다.

Arcs Number를 체크하면 Curve의 Arcs의 수를 조절할 수 있으며, 체크되지 않은 상태에서 Curve의 arcs 수는 Curve의 Curvature에 맞게 자동적으로 계산됩니다.

View Limit를 체크하면 Modification 상에서 limit arcs를 표시해 줍니다.

만약 다시 Curve의 초기 Characteristics로 변경하고자 하는 경우 Default Values 버튼을 클릭하도록 합니다.

마지막에 설정 완료 후 OK를 선택해야 입력한 Characteristics로 적용되며 이 값은 앞으로 만들어지는 다른 Curve에 대해서도 동일하게 적용됩니다.

Curve가 만들어진 후에는 바로 Modification이 활성화 됩니다.

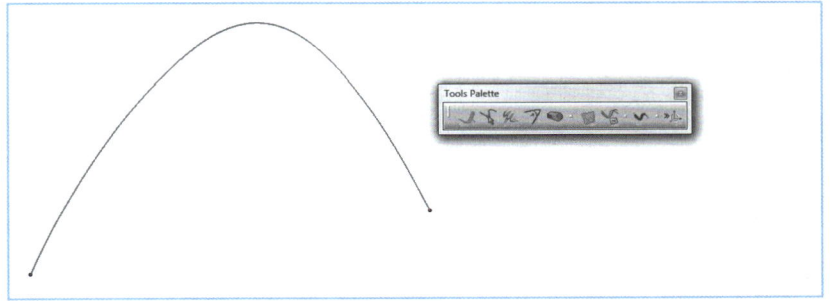

4.2 Open Primitives Sub Toolbar

Open Primitives Sub Toolbar를 사용하여 작업자는 Part 도큐먼트 상에 Surface 모델링에 사용할 기본형을 만들 수 있습니다. 2차원 평면인 Surface 형상을 만들어 냅니다. 여기서 Open이 의미하는 것은 곡면 형상이 안과 밖으로 나누어지지 않음을 의미합니다.

A. Rectangle

단일 패치(또는 Section)로 구성된 사각형 형상의 Surface를 만드는데 사용합니다.

위치시키고자 하는 지점의 Reference Element를 선택한 후, 명령을 실행시키면 즉각적으로 화면상에 중앙에 Rectangle 형상의 Surface가 만들어 집니다.

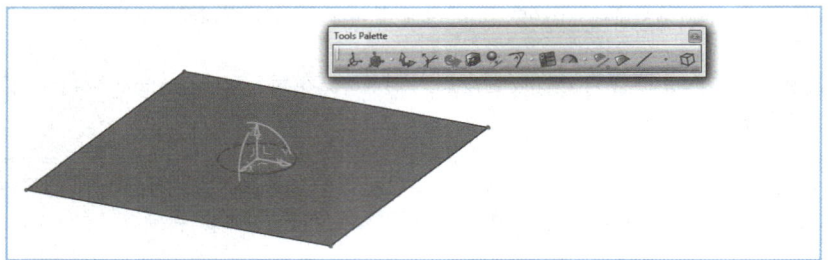

여기서 바로 Modification 작업을 수행할 수 있으며, Esc Key로 작업을 종료할 수 있습니다. Spec Tree에는 다음과 같이 나타납니다.

B. Circle

5개의 패치(또는 Section)로 구성된 원형 형상의 Surface를 만드는데 사용합니다.

위치시키고자 하는 지점의 Reference Element를 선택한 후, 명령을 실행시키면 즉각적으로 화면상에 중앙에 Circle 형상의 Surface가 만들어 집니다.

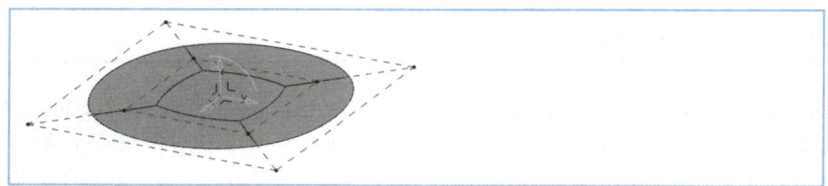

C. Triangle

3개의 패치(또는 Section)로 구성된 삼각형 형상의 Surface를 만드는데 사용합니다.

위치시키고자 하는 지점의 Reference Element를 선택한 후, 명령을 실행시키면 즉각적으로 화면상에 중앙에 Triangle 형상의 Surface가 만들어 집니다.

D. Ring

8개의 패치(또는 Section)로 구성된 링 형상의 Surface를 만드는데 사용합니다.

위치시키고자 하는 지점의 Reference Element를 선택한 후, 명령을 실행시키면 즉각적으로 화면상에 중앙에 Ring 형상의 Surface가 만들어 집니다.

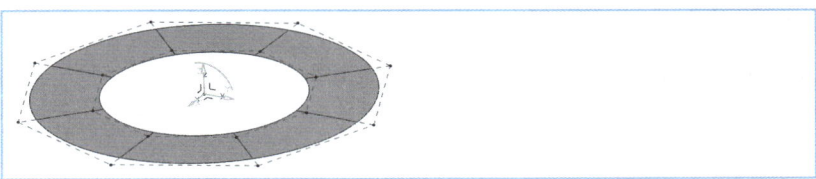

4.3 Closed Primitives Sub-toolbar

Closed Primitives Sub Toolbar를 사용하여 작업자는 Part 도큐먼트 상에 Surface 모델링에 사용할 기본형을 만들 수 있습니다. 2차원 평면 형상이 아닌 부피를 가진 3차원 Surface 형상들을 가지고 있습니다. 여기서 Closed가 의미하는 것은 곡면 형상이 안과 밖으로 나누어져 있음을 의미합니다.

A. Sphere

구형 Subdivision Surface를 만드는 명령입니다. 위치시키고자 하는 지점의 Reference Element를 선택한 후, Sphere 명령을 실행하면 즉각적으로 다음과 같은 Surface가 만들어 집니다.

기본적으로 하나의 Sphere 형상은 6개의 Section으로 구성되어 있으며 각각의 Face와 Edge, Vertices을 사용하여 형상을 변형시킬 수 있습니다.

Sphere의 Weight는 전체 모서리가 0%인 상태로 만약에 모든 모서리의 Weight를 100%로 하면 Box 형상으로 변형되며, 상하 두 개의 면만을 선택하여 Weight를 100%로 변경하면 Cylinder 형상이 됩니다.

B. Cylinder

원통형 Subdivision Surface를 만드는 명령입니다. 위치시키고자 하는 지점의 Reference Element를 선택한 후, Cylinder 명령을 실행하면 즉각적으로 다음과 같은 Surface가 만들어 집니다.

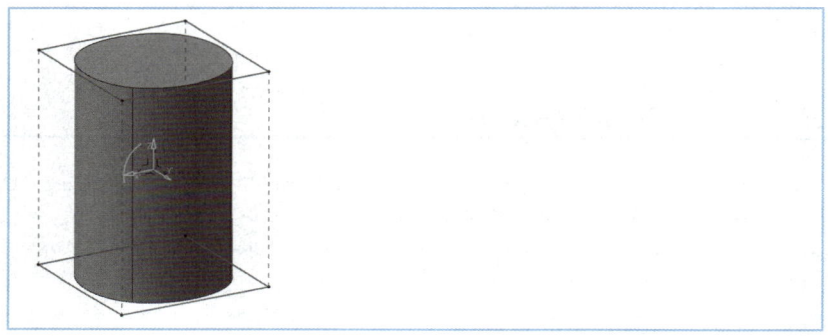

기본적으로 하나의 Sphere 형상은 6개의 Section으로 구성되어 있으며 각각의 Face와 Edge, Vertices을 사용하여 형상을 변형시킬 수 있습니다. 원형인 상·하면과 원통 면이 4개의 Section으로 나누어져 있습니다.

C. Box

원통형 Subdivision Surface를 만드는 명령입니다. 위치시키고자 하는 지점의 Reference Element를 선택한 후, Cylinder 명령을 실행하면 즉각적으로 다음과 같은 Surface가 만들어 집니다.

기본적으로 하나의 Box 형상은 6개의 Section(Patch)으로 구성되어 있으며 각각의 Face와 Edge, Vertices을 사용하여 형상을 변형시킬 수 있습니다.

D. Pyramid

사면체 Subdivision Surface를 만드는 명령입니다. 위치시키고자 하는 지점의 Reference Element를 선택한 후, Cylinder 명령을 실행하면 즉각적으로 다음과 같은 Surface가 만들어 집니다.

기본적으로 하나의 Sphere 형상은 12개의 Section으로 구성되어 있으며 한 면에 3개의 Section을 가지고 있습니다. 이들 각각에 대해서 Face가 만들어지므로 각각의 Edge와 Vertices를 사용하여 형상을 수정해 줄 수 있습니다.

E. Torus

고리 모양의 Subdivision Surface를 만드는 명령입니다. 위치시키고자 하는 지점의 Reference Element를 선택한 후, Torus 명령을 실행하면 즉각적으로 다음과 같은 Surface가 만들어 집니다.

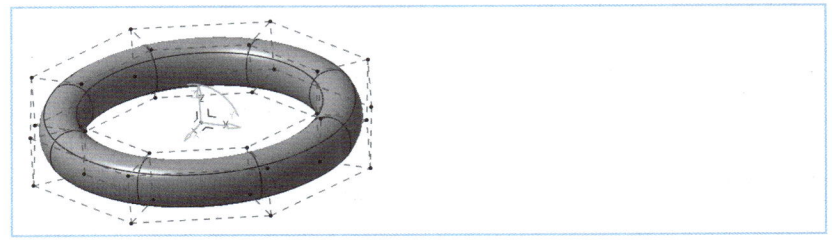

기본적으로 하나의 Sphere 형상은 32개의 Section으로 구성되어 있으며 이들 각각에 대해서 Face가 만들어져 각각의 Edge와 Vertices를 사용할 수 있습니다.

F. Number of Sections ▫ ⊚

Closed Primitives를 생성할 때 곡률을 가지는 Primitives의 Section(Patch)의 개수를 조절할 수 있습니다. 여기서 단면의 수를 조절한다는 것은 작업자가 인위적인 입력 값을 이용하는 것이 아니라 Number of selections가 ▫때는 기본 Section의 수로 Primitive가 만들어지고 ⊚일 경우에는 좀 더 세분화하여 Primitive의 형상을 Section으로 표현해 주는 것입니다.

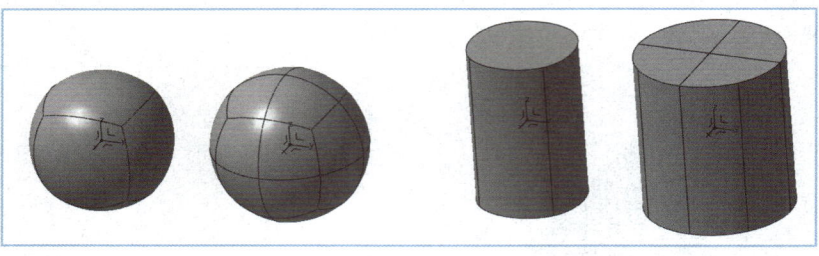

Section의 수는 결국 작업에 사용하는 Face, Edge, Vertices의 수를 의미하므로 많은 수의 Control Element를 다루게 됩니다. 따라서 작업의 목적과 용도에 맞게 처음부터 너무 많은 수의 Control Element를 다루지 말고 점차적으로 필요에 맞게 정의하도록 합니다.

★Point★
Subdivision Surface의 Section의 분할은 작업자에게 곡면 형상을 성형할 수 있도록 Control Element를 생성해줍니다.

곡률을 가지는 Closed Primitives에만 적용되기 때문에 Box ▣ 나 Pyramid ▲ 형상에는 적용되지 않습니다.

4.4 Sweep Primitive Sub Toolbar

A. Revolve

이 명령은 분할곡면을 사용하여 회전체 곡면을 만들고자 할 경우에 사용합니다.

명령을 실행하면 다음과 같은 창과 Tools Palette가 출력됩니다. 화면에는 종이와 같은 표시가 나타나고 중앙에는 회전 중심축이 출력됩니다.

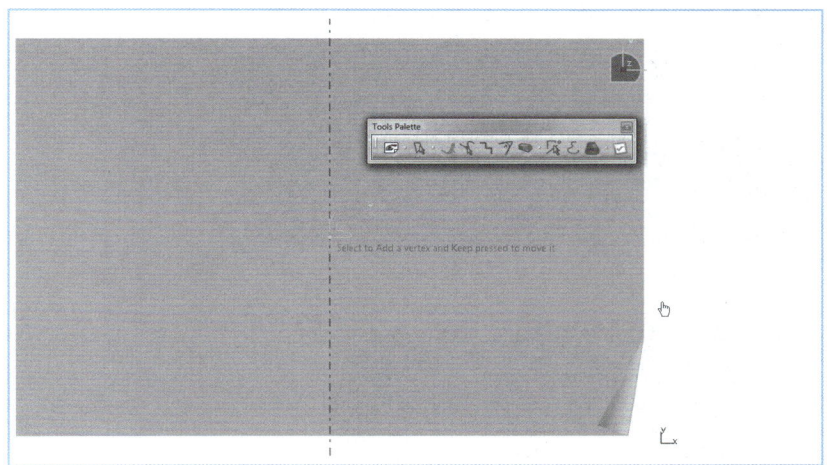

여기서 일반적인 작업 순서는 Plane Selection 으로 회전체의 단면을 그리고자 하는 방향을 잡아 줍니다. 다음으로 Add Point 명령으로 단면의 형상을 포인트를 추가하여 연결하는 방식으로 정의해 줍니다.

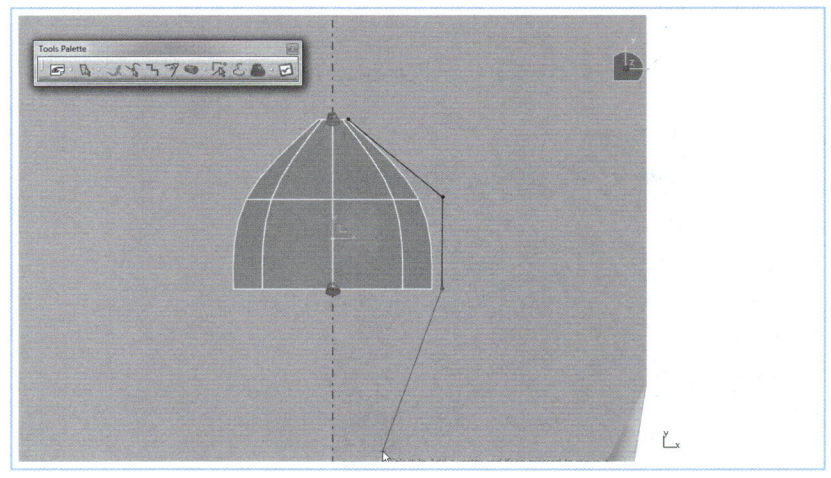

만약에 회전체의 윗면과 아랫면을 면으로 채워주거나 이를 다시 해제하고자 하는 경우에는 다음과 같이 클릭해 줍니다. 또는 Fill 을 클릭해 줍니다.

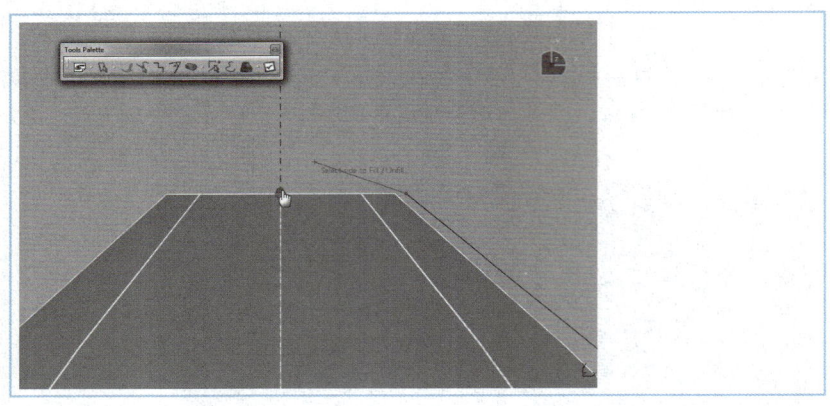

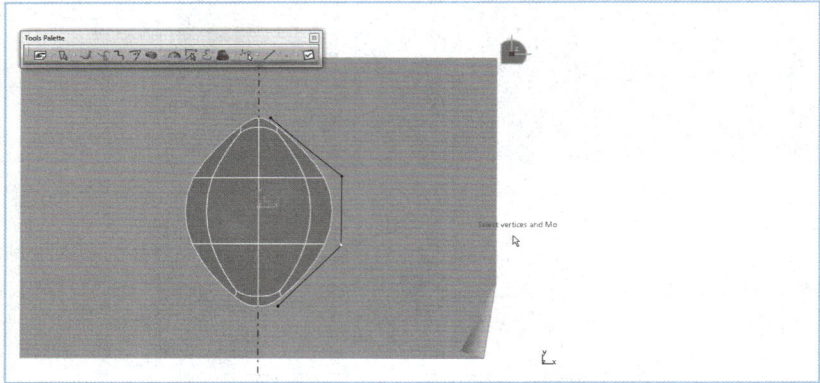

만약에 Point들의 위치를 수정하고자 한다면 Move Point 로 위치를 수정해 줍니다.

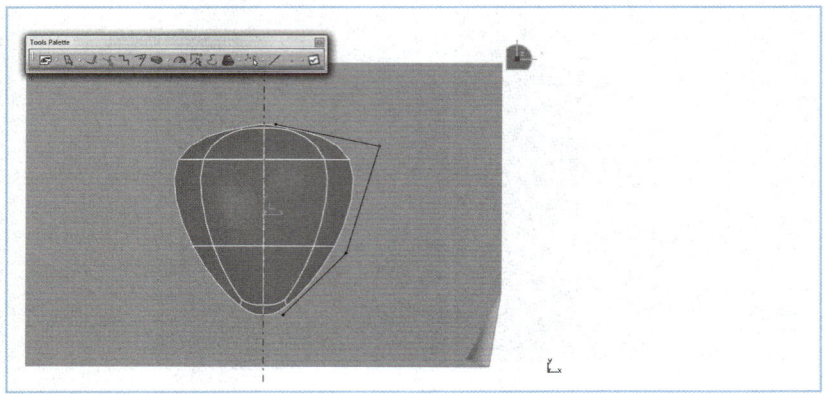

필요한 경우에는 원하는 방향으로 Point들을 정렬시킬 수도 있습니다.

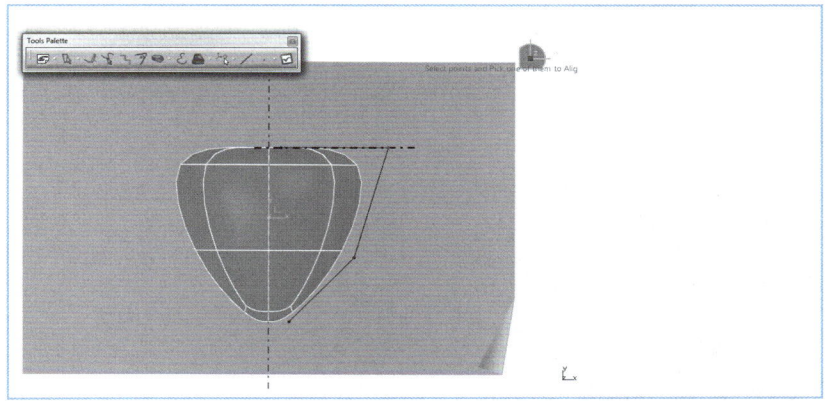

Attraction 을 통하여 날카로운 정도도 수정이 가능합니다. 우측에 나타나는 슬라이드로 Weight를 조절합니다.

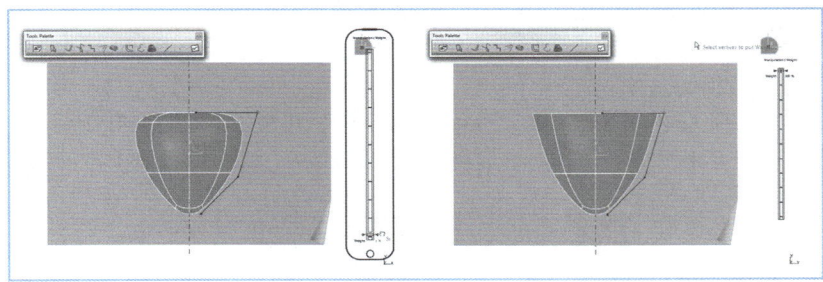

작업 후에는 Apply 를 반드시 눌러주어야 합니다.

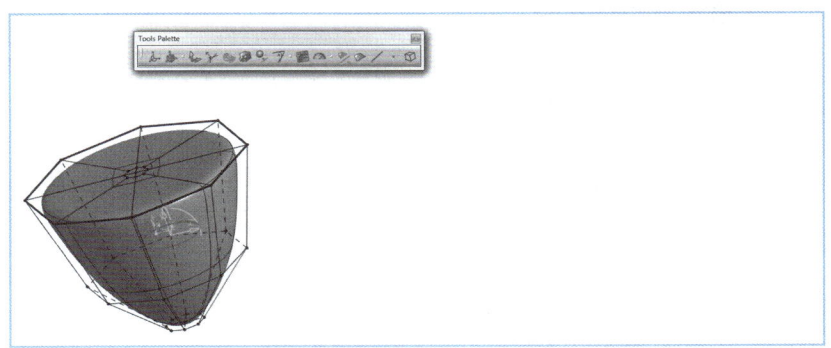

B. Extrude

이 명령은 단면 형상을 직선 방향으로 늘려 분할곡면을 만들어냅니다

명령을 실행하면 다음과 같이 프로파일 형상을 정의할 수 있도록 화면과 Tools Palette 가 출력됩니다.

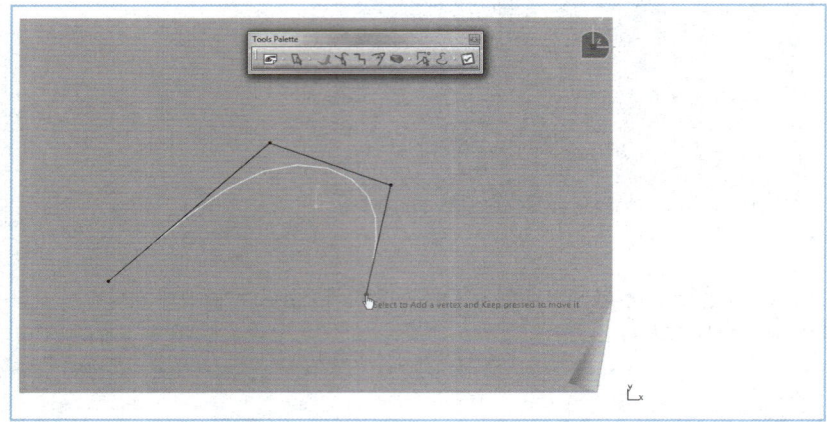

프로파일에 대한 설정을 마치면 Apply 를 눌러 이제 분할곡면의 길이를 정의해 줍니다. 길이의 연장은 Modification 에서 Translation 을 이용합니다.

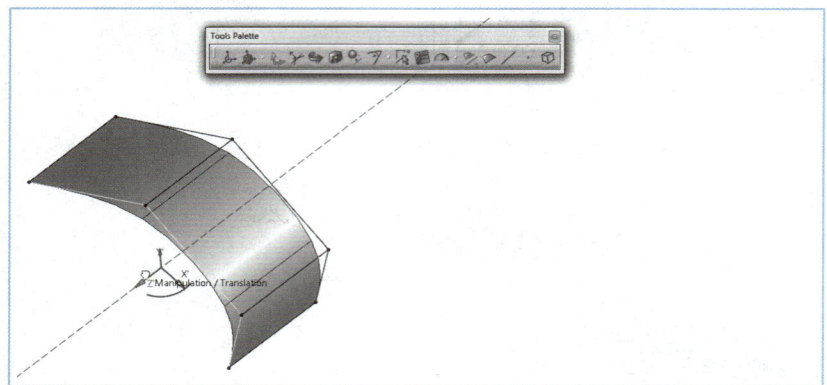

5 Modification Toolbar

5.1 Modification 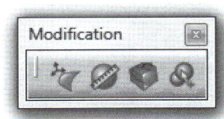 (Space)

Modification 명령은 기본적인 Primitive를 생성한 후에 원하는 형상으로 변형을 주거나 수정을 하는데 사용하는 명령으로 Imagine & Shape에서 가장 핵심이 되는 명령이라 할 수 있습니다. 이 명령을 사용하여 작업자는 Imagine & Shape에서 정의된 기본 Primitive를 자신이 의도한 형상으로 점차 변형시켜 나갈 수 있습니다.

선택한 대상이 Surface와 Curve이냐에 따라 두 가지 Mode로 Tools Palette Toolbar의 명령들을 사용할 수 있습니다. 처음 곡면이나 곡선 Primitive를 생성할 때 이러한 Tools Palette Toolbar가 화면에 표시되기 때문에 Primitive를 생성하면서 동시에 수정과 변형이 가능하기도 합니다.

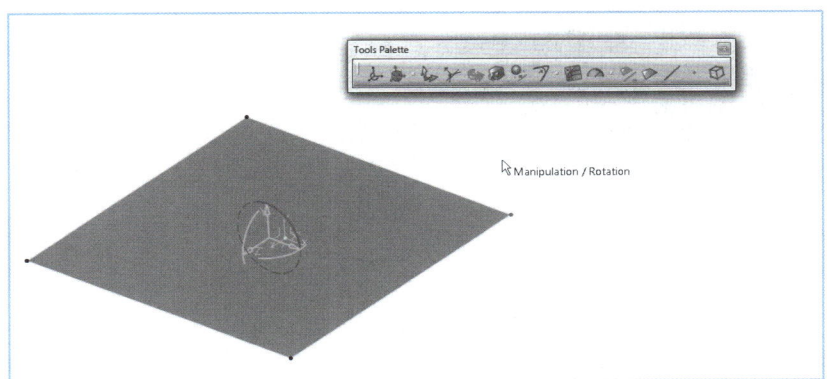

또한 Primitive의 생성 후 다른 Toolbar에서 작업하다 다시 수정하고자 하는 대상을 선택하고 Modification 명령을 실행하여도 Tools Palette라는 Toolbar가 나타나 대상을 변형시킬 수 있습니다.

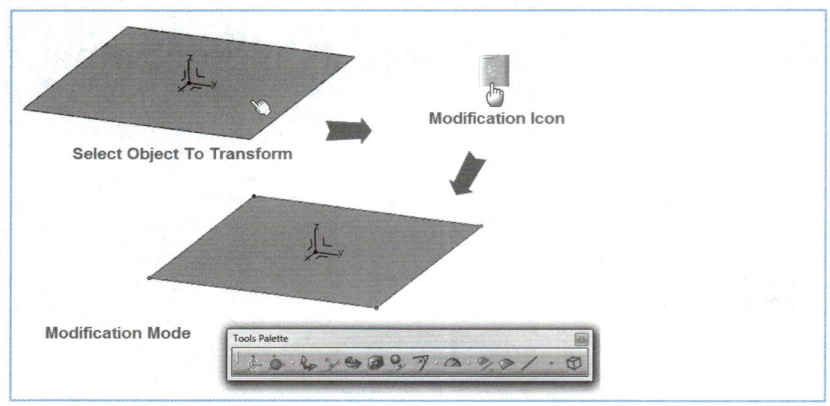

Modification을 실행하지 않고 대상을 더블클릭하여도 Tools Palette Toolbar를 이용한 수정 및 변형 작업이 가능합니다. 그러나 Modification 명령을 직접 선택하여 수정 및 변형 작업하기를 권장합니다. 또한 단축키인 Space bar를 이용하는 습관을 가지기 권장합니다.

이러한 Modification 명령들은 Contextual Menu 상에서도 이용이 가능합니다. 따라서 작업을 수행하는 도중에 Modification Mode 및 Selection Mode를 변경하고자 한다면 Modification Toolbar에서 일일이 변경하지 않고 손쉽게 Contextual Menu에서 변경이 가능합니다.

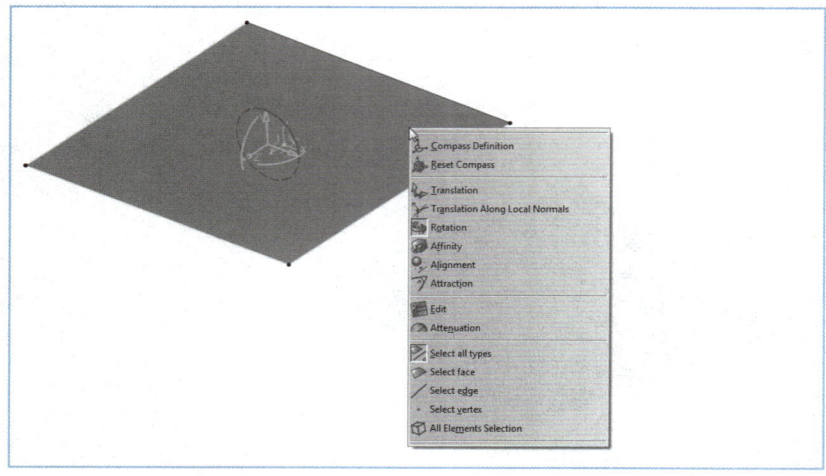

다음은 Surface 또는 Curve의 Primitive에 따른 Modification 명령의 사용 방법입니다. Modification 명령은 우선 기본적인 Primitive를 생성하는 방법을 습득한 후에 이 부분을 공부하기 바랍니다. 아무런 Primitive를 생성할 수 없는 상태에서 수정하는 방법을 먼저 익힌다면 괜히 어렵게 느껴질 수 있기 때문입니다.

우선은 여기서 간단히 알고 넘어가야할 IMA에서의 개념을 정리해 보도록 하겠습니다.

① Compass

Compass를 통하여 작업자는 변형하고자 하는 대상의 변형 방향을 정의하고 또한 변형을 조절하는데 사용합니다. Compass를 적절히 다룰 수 있어야 형상을 원하는 방향으로 자유롭게 변형시킬 수 있습니다.

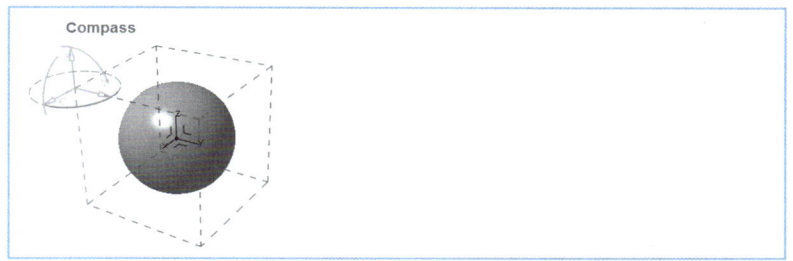

② Control Mesh

앞서 작업 환경을 유심히 보았다면 Modification하려하는 Surface를 점선의 Box가 둘러싸고 있는 것을 확인할 수 있을 것입니다.

이러한 점선 구조를 Control Mesh라고 부르는데 Face와 Edge, Vortex로 구성되어 있으며 이것을 사용하여 Primitive들을 수정하고 조정하는 것이 가능합니다. 실제로 Imagine & Shape 워크벤치에서 Subdivision Surface 형상에 변형을 주기위해서는 직접 Surface Geometry를 선택할 수 없으며 위와 같이 Mesh 구조의 Control Elements를 선택하여 작업에 이용하여야 합니다.

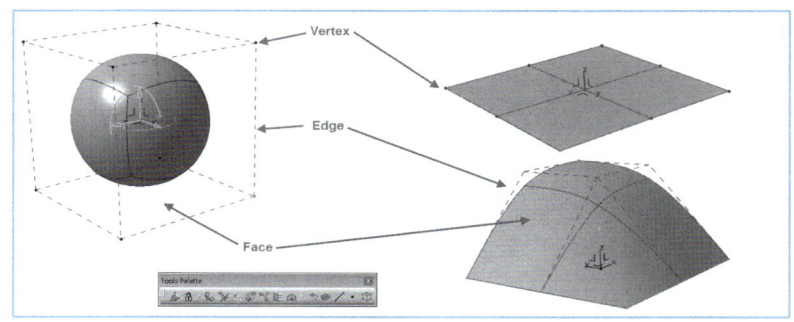

③ Basic keys

다음의 Key 동작은 Imagine & Shape 워크벤치에서 모델링 작업을 수행하면서 반드시 손에 익혀두어야 하는 Key들입니다.

- **Shift Key**

  작업을 수행하면서 Shift Key를 사용하면 Subdivision Surface 상의 Control Elements를 선택하는데 있어 Trap Mode를 사용할 수 있습니다.

  Subdivision Surface를 Modification 할 때 동시에 여러 개의 Control Elements를 선택하는 작업은 대상의 복잡한 정도에 따라 매우 번거로울 수 있습니다. 이런 경우 Selection을 하는 과정에서 Shift Key를 누르고 마우스를 드래그 하여 드래그 상자 안에 포함된 영역을 동시에 선택할 수 있습니다.

  다음과 같이 Subdivision Surface를 Modification을 실행상태에서 선택하고자 대상에 맞게 Selection Mode를 설정합니다.

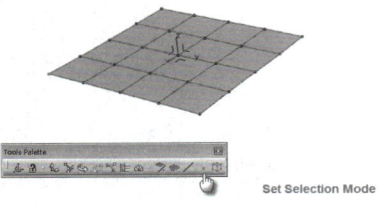
Set Selection Mode

다음으로 Shift Key를 누르고 선택하고자 하는 부분을 마우스를 드래그 하도록 합니다. 그러면 드래그 상자 영역의 Element들이 선택되어지는 것을 확인할 수 있습니다.

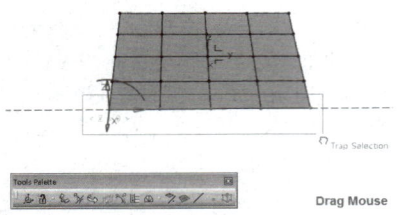
Drag Mouse

그리고 이렇게 선택된 Element들을 이용하여 형상을 수정하도록 합니다.

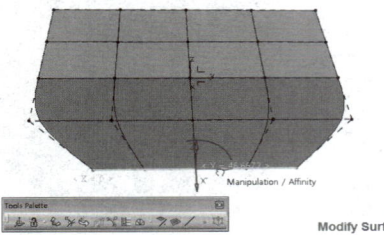
Modify Surface

서로 떨어진 위치의 복수 Control Element를 선택하려면 Shift Key와 CTRL Key를 동시에 사용해야 합니다. 먼저 선택하고자 하는 복수 Control Element를 Shift Key를 누른 채 선택하도록 합니다. 다음으로 다른 위치상의 복수의 Control Element를 선택하기 위해 Shift key를 놓고 CTRL Key를 눌러줍니다. 다음으로 다른 위치의 Control Element를 선택하기 위해 CTRL Key를 누른 상태에서 Shift Key로 다른 위치의 Control Element 부분을 드래그 하여 선택합니다.

Shift key ⇨ CTRL Key ⇨ CTRL Key + Shift key ⇨ ...

- Ctrl Key

Shift Key와 더불어 다중 선택 작업에 있어 매우 중요한 기능을 하는 Key로 Ctrl Key가 있습니다.

여러 개의 Control Element 각각을 복수 선택하기 위해 Ctrl Key를 사용합니다. Shift Key와 유사하다고 할 수 있으나 Shift Key의 경우에는 연속적으로 이어지는 부분을 드래그 상자를 사용하여 동시에 선택할 때 사용할 수 있는 반면 Ctrl Key는 서로 이어지지 않은 Control Element들을 하나씩 선택하기 위해 사용할 수 있는 장점이 있습니다.

다음과 같이 대상의 Modification 상태에서 Selection Mode를 설정한 후, Ctrl Key를 누르고 대상을 하나씩 차분히 선택하도록 합니다.

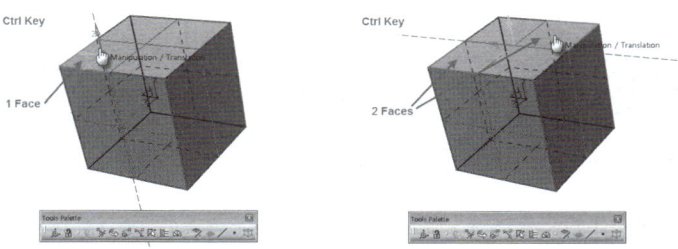

다음으로 이렇게 복수 선택한 Control Element들을 사용하여 형상을 수정해 줄 수 있습니다. 여기서 작업 결과를 보면 Ctrl key로 복수 선택한 대상이 동시에 변형되는 것을 확인할 수 있습니다.

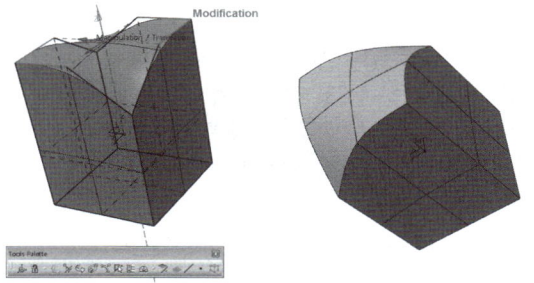

또는 선택된 Control Elements 중에서 일부분만을 제거하고자 할 경우에도 Ctrl Key를 누른 상태에서 제거하고자 하는 부분만을 선택하여 나머지 부분은 선택을 유지한 상태로 다음 작업에 이용할 수 있으므로 이를 참고하기 바랍니다.

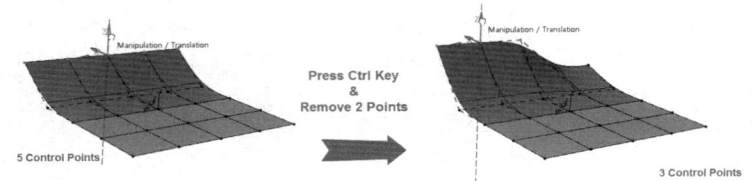

- Esc Key

Escape Key는 흔히 명령 실행을 취소하는 경우에만 사용하는 것으로 생각할 수 있으나 단일 수행 명령이 아닌 연속 수행 명령의 경우, 실행한 명령을 종료할 경우에도 사용할 수 있습니다.

Imagine & Shape 상에서도 Modification이나 Styling 작업의 경우 명령을 종료하지 않는 한 작업이 계속 진행됩니다. 따라서 작업을 수행 후 다음 작업을 위해 현재 실행된 명령을 종료하기 위해 해당 명령의 아이콘을 다시 클릭하거나 Esc Key 사용해야 합니다.

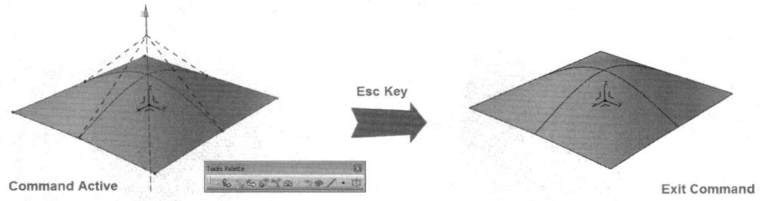

- Ctrl + Z Key

가장 일반적인 단축 명령어 중에 하나로 작업을 이전 상태로 되돌리는 Ctrl + Z Key가 있습니다. Imagine & Shape 워크벤치에서의 Modification이나 Operation 작업은 특히 History가 Spec Tree 상에 남지 않기 때문에 형상을 수정하는 과정에서 이전 상태로 되돌리고자 하는 경우에 일정한 작업 단계까지로만 변경이 가능합니다.

또한 하나의 명령이 실행되고 있는 상태에서 Ctrl + Z Key를 사용하면 해당 명령을 실행한 상태에서 작업한 순서대로 이전 상태로 되돌리는 것이 가능합니다. Modification이나 기타 Operation 명령의 실행을 종료한 후에 Ctrl + Z Key를 사용하면 하나의 명령 안에서 작업한 여러 개의 작업 군을 동시에 되돌리기 할 수 있습니다.

Ctrl + Z Key와 반대로 되돌리기가 아닌 앞서 작업으로 돌아가기 위해서는 Ctrl + Y key를 사용하도록 합니다.

④ Positioning Primitive using Geometry

Imagine & Shape 상에서 기본 Primitive를 생성하기 위해서는 반드시 Reference를 필요로 하지 않는다. Mechanical Design 워크벤치의 경우에는 기본이 되는 Reference를 기준으로 작업이 진행되기 때문에 다소 생소할 수 있을 것입니다.

그러나 Reference를 설정하지 않으면 생성되는 Primitive가 화면의 임의의 공간상에 만들어지기 때문에 나중에 정형화된 수정 작업을 수행하는데 있어 형상을 이동시켜야하는 어려움이 발생할 수 있습니다. Reference를 잡지 않고 Primitive를 생성하면 화면의 중앙에 적절한 크기로 Primitive가 생성됩니다.

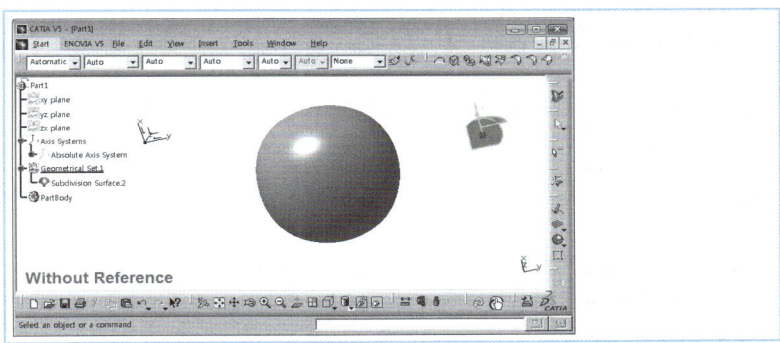

따라서 Primitive를 생성하는 작업을 수행하기에 앞서 기준이 될 대상을 선택해 주기를 권장합니다. Reference로 사용할 수 있는 Element로는 Point, Line, Plane, Axis 등이 있습니다.

Reference를 선택하고 Primitive를 생성하는 명령을 실행하면 다음과 같이 원하는 위치에 Primitive가 만들어지는 것을 확인할 수 있습니다.

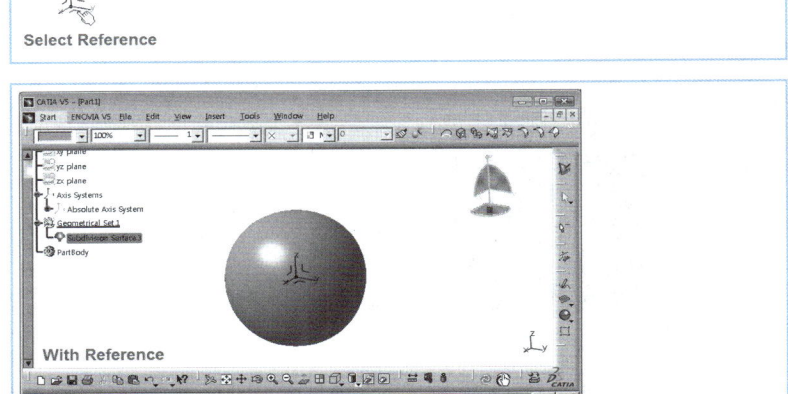

수정 또는 변형하고자 하는 대상이 Surface인 경우 Tools Palette는 다음과 같은 명령들로 구성되어 나타납니다.

A. Compass Management

Subdivision Surface의 수정 작업을 수행하는데 있어 선택한 대상에 표시되는 Compass를 이용하게 됩니다. Compass가 가지고 있는 원점 및 X, Y, Z 축을 사용하여 작업자는 손쉽게 선택한 대상을 이동 또는 변형시키는(Translation, Rotate 등) 작업이 가능합니다.

Compass를 사용하여 특정한 요소를 선택하는 데 있어 우선 Compass에 대한 설정을 내리는 부분이므로 현재의 선택한 대상에 대해서 Compass가 바르게 잡혀있다면 굳이 설정하지 않아도 됩니다.

a. Compass Definition

Compass의 원점 및 기준을 수정하고자 할 경우에 사용합니다. Compass Definition이 실행된 상태에서 화면상의 Geometry를 선택하면 선택한 대상을 따라 Compass가 이동되어 Compass의 위치와 방향을 설정해 줄 수 있습니다.

다음과 같이 기본 Primitive가 생성된 상태에서 Compass Definition을 실행하도록 합니다. 그럼 앞서 표시되어있던 회색의 Compass가 녹색으로 활성화되는 것을 확인할 수 있습니다.

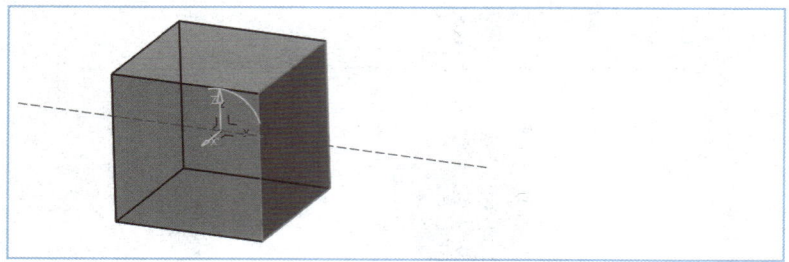

이 상태에서 Toolbar 끝의 Selection Mode에 따라 선택할 수 있는 요소의 위치상으

로 Compass를 이동시킬 수 있습니다. 아래와 같이 Selection Mode에 따라 면 (Face), 모서리(Edge), 점(Vertices)를 선택할 수 있는데 선택한 대상을 따라 Compass가 초기 위치에서 이동되어 있는 것을 확인할 수 있습니다.

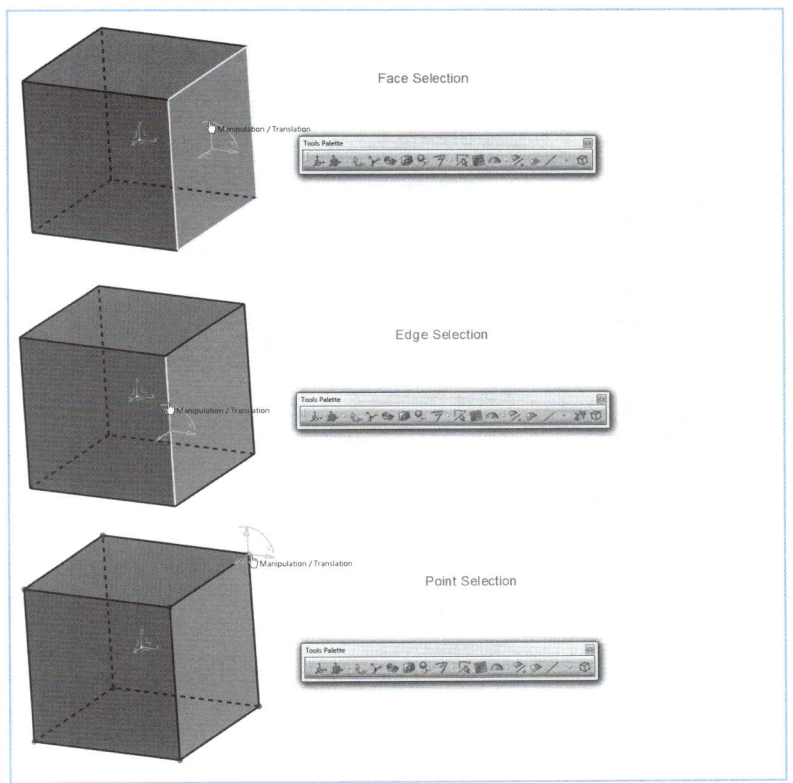

이러한 Compass의 설정은 변형시키고자 하는 곡면, 곡선 각각의 대상마다 설정해 줄 수 있는데 초기에 설정되는 기본 위치에서의 직교 좌표 방향 외의 다른 방향으로 형상을 변형시키고자 할 경우에 사용합니다.

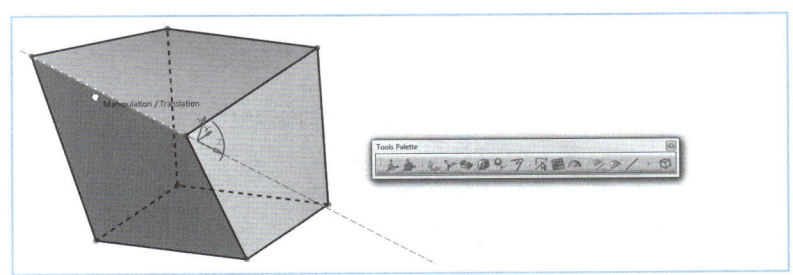

또한 Compass의 원점 및 기준 위치의 설정이 끝난 후, 본 Modification 작업으로 돌아가기 위해서는 다시 Compass Definition 명령을 클릭해 주어야 합니다.

b. Reset Compass

Compass의 기준을 Model의 Axis로 초기화하기 위해 사용합니다. 다른 임의의 위치에서 Compass를 잡아 수정한 작업이 끝나 다시 기본 위치에서의 작업을 돌아가기 위해 사용합니다.

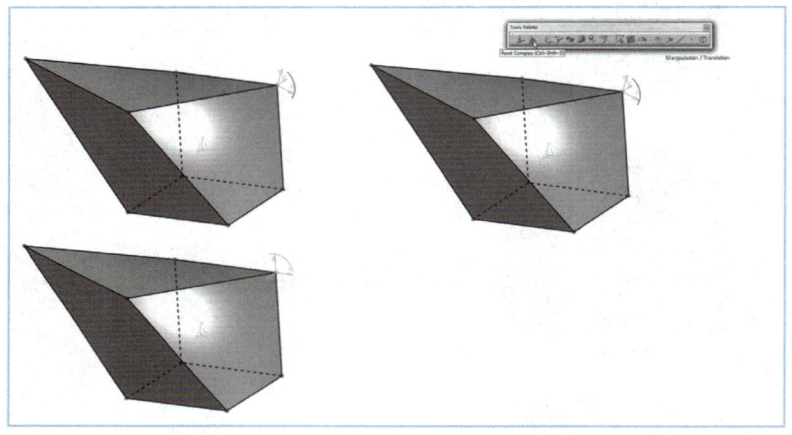

c. Axes Permutation

Compass Definition이 실행된 상태에서만 나타나는 명령으로 Compass의 주 평면을 Compass의 3개의 Axis 중에 하나로 전환하기 위해 사용합니다. Axes Permutation을 실행할 때마다 주 평면이 변경됩니다.

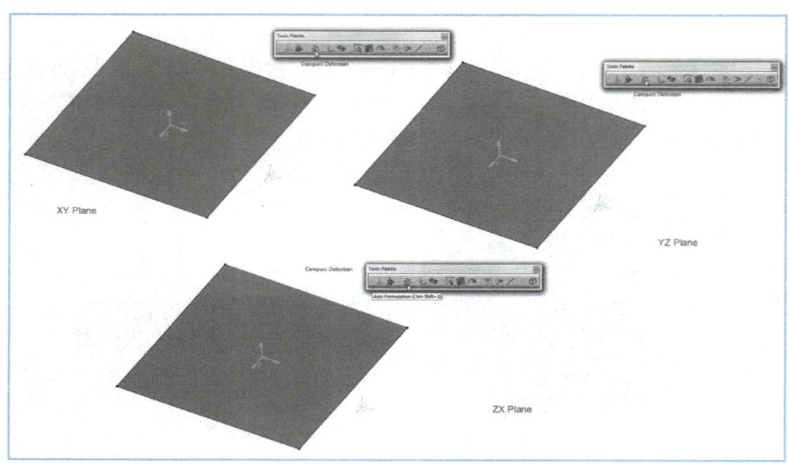

B. Translation

선택한 곡면을 Control Elements를 사용하여 Compass의 지정된 Axis 방향으로 평행 이동 또는 변형시키기 위해 사용합니다. 다음과 같이 Subdivision Surface가 있다고 했을 때, Modification을 실행하고 Tools Palette에서 Translation 을 선택해 줍니다. 그리고 Translation하고자 하는 부분의 Control Element를 Selection Mode를 적절히 변경하여 선택해 줍니다. 그럼 다음과 같이 선택된 Element에 Compass가 이동되면서 3개의 축 방향으로 Translation이 가능한 상태가 됩니다.

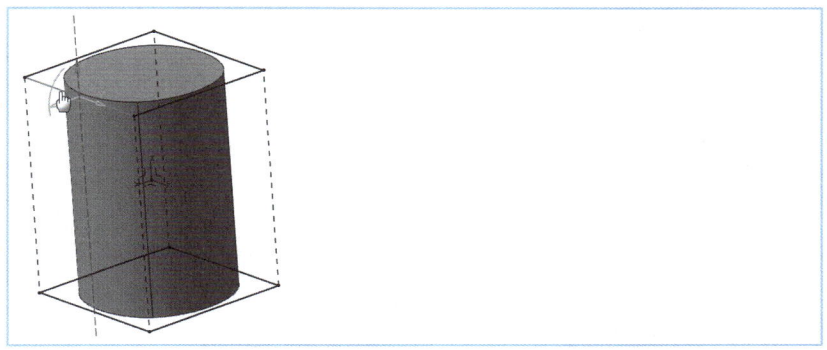

여기서 이동시고자 하는 방향의 Axis를 Compass에서 선택한 후, 마우스를 움직이면 해당 방향으로 Control Element가 움직이면서 형상을 변형시키는 것을 확인할 수 있습니다.

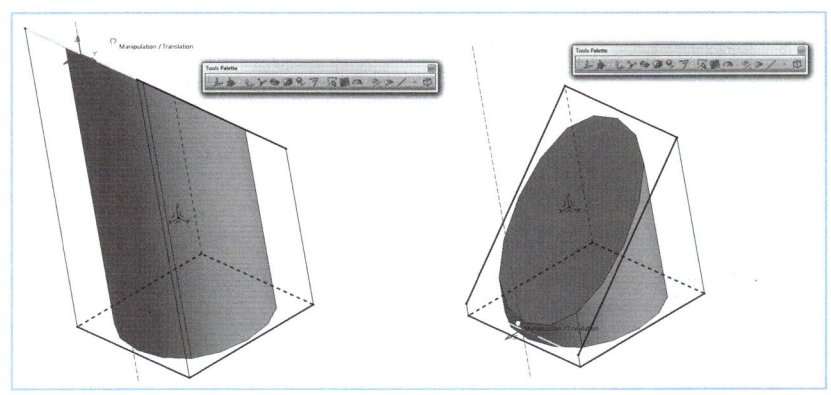

Modification이 활성화된 상태에서 한 반향으로의 Translation이 끝났더라도 다른 방향으로 또 다른 Translation이 가능합니다.

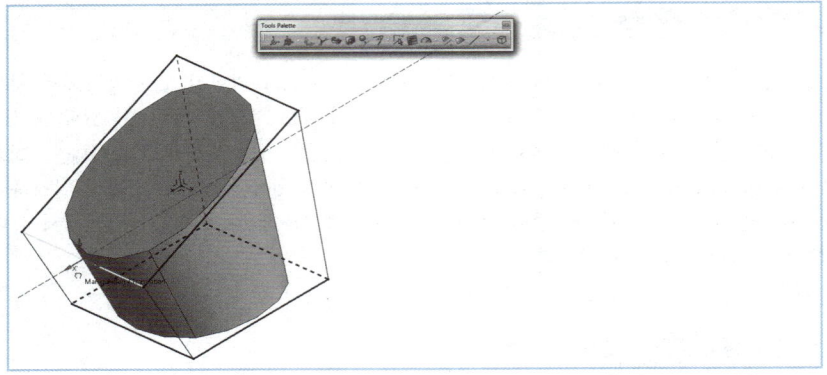

또한 앞서 Translation에 사용한 Element 이외에 다른 Element를 선택할 수도 있으며 복수 선택 역시 가능합니다.

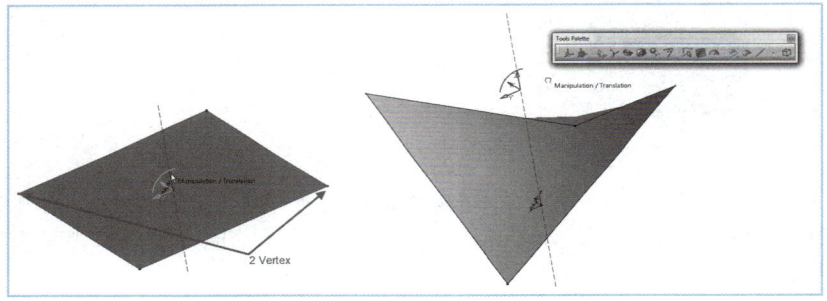

현재 지정된 Compass의 축 방향이 아닌 다른 방향으로 Translation을 수행하고자 한다면 앞서 공부한 Compass Definition 로 Compass를 먼저 정의하고 Translation을 작업하도록 합니다.

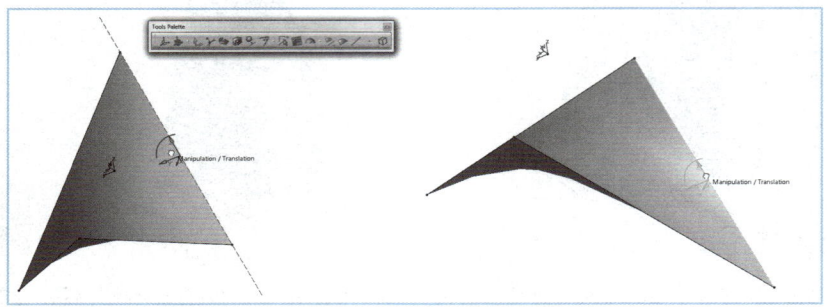

Tools Palette로 나타나는 명령들은 연속적으로 사용이 가능하므로 Modification을 수행하면서 각각의 명령을 필요에 따라 변경해 가며 작업해가도록 합니다.

만약에 형상의 전체 Element를 선택하여 Translation을 하면 다음과 같이 형상의 변형이 아닌 단순한 평행 이동을 수행합니다.

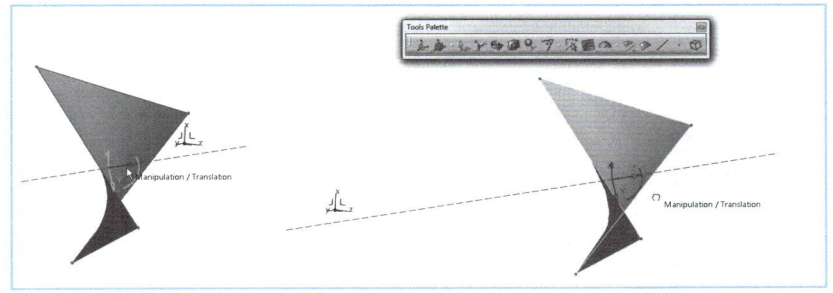

Subdivision Surface의 Translation은 이렇게 Control Element들을 사용하여 형상을 변형시키는 것이 주목적으로 자유롭게 곡면 형상을 늘리고 구부리는 작업을 가능케 합니다.

Translation 작업을 완료하여 Modification을 종료하고자 하면 Esc Key를 눌러주거나 다른 Modification 명령을 선택하면 됩니다. Space Bar를 눌러도 됩니다.

C. Local Normals

Subdivision Surface의 Control Elements지점에서의 곡면과 수직(Surface Normal Vector) 방향으로 Translation시키기 위해 사용합니다. Local Offset과 같이 Control Elements에 대해서 곡면에 수직하게 곡면을 늘리거나 줄이는 것이 가능합니다.

다음과 같이 곡률을 가진 Subdivision Surface가 있다고 했을 때 대상을 선택하고 Modification 상태에서 Local Normals 을 선택합니다. 여기서 Subdivision Surface의 Control Elements를 선택하면 자동으로 곡면과 수직한 방향으로 Translation을 표시합니다.

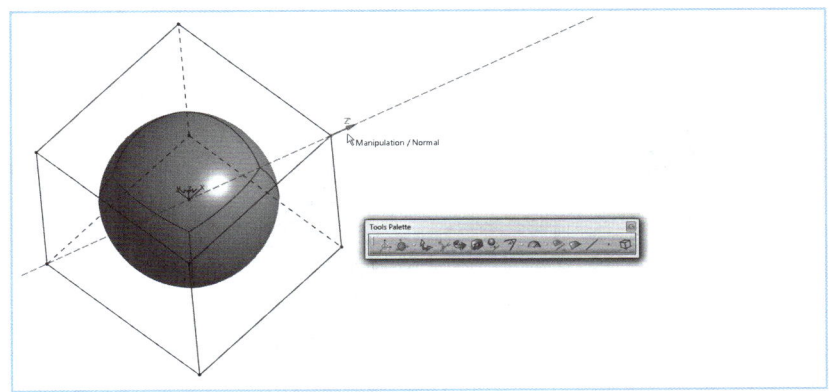

이 상태에서 마우스를 드래그 한 상태로 움직이면 선택한 Control Element를 통해 곡면을 변형시킬 수 있습니다.

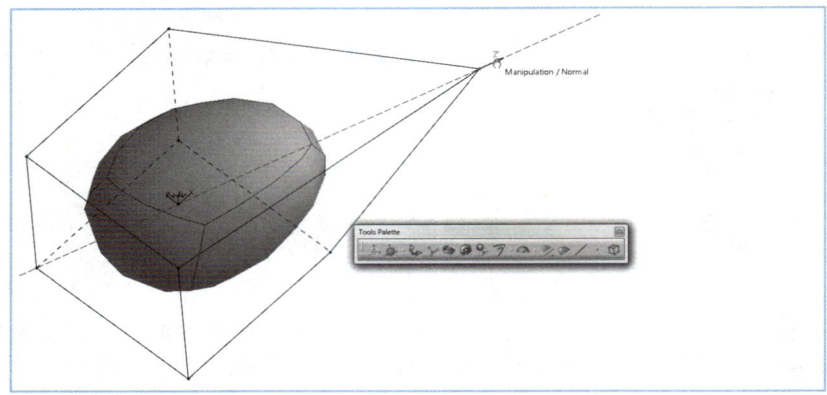

다음과 같은 경우에는 Sphere의 중간을 분할한 후, 중간 위치의 Control Point들을 복수 선택한 후에 곡면의 수직 방향으로 변형한 결과입니다.

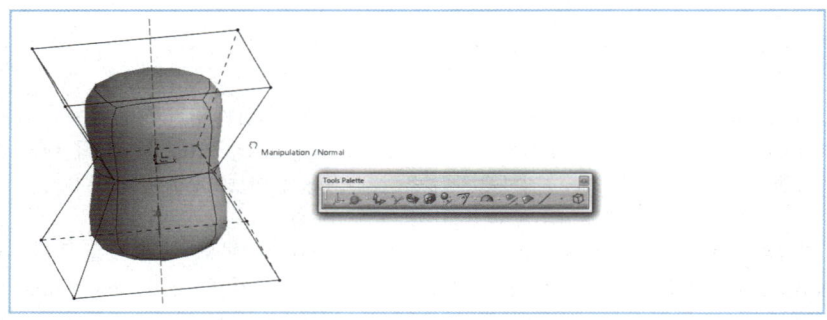

곡면의 수직 벡터 방향은 곡면의 변형에 따라 상시 변한다는 것을 잊지 말기 바랍니다.

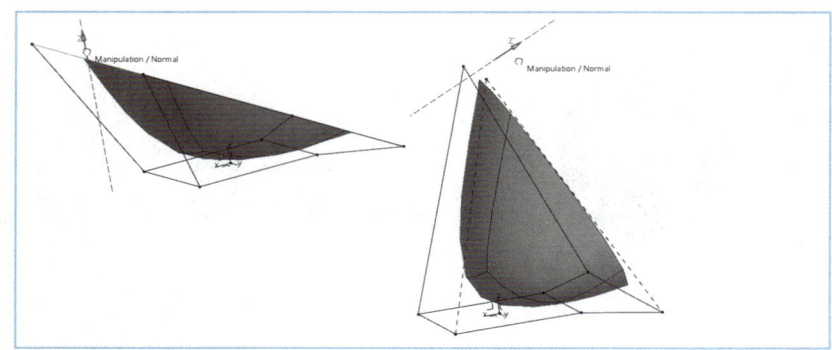

D. Rotation

선택한 곡면을 Control Elements를 사용하여 Compass의 지정된 Axis 방향으로 회전시키고자 할 경우에 사용합니다.

Modification을 실행한 후 Rotation을 선택하여 회전시키고자 하는 Subdivision Surface의 성분을 선택합니다. 여기서 선택할 수 있는 Control Element로는 Edge와 Face가 있습니다. Edge를 선택한 경우에는 2축 방향으로 회전이 가능하며 Face를 선택한 경우에는 3축 방향 모두 회전이 가능합니다. Vertices를 사용하여서는 Subdivision Surface의 곡면을 회전시키는 것이 불가능합니다.

다음과 같이 Subdivision Surface를 선택한 후, Modification의 Rotation을 선택하면 Compass가 선택한 지점에 만들어지는 것을 확인할 수 있습니다. 여기서의 Compass에는 회전 방향을 선택하기위한 호 형상이 함께 표현되어있습니다.

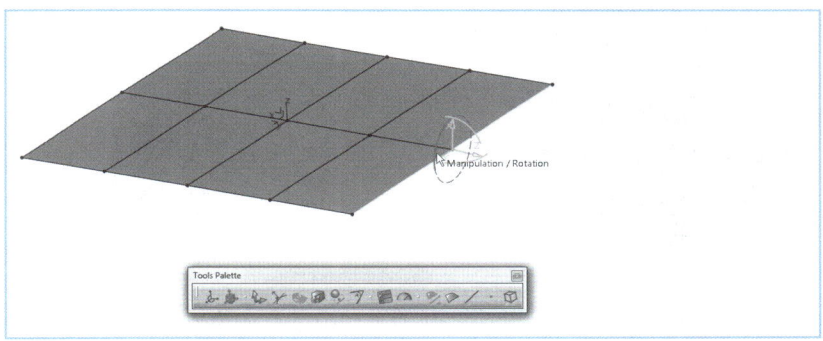

이렇게 Compass의 3개의 회전축을 중에 하나를 사용하여 곡면을 회전시키는 것이 가능합니다.

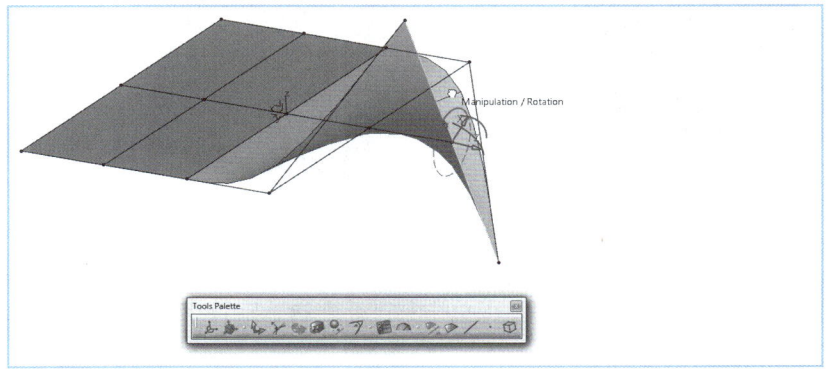

E. Affinity

선택한 곡면을 Control Elements를 사용하여 Scale하고자 할 경우에 사용합니다. Scale 하고자 하는 곡면의 Control Elements를 선택한 후, Compass에 나타나는 Axis 또는 두 Axis로 만들어지는 평면을 사용하여 Subdivision Surface의 크기 비율을 조절할 수 있습니다. Show Coord 를 사용하면 Scale을 가늠하는데 도움이 될 것입니다.

Control Elements로는 Face, Edge, Vortices를 선택할 수 있습니다. 그러나 1차원의 Vertex로는 Scale이 불가능하므로 선택하여도 Affinity를 이용할 수 없습니다.

다음과 같이 Subdivision Surface가 있다고 했을 때, Scale 하고자 한 모서리를 선택해 줍니다. 그리고 선택한 Control Elements를 지정된 Compass의 축 방향을 따라 드래그하여 Scale을 조절합니다.

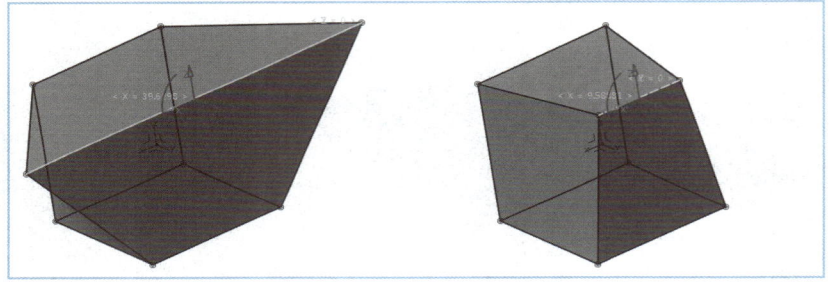

또는 다음과 같이 Face나 선택한 Control Element들로 Face를 변형시킬 수 있는 조건이 되면 Compass의 두 개의 Axes에 의한 평면을 사용하여 Scale할 수 있습니다.

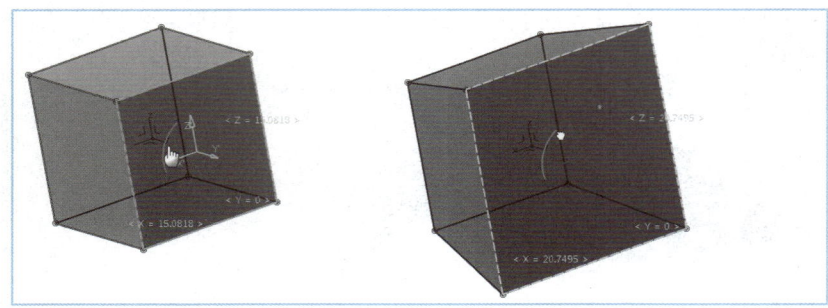

여기서 선택한 Control Elements에 따라 Scale로 적용되는 결과가 달라집니다. 또한 서로 다른 Control Elements를 선택하였더라도 그 결과로 만들어지는 결과가 동일한 경우도 있습니다.

하나의 Edge를 선택한 것은 두 개의 양끝 Vertices를 선택한 것과 동일합니다.

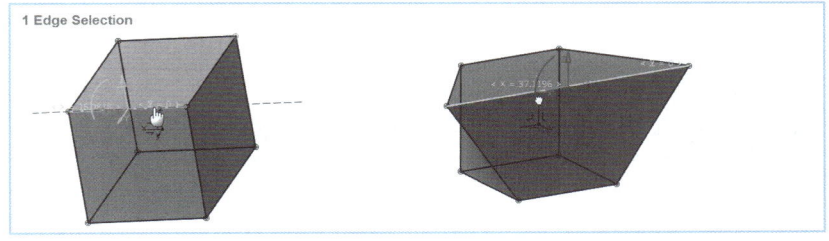

그리고 두 개의 Edge를 선택하면 두 개의 Edge로 구성된 하나의 Face를 선택한 것과 동일합니다.

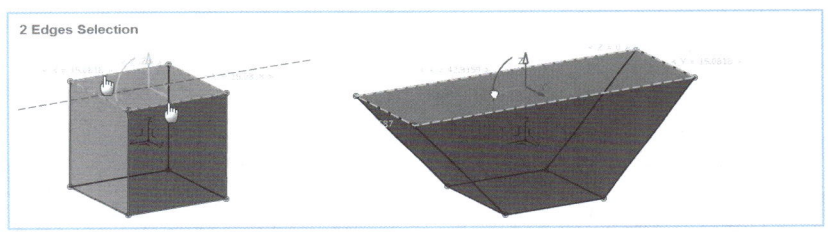

이런 식으로 Control Elements의 다중 선택과 Control Elements의 종류 사이에 관계를 이해한다면 쉽게 형상을 선택하고 변경하는 것이 가능합니다.

F. Alignment

이 명령은 Imagine & Shape의 Subdivision Surface를 조절하는 Control Element인 Vertices의 위치를 기준 대상에 나란히 정렬하는데 사용합니다. Alignment가 필요한 이유는 작업을 하는 과정에서 무수히 많은 변형 작업을 수행하면서 각각의 Mesh의 Vertices가 바르게 나열되지 않거나 마우스 조절로 정확히 각각의 Vortices를 조정하기 어려울 때 사용합니다.

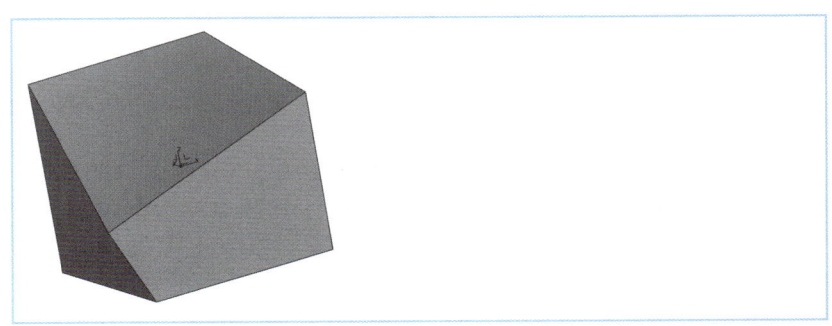

명령을 실행하고 대상인 Subdivision Surface를 선택하면 다음과 같이 Tools Palette가 변경됩니다.

Alignment를 수행하기 위해서는 대상을 선택한 후에 Compass를 사용하여 원하는 기준의 위치를 잡아주는 것이 중요합니다. 이렇게 잡아준 Compass의 Plane과 Axis(Line)를 사용하여 Alignment로 Vertices를 조절하기 때문입니다.

a. 기준 위치 설정

다음과 같이 Compass Definition 을 실행하여 원하는 위치로 Compass를 위치시키도록 합니다. 필요하다면 방향도 잡아주어야 합니다.

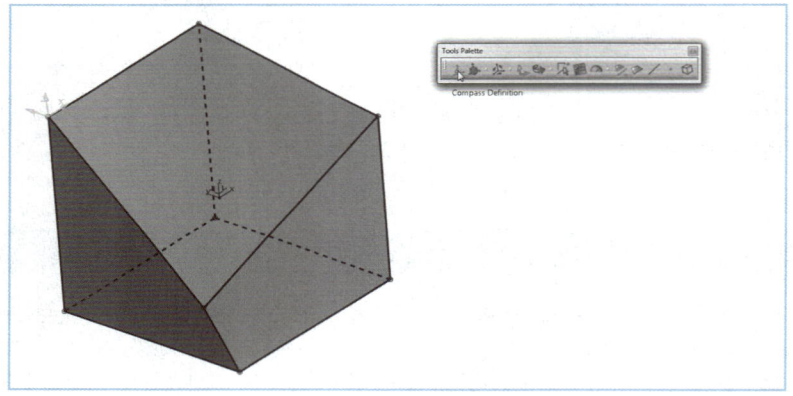

Compass에 대한 정의가 끝나면 Compass Definition 을 나옵니다.

b. Projection on Line

선택한 요소들을 지정한 Compass의 Axis Line에 일치하도록 하는 명령입니다.

Compass의 위치 설정이 끝난 후, Vertices들을 선택한 후에 Projection on Line을 실행하면 선택한 Vertices들이 모두 Compass의 Axis Line 상에 놓이는 것을 확인할 수 있습니다.

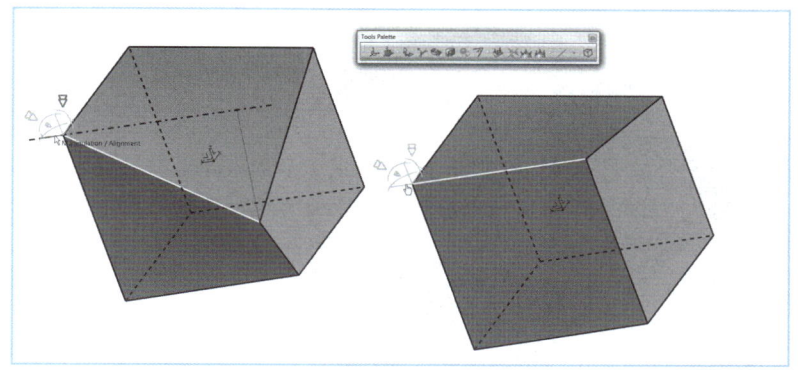

c. Projection on Plane

선택한 요소들을 지정한 Compass의 Axis Plane에 일치하도록 하는 명령입니다.

Compass의 위치 설정이 끝난 후, Vertices들을 선택한 후에 Projection on Plane을 실행하면 선택한 Vertices들이 모두 Compass의 Axis Plane 상에 놓이는 것을 확인할 수 있습니다.

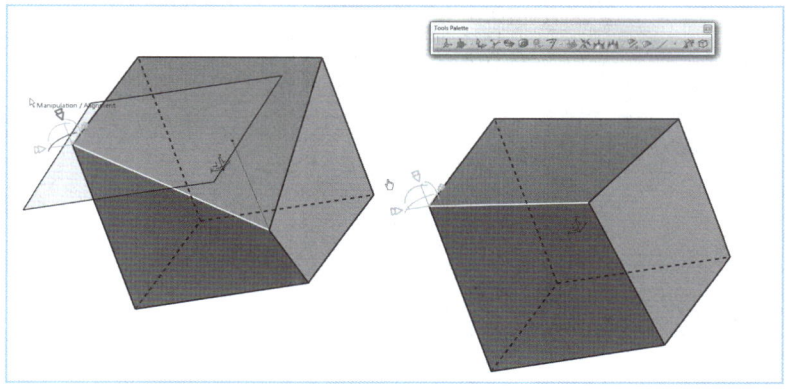

d. Orthogonal

선택한 요소들을 지정한 면에 수직한 방향으로 정렬합니다.

Alignment를 실행한 상태에서 정렬하고자 하는 대상들을 선택한 후에 수직하게 정렬할 곡면을 선택합니다.

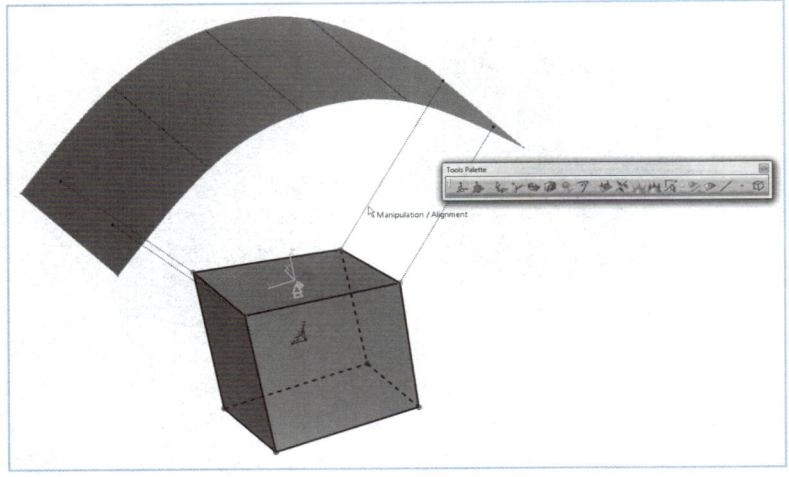

미리보기 되는 선을 선택해 주면 다음과 같이 정렬되는 것을 확인할 수 있습니다.

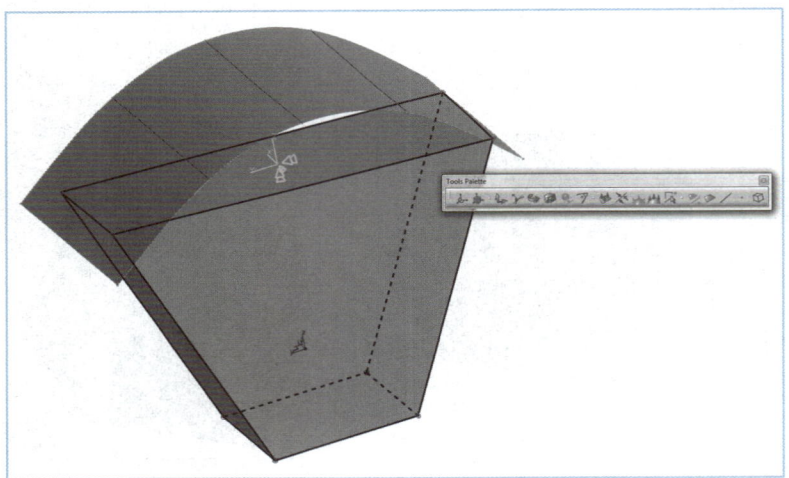

e. Along Direction

선택한 대상들을 선택한 곡면으로 지정한 방향에 맞춰 정렬합니다.

Alignment를 실행한 상태에서 정렬하고자 하는 대상들을 선택한 후에 수직하게 정렬할 곡면을 선택합니다.

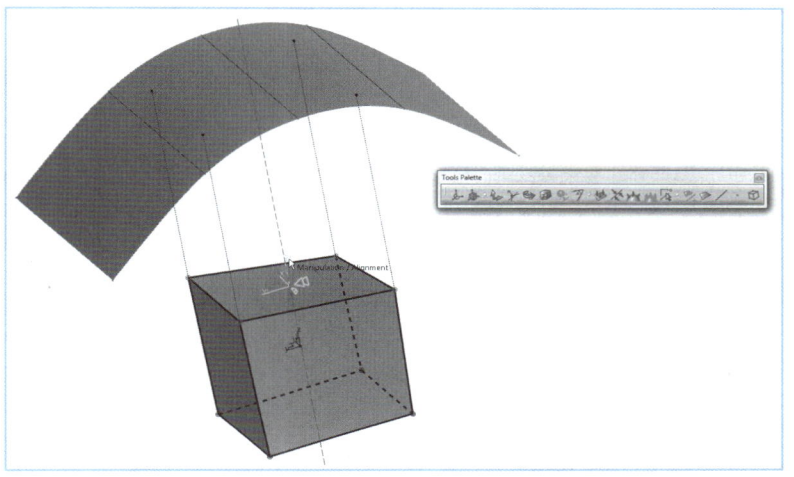

미리보기 되는 선을 선택해 주면 다음과 같이 정렬되는 것을 확인할 수 있습니다.

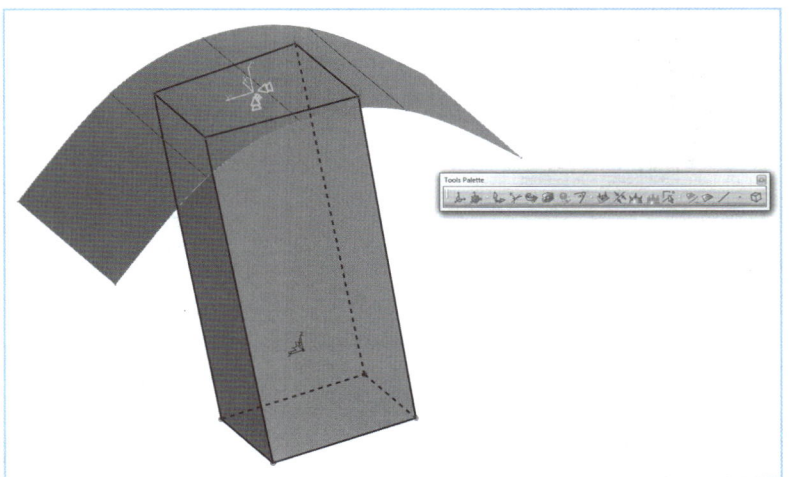

G. Attraction

선택한 모서리 또는 Vertices의 이웃하는 곡면과의 비중을 조절합니다. 이웃하는 곡면과의 비중을 조절하여 곡면 사이의 곡률을 조절합니다. 이웃하는 곡면들이 서로 나란하지 않은 경우에만 사용가능합니다. Subdivision Surface를 작업하는 과정에서 곡률을 부여하거나 날카롭게 형상을 수정하고자 할 경우에 사용합니다.

Attraction 을 선택하면 Smooth 와 Sharp 두 가지 Mode를 선택하여 사용가능합니다.

a. Sharp Attraction

선택된 모서리의 날카로운 정도를 조절할 수 있습니다. 즉, Tangency와 Curvature를 가진 채 이어진 곡면 형상의 모서리를 불연속적이게 조절할 수 있습니다. 곡면을 선택하고 Modification을 실행하여 Attraction을 선택한 후, Sharp Attraction을 클릭합니다.

다음으로 변형을 주고자하는 부분의 Edge를 선택한 후 이 아이콘을 선택하면 우측에 다음과 같은 Slider가 나타납니다.

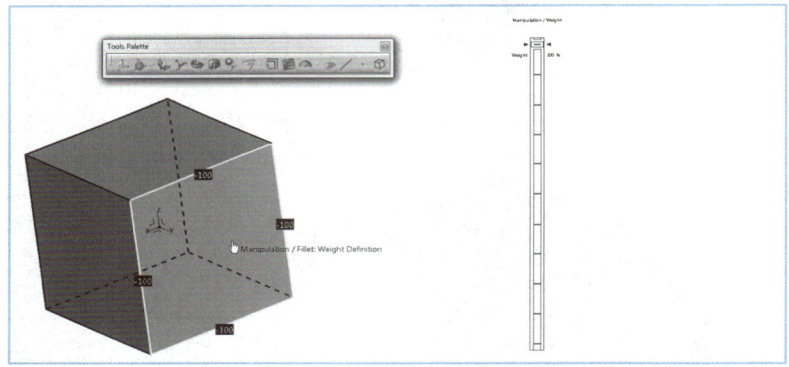

이것을 마우스를 사용하여 0에서 100사이의 값에 맞추어 모서리의 날카로운 정도를 조절할 수 있습니다.

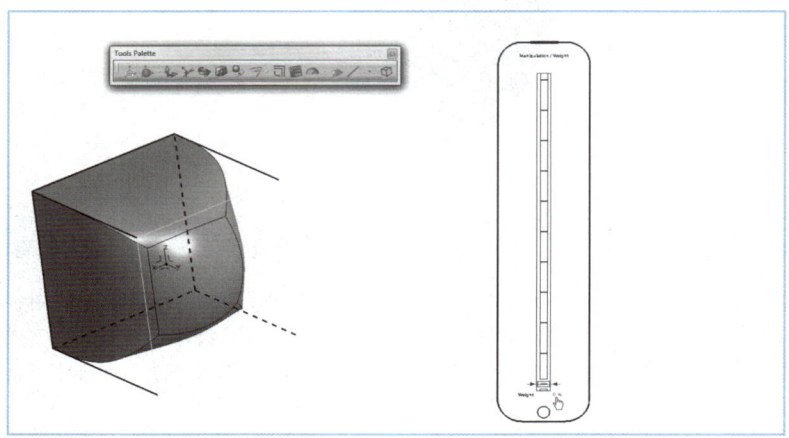

아래와 같이 이웃하는 Face와 곡률 적으로 연속적인 대상에 Sharp Attraction을 실행하면 다음과 같은 결과를 얻을 수 있습니다.

우측에 나타난 Slider를 다음과 같이 변경도 가능합니다. 하단에 있는 동그란 버튼을 아래로 잡아당깁니다.

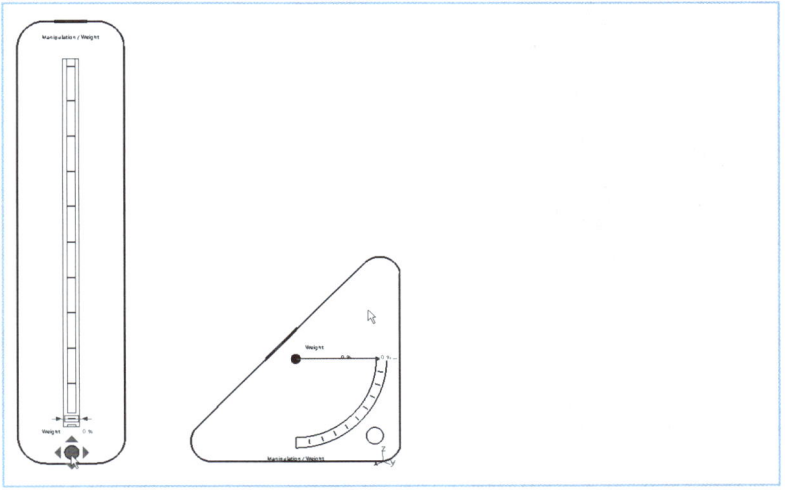

b. Smooth Attraction

곡면에서 선택한 모서리를 부드럽게 곡률 처리할 수 있습니다. 즉, 불연속적인 곡면들 사이의 모서리를 Tangency 및 Curvature를 가진 채 연속적인 형상을 가질 수 있도록 합니다. 곡면을 선택하고 Modification을 실행하여 Attraction을 선택한 후, Smooth Attraction을 클릭합니다.

여기서도 위와 마찬가지로 변형하고자 하는 모서리를 선택한 후에 오른쪽의 Slider 값을 사용하여 해당부위의 곡률 값을 변경해 줄 수 있습니다.

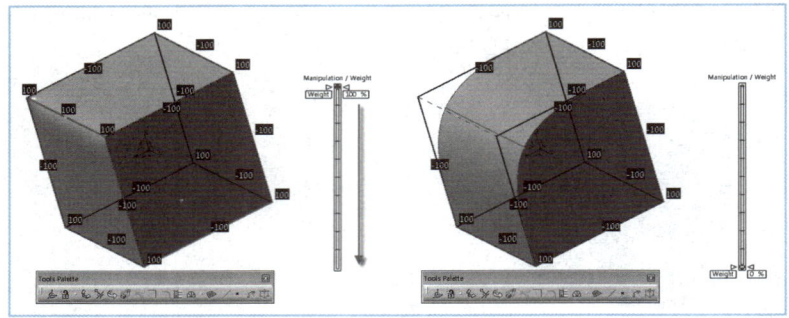

Smooth Attraction을 사용하면 아래와 같이 날카로웠던 Edge 부분을 곡률 처리해 줄 수 있습니다.

H. Pick

Subdivision Surface의 Modification 작업을 수행하는 과정에서 Point나 Line, Plane과 같은 Element를 선택하기 위해 사용합니다. Pick 명령은 Compass Definition을 사용해 Axis를 설정하거나 Translation으로 선택한 Control Element인 Face나 Edge, Vertices를 이동시키는데 사용할 수 있습니다. Pick을 사용하지 않으면 Point, Line, Plane과 같은 3차원 요소는 Modification을 수행하는데 있어 선택할 수 없다는 점을 기억해두기 바랍니다.

다음과 같이 Subdivision Surface가 있다고 했을 때, Modification을 수행하여 Translation 을 선택하면 다음과 같이 Pick 명령이 나타납니다.

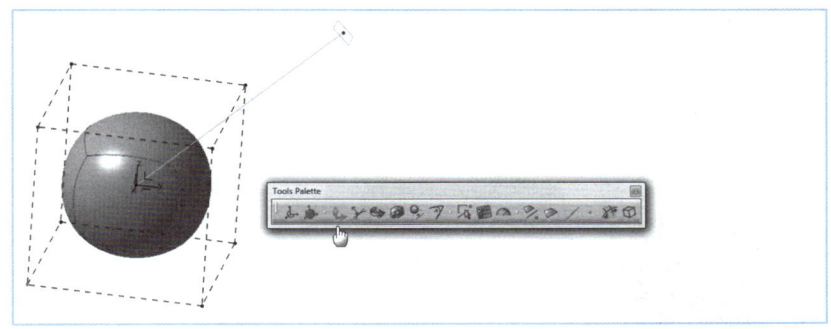

다음으로 수정하고자 하는 부분의 Control Element를 선택하도록 합니다. 여기서 선택할 수 있는 Control Element로는 Face, Edge, Vertices가 가능합니다.

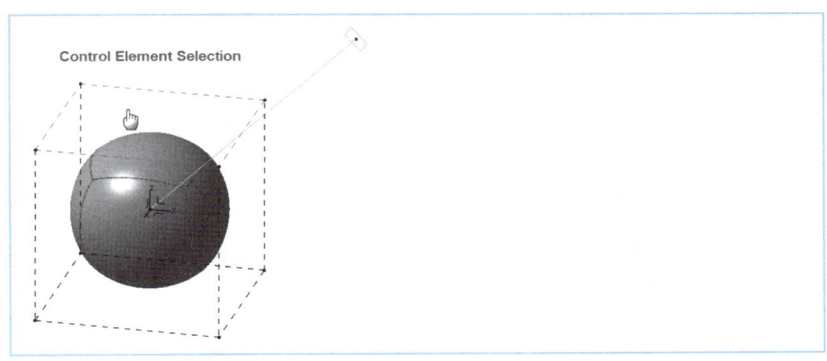

다음으로 3차원 요소를 선택하기 위해 Tools Palette에서 Pick을 클릭합니다. 그럼 다음과 같이 Tools Palette가 변경되면서 3차원 요소를 선택할 수 있는 상태가 됩니다.

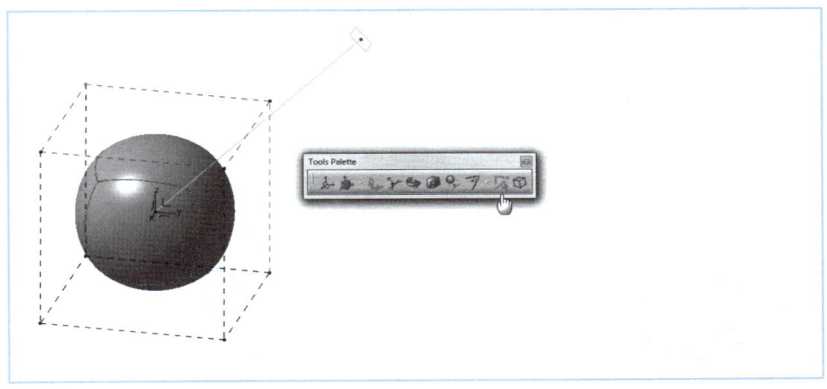

이제 앞서 선택한 Control Element에 맞추어줄 3차원 요소를 선택해 주도록 합니다. 여기서는 Plane을 선택합니다.

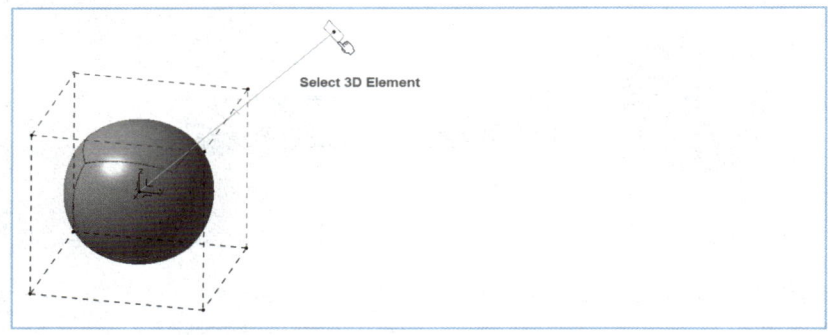

그럼 다음과 같이 앞서 선택한 Control Element가 3차원 요소와 일치하기 이동되는 것을 확인할 수 있습니다.

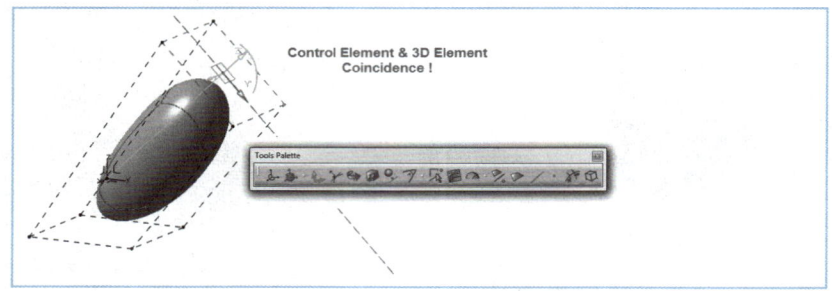

이와 같이 Translation 작업에서 Pick 명령을 사용하면 손쉽게 이동시키고자 하는 지점으로 Control Element를 이동시킬 수 있습니다. 물론 우선 3차원 요소를 생성한 후에 작업을 진행해야 한다는 점을 명심하기 바랍니다.

다음은 Translation 에서 다른 Control Element인 Edge에 Pick 을 사용하는 예입니다.

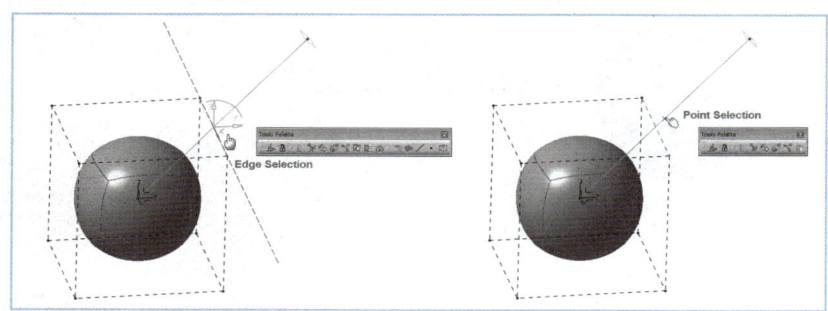

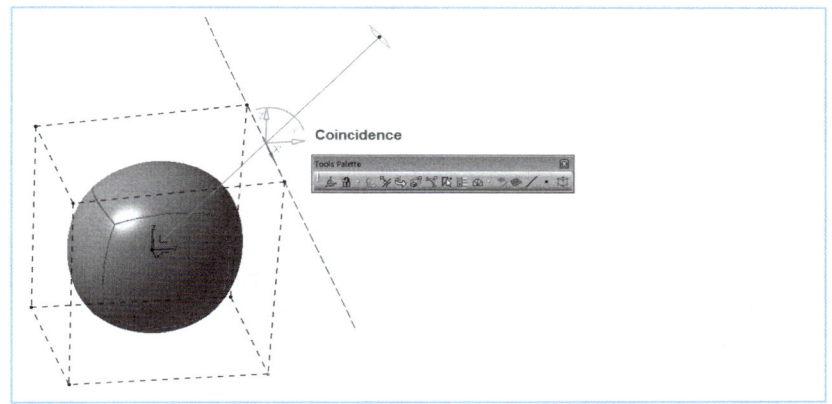

Pick 명령은 Compass Definition 에서 Axis 또는 Plane 설정에 있어서도 다음과 같이 사용할 수 있으므로 참고하기 바랍니다.

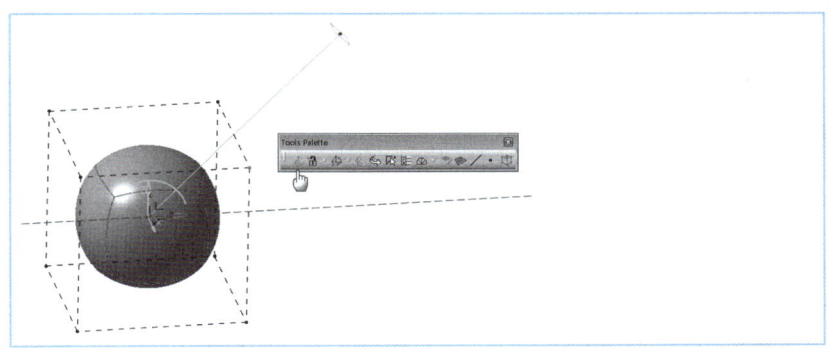

Compass Definition 이 활성화된 상태에서 Pick을 선택하여 Line을 요소를 선택하면 주축의 방향을 설정할 수 있습니다.

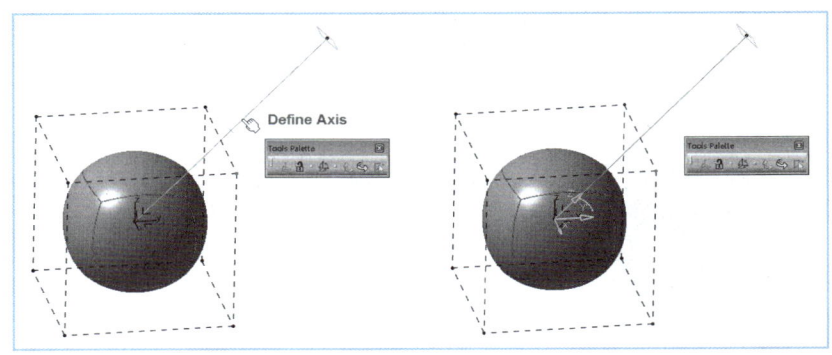

또한 Compass Definition 이 활성화된 상태에서 Pick을 선택하여 Plane을 사용해 주평면을 선할 수도 있습니다.

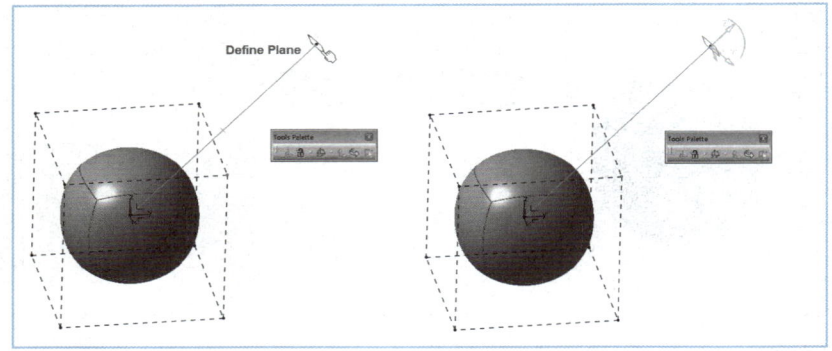

I. Edition

Edition Panel을 사용하여 수치적인 값으로 수정 또는 변경하고자 하는 부분을 작업할 수 있습니다. Edition Panel은 선택한 대상에 대해서 Translation , Rotation , Affinity , Attraction 과 같은 Transformation 작업을 수행하는데 사용할 수 있습니다.

즉, 각 Transformation 작업을 수행하는데 있어 마우스를 통한 조작이 아닌 Edition Panel을 통해서 지정하고자 하는 값을 입력해주어 그 값으로 곡면 형상을 변형시킬 수 있습니다. 따라서 선택한 Transformation 작업에 따라 Edition Panel에 나타나는 값이 다릅니다.

a. Translation

선택한 Control Element의 위치 프로파일 값을 X, Y, Z 좌표 값을 변경하여 Translation을 수행합니다. 다음과 같이 Subdivision Surface를 선택한 후, Modification Mode에서 Translation을 선택합니다. 그리고 원하는 Control Elements를 선택합니다.

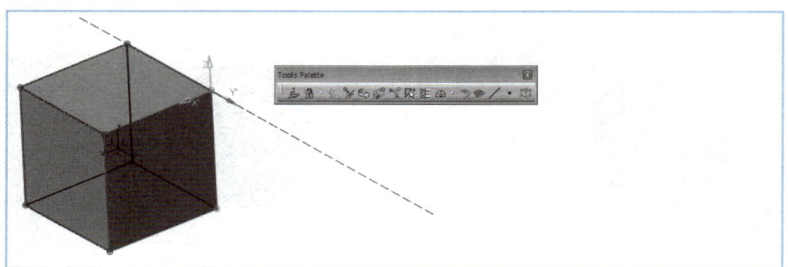

다음으로 Edition 명령을 실행합니다. 그럼 다음과 같이 Translation Edition 창이 나타납니다. 여기에 나타난 각 좌표 값을 수정하여 Control Elements를 Translation시킬 수 있습니다.

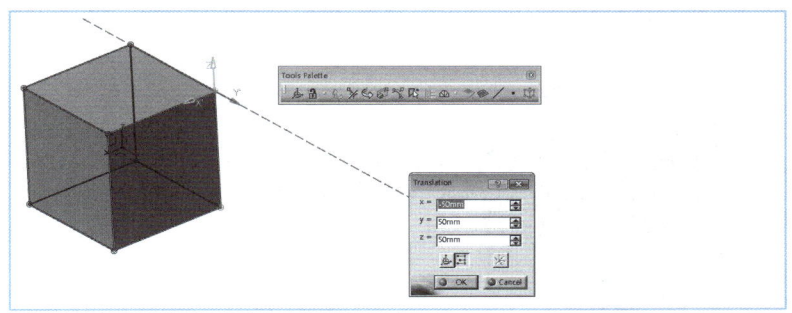

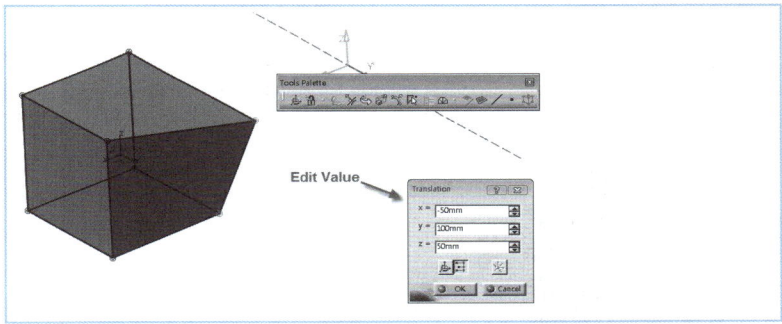

Edition 창에 추가적으로 다음과 같은 아이콘이 들어 있는 것을 확인할 수 있습니다.

- **Compass Translation** : Compass를 선택한 위치의 Vertices에 위치하도록 합니다.

- **Coordinates Alignment** : 선택한 모든 Vertices들의 좌표 값을 동시에 같은 값으로 적용하여 정렬하도록 합니다. 이 명령이 켜진 상태에서 복수의 Vertices를 선택하여 Translation을 수행하는 경우에는 입력한 값에 맞게 모든 Vertices의 위치가 변경됩니다.

  이 명령이 꺼진 상태에서 복수의 Vertices의 Translation 값을 입력하면 선택한 Vertices들의 중점의 위치가 입력한 값으로 변경됩니다.

- **Compass at the Origin** : Compass의 위치를 원점으로 초기화하고자 할 경우에 사용합니다. Coordinates Alignment 가 선택된 상태에서는 사용할 수 없습니다.

b. Rotation

선택한 Control Element의 위치 프로파일 값을 X, Y, Z 좌표 값을 변경하여 Rotation을 수행합니다. 다음과 같이 Subdivision Surface를 선택한 후, Modification Mode에서 Rotation을 선택합니다. 그리고 원하는 Control Elements를 선택합니다.

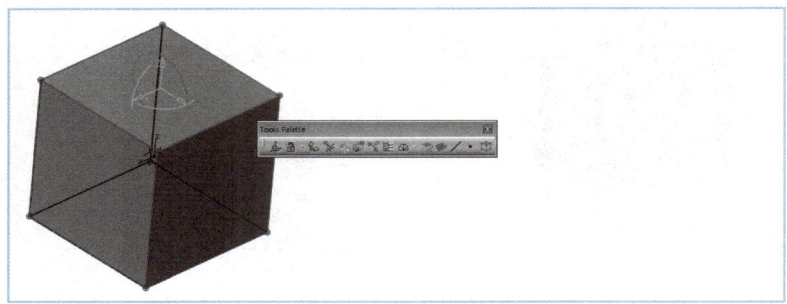

다음으로 Edition 명령을 실행합니다. 그럼 다음과 같이 Rotation Edition 창이 나타납니다. 여기에 나타난 각 좌표 값을 수정하여 Control Elements를 Rotation시킬 수 있습니다.

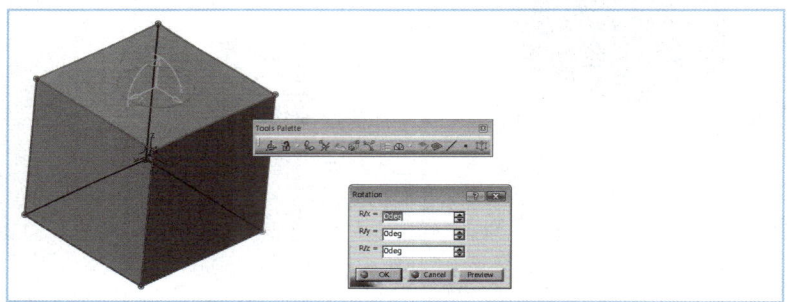

원하는 방향으로의 각도 값을 입력한 후, Preview를 선택하면 입력한 값에 따른 결과를 확인해 볼 수 있습니다.

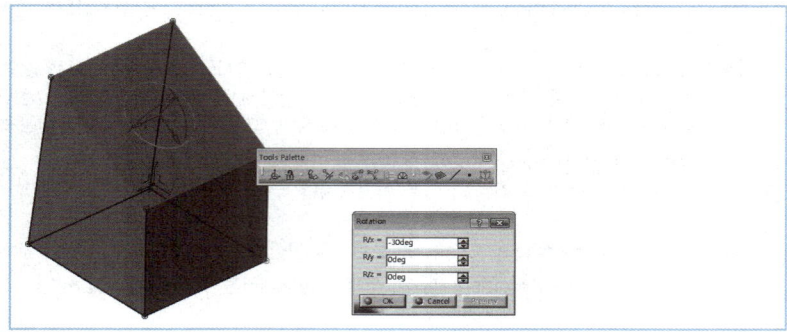

Rotation은 선택한 Control Element의 중심에 위치하기 때문에 원하는 지점을 기준으로 회전시키고자 하는 경우에는 Compass Definition으로 Compass의 위치를 잡아주도록 합니다.

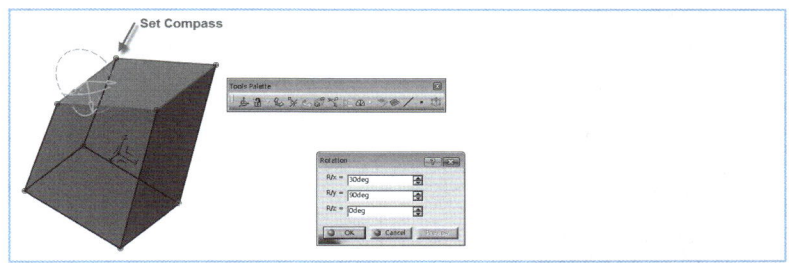

c. **Affinity**

선택한 Control Element의 위치 프로파일 값을 X, Y, Z 좌표 값을 변경하여 Scale을 수행합니다. 다음과 같이 Subdivision Surface를 선택한 후, Modification Mode에서 Affinity를 선택합니다. 그리고 원하는 Control Elements를 선택합니다.

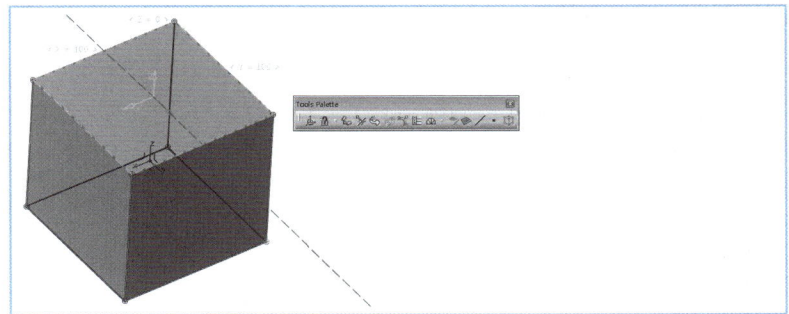

다음으로 Edition 명령을 실행합니다. 그럼 다음과 같이 Affinity Edition 창이 나타납니다. 여기에 나타난 각 좌표 값을 수정하여 Control Elements를 Affinity를 시킬 수 있습니다.

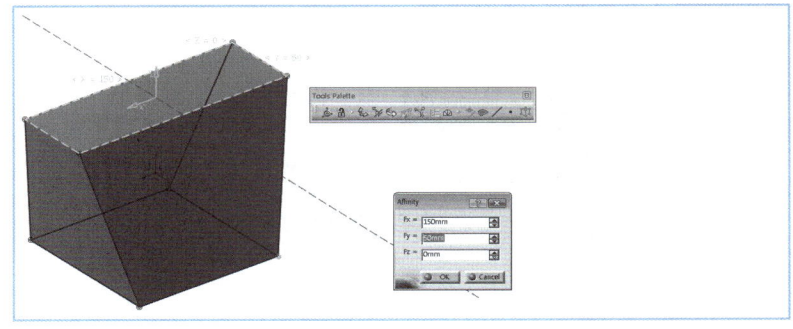

Affinity에 입력하는 값은 선택한 Control Element의 경우에 따라 사용할 수 있는 값이 다르다.

d. Attraction

선택한 Control Element에 Edition 창으로 Weight를 부여하여 이웃하는 곡면끼리 부드럽거나 날카로운 정도를 조절할 수 있습니다.

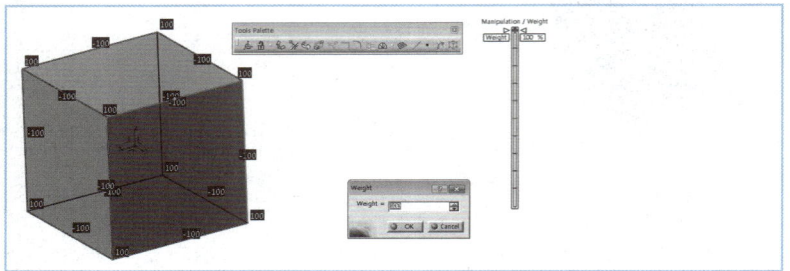

J. Attenuation

Option에서 설정한 Attenuation 값을 사용할지에 대해서 설정할 수 있습니다. 즉, Subdivision Surface의 수정 또는 변형 작업하는 동안 마우스의 움직임과 실제 형상의 움직임의 비율을 다르게 할 것인지 같게 할 것 인지를 설정할 수 있습니다. Tools Palette 에서 마우스로 그 크기를 조절하는 모든 명령에서 설정할 수 있습니다.

a. No Attenuation

마우스 조작에 의한 움직임과 실제 형상에 대해 적용되는 움직임의 비율이 동일합 니다. Attenuation를 사용하지 않을 경우입니다.

다음은 간단히 Translation을 수행하면서 마우스 움직임과 실제 Control Element의 움직임을 비교한 경우입니다. 쉽게 확인할 수 있듯이 마우스 움직임과 Control Element의 움직인 변위가 동일합니다.

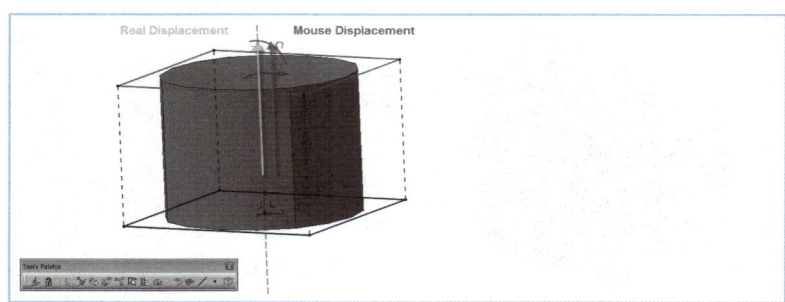

b. Allow Attenuation

Attenuation을 사용하여 마우스의 움직임과 실제 형상에 대해 적용되는 움직임의 비율을 다르게 하고자 할 경우 선택합니다. 여기서의 다른 비율 값은 앞서 Options 에서 설정한 Ratio 값입니다.

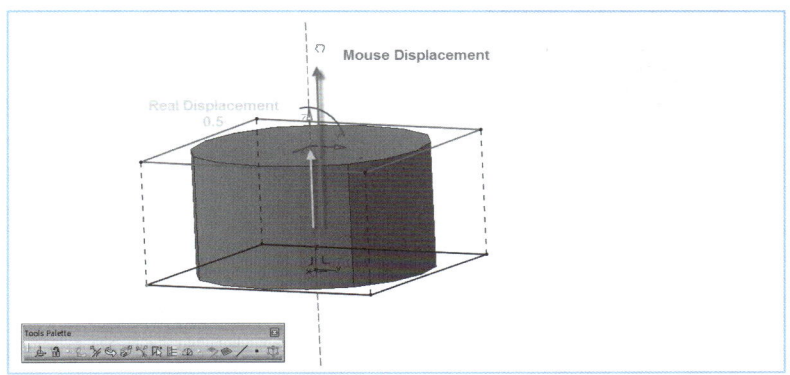

K. Selecting Elements

Selecting Elements는 Imagine & Shape에서 변형시키고자하는 대상의 Control Element를 선택할 수 있게 하는 아주 중요한 도구입니다. 적절한 Control Element를 선택해야지만 원하는 모양으로 형상을 변형시키는 것이 가능합니다. 다음의 각각의 Selection Mode를 익혀두기 바랍니다.

여기서 Default 설정의 경우 선택한 대상은 빨간색으로 표시되며 선택하고자 하는 대상은 주황색으로 표시됩니다.

a. All Type Selection

3차원 상에서 모든 Control Element를 선택하기위해 사용합니다.(Vertices, Edge, Face) Imagine & Shape 상에서 곡면 형상을 수정 또는 변경하고자 할 경우 Mesh 요소의 Face, Edge, vertices 등의 대상을 모두 선택할 수 있도록 도움을 주는 명령입니다.

All Type Selection이 체크된 상태에서 Subdivision Surface를 선택하면 모든 Control Element가 다음과 같이 노출되는 것을 확인할 수 있습니다. 여기서 원하는 Control Element가 주황색이 되었을 때 마우스를 클릭하면 대상을 선택할 수 있습니다. 복수 선택은 물론 서로 다른 종류의 Control Element를 선택하는 것도 가능합니다.

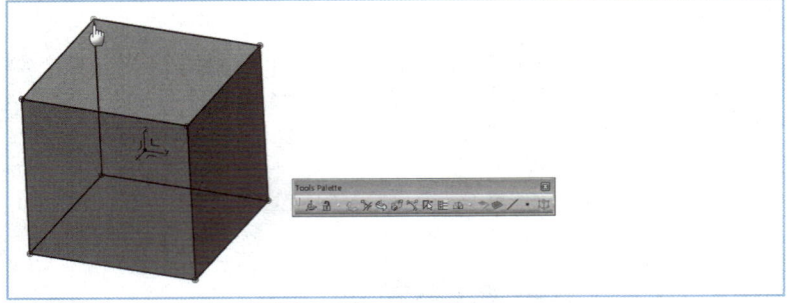

b. Face Selection

3차원 상에서 곡면 형상 Mesh Control Element 중에 면 요소를 선택하기 위해 사용합니다. Face Selection이 체크된 상태에서는 작업하는 동안 Mesh의 Grid 면만을 선택할 수 있습니다. 면 이외의 불필요한 다른 Control Element를 신경 쓰고자 하지 않을 때 유용합니다.

다음과 같이 Selection Mode를 Face Selection으로 선택한 상태에서 Subdivision Surface에 마우스를 가져가면 면들만이 주황색으로 활성화되는 것을 확인할 수 있습니다. 여기서 선택하고자 하는 면이 주황색이 되었을 때 클릭하면 대상을 선택할 수 있습니다.

c. Edge Selection

3차원 상에서 곡면 형상 Mesh의 모서리 요소를 선택하기 위해 사용합니다. Face Selection이 체크된 상태에서는 작업하는 동안 Mesh Control Element의 Edge만을 선택할 수 있습니다.

여기서 다른 Selection Mode와 마찬가지로 선택한 대상은 빨간색으로 표시되며 선택하고자 하는 대상은 주황색으로 표시됩니다.

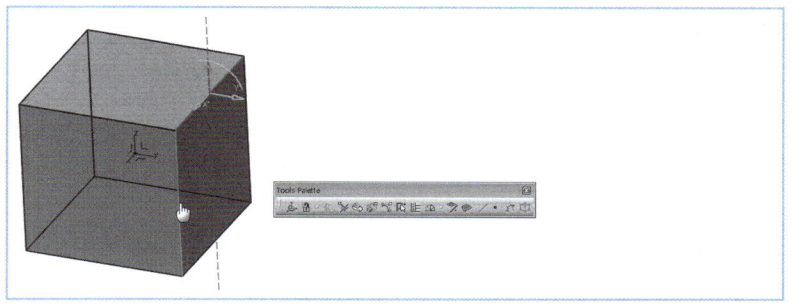

d. Vertices Selection

3차원 상에서 곡면 형상 Mesh Control Element 중에 Vertices 요소를 선택하기 위해 사용합니다. Face Selection이 체크된 상태에서는 작업하는 동안 Mesh의 Vertices만을 선택할 수 있습니다.

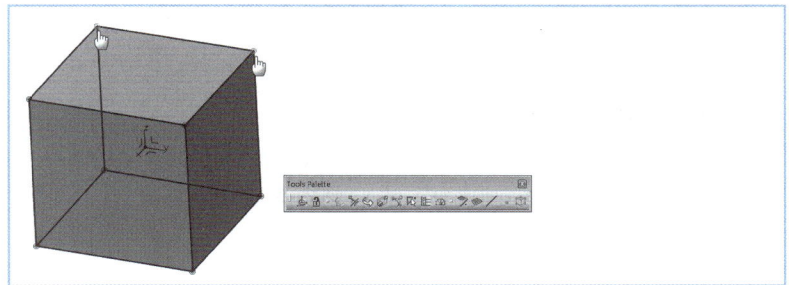

e. All Elements Selections

3차원 상에서 수정하고자 하는 대상 Subdivision Surface 형상의 모든 Control Elements를 선택하기 위해 사용합니다.

명령을 실행하면 다음과 같이 전체 Control Element가 선택되어 빨간색으로 표시 되는 것을 확인할 수 있습니다.

5.2 Curve modification

수정 또는 변형하고자 하는 대상이 Imagine & Shape에서 만들어진 Styling Curve인 경우 이를 수정하기 위해 Modification을 실행하면 다음과 같은 Tools Palette로 작업할 수 있습니다. Tools Palette는 다음과 같은 명령들로 구성됩니다.

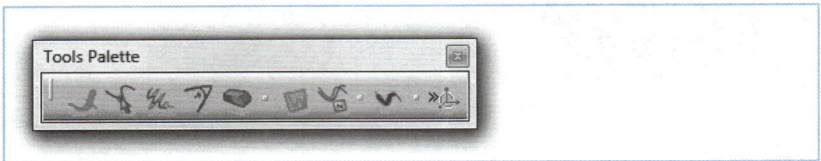

A. Sketch

3차원 상에 생성된 Curve를 연장하여 그려주고자 할 경우나 또는 이미 그려진 Curve 의 일부를 정제하여 새로운 형상으로 변경하고자 할 경우에 사용합니다.

a. Modify Curve Shape

앞서 Sketch Curve 명령을 사용하여 곡선을 그려준 후, 곡선의 임의의 지점을 수정 또는 보완하고자 다시 그려주고자 할 경우 해당 지점에서 마우스를 드래그 하여 새로운 Curve의 궤적을 만들어 줍니다.

다음과 같이 앞서 그려진 Styling Curve가 있다고 했을 때 Modification을 실행하여 Sketch 를 선택하도록 합니다. 그리고 원하는 지점에 새로 변경하고자 하는 궤적 을 마우스로 드래그 하도록 합니다.

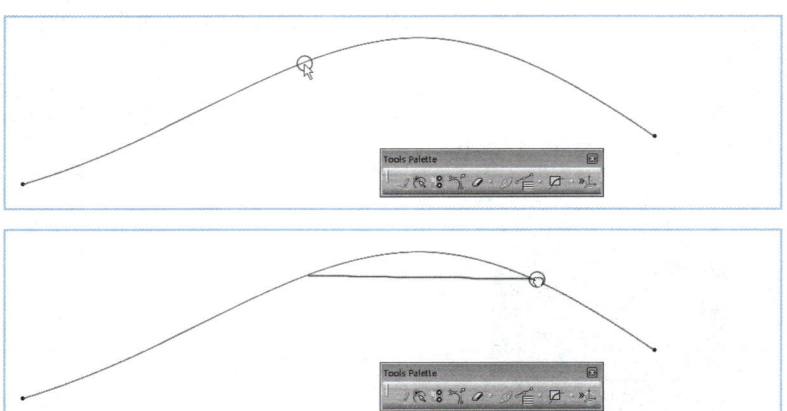

그럼 해당 궤적에 맞게 현재의 Curve의 형상이 변형됩니다.

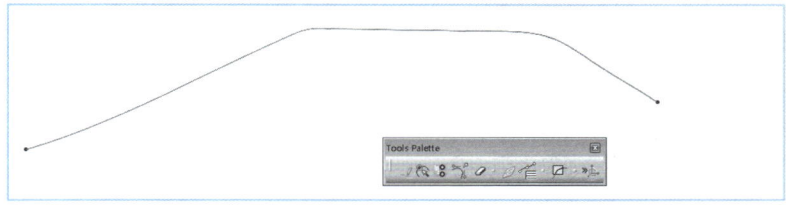

이와 같은 방법을 사용하여 작업한 Styling Curve를 원하는 형상으로 수정해 주는 작업이 가능합니다.

b. Extend Curve

Sketch Curve로 생성한 Curve를 연장해서 그려주고자 할 경우 Curve가 끝나는 지점에서 마우스를 드래그 하여 궤적을 만들어 주면 Curve가 연장됩니다.

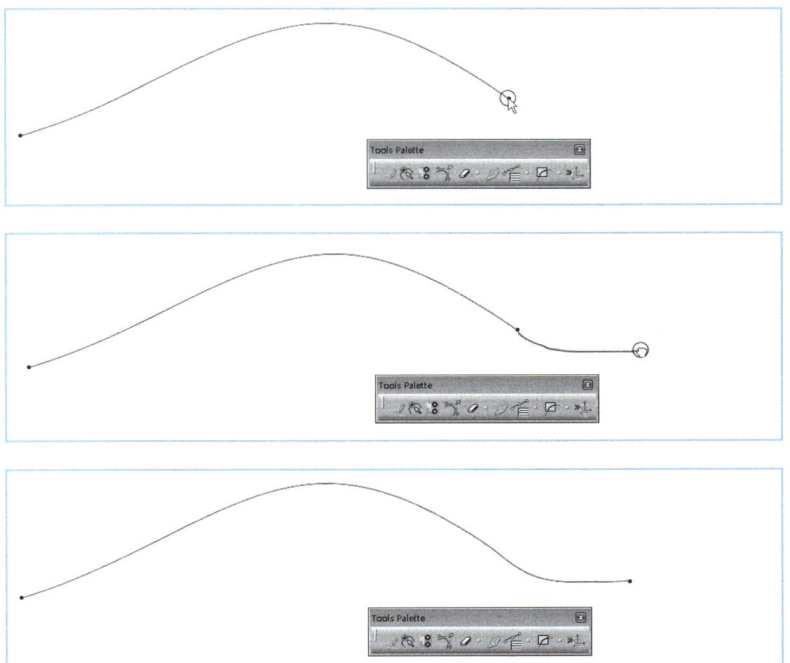

작업을 수행하는 동안 Planarity 가 체크되어 있으면 앞서 Sketch Curve로 작업한 Curve의 기준 평면상에서만 Curve의 수정이 가능합니다. (모든 Curve Modification 작업에서 동일하게 적용됨)

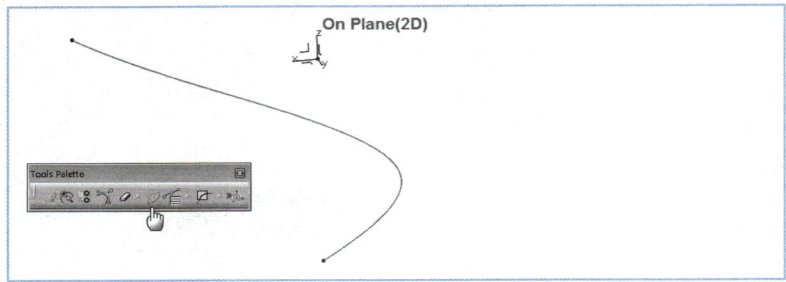

Curve의 일부분만을 지정하여 수정하고자 하는 경우 Area Selection을 사용하여 변형이 가해질 부분을 지정하고 Sketch를 수행하면 됩니다. (Area Selection 명령 설명을 참고 바랍니다.)

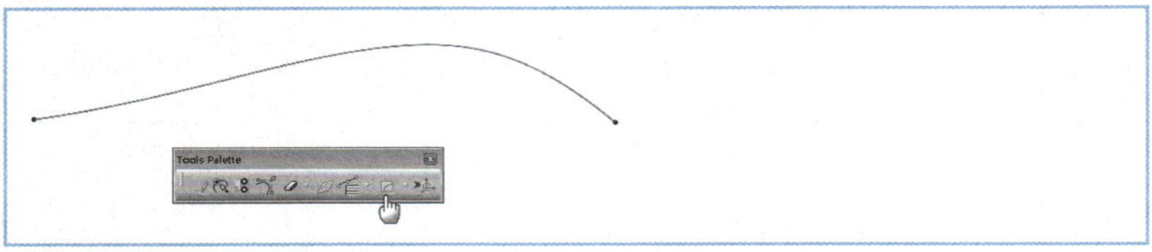

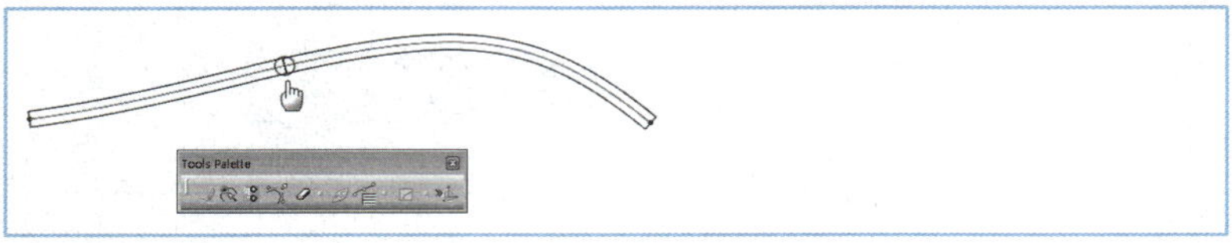

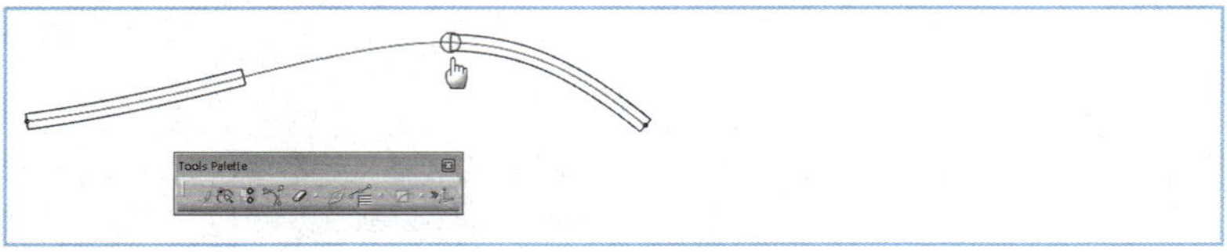

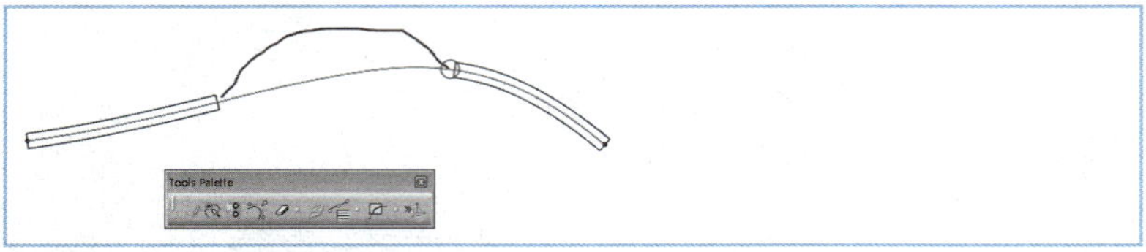

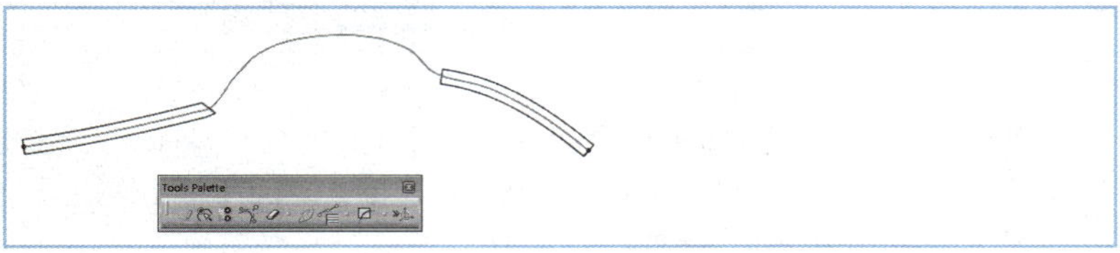

B. Manipulation

Sketch Curve로 생성된 커브를 조작하기 위해 사용합니다. Manipulate하고자 하는 Curve의 부위를 선택하여 마우스를 이용, Curve를 변형시킬 수 있습니다. Curve의 Vertex나 Curve 상의 임의의 위치를 선택하여 Manipulate하는 것이 가능하며 이런 경우 Curve 전체의 변형을 가져온다는 점을 기억하기 바랍니다.

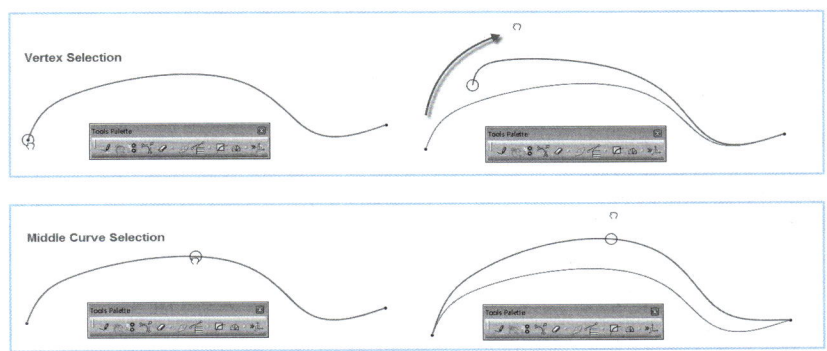

Curve의 일부분만을 지정하여 Manipulate하고자 하는 경우 Area Selection 을 사용하여 변형이 가해질 부분을 지정하고 Manipulation을 수행하도록 합니다.

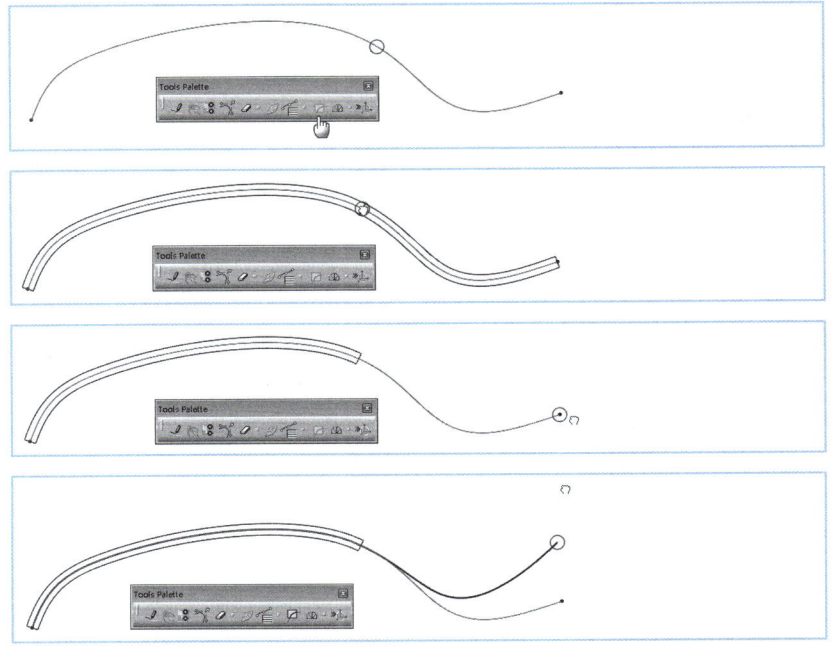

C. Smoothing ✎

Sketch Curve로 생성한 Curve를 부드럽게 펴주는 명령입니다. Smoothing을 하는 이유는 Imagine & Shape에서 만들어진 Curve가 정밀한 구속 작업이 아닌 마우스 궤적에 의해서 형상을 만들기 때문에 불필요하게 구불구불하거나 곡률이 고르지 못하기 때문에 이를 보정해 주기 위함입니다.

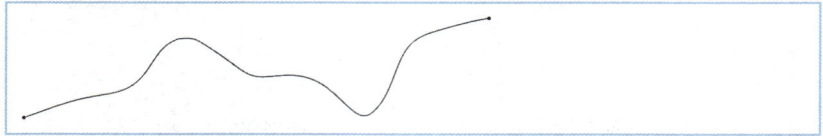

Smoothing을 수행하고자 하는 Curve를 선택한 후 Modification을 실행하여 Smoothing ✎을 선택, Curve를 클릭하면 Curve의 곡률이 점차 부드러워 지는 것을 확인할 수 있습니다.

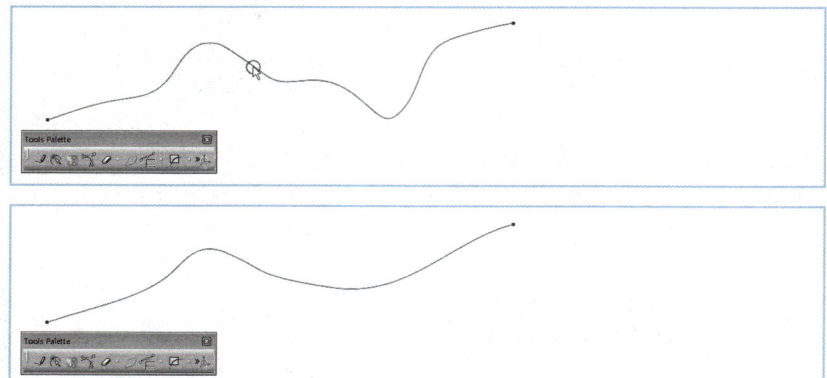

여기서 Smoothing 작업을 무한히 반복하면 Curve는 직선에 가까워집니다. 따라서 필요에 맞게 적절한 범위 안에서 Smoothing을 사용하도록 합니다.

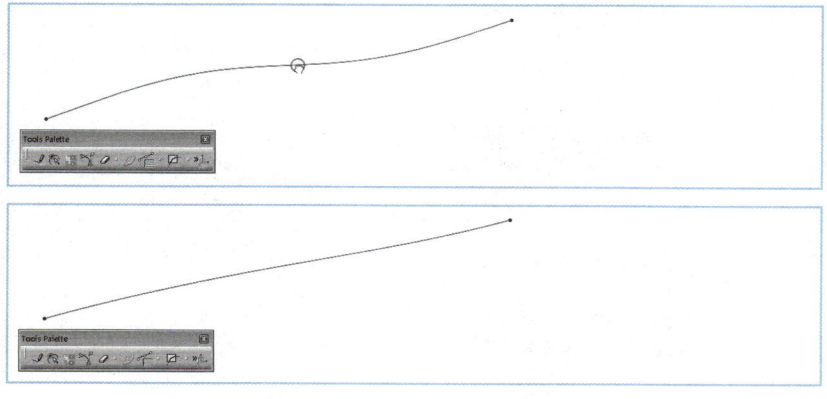

Curve의 일부분만을 지정하여 Smoothing을 수행하고자 하는 경우 Area Selection 을 사용하여 변형이 가해질 부분을 지정하고 Smoothing을 수행하도록 합니다.

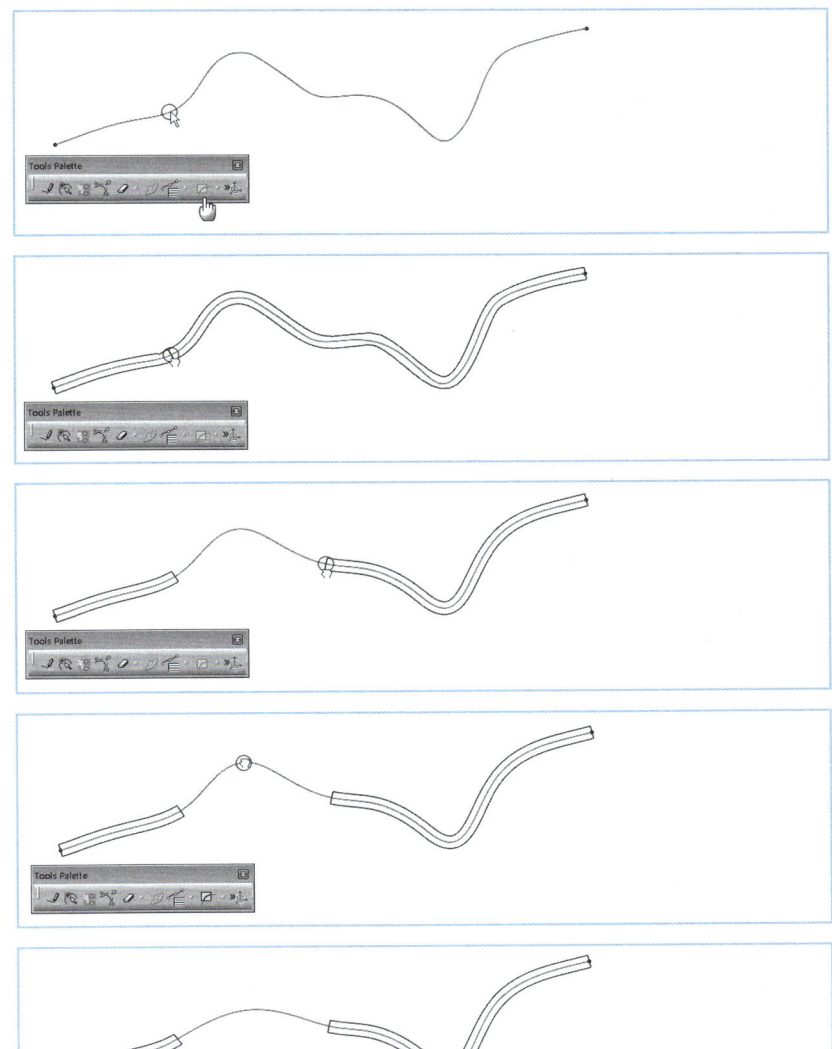

D. Local Tuning

Sketch Curve로 만든 Curve의 일부를 지정하여 해당 부분을 Fillet 효과를 주어 곡률을 조절하는 명령입니다.

Styling Curve의 해당 부분에 Local Tuning을 해주기 위해서 우선 대상을 선택하여 Modification에 들어가 Local Tuning 을 선택합니다.

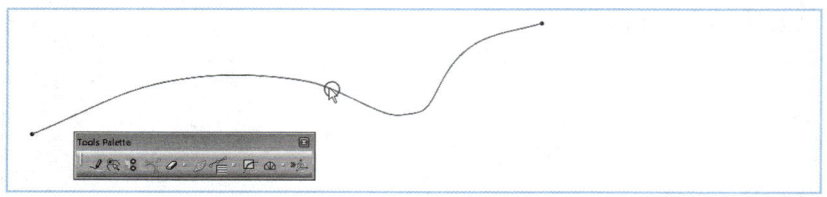

다음으로 Area Selection 을 필히 수행하여 Fillet이 들어갈 지점을 잡아주도록 합니다. Area Selection이 잡히지 않은 상태에서는 Local Tuning 을 수행할 수 없습니다.

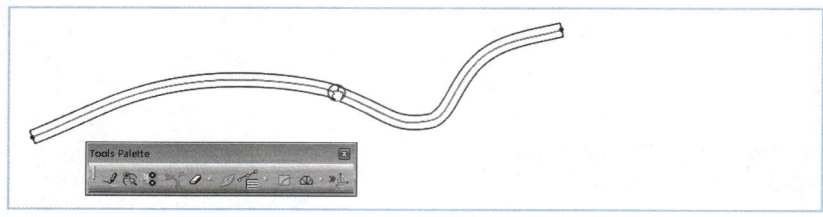

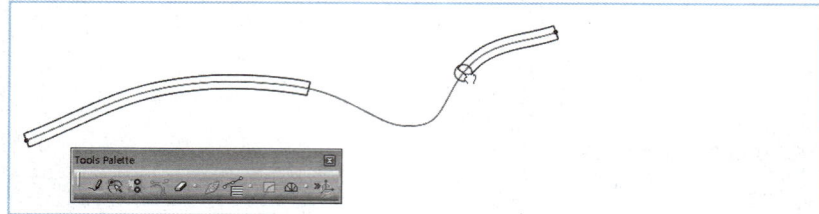

그러고 나면 Curve의 양쪽에 나타나는 녹색의 Slider를 마우스로 조절하여 해당 부분의 곡률을 수정해 줍니다.

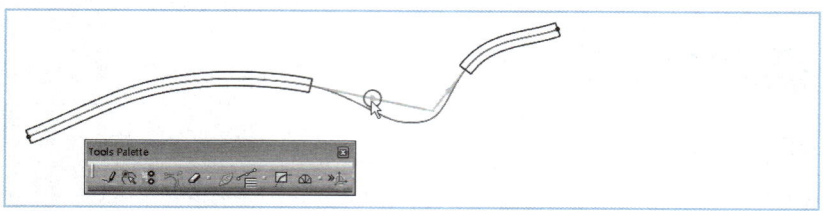

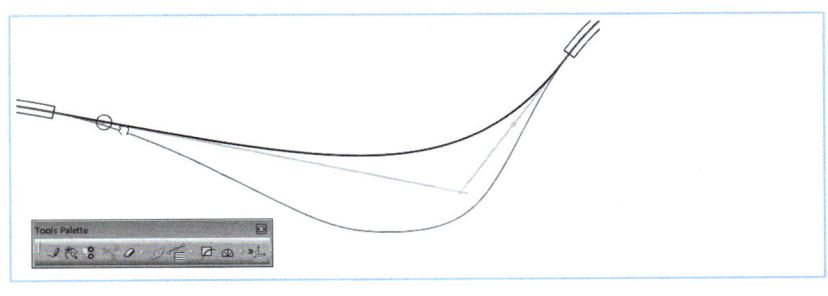

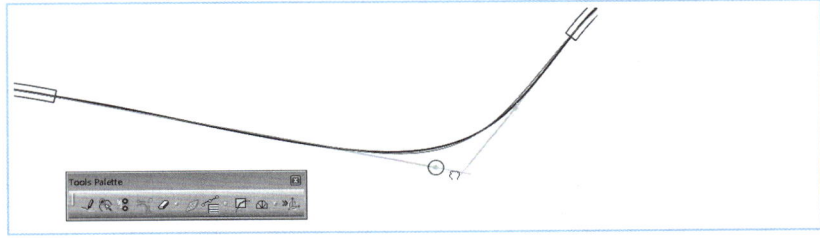

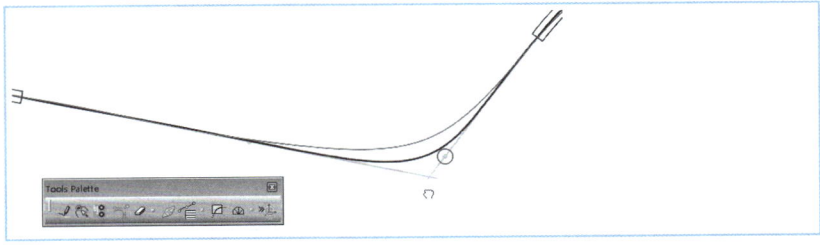

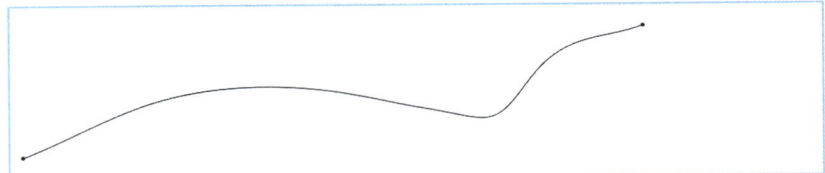

특히 Curve의 끝 지점에 Local Tuning을 수행하는 경우에는 다음과 같이 접선 방향과 끝점을 조절할 수 있습니다.

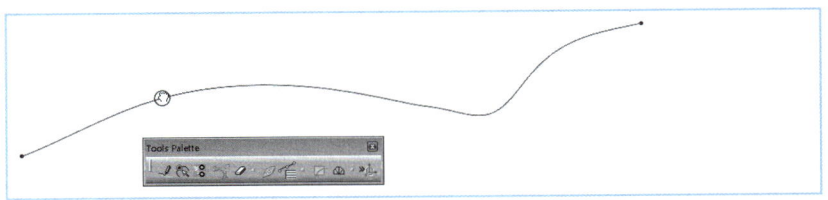

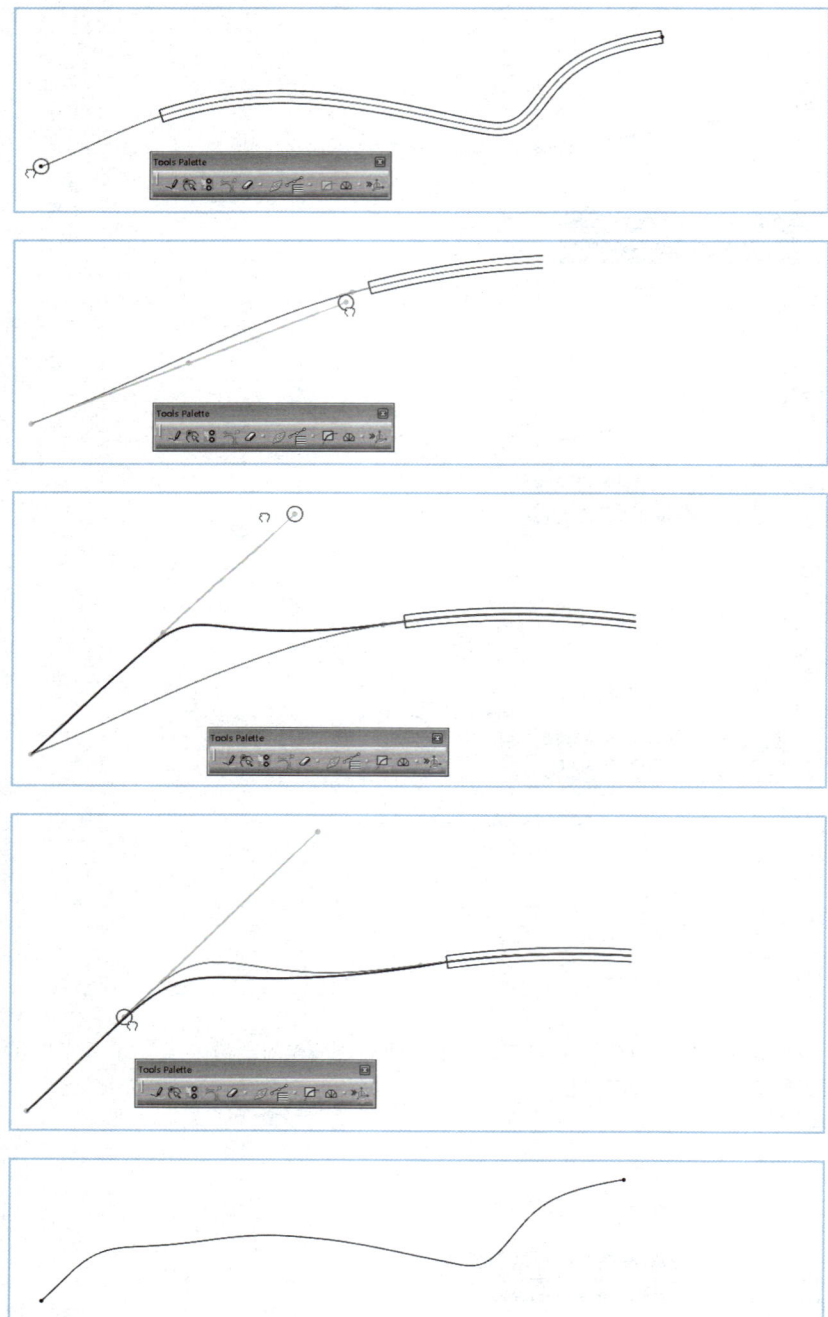

E. Erasing

Sketch Curve로 생성된 Curve의 일부를 지우고자 할 때 사용합니다. Erasing은 Curve의 끝 지점을 지우는 경우와 Curve의 중간 지점을 지우는 경우로 나누어 생각할 수 있습니다.

a. Erasing the extremity

Curve의 끝점을 포함하여 Curve의 일부를 지우고자 하는 경우에는 다음과 같이 Area Selection으로 Curve의 끝점에서부터 원하는 지점까지 선택해 주도록 합니다.

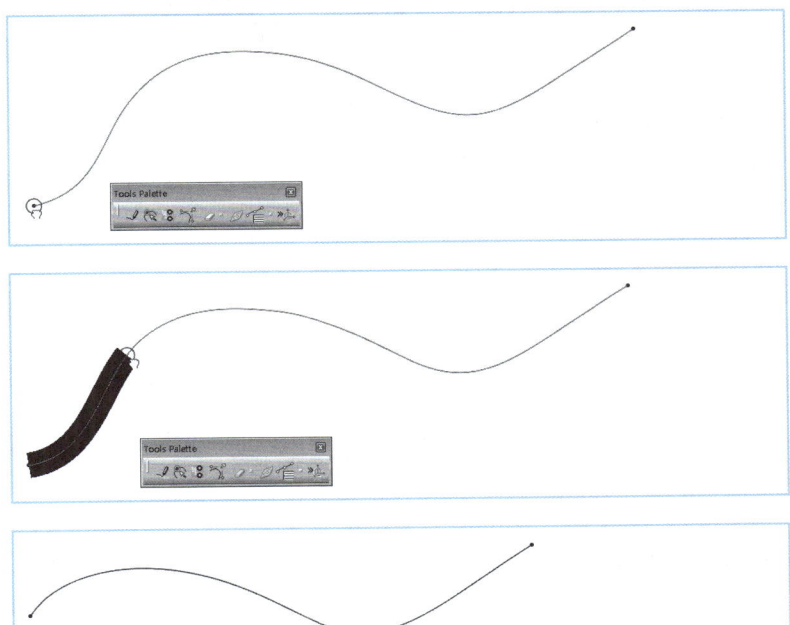

b. Erasing an internal part

Curve의 내부를 지운다는 개념은 Curve를 끊어 버리는 것이 아닌, Curve의 일부 곡률이 심한 부분을 Area Selection으로 선택하여 해당 부분을 Smooth하게 조절하는 것과 같다고 할 수 있습니다.

Erasing을 실행한 후 Curve의 끝점을 벗어난 지점에서부터 곡률이 심한 부분을 포함하게 Area Selection을 선택하도록 합니다.

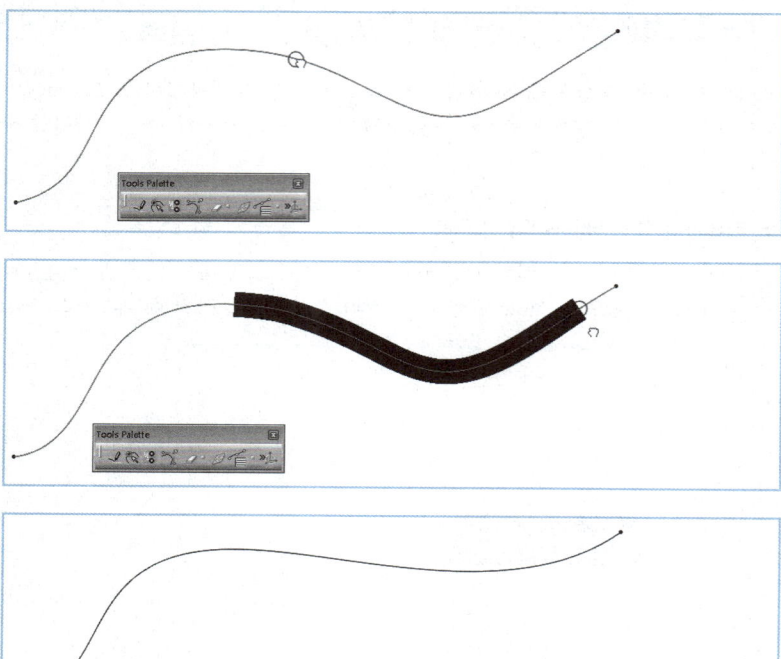

곡률이 심하지 않은 부분은 Erasing으로 Curve를 Smooth하게 처리할 수 없으니 유의하기 바랍니다.

F. Planarity

Planarity를 체크하면 Curve를 생성할 때 임의의 평면을 기준으로 생성 및 수정하도록 합니다. 앞서 명령들에서도 간단히 언급한 것처럼 Planarity가 체크된 상태에서 만들어진 Curve는 3차원의 모든 방향으로 곡률을 가진 것이 아니라 처음에 작업할 때 정의된 평면 방향으로만 곡률을 표현할 수 있습니다.

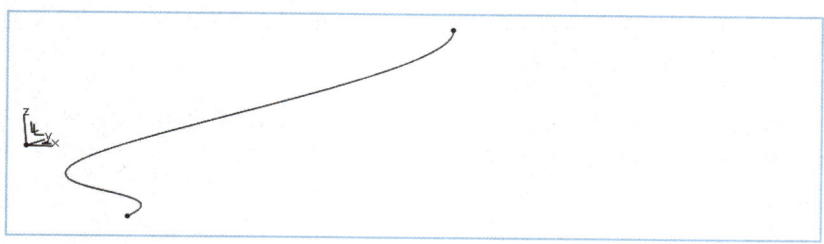

따라서 Planarity를 적절히 이용하면 지정한 평면상에 원하는 형상을 그려줄 수 있습니다. 그러나 초기에 Sketch Curve로 Curve를 생성할 당시의 Curve의 기준 평면과 다른 위치로 평면을 설정하게 할 수 는 없으며 오로지 처음 Curve가 생성될 당시의 기준 면 방향으로만 속성을 유지하게 할 수 있습니다.

만약에 Curve를 변형하고자 할 경우에 이러한 평면에 대한 속성을 해제하고자 한다면 Tools Palette에서 해당 아이콘을 비활성화 한 후에 작업하도록 합니다.

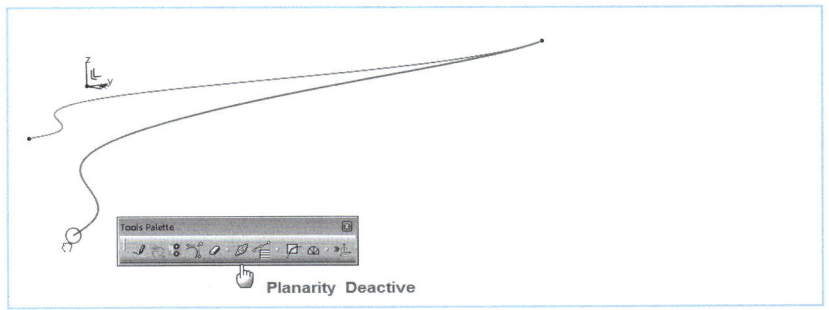

한번 Planarity 가 해제된 상태에서 작업한 Curve는 다시 Planarity 속성을 유지한 채로 수정 작업을 할 수 없습니다. 따라서 작업의 목적에 맞게 Planarity를 설정/해제 하여 수정 작업을 진행하도록 합니다.

G. Characteristics

Characteristics를 사용하여 Sketch Curve로 생성된 Curve의 특성을 조절할 수 있습니다. Curve를 선택하고 Modification을 실행하여 Characteristics 를 선택하면 다음과 같은 Curve Characteristics 창이 나타납니다.

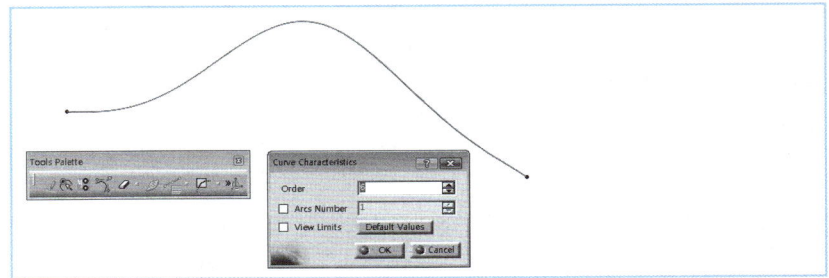

여기서 Order는 Curve를 수학적으로 구성하는 함수의 차수를 재정의할 수 있습니다. Default로 6차로 정의되어 있으며 4에서 11까지 조절할 수 있습니다.

Arcs Number를 체크하면 Curve의 arcs의 수를 조절할 수 있습니다. 체크되지 않은 상태에서 Curve의 arcs 수는 Curve의 Curvature에 맞게 자동적으로 계산됩니다.

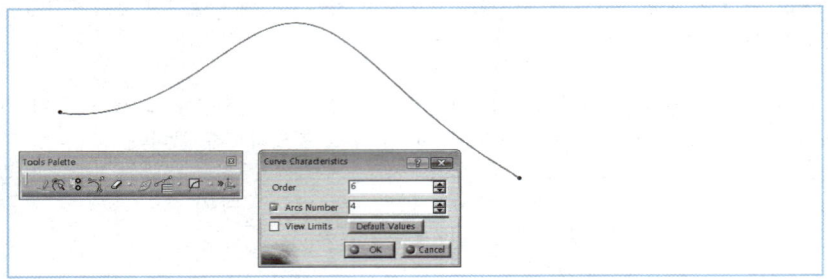

View Limit를 체크하면 Modification 상에서 limit arcs를 표시해 줍니다.

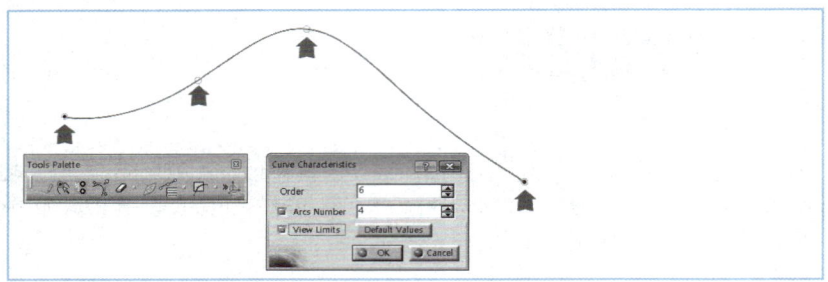

만약 다시 Curve의 초기 Characteristics로 변경하고자 하는 경우 Default Values 버튼을 클릭하도록 합니다.

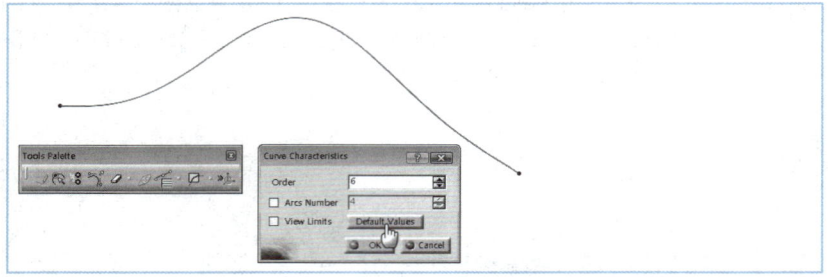

마지막에 설정 완료 후 OK를 선택해야 입력한 Curve Characteristics가 Curve에 적용되며 이 값은 앞으로 만들어지는 다른 Curve에 대해서도 동일하게 적용됩니다.

기본적으로 Default 입력 값을 사용할 경우가 Curve가 제일 Smooth하게 만들어집니다.

H. Area Selection

Sketch Curve로 작업한 Curve를 수정하기 위해서 Curve 상에 작업 영역을 설정할 수 있게 하는 명령입니다. Styling Curve 전체에 대해서 변형을 주고자하는 경우가 아닌 Styling Curve의 일부분을 지정하여 지정된 부분만을 변형하고자 할 경우에 작업합니다.

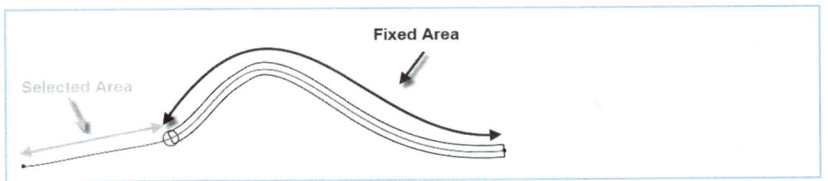

Modification ⇨ Area Selection을 실행하여 Curve 상에서 마우스로 드래그를 하면 해당 부분을 제외하고 나머지 부분이 모두 스카치테이프를 붙인 것처럼 리본으로 표시되는 것을 확인할 수 있습니다. 이렇게 고정된 부분들은 Curve를 변형하는 동안 가능한 온전히 현재 형상을 유지합니다.

그리고 나머지 부분, 즉 Area Selection에 들어간 부분은 Curve의 수정 작업에서 Tools Palette에 있는 도구를 사용하여 변형시킬 수 있습니다. Area Selection에 지정된 부분을 Working Area라고 부르기도 합니다.

Area Selection으로 작업 영역을 지정하여 Modification을 수행한 후, 다시 같은 Curve의 다른 영역을 선정하여 Modification하고자 하는 경우에는 Ctrl Key를 누르고 Curve의 원하는 부분을 드래그 하면 됩니다.

Ctrl Key를 사용하면 Area Selection 명령을 아이콘으로 실행시키지 않아도 Modification에서 Ctrl Key를 누른 상태에서 Curve 상에 지정하고자 하는 부분을 드래그 하여 Area Selection을 실행시킬 수 있습니다.

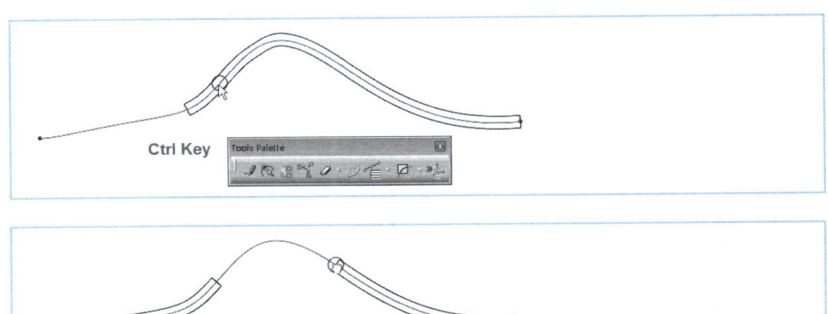

I. Transformations

Curve를 Modification하는 과정에서 Curve에 Transformation 작업을 해주고자 할 경우 사용합니다. Transformations 를 클릭하면 다음과 같이 Tools Palette Toolbar에 명령들이 나타납니다.

a. Compass Management

Surface에서와 마찬가지로 Curve의 수정 작업을 수행하는데 있어 선택한 대상에 표시되는 Compass를 이용하게 됩니다. Compass가 가지고 있는 원점 및 X, Y, Z 축을 사용하여 작업자는 손쉽게 선택한 대상을 이동 시키는(Translation, Rotate 등) 작업이 가능합니다.

Compass를 사용하여 Curve 요소를 선택하는 데 있어 우선 Compass에 대한 설정을 내리는 부분입니다. 현재 선택한 Curve에 대해서 Compass가 의도한 방향과 일치하게 잡혀있다면 굳이 설정을 변경하지 않아도 됩니다.

b. Compass Definition

Compass의 원점 및 기준을 새로 정의하고자 할 경우에 사용합니다. Compass의 원점 및 기준 위치의 설정이 끝난 후, 이전 작업으로 돌아가기 위해 다시 선택해 주어야 합니다.

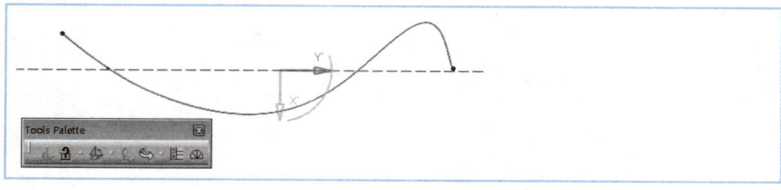

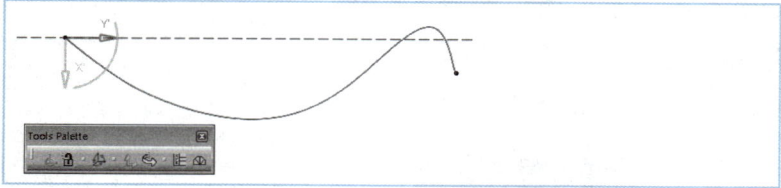

c. **Reset Compass**

Compass의 기준을 Model의 Axis로 초기화하기 위해 사용합니다.

d. **Axes Permutation**

주 평면을 Compass의 3개의 Axis 중에 하나로 전환하기 위해 사용합니다.

e. **Translation**

선택한 Curve를 평행 이동시키기 위해 사용합니다. 작업 방법은 Surface에서와 동일합니다.

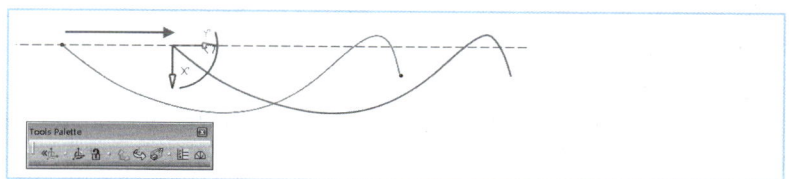

f. **Rotation**

선택한 Curve를 회전 이동시키기 위해 사용합니다. 작업 방법은 Surface에서와 동일합니다.

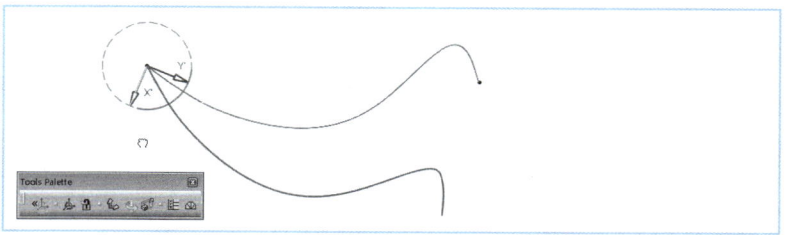

g. **Affinity**

선택한 Curve를 Scale시키기 위해 사용합니다. 작업 방법은 Surface에서와 동일합니다.

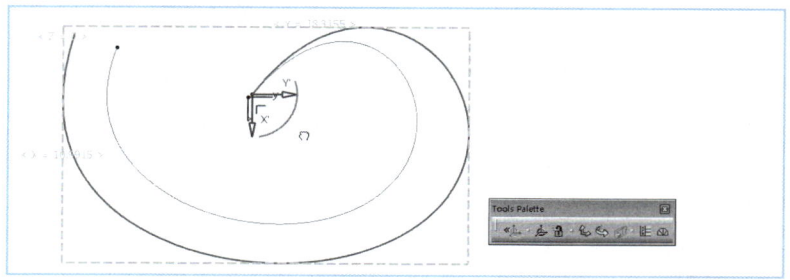

h. Edition

Edition Panel을 사용하여 수치적인 값으로 수정 또는 변경하고자 하는 부분을 작업할 수 있습니다. Edition Panel은 선택한 대상에 대해서 Translation, Rotation, Affinity, Weight와 같은 Transformation 작업을 수행하는데 사용할 수 있습니다.

즉, 각 Transformation 작업을 수행하는데 있어 마우스를 통한 조작이 아닌 Edition Panel을 통해서 지정하고자 하는 값을 입력해주어 그 값으로 형상을 변형시킬 수 있습니다. 따라서 선택한 Transformation 작업에 따라 Edition Panel에 나타나는 값이 다르다.

i. Attenuation

Option에서 설정한 Attenuation 값을 사용할지에 대해서 설정할 수 있습니다. 즉, Curve의 수정 또는 변형 작업하는 동안 마우스의 움직임과 실제 형상의 움직임의 비율을 다르게 할 것인지 같게 할 것 인지를 설정할 수 있습니다.

- **No Attenuation** : 마우스 조작에 의한 움직임과 실제 형상에 대해 적용되는 움직임의 비율이 동일합니다. Attenuation를 사용하지 않을 경우입니다.

- **Allow Attenuation** : Attenuation을 사용하여 마우스의 움직임과 실제 형상에 대해 적용되는 움직임의 비율을 다르게 하고자 할 경우 선택합니다.

이러한 Curve Modification 작업은 Tools Palette가 활성화된 상태에서 마우스 오른쪽 버튼(Contextual Menu)를 사용하여서도 각 명령들을 선택하여 작업에 이용할 수 있습니다.

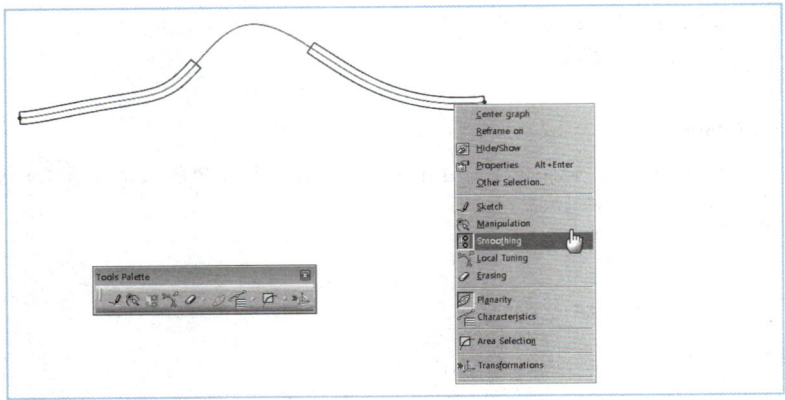

J. Dimension

이 명령은 분할곡면으로 만들어진 곡면에 치수로 구속을 부여할 수 있습니다. 형상 전체를 정의할 수 있는 구속은 아니고 전체적인 크기 정도 등을 정의하는 수준입니다.

명령을 실행하고 분할곡면을 선택하면 다음과 같이 표시됩니다. 반투명한 평면 요소는 치수를 내기 위한 가상의 면요소입니다.

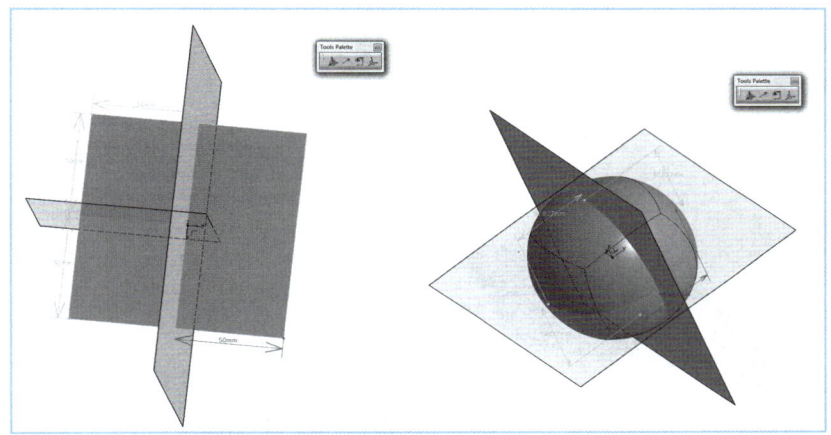

일반적으로 치수는 가상의 평면에 대해서 대칭을 이루고 있으며 서로 다른 값을 주고자 할 경우에는 Half Axis Deformation Mode 를 선택하고 입력하면 됩니다.

K. Draft of subdivision

이 명령은 아래와 같이 한 방향으로의 면이 Open된 Primitive 형상의 측면에 Draft를 주는 기능을 합니다.

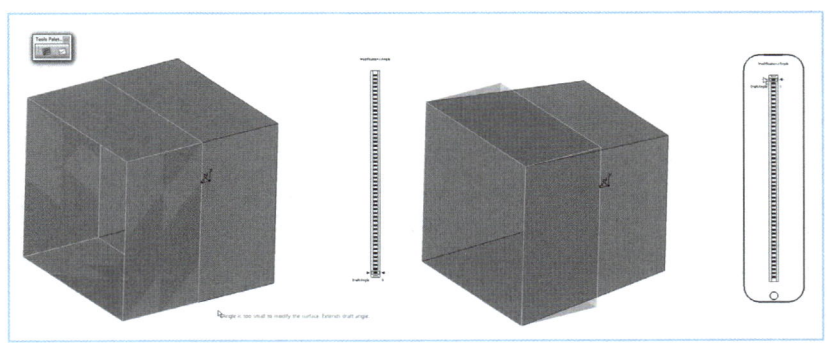

L. Multi-Selection

이 명령은 Modification 을 수행할 때 서로 다른 분할 곡면들을 동시에 선택하여 수정하기 위해 사용합니다.

Modification 을 실행하고 하나의 기준 분할곡면을 선택합니다. 그러고 나서 CTRL Key를 누른 상태로 Multi-Selection 을 실행하고 함께 수정하고자 하는 분할곡면들을 선택합니다. 그러고 나서 다시 Multi-Selection 를 선택하면 동시에 각각의 분할 곡면들을 수정하는 것이 가능해 집니다.

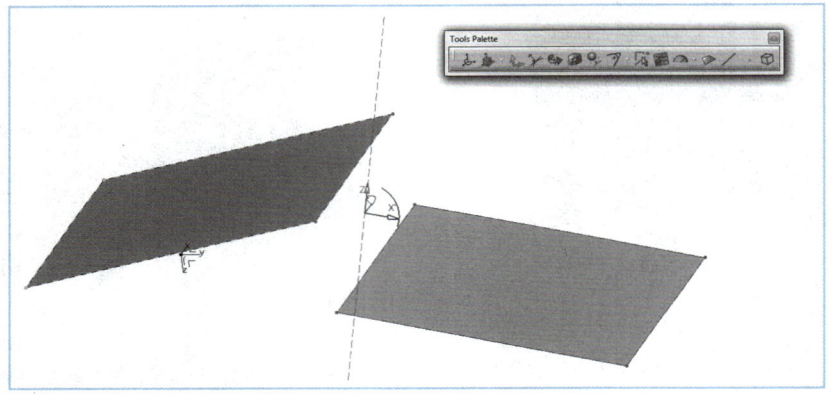

한번 묶어서 수정한 후에는 이러한 다중 선택의 효력이 사라지기 때문에 다시 동시에 수정하고자 할 경우에는 명령을 다시 실행해 주어야 합니다.

Styling Surface

A. Merge

이 명령은 이웃하는 분할곡면의 Open된 모서리를 이어 병합하는 기능을 합니다.

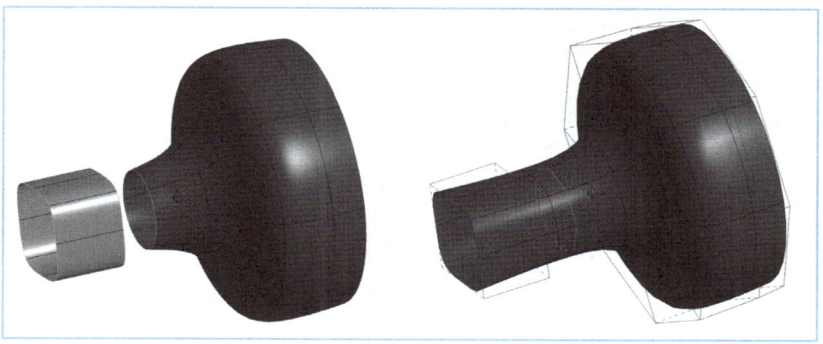

명령을 실행하면 다음과 같이 Tools Palette가 나타납니다.

a. Merge Surface Selection

병합하고자하는 분할곡면을 선택하거나 선택을 초기화할 때 사용합니다.

b. Merge

두 분할곡면사이가 병합되도록 서로의 모서리 형상의 중간 형상으로 변형됩니다.

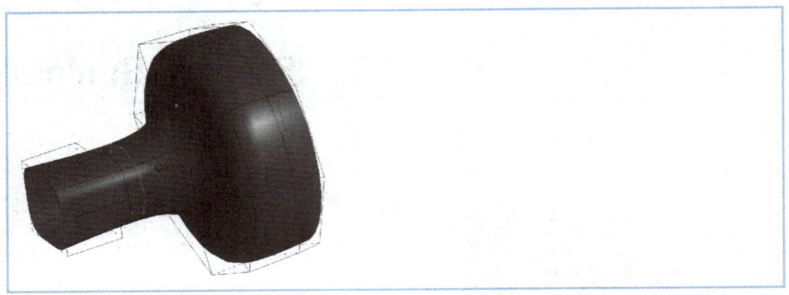

c. Join

두 분할곡면 형상은 변하지 않고 자연스럽게 이어지도록 중간 부분이 만들어집니다.

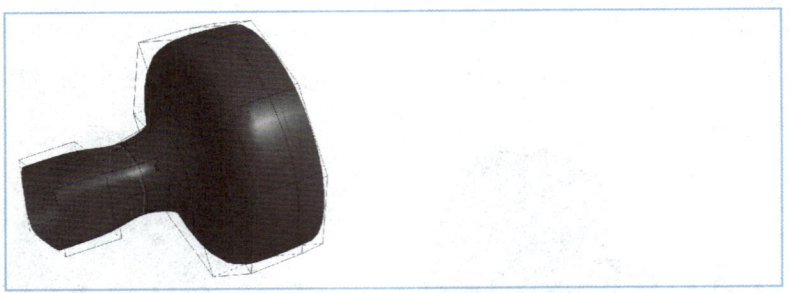

d. Extrude

두 분할곡면이 서로의 모양을 최대한 유지한 상태로 돌출되어 하나로 합쳐집니다.

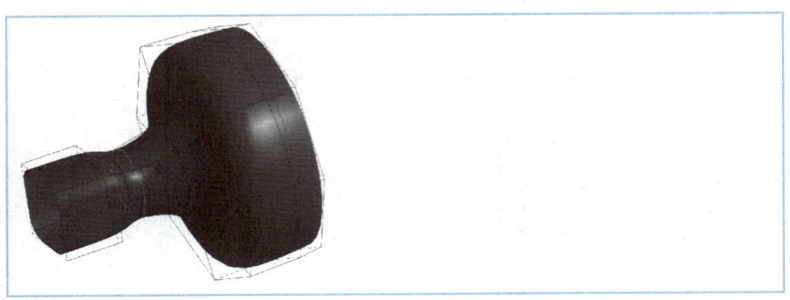

여기서 하나 주의할 것은 병합하고자 하는 모서리에서의 패치의 수가 같아야 한다는 것입니다. 그렇지 않으면 원하는 형상으로 병합되지 않습니다.

B. Extrusion

선택한 면(Face)이나 모서리(Edge)를 이용하여 형상을 돌출시켜 형상을 확장시키는 명령입니다. 기본 Primitive의 형상을 세밀화하기 위해 추가적인 골격이나 형상을 만들어 주고자 할 때 사용합니다.

Extrusion은 크게 두 가지 Mode로 나누어 설명할 수 있는데 하나는 Closed Primitives 에 사용하는 Face Mode이고, 다른 하나는 Open Primitives에 사용하는 Edge Mode입니다.

명령을 실행하고 대상을 선택하면 다음과 같이 Tools Palette가 나타납니다.

a. Face Extrusion

① Simple Face Extrusion

앞서 생성한 Closed Primitive의 형상을 구성하는 면 중에 늘려주고자 하는 부분의 Mesh Face를 선택합니다. 그러면 이웃하는 주변 Surface들과의 형상 관계를 유지한 채 Face가 확장되는 것을 확인할 수 있습니다.

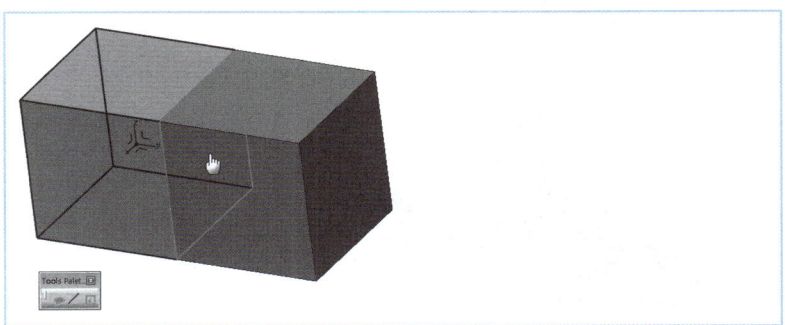

미리보기가 된 상태에서 대상이 아닌 화면의 빈 곳을 한번 클릭해 주거나 Esc Key 를 입력하면 다음과 같이 Extrusion된 결과를 확인할 수 있습니다.

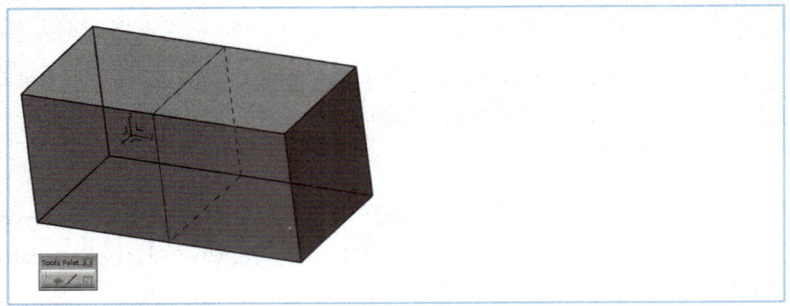

Face Extrusion을 수행하면 선택한 Face가 돌출되면서 이를 감싸는 나머지 Face들이 추가로 만들어지기 때문에 총 5개의 Face가 만들어 집니다.

물론 Open Primitive에 대해서도 다음과 같이 Face Extrusion을 실행하여 Face를 돌출시켜 형상을 잡아내는 것이 가능합니다.

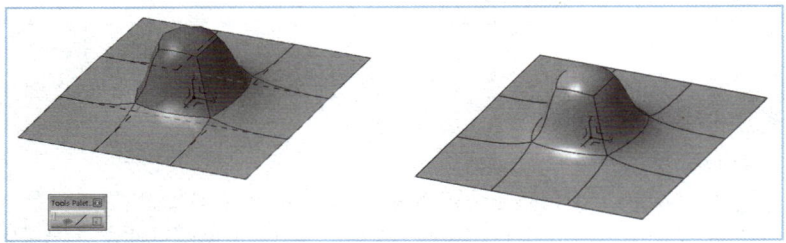

이렇게 Extrusion이 수행된 면에 다시금 Extrusion을 수행할 수도 있으므로 복잡한 형상에 대해서 단계적으로 작업을 수행하기 바랍니다.

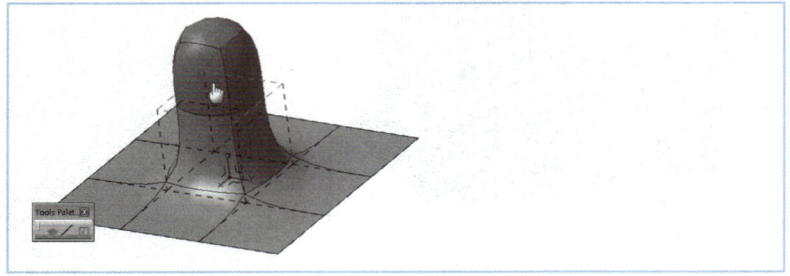

② Multiple Faces Extrusion

만약의 이웃하는 복수의 면이나 동시에 여러 개의 면을 선택하여 Extrusion하고자 하는 경우에는 Ctrl Key를 사용하여 대상을 복수 선택할 수 있으며, Ctrl Key를 놓으면 대상들에 대해서 동시에 Extrusion할 수 있습니다.

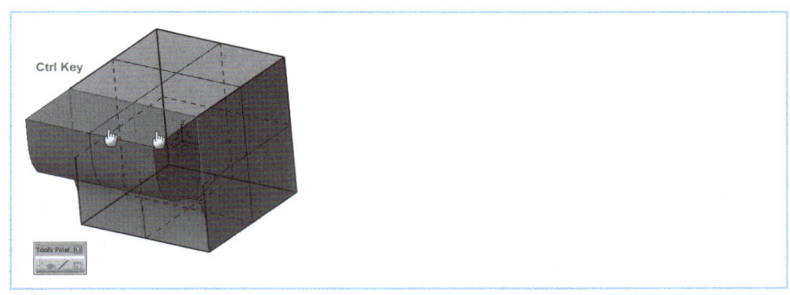

특히 연속적으로 이어진 Surface 면이 여러 개의 Face로 나누어진 경우 반드시 Ctrl Key로 각각의 Face를 복수 선택을 해주어야지만 서로 분할되지 않고 동시에 Extrusion을 수행할 수 있습니다.

만약 연속적인 면을 서로 따로 Extrusion해 주면 다음과 같은 결과가 나옵니다.

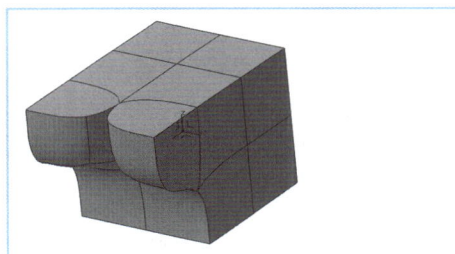

Multiple Face를 사용한 작업 중에 중요한 또 다른 한 가지는 바로 서로 마주보며 떨어진 Face와 Face를 복수 선택하여 이 두 Face 사이를 이어주는 것입니다. 다음과 같이 하나의 Closed Primitive에 서로 돌출 된 두 부분의 마주보는 Face를 복수 선택하면 이 두 Face가 이어지는 결과를 확인할 수 있습니다.

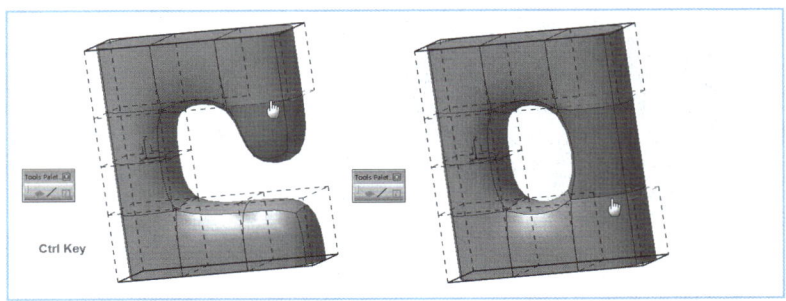

★Point★
여기서 다시 강조하지만 Imagine & Shape의 작업은 각각 하나의 Primitive 형상에 대한 작업으로 나누어지기 때문에 서로 다른 Primitive들과 합치거나 이어주는 작업은 불가능합니다.

마지막으로 다음과 같이 이웃하는 Face들(Side by Side)을 복수 선택하는 경우에는 이들의 조합으로 Extrude 된 결과를 만들 수 있습니다.

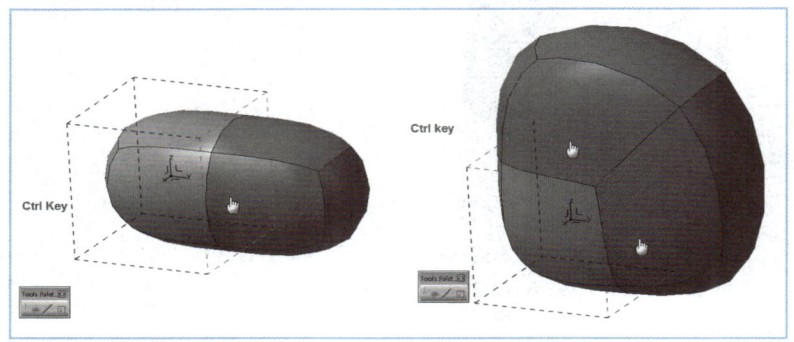

③ Face to Face Holing

다음과 같이 Extrusion을 수행하는데 있어 서로 마주보는 Face를 Ctrl Key를 사용하여 복수 선택해 주면 다음과 같이 Closed Primitives에 Hole을 생성하는 결과를 만들어 낼 수 있습니다.

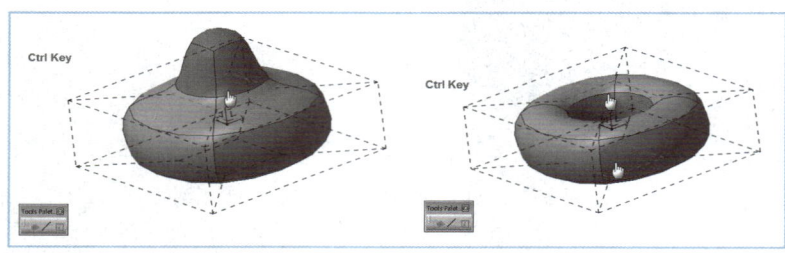

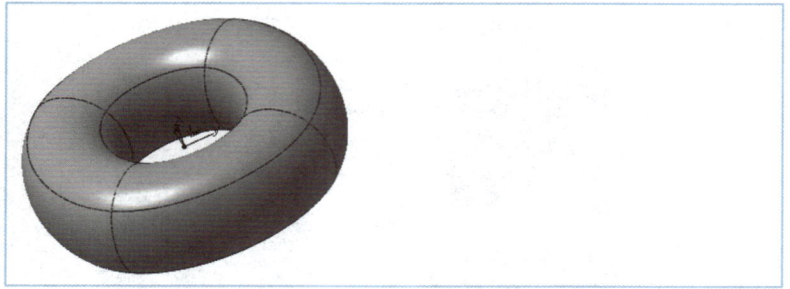

④ Filling Faces

반대로 아래와 같이 Closed Primitive의 내부에 Hole이 생성된 경우에 이것을 감싸는 면들을 CTRL키로 복수선택을 하면 Hole을 메우는 결과가 만들어 집니다.

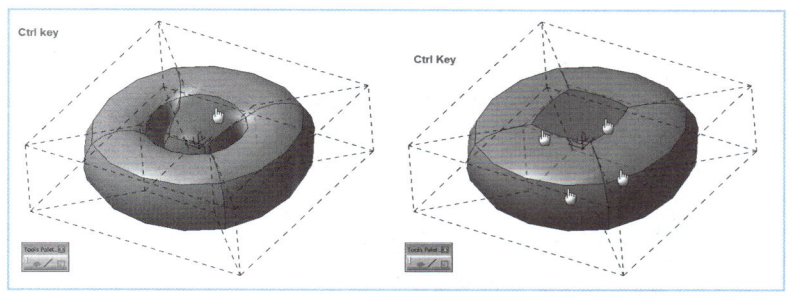

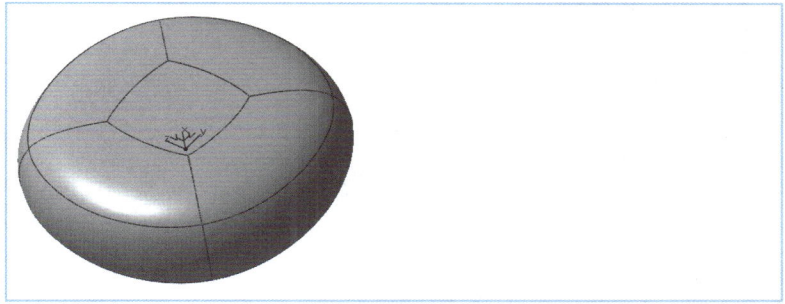

b. Edge Extrusion

Edge Extrusion도 위의 face Extrusion의 작업 방식과 결과는 대부분 비슷하게 적용할 수 있습니다. 다만 Free Edge를 가지고 있는 형상에만 적용할 수 있다는 점이 다르다고 할 수 있습니다.

Open Primitive를 모서리 방향으로 돌출시키고자하는 경우 Extrusion의 Mode를 Edge Extrusion 으로 변경하여 대상을 선택해 주도록 합니다.

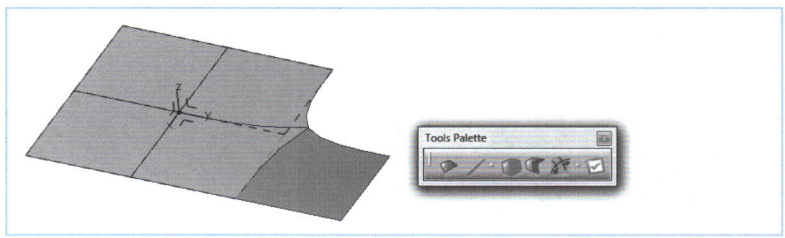

Closed Primitive의 경우에는 기본적으로 Edge Extrusion이 불가능합니다. Closed Primitive에 Edge Extrusion을 실행하려고 하면 다음과 같은 메시지가 출력되면서 모서리 선택이 불가능함을 나타냅니다.

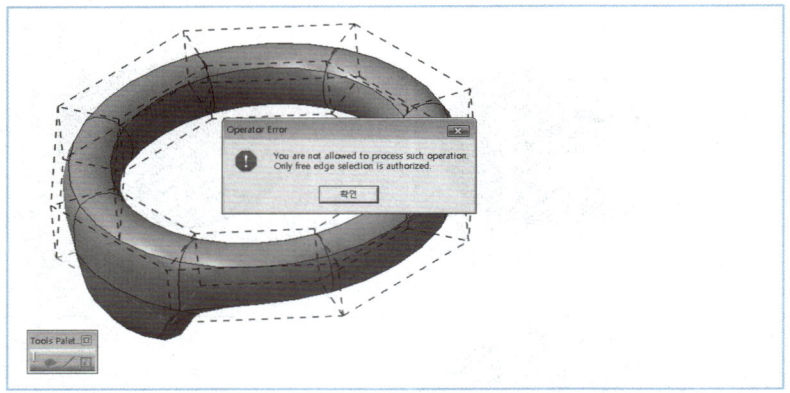

Closed Primitive로부터 만들어진 형상을 Edge Extrusion을 수행하려면 우선 아래와 같이 형상을 Open 시킨 후라야 가능합니다. Closed primitive를 Open시켜 Free Edge를 가진 형상을 만드는 방법은 Erasing ![] 명령을 참고 바랍니다.

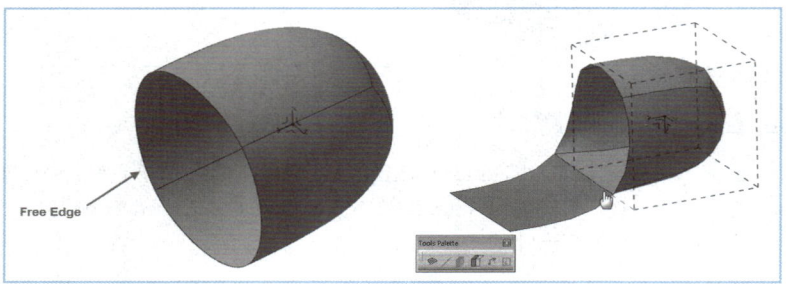

Open된 Primitive에는 다른 이웃하는 곡면과 연결되지 않는 Free Edge가 생기기 때문에 이를 이용할 수 있는 것입니다. Edge Extrusion ![] 를 선택하면 다음과 같이 Tools Palette가 확장되는 것을 확인할 수 있습니다.

여기서 다음과 같이 추가적으로 Edge Extrusion의 Mode를 선택하여 작업을 수행할 수 있습니다. 일반적인 Open Primitive나 Edge를 단수 선택하는 경우에는 이 두 가지 Mode의 차이는 거의 없습니다. 그러나 작업의 결과는 두 가지 Mode가 다르게 나올 수 있다는 점을 감안해두기 바랍니다.

① Fill Mode

Edge Extrusion이 Fill Mode인 경우에는 이웃하는 여러 개의 Edge를 선택하는 경우 이들을 돌출 시키는 것이 아니라 이들 사이를 Face로 메워줍니다.

다음의 형상을 Edge Extrusion의 Fill Mode로 작업하는 과정을 보도록 하겠습니다.

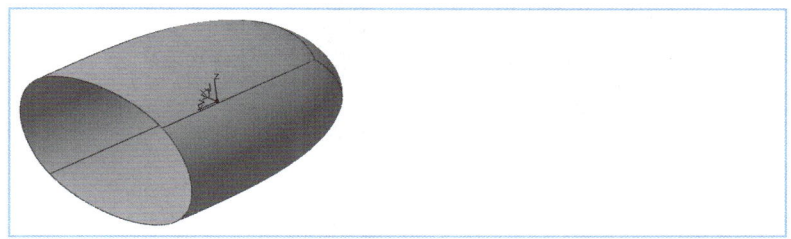

Extrusion을 실행하고 위와 같은 Subdivision Surface를 선택하도록 합니다. 다음으로 Edge Extrusion을 Fill Mode로 선택한 후, 각 모서리를 Ctrl Key로 복수 선택해 주도록 합니다.

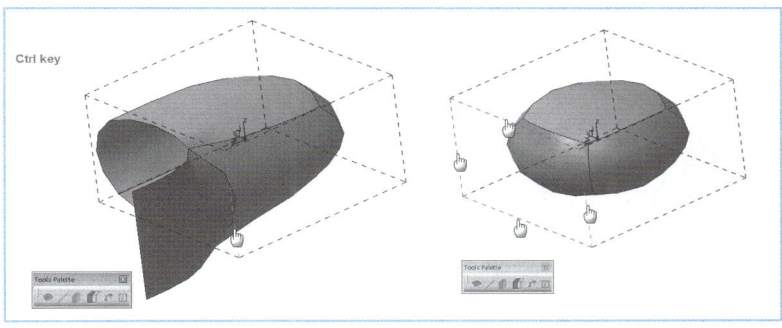

② Extrusion Mode

Edge Extrusion이 Fill Mode인 경우에는 이웃하는 여러 개의 Edge를 선택하는 경우 이들을 돌출시킨다. 기본적인 Extrusion의 기능을 수행합니다.

위의 Fill Mode에서와 동일한 형상을 Edge Extrusion의 Extrusion Mode로 작업하는 과정을 보도록 하겠습니다.

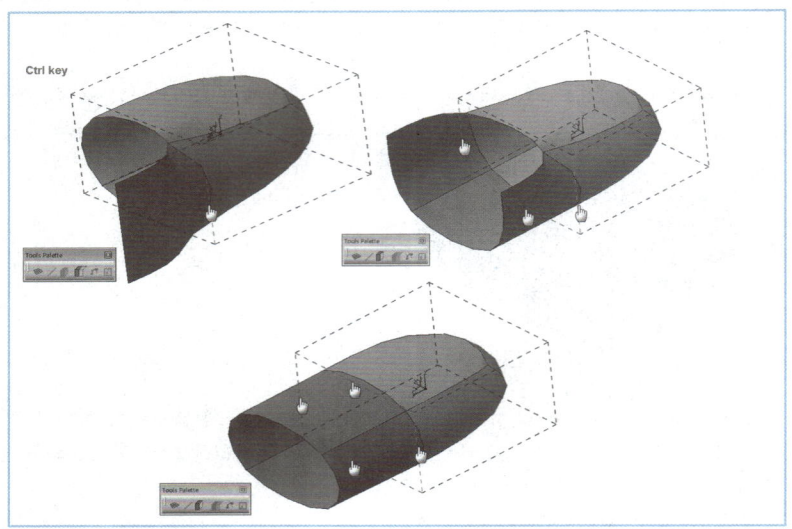

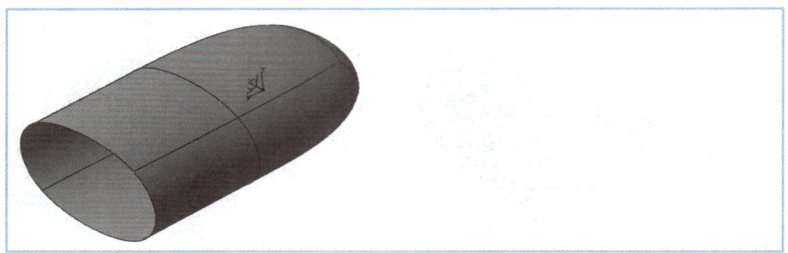

③ Propagation

Propagation을 체크하면 Edge Extrusion시에 선택한 모서리와 연결된 모든 모서리를 일일이 선택할 필요 없이 동시에 잡아줄 수 있습니다. 따라서 Ctrl Key를 사용하지 않고 위에서 작업한 Fill Mode와 Extrusion Mode를 작업할 수 있습니다.

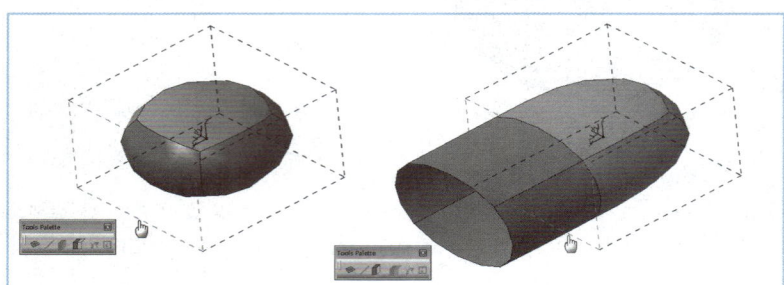

C. Face Cutting

앞서 생성된 Surface Primitive들을 세분화하여 작업하기 위해 Face Section을 나누어 주는데 사용합니다. 기본적으로 만들어지는 Primitives의 Section의 수를 조절하는 것은 형상을 생성하는 동안에는 매우 제한적이기 때문에 Primitive를 생성한 후, 필요한 부분의 Face만을 선택하여 나누어줄 수 있습니다. Face Cutting을 사용함으로써 작업자는 자신이 원하는 형상으로 대상을 조절하기 위한 충분한 Control Element를 생성할 수 있게 됩니다.

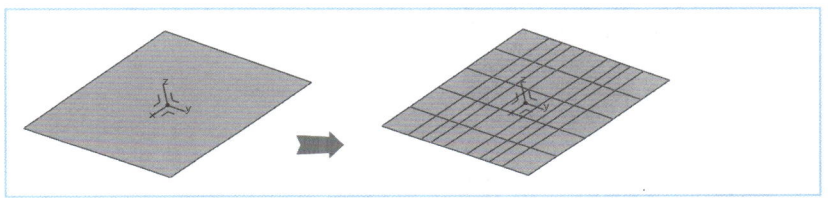

Face Cutting을 수행하기 위해 명령을 실행하고 대상을 선택하면 다음과 같이 우측에 Slider가 나타납니다. 이것을 마우스로 조작하여 사용하여 작업자는 Section의 수를 1개에서 9개로 변경하여 대상에 적용할 수 있습니다.

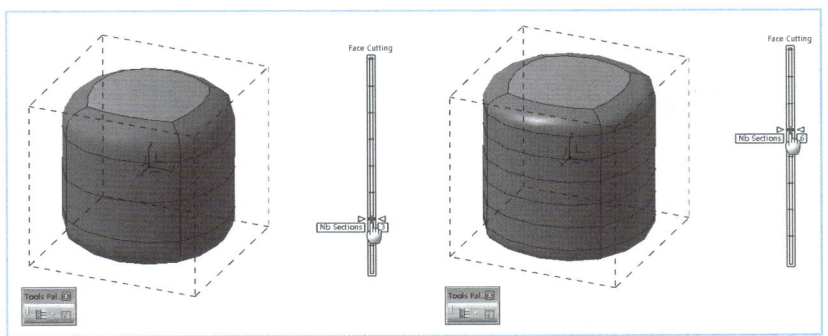

여기서 Face Cutting 작업을 수행하면 선택한 모서리의 횡 또는 종 방향에 속한 모든 Face의 Section이 나누어진다는 점을 기억하기 바랍니다.

또는 명령 실행 후 나타나는 Tools Palette을 이용하여 절단하고자 하는 Face의 Section 수를 설정할 수 있으며 미리보기 설정을 할 수 있습니다.

a. Section Edition

Face Cutting을 수행할 때 Section의 수를 입력 창을 사용하여 정의할 수 있습니다. Tools Palette에서 Section Edition을 선택하면 다음과 같은 창이 나타나 Section 수를 입력할 수 있게 합니다.

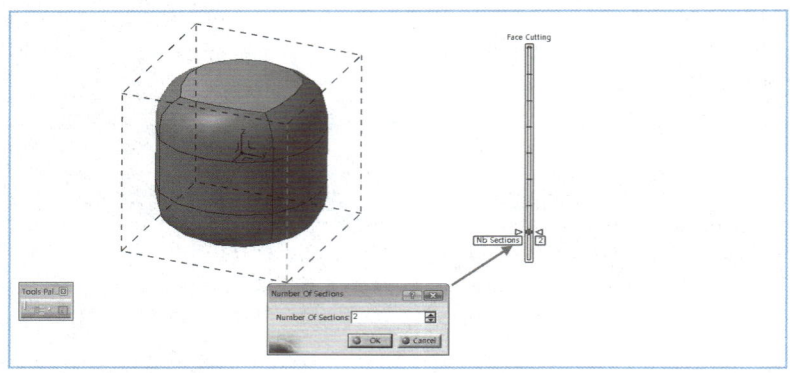

이렇게 만들어진 Face의 Section을 사용하여 작업자는 형상에 대해서 특정 부분에 대해 좀 더 세분화된 작업을 진행 할 수 있습니다.

D. Face Subdivision

Face Cutting과 비슷한 작업으로 선택한 Surface의 Face를 나누어 주는데 사용합니다. 그러나 여기서 Face Subdivision은 선택한 하나의 Face에 대해서만 세분화 작업을 수행하며 Ratio를 사용하여 분할되는 Face의 크기를 조절할 수 있습니다.

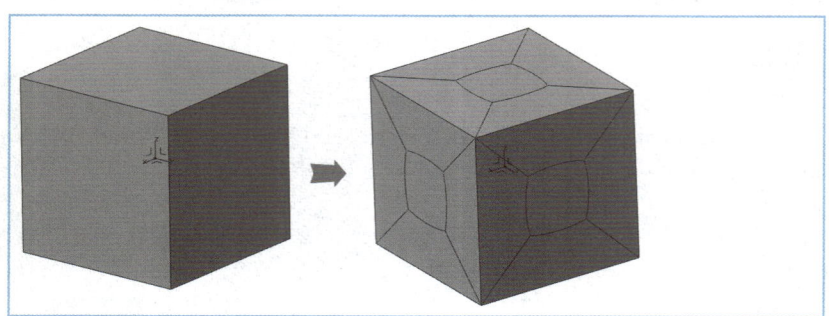

명령을 실행하고 대상을 선택하면 우측에 나타나는 Slider를 사용하여 Ratio를 조절할 수 있습니다.

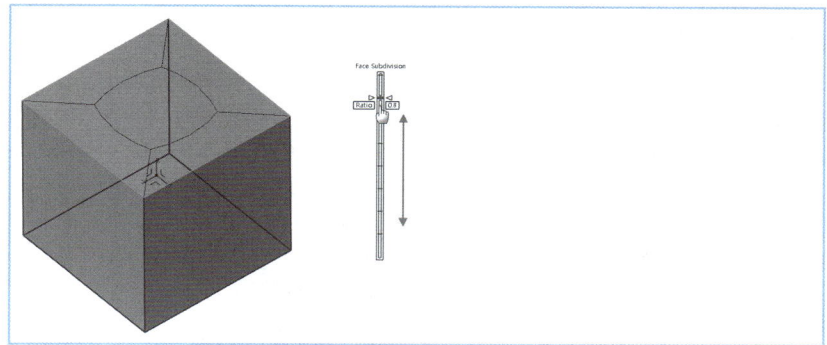

또는 Tools Palette에 Ration Edition을 이용하여 Ratio 값을 마우스가 아닌 직접 수치로 입력할 수 있습니다.

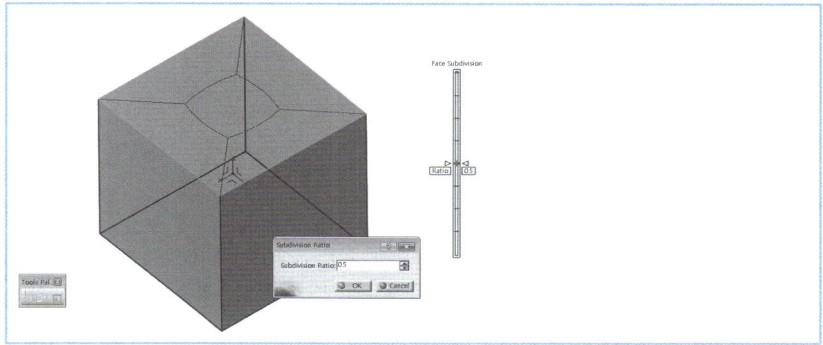

이렇게 분할된 Face는 하나의 Face를 세분화하여 각각의 Control Element를 사용할 수 있습니다.

E. Erasing

앞서 생성한 Surface의 Face나 Edge를 제거하는데 사용하는 명령입니다. 이 명령을 사용하여 작업자는 불필요한 Face나 Edge를 제거하여 형상의 성형 작업을 수행할 수 있습니다. Face나 Edge를 제거함으로써 작업자에게는 불필요한 Geometry를 제거하는 효과 또는 Control Element 수를 줄이는 효과를 기대할 수 있습니다.

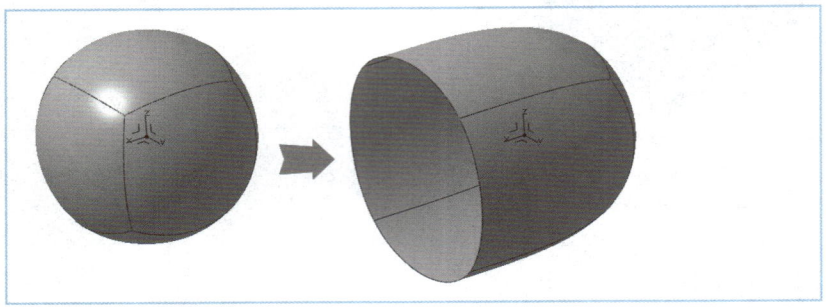

Erasing 명령을 실행하면 다음과 같이 Tools Palette가 나타납니다.

a. Face Erasing

Surface 형상의 Face를 제거하는데 사용합니다. 대상 선택 후 Erasing을 실행하고 Face Erasing을 선택하면 마우스로 선택한 부분의 Face가 제거되는 것을 확인할 수 있습니다.

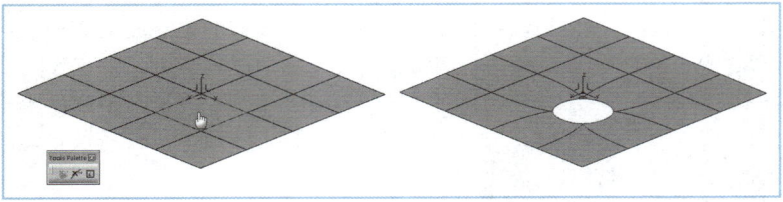

또한 Ctrl Key를 사용한 Face의 복수 선택이 가능하기 때문에 Face를 연속적으로 제거하고자 하는 경우에는 Ctrl Key를 사용하기 바랍니다.

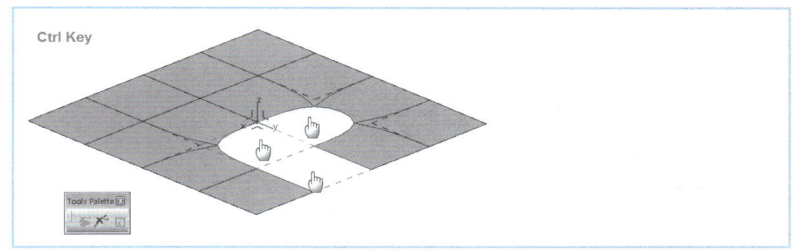

Open Primitive 및 Closed Primitive에 대해서 동일하게 사용할 수 있습니다. 그러나 Primitive 자체를 지우는 것은 Erasing으로 불가능하며, 또는 다음과 같이 Erasing으로 Primitive를 두 개의 Domain으로 나누도록 Face를 지울 수는 없습니다.

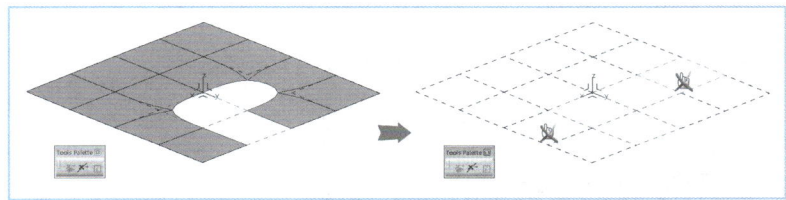

b. Edge Erasing ✶

Surface 형상을 구성하는 Face에 Section을 나누는 Edge를 제거하는데 사용합니다.

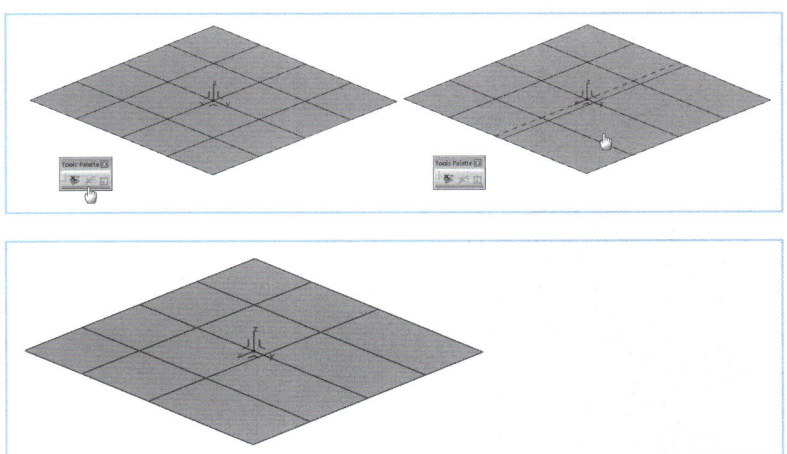

Primitive의 형상을 유지하는데 사용되는 Free Edge를 Erasing으로 지우는 것은 불가능하며 또는 다음과 같이 Face 사이의 Edge를 제거함으로 인해 양쪽의 Face를 유지하지 못하는 경우에도 사용할 수 없다는 점을 기억하기 바랍니다.

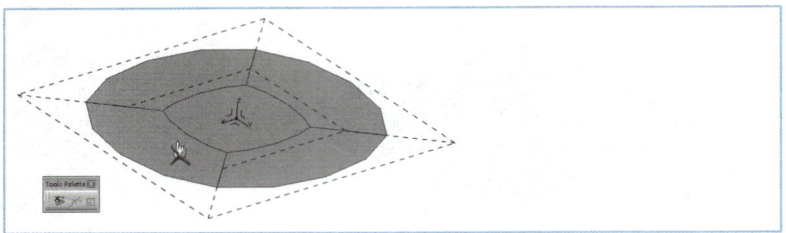

F. Cut by Plane

이 명령은 분할곡면을 평면을 기준으로 절단하고자 할 경우에 사용합니다.

명령을 실행하면 다음과 같이 Tools Palette가 출력됩니다.

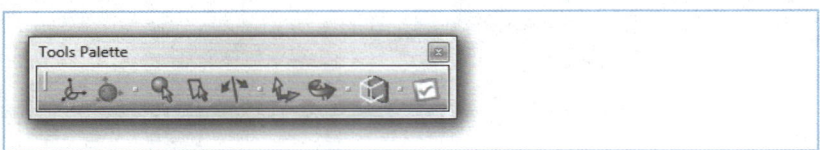

여기서 우선 분할곡면을 선택(Surface Selection)하고 평면(Plane Selection)을 선택해 줍니다. 필요한 경우에 평면의 위치를 평행 이동 또는 회전 이동해 줄 수 있습니다.

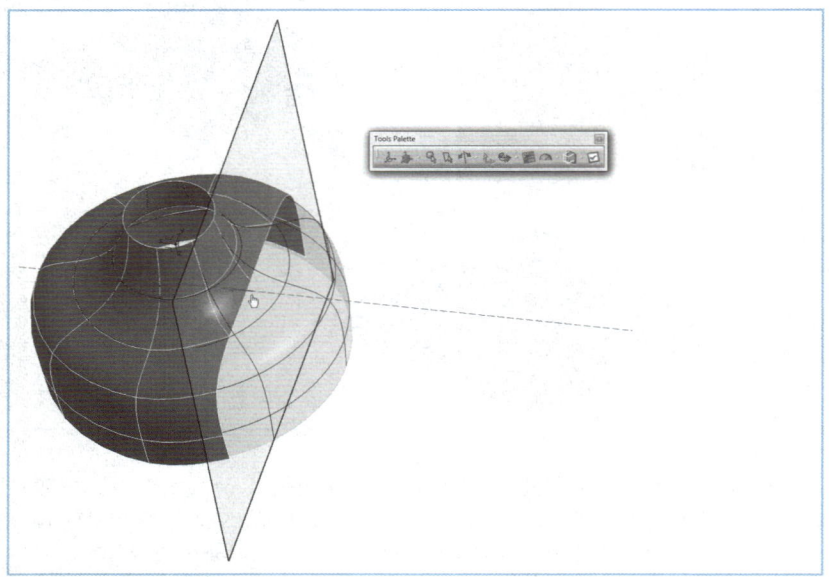

다음으로 방향이 맞을 경우 Apply를 누르고 명령을 해제해 주면 됩니다.

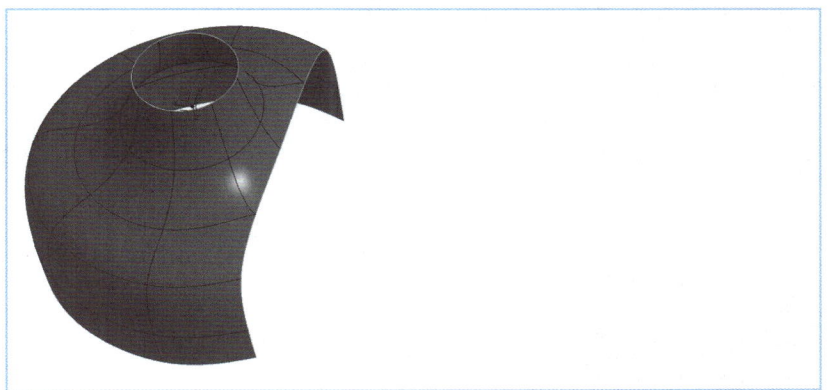

7. Operation

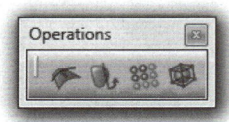

A. Link

이 명령은 Imagine & Shape의 Surface 형상을 점(Point)이나 직선(Line), 곡선(Curve) 또는 다른 Surface와 같은 Geometric 요소와 연결(Associate)시키는 기능을 합니다. 작업 대상인 Surface를 다른 성분 요소와 Link해 줌으로 작업자는 하나의 기본 형상과 연결된 다른 대상들을 일일이 수정시켜줄 필요 없이 동시에 일괄적으로 변형 및 업데이트 하는 것이 가능해 집니다. 여기서 Link에 사용할 점이나 직선 및 곡선 요소는 Imagine & Shape가 아닌 다른 워크벤치에서 작업한 형상이어도 가능합니다. Subdivision Surface의 각각의 Control Elements를 조절하지 않고도 손쉽게 Geometry 요소나 Styling Curve를 사용하여 형상을 변형시키는데 사용할 수 있습니다.

우선 다음과 같은 Subdivision Surface와 Styling Curve를 구성하도록 합니다. ZY 평면을 기준으로 Cylindrical Subdivision Surface를 생성하여 적당한 수로 Face를 Cutting한 후 Styling Curve로 ZY 평면을 기준으로 Curve를 그려줍니다.

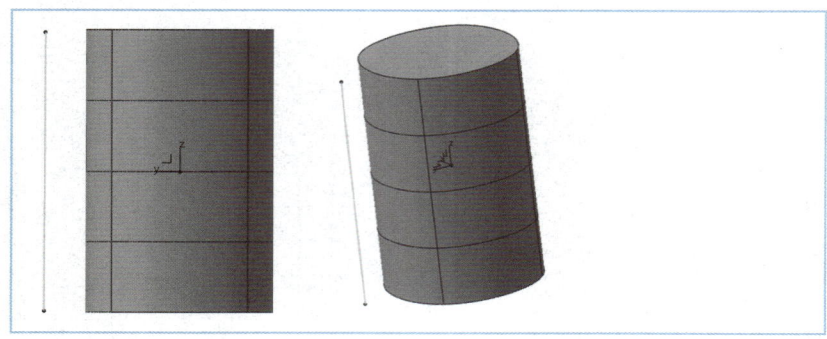

Link를 실행 시킨 뒤에 Link 잡힐 대상인 Subdivision Surface를 먼저 선택해 줍니다.

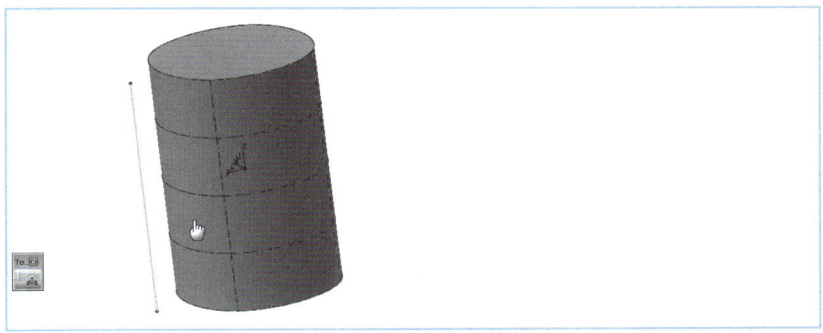

다음으로 Link의 기준이 될 Geometric 요소를 선택해 줍니다.

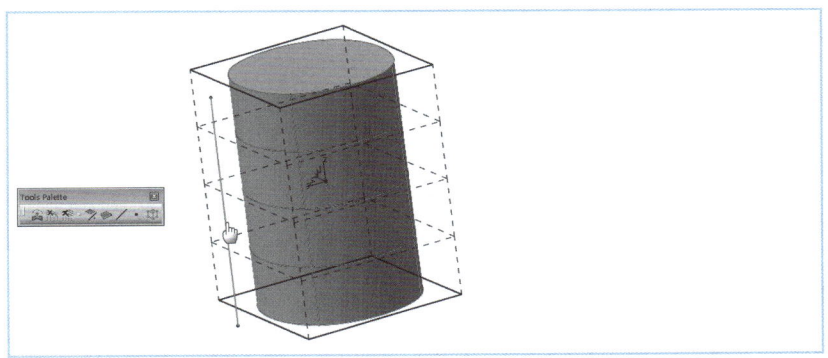

여기서 Link 대상을 선택해주면 다음과 같이 Tools Palette가 연장되면서 Surface 형상에서 Link할 부분을 지정할 수 있도록 도와줍니다. Selecting Elements에 대한 설명은 앞서 Modification 부분을 참고하기 바랍니다.

작업자는 앞서 Link에 사용할 대상으로 선택한 Geometric 요소와 Surface의 Link하고자 하는 부분을 지정하여 Link 시켜줍니다. 기억할 것은 Link할 대상인 Surface의 지점을 선택하는 것은 가능하지만 Link의 기준이 되는 Geometric 요소의 지점을 선택할 수는 없다는 것입니다. 따라서 작업자는 지정한 Geometric 요소의 CATIA 내에서 정의된 지점과 Surface의 지점을 Link하도록 합니다. 여기서도 다중 선택을 위해서 Ctrl Key를 사용할 수 있습니다.

위의 예제의 경우 다음과 같이 Styling Curve와 직교하는 Edge들을 복수 선택하여 주도록 합니다.

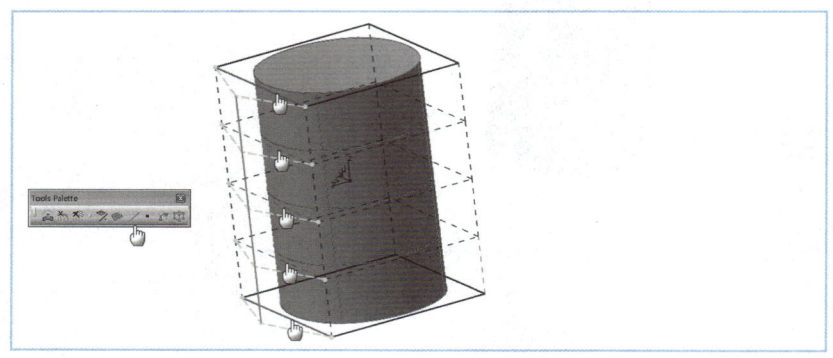

이렇게 Link된 Surface 대상은 Surface 자체의 Modification 만으로도 형상에 변형이 들어가지만 이와 더불어 Link된 Geometric 요소의 변형에도 함께 동기화되어 변형되게 됩니다.

다음과 같이 Styling Curve를 Modification하게 되면 Link된 Subdivision Surface가 함께 변형되는 것을 확인할 수 있습니다.

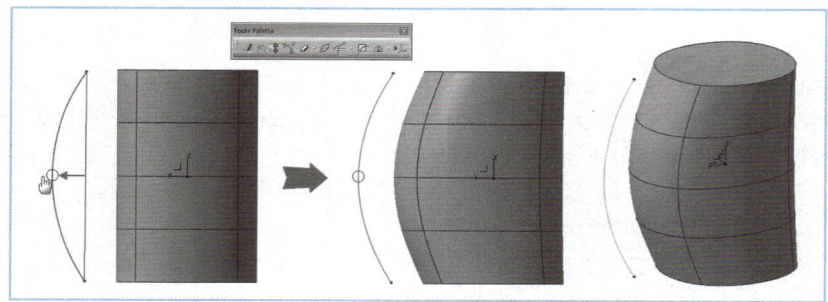

Link된 Subdivision Surface를 Modification할 때는 청록색 선으로 Link된 대상과 Surface의 Link된 부분이 연결되어 보이므로 이를 확인할 수 있습니다.

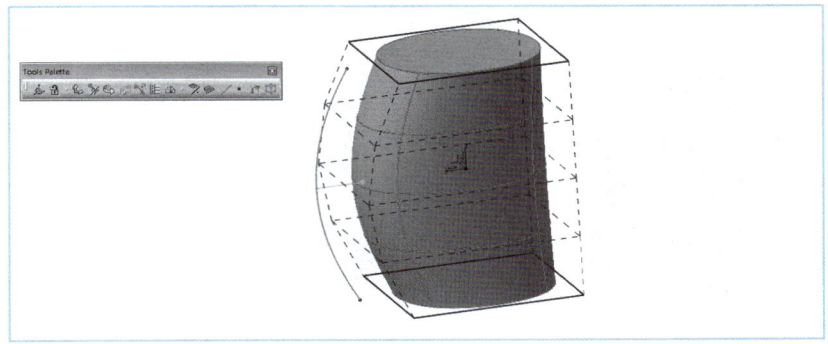

 Surface와 Link된 Geometric 요소는 서로 구속관계가 성립된 것과 마찬가지이므로 Parent/Children 관계가 성립됩니다. 따라서 Link가 만들어진 상태에서 Geometric 요소를 지우려하면 다음과 같이 종속된 대상의 삭제 여부를 결정할 수 있도록 할 수 있습니다.

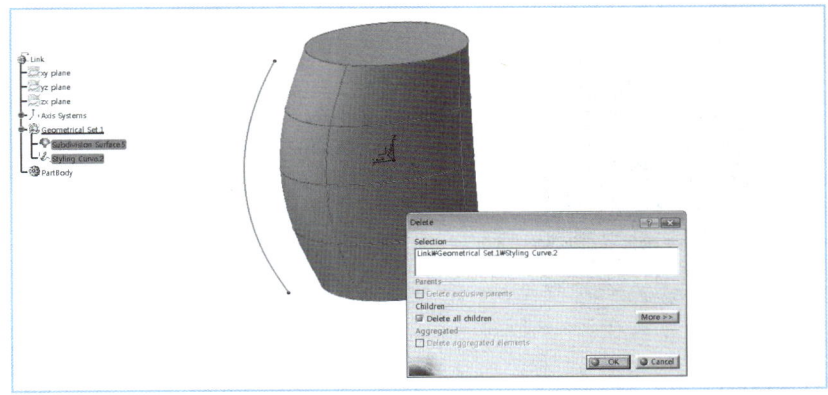

 Link를 사용하여 Geometric 요소와 Surface를 연결한 후에 다시 Link 명령을 실행한 후, Tools Palette에서 Curve Selection 을 선택하여 다른 Geometric 요소를 Link에 추가해 줄 수 있습니다. 물론 새로운 Geometric 역시 Link 작업에 앞서 생성해 주어야합니다.

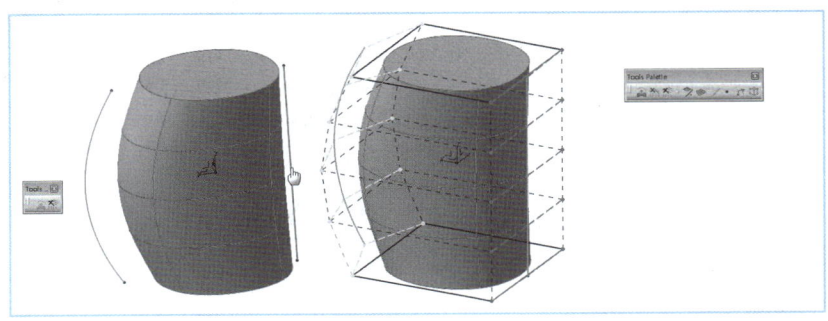

CATIA Surface의 정석

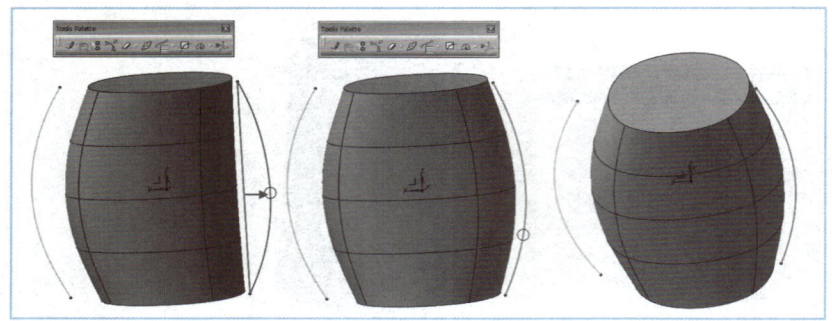

또한 Link 된 Subdivision Surface 형상을 다시 선택한 후, Association Removal ![]이나 All Association Removal ![]을 사용하여 Link된 Geometric 요소의 관계를 끊어줄 수 있습니다.

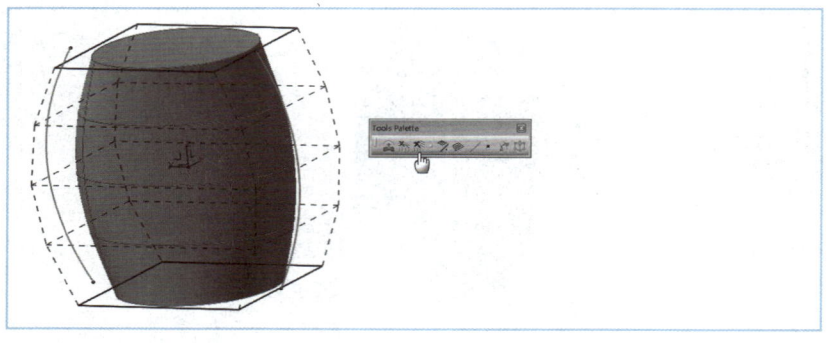

Link 작업은 서로 다른 요소들을 연결해 주는 작업이므로 복잡한 연산 작업 중에 불완전 종료되는 경우가 많다. 따라서 저장을 주기적으로 해주기를 권장합니다.

B. Symmetry

Imagine & Shape 상에서 만들어진 Surface 형상을 대칭 복사하는 명령입니다. 일반적으로 대칭인 대상을 모두 만드는 작업은 비효율적일 뿐만 아니라 완전 대칭을 이루지 않게 결과를 만들어 낼 확률도 높다. 따라서 대칭인 형상에 대해서는 절반 형상만을 모델링하고 이를 대칭 복사하는 것이 현명하다할 수 있겠다.

우선 다음과 같은 Subdivision Surface를 구성하도록 합니다. (간단히 Sphere 형상을 만들어 준 후에 Extrusion으로 형상을 구성하였다.)

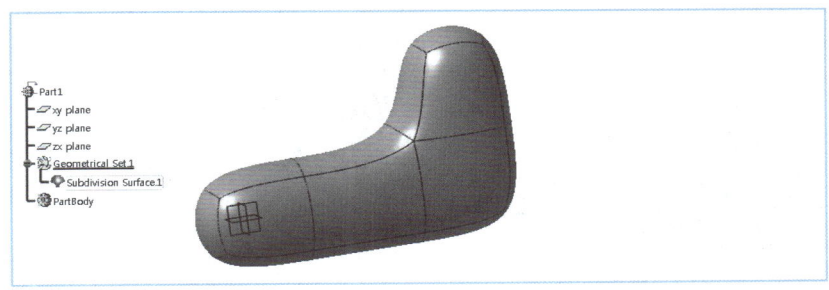

Symmetry 명령을 실행하고 대칭 복사하고자 하는 대상을 선택합니다.

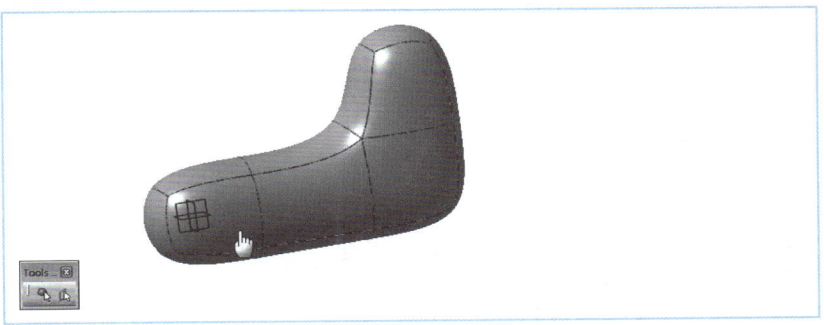

다음으로 대칭의 기준이 될 Plane을 선택해 주면 다음과 같이 형상의 결과 형상을 Preview할 수 있습니다.

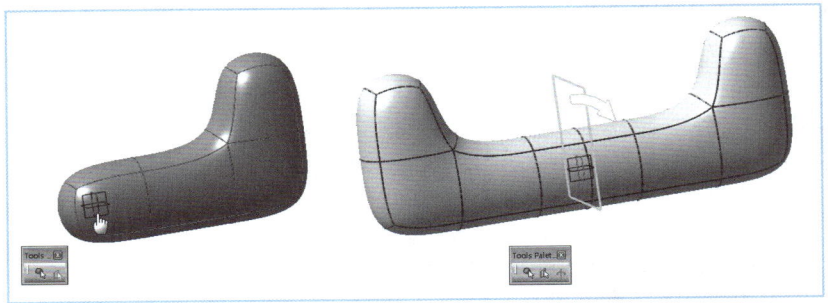

만약에 대칭 복사하려는 대상의 기준 평면이 형상을 가로지르고 있으면 두 가지 결과가 나올 수 있으므로 Tools Palette에서 Side Selection 이 추가로 나타나 이것을 사용하여 그 중에 하나를 선택할 수 있습니다. 또는 마우스를 사용하여 화면 Plane 위치에 나타난 화살표를 클릭하여 선택할 수 있습니다.

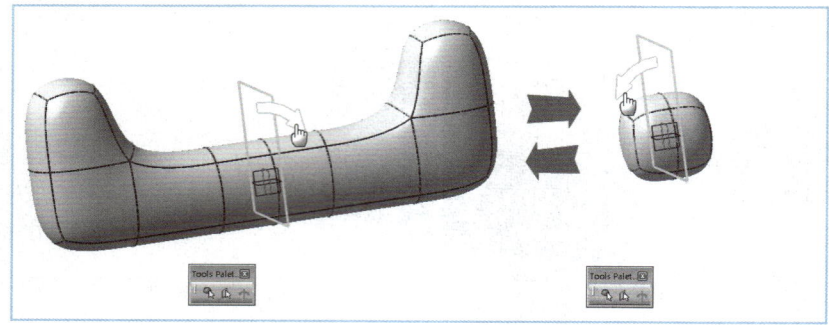

완성된 결과와 Spec Tree를 보면 다음과 같습니다. Symmetry된 형상은 본래의 Subdivision Surface의 색을 띄고 있지 않다. 이것은 앞서 Symmetry 작업이 형상의 Control Element를 이용한 작업이 아니기 때문입니다.

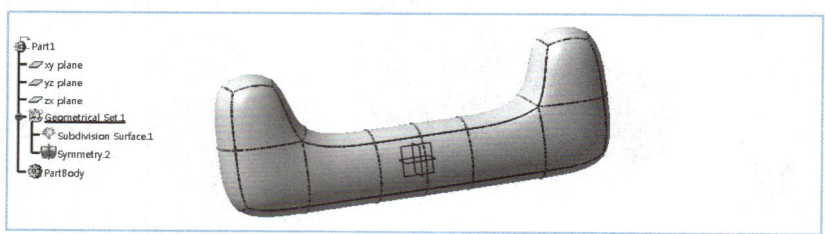

이렇게 Symmetry로 만들어진 결과 형상은 Spec Tree에 다음과 같이 표현되며 작업의 결과물 역시 앞서 작업에 사용하던 Subdivision Surface와는 약간 속성이 다르다. Symmetry로 만들어진 형상을 수정하려면 대칭 복사 이전의 원본 형상을 수정하여야합니다. Modification을 실행하고 Symmetry 형상을 선택하면 다음과 같이 Symmetry가 수행되기 이전의 형상이 선택되는 것을 확인할 수 있습니다.

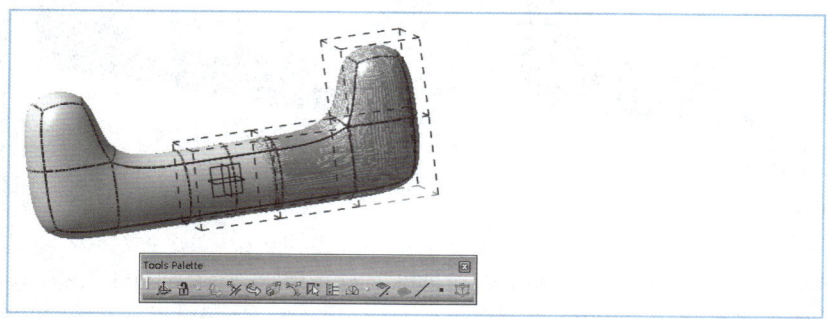

원본 Subdivision Surface를 수정하면 Symmetry 된 형상은 자동적으로 업데이트 됩니다.

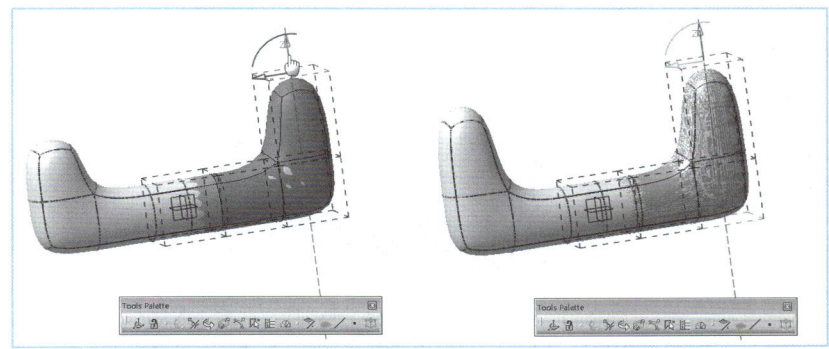

Symmetry 형상을 Spec Tree 복사하여 붙여 넣기를 하면 다음과 같은 메시지를 확인할 수 있습니다.

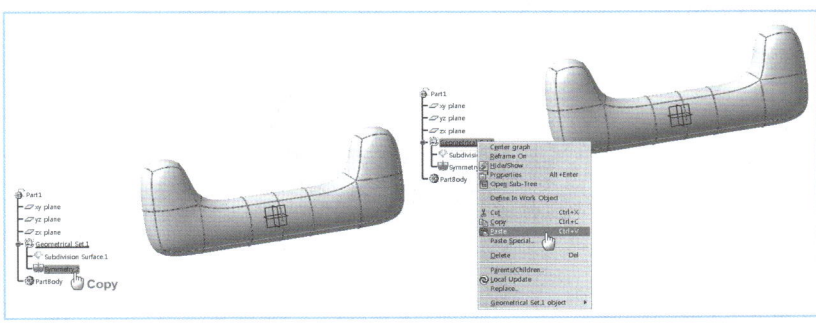

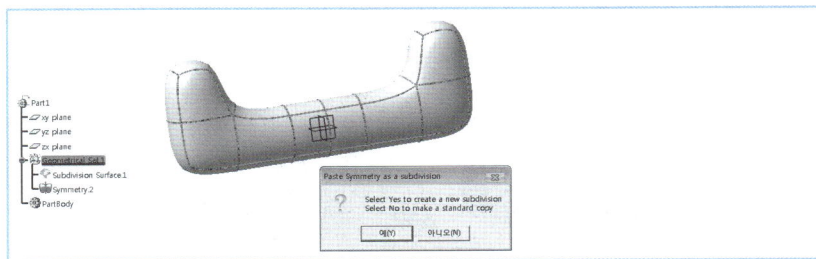

여기서 Yes를 선택하면 Symmetry된 Surface 형상을 다음과 같은 Subdivision Surface 로 붙여넣기가 됩니다.

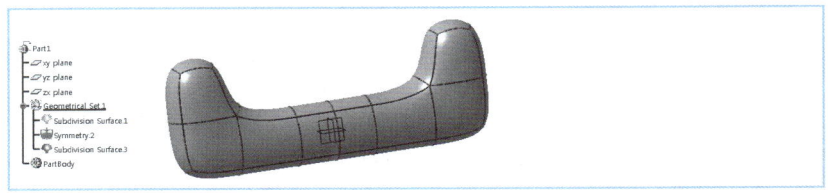

이렇게 new Subdivision으로 생성된 Surface는 일반 Subdivision Surface와 동일하게 모든 부분을 Modification으로 작업할 수 있습니다.

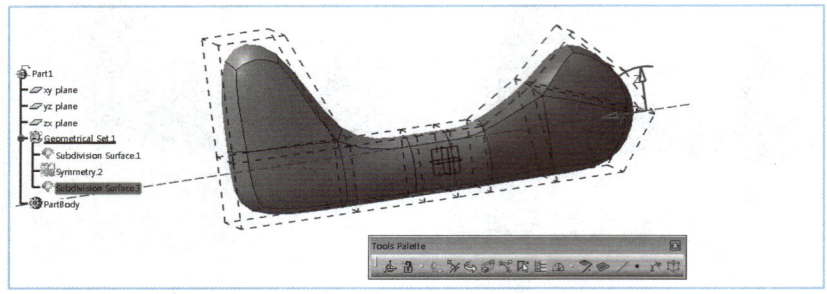

앞서 붙여 넣기에서 No를 선택하면 Symmetry Surface 형상을 Symmetry 속성 그대로 붙여넣기가 됩니다.

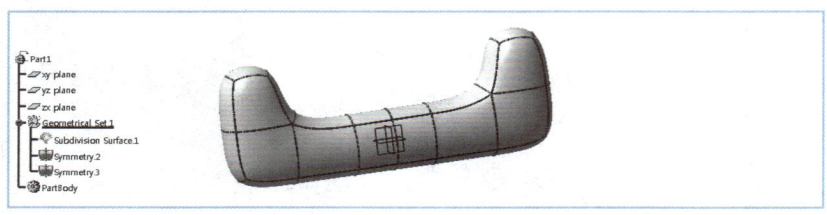

대칭 복사하려는 대상이 만약 기준 평면과 떨어져 교차하는 부분이 없다면 Symmetry 작업은 단순히 선택한 대상을 대칭 이동시키고 원본을 숨기기 하는 결과를 만든다. 즉, 대칭 이동이 됩니다.

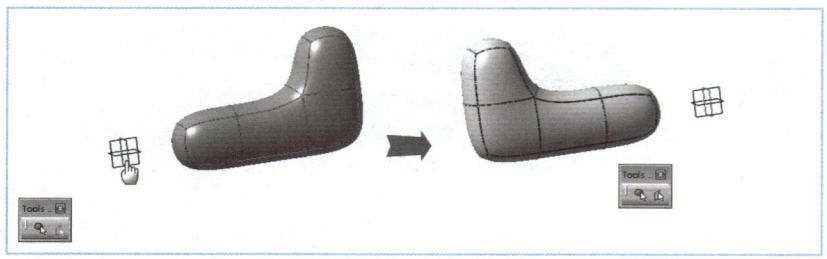

C. Working Zone Definition

Imagine & Shape의 Surface 형상에 Modification 및 Operation 작업 등을 수행하기에 앞서 Mesh의 작업 영역을 설정해주는 명령입니다. Working Zone을 설정함으로써 작업자는 수정 작업에 사용하지 않을 부분의 Mesh를 노출시키지 않게 해 작업에 혼선을 줄일 수 있습니다.

Working Zone으로 설정되지 않은 부분의 Vertices, Edge, Face 등은 화면에 표시되지 않기 때문에 Modification 작업 시 이를 활용할 수 있습니다.

우선 다음과 같은 형상을 간단히 구성하도록 합니다.

Working Zone Definition을 실행하고 대상을 선택하면 다음과 같이 Tools Palette가 나타납니다.

여기서 작업자는 Selecting Elements를 사용하여 Working Zone으로 설정하고자 하는 부분을 선택합니다. Face나 Edge, Vertex에 대한 선택을 위해서는 적절히 Selecting Elements를 선택해 주도록 합니다. 기본적인 Selecting Elements에 대한 자세한 설명은 Modification 명령을 참고하기 바랍니다. 여기서는 대상의 내부 Face의 Vertices를 Ctrl Key를 사용하여 선택해 주도록 합니다.

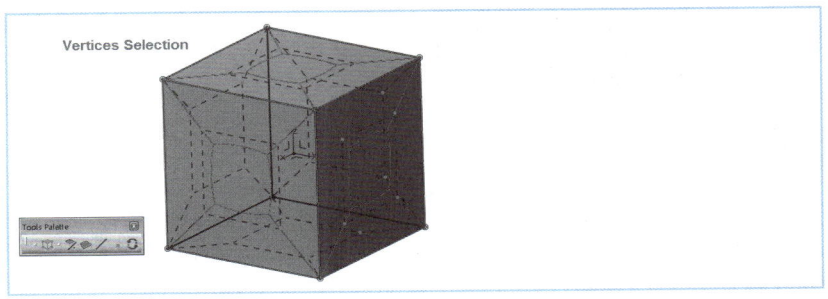

Selection Inversion 명령은 Working Zone으로 선택한 부분을 반전시켜 선택하지 않은 부분들을 Working Zone으로 설정하게 하는 명령입니다. Swap Selection 명령을 실행하면 현재 선택한 부분을 제외한 나머지 Control Elements가 선택됩니다. 물론 선택한 Control Elements는 동일한 종류의 Control Element로 한정됩니다. (Vertices를 선택하고 Swap Selection을 실행하면 선택하지 않은 나머지 위치의 Control Elements가 선택됩니다. Face나 Edge는 선택되지 않습니다.)

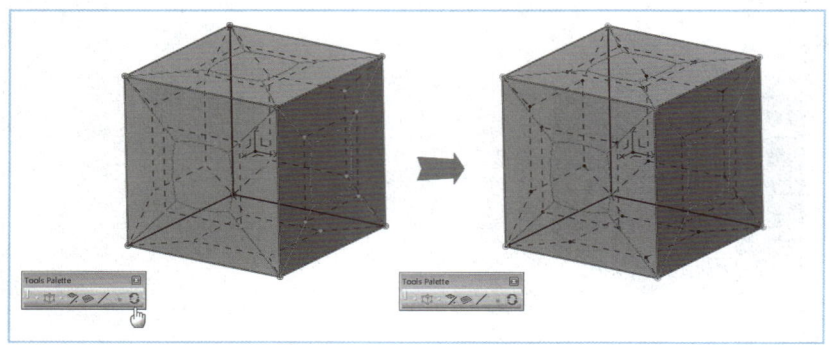

Working Zone을 설정한 후에 Subdivision Surface의 Modification에 들어가면 다음과 같이 앞서 정의한 Working Zone 부분만이 Control Elements로 나타는 것을 확인할 수 있습니다. 따라서 작업자는 앞서 정의한 이 부분만을 사용하여 원하는 수정 작업을 수행할 수 있습니다. 여기서 앞서 정의된 Control Element에 따라 선택할 수 있는 Control Elements가 정의됩니다. 그러나 여기서 Working Zone에 Vertices만을 선택하였더라도 반드시 Modification이나 기타 Operation에서 Vertices들을 사용할 수 있는 것만은 아니며 이러한 Vertices들로 인하여 정의되는 Edge나 Face를 사용할 수 있다는 점을 알아두기 바랍니다.

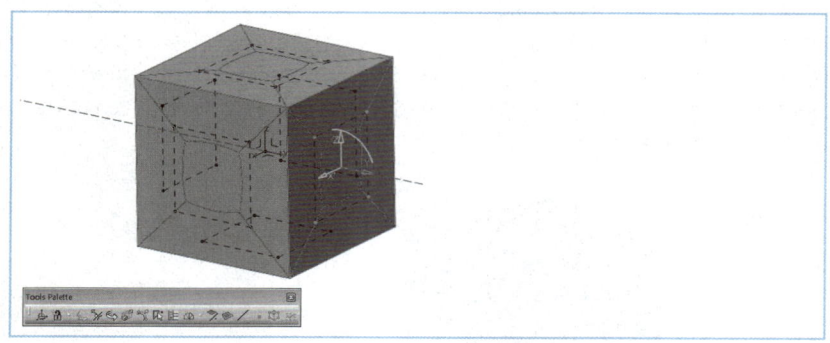

Working Zone을 설정하면 Modification이나 기타 Operation 명령들에서 Tools Palette에 다음과 같이 앞서 정의한 Working Zone 영역의 활성/비활성을 변경할 수 있는 Working Zone Activation/Deactivation 아이콘이 나타납니다.

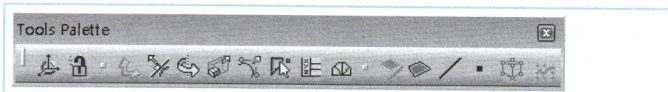

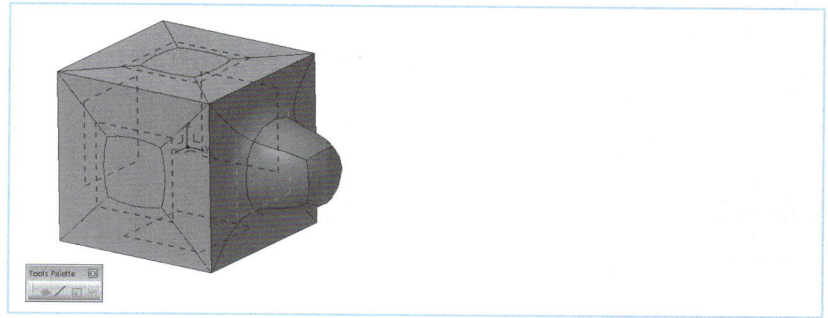

　Working Zone 아이콘을 비활성화 하면 모든 Control Element 성분들을 선택하여 Working Zone을 설정하지 않은 상태에서와 같이 작업할 수 있습니다. 물론 다시 Working Zone 아이콘을 활성화하면 해당 작업에서 앞서 정의한 Working Zone의 영역을 이용할 수 있게 됩니다.

8. View Management

A. View Selection

  Imagine & Shape에서 작업을 수행하면서 마우스로 대상을 회전시켜 View를 지정하지 않고 View Selection을 사용하여 기본적인 Standard View Mode(Top, Bottom, Front, Back, Right, Left)로 대상을 관찰할 수 있게 하는 명령입니다.

  View Selection 명령을 실행하고 대상에 마우스를 가져가면 다음과 같은 Manipulator가 나타나 보고자 하는 방향의 View를 표시해 줍니다. 여기서 원하는 View의 방향을 찾아서 클릭을 하면 해당 방향으로 대상을 보여줍니다.

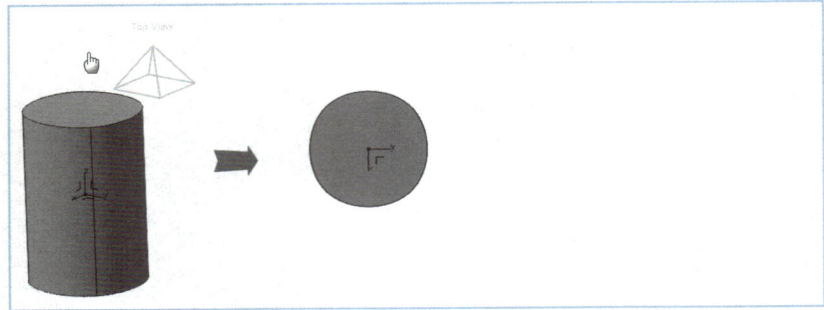

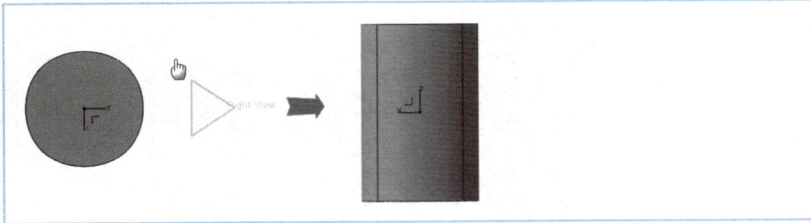

B. View Modification

View Point의 View Angle을 수정하는 명령입니다. View Modification을 실행하면 다음과 같은 View Render Style창이 나타나면서 화면에 현재의 View Angle을 녹색의 원으로 표시해 줍니다.

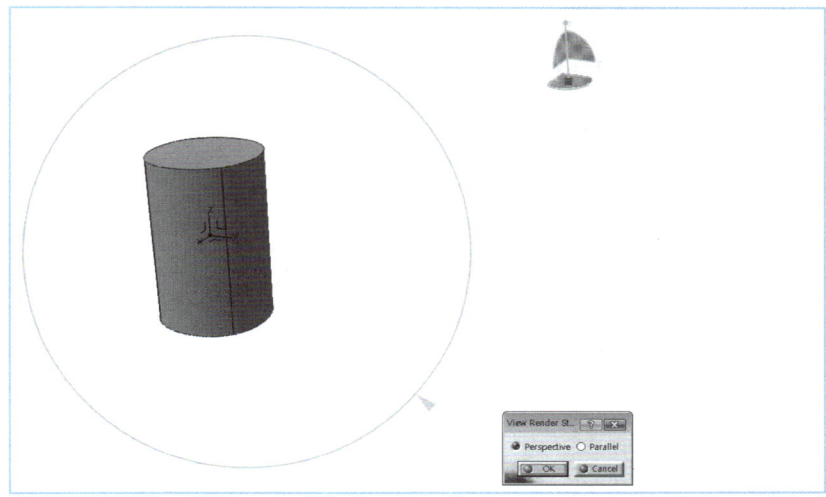

View Render Style은 Default로 Perspective Mode(Conical view)로 되어 있으며 Parallel Mode로 변경할 수 있습니다. Perspective Mode에서는 View Angle을 지정할 수 있으며, Parallel Mode(Cylindrical view)에서는 그럴 필요가 없습니다.

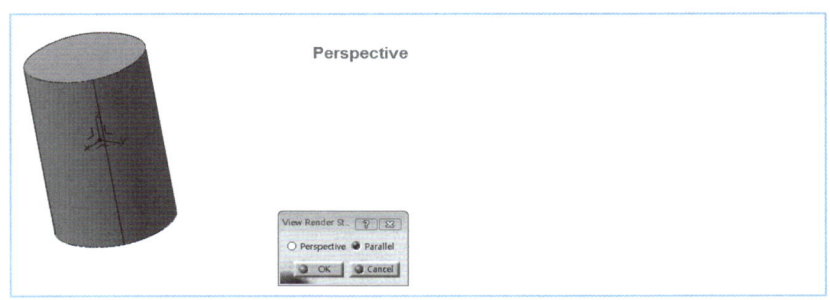

여기서 작업자는 녹색 원으로 표시된 View Angle 값을 화살표를 사용하여 변경할 수 있습니다. 그러나 View Angle이 90도를 벗어날 수는 없습니다. 원하는 적절한 값으로 View Angle을 지정한 후에는 OK를 눌러 View Angle을 잡아줍니다.

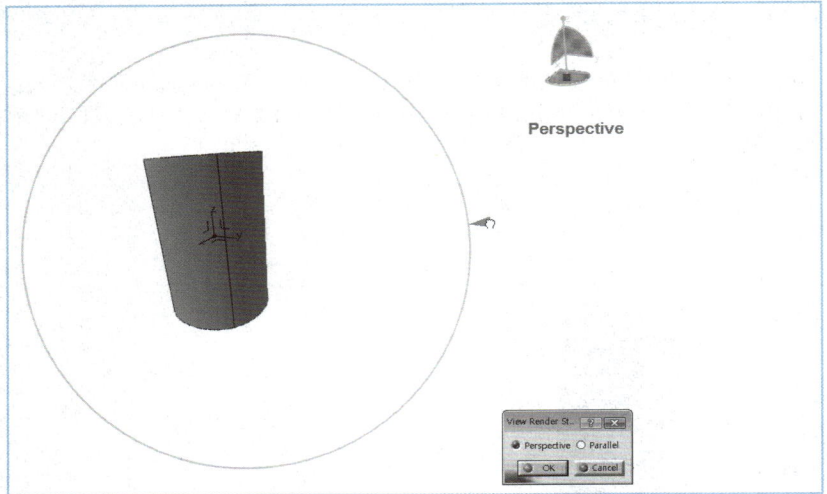

Shape Operation

Imagine & Shape 워크벤치에서 만들어진 Subdivision Surface에 일반적인 G.S.D 도구를 사용할 수 있습니다. 기본적으로 Part 도큐먼트를 사용하는 워크벤치들끼리는 작업 환경을 전환하여 각 워크벤치의 명령들을 사용할 수 있기 때문에 다른 워크벤치의 기능을 아래와 같은 Shape Operations Toolbar를 이용하지 않아도 됩니다.

그러나 작업 워크벤치를 빈번하게 이동하는 불편을 없애기 위해 자주 사용하는 명령들을 Toolbar로 조합하여 Imagine & Shape 워크벤치 내에 Shape Operation Toolbar가 구성되어있습니다. 여기서의 명령어들의 조합은 작업 단위에 의한 구분이라기보다는 Surface Design 워크벤치의 명령들을 사용 빈도에 잦은 것들끼리 모아놓은 것이라 할 수 있습니다.

이러한 Shape Operation Toolbar의 명령들은 Imagine & Shape의 명령들이 아니기 때문에 Subdivision Surface나 Styling Curve에 이 명령들로 작업을 해주게 되면 본래의 Modification 으로 형상을 유지하던 형상이 더 이상 Subdivision Surface나 Styling Curve 으로 유지되지 않습니다. 이것은 다른 워크벤치에서 Surface나 Wireframe Operation을 사용하는 경우에도 동일하게 적용됩니다.

물론 이런 경우 완전히 Modification 작업을 수행할 수 없는 것은 아닙니다. Imagine & Shape 워크벤치의 고유 명령을 사용한 부분까지는 해당 Surface를 선택하여 Modification을 선택하면 형상의 Modification이 가능합니다.

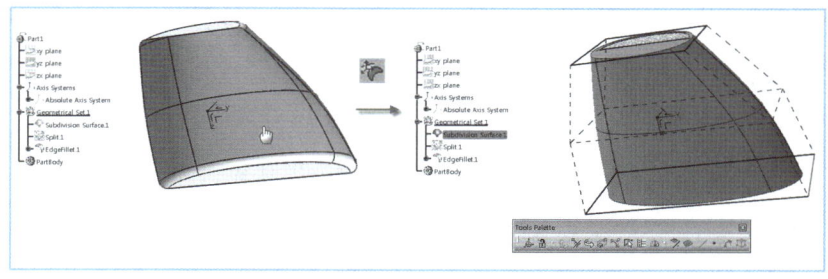

따라서 작업자는 이와 같은 성질을 잘 이용하여 Imagine & Shape 워크벤치에서의

Subdivision Surface 형상 및 Styling Curve에 대해서 작업해 주도록 합니다. 가급적 Styling Surface 작업이 모두 마무리된 상태에서 Shape Operation을 사용하기를 권장합니다.

 Shape Operation Toolbar의 명령들은 다음과 같으며 앞서 GSD에서 기능들을 살펴보기 바랍니다. 여기서는 중복 설명을 피하기 위해 Toolbar 소개까지만 하도록 하겠습니다.

10

CATIA Surface

Update

A. Update All

　Imagine & Shape 워크벤치에서 작업을 수행한 후 자동적으로 업데이트 되지 않는 작업에 대해서 업데이트를 실행할 때 사용합니다. 명령을 누르는 것 보다는 단축키인 CTRL + U를 사용하도록 합니다.

B. Manual Update mode

　기본적으로 Imagine & Shape 워크벤치 상에서 작업을 수행하면 자동적으로 업데이트가 진행되어 수정한 사항에 대한 결과를 바로 확인할 수 있습니다. 여기서 Manual Update mode를 체크하면 작업을 진행하면서 업데이트가 필요한 시점에서 CATIA 스스로 그 작업을 수행하지 않고 작업자의 업데이트 명령을 기다리게 할 수 있습니다.

Chapter 6
ICEM Surface Design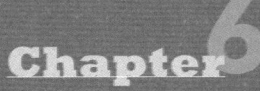

1. ICEM Surface Design 워크벤치에서의 모델링 특징 및 접근 방법
2. Construction Toolbar
3. Curve Creation Toolbar
4. Surface Creation Toolbar
5. Shape Modification Toolbar
6. Shape Management Toolbar
7. Expert Toolbar
8. Display Sets Toolbar
9. Shape Analysis Toolbar
10. Tools Toolbar

ICEM Surface Design 워크벤치에서의 모델링 특징 및 접근 방법

2007년 5월 CATIA 프로그램의 제작사인 Dassualts Systems은 대표적인 스타일링 및 고급 서피스 모델링, 렌더링 솔루션 업체인 ICEM을 인수하기로 합의하였습니다. 그리고 그 결과물이 CATIA안으로 스며들기 시작하였는데요. ICEM Surface Design(ISD)이 바로 이것입니다.

ISD의 경우 CATIA의 GSD 요소와 FreeStyle 요소가 접목된 워크벤치라고 보시면 좋을 것 같습니다. Sketch 및 GSD 서피스 관련 도구들과 NURBS 기반의 자유로운 곡면 수정 기술의 접목, 실시간 곡면 분석 기능은 곡면 설계를 중점으로 업무를 보는 분들에게 큰 힘이 될 것입니다. 실제로 위의 두 워크벤치를 이미 공부한 경우에 ISD의 접근은 쉬운 편입니다. 중복되는 부분이 많기 때문에 따로 이해하지 않고도 명령을 구사할 수 있습니다.(ICEM Surf를 쓰시던 분들께서 ISD로 전환하시는 경우에는 다소 생소함은 느끼실 것 같습니다.) 이미 해외 시장에서는 업무에 도입된 사례가 보이고 있습니다.

CATIA로 양산을 진행하는 회사에서 스타일링 도구를 따로 쓰지 않고 CATIA 하나로 스타일 디자인에서부터 양산까지 처리할 수 있다는 점은 충분히 매력적이라 할 수 있습니다. 변환에 의한 손실이나 오류를 막을 수 있기 때문입니다. 또한 History 기반의 곡면 또는 곡선으로 부분적인 디자인 변경이나 Template화한 데이터 재사용하는 점은 빠른 시간 내에 원하는 디자인을 만들어 낼 수 있을 것입니다.

디자인 품질과 미학적 요소가 중요한 성공 요소인 오늘날 제품 설계에 있어 큰 도약이 될 것이기에 CATIA의 ICEM 인수는 큰 관심이 되고 있습니다.

ICEM Shape Design 워크벤치는 다음과 같습니다. 일반 모델링 워크벤치와 유사하다고 할 수 있지만 가운데 보이는 광원(Light Source)를 바로 조절할 수 있다는 특징을 가지고 있습니다.

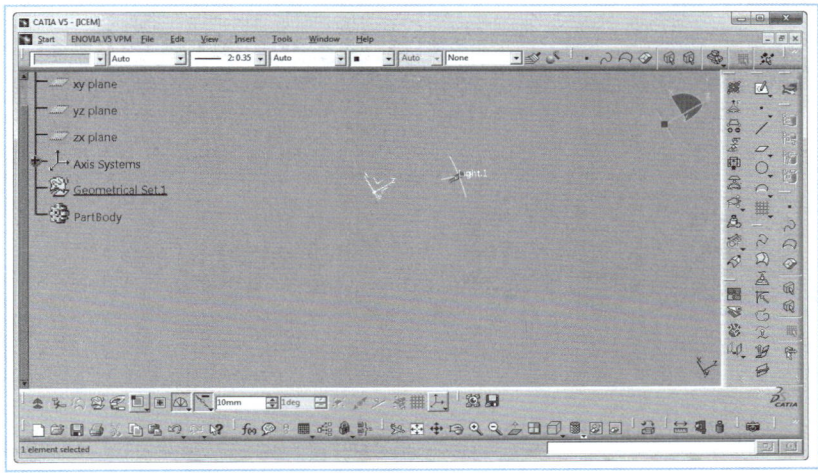

Construction Toolbar

2.1 Sketch Sub Toolbar

A. Sketch

2차원 단면 프로파일 형상을 그리기 위한 도구입니다. 3차원 상에서 Compass를 지정하여 자유로이 곡선을 그리는 것과 달리 변수와 연결된 프로파일을 생성할 수 있습니다. 구속에 기반을 둔 프로파일이나 정형화된 프로파일이 필요한 경우 사용합니다.

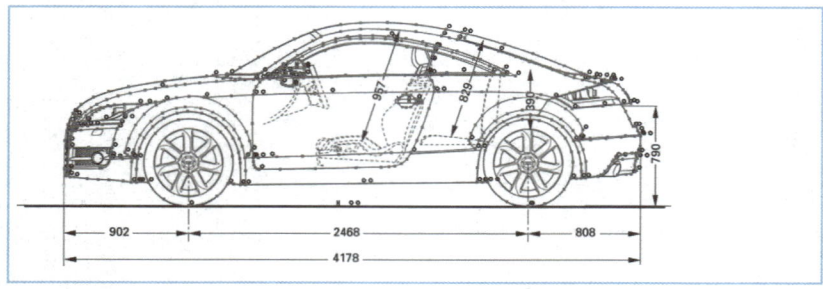

Sketch 워크벤치에 들어가 프로파일 형상을 그리고 구속 짓는 것에 대한 설명은 부록을 참고 바랍니다.

B. Positioned Sketch

위와 마찬가지로 2차원 단면 프로파일을 생성하기 위한 도구로 이 명령의 경우에는 임의의 지점을 스케치의 기준점으로 설정하여 작업할 수 있다는 장점을 가지고 있습니다. 다른 형상 요소와 Associative한 설계를 하고자 할 경우 자주 사용합니다.

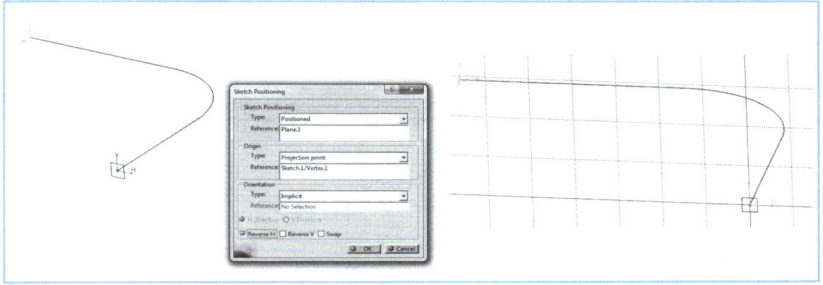

Sketch 워크벤치에 들어가 프로파일 형상을 그리고 구속 짓는 것에 대한 설명은 부록을 참고 바랍니다.

2.2 Points Sub Toolbar

A. Point

3차원 상에 Point를 생성하는 명령입니다.
상세한 설명은 앞서 GSD에서 언급하였으므로 이 부분을 참고 바랍니다.

B. ExtremumPolar

3차원 상에 있는 곡선 요소에서 선택한 방향으로 최대 또는 최소의 위치에 Point를 생성하는 명령입니다. 여기서 방향의 설정은 극좌표 방식(반경과 각도)을 사용합니다. 상세한 설명은 앞서 GSD에서 언급하였으므로 이 부분을 참고 바랍니다.

C. Extremum

3차원 상에 있는 곡선 요소에서 선택한 방향으로 최대 또는 최소의 위치에 Point를 생성하는 명령입니다.

상세한 설명은 앞서 GSD에서 언급하였으므로 이 부분을 참고 바랍니다.

2.3 Line

3차원 상에 직선 요소를 그리는 명령입니다.
상세한 설명은 앞서 GSD에서 언급하였으므로 이 부분을 참고 바랍니다.

2.4 Planes Sub Toolbar

A. Planes

3차원 상의 기준 역할을 하는 Reference Plane을 생성하는 명령으로 상세한 설명은 앞서 GSD에서 언급하였으므로 이 부분을 참고 바랍니다.

B. Planes Between

이 명령은 기준이 되는 두 평면을 선택하여 이 두 평면 사이에 일정한 간격으로 평면들을 배열 생성하고자 할 경우에 사용합니다.

상세한 설명은 앞서 GSD에서 언급하였으므로 이 부분을 참고 바랍니다.

2.5 Curves Sub Toolbar

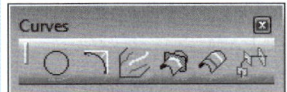

A. Circle

3차원 상에 원 또는 호를 생성하기 위한 명령입니다.
상세한 설명은 앞서 GSD에서 언급하였으므로 이 부분을 참고 바랍니다.

B. Conic

3차원 곡선 상에 Conic 형상을 만들어 주는 명령입니다.
상세한 설명은 앞서 GSD에서 언급하였으므로 이 부분을 참고 바랍니다.

C. Combined Curves

두 곡선이 3차원 공간상에 교차되어 만들어질 경우 그러한 3차원 곡선을 만드는 명령입니다.
상세한 설명은 앞서 GSD에서 언급하였으므로 이 부분을 참고 바랍니다.

D. Intersections

두 형상 요소가 3차원 공간상에서 교차할 경우 그 교차되는 모양을 생성해 주는 명령입니다. 선과 선이 교차할 경우 교차지점에 포인트를 면과 면이 교차할 경우 교차지점에 곡선을 생성하게 됩니다.
상세한 설명은 앞서 GSD에서 언급하였으므로 이 부분을 참고 바랍니다.

E. Parallel Curves

곡면 위에 놓인 곡선과 나란한 곡선들을 반복해서 만들어 주고자 할 경우에 사용하는 명령입니다.
상세한 설명은 앞서 GSD에서 언급하였으므로 이 부분을 참고 바랍니다.

F. Spines

3차원 상의 형상 단면들의 중심 기준선이 되는 뼈대를 생성하고자 할 경우에 사용합니다. 상세한 설명은 앞서 GSD에서 언급하였으므로 이 부분을 참고 바랍니다.

2.6 Boundary Sub Toolbar

A. Boundary

3차원 형상의 자유 모서리를 Curve로 추출하는 명령입니다. Free Edge에 대해서만 가능하며 그렇지 않은 경우 Boundary를 만들어내지 못합니다.
상세한 설명은 앞서 GSD에서 언급하였으므로 이 부분을 참고 바랍니다.

B. Extract

3차원 형상의 경계 모서리, 꼭지점, 면 등을 Geometry로 추출하는 기능을 합니다.
상세한 설명은 앞서 GSD에서 언급하였으므로 이 부분을 참고 바랍니다.

C. Multiple Extract

3차원 형상의 경계 모서리, 꼭지점, 면 등을 Geometry로 추출하는 기능을 합니다. 연속하는 대상을 추출할 경우 선택된 대상들이 하나로 묶여지게 됩니다. 따라서 선택할 때도 같은 차원의 대상들을 선택해 주어야 합니다. 선은 선끼리 면은 면끼리.
상세한 설명은 앞서 GSD에서 언급하였으므로 이 부분을 참고 바랍니다.

2.7 Grid Sub Toolbar

A. Work on Support

3차원 공간상에 Sketch 평면과 유사하게 2차원 기준 Grid를 생성하여 3차원 형상 명령을 마치 2차원에서 그리는 것과 같은 도움을 기능을 줍니다.
상세한 설명은 앞서 GSD에서 언급하였으므로 이 부분을 참고 바랍니다.

B. Snap to point

Work on Support가 작동할 때 만들어진 격자의 Grid로만 커서가 움직이게 정의합니다.
상세한 설명은 앞서 GSD에서 언급하였으므로 이 부분을 참고 바랍니다.

C. Working Supports Activity

앞서 만들어진 Work on Support의 상태를 활성/해제하고자 할 경우에 클릭합니다.
상세한 설명은 앞서 GSD에서 언급하였으므로 이 부분을 참고 바랍니다.

D. Plane System

이 명령은 주어진 방향으로 일정한 간격의 평면들을 배치하는 경우에 사용합니다. 주로 항공기 동체나, 선박의 선체나 자동차와 같은 단면이 위치별로 특징지어질 때 사용합니다.
상세한 설명은 앞서 GSD에서 언급하였으므로 이 부분을 참고 바랍니다.

E. Work on Support 3D

이 명령은 3차원 공간상에 3축 방향으로 Grid를 생성하는 기능으로 View 방향이 Grid 방향과 나란한 경우에만 사용할 수 있습니다.
상세한 설명은 앞서 GSD에서 언급하였으므로 이 부분을 참고 바랍니다.

Curve Creation Toolbar

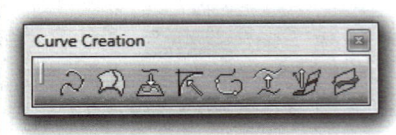

A. 3D Curve

3차원 상에 Compass를 기준으로 곡선을 생성하고자 할 경우에 사용합니다.
상세한 설명은 앞서 FreeStyle에서 언급하였으므로 이 부분을 참고 바랍니다.

B. Curve on Surface

곡면 위에 놓인 곡선을 정의할 때 사용합니다.
상세한 설명은 앞서 FreeStyle에서 언급하였으므로 이 부분을 참고 바랍니다.

C. Isoparametric Curve

곡면 위에 Isoparametric Curve를 생성하는데 사용합니다.
상세한 설명은 앞서 FreeStyle에서 언급하였으므로 이 부분을 참고 바랍니다.

D. Curve Projection

이 명령은 곡면위에 곡선 요소를 투영하고자 할 경우에 사용합니다. GSD에서 Projection의 것과 유사하다고 할 수 있습니다.(하지만 좀 더 고차원적인 설정이 가능합니다.)

명령을 실행하면 다음과 같은 창이 나타납니다.

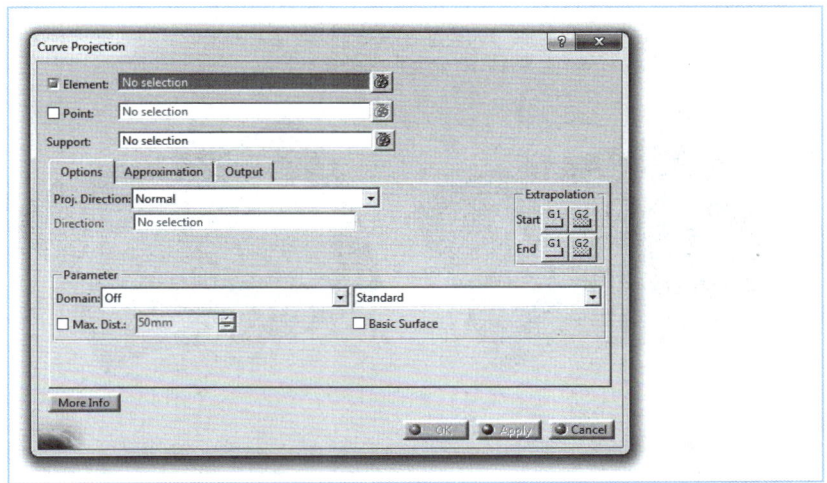

- ☑ **Element** : 투영시키고자 하는 곡선 요소를 선택합니다. 복수 선택도 가능합니다.

- ☑ **Point** : 포인트를 곡면에 투영하고자 할 경우에 사용합니다.(포인트 단독으로는 안 되며 곡선과 함께 투영할 수 있습니다.)

- ☑ **Support** : 투영될 기준이 될 곡면을 선택합니다. 복수 선택도 가능합니다.

Options Tab

- ☑ **Proj. Direction** : 투영될 방향을 정의하는 부분입니다.
    - Normal : 곡면에 수직인 방향으로 투영됩니다.
    - View : 시선 방향에 수직으로 투영됩니다.

- ☑ **Direction** : 방향을 직접 지정하여 투영 시킵니다.

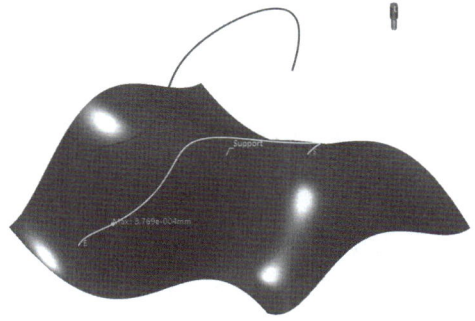

☑ **Extrapolation** : 투영되는 곡선의 양 끝단을 연장하여 곡면 끝까지 늘어나게 할 수 있는 옵션으로 연속성 모드를 조절이 가능합니다. G1과 G2 모드가 가능합니다.

아래 그림의 왼쪽 그림은 오른쪽 꼭지점을 G1으로 연장한 결과이며, 오른쪽 그림은 왼쪽 꼭지점을 G1으로 오른쪽 꼭지점을 G2로 연장한 결과입니다.

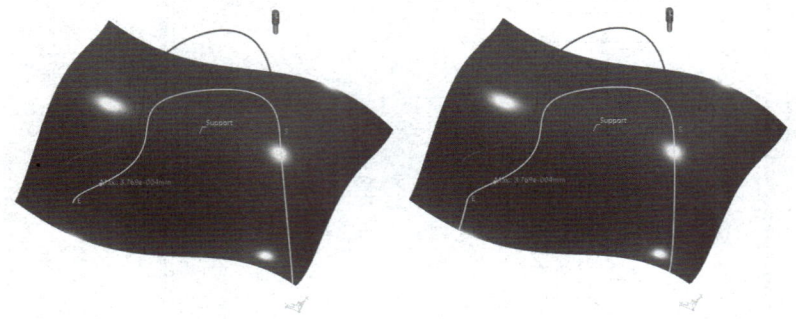

| Approximation Tab |

여기서는 곡면을 구성하는 곡선 요소나 단독의 곡선 요소에 대한 정확한 처리를 위한 설정을 하게 됩니다.

| Output Tab |

여기서는 명령 실행 후 만들어진 결과 형상에 대한 설정을 하게 됩니다.

E. Styling Corner

3차원 상의 곡선 사이에 Corner를 생성하는 명령입니다.
상세한 설명은 앞서 FreeStyle에서 언급하였으므로 이 부분을 참고 바랍니다.

F. Blend Curves

3차원 상의 두 곡선 사이를 부드럽게 이어주고자 할 경우에 사용하는 명령입니다.
상세한 설명은 앞서 FreeStyle에서 언급하였으므로 이 부분을 참고 바랍니다.

G. Curve Offset

3차원 상의 곡선을 Offset하는 기능으로 GSD에도 유사한 기능이 있으나 더욱 강력한 옵션을 제공합니다.

명령을 실행하면 다음과 같은 창이 나타납니다.

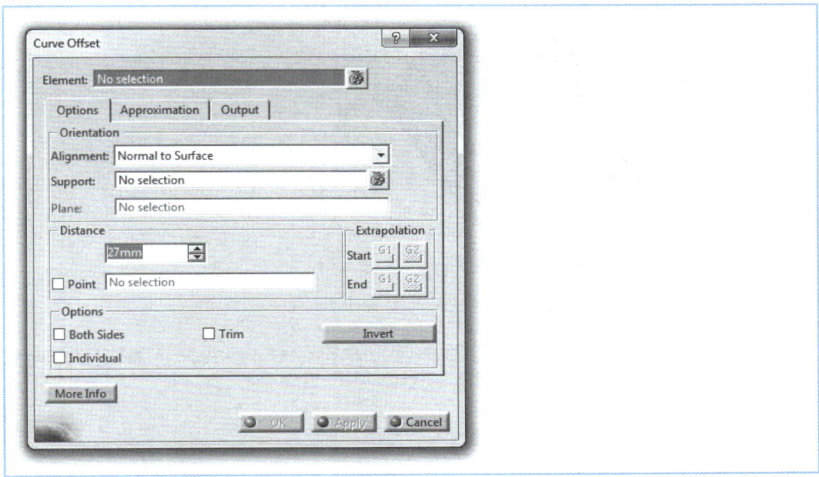

☑ **Element** : Offset하고자 하는 곡선을 선택합니다. 복수 선택이 가능합니다.

Options Tab

☑ **Orientation** : Offset이 진행될 방향을 설정합니다.
  • Normal to Surface : 선택한 곡면에 수직인 방향으로 Offset이 진행됩니다.

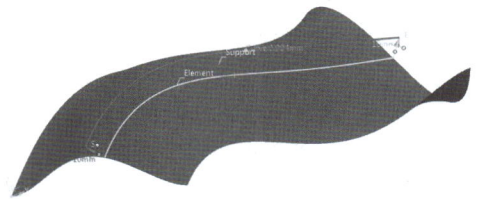

  • On Surface : 곡면 위를 타고 Offset이 진행됩니다. 양 끝단에 대한 Extrapolation을 지원합니다.

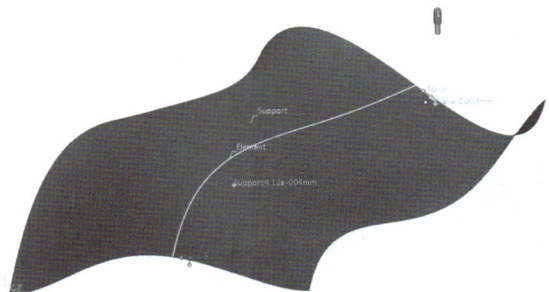

• Chordal : Offset Vector의 방향으로 Offset이 만들어 집니다. 양 끝단에 대한 Extrapolation
을 지원합니다.

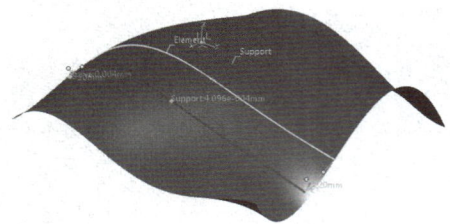

• View : 시선 방향으로 Offset이 만들어지게 합니다.
• Plane : 선택한 평면 방향으로 Offset이 만들어집니다.

☑ **Distance** : Offset되는 거리 값을 입력하거나 Point를 선택하여 하당 위치까지 Offset을 만들어냅니다. 다음과 같이 화면에서 직접 입력할 수도 있습니다.

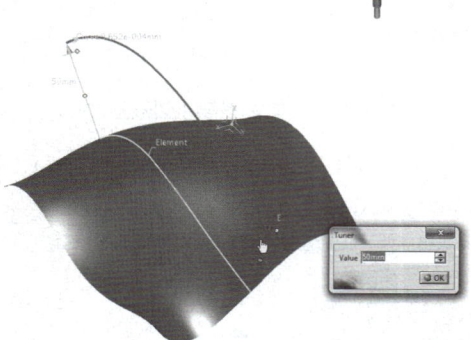

☑ **Extrapolation** : On Surface, Chordal인 경우에 한해서 곡면 위에 Offset된 곡선이 경계에 닿지 않을 경우 연장해 줍니다. G1, G2 모드가 가능합니다.

☑ **Options**
• Both Sides : Offset을 곡선을 기준으로 양 방향으로 생성하게 합니다.
• Trim : Offset에서 교차하는 부분이 발생하면 Trim하여 주는 옵션입니다.
• Individual : Offset되는 거리 값을 Variable하게 변경하고자 할 때 사용합니다. 이 옵션을 체크하고 Offset이 표시된 값을 더블 클릭하여 각각을 따로 설정해 줄 수 있습니다.

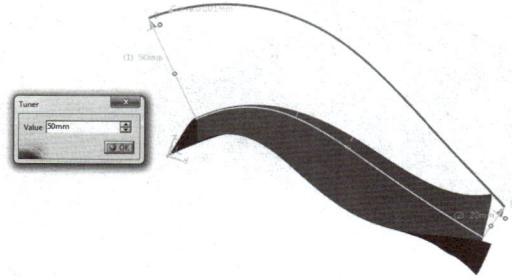

H. Split Curve

이 명령은 Draft 방향에 따른 곡면의 절단 기준선을 생성하는 명령입니다. 따라서 Draft Direction과 Draft Angle에 따라 다른 결과가 나타납니다.

명령을 실행하면 다음과 같은 창이 나타납니다.

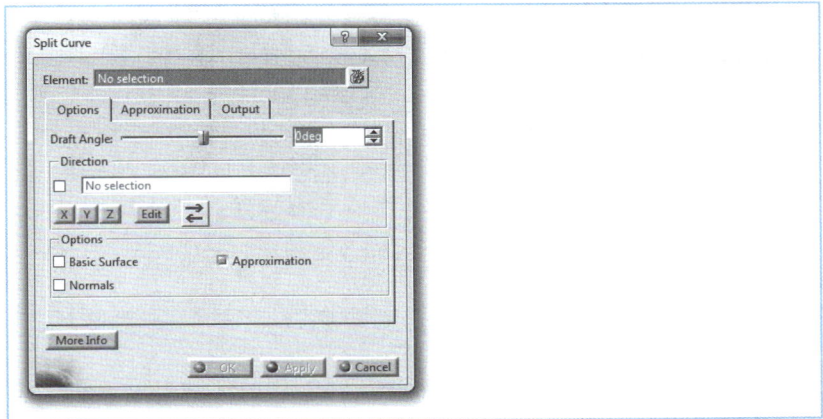

☑ **Element** : Split Curve가 만들어진 곡면을 선택합니다. 복수 선택이 가능합니다.

Options Tab

☑ **Draft Angle** : 여기서의 Draft Angle은 Draft Direction과 곡면이 접하는 방향 사이의 각도로 이 값이 0일 경우에는 Draft Direction과 곡면이 접하는 지점에 Split Curve가 만들어 집니다.

☑ **Direction** : 광원의 방향을 설정하는 부분으로 하단의 X, Y, Z를 선택하거나 Edit 버튼을 눌러 벡터를 설정하거나 또는 직접 화면에서 정의가 가능합니다.

아래 그림은 각각 Z 방향과 Y 방향에서의 Split Curve의 생성 모습입니다.

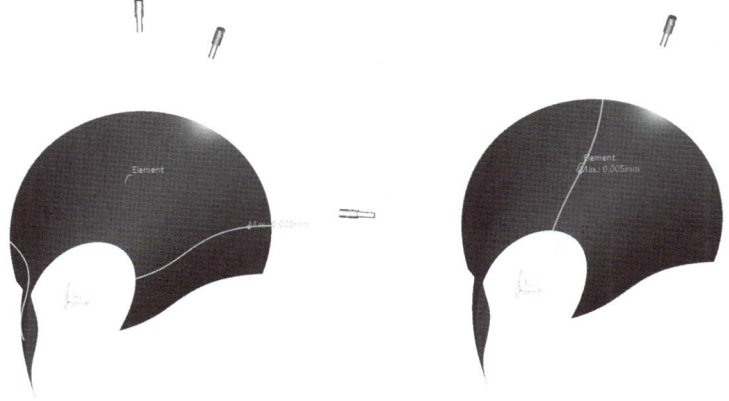

아래 그림에서와 같이 Contextual Menu에서의 설정도 해보기 바랍니다.

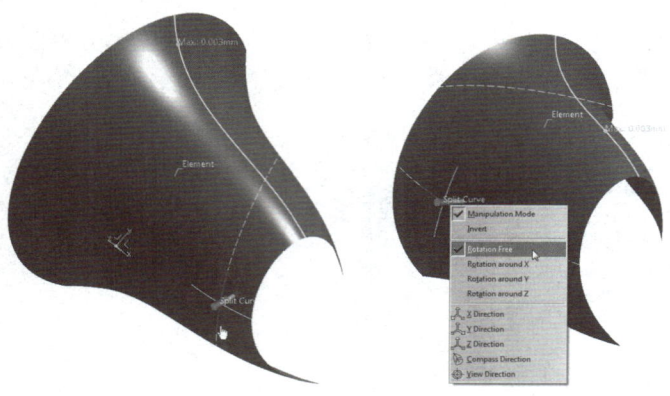

I. Intersection

이 명령은 여러 개의 교차하는 곡면들 사이의 결과물인 곡선을 생성하는 기능을 합니다. GSD의 Intersection과 유사하다고 할 수 있습니다.

명령을 실행하면 다음과 같은 창이 나타납니다.

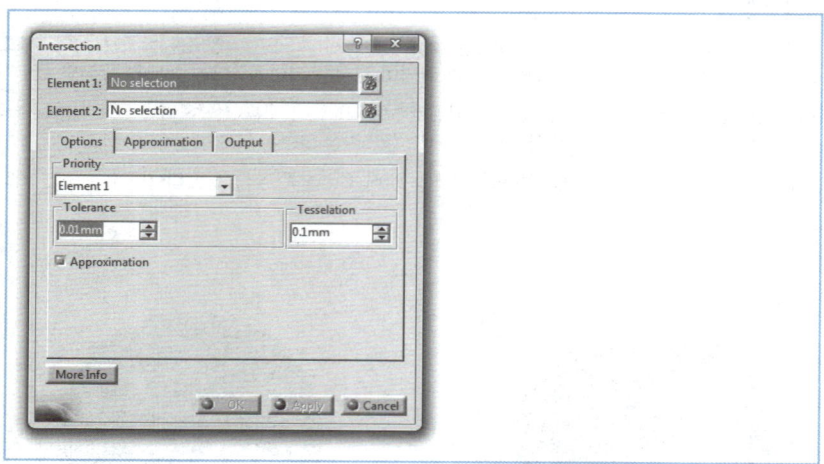

- ☑ **Element 1** : 교차되는 곡면 요소 중 첫 방향에 해당하는 대상들을 선택합니다.
- ☑ **Element 2** : 교차되는 곡면 요소 중 두 번째 방향에 해당하는 대상들을 선택합니다. Element 1과 교차하는 대상으로 선택되어야 합니다.

Options Tab

- **Priority** : 이 옵션은 Element 1 또는 Element 2 중에 우선권을 부여하는 옵션입니다.
- **Tolerance** : Intersection에서 공차 값을 정의합니다.
- **Tesselation** : 이 옵션은 곡면과 Point Cloud 사이에 Intersection을 수행할 때 사용하는 공차입니다.
- **Approximation** : Intersection에서 Approximation 옵션을 사용할지를 설정합니다. 체크 해제하면 Approximation Tab이 비활성화 됩니다. 간혹 Intersection 곡선이 만들어지지 않는 경우 이 옵션을 해제해 보기 바랍니다.

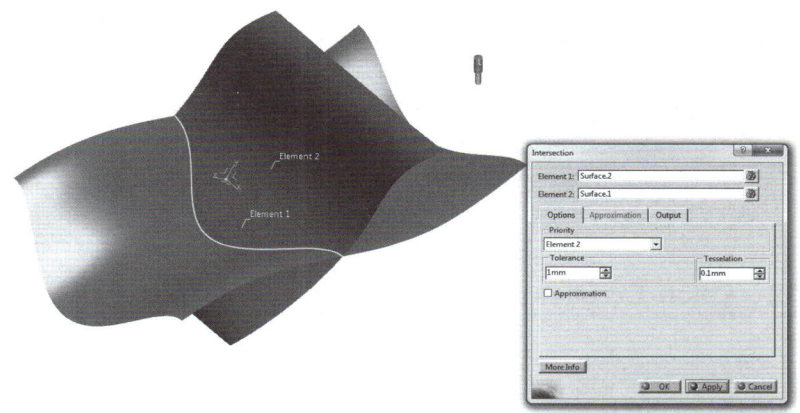

4 Surface Creation Toolbar

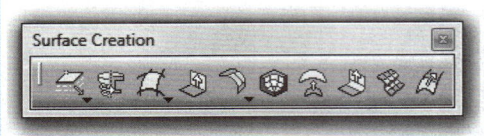

4.1 Patch Creation Sub Toolbar

A. Planar Patch

두 지점을 클릭하여 정의하는 패치 곡면입니다.

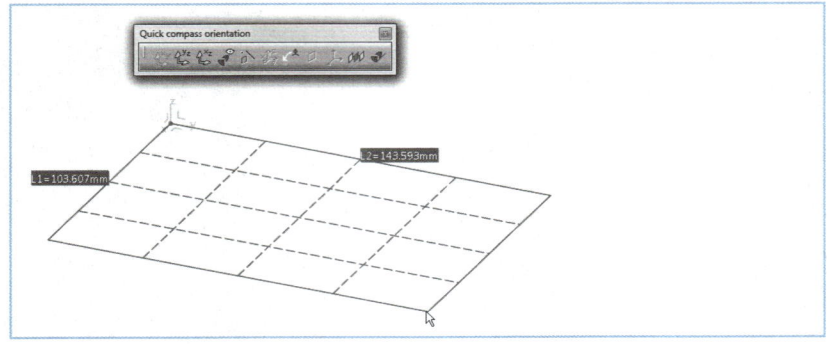

상세한 설명은 앞서 FreeStyle에서 언급하였으므로 이 부분을 참고 바랍니다.

B. 3-Point Patch

세 점을 클릭하여 처음의 두 점으로 한 쪽의 길이 및 방향을 정의하고 나머지 한 점으로 반대 방향으로 연장하여 길이를 정의합니다.

상세한 설명은 앞서 FreeStyle에서 언급하였으므로 이 부분을 참고 바랍니다.

C. 4-Point Patch

4점을 클릭하여 만드는 패치입니다.

상세한 설명은 앞서 FreeStyle에서 언급하였으므로 이 부분을 참고 바랍니다.

D. Geometry Extraction

기존의 곡면으로부터 원하는 부분을 추출하여 새로운 곡면을 생성합니다.

상세한 설명은 앞서 FreeStyle에서 언급하였으므로 이 부분을 참고 바랍니다.

E. Revolve

단면을 회전축을 기준으로 회전시켜 곡면을 생성하는 명령입니다. GSD에도 유사한 명령이 있습니다.

상세한 설명은 앞서 FreeStyle에서 언급하였으므로 이 부분을 참고 바랍니다.

4.2 Patch From Sub Toolbar

A. Patch from Curves

이 명령은 우리가 직접 패치가 만들어질 지점을 클릭하지 않고 앞서 그려진 곡선을 패치를 생성하는 기준으로 정의합니다.

패치에 대한 기본 정의는 4개의 꼭지점을 갖는 것이 일반적이기 때문에 곡선의 선택은 4개까지로 제한되어 있습니다.

a. 2 Curves

다음과 같은 경우 이 명령을 통해 패치를 생성할 수 있습니다.

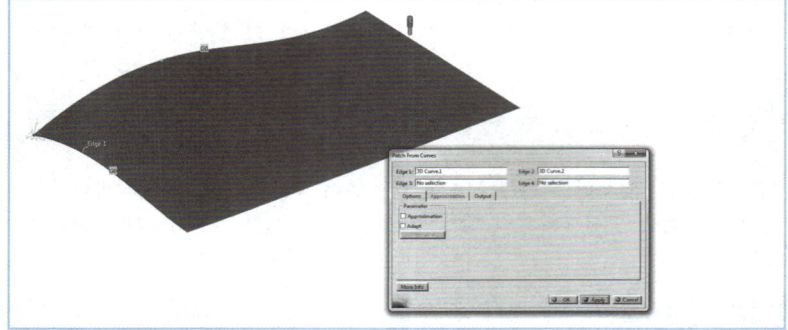

두 곡선은 반드시 한 점에서 만나야 합니다. 아래와 같은 경우는 불가능합니다.

b. 3 Curves

다음과 같은 경우에는 3개의 곡선으로 패치 정의가 가능합니다.

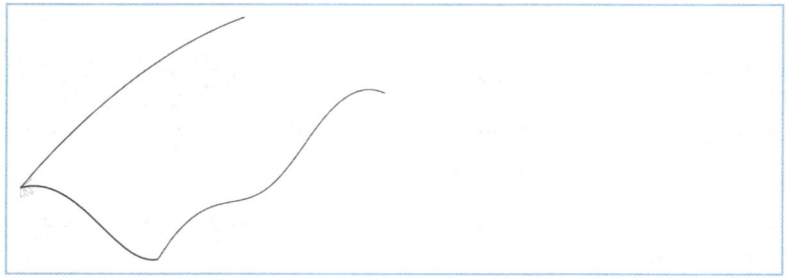

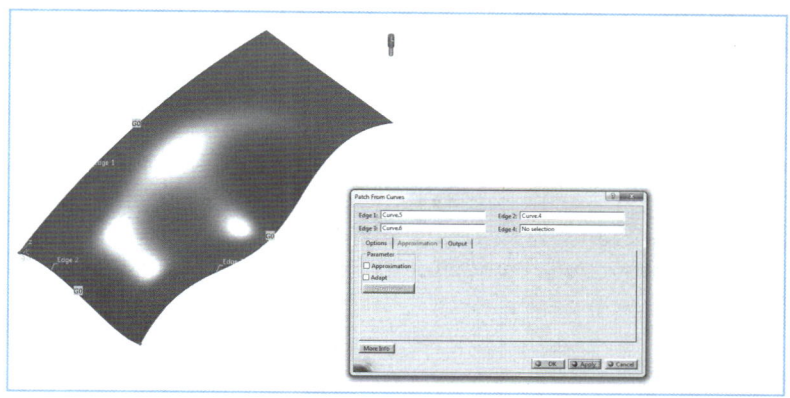

c. 4 Curves

4개의 곡선인 경우에는 다음과 같이 정의됩니다.

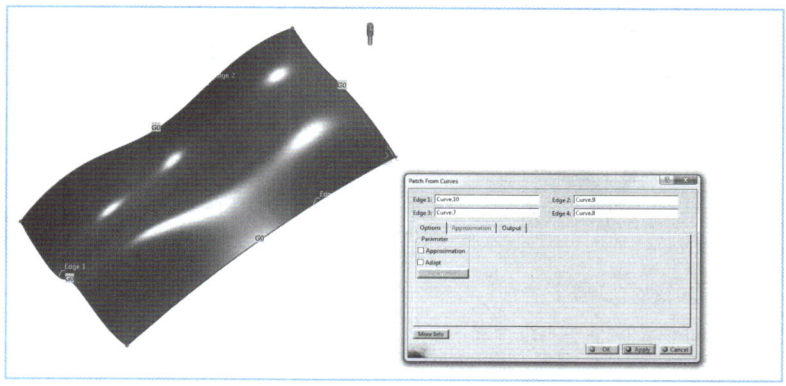

GSD의 Sweep 또는 Fill과 다소 유사한 느낌을 받으실 수 있을 것입니다.

B. Patch from Patches

이 명령은 인접한 패치들을 모아서 큰 패치를 만들 수 있습니다.

명령을 실행하면 다음과 같은 창이 나타납니다.

☑ **Elements** : 여기서 우선 인접해있는 패치들을 복수 선택해 줍니다.

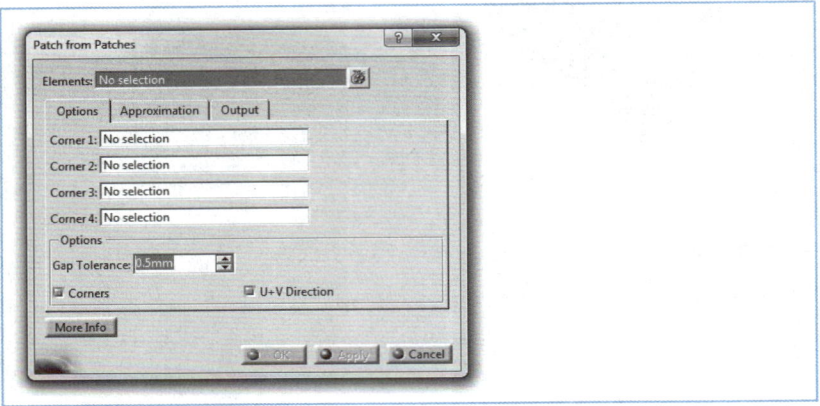

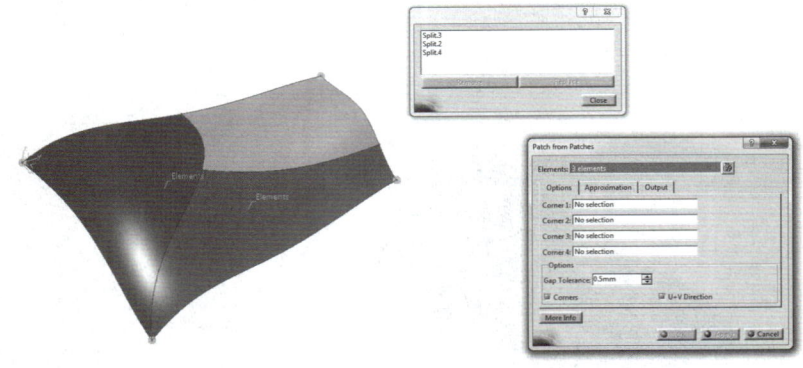

Options Tab

☑ **Corner** : 여기에는 합쳐진 후의 패치의 꼭지점이 될 부분들을 입력해 줍니다. 일반적으로 미리보기 되고 있으므로 이를 선택해 주면 됩니다.

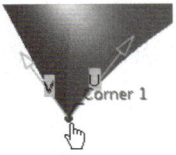

☑ **Options** : 만약에 패치들을 선택하는 과정에서 Error를 출력하는 경우가 있는데 이는 인접한 패치들 사이의 간격이 Gap Tolerance보다 크기 때문입니다. 적절한 크기로 값을 입력해 주도록 합니다.

조건을 모두 만족한다면 다음과 같0ms 패치가 만들어진 것을 확인할 수 있습니다. 기존의 작은 패치들은 숨기기합니다.

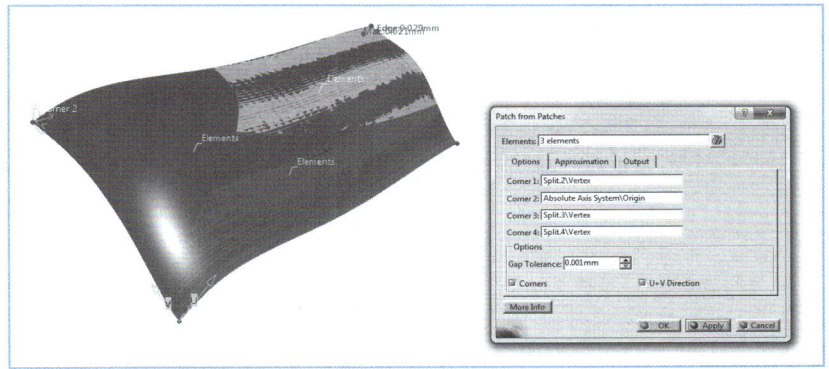

수정 후에는 다음과 같이 Datum이 된다는 것도 기억해 두기 바랍니다.

4.3 Fillets Sub Toolbar

A. Styling Fillet

Styling Fillet은 곡면사이에 다양한 옵션을 주어 Fillet 처리할 수 있는 명령으로 상세한 설명은 앞서 GSD에서 언급하였으므로 이 부분을 참고 바랍니다.

B. Advanced Fillet

이 명령은 Fillet을 주고자할 때 두 곡면 사이에 R 값이나 Chordal Length, 또는 Curve 들을 활용하여 Fillet 형상을 정의합니다.

명령을 실행하면 다음과 같은 창이 나타납니다.

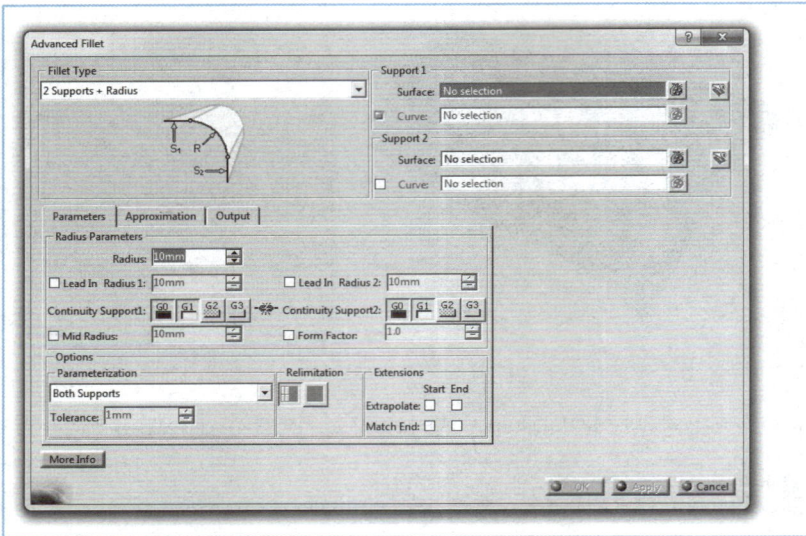

- ☑ **Fillet Type**

  - 2 Supports + Radius

    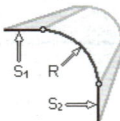
    두 개의 Supports 사이를 반경 값으로 Fillet을 지정하는 방식으로 Parameter 부분에 반지름을 입력해야 합니다.

  - 2 Supports + Chord Length

    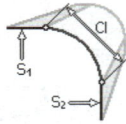
    두 개의 Supports 사이를 Fillet이 만들어질 때의 활선 길이로 정의하는 방식입니다. 반경 대신에 활선 길이 값이 필요합니다.

  - 2 Supports + 1 Support Curve

    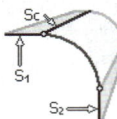
    두 개의 Supports 사이를 Fillet이 정의될 Curve 형상을 통해 정의하는 방식입니다. Support Curve로 곡선 요소(3D Curve, Line, Offset Curve, Project Curve, Styling Corner, Blend Curve, Split Curve 등)를 선택해 주면 됩니다.

- 2 Supports + 3 Radii

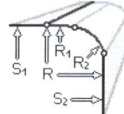

두 개의 Supports 사이를 3개의 반경 값으로 정의합니다. 양쪽의 Lead In Rad 값 두 개와 R 값을 필요로 합니다. Lead In Rad라는 값은 각 Support에서 연장되는 G1 또는 G2 연속으로 정의되는 Arc 형상으로 R 값으로 정의됩니다.

- 2 Supports + 2 Chord Lengths

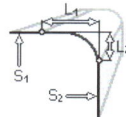

두 개의 Supports 사이를 Chord 길이로 정의하는 방식입니다. 그림에서 L1과 L2가 Chord 길이입니다.

- 2 Supports + True Minimum Radius

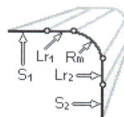

두 개의 Supports 사이를 최소 반경을 통해 Fillet하고자 할 경우에 사용됩니다.

C. Tri-Tangent Fillet

이 명령은 3개의 면에 접하는 Fillet을 생성하는 방법을 제공합니다. GSD에 유사한 명령이 있는데요. 추가적인 연속성 설정과 같은 부분이 있습니다.

명령을 실행하면 다음과 같은 창이 나타납니다.

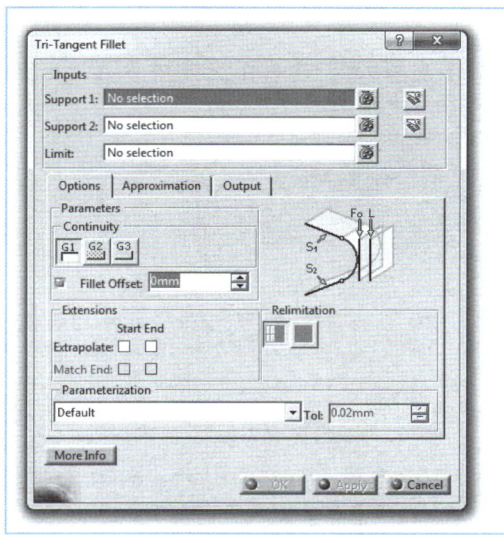

D. Corner Fillet

이 명령은 Fillet과 Fillet 사이의 뾰족한 부분을 매끄럽게 처리하기 위한 Fillet입니다. Corner Fillet을 사용하기 위해선 앞서 면들에 Fillet이 미리 작업되어 있어야 합니다.

명령을 실행하면 다음과 같은 창이 나타납니다.

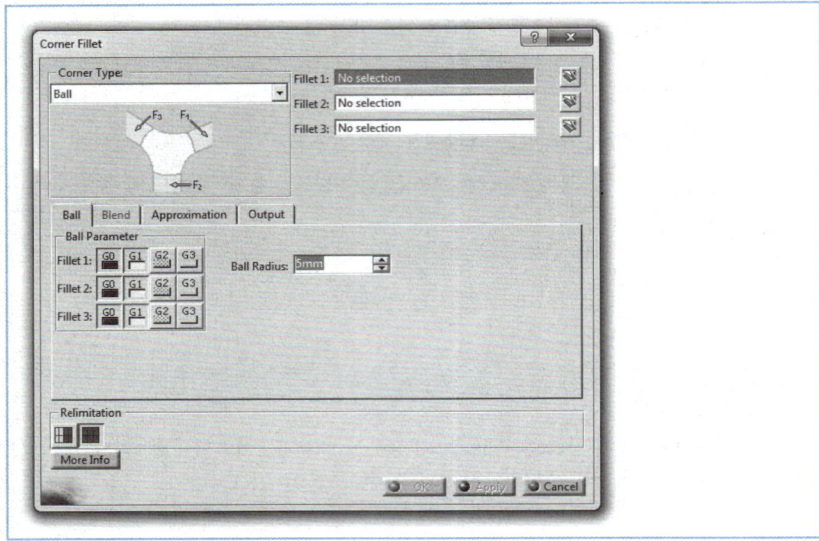

☑ **Corner Type**

• Ball

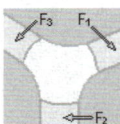 Ball 방식으로 Fillet을 할 경우에는 동일한 R 값으로 각 방향으로의 연속성을 정의하여 Fillet을 만들 수 있습니다.

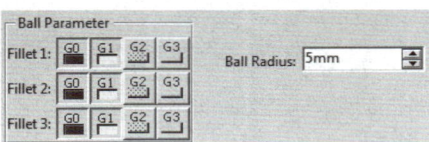

• Blend

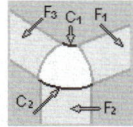 Blend 방식으로 Fillet을 할 경우에는 각 Fillet들을 Blend로 연결하는 것 같은 형상을 띄며 다음의 Parameter에 의해 형상을 정의합니다.

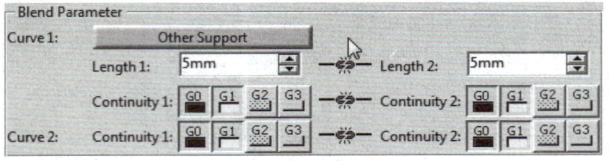

E. Fill

이 명령은 곡면들 사이의 모서리에 의해 닫혀있는 부분이나 곡선들로 닫혀있는 경계를 면으로 채워주는 기능을 합니다. 앞서 공부한 GSD나 FreeStyle에서도 같은 기능을 가지고 있었는데요. ISD에서의 Fill이 더욱 강력합니다.

명령을 실행하면 다음과 같은 창이 나타납니다.

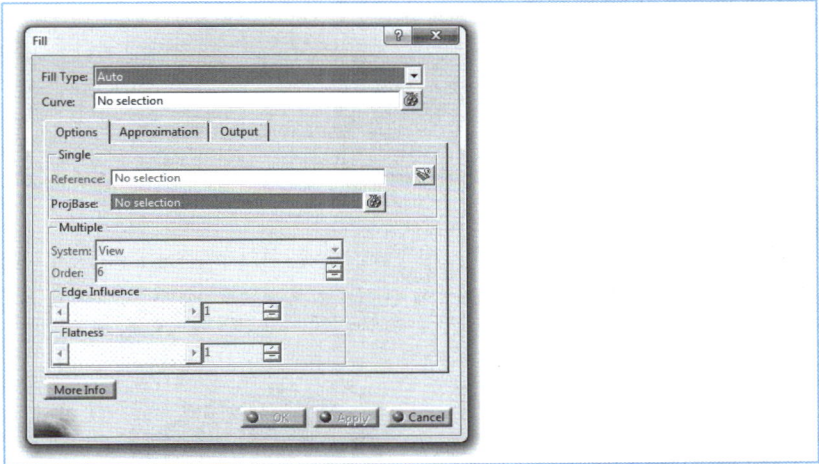

☑ **Fill Type**
- Auto : 하나의 패치를 통해 Fill을 생성합니다.
- Reference : 선택된 영역으로 투영되기 위한 하나의 패치가 만들어집니다.
- Multiple Surfaces : Fill을 생성하기 위하여 여러 개의 패치들이 만들어집니다. 좀 더 복잡한 형상들 사이를 Fill로 채워줄 수 있습니다.

☑ **Curve** : Fill하고자 하는 부분의 곡면의 모서리 또는 곡선들을 선택합니다. 복수 선택을 통해서 닫혀있는 구조를 만들어 주어야합니다.

F. Surface Offset

이 명령은 곡면을 일정한 간격으로 Offset해주기 위한 명령으로 일반적으로 우리가 GSD에서 사용했던 Offset과 유사합니다.

명령을 실행하면 다음과 같은 창이 나타납니다.

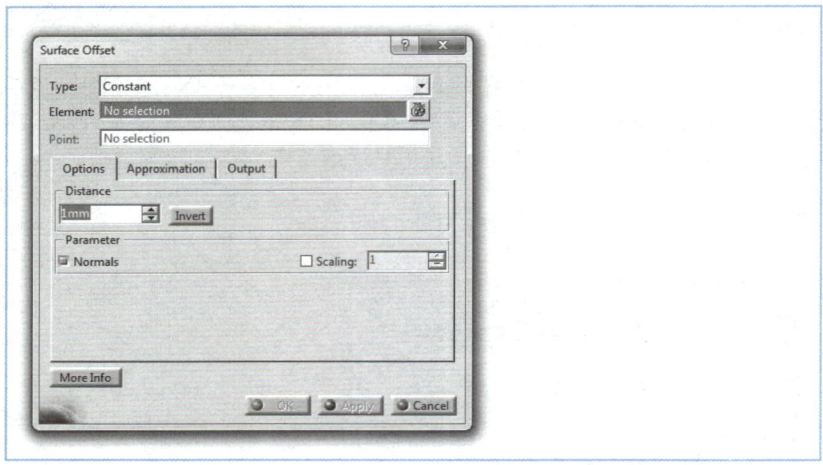

- ☑ **Type** : Constant 또는 Variable, Through Point 방식을 통해서 Offset 값을 정의합니다.
  - Constant : 일정한 거리 값으로 Offset을 진행하고자할 경우에 사용합니다. Invert는 ICEM 에서 사용하는 용어로 CATIA에서는 Reverse로 정의되는 반대 방향을 정의하는 파라미터 입니다.

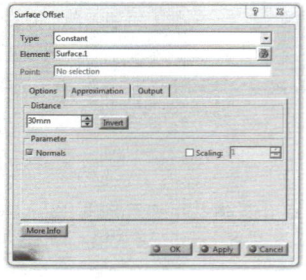 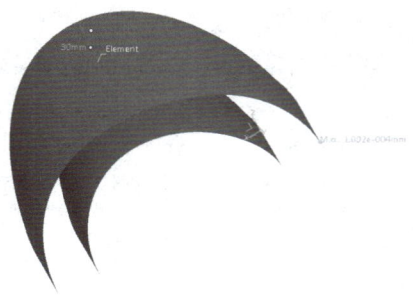

  - Variable : Offset 값을 위치에 따라 다르게 하고자 할 경우에 사용합니다. 각 마디의 절점에 서 Offset 값을 변경해 줄 수 있습니다. (-값의 경우 반대 방향입니다.)

 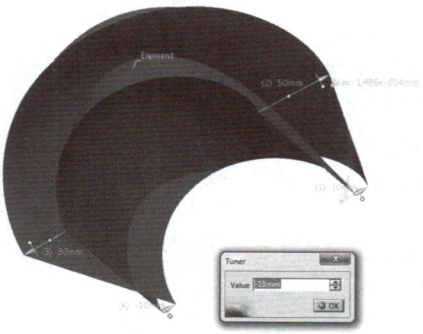

• Through Point : 임의의 포인트에 Offset을 하고자 할 경우에 사용합니다.

☑ **Element** : Offset하고자 하는 곡면을 선택합니다.

Options Tab

☑ **Parameter** : Offset을 수행할 대 곡면에 대한 Normal로 정의하는지 또는 Scale Factor에 의해 정의할 지를 정의할 수 있습니다.

G. Fillet Flange

이 명령은 곡면의 경계에 플랜지를 정의하기 위하여 테두리와 같은 형상을 Fillet과 함께 정의하게 됩니다. 플랜지의 정의가 주로 이웃하는 부품과 접합이나 보강을 위한 것이라는 것을 기억하시기 바랍니다.

명령을 실행하면 다음과 같은 창이 나타납니다.

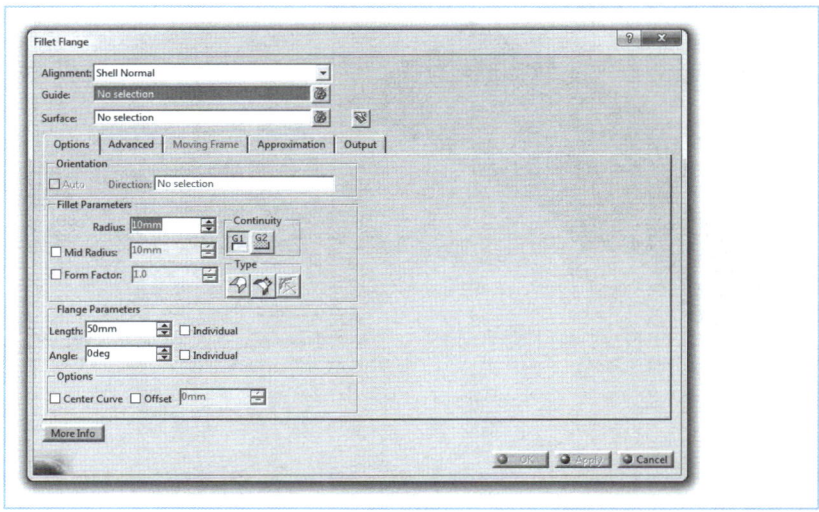

☑ **Alignment** : 플랜지의 정렬 방향을 정의합니다.
- Patch Normal : 패치의 수직 방향으로 설정합니다.
- Guide + Prio. Tangent : 선택한 평면에 수직으로 플랜지를 생성합니다.
- Guide + Prio. Direction : 선택한 방향에 나란하게 플랜지를 생성합니다.

☑ **Guide** : 플랜지 형상에 대한 Guide Curve를 정의할 수 있습니다.

☑ **Surface** : 위에서 Curve가 선택된 경우 플랜지 형상은 각각의 곡면에 수직인 방향으로 생성 됩니다.

| Options Tab |

☑ **Fillet Parameters** : Fillet에 들어갈 반경(R), Mid Radius, Form Factor 등을 설정합니다. 또한 연속성(G1, G2)을 정의할 수 있으며, Fillet의 Type도 변경이 가능합니다.

☑ **Flange Parameter** : 플랜지의 길이 및 각도를 설정할 수 있습니다.

☑ **Center Curve** : Fillet이 들어간 곳에 Fillet의 중심선을 생성합니다.

☑ **Offset** : Fillet의 위치를 Offset으로 변경 해 줄 수 있습니다.

H. Blend Surface

이 명령은 두 곡면 사이의 모서리들을 곡면으로 이어주는 역할을 합니다. 앞서 GSD나 FreeStyle의 것과 유사한 기능을 합니다.

명령을 실행하면 다음과 같은 창이 나타나며 Blend Type을 설정한 후에 모서리를 선택하고, 연속성을 정의합니다.

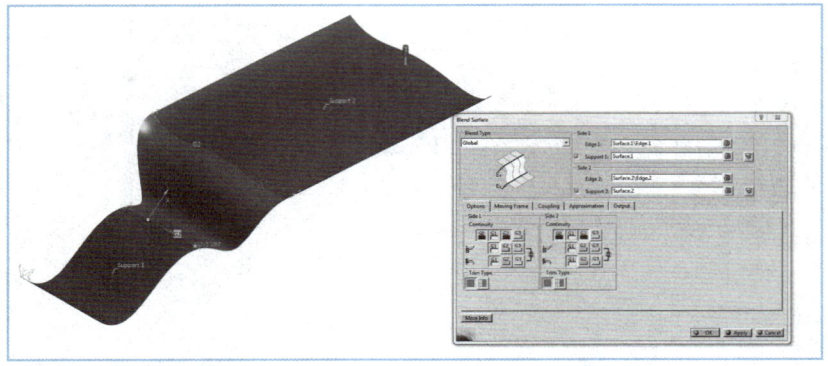

I. Sweep

이 명령은 프로파일 형상과 가이드 형상의 조합으로 곡면을 생성하는데 사용합니다.

명령을 실행하면 다음과 같은 창이 나타납니다.

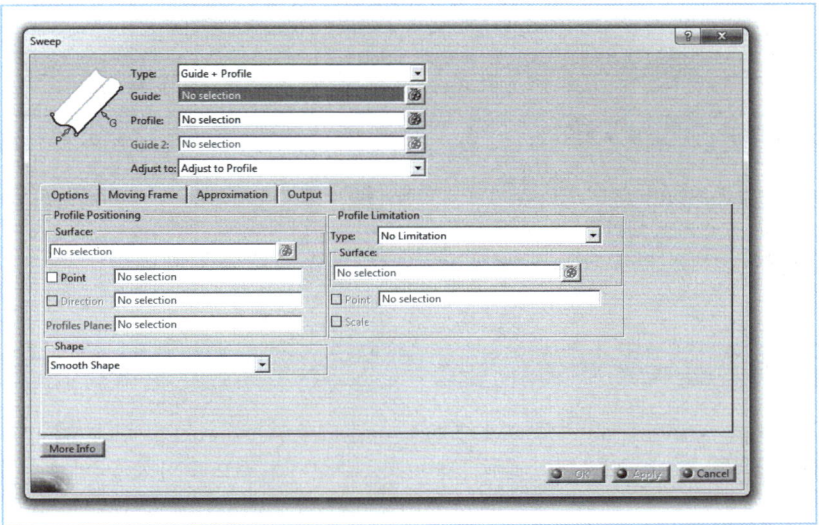

☑ **Type**

- Guide + Profile

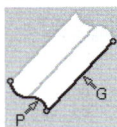

프로파일 형상이 가이드 형상을 따라가면서 곡면을 생성하는 방식입니다.

- Multi Sections

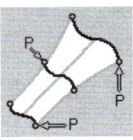

단면 형상들을 이어서 곡면을 생성하는 방식입니다.

5

Shape Modification Toolbar

A. Control Points

이 명령은 NURBS 기반으로 생성된 곡면을 마우스를 이용한 Control Point 및 Control Mesh의 직조작을 위한 기능을 합니다.

상세한 설명은 앞서 FreeStyle에서 언급하였으므로 이 부분을 참고 바랍니다.

B. Feature Modeling

이 명령은 ISD에서 제공하는 곡면 및 곡선 수정 기능입니다. Control Point 명령과 다소 중복인 부분이 있으므로 실행 후의 View를 살펴만 보도록 하겠습니다.

명령을 실행한 후에 곡면을 선택하면 다음과 같은 창이 나타납니다.

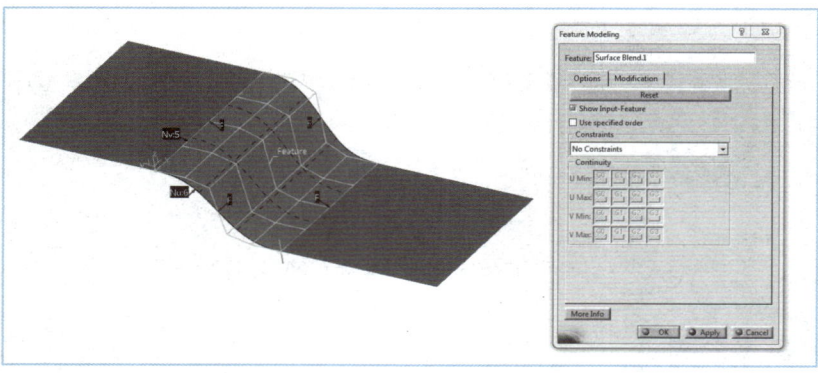

Options Tab에서는 간단한 출력 옵션과 함께 연속성을 정의할 수 있습니다.

Modification Tab부분은 Control Point 명령과 완벽하게 일치합니다.

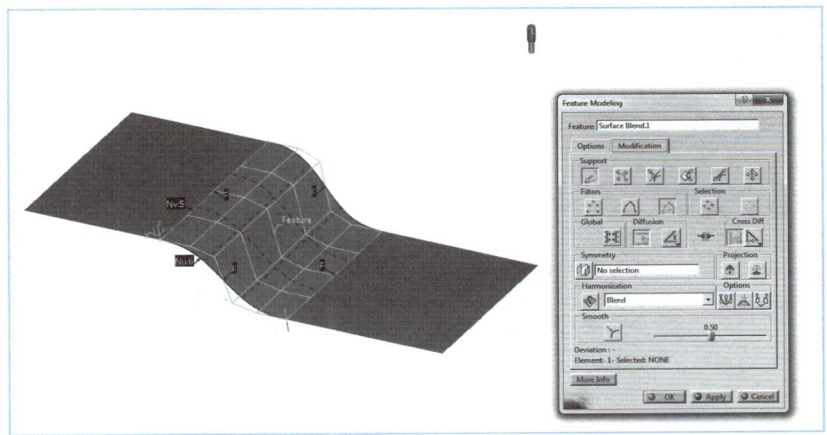

자세한 설명은 FreeStyle의 Control Point 명령을 참고 바랍니다.

C. Order

이 명령은 NURBS 기반 곡면의 차수(Degree)를 수정하는 기능을 합니다.

명령을 실행하고 곡면을 선택하면 다음과 같은 창이 나타납니다. 여기서 Analysis 후에 변경하고자 하는 곡면의 방정식 차수에 맞추어 값을 입력해 줍니다. 그리고 Apply를 선택합니다. (View는 현재 Tools Dashboard의 Furtive Display를 활성화한 상태입니다.)

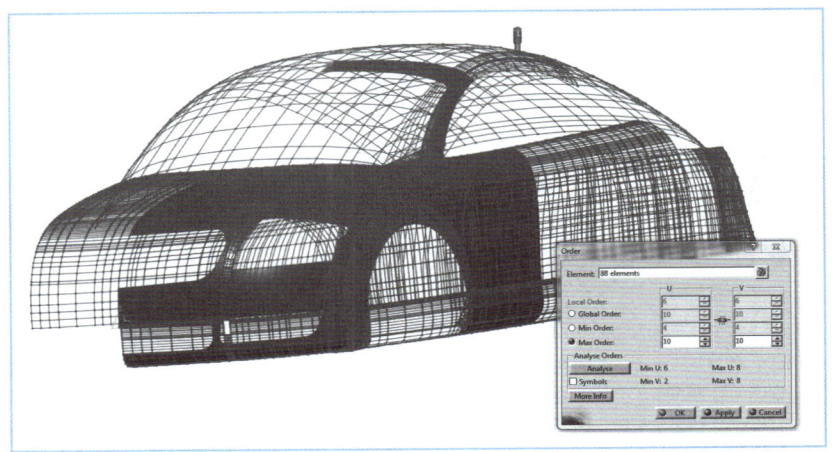

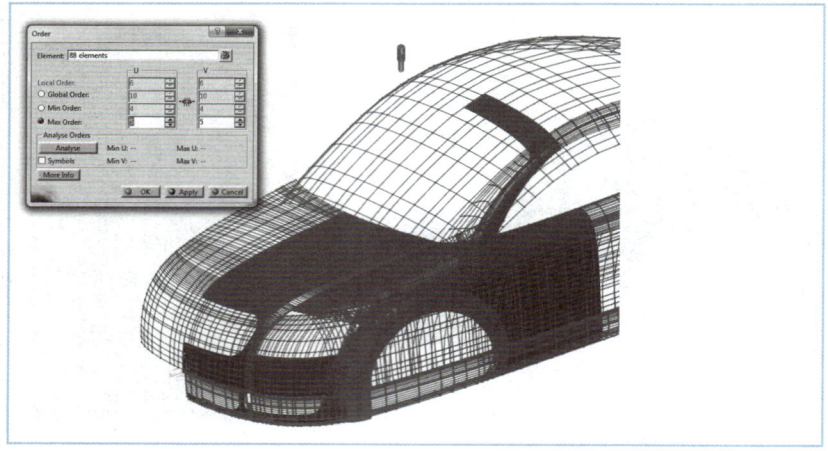

Control Point 명령에서 차수를 변경할 수 있지만 ISD에는 차수 수정에 대한 명령이 따로 제공됩니다.

D. Matching Surface

이 명령은 하나의 곡면을 다른 기준이 되는 곡면에 연결되도록 변형하는 명령입니다. 이와 더불어 연속성 정의도 가능합니다.

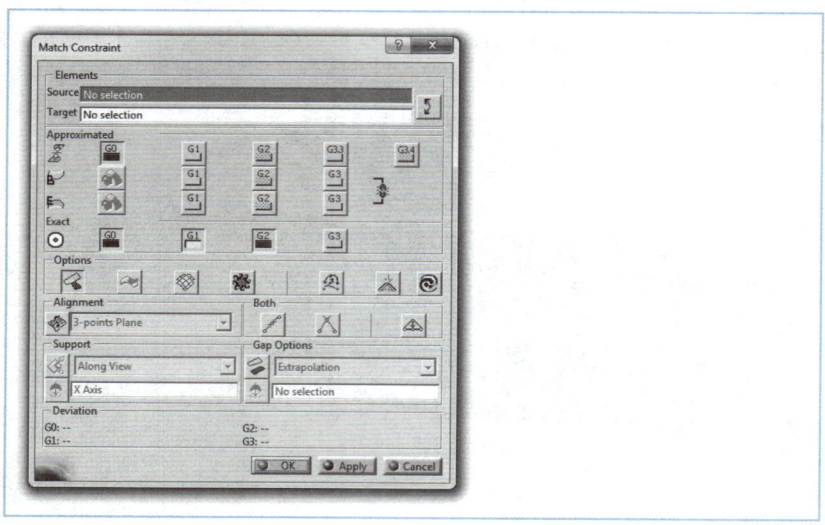

상세한 설명은 앞서 FreeStyle에서 언급하였으므로 이 부분을 참고 바랍니다.

E. Multi-Side Match Surface

이 명령은 하나의 곡면을 다른 기준이 되는 곡면들에 동시에 연결되도록 변형하는 명령입니다. 이와 더불어 연속성 정의도 가능합니다.

상세한 설명은 앞서 FreeStyle에서 언급하였으므로 이 부분을 참고 바랍니다.

F. Refit

이 명령은 선택한 곡면 또는 곡선 요소를 기준이 되는(Support) 곡면 또는 곡선 요소에 맞추어 주는 기능을 합니다. Option Tab에서 방향을 정의해 줄 수 있습니다.

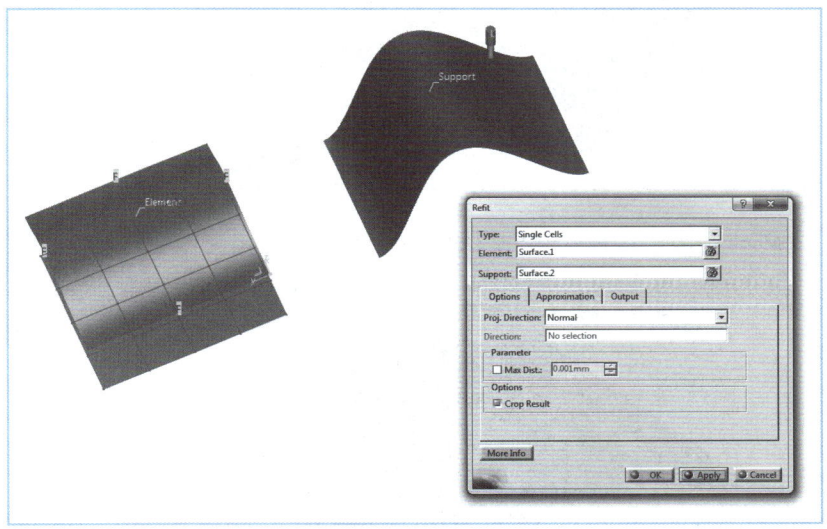

5.1 Invert Sub Toolbar

A. Invert

이 명령들은 곡선 또는 곡면의 방향성을 재설정할 수 있습니다.

명령을 실행하고 대상을 선택하면 다음과 같은 창이 나타납니다.

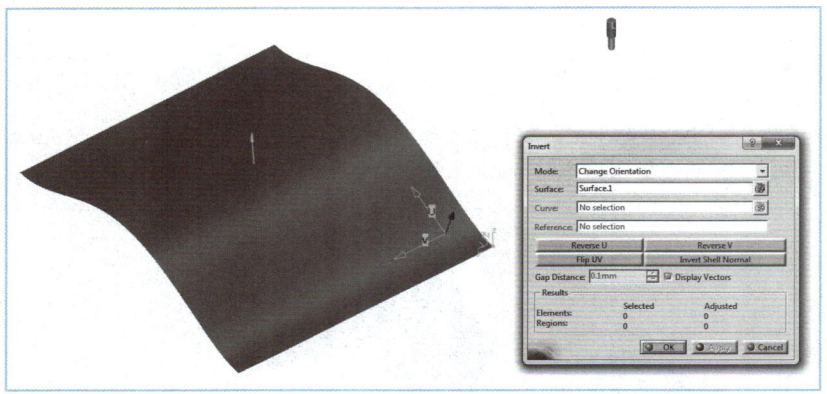

- ☑ **Mode** : 변환시키고자 하는 값을 설정해 줄 수 있습니다.
  - Change Orientation : 선택한 대상의 Orientation 방향을 재설정 할 수 있습니다. U, V 방향 뿐만 아니라 Normal Vector 방향 설정도 가능합니다.

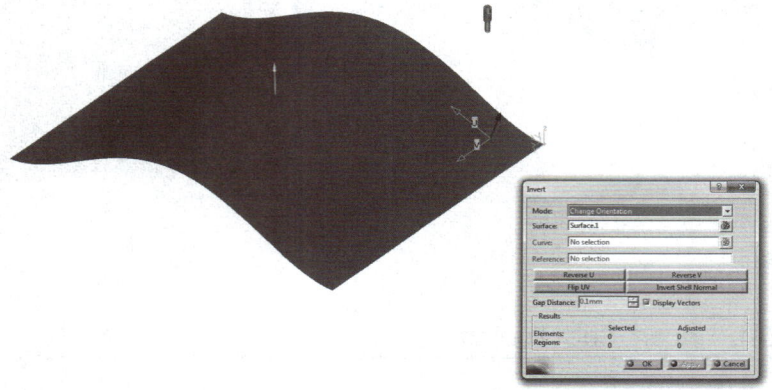

- Align Normals to Surface Normal : 기준이 되는 곡면에 수직이 되도록 곡면의 수직 벡터 방향을 바꿀 수 있습니다.
- Align UV : 기준이 되는 곡면에 맞추어 UV 방향을 변경해 줄 수 있습니다.
- Invert Direction : 곡선 요소의 접선 벡터 방향을 반대로 바꾸어줍니다.
- Align Directions : 기준이 되는 곡선에 맞추어 방향을 정렬해 줍니다.

B. Smoothing

이 명령은 곡선 또는 곡면 요소를 부드럽게(Smooth) 만들어주기 위한 명령입니다. FreeStyle의 Control Point에 있는 Smooth 기능과 유사하다고 할 수 있습니다.

명령을 실행하면 다음과 같은 창이 나타납니다.

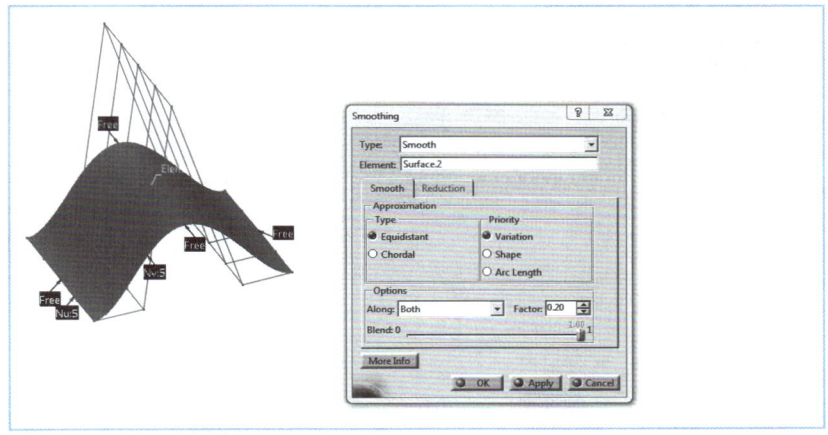

- ☑ **Type** : Smooth 하기 위한 옵션을 정의합니다. Smooth 또는 Reduction 두 가지 Type이 있습니다.
    - Smooth

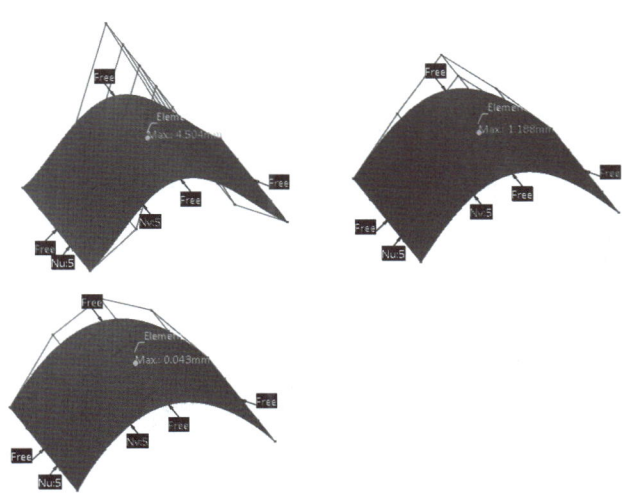

C. Extrapolation

이 명령은 곡선 또는 곡면을 연장시켜주는 명령입니다.

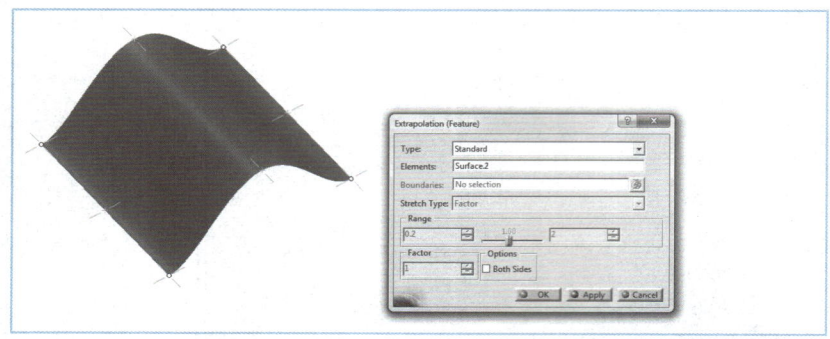

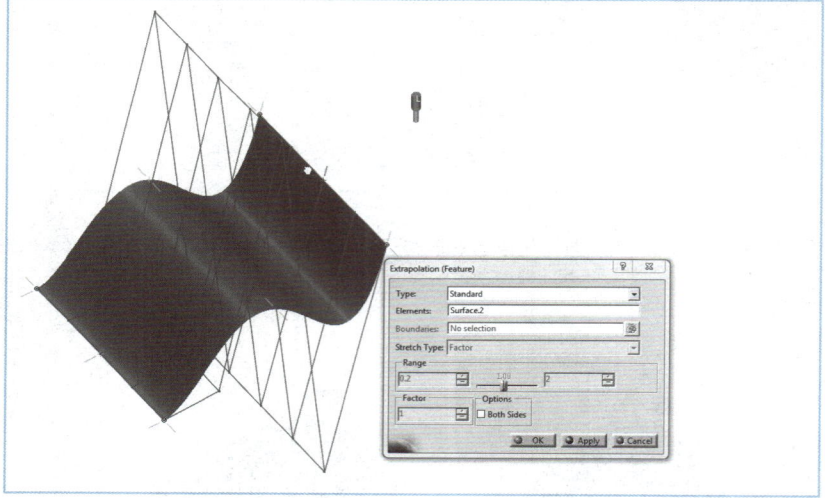

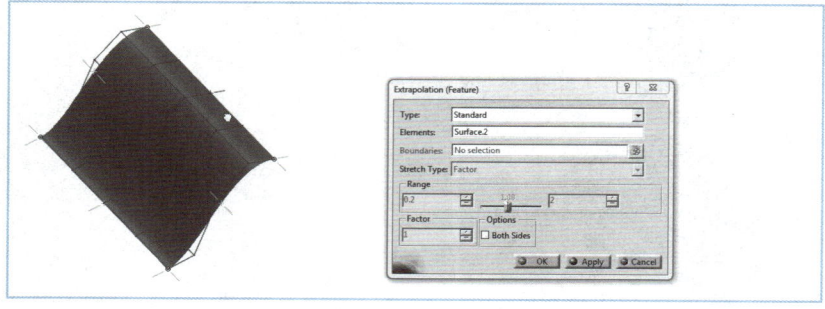

상세한 설명은 앞서 FreeStyle에서 언급하였으므로 이 부분을 참고 바랍니다.

D. Styling Extrapolate

이 명령은 곡선 또는 곡면을 G1 또는 G2 연속에 맞추어 연장해 주는 기능입니다.

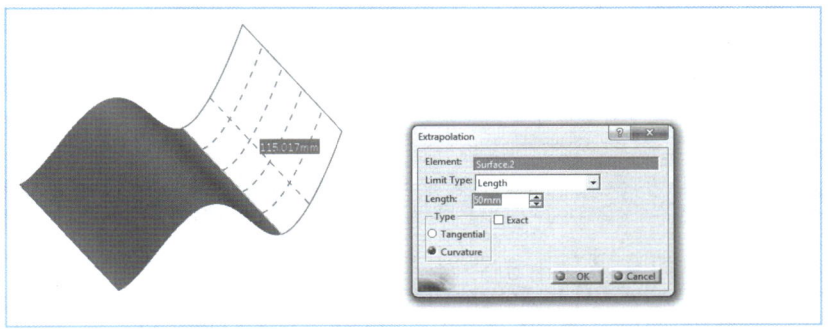

상세한 설명은 앞서 FreeStyle에서 언급하였으므로 이 부분을 참고 바랍니다.

Shape Management Toolbar

A. Join

이 명령은 각각의 곡선들 또는 곡면들을 하나로 합쳐주는 기능을 합니다. 패치가 하나로 되는 것은 아니지만 하나의 대상으로 인식할 수 있습니다. 물론 같은 차원의 대상까지 합치는 것이 가능합니다. 곡선과 곡면을 Join할 수는 없다는 것입니다.

상세한 설명은 앞서 GSD에서 언급하였으므로 이 부분을 참고 바랍니다.

B. Break Surface or Curve

곡면 또는 곡선을 기준 요소를 가지고 절단하는 명령입니다.
상세한 설명은 앞서 FreeStyle에서 언급하였으므로 이 부분을 참고 바랍니다.

C. Untrim Surface or Curve

잘려진 곡선 또는 곡면 요소를 복원시키는데 사용합니다.
상세한 설명은 앞서 FreeStyle에서 언급하였으므로 이 부분을 참고 바랍니다.

6.1 Transform Sub Toolbar

A. Translate

곡면 또는 곡선 요소를 직선 방향으로 이동시키고자 할 경우에 사용합니다.
상세한 설명은 앞서 GSD에서 언급하였으므로 이 부분을 참고 바랍니다.

B. Rotate

곡면 또는 곡선 요소를 축 방향을 기준으로 회전시키고자 할 경우에 사용합니다.
상세한 설명은 앞서 GSD에서 언급하였으므로 이 부분을 참고 바랍니다.

C. Symmetry

곡면 또는 곡선 요소를 기준 평면을 대칭으로 대칭 이동 또는 복사하고자 하는 경우에 사용합니다.
상세한 설명은 앞서 GSD에서 언급하였으므로 이 부분을 참고 바랍니다.

D. Scaling

곡면 또는 곡선 요소를 기준 방향을 따라 Scale하고자 하는 경우에 사용합니다.
상세한 설명은 앞서 GSD에서 언급하였으므로 이 부분을 참고 바랍니다.

E. Affinity

곡면 또는 곡선 요소를 3축 방향으로 동시에 Scale하고자 하는 경우에 사용합니다.
상세한 설명은 앞서 GSD에서 언급하였으므로 이 부분을 참고 바랍니다.

F. Axis To Axis

곡면 또는 곡선 요소를 Axis를 기준으로 축 이동 시키고자 하는 경우에 사용합니다.
상세한 설명은 앞서 GSD에서 언급하였으므로 이 부분을 참고 바랍니다.

G. Concatenate

이 명령은 낱개의 단일 도메인 곡선들을 하나의 곡선으로 연결시킵니다.
상세한 설명은 앞서 FreeStyle에서 언급하였으므로 이 부분을 참고 바랍니다.

H. Fragmentation

이 명령은 곡면 또는 곡선을 여러 개의 셀 단위로 나누어주는 기능을 합니다.
상세한 설명은 앞서 FreeStyle에서 언급하였으므로 이 부분을 참고 바랍니다.

I. Disassemble

이 명령은 여러 개의 패치, 셀의 조합으로 만들어진 곡면 또는 곡선을 낱개의 Datum들로 분리하는 역할을 합니다.
상세한 설명은 앞서 GSD에서 언급하였으므로 이 부분을 참고 바랍니다.

6.2 Conversion Sub Toolbar

A. Curve Conversion

이 명령은 선택한 곡선 요소(들)를 보다 효율적으로 변환해 주기위해 사용합니다. 주로 외부 워크벤치에서 작업한 곡선 또는 IGES와 같은 중립 파일의 곡선 요소가 있다고 했을 때 이를 ISD나 FreeStyle에서 수정할 수 있도록 변환하게 됩니다.

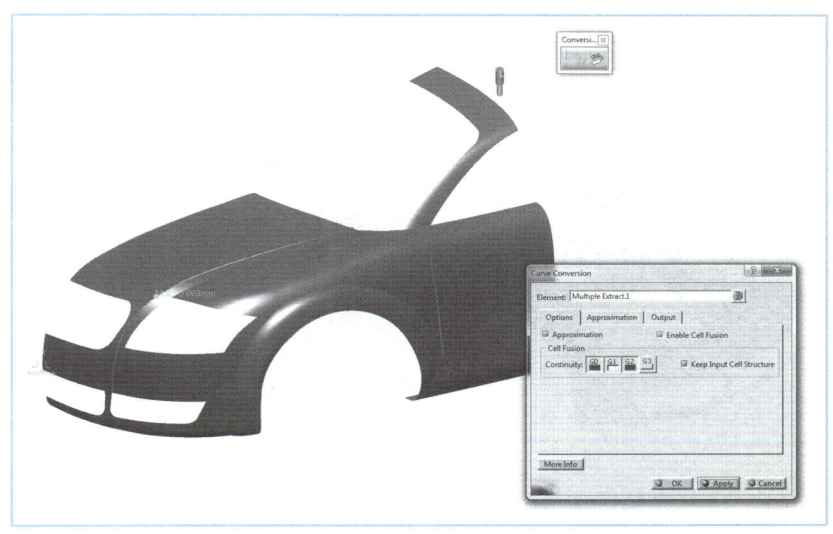

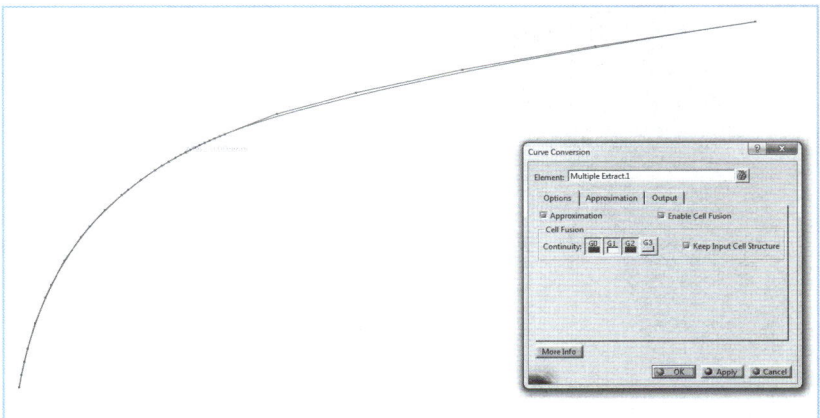

B. Surface Conversion

 이 명령은 선택한 곡면 요소(들)를 보다 효율적으로 변환해 주기위해 사용합니다. 주로 외부 워크벤치에서 작업한 곡면 또는 IGES와 같은 중립 파일의 곡면 요소가 있다고 했을 때 이를 ISD나 FreeStyle에서 수정할 수 있도록 변환하게 됩니다.

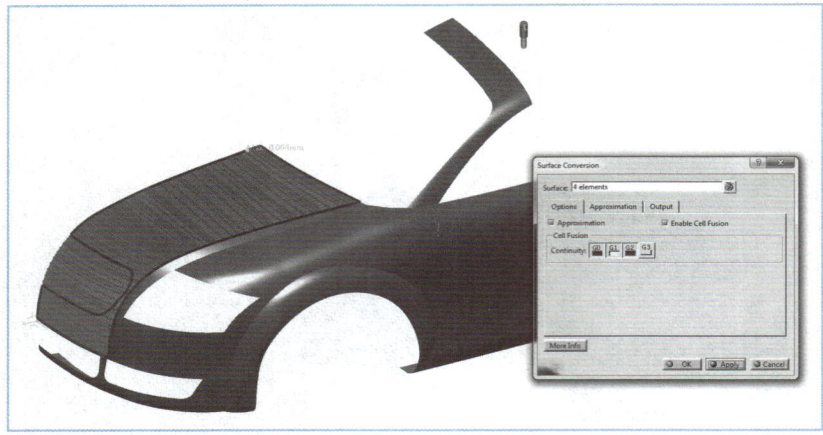

변경된 후의 곡면은 더욱 부드럽고 연속적인 성질을 만족할 수 있습니다.

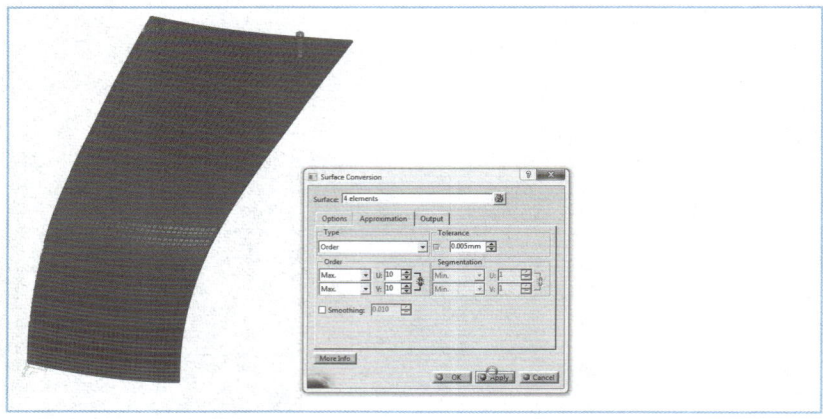

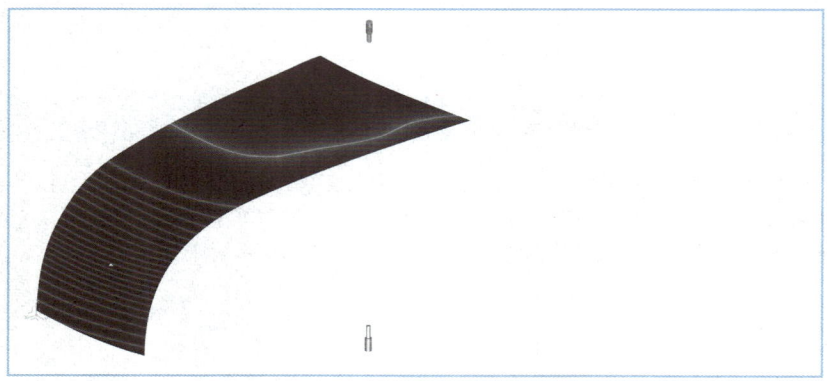

C. Move

이 명령은 손쉽게 형상 요소를 회전 또는 병진 이동시키는데 사용합니다. Compass를 이용한 이동 또는 Definition 창에서 이동 설정이 가능합니다.

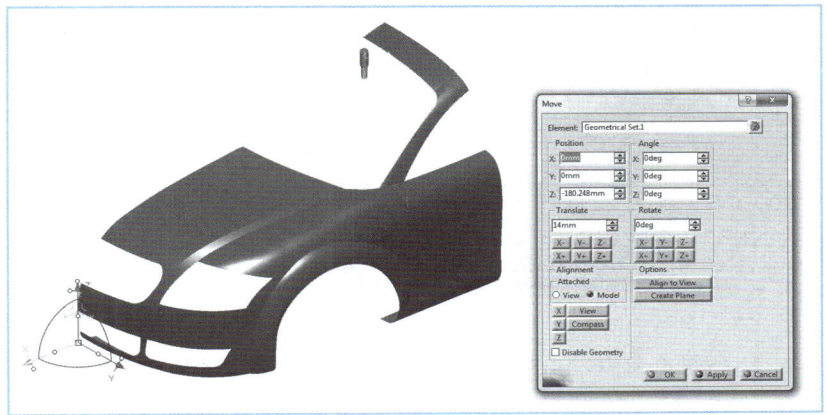

6.3 Split Sub Toolbar

A. Split

이 명령은 곡선 또는 곡면 형상을 절단하는데 사용합니다.
상세한 설명은 앞서 GSD에서 언급하였으므로 이 부분을 참고 바랍니다.

B. Trim

이 명령은 곡면들 끼리 또는 곡선들 끼리 서로 교차되는 지점을 기준으로 절단 및 붙이는 작업을 수행합니다.
상세한 설명은 앞서 GSD에서 언급하였으므로 이 부분을 참고 바랍니다.

Expert Toolbar

이번에 공부하게 될 Toolbar의 내용은 ICEM에서 유일하게 사용할 수 있는 곡면 관련 명령들입니다. ICEM에서 CATIA로 넘어온 훌륭한 기능들을 확인해보기 바랍니다.

A. Adjust

이 명령은 하나의 기준이 되는 곡면에 대해서 다른 곡면 형상을 일련의 벡터 짝을 이용하여 이동시켜 맞춰줍니다. 단순히 어느 방향이나 거리로의 이동이 아닌 원하는 지점으로 포인트 요소를 사용하여 형상을 이동하는 것이 가능합니다.

명령을 실행하면 다음과 같은 창이 나타납니다.

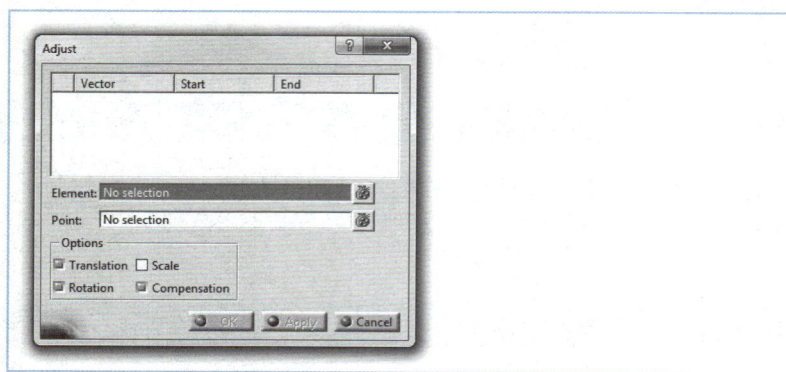

☑ **Elements** : Adjust하고자 하는 곡면을 선택합니다. 복수 선택이 가능합니다.
☑ **Point** : 선택한 곡면을 조절하기 위한 벡터 짝을 정의해 줍니다. Source의 벡터 포인트와

Target의 Vector 포인트를 차례대로 선택해 줍니다. 실제로 선택하게 되면 다음과 같이 표시됩니다.

Vector	Start	End
X Translation	Point.6	Point.12
X Rotation	Point.5	Point.9
X Vector.3	Point.8	Point.10
X Vector.4	Point.7	Point.11
X Vector.5		

Options

☑ **Translation** : Source 형상의 Target 형상에 맞춰 병진 이동하는 것을 적용하기 위해 체크합니다.

☑ **Rotation** : Source 형상의 Target 형상에 맞춰 회전 이동하는 것을 적용하기 위해 체크합니다. Source 형상이 Target 형상에 나란하지 않은 경우 사용합니다.

☑ **Scale** : Source 형상의 Target 형상에 정의된 Vector에 맞추어 크기를 조절합니다.

☑ **Compensation** : 이 옵션은 Translation이나 Rotation을 수행하는데 있어 균형을 잡도록 해줍니다. 위의 두 옵션 체크로 형상이 맞춰지지 않은 경우 사용합니다.

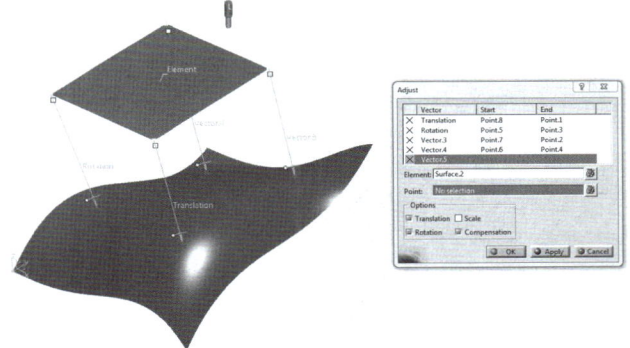

반드시 패치의 끝단에 포인트가 위치할 필요는 없습니다. 아래와 같은 경우의 설정도 가능합니다.

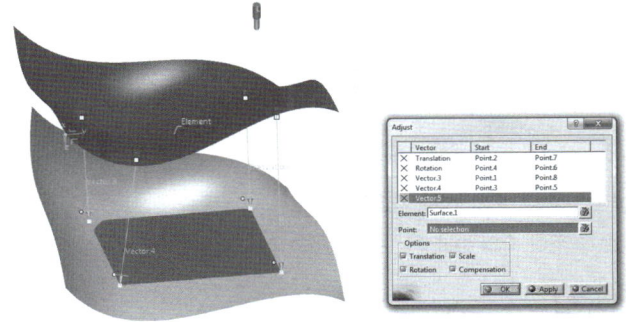

완전히 일치된 위치로 모양까지 일치하게 조절하고자하는 경우에는 옮겨질 지점의 모양과 크기가 일치해야 합니다.

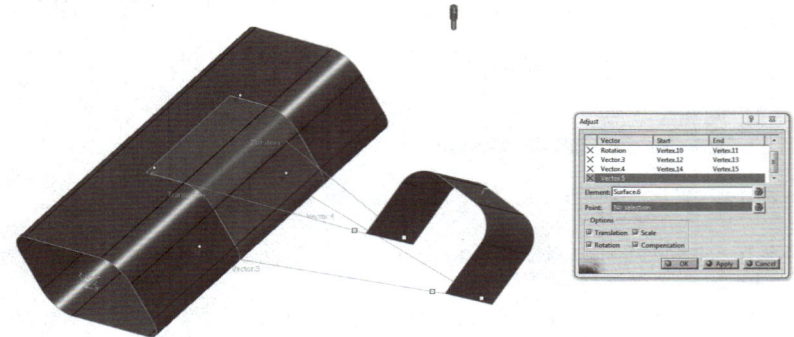

B. Helix

이 명령은 Helix 형상의 곡면을 생성하는 명령입니다. GSD에는 Helix 곡선을 생성하는 명령이 있던 것을 기억하실 것입니다.

명령을 실행하면 다음과 같은 창이 나타납니다.

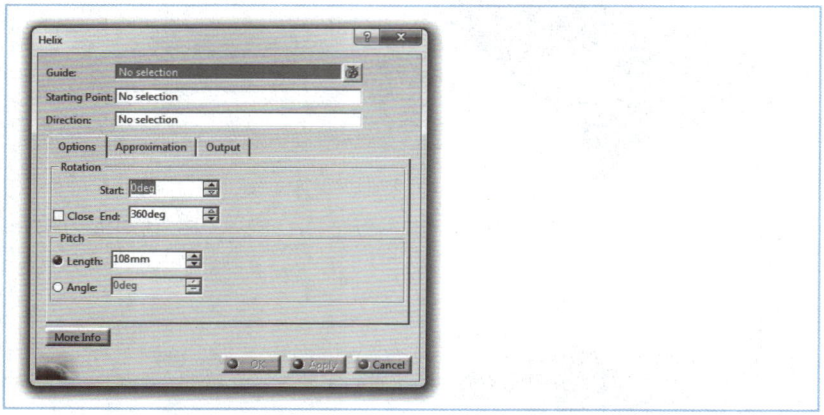

- ☑ **Guide** : Helix의 프로파일 형상이 되는 부분입니다.
- ☑ **Starting Point** : Guide에 놓인 시작 기준점입니다.
- ☑ **Direction** : Helix의 회전 중심축입니다.

Options Tab

- ☑ **Rotation** : Helix 형상의 시작 및 끝단 회전 각도를 정의합니다.
- ☑ **Pitch** : Helix 형상의 피치 간격을 입력합니다. 거리 또는 각도로 정의합니다.

입력 조건에 맞추어 대상을 선택하면 다음과 같은 곡면 형상을 확인할 수 있습니다.

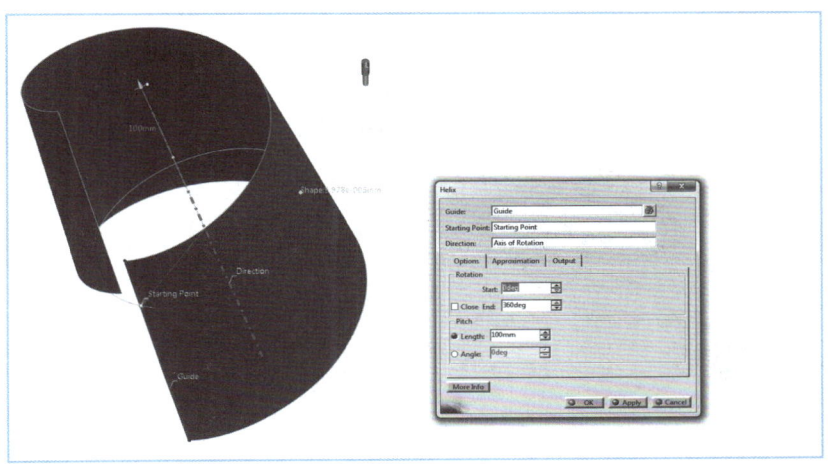

C. Overcrowning

이 명령은 곡면 패치 형상을 돌출시키는 작업을 합니다. GSD에서 Bump 명령을 사용해 보신 분들은 대략적으로 어떤 기능인지 이해하실 것입니다.

다음과 같이 명령을 실행하고 곡면을 선택, 따로 방향을 지정하지 않는다면 Reference를 그대로 Auto로 두고 Crowing될 포인트와 거리를 입력합니다.

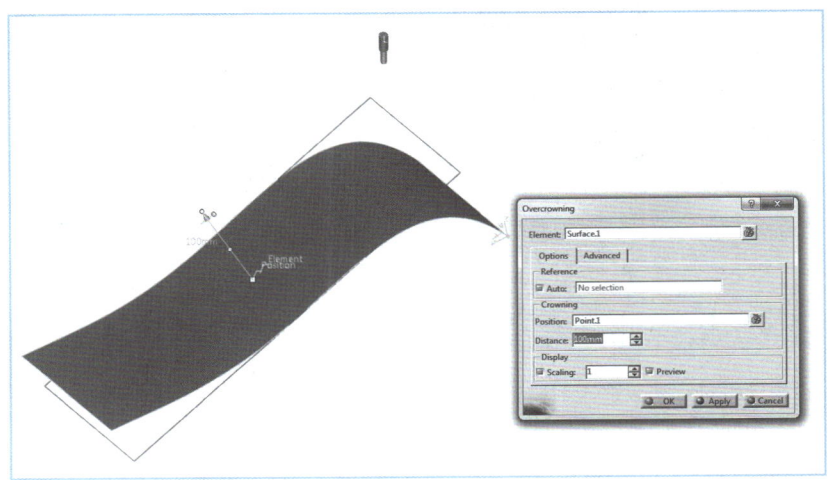

그럼 다음과 같은 결과를 확인할 수 있습니다.

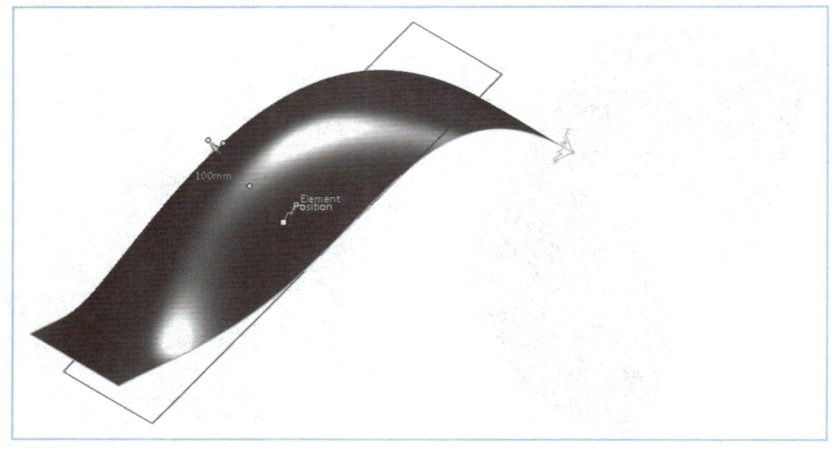

여기서 Advanced Tab으로 이동하여 모서리에 대한 연속성의 설정 및 최소 차수, Shape의 날카로운 정도를 조절해 줄 수 있습니다.

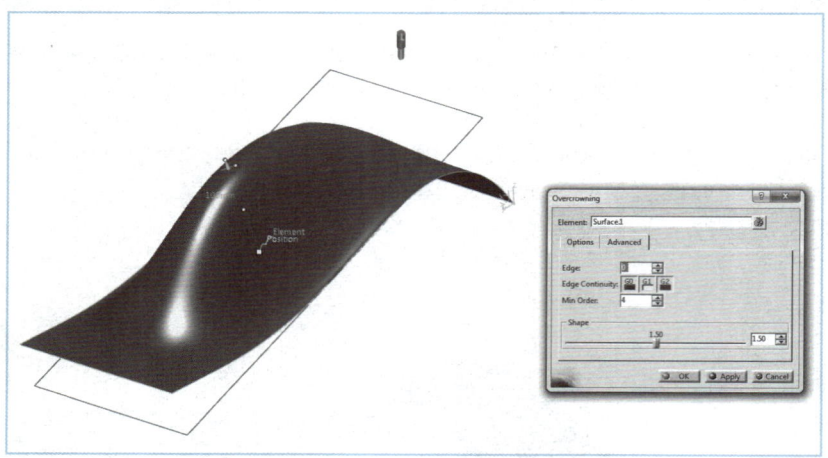

D. Shape Mapping

이 명령은 하나의 기준이 되는 Target 곡면에 다른 곡면을 대응 시키는 기능을 합니다. GSD의 Transfer와 약간 비슷하다고 할 수 있습니다.

명령을 실행하면 다음과 같은 창이 나타납니다.

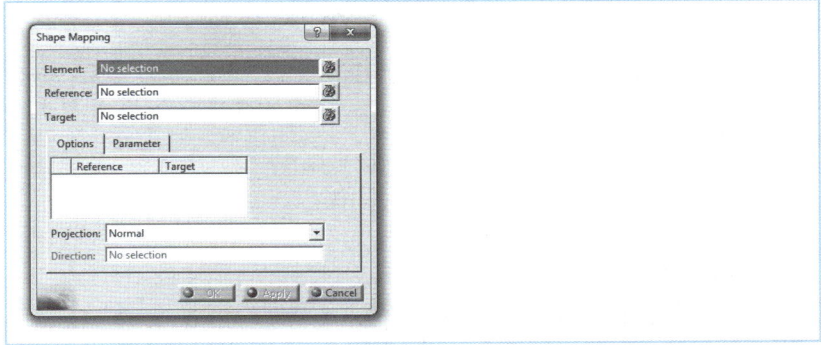

- ☑ **Element** : Mapping하고자 하는 곡면 요소들을 선택합니다.
- ☑ **Reference** : Mapping될 곡면 요소들의 Mapping하기 전 기준이 될 곡면을 선택해 줍니다.
- ☑ **Target** : Mapping이 진행될 기준 면을 대상 면을 선택합니다.

Options Tab

- ☑ **Projection** : Mapping될 방향을 설정합니다. Target 곡면에 수직이 되게 설정할 수 있으며 또는 Compass 방향을 정의할 수 있습니다.

Parameter Tab

- ☑ **Translation** : Mapping을 위해 병진 이동을 해주어야할 때 체크합니다.
- ☑ **Rotation** : Mapping을 위해 회전 이동이 필요한 경우 체크합니다. Rotation이 체크되지 않고 Mapping을 하면 Target으로 Mapping 후에 곡면이 이루는 방향이 틀어져있을 것입니다.
- ☑ **Control Point** : Control Point를 수정하여 Mapping하려면 체크합니다.
- ☑ **Smooth Factor** : 근사적으로 부드럽게 Mapping을 하고자 할 때 체크합니다.
- ☑ **Min Order** : Mapping할 때 패치들의 최소 차수를 정의합니다. 차수가 너무 낮은 경우에는 Mapping이 제대로 되지 않습니다.

원하는 값에 맞추어 Mapping이 적용되는 다음과 같은 결과를 볼 수 있을 것입니다.

E. Shape Modeling

이 명령은 곡선 또는 곡면 형상을 기준이 되는 Reference Geometry에 맞추어 형상을 수정할 수 있도록 합니다. 즉, 하나의 기준이 되는 형상에 의해 다른 형상들이 영향 받아 함께 변형시킬 수 있습니다.

명령을 실행시키면 다음과 같은 창이 나타납니다.

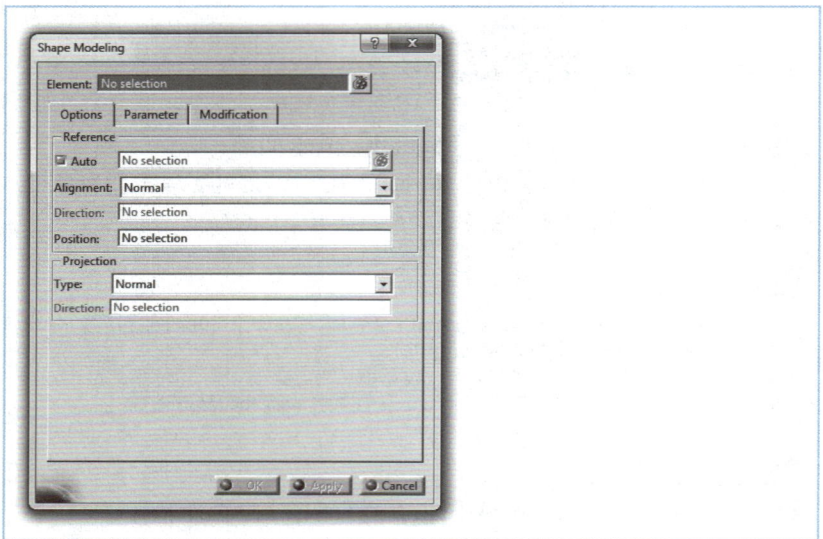

☑ **Element** : 변형시키고자 하는 형상 요소를 선택합니다.

Options Tab

☑ **Reference** : 기준이 되는 형상 요소를 선택합니다. Auto를 체크해제하고 형상 요소를 선택합니다. 다음으로 정렬 방향을 Reference에 수직하게 또는 방향을 설정해 줄 수 있습니다.

Parameter Tab

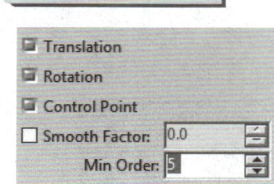

Reference를 따라 형상이 변형될 때의 이동 값을 설정합니다. 특히 부드럽거나 세부적인 변형을 위해 Min Order는 적절히 잡아주어야 합니다.

Modification Tab

여기서는 Control Point 명령과 같은 설정 값으로 Reference 형상을 조절할 수 있게 합니다.

설정을 마치고 수정을 하는 모습을 보면 다음과 같습니다.

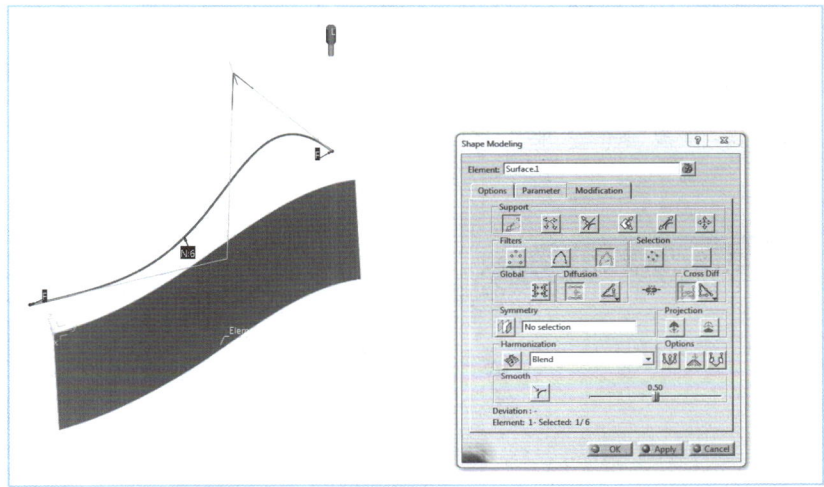

F. Tubing

이 명령은 원 또는 호 형상으로 Guide Curve를 따라 지나가는 Tube 형상을 만들어 줍니다.

명령을 실행하면 다음과 같은 창이 나타납니다.

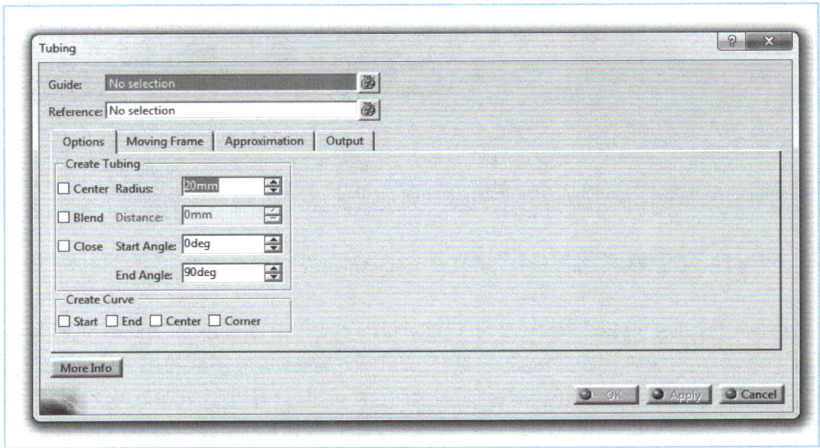

- ☑ **Guide** : Tube가 만들어지는 중심 가이드를 정의합니다.
- ☑ **Reference** : Tube 형상이 만들어질 때 Guide와 더불어 기준이 되는 곡선을 정의할 수 있습니다. 반드시 필요하지는 않습니다.

Options Tab

여기서 반지름 및 Blend 거리, Tube의 회전각도 등을 설정할 수 있습니다.

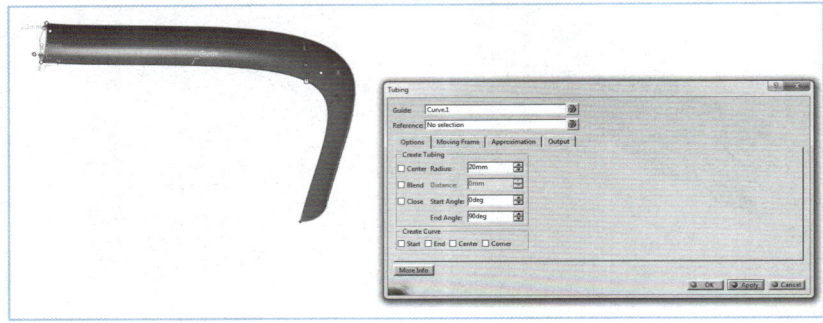

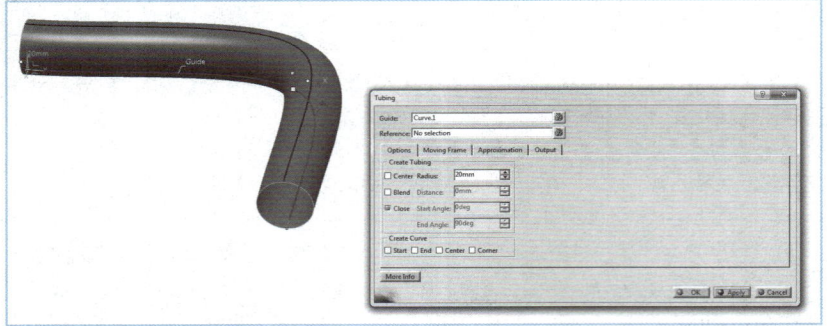

G. Global Surface Offset

이 명령은 여러 개의 패치들을 동시에 Offset하고자 할 경우에 사용합니다.

명령을 실행하면 다음과 같은 창이 나타납니다. 여기서 Element에 Offset하고자 하는 패치들을 복수 선택해 주고 Distance 값을 줍니다. Offset 방향을 바꾸어 주고자 할 경우에 Invert를 클릭합니다. Offset되는 거리 값만큼 측면을 곡면을 채우고자 한다면 Side Surface를 클릭합니다.

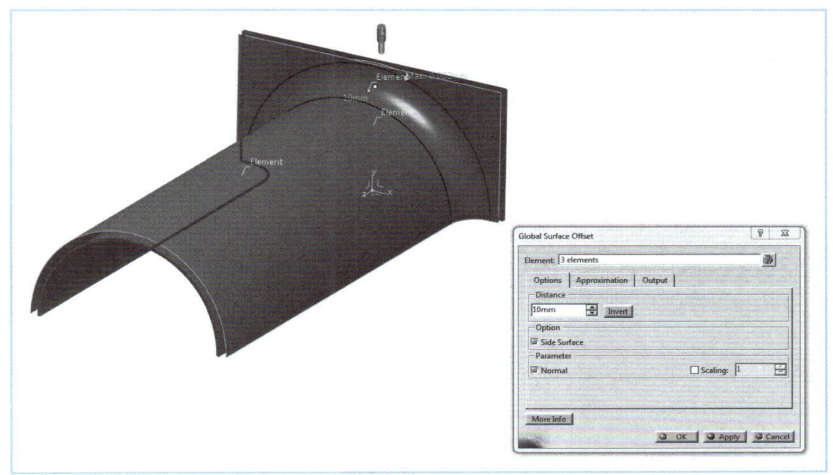

H. Accelerated Surfaces

이 명령은 문손잡이나 연료 주입구와 같은 매우 복잡한 곡률들이 뭉친 곳을 다루기 쉽게 하고자 사용됩니다. 곡면 형상을 경계선들로 하여금 자연스럽게 Fillet되고 연장되어진 홈을 생성할 수 있습니다.

명령을 실행하면 다음과 같은 창이 나타납니다.

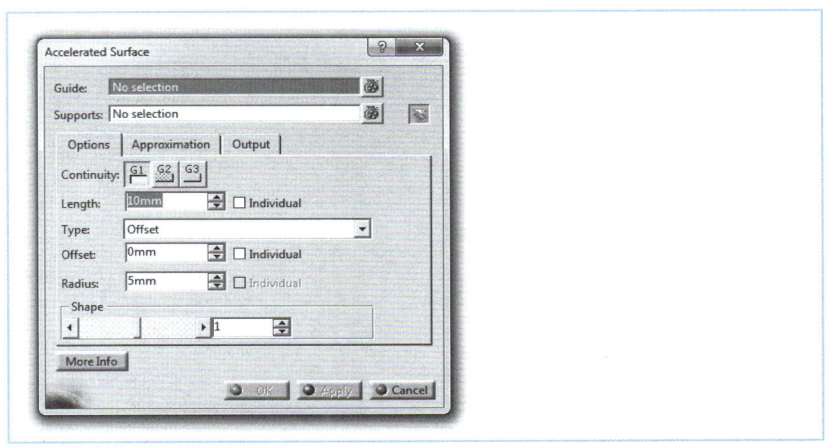

☑ **Guide** : 홈 형상을 정의하기 위한 경계선 요소를 선택합니다. 닫혀있는 구조를 갖추어야하며 복수 선택도 가능합니다.

- ☑ **Support** : 홈이 만들어질 곡면 형상을 선택합니다. 추가로 옵션을 체크하면 홈 형상과 Support 곡면이 Trim됩니다.

Options Tab

- ☑ **Continuity** : Support 곡면과 연결되는 홈 형상의 곡면 사이의 연속성을 조절합니다. G1, G2, G3를 조절할 수 있습니다.
- ☑ **Length** : Support 곡면과 홈 곡면 사이의 연결되는 부분의 거리를 정의합니다.
- ☑ **Type** : Offset 방식으로 할지 또는 Radius로 할지를 정의합니다.
- ☑ **Shape** : 형상의 날카로운 정도를 조절합니다.

명령을 실행하고 Guide과 Support, 그리고 연속성 등을 정의하면 다음과 같은 상태를 확인할 수 있습니다.

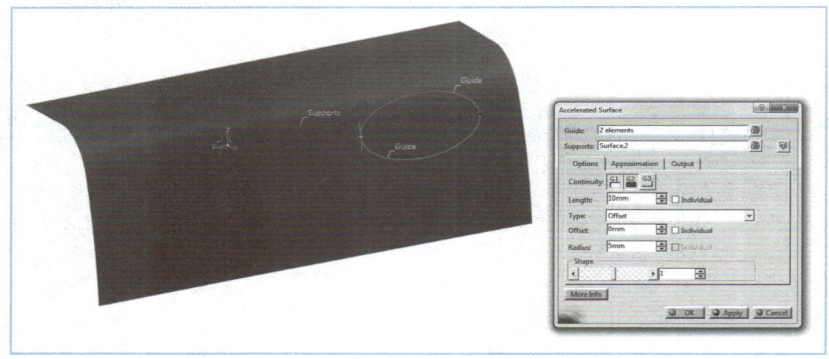

미리보기를 하면 다음과 같은 상태를 볼 수 있습니다.

원하는 방향이 아닐 경우 형상에 놓인 Compass에서 방향을 반전시켜 줍니다. 간단히 클릭해주면 됩니다.

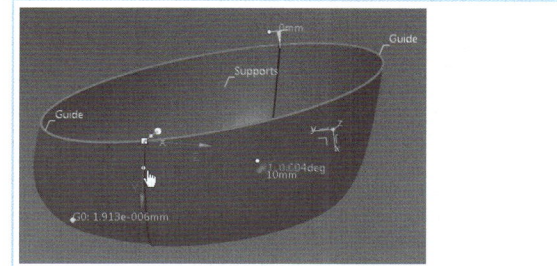

Compass 방향이 아래와 같도록 방향을 잡아보기 바랍니다.

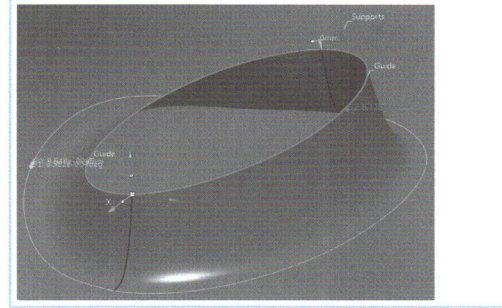

이제 Trim까지 정의해 주면 다음과 같은 결과가 나옵니다.

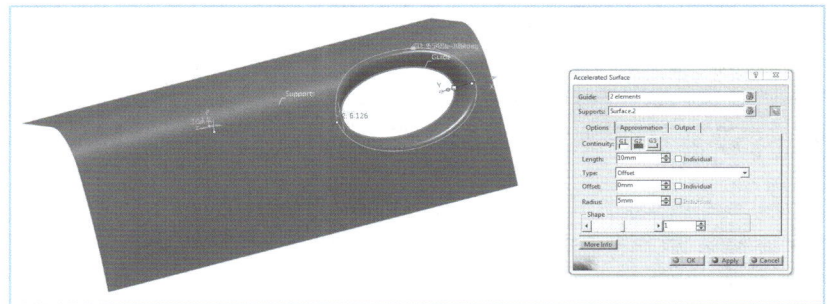

I. Create Gap

이 명령은 곡면 형상에 일정한 간격을 두고 Crimp를 잡거나 Fillet이 들어간 플랜지를 만드는 기능을 합니다. 설계한 외형 디자인을 실제 가공 양산을 위해 Parting을 하는 단계에서 각 이름 부위에 Gap을 두고 Flange 또는 Crimp를 정의할 수 있습니다.

명령을 실행하면 다음과 같은 창이 나타납니다.

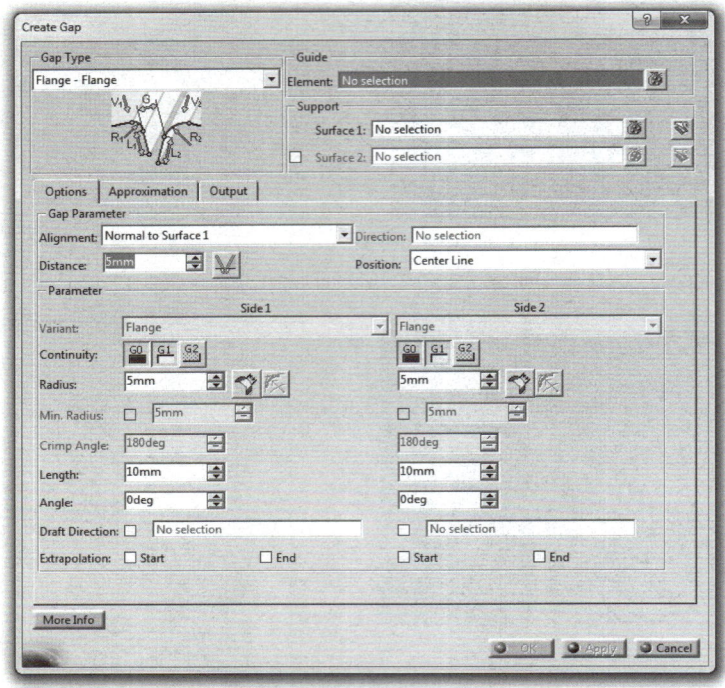

☑ Gap Type : Guide 곡선을 중심으로 Gap을 생성하는 방식을 정의합니다. 각각의 Type이 가지는 결과 형상은 다음과 같습니다.

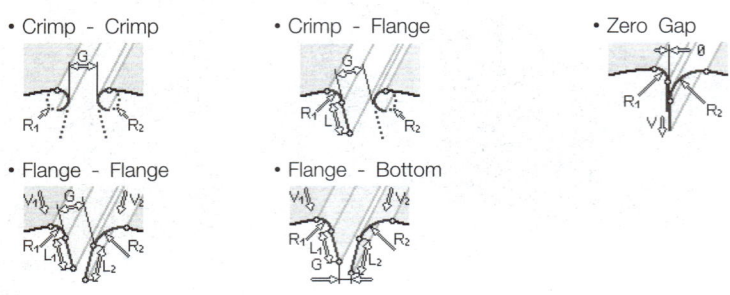

☑ Guide : Gap이 만들어지는 기준 위치를 정의합니다.

Options Tab

여기서는 Gap의 거리 그리고 결과 형상의 정렬 방향이나 연속성 등을 정의해 줄 수 있습니다.

명령을 실행한 후에 적절히 값을 선택해 주면 다음과 같은 결과를 확인할 수 있습니다.

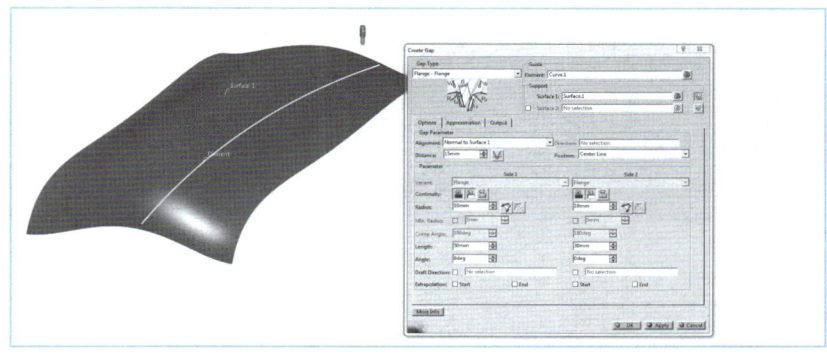

J. Loft

이 명령은 GSD의 Multi-sections Surface 또는 FreeStyle의 Net Surface와 유사한 기능으로 프로파일과 가이드 형상들을 지나는 곡면을 생성하기 위한 명령입니다.

명령을 실행하면 다음과 같은 창이 나타나며 프로파일과 가이드 커브의 교차에 의한 곡면을 생성할 수 있습니다.

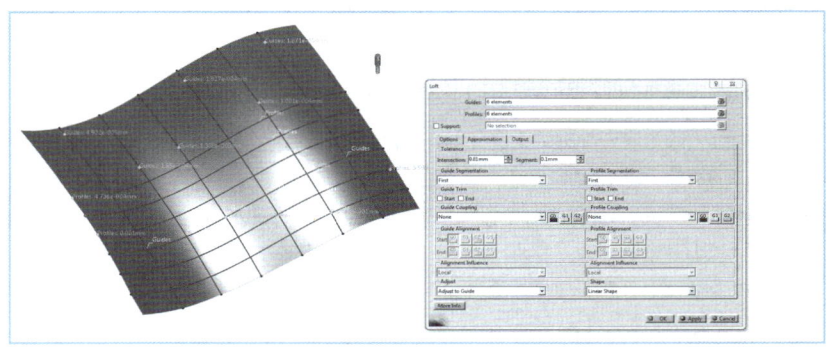

8
Display Sets Toolbar

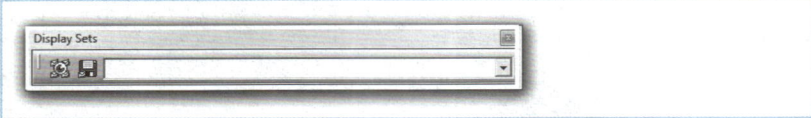

이 Toolbar의 기능은 Layer을 설정할 수 있는 기능으로 출력될 대상 또는 숨겨질 대상 요소들을 정의내릴 수 있습니다.

명령을 실행하면 다음과 같은 창이 나타납니다.

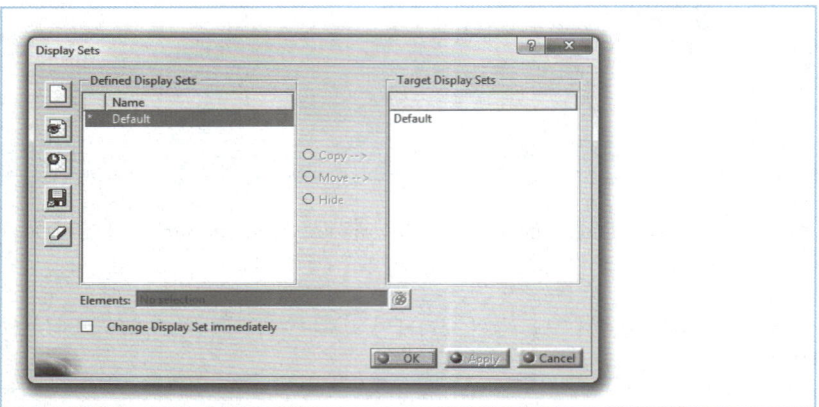

- **Create new empty Set** : 모든 형상들이 숨겨진 상태로 정의되는 빈 Set을 생성합니다.
- **Create new Set containing all visible objects** : 모든 형상들이 표시되는 상태로 정의되는 빈 Set을 생성합니다.
- **Create a temporary Set** : 이 옵션은 임시로 Set을 생성하는 기능으로 이 기능을 나가면 바로 지워집니다.
- **Save Set** : 이 옵션은 현재의 출력 상태를 저장하는데 사용합니다.
- **Delete Set** : Set을 지우고자 할 때 사용합니다.

9 Shape Analysis Toolbar

A. Connect Checker Analysis

이 명령은 곡선 또는 곡면들 사이의 틈이 있을 때 이 간격을 분석해 주는 명령입니다. Join, Healing, Patch from Patches 등과 같은 명령을 사용한다고 했을 때 벌어진 틈의 값을 알아야 하기 때문에 유용하게 활용할 수 있습니다.

상세한 설명은 앞서 GSD에서 언급하였으므로 이 부분을 참고 바랍니다.

B. Porcupine Curvature Analysis

곡면의 경계 또는 곡선이 가지는 곡률을 분석하는데 사용합니다.
상세한 설명은 앞서 GSD에서 언급하였으므로 이 부분을 참고 바랍니다.

C. Iso-Curvature Analysis

이 명령은 곡면이 가지고 있는 Isoparametric Curve를 생성합니다. U 방향 또는 V 방향, UV 방향에 대해서 정의 내릴 수 있습니다.

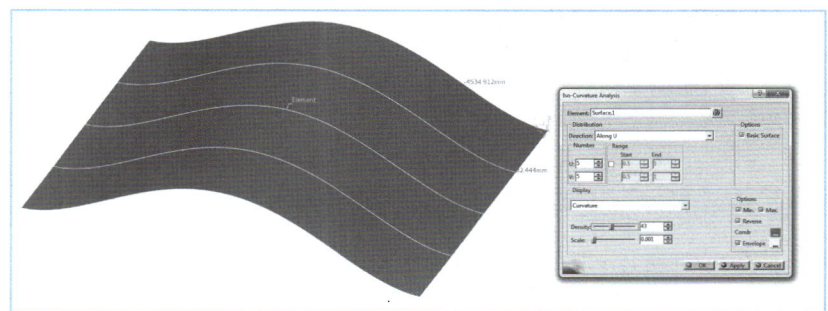

D. Cutting Plane Analysis

이 명령은 곡면 위에 나란한(또는 곡선에 수직이 되도록) 평면을 생성하여 곡면이 가지는 경계뿐만 아니라 곡면의 사이사이에 곡률의 특성 등을 굳이 실제로 곡면을 절단하지 않고도 분석할 수 있게 해 줍니다.

상세한 설명은 앞서 FreeStyle에서 언급하였으므로 이 부분을 참고 바랍니다.

E. Distance Analysis

이 명령은 두 형상 요소(들) 사이에 떨어진 거리를 측정하는 기능을 합니다.
상세한 설명은 앞서 FreeStyle에서 언급하였으므로 이 부분을 참고 바랍니다.

F. SSI-Analysis

이 명령은 곡면과 곡면사이의 교차 상태에 대해서 분석하는 기능을 합니다.

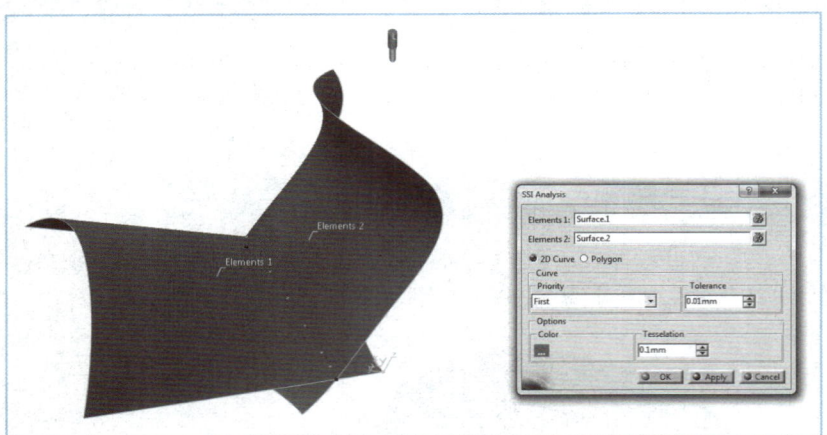

G. Surfacic Curvature Analysis

이 명령은 곡면 자체가 가지는 곡률의 분포를 보여주는 명령으로 곡면의 품질을 평가하는 또 다른 방법이라 할 수 있습니다.

상세한 설명은 앞서 GSD에서 언급하였으므로 이 부분을 참고 바랍니다.

H. Split Analysis

이 명령은 광원의 위치에 따른 곡면 또는 곡선의 절단되어 있는 부분에 대한 분석을 수행합니다. 빨간색 영역은 Split할 수 없는 지역으로, 노란색 영역은 천이 영역이 되며 녹색인 부분은 절단이 가능한 영역을 가리킵니다. 여기서 View 모드는 반드시 Shade with material로 변경해야 합니다.

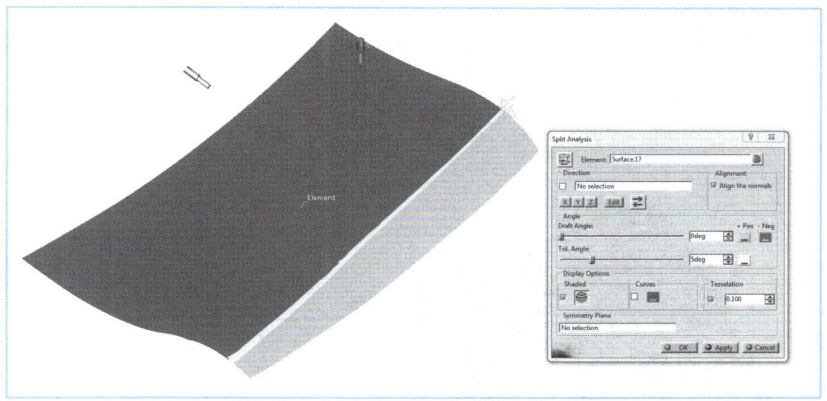

I. Mirror Analysis

이 명령은 설계 형상의 대칭 복사되는 부분을 분석해보기 위한 명령입니다.

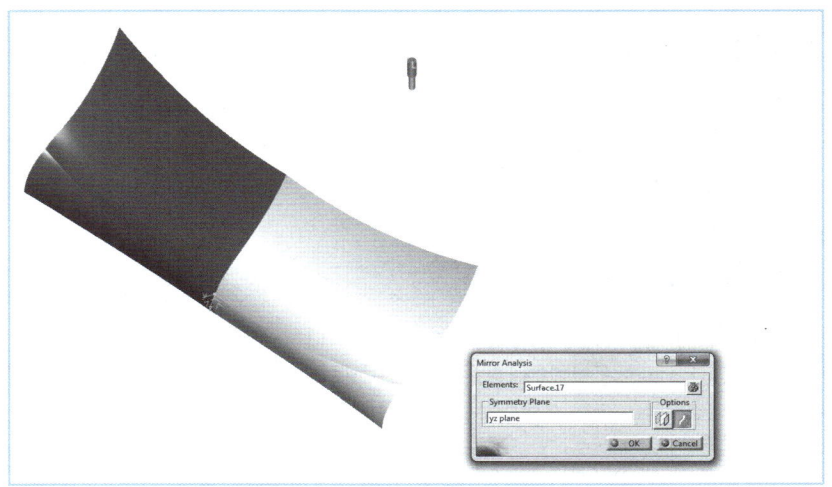

J. Environment Mapping

 이 명령은 주변의 실제 사물이 곡면에 지추어지는 것 같은 효과를 통해서 곡면의 자연스러운 정도나 표면의 질감을 가늠할 수 있게 해 줍니다.
 상세한 설명은 앞서 FreeStyle에서 언급하였으므로 이 부분을 참고 바랍니다.

K. Single Light Band Mapping Analysis

 이 명령은 Highlight Analysis 와 유사한 기능으로 곡면에 하나의 광원이 비춰지는 것을 가정하여 곡면의 품질을 분석합니다.

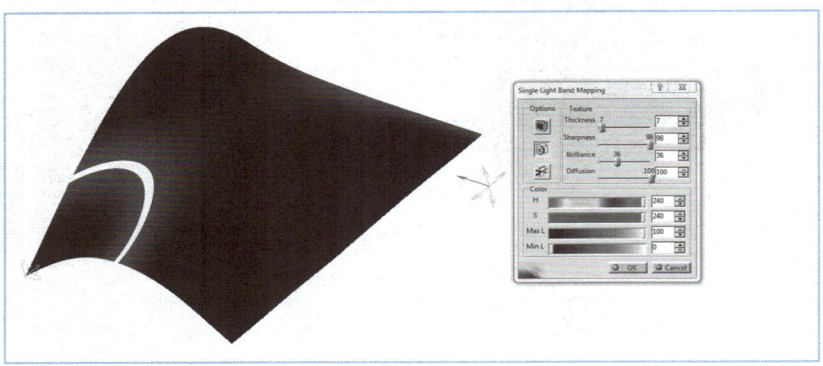

L. Inflection Line

 Infection Line이란 곡률 값이 Null인 지점들을 연결한 선입니다. Compass의 방향이나 Parametric에 의해 값을 설정할 수 있습니다.
 상세한 설명은 앞서 FreeStyle에서 언급하였으므로 이 부분을 참고 바랍니다.

M. Reflection Lines

 이 명령은 곡면 위에 마치 선들이 나란히 비춰진 것 같은 효과를 줍니다. 이 효과를 통해서 작업자는 자신이 설계한 곡면이 얼마나 매끄럽고 부드럽게 이어지고 있는지를 가늠할 수 있습니다.
 상세한 설명은 앞서 FreeStyle에서 언급하였으므로 이 부분을 참고 바랍니다.

N. Light Manager

이 명령은 작업 중에 물체에 비춰지는 조명 효과를 설정합니다. 광원의 종류는 물론 위치 등의 설정이 가능합니다.

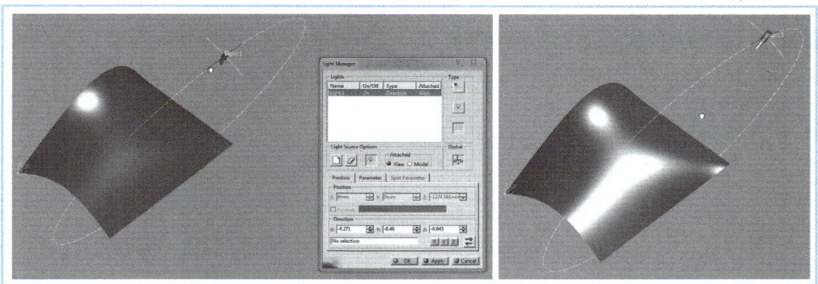

O. Highlight Lines Analysis

이 명령은 곡면의 형상과 곡률의 변화를 분석하기 위해서 사용하는 기능으로 선택한 곡면에 각도나 포인트를 기준으로 접하는 또는 수직인 지점들을 이어서 곡선으로 보여줍니다.

상세한 설명은 앞서 FreeStyle에서 언급하였으므로 이 부분을 참고 바랍니다.

P. Highlight Analysis

이 명령은 곡면의 품질을 평가하기 위해 Shade 상태에서 광원에 따른 얼룩무늬가 곡면 표면에 입혀지는 것을 확인할 수 있습니다. 좋은 품질의 곡면의 경우 자연스럽고 매끄럽게 무늬가 배열됩니다.

명령을 실행하면 다음과 같은 창이 나타납니다.

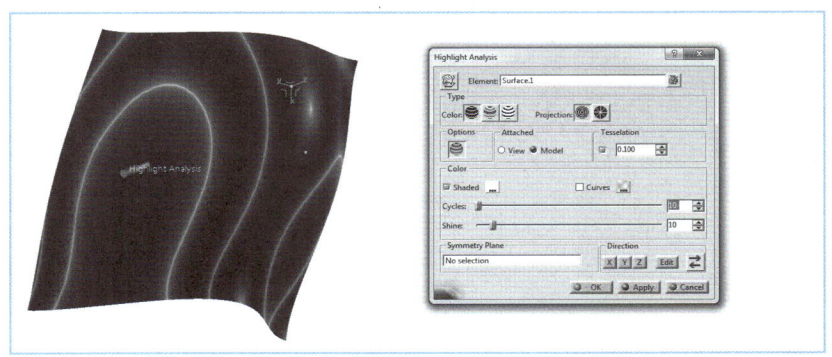

여기서 곡면을 선택해 주고 Type과 Projection 방식을 정의합니다.

추가적으로 Cycles에서 하이라이트의 수를 늘리거나 줄일 수 있습니다.

광원이 비춰지는 방향을 변경하고자 한다면 우측 하단에서 방향 성분을 직접 클릭하거나 마우스로 직접 조절해 줄 수 있습니다.

10

Tools Toolbar

CATIA Surface

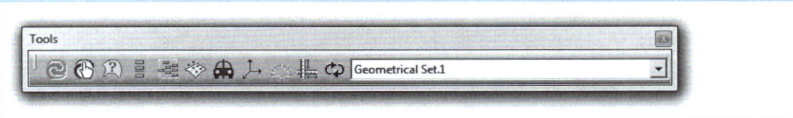

A. Update All

이 옵션은 기본적으로 형상 수정이나 변경 사항에 대해서 Part에 실시간으로 업데이트 되도록 합니다. 기본적으로 설정되어 있습니다.

B. Manual Update

위에서의 실시간 업데이트를 사용하지 않고 사용자가 원하는 때에 업데이트를 지시할 수 있게 하는 옵션입니다. 필요한 경우가 아니면 체크해제 합니다.

C. Geometric Information

FreeStyle 워크벤치에서 공부한대로 선택한 형상 요소의 정보를 출력해 줍니다.

D. Only Current Body

여러 개의 Body 또는 Geometrical Set을 가지고 작업할 경우 현재 Define된 것 외의 나머지들의 형상을 출력하지 않게 하는 옵션입니다.

E. Historical Graph

작업 형상에 대한 Parent/Children 관계를 보여줍니다. 전체적인 작업 흐름을 가늠해 볼 수 있습니다.

F. Part Symmetrically

Product 상에 있는 Part에 대해서 대칭인 Part를 만들어냅니다. FreeStyle의 Tools 설명을 참고바랍니다.

G. Axis System

3차원 기준 요소가 되는 Axis를 생성하는 명령으로 GSD의 Tools를 참고 바랍니다.

H. Tools Dashboard

Dashboard를 출력시키는 옵션입니다.

I. Ruler

화면상에 다음과 같은 Ruler를 출력합니다.

이 Ruler는 항상 시선 방향에 나란합니다.

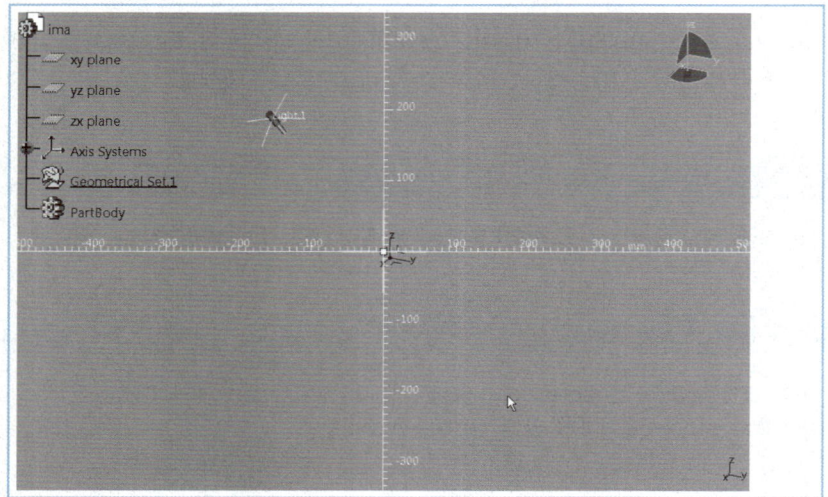

J. Parallel Commands

이 명령은 동시에 여러 개의 명령을 실행할 수 있도록 해 줍니다. 명령을 실행하고 동시에 사용하고자 하는 명령을 ISD에서 찾아 실행해 줍니다.

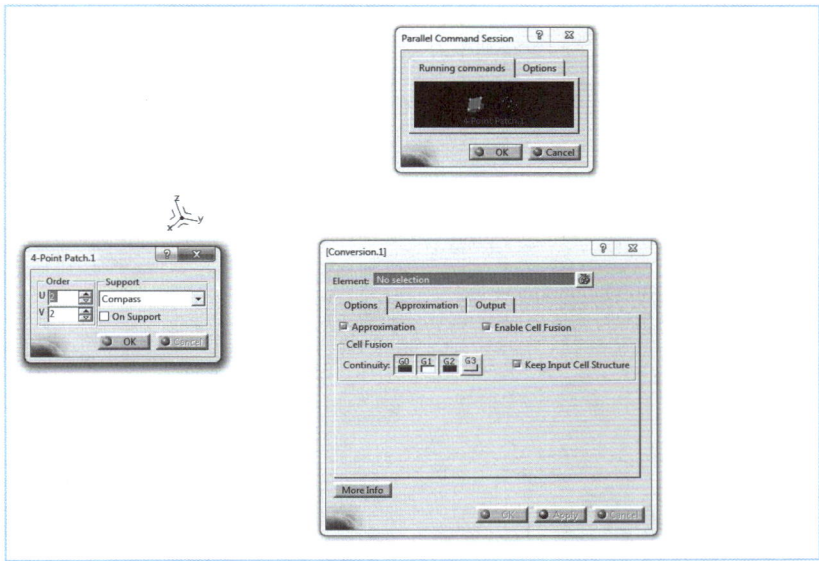

물론 ISD 도구 중에 동시에 사용이 어려운 명령들도 있습니다. 그러한 명령들은 이 명령을 실행한 순간 비활성화 됩니다.

K. Selecting Body/Geometrical Set

여러 개의 Body 또는 Geometrical Set을 두고 작업을 한다고 했을 때 작업 Define을 여기서 해 줄 수도 있습니다. 목록에서 원하는 Body를 선택합니다.

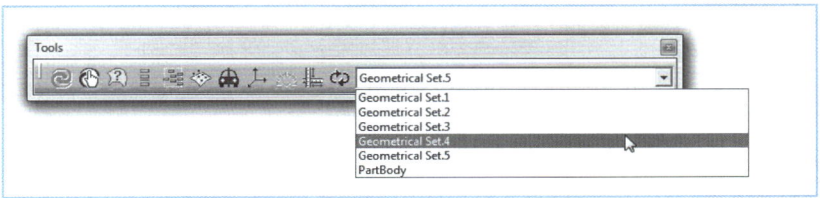

Appendix

Sketch 주요 기능

1. Sketcher 시작하기
2. Sketch Toolbar
3. Sketch Analysis
4. Sketch Management

Sketcher 워크벤치는 3차원 형상을 만들기에 앞서 그 기본 형상이 되는 단면 프로파일이나 가이드라인과 같은 2차원 형상을 임의의 평면을 기준으로 그리는 작업을 합니다. 본 교재에서 GSD 및 ISD 에서 2차원 프로파일을 필요로 하여 그 기능들을 간단히 설명하도록 하겠습니다. 상세한 설명은 CATIA 기초서를 참고하기 바랍니다.

1. Sketcher 시작하기

1.1 Sketch 정의하기

우서 알아둘 것은 Sketcher 작업은 Part 도큐먼트를 사용한다는 것입니다. 또한 Sketcher는 2차원 단면 프로파일을 생성하는 작업을 하기 때문에 Sketch 작업을 위해서는 Sketch의 기준이 되는 평면 요소(Plane 또는 Face)가 필요합니다. 기준 면을 선택하여 그 평면상에서 작업을 시작하는 것입니다. Sketcher는 기준 평면 선택이 우선시 되어야 한다는 것을 잊지 말아야 합니다.

새로 Part 도큐먼트를 열었을 때 기본적으로 화면에 나타나는 다음과 같은 평면을 이용하여 작업을 시작할 수 있고 또는 직접 원하는 위치에 평면을 만들어 그 평면에서 Sketch 작업을 시작할 수도 있습니다. 그리고 작업이 진행되면서 Part 도큐먼트 내에 형상이 만들어지면서 이러한 형상의 면을 평면처럼 선택하여 Sketch에 사용할 수 있습니다.

Sketcher 작업을 시작하기 위해 우선 다음과 같이 Part 도큐먼트를 실행 시키고 Sketcher 명령을 실행시킨 후에 평면 요소를 선택해 보도록 합니다. 평면의 선택은 앞서 말한 대로 Part 도큐먼트 원점에 위치한 3개의 평면 중에 하나를 직접 선택하거나 또는 Spec Tree에서 선택할 수 있습니다.

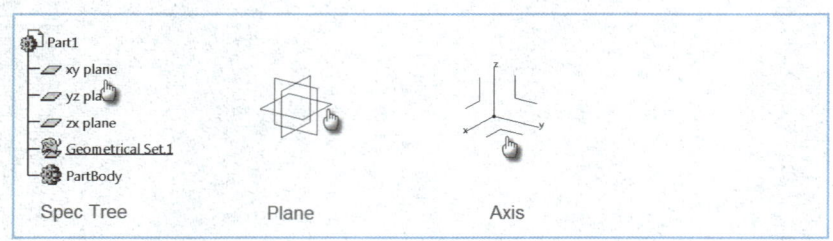

이렇게 원하는 평면을 선택한 후 Sketcher 를 실행하거나 Positioned Sketch 를 실행하게 되면 Sketcher가 활성화 되어 선택한 기준 평면으로 Sketch 들어갈 수 있습니다.

다음은 Sketcher에 들어간 상태에서의 화면과 Toolbar들의 모습입니다.

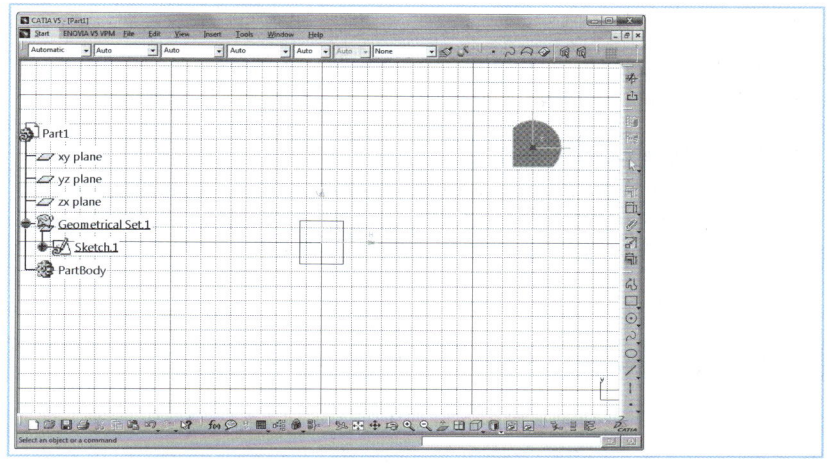

또한 앞으로 Sketch 작업과 이를 이용한 3차원 모델링 작업을 진행하다 보면 앞서 작업한 형상의 평평한 면(Face)을 직접 Sketch의 기준면으로 사용해도 된다는 것을 알게 될 것이며 적절히 이용할 것입니다. 물론 이와 같이 형상의 직접적으로 면을 선택하여 Sketch 작업을 할 경우 이 Sketch는 이 형상과 종속 관계가 만들어져 형상에 수정이 생기면 그 영향이 이 Sketch에도 적용이 된다는 것을 알고 있어야 합니다.

1.2 Positioned Sketch

Sketcher 워크벤치에 들어가는 또 다른 중요한 방법으로 Positioned Sketch 라는 명령이 있습니다. 이 명령을 사용하면 단순히 작업자가 지정한 기준 평면으로 Sketch 작업이 들어가는 것이 아니라 사용자가 원하는 지점에 여러 가지 방식을 사용하여 원하는 원점의 위치와 Sketch 상에서 수평, 수직 방향 등을 정의할 수 있습니다. Sketch 상에서 원점의 위치가 어디냐에 따라 작업에서 효율성이 크게 달라집니다.(Sketch의 각 수평·수직 축의 '+' 방향과 '-' 방향에 대해서도 작업에서 중요한 영향을 줍니다.) 따라서 자신이 원하는 지점을 Sketch의 원점으로 설정할 수 있는 이 명령을 알아 둔다면 도움이 될 것이다.(사실 실무에서는 작업 Sketch를 데이터 변경과 수정 작업에 맞게 Sketch의 기준을 잡아줄 수 있는 Positioned Sketch 의 사용을 강조하고 있습니다.)

아마도 과거에 작업 경험에서 Sketch에 들어가면서 자신이 의도한 기본 방향으로 Sketch 평면의 방향이 지정되지 않고 상하좌우가 임의의 위치로 돌아간 상태로 Sketch에 들어갔을 때 짜증을 내면서 화면을 억지로 돌리고 Sketch를 하던 기억이 있는 독자라면 솔깃할 내용일 것입니다.

일반적으로 Sketch ✍는 단순 설계의 경우에, Positioned Sketch ✍는 Sketch의 재사용 및 Sketch가 다른 대상과 연결되어야 하는 경우에 사용합니다. 기본적으로 Positioned Sketch ✍는 다음과 같은 순서로 Sketch의 기준을 잡는 과정을 진행한다.

Positioned Sketch 작업 순서
1 단계. 기준 평면 요소 선택(Sketch Positioning)
2 단계. 생성하고자 하는 Sketch의 원점 요소 선택(Origin)
3 단계. 생성하고자 하는 Sketch의 원점의 축 방향(H, V)의 결정(Orientation)

1 단계. 기준 평면 요소 선택(Sketch Positioning)

1 번의 기준면을 선택하는 과정은 일반적인 Sketch 명령을 실행하는 것과 동일하며, 단순히 평면 요소를 선택하기만 하면 됩니다.

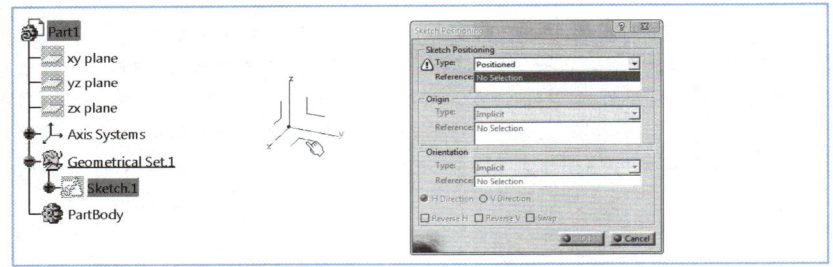

Positioned Sketch를 실행시키면 바로 Sketch가 실행되지 않고 위와 같은 Dialog Box 가 나타납니다. 여기서 Sketch Positioning의 Type에서는 'Positioned'와 'Sliding' 두 가지 Type이 있는데 'Sliding'은 Positioned Sketch가 아닌 일반 Sketch를 의미하는 것이고 'Positioned'로 선택을 해야 작업자가 위치를 선택할 수 있습니다. 작업자가 원하는 위치에 Sketch를 하고자 하는 경우이므로 반드시 'Positioned'로 설정을 해주도록 합니다.

2 단계. 생성하고자 하는 Sketch의 원점 요소 선택(Origin)

여기서 2 번의 프로파일의 원점을 잡아주는 일이 가장 중요합니다. Part의 원점이 아닌 현재 프로파일의 생성 목적에 맞게 원점을 잡아줌으로써 작업자는 보다 쉽게 그리고 능동적으로 형상의 변경과 수정이 가능해집니다.

Definition 창의 Origin에서는 프로파일의 원점의 위치를 잡아준다. 여기서 일반적인 Sketch와 확연히 구별되는 점이 나타납니다. Part의 원점을 단순히 이용하는 Sketch와 달리 작업자가 지정한 Origin 설정 방식으로 형상이 가진 요건을 따라 Sketch에서의 원점을 정의할 수 있습니다. Origin의 설정은 여러 가지 방식으로 정의할 수 있는데 그 Type

을 보면 다음과 같습니다.

Implicit	Default 값으로 따로 원점을 설정하지 않습니다.(일반적인 Sketch와 동일한 결과)
Part origin	Default 값으로 따로 원점을 설정하지 않습니다.(일반적인 Sketch와 동일한 결과)
Projection point	날카로운 형상의 꼭지점(Vertex)이나 곡선의 끝점 또는 Point와 같은 Point로 인식할 수 있는 요소를 선택하여 선택한 포인트 요소가 기준 면의 평면상으로 투영되어 원점으로 지정합니다. 자신이 원하는 지점을 클릭하여 원점을 지정하는 방법으로 사용 빈도가 높습니다.
Intersection between 2 lines	두 개의 직선 요소의 교차하는 지점을 원점으로 사용할 수 있습니다. 따로 지오메트리를 그리지 않고도 교차하는 지점을 원점으로 지정할 수 있습니다. Type을 변경한 후에 순서대로 두 직선을 선택하도록 합니다. 물론 교차하는 두 직선은 같은 평면상에 존재해야 합니다.
Curve intersection	두 개의 곡선 요소의 교차하는 지점을 원점으로 사용할 수 있습니다. 두 개의 직선이 교차하는 경우와 마찬가지로 교차하는 지점에 원점이 만들어 집니다.
Middle point	선택한 대상의 이등분 지점을 앞서 선택한 기준 명에 투영하여 원점으로 정의할 수 있습니다. 직선이나 곡선 또는 3차원 형상의 Edge를 선택하여도 됩니다. 또는 원통형이나 회전체의 중심축을 원점으로 정의하는데 사용할 수 있습니다.
Barycenter	선택한 형상의 면의 중심을 기준면으로 투영하여 원점으로 정의할 수 있습니다. 여기서의 중심점은 선택한 면의 무게 중심의 위치입니다.

3 단계. 생성하고자 하는 Sketch의 원점의 축 방향(H, V)의 결정(Orientation)

다음 단계로 프로파일의 기준면을 선택하기 위해서 추가적인 기준 방향(수평·수직)을 잡아줄 수 있습니다. 일반적인 절대 축 방향으로의 수직·수평 축의 설정이 아닌 작업상 필요로 되는 임의 위치로의 설정이 가능합니다.

다음은 기준 방향을 잡기위한 Type들입니다.

Implicit	Default 값으로 따로 원점을 설정하지 않습니다.(일반적인 Sketch에서의 XYZ 축에 대한 방향을 그대로 유지)
X Axis	선택한 축 방향을(H 또는 V) X 축 방향을 따르도록 합니다. 물론 앞서 선택한 기준면과 평면상에 나란해야 합니다.
Y Axis	선택한 축 방향을(H 또는 V) Y 축 방향을 따르도록 합니다. 물론 앞서 선택한 기준면과 평면상에 나란해야 합니다.
Z Axis	선택한 축 방향을(H 또는 V) Z 축 방향을 따르도록 합니다. 물론 앞서 선택한 기준면과 평면상에 나란해야 합니다.
Components	선택한 축 방향을(H 또는 V) 현재 선택된 원점과 다른 하나의 공간상의 점의 좌표를 입력하여 방향을 지정합니다.
Through point	선택한 축 방향을(H 또는 V) 현재 선택된 원점과 다른 또 하나의 점을 선택하여 두 점에 의한 축 방향을 지정합니다.
Parallel to line	선택한 직선 요소에 평행하게 선택한 수평 또는 수직 축을 잡아줍니다. 임의의 직선 또는 형상의 Edge를 선택하여 축의 방향으로 설정할 수 있습니다.
Intersection plane	두 평면 요소의 교차로 생성되는 직선의 방향으로 선택한 축 방향을(H 또는 V) 지정합니다.
Normal to surface	선택한 면 요소의 수직한 방향으로 수평 또는 수직 축을 잡아줍니다.

여기서 Type을 선택해 수평 · 수직의 기준을 정의하는 것 외에도 수평 축 방향 (H-Direction)과 수직 축 방향(V-Direction)의 '+', '-' 방향을 전환하는 것도 가능하며, 또한 Swap을 클릭하여 각 축 방향을 반전(Reverse) 시키는 것 또한 가능합니다.

물론 수평 · 수직축의 기본 방향을 잡아주는 설정 작업은 반드시 필요한 것은 아니며 기준 방향을 잡아주지 않았을 경우에는 Default 상태로 정의가 됩니다.

이와 같은 Positioned Sketch 과정이 다소 번거롭거나 불편하게 느껴질 수 있습니다. 그러나 이러한 프로파일 선정과정을 통하여 작업자는 유용한 작업 과정의 결과를 추후 데이터 변경이나 수정에 있어서 그 유용함을 경험할 수 있을 것입니다.

Sketch 작업이 끝나고 Sketch 워크벤치를 나가려면 Exit Workbench 아이콘을 사용하거나 GSD나 FSS처럼 3차원 워크벤치의 단축키를 누르게 되면 Sketch 워크벤치에서 나와 해당 3차원 작업 워크벤치로 바로 이동하게 됩니다. 따라서 작업자는 Sketch 작업 후 이어지는 작업에 맞게 해당 워크벤치 명령을 바로 실행하는 것이 바람직합니다.

참고로 Exit Workbench 아이콘은 Workbench Toolbar 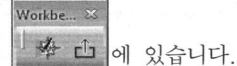 에 있습니다.

1.3 Sketch 작업의 순서

앞서 Sketcher 워크벤치는 2차원 프로파일 형상을 그리는데 사용한다고 설명 한 바 있습니다. 복잡한 형상을 효율적으로 그려내기 위해서는 작업의 순서를 몸에 익히고 있어야 하며 이러한 작업의 순서나 작업 방식은 각 프로그램들 마다 차이가 조금씩 있습니다.

CATIA Sketcher 워크벤치의 일반적인 작업 순서는 다음과 같습니다.

① Profile Toolbar로 형상의 개략적인 모습을 그려냅니다. 완벽한 형상을 그리기에 앞서 형상을 간단하게 보았을 때 핵심이 되는 형상을 그리는 것입니다. 주로 직선 프로파일이나 원, 호와 같은 1차적인 형상으로 구성됩니다.

② Operation Toolbar를 이용하여 형상의 Detail 한 부분을 다듬거나 수정하여 형상을 잡습니다. 앞서 작업한 대략적인 형상에 Detail을 가해주는 작업으로 선 요소들이 만나는 지점에서의 곡률 처리나 형상의 이동, 회전, 복사 등과 같은 과정을 처리해 줍니다.

③ Constraints Toolbar를 사용하여 모습이 갖추어진 형상에 구속을 주어 완전한 프로파일을 만든다. 형상이 잡히면 이제 치수 구속을 주어 형상의 데이터를 입력해 줍니다. 구속을 해주지 않는 한 프로파일은 완성되지 않습니다.

물론 작업 중간에 이들 개개의 Toolbar를 혼합하여 사용할 수 있으나 전체적인 윤곽은 이를 벗어나 작업 하지 않으므로 각 Toolbar의 기능과 함께 작업 순서의 윤곽을 기억 하면 충분히 원하는 형상을 Sketch 할 수 있습니다.

Sketch Toolbar

Sketcher 워크벤치는 다음의 4가지 Toolbar에 의하여 작업의 80%을 담당합니다. 그외 다른 Toolbar들은 알아두면 도움이 되는 정도이지만 이 4개의 Toolbar는 반드시 익히고 있어야 올바른 2차원 형상 제도가 가능하다는 점을 다시금 강조합니다.

> Sketch Tools, Profile, Operation, Constraints

2.1 Sketch Tools Toolbar

A. Grid

이 옵션을 체크해 놓게 되면 Sketcher 워크벤치에 들어왔을 때 화면에 격자가 표시됩니다. 2차원 형상을 제도하는데 도움을 줍니다. 만약에 작업에 방해가 된다면 해제해 두어도 상관없습니다.

B. Snap to point

Snap 기능이란 Sketcher 워크벤치에 들어갔을 때 격자 간격으로만 포인트를 찍을 수 있게 하는 옵션입니다. 이 기능을 체크해 두면 임의의 지점에 선이나 포인트를 그리기 위해 마우스를 움직이면 포인터가 격자와 격자 사이로만 움직이는 것을 볼 수 있습니다.

C. Construction/Standard Element 🔲

이 명령은 Sketch 상에서 그린 지오메트리 요소를 3차원 형상 작업 시에 사용할 수 있는 Standard 요소로 할 것인지 Sketch 상에서만 그 형상 및 구속을 확인 할 수 있는 보조선 역할의 Construction 요소로 정의할 것인지를 설정할 수 있는 명령입니다.

a. Standard Element

Standard Element는 일반적인 2차원 Sketch 지오메트리 요소로 보면 되는데 Sketcher 워크벤치에서 작업을 마치고 3차원 작업 워크벤치로 이동하여서도 그 요소를 사용할 수 있는 형상을 말합니다. 우리가 일반적으로 Sketch에서 그리고 구속하는 대상입니다.(아래 그림에서와 같이 Sketch에서 제도한 원이나 사각형 형상에 3차원 워크벤치에서도 그대로 출력되고 있는 것을 확인할 수 있을 것입니다. 이렇게 2차원에서 Sketch 후 3차원 워크벤치에서도 출력되는 형상은 3차원 형상 모델링에 바로 이용할 수 있습니다.)

b. Construction Element

Construction Element는 Standard Element와 달리 Sketcher 워크벤치에서만 그 기능을 다하고 3차원 워크벤치로 이동하게 되면 화면에 나타나지도 않으며 그 요소를 사용할 수 없게 됩니다. 물론 해당 형상이 완전히 사라지거나 형상이 가진 구속이 지워지는 것은 아니며 단지 출력되지 않을 뿐입니다. Construction Element는 Sketcher 워크벤치에서 제도 작업을 하는데 필요한 보조 도구 역할을 한다고 보면 됩니다.

이와 같은 두 요소의 성질을 잘 이용하면 형상을 제도하는데 있어 효율적인 작업을 할 수 있습니다. 가령 형상을 만드는데 있어 보조선이나 보조 형상이 필요하다고 하면 Standard Element와 Construction Element를 적절히 조합하여 작업할 수 있을 것입니다.

Standard Element와 Construction Element 사이의 전환은 간단합니다. 이 아이콘을 누른 상태로 형상을 그리면 그 요소는 모두 Construction Element가 되며 다시 이러한 대상을 선택한 후 이 아이콘을 해제하면 Standard Element로 돌아옵니다. 또한 형상을 다 만든 후 대상을 선택하고 아이콘을 누르면 선택한 대상을 Construction Element로 만들 수도 있습니다.(종종 이 명령을 체크하고 형상을 그리거나 반대로 해제한 상태에서 Sketch 작업을 하다보면 두 요소가 섞일 수 있으므로 주의 바랍니다.)

여기서 한 가지 부연 설명을 하자면 우리가 Sketch에서 프로파일을 그리는 과정에 형상 요소에 따라 그에 맞추어 Construction Element가 자동으로 만들어 집니다. 가령 원(Circle)을 그린다고 하면 원의 중심점을 나타내는 포인트가 만들어지고,

직선(Line)을 그린다면 양 끝점이 Construction Element로 만들어 진다. 물론 이 Construction element를 삭제하면 원이나 직선 요소 역시 삭제됩니다. 종속 관계가 성립되기 때문이죠.

D. Geometrical Constraints

Sketcher 워크벤치에서 우리는 단면 프로파일을 그리고 구속한다고 앞서 설명하였습니다. CATIA의 이런 Sketch 상에서 구속은 크게 두 가지 타입으로 나눌 수 있는데 그 중 하나가 바로 이 Geometrical Constraints입니다. Geometrical Constraints는 간단히 말해 형상에 대한 구속으로 보면 되는데 수치로 나타나는 구속이 아닌 수직, 수평, 평행, 직교와 같은 명령이라고 생각하면 됩니다.

그런데 이 아이콘이 활성화 되어 있지 않으면 이러한 Geometrical Constraints를 줄 수 가 없게 됩니다. 따라서 반드시 Sketch Tools에서 이 아이콘을 활성화해 두도록 한다.(간혹 이 명령을 해제하고 구속이 바르게 들어가지 않는다고 하는 분들이 있습니다. 시작 단계의 분들, 특히 주의 바랍니다.)

E. Dimensional Constraints

Dimensional Constraint는 앞서 Geometrical Constraints와 같이 Sketch 상에서 구속을 제어하는 역할을 하는데 앞서의 것과 다른 것 이 아이콘은 수치로 나타나는 구속을 제어한다는 것입니다. 이 수치 구속이 CATIA에서 두 번째 구속의 종류로 숫자로 나타낼 수 있는 길이, 거리, 지름과 같은 구속을 의미합니다.

이 아이콘 역시 반드시 Sketch Tools에 활성화 되어 있어야 합니다. 명심하기 바란다. 이 아이콘이 해제 되어 있으면 구속이 되지 않는다. 간혹 이 명령을 해제하고 구속이 바르게 들어가지 않는다고 하는 분들이 있습니다. 시작 단계의 분들, 특히 주의 바랍니다. Geometrical Constraints와 Dimensional Constraints가 해제 된 상태에서 구속을 주게 되면 경고 메시지가 뜰 것입니다.

이와 같이 Sketch Tools Toolbar의 경우 직접 어떤 작업을 하는 명령이 아닌 설정의 기능을 가지고 있다는 것을 알았을 것입니다. 또한 Sketch Tools는 앞서 언급한 대로 다른 Toolbar 들의 작업 아이콘에 대해서 부가적인 옵션이 있을 경우 이를 출력하는 역할을 합니다.

2.2 Profile Toolbar

A. Profile

다각형 형상을 그리는 명령으로 Sketch에서 형상을 그리는데 가장 사용빈도가 높은 아이콘입니다. 이 Profile을 사용하면 일반적인 명령들이 형상 요소를 한 가지씩 그리는데 반해 곡률 형상 및 다각형을 연속적으로 그릴 수 있습니다. 프로파일은 필요에 따라 형상 옵션을 변경하여 Tangent Arc 또는 Three point Arc로 변경하여 그릴 수 있습니다.

Profile은 다음과 같은 3가지 부가적인 옵션이 있습니다. 따라서 Profile 아이콘을 클릭하면 Sketch Tools Toolbar의 뒷부분이 다음과 같이 확장됩니다. 그리고 여기서 형상을 그리면서 작업에 따라 Type을 변환해 가면서 작업해 주면 됩니다.

a. Line

점과 점을 찍어 만들어지는 직선 형태로 Profile이 연속적으로 그려지며 그리는 도중 다른 옵션으로 변경이 가능합니다. 여러 개의 직선으로 이루어진 다각형을 그리는데 탁월한 기능을 합니다. Profile 명령을 실행시켰을 때 디폴트로 선택된 그리기 모드이며 원하는 지점과 지점을 클릭하면 그 사이를 직선으로 이어주는 방식입니다.

Profile을 사용하면서 Sketch 상에 나타나는 두 개의 숫자는 Sketch의 원점을 기준으로 하였을 때 현재 가리키는 포인트의 수평, 수직 좌표를 나타냅니다.

b. Tangent Arc

Profile 명령은 단순히 직선 타입으로만 다각형을 그릴 수 있는 명령이 아니다. 이전 Line 형상 옵션 상태에서 그려진 직선과 Tangent하게 다음 부분을 Arc 형태로 그려 줄 수 있습니다. Profile 명령이 활성화 된 상태에서 Sketch Tools에 확장되어 있는 옵션 부위에서 아이콘을 누르면 변경이 됩니다.

c. Three Point Arc

3개의 점으로 만들어지는 Arc 형상을 만들어 주며 처음 시작 하는 부분에 대해서는 이전 형상의 끝점이 첫 번째 점이 되며 나머지 두 개의 점을 찍어 Arc 형상이 완성됩니다. 이렇게 이 세 가지 모드를 적절히 이용하면 원하는 거의 대부분의 형상을 만들어 낼 수 있습니다.

d. Profile 명령의 종료

일반적인 명령들은 한번 클릭하여 작업을 수행하면 한번 형상을 그리는 것으로 명령이 종료됩니다. 그러나 Profile로 형상을 그리게 되면 그리는 작업이 무한정 반복이 되는데 Profile 시작 후 시작점과 끝점이 만나거나 Esc 키를 두 번 연속으로 누르거나 화면상에서 클릭을 두 번 연속으로 해주어야 Profile 작업이 정지합니다.

e. SmartPick

앞서 설정 부분에서 언급한 바 있는 SmartPick 기능은 CATIA의 Sketch 작업 보다 수월하게 도와주는 기능을 합니다. 형상 프로파일을 그리는 과정에서 현재 그리는 대상에 적용할 수 있는 다른 요소들과의 일치점이나 수평, 수직, 직교, 평행, 중점과 같은 구속들을 스스로 찾아 줍니다. 앞서 프로파일 형상을 그리는데 수평 또는 수직 상태에서 선의 색이 파란색으로 나타나는 것도 SmartPick에 의한 표시 기능입니다. 따라서 우리가 Sketch 작업을 하면서 일일이 이러한 구속을 잡아주지 않아도 일부 구속은 CATIA 스스로 잡아줍니다.

특히 이러한 유용성은 프로파일을 이용해 형상을 그릴 때 유용한데 다각형을 그리는데 있어 이러한 보조 구속 도구의 역할은 매우 유용합니다. 다음은 일부 SmartPick를 이용한 예입니다.

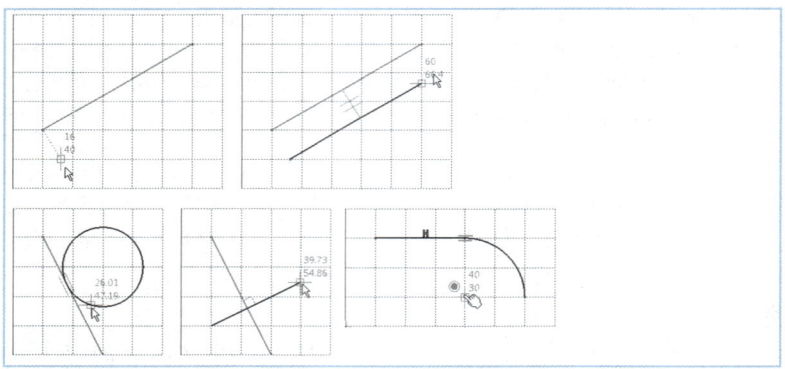

앞서 설명한 대로 이러한 SmartPick를 사용하지 않으려면 옵션에서 끄거나 SHIFT Key를 누른 상태에서 작업을 하면 됩니다.

종종 이러한 SmartPick의 기능으로 인해 의도하지 않은 곳에 구속이 잡히는데 이런 경우에는 해당 구속을 선택하여 삭제(Delete)해 주어야 합니다. SmartPick에 의한 의도하지 않은 구속은 형상의 불필요한 제약을 주어 Sketch가 바르게 그려지지 않거나 작업에 방해를 줄 수 있으니 주의하기 바랍니다.

B. Predefined Profile Sub Toolbar

a. Rectangle

일반적인 사각형 형상을 그리는데 사용됩니다. 시작점과 끝점 이렇게 두 번 클릭해 사각형을 만듭니다. Rectangle 은 사각형인 성질과 함께 기준 좌표에 대해서 수직, 수평인 성질을 가집니다. 만들어진 사각형의 모서리에 있는 **H,V** 표시로 이를 알 수 있습니다.(**H,V** 표시는 Geometrical Constraints로 각각 직선 요소의 수평 수직을 가리킵니다.)

b. Oriented Rectangles

Oriented Rectangle은 앞서 Rectangle의 모서리가 각각 수직, 수평이었던 것과 달리 임의의 기준 방향을 정해서 직각 사각형을 그릴 수 있습니다.

c. Parallelogram

Parallelogram은 평행사변형 형태의 프로파일을 그릴 수 있게 해줍니다.

d. Elongated Hole

Elongated Hole은 이름에서도 알 수 있듯이 원 형상에서 원의 중심이 늘어난 모양을 하고 있습니다. 의외로 사용 빈도가 높은 형상이며 순서는 '시작점 ▷ 끝점 ▷ 반경'입니다.

e. Cylindrical Elongated Hole

앞서 설명한 Elongated Hole과 비슷하나 원이 연장된 형상이 Arc를 이루고 있다는 점이 다르다. 구부러진 Elongated Hole이라 보아도 됩니다. 이 역시 사용 빈도가 높으며 '중점 ▷ 시작점 ▷ 끝점 ▷ 반경'의 순서를 가집니다.

f. Keyhole Profile

열쇠 구멍 모양을 하고 있으며 순서는 '시작점 ▷ 끝점 ▷ 탄젠트 한 작은 반경 ▷ 큰 반경' 순으로 작업합니다.

g. Hexagon

정육각형을 만드는 명령입니다. '중점 ▷ 끝점' 순으로 작업합니다.

h. Centered Rectangle

Rectangle 과 같이 직각 사각형을 그리는 명령이나 만드는 방법이 '중점 ⇨ 꼭지점'으로 중점에 대해서 대칭인 직각 사각형이 만들어 집니다. 이렇게 만들어진 사각형은 대칭 구속을 상징하는 기호에 의해 한 변을 잡아당기거나 이동시키면 대칭인 변 역시 변형이 됩니다.

i. Centered Parallelogram

임의의 교차하는 두 개의 기준선 사이로 평행사변형을 만드는 명령으로 순서는 '기준선 1 ⇨ 기준선 2 ⇨ 꼭지점' 순입니다.

C. Circle Sub Toolbar

원과 호 형상을 만드는데 사용되는 명령어가 들어 있는 Sub Toolbar입니다.

a. Circle

가장 일반적이고 많이 사용되는 원 생성 명령으로 '중점 ⇨ 반경' 순으로 선택합니다.

b. Three Point Circle

3개의 점을 사용하여 원을 생성하는 명령으로 '시작점 ⇨ 중간 점 ⇨ 끝점' 순으로 점을 찍어주면서 원을 만든다.

c. Circle Using Coordinates

이 방법은 원을 생성 시 원의 중점 좌표와 반지름을 미리 정의하여 구속까지 한꺼번에 하는 방법입니다. 다음과 같은 Circle Definition 창에 값을 입력하여 원을 생성합니다.

d. Tri-tangent Circle

이 원 역시 Three Point Circle처럼 이미 Sketch에 사용할 수 있는 형상 요소가 있을 경우에 사용 가능한 명령으로 선택한 3개의 형상 요소와 접하는 원을 만드는 명령입니다.

e. Three Point Arc

이 명령은 앞서 Three Point Circle와 만드는 방법은 동일하나 결과물이 완전한 원이 아닌 호 형상이라는 것이 다릅니다.

f. Three Point Arc Starting with Limits

이 호 형상 역시 3 개의 점을 사용하는 방법을 사용하나 선택 순서가 약간 다르다. '시작점 ⇨ 끝점 ⇨ 중간 점'의 순입니다.

g. Arc

Arc는 호 형상을 그리는 가장 간단한 방법으로 원 다음으로 많이 사용되는 명령입니다. 순서는 '중점 ⇨ Arc 시작점 ⇨ Arc 끝 점' 입니다.

D. Spline Sub Toolbar

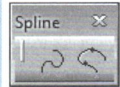

a. Spline

CATIA에서 여러 개의 점을 지나는 곡선을 만드는 명령입니다. 곡선을 이루는 각각의 점들을 정의하고 구속 시킬 수 있으며 곡선 생성 후 수정이 용이합니다. Spline 아이콘을 누른 상태에서 원하는 지점들을 클릭하면 다음과 같이 곡선이 만들어지는 것을 볼 수 있습니다. 여기서 클릭하여 만들어지는 점들은 포인트가 아니라 Spline 형상의 곡선을 정의하는 Control Point(제어점)입니다.

여기서 Spline의 형상을 결정짓는 Control Point들은 나중에 Sketch 밖으로 나갔을 시에는 보이지 않습니다. 물론 다시 Sketch로 들어가게 되면 Spline의 Control Point를 확인하고 수정 변경할 수 있습니다.

이러한 Spline은 아이콘을 누르고 원하는 형상을 그린 후 명령을 종료하기 위해 ESC Key를 두 번 연속으로 누르거나 화면의 끝나는 점에서 두 번 연속 클릭을 해야 합니다. 그러나 한 가지 기억할 것은 Spline을 완전히 닫힌 형상으로 만들기 위해서는 다음과 같이 마지막 점 위치에서 MB3 버튼(Contextual Menu)을 눌러 Close Spline을 클릭해 줍니다.

① Spline Control Point 수정

Spline의 수정은 Spline의 Control Point의 수정과 Spline 자체의 수정 두 가지로

나누어 생각할 수 있습니다. 수정을 원하는 지점의 Spline의 Control Point를 더블 클릭하면 Control Point Definition 창이 나타나는 것을 볼 수 있을 것입니다.

여기서 H 방향과 V 방향 좌표 값을 입력하여 위치를 바꾸어 줄 수 있으며 (물론 구속을 주는 것이 아닙니다.) Tangency를 체크하여 Spline이 이 지점 부근에서 곡선에 Tangency 값을 정의할 수 있습니다. Tangency를 클릭하면 이 점 위치에 화살표시가 나타납니다. 이 화살표시는 접하는 방향이 되며 Reverse Tangent를 이용하면 방향을 반대로 바꿀 수 있습니다.

그리고 Tangency가 켜진 상태에서(G1 Continuity 만족) 이 점에서의 곡률(Curvature) 값을 설정해 줄 수 있습니다. Curvature Radius를 체크하고 원하는 값을 넣어 주면 이 지점에서의 곡률 값이 고정됩니다.

② Spline 곡선 자체의 수정

Spline 자체를 수정하고자 한다면 Spline을 더블 클릭해 준 후에, Spline Definition 창이 나타나면 Control Point를 추가하거나 제거하는 것이 가능합니다.

b. Connect

Connect는 두 곡선 요소 간을 이어주는 명령입니다. Connect는 두 대상 사이의 연결이기 때문에 연속성을 고려하여 정의합니다.

① Continuity in point

두 대상 간의 끝 점을 직선으로 이어 줍니다.

② Continuity in tangency

두 대상 간의 끝 점을 탄젠트 한 속성을 유지한 채 이어줍니다.

명령이 활성화 된 상태에서 Sketch Tool Toolbar에서 Tension 값을 조절하여 Tangent한 Connect의 강도를 조절할 수 있습니다. 값은 양수만 가능합니다.

Tension: 1

③ Continuity in Curvature

두 대상 간의 끝 점을 곡률을 유지한 채 이어줍니다. 이 값이 Connect의 디폴트값입니다.

이렇게 만들어진 Connect 라인을 수정하려면 선을 Double Click해 줍니다. 그럼 다음과 같은 창이 나타나 각각의 지점의 연속성(Continuity) 및 Tension 값, 방향 등의 설정과 데이터 변경이 가능합니다.

E. Conic Sub Toolbar

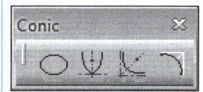

a. Ellipse ○
이 명령은 타원 형상을 그려주는 명령입니다.

b. Parabola by Focus
포물선을 그려주는 명령으로 포물선의 정의에 따라 하나의 초점(Focus)과 정점(Apex)를 사용하여 포물선을 정의하고 시작점과 끝점으로 그 경계를 잡습니다.

c. Hyperbola by Focus
쌍곡선을 그려주는 명령으로 두 정점과 중점을 사용하여 쌍곡선을 정의하고 그 다음으로 두 번 점을 찍어 그 양 끝을 정의합니다.

d. Conic
원뿔 형상을 그려주는 명령입니다.

F. Line Sub Toolbar

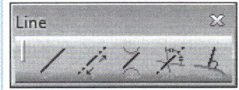

a. Line
시작점과 끝 점으로 이루어진 가장 일반적인 직선을 만드는데 사용합니다.

b. Infinite Line
화면상의 무한히 긴 직선을 그리는 명령입니다. 부가 옵션에는 다음과 같이 수평, 수직, 사선 타입이 있습니다.

c. Bi-tangent Line
이 명령은 이름 그대로 두 개의 형상 요소 사이에 접하게 직선을 그려 주는 명령입니다. 두 형상 사이에 끝이 일치하면서 접하도록 직선을 그리고자 할 경우에 유용합니다.

d. Bisecting Line

교차하는 두 직선의 이등분선을 그려주는 명령입니다. 그러나 필자의 경우 이 명령을 사용하지 않고 구속 중에 Symmetry라는 명령을 사용하여 작업을 합니다. 만들어지는 이등분선이 일정한 길이를 가지지 않고 무한 직선처럼 나타나기 때문에 생성 후 모델링에 이용하기 위한 수정이 불가피합니다. 화면에 나타나는 ✦ 기호가 대칭(Symmetry)을 나타내는 표시입니다. 이 기호를 지우면 대칭인 성질이 사라집니다.

e. Line Normal to Curve

어떤 곡선에 대해서 임의의 지점에서 수직인 직선을 그려주는 명령입니다.

f. Axis

Axis란 회전체의 중심 축 역할을 하는 2차원 요소로 만들어 질 당시부터 Construction Elements 입니다. Sketch 상에서만 확인 할 수 있고 3차원 워크벤치로 이동해서는 보이지 않습니다. 물론 3차원 상에서 축을 이용한 작업에 바로 사용될 수 있습니다. 만드는 방법은 Line을 만드는 방법과 동일합니다.

G. Point Sub Toolbar

a. Point by Clicking

가장 일반적인 포인트 생성 명령으로 원하는 지점을 클릭하여 점을 생성합니다. Snap to Point가 활성화 된 경우에는 Grid사이에만 만들어 줄 수 있습니다. Sketch 화면에 만들어진 포인트는 다음과 같은 형상을 가집니다.

b. Point by Using Coordinates

포인트를 생성하기 전에 Definition 창에서 위치를 결정하여 구속까지 함께합니다.

c. Equidistant Points

Point 생성 명령 중에 유용한 명령 중에 하나로 선택한 형상 요소에 등간격으로 포인트를 생성해 주는 명령입니다.

d. Intersection Point

이 명령은 교차하는 두 요소간의 교차점을 만들어 주는 명령입니다.

e. Projection Point

이 명령을 사용하면 포인트를 커브나 직선에 투영시켜 그 커브나 직선상에 있는 점을 만들어 줍니다.

2.3 Operation Toolbar

A. Corner

Corner는 프로파일 형상 중에 탄젠트 하지 않고 꼭지점이 있는 부분에 대해서 라운드 처리를 해주는 명령어입니다.

B. Chamfer

일명 모 따기라 불리는 Chamfer는 모서리 사이를 평평하게 일절 길이와 각도를 주어 다듬어 줍니다. 부가옵션은 Corner와 동일합니다.

C. Relimitations Sub Toolbar

a. Trim

Trim이란 만은 앞서 Corner와 Chamfer 명령을 설명하면서 처음 언급이 되었는데 Trim은 형상 요소를 잘라내 지우는 역할을 합니다. Sketch에 그려진 형상 중에 불필요한 부분이 있다면 그 부분을 Trim을 통하여 제거시킬 수 있습니다.

b. Break

Break란 하나의 직선 또는 곡선과 같은 요소를 나눠주는 기능을 합니다. 즉, Line을 명령을 사용해 직선을 만든 뒤 이 직선을 Break를 이용하여 여러 개로 나누는 작업이 가능합니다.

c. Quick Trim

Quick Trim 이란 앞서 Trim 과 같이 불필요한 부분을 제거할 때 사용하는 명령으로 쉽게 Trim 이 가능합니다.

d. Close

Close는 원이나 타원, 닫힌 Spline 같은 단 요소의 닫힌 형상에 대해서 일부분이 잘려나간 경우 이를 다시 처음의 닫혀 있던 상태로 돌려주는 기능입니다.

e. Complement

Complement는 원이나 타원, 닫힌 Spline과 같은 형상의 일부가 잘려져 나갔을 때 현재 부분을 현재 남아있는 부분의 반대 부분으로 바꾸어 주는 작업을 합니다.

D. Transformation Sub Toolbar

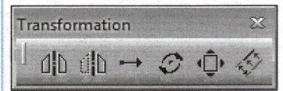

a. Mirror

Mirror는 임의의 기준선이나 축을 대칭으로 선택한 형상 요소를 대칭 복사해 주는 명령입니다. Sketch 상의 모든 형상 요소에 대해서 수행 가능합니다. 여기서 기준 요소로는 Sketch 축(H, V축), Axis, 다른 형상 요소 등을 사용할 수 있습니다.

b. Symmetry

Symmetry는 앞서 Mirror와 비슷한 형상을 가지고 있으나 이 명령은 대칭 이동의 기능을 가집니다. 원본 형상을 임의의 기준선이나 축을 기준으로 대칭 이동 시켜준 다. 사용 방법은 동일하나 결과는 원본 형상의 이동으로 나타납니다.

c. Translate

Translate는 선택한 대상을 다른 지점으로 옮기거나 하나의 원본 대상을 Sketch에 여러 개 복사할 때 사용하는 명령입니다. 그리고 반드시 Translate 하기 위해 기준점이 되는 위치를 찍어 주어야 한다는 것을 잊지 말아야 합니다.

d. Rotate

Rotate는 원본 형상을 회전 이동 시키거나 회전 방향으로 복사를 시킬 때 사용합니다.

e. Scale

Scale 기능은 현재 Sketch의 형상 요소의 크기를 일정 비율을 가지고 크게 하거나 작게 할 때 사용합니다.

f. Offset

Offset은 선택한 형상을 일정 간격을 띄워서 만들어 주는 명령입니다.

E. 3D geometry Toolbar

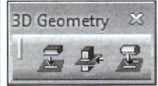

a. Project 3D Elements

이 명령은 원본 형상을 현재 Sketch 면에 수직으로 투영시키는 명령으로 형상을 Sketch 면에서 수직으로 바라보았을 때 보이는 그림자 형상대로 투영됩니다. 수학 시간에 배웠던 정사영과 같다고 보면 됩니다.

b. Intersect 3D Elements

이 명령은 투영하는 것은 앞서 명령과 같다고 할 수 있으나 투영하는 대상이 다르다. Intersect 3D Elements 는 현재 Sketch 평면과 교차하는 부분을 투영시켜 줍니다. 즉, Sketch 평면과 형상의 선택된 부분의 교차하는 형상을 투영시킨다.

c. Project 3D Silhouette Edges

이 명령은 회전체의 옆면 실루엣 형상을 현재 Sketch 면에 투영시키는 방법이다.(Intersect의 경우와 차이가 있습니다.) 회전체의 경우 회전에 의해 만들어진 옆면 부분은 일반적인 Project 3D Elements 로 가져올 수 없습니다. 따라서 이 명령을 사용하여 실린더나 구와 같은 회전체 형상의 옆면을 Sketch 평면으로 투영시킵니다.

2.4 Constraints Toolbar

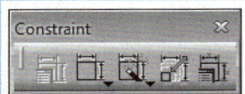

Constraints Toolbar에서는 앞서 우리가 2차원 형상을 제도하는 방법에 이어 이러한 형상에 치수 구속을 주는 방법을 설명 할 것입니다.(치수는 형상이 가지는 각 요소들의 형상이나 길이 등에 의미 있는 가치를 부여하는 역할을 합니다. 즉, 제도에 있어서 가장 형상 자체 다음으로 중요하다고 할 수 있습니다.) 설계에 있어서 형상을 의도하는 대로 구현하는 작업만큼이나 형상에 바른 치수를 기입하는 작업 역시 중요합니다. 아무리 형상을 잘 만들었다고 하더라도 치수 기입을 빠뜨리거나 잘못된 수치를 입력한다면 분명 이는 잘못된 데이터가 될 것입니다. 치수 구속을 하는 일은 설계에 있어 가장 중요한 일 중에 하나임을 명심하고 매 작업 마다 구속을 빠뜨리지 않도록 익숙해지도록 연습을 해야 할 것입니다.(다른 CAD 프로그램을 사용하던 독자가 가장 어려워하는 부분 중에 하나가 이 구속의 개념이 아닌가 싶습니다. 일반적으로 이전 시대의 캐드 프로그램들은 형상을 그림과 동시에 수치 값이 들어가기 때문에 형상을 그린 후에 치수 구속을 자유자제로 입력할 수 있는 CATIA의 우수한 Sketch 방식을 받아들이기 힘들어 하는 것 같습니다. 하지만 결코 어려운 개념이 아니며 효율적이라는 것을 느끼게 될 것입니다.)

A. Constraints 란?

Constraints란 앞서 말한 바와 같이 구속을 의미합니다. 형상을 만드는데 필요한 숫자 또는 문자 형태의 치수가 그것이며 이러한 구속을 이용하여 작업자가 원하는 형상 치수대로 제도한 형상을 만들어 낸다. 형상을 만들었다고 해서 제도가 끝나는 것은 아니며 구속 작업을 통하여 바른 치수를 입력해 주어야 그 형상이 의미 있는 데이터가 된다는 것을 기억하기 바랍니다.(GIGO : Garbage In Garbage Out이라는 말이 있습니다. 의미 없는 데이터나 잘못된 데이터를 입력한 후 원하는 제품 형상이나 결과를 기대할 수 없다는 것이지요.)

CATIA의 구속을 크게 두 가지로 나뉘는데 앞서 Sketch Tools에서 언급한대로 Geometrical Constraints와 Dimensional Constraints가 있습니다. 이 두 가지 구속의 차이를 이해하면 보다 손쉽게 구속을 부여할 수 있을 것입니다.

a. Geometrical Constraints

숫자가 아닌 형상학적인 구속 이름을 가진 구속으로 수치적인 구속이 아닌 문자나 기호로 정의되는 구속을 의미한다.(기호가 가지는 간결성 및 정보 표현 능력은 매우 유용합니다.) 선택 된 형상 요소에 따라 다음과 같은 구속이 적용 가능합니다.

Number of Elements	적용 가능한 Geometrical Constraints
한 개의 요소를 선택했을 때	Fix Horizontal Vertical
두 개의 요소를 동시에 선택 했을 때	Coincidence Concentricity Tangency Parallelism Midpoint Perpendicularity
새 개의 요소를 동시에 선택하였을 때	Symmetry Equidistant Point

b. Dimensional Constraints

숫자로 나타낼 수 있는 구속을 의미합니다. 형상 정보를 구속하는데 있어 실제 제도를 위해서 필요하게 되는 길이나 거리, 각도와 같은 수치 구속 값을 일컫는다.(여기서의 수치 구속 값은 나중에 Formula로 적용 가능합니다.)

Number of Elements	적용 가능한 Constraints
한 개의 요소를 선택했을 때	Length Radius/Diameter
두 개의 요소를 동시에 선택 했을 때	Distance Angle

이제 이러한 구속을 실제의 형상 요소에 적용 시키는 명령에 대해서 공부해 보도록 할 것입니다. 앞으로 배울 명령 중에는 Geometrical Constraints를 적용하는 구속 명령이 있고 Dimensional Constraints를 적용하는 구속 명령이 있습니다. 이를 잘 구분하여 사용하면 보다 쉽고 빠르게 구속을 줄 수 있을 것입니다.

B. Constraints Defined in Dialog Box (alt + x)

Constraints Defined in Dialog Box 는 형상에 Geometrical Constraints 구속을 부여하는 방법으로 Dialog Box를 사용하는데 형상에 줄 수 있는 구속을 Definition 창에 나열하여 필요한 항목에 체크하여 구속을 줍니다. 다음은 Constraints Defined in Dialog Box 을 실행하였을 때 출력되는 Definition 창입니다.

다음은 이러한 Dialog Box에 있는 Geometrical Constraints들의 기호들에 대한 설명입니다. 기호를 잘 숙지하여 자신이 원하는 구속을 바르게 넣었는지 확인해 보도록 합니다.

CATIA Surface의 정석

⌐	Perpendicular	두 대상이 서로 직교함을 나타내는 구속 기호
◉	Coincidence	두 대상이 서로 일치함을 나타내는 기호
V	Vertical	선택한 직선 요소가 좌표축에 대해 수직임을 나타내는 기호
H	Horizontal	선택한 직선 요소가 좌표축에 대해 수평임을 나타내는 기호
●	Concentricity	선택한 원이나 호 요소들끼리 중심이 일치함을 나타내는 기호
✕	Parallel	두 대상이 서로 평행함을 나타내는 구속 기호
⚓	Fix	선택한 대상들이 하나로 묶여있음을 나타내는 구속 기호
✜	Symmetry	선택한 대상이 다른 요소와 대칭 하다는 구속 기호
⊱	Bisecting	선택한 대상이 다른 대상을 이등분 한다는 구속 기호

다음은 Dimensional Constraints 들의 기호 표시입니다.

⊢10⊣	Length Distance	직선의 길이 또는 대상과 대상 사이의 거리를 나타내는 구속 기호
45° ⌒	Angle	두 개의 직선이 이루는 그 사이 각을 나타내는 구속 기호
D 50 R 25	Diameter /Radius	원이나 호, Corner의 곡률 값을 나타내는 구속 기호

위의 구속 기호들을 잘 기억해 두어서 작업하는데 자신이 맞게 구속을 주었는지 또는 불필요한 구속이 잡히지 않았는지 파악할 수 있어야 합니다.

C. Constraints Sub Toolbar

a. Constraint

앞서 Constraints Defined in Dialog Box 가 문자에 의한 구속을 정의하였다면 Constraint 에서는 수치로 형상 요소의 구속을 정의합니다. 구속의 개념을 익히기에는 앞서 배운 구속 주는 방법 보다 쉽게 인식이 될 것입니다. 또한 Constraint은 사용 방법이 간단합니다. 아이콘을 누른 상태에서 구속하고자 하는 대상을 선택하면 수치가 뽑아져 나온다. 이때 이 수치를 더블 클릭하여 Constraints Definition 창을 통하여 원하는 수치 값을 넣게 됩니다. CATIA 에서는 형상 요소와 구속이 서로 분리되어 작업한다는 말을 기억할 것입니다. 형상을 그리고 나서 나중에 치수를 입력해 주기 때문에 작업 수정이 용이하다고 볼 수 있습니다. 다만 형상 그리는 작업과 치수 구속이 별개의 작업인지라 구속을 빠뜨리는 경우가 종종 발생함을 유의해야 할 것입니다.

① Constraints Contextual Menu

한 번 더 정리하자면 Constraint 을 누르고 구속하고자 하는 형상 요소를 선택하여 현재 값을 도시하게 하고 이 구속 값을 더블 클릭하여 Definition 창이 떴을 때 원하는 값으로 바꾸어 주면 구속이 마무리 됩니다. 다른 구속들에 대해서도 이러한 방법으로 수치 구속을 주게 됩니다.

또 하나 기억할 것은 Constraint 를 사용하여 빠르게 Geometrical Constraints로 전환이 가능하다는 것입니다. 현재 주어진 Dimension Constraints와 Geometrical Constraints 사이의 유사성이 있는 경우 이를 Contextual Menu (MB3)에서 전환 시킬 수 있습니다.

b. Contact Constraint

Contact Constraints 는 선택한 요소들과의 접촉 조건에 의해 구속을 CATIA에서 직접 잡아 주는 명령입니다. 이 명령은 두 형상 간에 구속이 잡힐 수 있는 조건을 CATIA가 스스로 찾아 준다는 점에서 Auto constraints 와 유사하다고 할 수 있습니다. (그러나 두 대상 간에 접촉 조건이 있어야지만 구속이 생성 가능하다는 점을 기억하기 바랍니다. 또한 접촉에 관계된 구속만을 생성할 수 있습니다.)

Contact Constraints 는 아이콘을 누르고 구속을 주고자 하는 두 개의 요소를 각각 순차적으로 선택해 주면 구속이 스스로 잡히는 것을 볼 수 있습니다. 일반적으로 Geometrical Constraints를 만들 수 있으며 주로 Geometrical Constraints로 구속 줄 경우에 많이 사용합니다. 다음은 형상에 따른 Contact Constraints 의 구속 생성 결과를 간단히 표로 나타내었습니다.

A point and a line Two points A point and any other element	Coincidence	점과 점, 점과 직선, 점과 원점과 같이 일치하는 형상 구속을 만든다.
A line and a circle Two curves (except circles and/or ellipses) or two lines	Tangency	원과 직선이 접하는 것과 같이 한 위치에서 접하는 구속을 만든다.
Two curves and/or ellipses Two circles Circle or Arc/Fillet	Concentricity	원이나 호와 같은 요소들의 중심을 일치시키는 구속을 만든다.

D. Constraints Sub Toolbar

a. Fix Together

Fix Together는 말 그대로 Sketch 형상 요소들을 모두 현재 상태의 위치로 묶어 버리는 기능을 합니다. 특정 치수를 넣지 않고 화면에서 함께 묶을 형상들만 선택해 주면 되는데 형상들을 한꺼번에 이동시키거나 별다른 치수 없이 현재 위치에 구속하고자 할 때 사용하기도 합니다.

b. Auto-constraint

Sketch 상에서 복잡한 형상들에 구속을 주다 보면 가끔 '구속을 자동 생성해 주는 기능은 없을까?' 라고 생각을 하는 경우가 있을 것입니다. 이러한 생각을 만족시켜 주는 기능이 Auto-constraint 입니다. 이 명령을 사용하면 선택한 대상에 대해서 CATIA 스스로 구속을 잡아준다.

c. Animate Constraints

이 명령은 Sketch에 주어진 구속 값을 변수로 하여 치수가 정해진 범위를 움직여 볼 수 있게 할 수 있습니다. 이는 선택된 구속 부분에 치수 값의 범위를 가늠하거나 변경하였을 때 다른 부분과 간섭이나 충돌이 없는지 보고자 할 때 사용할 수 있습니다.

d. Edit Multi-constraint

이 명령은 매우 유용하게 사용할 수 있는 명령입니다. 구속을 주는데 사용하는 것이 아니고 구속의 치수 값을 수정하고자 할 때 즉, Dimensional Constraints의 치수 값을 수정할 때 매우 용이합니다. Sketch 구속에 대해서 이 값들을 수정하려면 일일이 각 구속의 값을 더블 클릭하여 수정을 해야 하지만 Edit Multi-Constraints를 사용하면 현재 화면에 있는 모든 구속 모두 수정이 가능합니다.

e. Internal Constraint & External Constraints

Sketch에서 형상을 만드는 것만큼이나 구속을 주는 작업은 무척 중요합니다. 구속이 바르지 않으면 아무리 형상을 Sketch 하였더라도 무용지물이 됩니다.

일반적으로 구속은 Geometrical Constraints와 Dimensional Constraints로 구분 하는 것 외에 Internal Constraint와 External Constraints로 구분되어 지기도 합니다. 후자는 우리가 구속을 주는데 있어 중요하게 여겨야 하는 개념으로 실제로 형상을 구속 주는 방법론적으로 알고 있어야 합니다.

CATIA Sketch 환경은 원점을 기준으로 작업이 이루어집니다. 우리가 Sketch 워크 벤치에 들어갔을 때 가운데 보이는 H, V 표시의 화살표는 수직 축과 수평 축을 의미합니다.

그리고 이 두 축의 교차점에는 원점이 존재합니다. 이러한 기준 요소가 존재하는 이유는 단지 이 형상을 그리는데 참고하라는 것이 아니라 이곳을 기준으로 형상을 그려야 한다는 의미가 됩니다. 따라서 우리가 구속을 주는 과정에서도 이 점을 잊지 말아야 합니다. 원점을 무시하거나 틀리게 그린다는 것은 아예 작업 자체를 망치가 된다는 점을 기억해 주기 바란다. 제도 시험을 보아도 원점이 틀리면 0점 처리 됩니다.

앞서 말한 External Constraints는 마로 이러한 원점과의 구속을 나타낸다고 본다. 즉 형상을 구성하는데 필요한 Internal Constraints와 달리 External Constraints는 원점, 수직 축, 수평 축과 같은 기준 요소와 형상과의 구속이라고 생각하면 됩니다.

3 Sketch Analysis

앞서 우리는 Sketch 워크벤치에서 형상을 그리고 수정하여 구속하는 방법에 대해서 설명 하였다. 이제 여기서는 이러한 Sketch가 바르게 만들어 졌는지를 분석하는 작업에 대해서 설명하도록 할 것 입니다.

A. Color Diagnosis

우리가 기본적으로 형상 요소에 구속을 넣으면 치수선의 색상이 기본으로 설정된 색을 띱니다. (이 책에서는 빨간색으로 설정되어있다.) 그런데 구속을 연습하거나 실제로 작업을 하는 과정에서 구속을 넣다 보면 치수선의 색상이 다른 색으로 변하는 일을 누구나 경험하였을 것입니다. 이것은 CATIA Sketch의 구속의 상태를 색상으로 나타나게 하는 옵션 때문입니다. 앞서 설정 부분에서도 설명한 바 있지만 이 옵션을 사용하게 되면 구속 상태에 따른 색상의 변화로 현재의 Sketch 구속이 바른지 아닌지를 판단할 수 있게 해줍니다.

우리가 실수로 구속을 빠뜨리거나 과도하게 구속을 주지 않도록 프로그램이 찾아서 진단해 주는 것입니다. 일반적으로 Sketch 요소의 색상은 다음과 같이 나누어집니다. 여기서의 색상은 CATIA를 설치하고 아무런 변경을 하지 않았을 때의 값으로 설명할 것입니다.

a. Default

우리가 아무 구속 없이 형상 요소를 그렸을 경우에 나타나는 색상으로 흰색입니다. Option을 변경하였다면 변경한 색상으로 나타날 것입니다.

b. Non Modifiable Elements

우리가 Project 3D Geometry를 이용하여 다른 위치의 Sketch나 3차원 형상을 현재 Sketch의 요소를 가져왔다면 이 형상 요소는 원본에 종속되어 우리가 바로 수정하거나 조작할 수 없다고 말한 바 있습니다. 이 경우 이러한 수정할 수 없는 요소에 대해서 노란색으로 표시를 해준다.

c. Selected Elements

마우스를 사용하여 선택한 요소에 대해서는 주황색으로 표시를 해준다.

d. Iso-Constrained Elements / Fixed Elements

형상 요소에 대해서 구속이 바르게 들어간 경우에 대해서 CATIA는 녹색으로 표시를 해준다. 우리가 Sketch 작업을 완료 했을 때 반드시 이 색상이 나오도록 구속을 주어야 하며 항상 체크해야 합니다.

e. Over-Constrained Elements

중복된 구속에 대해서 나타나는 색상으로 보라색입니다. 같은 부분에 또 다시 치수를 주거나 다른 요소들과의 구속 관계로 인해 현재 구속하는 부분에 중복이 일어날 수 있으므로 이를 잘 관찰하고 수정할 수 있어야 합니다.

f. Inconsistent Elements

불필요한 구속이 들어갔거나 최소한 한 개 이상의 치수의 수정이 필요할 때를 가리키며 빨간색으로 요소의 색이 변합니다.

Over-Constrained Elements나 Inconsistent Elements가 Sketch에 있는 상태에서 Sketch 워크벤치를 나간다면 경고 메시지가 뜨게 되므로 반드시 수정하고 나가야 합니다.

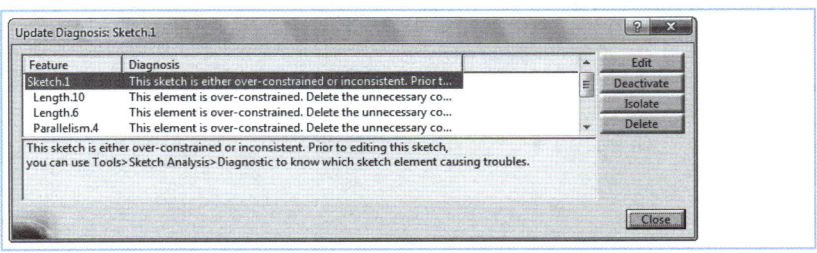

B. 2D Analysis Sub Toolbar

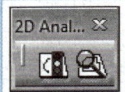

현재 작업한 Sketch에 대해서 진단을 해주는 또 다른 방법으로 2D Analysis sub-Toolbar의 명령을 사용할 수 있습니다. 현재 구속 상태가 어떠하며 Sketch를 구성하고 있는 요소들에 대해서 일괄적으로 볼 수 있습니다.

이 Sub Toolbar는 Tools Toolbar  의 Sub Toolbar 있습니다.

a. Sketch Solving Status

현재 Sketch 구속 상태가 어떤지를 알려주는 명령으로 Sketch Solving Status 아이콘을 누르면 현재의 구속 상태에 대해 메시지를 출력합니다.

b. Sketch Analysis

이 명령은 현재 Sketch에 그려진 형상에 대해서 분석을 해주는 도구로 Geometry가 어떻게 구성되며 이들 각각의 요소는 닫혀있는지 외부 형상으로부터 Projection이나 Intersection을 사용했는지, 구속의 상태는 어떠한지를 살펴볼 수 있게 해줍니다.

4 Sketch Management

A. Spec Tree

앞서 Sketch 형상을 만들고 구속하고 분석하는 방법에 대해서 공부했다면 이제는 이러한 Sketch 작업을 관리하는 방법에 대해서 배울 것입니다. 하나의 Sketch를 만들었다고 해서 모든 작업이 끝나는 것은 아닙니다. 이러한 Sketch를 가지고 실제 3차원 작업에 사용해야 하며 이 Sketch가 또 다른 Sketch와 연결될 수도 있습니다. 따라서 Sketch 작업을 관리하는 것은 앞으로의 작업에 있어서 기반이 된다고 해도 과언이 아닙니다.

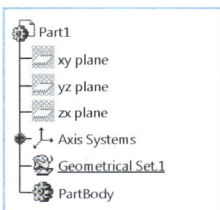

다음은 기본적인 Spec Tree구조입니다. Part Number와 함께 Reference Plane, Axis System, Geometrical Set, PartBody가 나열되어 있다. 만약에 이와 같은 Spec Tree 형식으로 출력되지 않는다면 앞서 Options 부분을 참고하여 다시 설정하기 바랍니다.

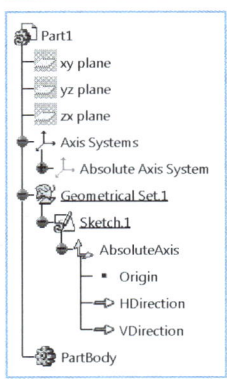

이제 Sketch 워크벤치에 들어가면 다음과 같이 Spec Tree에 'Sketch.1'이라는 작업이 생기게 됩니다. 여기서 'Sketch.1'이라는 이름은 나중에 속성(Properties에서 원하는 이름으로 변경이 얼마든지 가능합니다.) 그리고 '+' 표시를 열어 보면 다음과 같이 기본 좌표계에 대한 표시가 보일 것입니다. 이것이 Sketch 작업을 들어왔을 때 처음 가지게 되는 기본 요소입니다.

그리고 이 상태에서 어떠한 형상을 그려주게 되면 다음과 같이 Geometry 라는 게 Sketch. 1 안에 생기는 것을 볼 수 있을 것입니다. 이 Geometry 에서는 형상 요소가 나타납니다. 직선을 그리게 되면 Line 하나면 생성되는 것으로 생각하기 쉬우나 실제 직선은 한 개의 Line 요소와 양 끝 점이 같이 만들어 집니다. 원의 경우에는 원과 중점이 같이 만들어 집니다.

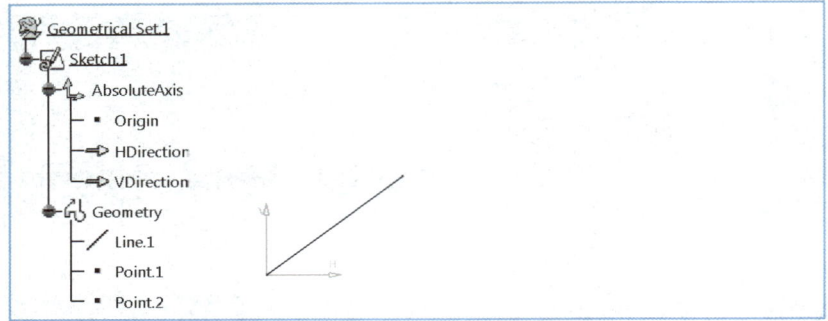

다음으로 이러한 형상에 구속을 주게 되면 다음과 같이 Constraints 가 만들어지면서 구속에 대한 정보가 나타나게 됩니다.

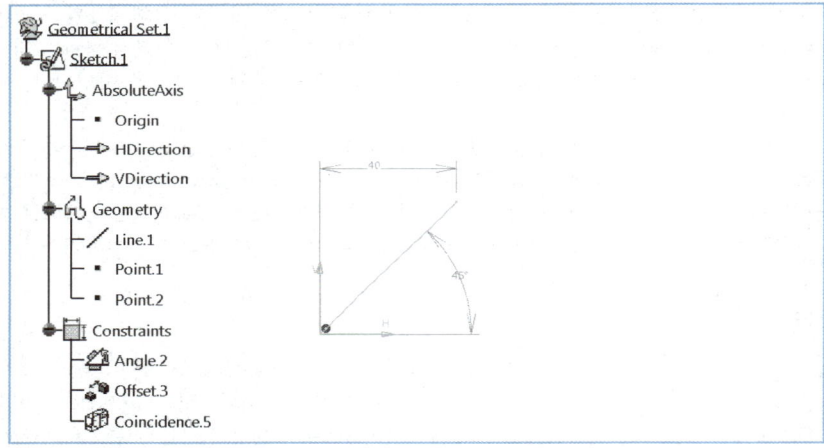

다음은 우리가 작업을 하면서 외부 형상의 것을 Projection 했을 때 Sketch의 Spec Tree 모습입니다. 여기서 'Mark. 1'은 앞서 Sketch 형상을 현재 Sketch 평면으로 Project 한 결과입니다.

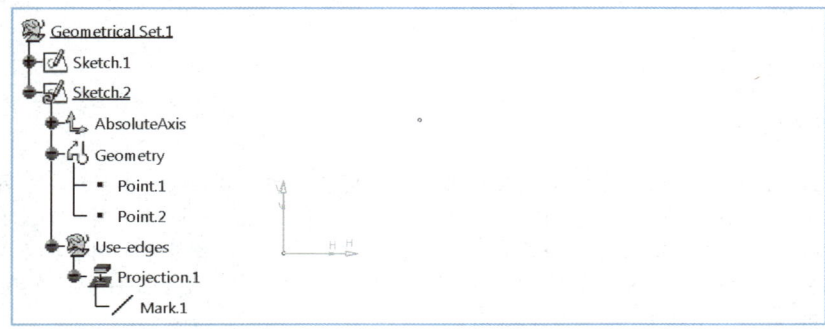

이와 같이 우리가 Sketch 하나를 만드는 데에도 기준 좌표와 형상, 구속 들이 그 안에서 작용하고 있음을 기억하기 바랍니다. 그리고 이와 같이 Spec Tree를 열어 자신이 원하는 형상을 직접 찾을 수도 있으며 형상 요소에 대한 수정 또는 삭제가 가능합니다.

B. Sketch Support

우리가 처음 Sketch 워크벤치에 들어오기 위해 XY 평면, 혹은 YZ, ZX 평면과 같은 평면 요소를 선택해서 Sketch에 들어오는 것을 기억할 것입니다. 그리고 이러한 평면 요소를 선택하지 않고는 Sketch 작업을 할 수 없다고 하였는데 여기서는 이러한 Sketch의 Support가 되는 요소에 대해서 설명 하도록 하겠습니다.

일반적으로 우리가 Sketch의 Support로 사용할 수 있는 요소로는 Plane, Axis, 평평한 물체의Face 등이 있습니다.

a. Plane

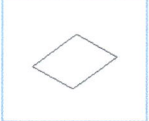

Plane은 형상 요소가 아닌 기준요소로 CATIA에서 작업 평면 역할을 합니다. Part 도큐먼트를 시작할 때 나타나는 원점의 3개의 평면 역시 이러한 Plane 입니다. Plane은 다양한 방법으로 우리가 원하는 위치에 만들어 줄 수 있습니다.

b. Axis

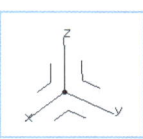

Axis 역시 기준 요소로 사용되며 Axis 하나의 요소당 1개의 원점과 3개의 평면, 3개의 축을 가지게 됩니다. Plane에 비해 만드는 방법이 비교적 간단하고 사용할 수 있는 요소의 수가 많으며, 기타 장점들로 인해 Plane 보다 많이 사용되는 추세입니다.

c. Face

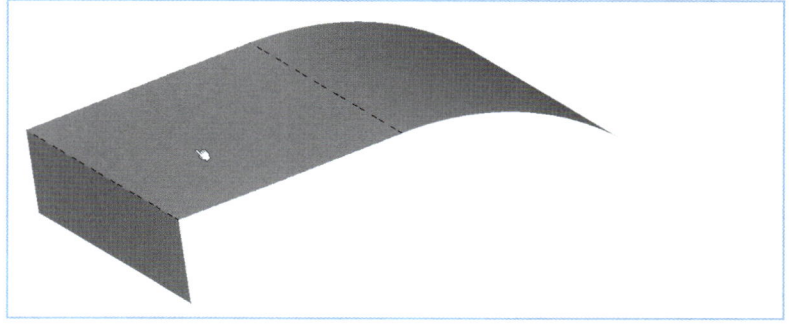

우리가 3차원 형상을 만들었을 때 그 형상이 가지는 Face를 이용하여 즉, 그 면을 작업의 기분 요소로 사용을 할 수가 있습니다. 물론 평평한 면에 한에서 Sketch 기분 면으로 사용이 가능합니다.

이러한 기분 요소들에 그려진 Sketch 형상은 기준 요소와 종속 관계를 맺고 있으므로 기준 요소가 수정되거나 삭제되면 이에 따른 Sketch 요소가 업데이트 또는 에러가 발생하게 됩니다.

찾아보기

3
3D Max | 33

A
Accuracy | 49
ACIS | 29
Along a direction | 169
Ambient | 96
AP203 | 38
AP213 | 38
AppData | 72
Application Data | 72
Assemble result | 332
Attenuation | 66
Auto Min Max | 274
Axes | 100
Axis | 408, 443, 530
Axis System | 60, 128

B
B-Spline | 32, 35
Base Curve | 189
Basis | 32
Bezier | 32, 35, 430
Blend corner(s) | 313
Boolean Operation | 28, 30
Boundary | 297
Boundary Edge | 249

C
C0 | 36, 279
C0 Continuity | 277
C1 | 36, 279
C1 Continuity | 277
C2 | 36, 280
C2 Continuity | 277
CADAM | 27
CATIA | 27, 28, 29
CATSettings | 73
Check connexity | 268
Check tangency | 268
Children | 128
Close Spline | 192
Closed Contour | 251

Closing Point | 259
Compass | 551
Complementary mode | 299
Composite | 35
Connect Checker | 273
Contextual Menu | 91, 101, 112, 115, 133, 163, 221, 315, 440, 460, 471, 527, 550
Continuity | 35, 399
Control Element | 544, 613
Control Mesh | 34
Control Point | 32, 33, 431, 435, 441, 506, 528, 670
Create Spine | 221
CTRL Key | 91, 136, 137, 288, 477
Ctrl Key | 553
Curvature | 276, 280, 330, 458, 470, 471
Curvature Continuity | 36, 360
Curvature discontinuous | 277
Curve | 249

D
Dassualts Systems | 28, 640
Datum | 81
Define in work object | 135, 141
Diffuse | 96
Dimensional Constraints | 63
Disassemble | 119
Domain Only | 284

E
Edge(s) to keep | 311
Edges | 100
Element to cut | 288
Esc Key | 554
EUCLID | 30
External References | 56, 58

F
F5 | 521
Faces | 100
Free Style | 317
FreeStyle | 33, 65, 418
Freeze | 276

G

G0 | 36, 318, 532
G1 | 36, 319, 532
G2 | 36, 319, 532
Geometric Set | 102
Geometrical Constraints | 63
Geometrical Set | 60, 111, 126, 127, 128, 349
Geometry | 36
Global | 431
Graduated color background | 50
Grid | 62
Group | 134, 140
Groups | 68

H

Healing | 37, 269, 271
Healing Assistant | 37
History | 81
Hold Curve | 305
Hybrid Design | 61, 142

I

IBM | 27
ICEM | 640
IGES | 28, 37, 51, 432
Imagine & Shape | 34, 66, 418
Instance(s) | 335, 337
Instantiate From Document | 351, 357
Invert | 272
ISO | 38
Iso-constrained | 64
Isolate | 81, 285, 416

J

Join | 35

K

Keep both sides | 289
Knowledge | 53

L

Limiting element(s) | 312
Local | 431

M

Manipulator | 82
Max/Min | 154
Maya | 33

Menu bar | 74
Merging Distance | 271, 273, 273
Middle Point | 146
Modification | 549
Multi-Result Management | 119, 291, 296, 303

N

name check | 59
No propagation | 297
Normal Vector | 272
NURBS | 33, 35, 430, 496, 670

O

Other Side | 288, 293
Over-constrained | 64

P

Parallel | 92
Parameters | 58
Parametric 방법론 | 29
Parasolid | 29
Parent/Children | 623
Parents | 128
PartBody | 102
Passing point | 253
Patch | 544
Performance | 49
Perspective | 92
Pixel Mode | 107
Planes | 100
Point | 279, 471
Point Continuity | 36, 296, 360
Point discontinuous | 277
Primitive | 34, 530, 532, 536, 555
Primitive Modeling | 28
Properties | 59
Proportional | 471
Published | 57

Q

Quick Compass | 460

R

Relations | 58
Renamed | 60
Render Style | 93
Rendering Quality | 107

Reorder children | 138
Restore Position | 47
Rhino | 33
Running Commands | 116

S

SAT | 29
Screen Mode | 107
Shade | 62
Shade with material | 110, 404
SHIFT Key | 75
Shift Key | 552
Simplify | 269
SmartPick | 63
Smooth | 35
Smoothing | 171
Snap | 62
Solid 기반 모델링 | 30
Solving mode | 63
Spec Tree | 85
Specification Tree | 74, 80, 99
Specular | 96
Spline | 32
Stack Size | 49
Stacking Commands | 76, 118, 301
STEP | 28, 38, 51, 432
STL | 49
Subdivision Surface | 34

T

Tangency | 458
Tangency discontinuous | 277
Tangent | 36, 279, 330, 330, 471
Tangent Continuity | 36, 296, 360
Tangential | 470
Tension | 194, 264, 471
Top-Down | 56
Tuner | 472

U

Units | 53

V

V4 | 31
Vertex erased | 280
Vertices | 100
Visualization of diagnosis | 64

W

Weight | 33, 67, 542
White Background | 107
Window NT | 30

Z

Zebra Parameter | 519

ㄱ

곡률 | 36
기반함수 | 32
기울기 | 36

ㄷ

단축키 | 44
등광도선 | 519

ㄹ

렌더링 | 55
르노 | 32
링크 | 56

ㅁ

마우스 | 77

ㅂ

반올림 | 54
분할 곡면 | 34

ㅅ

숨기기 | 91

ㅇ

업데이트 | 57, 80
연속성 | 35, 482, 532
외부 요소 | 56

ㅈ

전개 곡면 | 372
정밀도 | 49
중립파일 | 37

ㅊ

초기화 | 71

ㅍ

파일 호환 | 50
폴더 옵션 | 72

저자소개

김동우

인하대학교 항공우주공학과 졸업
인하대학교 기계공학부 CATIA 응용 연구 소모임 회장
인터넷 CATIA 동호회 다음 카페 ASCATI 카페 지기(cafe.daum.net/ASCATI)
수원 직업 전문학교 CATIA 기초 과정 강사('07)
부평 UniForce 정보기술 교육원 CATIA 강사('08, '09)
전북대 TIC 카티아 해석 과정 강사('10)
국민대학교 자동차공학과 강사('11)
3D Digital Mock-Up Plant 설계 용역(프리랜서)
시사주간지 '일요시사' 인물탐구 634호 기재
인하대학교 공과대학 유동소음제어 연구실 연구원

[주요 저서]
- CATIA를 이용한 Audi TT 만들기, 도서출판 북미디어, 2007년.
- CATIA Basic Mechanical Design Master 상, 하, 도서출판 과학기술, 2007년
- CATIA Basic Mechanical Design Master 예제집 출간, 도서출판 과학기술, 2008년
- KnowHow CATIA Knowledge Advisor 출간, 도서출판 과학기술, 2008년
- CATIA DMU kinematics Simulator 출간, 도서출판 과학기술, 2008년
- CATIA Imafine & Shape foe Drsigner 출간, 도서출판 과학기술, 2008년
- CATIA를 이용한 항공기 제도 출간, 도서출판 과학기술, 2008년
- CATIA Harness Assembly 출간, 도서출판 과학기술, 2008년
- CATIA Functional Molded Part 출간, 도서출판 과학기술, 2009년
- CATIA Sheet Metal Design 출간, 도서출판 과학기술, 2009년
- CATIA Mechanical Design 도면집 출간, 도서출판 과학기술, 2009년
- CATIA Structural Analysis 출간, 도서출판 과학기술, 2009년
- CATIA Surface Design Master 출간, 도서출판 청담북스, 2009년
- CATIA V5 R19 for Beginners 출간, 도서출판 청담북스, 2010년
- CATIA를 이용한 Audi TT 만들기 개정판 출간, 도서출판 청담북스, 2011년
- CATIA CAE Application 예제집, 도서출판 과학기술, 2011년
- CATIA PartDesign Specialist 대비 안내서, 도서출판 청담북스, 2011년
- CATIA를 이용한 굴삭기 만들기, 도서출판 청담북스, 2011년

최고봉

인하대학교 항공우주공학과 졸업
인하대학교 기계공학과 석사
인하대학교 기계공학과 유동소음제어연구실 연구원
인하대학교 기계공학부 CATIA 응용 연구 소모임 학술부원

[주요 저서]
- CATIA Surface Design Master 공저
- Start CATIA V5 R19 for Beginners 공저

김정섭

인하대학교 항공우주공학과 재학중
인터넷 CATIA 동호회 다음 카페 ASCATI 카페 지기(cafe.daum.net/ASCATI)
부평 UniForce 정보기술 교육원 CATIA 강사('08, '09)
비행동력학 실험실 연구생

[주요 저서]
- CATIA Mechanical Design 도면집 공저

CATIA Surface의 정석

초판 인쇄   2011년 7월 10일
초판 발행   2011년 7월 15일

저　자 ▪ 김동주 · 최고봉 · 김정성
펴낸이 ▪ 홍세진
펴낸곳 ▪ 세진북스

주소 ▪ (우)157-807 서울시 강서구 가양 2동 1479-9 휴먼빌 816호
전화 ▪ 02-2658-3088
팩스 ▪ 02-2658-3089
홈페이지 ▪ http://www.sejinbooks.kr
웹하드 ▪ http://www.webhard.co.kr   ID : sjb114   SN : sjb1234

출판등록 ▪ 제 315-2008-042호(2008.12.9)
ISBN ▪ 978-89-94831-80-0 13560

값 ▪ **22,000원**

- 이 책의 출판권은 도서출판 세진북스가 가지고 있습니다.
- 이 책의 일부 또는 전체에 대한 무단 복제와 전재를 금합니다.

 세진북스에는 당신과 나 그리고 우리의 미래가 있습니다.